Das gesellschaftsrechtliche Spruchverfahren

Europäische Hochschulschriften

Publications Universitaires Européennes

European University Studies

Reihe II

Rechtswissenschaft

Série II Series II

Droit

Law

Bd./Vol. 4552

PETER LANG

Frankfurt am Main · Berlin · Bern · Bruxelles · New York · Oxford · Wien

Michael Melber

Das gesellschaftsrechtliche Spruchverfahren

Geschichte, materiell-rechtliche Grundlagen und Reform

PETER LANG
Internationaler Verlag der Wissenschaften

Bibliografische Information der Deutschen Nationalbibliothek
Die Deutsche Nationalbibliothek verzeichnet diese Publikation in der Deutschen Nationalbibliografie; detaillierte bibliografische Daten sind im Internet über <http://www.d-nb.de> abrufbar.

Zugl.: Osnabrück, Univ., Diss., 2006

D 700
ISSN 0531-7312
ISBN 978-3-631-55561-3

www.peterlang.de

Vorwort

Die vorliegende Arbeit lag im Sommersemester 2006 der Juristischen Fakultät der Universität Osnabrück als Dissertation vor. Die mündliche Prüfung fand am 12. Juli 2006 statt. Für die Veröffentlichung konnten Entwicklungen bis Juli 2006 berücksichtigt werden.

Mein herzlicher Dank gilt an erster Stelle meinem verehrten Doktorvater, Herrn Prof. Dr. Andreas Fuchs, Direktor des Osnabrücker Instituts für Handels- und Wirtschaftsrecht und Inhaber des Lehrstuhls für Bürgerliches Recht, Handels- und Gesellschaftsrecht, deutsches, europäisches und internationales Wirtschaftsrecht, Rechtsvergleichung der Juristischen Fakultät der Universität Osnabrück, der die Arbeit stets vorbildlich betreute und förderte. Besonderer Dank für die rasche Erstellung des Zweitgutachtens gebührt Herrn Prof. Dr. Rainer Hüttemann, Direktor des Instituts für Steuerrecht des Rechtswissenschaftlichen Fachbereichs der Rechts- und Staatswissenschaftlichen Fakultät der Universität Bonn. Den Herausgebern danke ich für die Aufnahme der Arbeit in die Reihe "Europäische Hochschulschriften".

Schließlich möchte ich allen danken, die mich während der Entstehung der Arbeit unterstützt und mir wertvolle Anregungen gegeben haben. Herzvorzuheben sind Herr Dr. Ralf Gleisberg, Herr Hanno Teuber, Herr Dr. Alexander Kämmer und Frau Gisela und Herr Bruno Barlage.

Die Arbeit ist meinen Eltern und meiner Ehefrau Eva gewidmet. Sie haben mich nicht nur während des Studiums unterstützt, sondern mir auch in persönlich schwerer Zeit großen Rückhalt gegeben.

Berlin, im Januar 2007

Inhaltsübersicht

Einleitung **21**

Erster Teil. Historische Entwicklung des Verfahrens vor einer Spruchstelle **25**

§ 1 Vom Umwandlungsgesetz 1934 bis zum Übernahmerecht 25
§ 2 Neuordnung des Spruchverfahrens 35

Zweiter Teil. Statthaftigkeit des Spruchverfahrens: Materiellrechtliche Grundlagen **41**

§ 3 Die Strukturmaßnahmen des § 1 SpruchG 41
§ 4 Berichtspflichten und Prüfung 76
§ 5 Ermittlung der "angemessenen" Kompensation 79
§ 6 Anwendbarkeit der Verfahrensvorschriften auf andere Strukturmaßnahmen 105

Dritter Teil. Das Spruchverfahren nach dem SpruchG **129**

§ 7 Einordnung des Spruchverfahrens in die Systematik justizförmiger Rechtsbehelfe 129
§ 8 Zuständigkeit 138
§ 9 Antrag, Antragsbegründung und Antragsfrist 153
§ 10 Verfahren zwischen Antragseingang und mündlicher Verhandlung 183
§ 11 Verfahrensförderungspflichten 208
§ 12 Mündliche Verhandlung 219
§ 13 Verfahrensbeendigung 230
§ 14 Insbesondere: Verfahrensbeendigung durch gerichtlichen Vergleich 252
§ 15 Verfahrenskosten 280

Zusammenfassung und Ausblick **297**

Ergebnisse in Thesen **301**

Literaturverzeichnis **307**

Inhaltsverzeichnis

Einleitung 21

I. Einführung 21
II. Zielsetzungen der Arbeit 22
III. Gang der Untersuchung 22

Erster Teil. Historische Entwicklung des Verfahrens vor einer Spruchstelle 25

§ 1 Vom Umwandlungsgesetz 1934 bis zum Übernahmerecht 25

A. Umwandlungsgesetz 1934 25
I. Überblick über das Verfahren 26
II. Anzuwendende Verfahrensvorschriften 27
III. Entscheidung der Spruchstelle 28
B. Umwandlungsgesetz 1956 29
C. Aktiengesetz 1965 31
I. Aktienrechtliches Spruchverfahren 31
1. Konzernrecht 32
2. Umwandlungsrecht des AktG 32
II. Anpassung des umwandlungsrechtlichen Spruchverfahrens durch das Einführungsgesetz zum Aktiengesetz 1965 33
D. Umwandlungsgesetz 1994 33
E. Übernahmerecht: Squeeze-out 34

§ 2 Neuordnung des Spruchverfahrens 35

A. Reformbedarf 35
B. Diskussion über die Neuordnung des Spruchverfahrens 37
C. Gesetz zur Neuordnung des gesellschaftsrechtlichen Spruchverfahrens 38

Zweiter Teil. Statthaftigkeit des Spruchverfahrens: Materiell-rechtliche Grundlagen 41

§ 3 Die Strukturmaßnahmen des § 1 SpruchG 41

A. Ausgleich und Abfindung beim Abschluss eines Unternehmensvertrags 41
I. Begriff des Unternehmensvertrags 42

II. Rechtsnatur und Verfahren ... 43
III. Ausgleichs- und Abfindungsregelungen ... 44
1. Begriff des "außenstehenden Aktionärs" ... 45
2. Ausgleich nach § 304 AktG ... 45
a) Gewinnabführungsvertrag ... 46
b) Beherrschungsvertrag ... 47
c) Rechtsfolgen fehlender oder unangemessener Ausgleichsregelungen ... 47
3. Abfindung nach § 305 AktG ... 48
a) Rechtsgrundlagen des Abfindungsanspruchs ... 49
aa) Vertrag ... 49
bb) Gesetzliches Schuldverhältnis ... 50
b) Abfindungsarten des § 305 AktG ... 50
c) Angemessenheit der Abfindung ... 51
d) Rechtsfolgen fehlender oder unangemessener Abfindungsangebote ... 51
B. Abfindung ausgeschiedener Aktionäre bei der Eingliederung von Aktiengesellschaften durch Mehrheitsbeschluss ... 52
I. Verfahren ... 52
II. Rechtsfolgen der Eingliederung ... 53
1. Mitgliedschaftsrechte und Eigentum an Aktienurkunden ... 53
2. Abfindungsanspruch der ausgeschiedenen Aktionäre ... 53
III. Rechtsfolgen fehlender oder unangemessener Abfindungsangebote ... 55
C. Barabfindung von Minderheitsaktionären, deren Aktien durch Beschluss der Hauptversammlung auf den Hauptaktionär übertragen wurden ("Squeeze-out") ... 55
I. Unterschiede zwischen Mehrheitseingliederung und Squeeze-out ... 56
II. Verfahren ... 56
III. Rechtsfolgen des Übertragungsbeschlusses ... 57
1. Mitgliedschaftsrechte und Eigentum an Aktienurkunden ... 57
2. Abfindungsanspruch der ausgeschiedenen Aktionäre ... 57
IV. Rechtsfolgen fehlender oder unangemessener Abfindungsangebote ... 58
D. Ausgleich durch bare Zuzahlung und Barabfindung anlässlich der Umwandlung von Rechtsträgern ... 58
I. Ausgleich und Abfindung bei Verschmelzung ... 58
1. Verfahren ... 59
2. Ausgleichs- und Abfindungspflicht ... 59
a) Beteiligung der Anteilsinhaber am übernehmenden Rechtsträger ... 60
b) Ausgleich durch bare Zuzahlung ... 60
c) Barabfindung ... 61
3. Rechtsfolgen fehlender oder unangemessener Kompensationsregelungen ... 61
II. Ausgleich und Abfindung bei der Spaltung von Rechtsträgern ... 62

III. Ausgleich und Abfindung bei Vermögensübertragung ... 63
1. Vermögensübertragung einer Kapitalgesellschaft auf die öffentliche Hand ... 63
2. Vermögensübertragung unter Versicherungsunternehmen ... 64
IV. Ausgleich und Abfindung bei Formwechseln ... 65
1. Verfahren ... 65
2. Ausgleich und Abfindung ... 66
a) Ausgleich durch bare Zuzahlung ... 66
b) Barabfindung ... 67
3. Rechtsfolgen fehlender oder unangemessener Kompensationsangebote ... 68
E. Ausgleich und Abfindung bei der Gründung oder Sitzverlegung einer Europäischen Gesellschaft (SE) ... 68
I. Rechtliche Grundlagen der SE ... 68
II. Ausgleich und Abfindung bei der Gründung einer SE ... 69
1. Gründungstatbestände in SE-VO und SEAG ... 69
a) Gründung durch Verschmelzung ... 70
b) Gründung einer Holding-SE ... 70
2. Bare Zuzahlung und Barabfindung ... 71
a) Ausgleich durch bare Zuzahlung ... 72
b) Barabfindung ... 72
3. Rechtsfolgen fehlender oder unangemessener Kompensationsangebote ... 73
a) Ausschluss der Anfechtungsklage ... 73
b) Spruchverfahren ... 74
III. Abfindung bei der Sitzverlegung einer SE ... 75

§ 4 Berichtspflichten und Prüfung ... 76

A. Bericht der Leitungsorgane ... 76
B. Prüfung durch sachverständige Prüfer ... 77
I. Prüfungspflichten im Zuge der Strukturmaßnahmen des § 1 SpruchG. ... 77
II. Parallelprüfung ... 78
III. Gerichtliche Bestellung der Prüfer ... 78

§ 5 Ermittlung der "angemessenen" Kompensation ... 79

A. Verfassungsrechtliche Vorgaben ... 80
B. Bewertungsmethoden ... 81
I. Ausgangspunkt: Zukunftserfolg ... 82
II. Ertragswertmethode ... 83

1. Pauschale Methode ... 83
2. Analytische Methode ... 84
III. Discounted Cash Flow-Methode ... 85
1. Bruttoansatz ... 85
2. Nettoansatz ... 86
IV. Kapitalisierung zukünftiger Erträge ... 86
1. Kapitalisierung bei der Ertragswertmethode ... 87
a) Basiszinssatz ... 87
b) Geldentwertungsabschlag ... 88
c) Risikozuschlag ... 89
2. Kapitalisierung bei der Discounted Cash Flow-Methode: Capital Asset Pricing Model ... 91
3. Capital Asset Pricing Model und Ertragswertmethode ... 92
a) Schätzung der Berechnungsparameter ... 92
b) Verfügbarkeit von Betafaktoren ... 93
c) Unterschiedliche Risikoansätze ... 94
V. Börsenwert ... 95
1. Feldmühle-Urteil des BVerfG ... 95
2. DAT/Altana-Beschluss des BVerfG ... 96
3. Ermittlung des relevanten Börsenkurses ... 97
C. Zusammenfassung und Bewertung ... 98
I. Maßgeblichkeit des Zukunftserfolgs ... 99
II. Ertragswertmethode und DCF-Methode ... 99
III. Börsenwert ... 101
1. Bewertung des vom BVerfG im DAT/Altana-Beschluss vertretenen verfassungsrechtlichen Ansatzes ... 101
2. Bewertung des vom BVerfG im DAT/Altana-Beschluss vertretenen Ansatzes zur Einbeziehung des Börsenkurses ... 103
3. Ermittlung des Referenzkurses ... 104

§ 6 Anwendbarkeit der Verfahrensvorschriften auf andere Strukturmaßnahmen ... 105

A. Ausgleich bei Erlöschen und Beseitigung von Mehrstimmrechten ... 106
I. Statthaftigkeit des Spruchverfahrens ... 106
II. Angemessener Ausgleich für den Verlust des Mehrstimmrechts ... 107
B. Delisting ... 108
I. Kapitalmarktrechtliche Voraussetzungen ... 109
II. Gesellschaftsrechtliche Voraussetzungen ... 110
III. "Pflichtangebot" ... 112
1. Rechtsnatur des "Pflichtangebots" ... 112
2. Schuldner des Barabfindungsanspruchs ... 114
3. Angemessenheit der Barabfindung ... 116

IV. Gerichtliche Wertkontrolle 116
1. Spruchverfahren vs. Anfechtungsklage 117
2. Analogiefähigkeit der Vorschriften des SpruchG 117
3. Besonderheiten des Verfahrens 119
C. Verträge einer Aktiengesellschaft über die Übertragung ihre Vermögens 120
I. Drittverkauf als gesetzlich vorgesehen Grundfall des § 179a AktG 120
II. Übertragende Auflösung 121
1. Entschädigung der Minderheitsaktionäre 121
2. Gerichtliche Überprüfung der Gegenleistung des Mehrheitsaktionärs 122
D. Zwangseinziehung 125
I. Verfahren 125
II. Einziehungsentgelt 125
III. Bestimmung des Einziehungsentgelts 127
IV. Gerichtliche Überprüfung des Einziehungsentgelts 127

Dritter Teil. Das Spruchverfahren nach dem SpruchG 129

§ 7 Einordnung des Spruchverfahrens in die Systematik justizförmiger Rechtsbehelfe 129

A. Rechtsquellen des Spruchverfahrens 129
B. Anwendbarkeit der Grundsätze des Zivilprozesses 130
C. Verhältnis zur Anfechtungsklage 131
I. Spruchverfahren als Anfechtungsersatz 131
1. Registersperre durch Anfechtung 131
2. Erpressungspotential durch Registersperre 132
II. Kompensationswertbezogene Informationsmängel 133
1. Forderungen an den Gesetzgeber 133
2. Stellungnahme der Rechtsprechung 134
3. Übertragbarkeit der Rechtsprechung auf Mehrheitseingliederung und Squeeze-out 135
4. Schaffung von Rechtsklarheit durch das UMAG 137

§ 8 Zuständigkeit 138

A. Internationale Zuständigkeit 138
B. Örtliche Zuständigkeit 139
I. Die Verordnungsermächtigung des § 2 Abs. 4 SpruchG 139
1. Verpflichtung zur Ausübung der Ermächtigung 140
2. Bundeskompetenz 141
a) Gerichtsverfassung 141

b) Gerichtliches Verfahren ... 142
c) Einschränkung durch Art. 72 Abs. 2 GG ... 143
II. Verfahren bei Mehrfachzuständigkeit ... 143
1. Regelungsmodell des FGG ... 144
2. Behandlung von Doppelzuständigkeiten in § 2 Abs. 1 Satz 1 SpruchG ... 144
a) Doppelsitz ... 144
b) Beteiligung mehrer übertragender bzw. abhängiger Rechtsträger ... 145
III. Verfahrensverbindung ... 146
C. Sachliche und funktionale Zuständigkeit ... 146
I. Reformvorschläge ... 146
II. "Handelssache" im Sinne des § 95 GVG ... 148
D. Bewertung der Zuständigkeitsregelungen des SpruchG ... 149
I. Örtliche, sachliche und funktionale Zuständigkeit ... 149
II. Zuständigkeit und Rechtsmittel ... 151
III. Verfahren bei Mehrfachzuständigkeiten ... 151
E. Entscheidungsbefugnis des Vorsitzenden ... 152
F. Annexzuständigkeit für Leistungsklagen ... 153

§ 9 Antrag, Antragsbegründung und Antragsfrist ... 153

A. Antragsberechtigung ... 154
I. Erfasster Personenkreis ... 154
1. Mehrheitseingliederung und Squeeze-out ... 155
2. Unternehmensvertrag und Umwandlung ... 155
3. Europäische Gesellschaft (SE) ... 155
a) Sitzverlegung ... 156
b) Gründung ... 156
II. Maßgeblicher Zeitpunkt ... 157
III. Weitergehende Anforderungen ... 157
IV. Rechtsnatur der Antragsberechtigung ... 158
1. Zurückweisung wegen fehlender Antragsberechtigung ... 159
2. Meinungsstand ... 160
3. Stellungnahme ... 160
V. Rechtsnachfolge ... 162
1. Mehrheitseingliederung und Squeeze-out ... 162
a) Veräußerung vor Antragstellung ... 163
b) Veräußerung nach Verfahrenseinleitung ... 164
2. Unternehmensvertrag und Umwandlung ... 164
VI. Nachweis der Antragsberechtigung ... 166
B. Antrag und Antragsbegründung ... 168
I. Antrag ... 168

1. Inhalt ... 168
2. Form ... 168
3. Postulationsfähigkeit ... 169
II. Antragsbegründung ... 169
1. Bezeichnung des Antragsgegners ... 170
2. Darlegung der Antragsberechtigung ... 170
3. Angaben zur Art der Strukturmaßnahme und der Kompensation ... 170
4. Bewertungsrüge ... 171
5. Angabe der Zahl der gehaltenen Anteile ... 173
III. Bewertung des Verhältnisses von Antrag und Antragsbegründung ... 173
C. Antragsfrist ... 174
I. Fristbeginn ... 174
II. Fristlauf ... 176
III. Fristwahrung ... 176
IV. Keine Folgeanträge ... 177
D. Begründungsfrist ... 177
E. Rechtsfolgen von Fristversäumnissen ... 177
I. Versäumung der Antragsfrist ... 178
II. Versäumung der Antragsbegründungsfrist ... 179
1. Fehlen obligatorischer Angaben ... 179
2. Fehlen fakultativer Angaben ... 180
3. Wiedereinsetzung in die Antragsbegründungsfrist ... 180
F. Antragsgegner ... 182
I. Aktienrechtliche Strukturmaßnahmen ... 182
II. Umwandlungsrechtliche Strukturmaßnahmen ... 183
III. Gründung und Sitzverlegung einer SE ... 183

§ 10 Verfahren zwischen Antragseingang und mündlicher Verhandlung ... 183

A. Bestellung des gemeinsamen Vertreters ... 183
I. Gemeinsamer Vertreter ... 184
II. Bestellung ... 184
1. Bestellung bei Ungewissheit der Durchführung des Verfahrens ... 184
2. Nur ein gemeinsamer Vertreter ... 185
3. Absehen von der Bestellung ... 185
4. Bekanntmachung der Bestellung ... 186
5. Beschwerde gegen die Bestellung ... 187
III. Rechtsstellung ... 188
IV. Besonderer gemeinsamer Vertreter im Spruchverfahren nach Gründung einer SE ... 189
B. Vorbereitung der mündlichen Verhandlung ... 190
I. Zustellung des Antrags und Fristsetzung zur Antragserwiderung ... 191

1. Zustellung des Antrags ... 191
2. Antragserwiderung durch den Antragsgegner ... 192
3. Frist für Antragserwiderung ... 193
4. Zulässigkeitsrügen ... 194
II. Vorlage der Berichte der Leitungsorgane sowie ggf. der Prüfungsberichte ... 194
1. Erteilung von Abschriften an Antragsteller ... 195
2. Erteilung von Abschriften an den gemeinsamen Vertreter ... 195
3. Durchsetzung der Vorlagepflicht ... 196
III. Replik durch Antragsteller und Stellungnahme des gemeinsamen Vertreters ... 196
1. Zustellung der Stellungnahme des Antragsgegners ... 196
2. Replik der Antragsteller ... 197
3. Stellungnahme des gemeinsamen Vertreters ... 198
IV. Weitere Maßnahmen des Gerichts ... 198
1. Ergänzung oder Erläuterung des schriftlichen Vorbringens ... 198
2. Weitere vorbereitende Maßnahmen ... 199
V. Vorbereitende Beweisaufnahme durch Sachverständigen ... 199
1. Umfang der Einbindung des Sachverständigen ... 200
2. Bestellung der sachverständigen Prüfer als Sachverständige ... 200
VI. Vorlage sonstiger Unterlagen ... 200
1. "Sonstige Unterlagen" ... 201
2. Vorlage auf Verlangen des Antragstellers ... 202
3. Vorlage auf Verlangen des Gerichts ... 203
4. Einbeziehung geheimhaltungsbedürftiger Tatsachen in das Verfahren ... 203
a) Voraussetzungen der Geheimhaltung ... 203
aa) Fabrikations-, Betriebs- oder Geschäftsgeheimnisse ... 203
bb) Ermessensentscheidung ... 204
cc) Entscheidungsbefugnis und Rechtsmittel ... 204
b) Rechtsfolgen ... 205
c) Rechtsstaatliche Bedenken ... 205
aa) Rechtliches Gehör und Akteneinsicht ... 205
bb) Möglichkeiten der Einschränkung ... 206
cc) Lösung nach Maßgabe der Rechtsprechung des BVerfG ... 207
d) Stellungnahme ... 207
5. Durchsetzung der Vorlagepflicht ... 208

§ 11 Verfahrensförderungspflichten ... 208

A. Amtsermittlungsgrundsatz und Verhandlungsgrundsatz ... 209
B. Verfahrensförderung durch das Gericht ... 209
C. Verfahrensförderungspflichten der Beteiligten ... 211

I. Allgemeine Verfahrensförderungspflicht nach § 9 Abs. 1 SpruchG 211
II. Mitteilungspflicht nach § 9 Abs. 2 SpruchG 212
III. Geltendmachung von Zulässigkeitsrügen 213
D. Rechtsfolgen von Verstößen 213
I. Fristversäumung, § 10 Abs. 1 SpruchG 214
1. Geltung für andere als die genannten Fristen 214
2. Wirksame Fristsetzung 215
II. Verstoß gegen Verfahrensförderungspflicht, § 10 Abs. 2 SpruchG 215
III. Verzögerung 215
IV. Vertretenmüssen 216
1. Verschuldensmaßstäbe des § 10 Abs. 1 SpruchG 216
2. Rechtsstaatliche Bedenken 216
a) Rechtliches Gehör und Vortrag der Beteiligten 217
b) Möglichkeiten der Einschränkung 217
c) Besonderheiten bei Anwendung des § 10 Abs. 2 SpruchG 218
V. Keine Anwendung des § 12 FGG 219
VI. Zulassung verspäteter Zulässigkeitsrügen 219

§ 12 Mündliche Verhandlung 219

A. Anwesenheitsrechte und -pflichten der Beteiligten 220
B. Durchführung der mündlichen Verhandlung 221
C. Beschaffung der Entscheidungsgrundlagen 222
I. Beweisaufnahme 222
1. Beweismittel 223
2. Sachverständigengutachten 223
a) Umfang des Gutachtenauftrags 224
b) Vergütung des Sachverständigen 224
II. Einbeziehung der sachverständigen Prüfer 225
1. Schriftliche Stellungnahme 226
2. Anordnung des persönlichen Erscheinens 227
a) Anordnung des persönlichen Erscheinens als Regelfall 227
b) Stellung im Verfahren 227
3. Schriftliche Beantwortung von Fragen 228
4. Bestellung als Sachverständiger 229
III. Verfahren nach Beweisaufnahme 230

§ 13 Verfahrensbeendigung 230

A. Gerichtliche Entscheidung 230
I. Formale Vorgaben 231
II. Wirkung der Entscheidung 232

III. Tenor ... 233
1. Einzelfälle ... 234
a) Ausgleich ... 234
b) Abfindung ... 235
aa) Unternehmensvertrag ... 235
bb) Mehrheitseingliederung ... 236
2. Zinsentscheidung ... 236
IV. Zustellung der Entscheidung ... 237
V. Rechtsmittel ... 237
1. Adressat ... 237
2. Form ... 237
3. Frist ... 238
4. Beschwerdeberechtigung ... 239
a) Antragsgegner und abhängige Gesellschaft ... 239
b) Antragsteller ... 239
c) Gemeinsamer Vertreter ... 240
d) Unselbständige Anschlussbeschwerde ... 243
5. Umfang der Prüfung durch das Beschwerdegericht ... 244
6. Verfahrensstoff des Beschwerdeverfahrens ... 244
7. Entscheidung des Beschwerdegerichts ... 244
VI. Bekanntmachung der Entscheidung ... 245
B. Verfahrensbeendigung durch Handlungen der Beteiligten ... 247
I. Anerkenntnis und Verzicht ... 247
1. Anerkenntnis ... 247
2. Verzicht ... 248
II. Antragsrücknahme ... 248
III. Verfahrensbeendigung durch Erledigungserklärung ... 249
1. Übereinstimmende Erledigungserklärung ... 249
2. Einseitige Erledigungserklärung ... 250
a) Erledigung der Hauptsache ... 250
b) Zulässigkeit der einseitigen Erledigungserklärung ... 251

§ 14 Insbesondere: Verfahrensbeendigung durch gerichtlichen Vergleich ... 252

A. Vergleich als Verfahrens- oder Prozesshandlung ... 253
I. Vergleichsschluss nach § 11 Abs. 2 Satz 2 SpruchG ... 254
II. Vergleichsschluss nach § 11 Abs. 4 SpruchG ... 254
B. Vergleich als materiell-rechtlicher Vertrag ... 256
I. Unternehmensvertrag ... 257
1. Dispositionsbefugnis der Verfahrensbeteiligten ... 258
2. Binnenrechtliche Kompetenzzuweisungen ... 258
3. Lösungsansätze de lege lata ... 259
a) Dispositionsbefugnis der Verfahrensbeteiligten ... 259

b) Binnenrechtliche Kompetenzzuweisungen ... 260
aa) Nichtanwendung des materiellen Rechts ... 260
bb) § 11 Abs. 2 und 4 SpruchG als Kompetenznorm ... 261
cc) Ermächtigung durch Satzungsbestimmung ... 261
dd) Ermächtigung durch Hauptversammlungsbeschluss ... 262
c) Realisierung eines mit § 295 AktG im Einklang stehenden Vergleichsschlusses ... 262
aa) Vergleich als dreiseitiger Vertrag ... 263
bb) Bedingter Vergleichsschluss ... 264
cc) Praktische Schwierigkeiten ... 264
4. Lösungsansätze de lege ferenda ... 266
a) Anpassung des materiellen Rechts ... 266
b) Schaffung eines Kompetenztitels ... 267
c) Bewertung ... 268
d) Doppelvertretung als Kontrollmechanismus ... 268
II. Mehrheitseingliederung, Squeeze-out und Umwandlung ... 269
1. Unterschiede zum Unternehmensvertrag ... 269
2. Binnenrechtliche Kompetenzzuweisungen ... 270
a) Aktiengesellschaft ... 271
aa) Ungeschriebene Hauptversammlungszuständigkeiten ... 271
bb) Besonderheiten bei der Mehrheitseingliederung ... 274
b) Gesellschaft mit beschränkter Haftung ... 275
III. Zusammenfassung ... 277
C. Rechtschutz nach Vergleichsschluss ... 277
I. (Allgemeine) Leistungsklage ... 277
II. Vollstreckungsabwehrklage ... 278
III. Abänderungsklage ... 279

§ 15 Verfahrenskosten ... 280

A. Gerichtskosten ... 281
I. Gebühren ... 281
1. Geschäftswert ... 281
a) Maßgeblicher Zeitpunkt ... 282
b) Besonderheiten beim Ausgleich ... 282
c) Mindestbetrag ... 283
d) Zinsen ... 284
e) Rechtsmittel ... 284
2. Gebührenhöhe ... 284
II. Auslagen. ... 285
III. Kostentragungspflicht ... 285
IV. Kostenvorschüsse ... 286
1. Auslagenvorschuss nach § 15 Abs. 3 SpruchG ... 286

2. Gebührenvorschuss ... 287
B. Außergerichtliche Kosten ... 288
I. Berechnung der Anwaltsgebühren ... 289
1. "Gespaltener Geschäftswert" ... 289
2. Wertbestimmung im Einzelnen ... 290
II. Festsetzung der Anwaltsvergütung ... 291
III. Rechtsmittel ... 292
C. Auslagen und Vergütung des gemeinsamen Vertreters und des besonderen gemeinsamen Vertreters ... 292
I. Vergütung ... 292
II. Auslagen ... 293
III. Festsetzung ... 293
IV. Rechtsmittel ... 294

Zusammenfassung und Ausblick ... 297

Ergebnisse in Thesen ... 301

Literaturverzeichnis ... 307

Einleitung

I. Einführung

Am 1.9.2003 trat das Gesetz zur Neuregelung des gesellschaftsrechtlichen Spruchverfahrens[1] in seinen wesentlichen Teilen in Kraft. Sein Kernstück bildet das Spruchverfahrensgesetz (nachfolgend: SpruchG), das erstmals in einem einheitlichen Verfahrensgesetz die zuvor im Aktien- und Umwandlungsrecht verstreuten Regelungen über das Spruchverfahren zur gerichtlichen Überprüfung derjenigen Kompensation zusammenfasst, die den vom Abschluss eines Unternehmensvertrags, der Durchführung einer Mehrheitseingliederung oder eines Squeeze-out oder einer Umwandlung betroffenen Anteilsinhabern (zumeist: Aktionären) zu gewähren ist.

Die praktische Bedeutung dieser Maßnahmen ist groß und erreichte mit der Übernahme- und Fusionswelle um die Jahrtausendwende ihren ersten Höhepunkt. Oft werden sie nicht isoliert durchgeführt, sondern sind Bestandteile eines mehrere Schritte umfassenden Erwerbs- und Integrationsprozesses, der etwa mit der Unterbreitung eines Übernahmeangebots nach Maßgabe der Vorschriften des Wertpapiererwerbs- und Übernahmegesetzes beginnt, über den Abschluss eines Beherrschungs- und Gewinnabführungsvertrags oder – bei börsennotierten Gesellschaften – über ein Delisting führt und schließlich mit dem Ausschluss der noch in der Gesellschaft verbliebenen Minderheitsaktionäre im Wege des Squeeze-out oder der Mehrheitseingliederung endet[2]. Mit Ausnahme des Übernahmeangebots ist den betroffenen (Minderheits-)Aktionären bei sämtlichen dieser Maßnahmen ein Ausgleich und/oder eine Abfindung anzubieten, deren Angemessenheit wiederum im Spruchverfahren überprüfbar ist.

Was die verfahrensrechtliche Ausgestaltung dieses Spruchverfahrens betrifft, so wurde seitens der Praxis bemängelt, dass sie weder dessen stetig wachsender Bedeutung noch den praktischen Bedürfnissen gerecht werde. Insbesondere dauerten (und dauern) Spruchverfahren sehr lange. Im Zuge der Diskussionen über die Reform des Anfechtungsrechts und der gesetzlichen Regelung des Übernahmerechts wurden dann diejenigen Stimmen lauter, die ein grundlegend reformiertes und für künftige Entwicklungen gewappnetes Verfahrensrecht forderten. Das SpruchG ist die Reaktion des Gesetzgebers auf diese Forderungen. Es erhebt die Verfahrensbe-

---

1 Gesetz zur Neuordnung des gesellschaftsrechtlichen Spruchverfahrens (Spruchverfahrensneuordnungsgesetz) vom 12.6.2003, BGBl. I, S. 838.

2 Anschaulich hierzu die unter http://www.bafin.de/datenbanken/wpueg_14/bcp.pdf (S. 35 ff.) abrufbare Angebotsunterlage nach § 14 WpÜG der *BCP Crystal Acquisition GmbH & Co. KG* zum Erwerb der Aktien der *Celanese AG*, in der unter IV. 2. (d) (S. 35 ff.) die "Absichten des Bieters" in Bezug auf die mögliche Durchführung bestimmter Strukturmaßnahmen dargestellt werden.

schleunigung zur Maxime und will die zuvor geltenden Vorschriften "behutsam überarbeite[n] und punktuell verbesser[n]"[3].

II. Zielsetzungen der Arbeit

Ausgehend von den Zielsetzungen des Gesetzgebers bei der Neuregelung des Spruchverfahrens untersucht die vorliegende Arbeit zum einen die Ausgestaltung des Spruchverfahrens im SpruchG daraufhin, ob sie dessen Hauptanliegen, der nachhaltigen Verfahrensbeschleunigung, gerecht wird und das vorhandene Potenzial zur Verfahrensbeschleunigung ausschöpft. Ein besonderes Augenmerk wird dabei auf die vor und während des Gesetzgebungsverfahrens geäußerten Forderungen der Praxis gerichtet. Zum anderen soll die Arbeit ein geschlossenes Bild des neu geregelten Spruchverfahrens und seiner materiell-rechtlichen Grundlagen vermitteln.

Das SpruchG hat einige vor seiner Geltung umstrittene Rechtsfragen geklärt. Andere zuvor streitige Fragen blieben auch nach der Neuregelung noch aktuell bzw. wurden durch das SpruchG erst aufgeworfen. In diesem Zusammenhang ist insbesondere die – für die Aktionärs-Antragsteller höchst brisante – Frage zu nennen, ob die Antragsberechtigung von Aktionärs-Antragstellern auch ohne Bestreiten des Antragsgegners und innerhalb der Antragsfrist nachzuweisen ist[4]. Zu diesen Streitfragen wird Stellung bezogen.

III. Gang der Untersuchung

Die Arbeit gliedert sich in drei Teile. Im ersten Teil wird, da sie für das Verständnis des nunmehr geltenden Rechts hilfreich ist, die historische Entwicklung des Spruchverfahrens nachgezeichnet. Der zweite Teil befasst sich mit den materiell-rechtlichen Grundlagen des Spruchverfahrens. Hier werden zunächst die in § 1 SpruchG aufgeführten Strukturmaßnahmen im Überblick dargestellt, sodann die zur Bestimmung der "angemessenen" Kompensation gängigen Methoden der Unternehmensbewertung erörtert und schließlich weitere gesellschaftsrechtliche Maßnahmen untersucht, bei deren Durchführung sich die Frage der Gewährung einer vermögenswerten Kompensation und ihrer gerichtlichen Überprüfung im Spruchverfahren stellt. Den Hauptteil bildet die Darstellung des Spruchverfahrens des SpruchG im dritten Teil der Arbeit, die sich zum einen an der Systematik des SpruchG und zum anderen am Ablaufplan des Spruchverfahrens orientiert. Hervorzuheben sind dabei die Zuständigkeitsregelungen des SpruchG, die Vorschriften über Antrag, Antragsbegründung, Antragsberechtigung und Antragsfrist sowie die Ausgestaltung der Einbeziehung geheimhaltungsbedürftiger Unterlagen in das

---

[3] Einleitung der BegrRegE zum SpruchG, BT-Drs. 15/371, S. 1.

[4] Vgl. hierzu § 9 A. VI. (S. 166).

Spruchverfahren. Einen breiten Raum nimmt die Untersuchung der zuvor als unzulässig angesehenen, nunmehr jedoch im SpruchG ausdrücklich geregelten Möglichkeit ein, das Spruchverfahren durch einen Verfahrensvergleich zu beenden. Schließlich werden die Ergebnisse in Form von Thesen zusammengefasst.

Erster Teil. Historische Entwicklung des Verfahrens vor einer Spruchstelle

§ 1 Vom Umwandlungsgesetz 1934 bis zum Übernahmerecht

Bereits auf Grund des Umwandlungsgesetzes 1934 wurden Vorschriften über ein Spruchverfahren[5] zur Bestimmung der Kompensation für von einer Strukturmaßnahme betroffene Anteilsinhaber geschaffen (hierzu unter A.). Maßgebliche Entwicklungsstufen des Verfahrensrechts brachten das Umwandlungsgesetz 1956 (hierzu unter B.), das Aktiengesetz 1965 (hierzu unter C.) sowie das Umwandlungsgesetz 1994 (hierzu unter D.) mit sich. Das seit dem 1.1.2002 geltende Übernahmerecht hat den Anwendungsbereich des Spruchverfahrens weiter ausgedehnt (hierzu unter E.).

A. Umwandlungsgesetz 1934

Die Idee, Kompensationsleistungen für die von einer gesellschaftsrechtlichen Strukturmaßnahme betroffenen Anteilsinhaber mit Wirkung für und gegen alle zu bestimmen, wurde erstmals in den 30er Jahren des vorigen Jahrhunderts im Zuge der dem Zeitgeist entsprechenden Bemühungen umgesetzt, die "anonyme Gesellschaftsform der Kapitalgesellschaften" zurückzudrängen und die "persönliche Verantwortlichkeit des oder der Inhaber eines Unternehmens" in den Vordergrund zu stellen[6]. Zu diesem Zweck wurde 1934 das Umwandlungsgesetz[7] geschaffen, dessen Anwendungsbereich sich auf die übertragende Umwandlung von Kapitalgesellschaften und bergrechtlichen Gewerkschaften auf eine Personengesellschaft bzw. den alleinigen Gesellschafter beschränkte. Die übrigen bis dato bekannten Umwandlungstatbestände blieben im Aktienrecht des Handelsgesetzbuchs in den §§ 332-334 geregelt. Auf Grundlage von § 16 UmwG 1934 wurde 1936 die 3. Durchführungsverordnung zum UmwG 1934[8] erlassen, die in Art. 3 (dort in §§ 4 ff.) die formellen Voraussetzungen der Umwandlung einer Kapitalgesellschaft in eine Personengesellschaft durch Mehrheitsbeschluss regelte. Die "an der offenen Handelgesellschaft nicht beteiligten Aktionäre" hatten nach § 6 Abs. 1 DVO "An-

---

5 Vor Geltung des SpruchG war das Verfahren weder im AktG noch im UmwG genau bezeichnet; in Literatur und Rechtsprechung haben sich die Begriffe "Spruchverfahren" und "Spruchstellenverfahren" eingebürgert, die synonym verwendet werden.

6 Amtliche Erläuterung zum UmwG 1934, Deutsche Justiz 1934, 883; siehe hierzu auch *K. Schmidt*, Gesellschaftsrecht, § 12 II 1 b (S. 341 f.); zu den weiteren unmittelbaren und mittelbaren Steuerungsmechanismen – insbesondere dem Steuerrecht – siehe *Böttcher/Meilicke* (4. Aufl.), S. 4 ff.

7 Gesetz über die Umwandlung von Kapitalgesellschaften vom 5.7.1934, RGBl. I, S. 569.

8 3. Durchführungsverordnung zum Gesetz über die Umwandlung von Kapitalgesellschaften vom 2.12.1936, RGBl. I, S. 1003; im Folgenden: DVO.

spruch auf angemessene Abfindung unter Berücksichtigung des Wertes ihrer Aktien". Nach § 9 DVO konnte die den ausscheidenden Aktionären nach §§ 6-8 DVO zu gewährende Abfindung in einem Spruchverfahren festgestellt werden. Die Vorschriften der §§ 9-13 DVO, die dieses Verfahren regelten, rezipierten ein Spruchverfahren, wie es in ähnlicher Form für die Aufwertung von Ansprüchen aus Genussscheinen nach der 4. Durchführungsverordnung zur Goldbilanzverordnung[9] bestand. Die Einführung besonderer Bestimmungen über die Feststellung der "angemessenen Abfindung" beruhte auf der Annahme, dass infolge der Ausdehnung der Umwandlung durch Mehrheitsbeschluss die Anzahl der künftig ausscheidenden und angemessen abzufindenden Gesellschafter stark anwachsen werde[10] und die übernehmende Personengesellschaft bzw. der übernehmende Gesellschafter ein Interesse an der einheitlichen und schnellen Festsetzung der Abfindung habe[11]. Vor Einführung des umwandlungsrechtlichen Spruchverfahrens konnte die Abfindung nach Umwandlungen allein durch allgemeine Leistungsklage des ausscheidenden Gesellschafters gerichtlich geltend gemacht werden[12]. Diese Möglichkeit bestand fort. Die "Angemessenheit" wurde in diesen Fällen nach § 287 ZPO bestimmt. Üblicherweise wurde die Abfindung jedoch nicht auf gerichtlichem Wege festgelegt, sondern zwischen den Beteiligten vereinbart[13].

I. Überblick über das Verfahren

Die DVO sah davon ab, Spruchstellen mit besonderer Besetzung zu bilden. Spruchstelle erster Instanz war vielmehr gem. § 10 Abs. 1 Satz 1 DVO das Landgericht, in dessen Bezirk die Gesellschaft ihren Sitz hatte. War bei diesem eine Kammer für Handelssachen gebildet, so war sie funktionell zuständig, § 10 Abs. 1 Satz 2 DVO. Das Spruchverfahren wurde nur auf Antrag eingeleitet. Antragsberechtigt waren die Personengesellschaft oder der Hauptgesellschafter, auf die oder den das Vermögen der Kapitalgesellschaft übertragen worden war, als Schuldner des Abfindungsanspruchs, § 12 Abs. 3 DVO. Wollte dagegen der ausscheidende Gesellschafter den Abfindungsanspruch gerichtlich geltend machen, so war er weiterhin auf die allgemeine Leistungsklage angewiesen[14]. Diese unterschiedliche Behandlung beruhte auf der Annahme, nur der Schuldner habe das besondere Interesse an der einheitlichen Feststellung des Abfindungsanspruchs in nur einem Verfahren[15]. Das Spruchverfahren wurde mithin als ein Instrument betrachtet, das nicht dem Schutz der Abfindungsberechtigten, sondern dem des Übernehmers diente. Er sollte vor

---

9 4. Durchführungsverordnung zur Goldbilanzverordnung vom 28.8.1924, RGBl. I, S. 697.

10 *Herbig*, Deutsche Justiz 1936, 1879, 1881.

11 *Herbig*, Deutsche Justiz 1936, 1879, 1881.

12 *Herbig*, Deutsche Justiz 1936, 1879, 1881.

13 *Herbig*, Deutsche Justiz 1936, 1879, 1881.

14 *Herbig*, Deutsche Justiz 1936, 1879, 1881.

15 *Herbig*, Deutsche Justiz 1938, 1879, 1881, *Böttcher/Meilicke* (4. Aufl.), § 9-19 3. UmwGes-DVO Rn. 3.

Massenprozessen geschützt[16] und in seiner wirtschaftlichen Betätigung nur möglichst kurz durch eine Vielzahl von Ansprüchen in ungewisser Höhe beeinträchtigt werden[17].

Eine Sonderregelung galt für diejenigen Aktiengesellschaften, Kommanditgesellschaften und bergrechtlichen Gewerkschaften, deren Aktien bzw. Kuxe an einer deutschen Börse – amtlich oder im Freiverkehr[18] – zum Handel zugelassen waren. Bei ihnen konnte nach § 5 der später erlassenen 4. DVO zum UmwG 1934[19] der Reichswirtschaftsminister vom Übernehmer verlangen, dass dieser den Antrag auf Feststellung der Abfindung bei der Spruchstelle stellt.

Der Antrag war erst zulässig, wenn der Umwandlungsbeschluss in das Handelsregister eingetragen war, § 12 Abs. 2 DVO. Die Spruchstelle sollte nicht hypothetische Meinungsverschiedenheiten, sondern praktische Streitigkeiten entscheiden[20]. Auch war die Teilnahme am Spruchverfahren für die ausscheidenden Gesellschafter als Gläubiger des Abfindungsanspruchs fakultativ. Da sie jedoch selbst nicht antragsberechtigt waren und gem. § 15 Abs. 1 Satz 1 DVO die Entscheidung der Spruchstelle für und gegen alle ausscheidenden Aktionäre wirkte, hatte die Spruchstelle gem. § 13 Abs. 1 Satz 1 DVO den ausscheidenden Aktionären zur Wahrung ihrer Rechte einen gemeinsamen Vertreter zu bestellen, der die Stellung eines gesetzlichen Vertreters innehatte. Von der Bestellung des gemeinsamen Vertreters konnte die Spruchstelle gem. § 13 Abs. 1 Satz 2 DVO absehen, wenn die Wahrung der Rechte der ausscheidenden Gesellschafter auf andere Weise sichergestellt war. Dies wurde z.B. angenommen, wenn nur wenige Gesellschafter ausschieden und diese sich alle am Verfahren beteiligten[21]. Wurde ein gemeinsamer Vertreter bestellt, so vertrat dieser nach der sich in der Folgezeit herausbildenden h.M. auch diejenigen ausscheidenden Gesellschafter, die selbst am Verfahren teilnahmen. Folge war, dass der gemeinsame Vertreter mit Wirkung für und gegen alle abfindungsberechtigten Aktionäre einen Vergleich mit dem Übernehmer abschließen und so das Verfahren beenden konnte[22].

II. Anzuwendende Verfahrensvorschriften

Auf das Verfahren vor der Spruchstelle fanden gem. § 11 DVO die Regelungen des FGG[23] Anwendung, soweit die 3. DVO keine Sonderregelungen enthielt. Das Gericht konnte also von Amts wegen Ermittlungen anstellen (§ 12 FGG) und war

---

16 *Geßler*, BB 1956, 1175, 1179.

17 *Baumbach*, (1. Aufl.), Anh. § 287 AktG, Erläuterung 1) a) zu § 12 DVO (S. 419).

18 *Böttcher/Meilicke* (4. Aufl.), § 5 4. UmwGesDVO Rn. 1.

19 4. Durchführungsverordnung zum Gesetz über die Umwandlung von Kapitalgesellschaften vom 24.6.1937, RGBl. I, S. 661.

20 *Herbig*, Deutsche Justiz 1938, 1879, 1881.

21 *Herbig*, Deutsche Justiz 1938, 1879, 1881.

22 *Böttcher/Meilicke* (4. Aufl.), § 9-19 3. UmwGesDVO Rn. 4.

nicht an Anträge der Beteiligten gebunden[24]. Ein Anwaltszwang bestand nicht[25]. Im Rahmen seiner Ermittlungen konnte das Gericht die Vermögenslage des Übernehmers sowie die Ertragskraft des übernommenen Betriebs von Amts wegen untersuchen[26] und vom Übernehmer hierzu die notwendigen Angaben und Belege verlangen[27]. Gegenstand des Spruchverfahrens war die Feststellung der angemessenen Abfindung. War hierüber bereits die Leistungsklage zwischen einem abfindungsberechtigten Aktionär und dem Übernehmer rechtshängig, so war der Prozess bis zur Erledigung des Spruchverfahrens auszusetzen[28].

III. Entscheidung der Spruchstelle

Wichtigstes Merkmal der Entscheidung der Spruchstelle war ihre Wirkung für und gegen alle ausscheidenden Gesellschafter, § 15 Abs. 1 Satz 1 DVO. Allerdings sah die Vorschrift vor, dass die Spruchstelle eine "anderweitige Bestimmung" treffen konnte. Demnach war es z.B. möglich, die Abfindung nur für die Inhaber einer Aktiengattung festzusetzen[29]. Von der Entscheidung unberührt blieben rechtskräftige Urteile sowie Vergleiche und andere Vereinbarungen, § 15 Abs. 1 Satz 2 DVO. Im Übrigen maß man der Entscheidung die Wirkung eines Feststellungsurteils bei, das nicht vollstreckbar sei[30]. Leistete der Abfindungsschuldner nach der Feststellung nicht, so musste er auf Zahlung verklagt werden[31]. Das Gericht war dann gem. § 15 Abs. 2 DVO an die Festsetzung der Abfindungshöhe gebunden.

Schuldner sowohl der Verfahrensgebühren als auch der Vergütung des gemeinsamen Vertreters war der Antragsteller, § 18 Abs. 2 Satz 1 und § 13 Abs. 3 Satz 1 DVO. Auch dies begründete man mit dem besonderen Interesse an der Durchführung des Spruchverfahrens, das allein für den Antragsteller bestehe[32]. Gegen die Entscheidung über die zu gewährende Abfindung und die Verfügungen der Spruchstelle fand die sofortige Beschwerde statt, § 17 Abs. 1 Satz 1 DVO. Spruchstelle des zweiten Rechtszuges war gem. § 10 Abs. 2 DVO das Oberlandesgericht. Unter den beschwerdefähigen "Verfügungen der Spruchstelle" im Sinne der Vor-

---

23 Gesetz über dr Angelegenheiten der freiwilligen Gerichtsbarkeit vom 17.5.1898, RGBl. I, S. 189.

24 *Böttcher/Meilicke* (4. Aufl.), § 9-19 3. UmwGesDVO Rn. 2.

25 *Böttcher/Meilicke* (4. Aufl.), § 9-19 3. UmwGesDVO Rn. 2; *Schlegelberger* (5. Aufl.), § 13 Rn. 12.

26 *Böttcher/Meilicke* (4. Aufl.), § 9-19 3. UmwGesDVO Rn. 2.

27 *Herbig*, Deutsche Justiz 1938, 1879, 1881.

28 *Böttcher/Meilicke* (4. Aufl.), § 9-19 3. UmwGesDVO Rn. 6.

29 *Herbig*, Deutsche Justiz 1938, 1879, 1881.

30 *Herbig*, Deutsche Justiz 1938, 1879, 1881; *Böttcher/Meilicke* (4. Aufl.), § 9-19 3. UmwGes-DVO Rn. 6.

31 *Herbig*, Deutsche Justiz 1938, 1879, 1881; *Böttcher/Meilicke* (4. Aufl.), § 9-19 3. UmwGes-DVO Rn. 6.

32 *Herbig*, Deutsche Justiz 1938, 1879, 1882.

schrift verstand man solche Entscheidungen, die bestimmt und geeignet waren, eine rechtliche Wirkung für die Beteiligten herbeizuführen und sonstige Einwirkungen auf rechtlich geschützte Interessen zu äußern[33]. Als beschwerdefähig in diesem Sinne anerkannt waren die Bestellung des gemeinsamen Vertreters (§ 13 Abs. 1 Satz 1 DVO) sowie die Festsetzung seiner Vergütung (§ 13 Abs. 2 Satz 2 DVO) und der Verfahrensgebühr (§ 18 Abs. 1 DVO)[34]. Hatte die Spruchstelle einen gemeinsamen Vertreter bestellt und legte nur ein Teil der ausscheidenden Gesellschafter Beschwerde ein, so wurde dadurch die Rechtskraft der Entscheidung in vollem Umfang gehemmt[35]. Die weitere Beschwerde war ausgeschlossen, § 17 Abs. 2 DVO.

B. Umwandlungsgesetz 1956

Nachdem das AktG 1937[36] die Vorschriften des UmwG 1934 und seiner Durchführungsverordnungen unberührt ließ[37] und die §§ 257-287 AktG 1937 – wie bereits zuvor das HGB – allein die Umwandlung von Kapitalgesellschaften in eine andere Kapitalgesellschaftsform regelten, vereinte das UmwG 1956[38] die Regelungen des UmwG 1934 und seiner Durchführungsverordnungen. Wie sein Vorgänger beschränkte sich das UmwG 1956 darauf, die übertragende Umwandlung von Kapitalgesellschaften und bergrechtlichen Gewerkschaften auf eine Personengesellschaft oder einen Gesellschafter zu regeln.

§ 12 Abs. 1 UmwG 1956 gewährte den nach der Umwandlung ausscheidenden Aktionären einen Anspruch auf angemessene Abfindung, der gem. § 13 UmwG 1956 im Spruchverfahren festgestellt werden konnte. Zugleich blieb es auch unter Geltung des UmwG 1956 bei der Möglichkeit, die angemessene Abfindung im Wege der Leistungsklage gerichtlich geltend zu machen. Deren Zulässigkeit wurde aus § 37 Abs. 1 UmwG 1956 abgeleitet[39]. Das Spruchverfahren war in den §§ 30 ff. UmwG 1956 geregelt. Im Vergleich mit den Vorgängerregelungen ergaben sich nur wenige, dafür jedoch bedeutsame Neuerungen. Spruchstelle des ersten Rechtszugs war nunmehr gem. § 30 Satz 1 UmwG 1956 das Oberlandesgericht. Auf das Verfahren fand weiterhin das FGG Anwendung. Das Spruchverfahren wurde als echtes Streitverfahren[40] eingeordnet, in dem aus Zweckmäßigkeitsgründen über ein streitiges Rechtsverhältnis im Verfahren der freiwilligen Gerichtsbarkeit entschie-

---

33 *Schlegelberger* (5. Aufl.), § 16 Rn. 1.

34 *Herbig*, Deutsche Justiz 1938, 1879, 1881.

35 *Herbig*, Deutsche Justiz 1938, 1879, 1881.

36 Gesetz über die Aktiengesellschaften und Kommanditgesellschaften auf Aktien (Aktiengesetz) vom 30.1.1937, RGBl. I, S. 197.

37 *Baumbach*, Einf. § 257 AktG.

38 Gesetz über die Umwandlung von Kapitalgesellschaften und bergrechtlichen Gewerkschaften vom 11.12.1956, BGBl. I, S. 844.

39 *Böttcher/Meilicke*, § 13 UmwG Rn. 18 ff.

40 Hierzu allgemein BGH v. 17.6.1952 – V BLw 5/52, BGHZ 6, 248, 254.

den wurde[41]. Aus der Natur des Spruchverfahrens als Antragsverfahren schloss man, dass der Verfahrensgegenstand der Dispositionsbefugnis der Parteien unterliege[42]. Dies hatte zur Folge, dass der Verzicht des Antragstellers möglich war. Dieser wurde als konkludente Antragsrücknahme gewertet. Umgekehrt ging man davon aus, dass das Anerkenntnis des Antragsgegners das Rechtsschutzbedürfnis des Antragstellers entfallen lasse[43]. Aus § 37 Abs. 2 UmwG 1956 leitete man die Zulässigkeit eines gerichtlichen Vergleichs der Beteiligten ab, dem wie im Zivilprozess eine Doppelnatur als das Verfahren beendende Prozesshandlung[44] und materiell-rechtlicher Vertrag (§ 779 BGB)[45] beigemessen wurde. Der Grundsatz der Amtsermittlung galt weiterhin. Für die Beteiligten bestand keine Beweislast, jedoch die Pflicht, durch eingehende Tatsachendarstellung an der Aufklärung des Sachverhalts mitzuwirken[46].

Während zuvor der Antrag auf Durchführung des Verfahrens nur durch die übernehmende Personengesellschaft oder den übernehmenden Gesellschafter gestellt werden konnte, waren nach § 32 Abs. 2 UmwG 1956 auch erstmals ausscheidende Anteilsinhaber antragsberechtigt, sofern ihre Anteile den 20. Teil des Nennkapitals erreichten. Mit der Einführung dieses Antragsrechts der Anteilsinhaber wurde eine doppelte Zielrichtung verfolgt. Zum einen fand unter der Geltung des UmwG 1934 ein Wandel der Sicht über den Zweck des Spruchverfahrens statt. Neben dem Interesse des Übernehmenden, vor einer Vielzahl von Rechtsstreitigkeiten mit ausscheidenden Anteilseignern verschont zu werden, war nunmehr auch das Interesse der ausscheidenden Anteilseigner an der einheitlichen Feststellung der angemessenen Abfindung anerkannt[47]. Zuvor konnten die ausscheidenden Anteilsinhaber nur Zugang zum Spruchverfahren erhalten, indem sie auf den Wirtschaftsminister mit dem Ziel einwirkten, dass dieser vom Übernehmer gem. § 5 der 4. DVO zum UmwG 1934 die Durchführung des Spruchverfahrens verlange[48]. Zweiter Grund für die Einführung der Antragsberechtigung ausscheidender Anteilseigner war, dass unter der Geltung des UmwG 1934 das Spruchverfahren kaum praktische Bedeutung erlangt hatte. Durch die Einführung des Antragsrechts für die ausscheidenden Anteilseigner wollte man dies ändern[49].

Wichtigste Neuerung neben der Einführung des Antragsrechts der Anteilsinhaber war die Beschränkung des Verfahrens auf einen Rechtszug. Nach § 30 Satz 2 UmwG 1956 war die Entscheidung des Oberlandesgerichts im ersten Rechtszug endgültig. Den Beteiligten stand keine Anfechtungsmöglichkeit offen. Auch konnte

---

41 *Böttcher/Meilicke*, § 31 Rn. 4.
42 *Böttcher/Meilicke*, § 31 Rn. 5; *Schlegelberger* (5. Aufl.), § 12 Rn. 5a.
43 *Schlegelberger* (5. Aufl.), § 12 Rn. 6.
44 *Schlegelberger* (5. Aufl.), § 12 Rn. 36a.
45 *Böttcher/Meilicke*, § 31 Rn. 6.
46 *Böttcher/Meilicke*, § 31 Rn. 7 und 9.
47 *Franta*, DB 1956, 1198, 1202; *Geßler*, BB 1956, 1175, 1179.
48 *Franta*, DB 1956, 1198, 1202.
49 *Franta*, DB 1956, 1198, 1202.

das Gericht die einmal getroffene Entscheidung nicht gem. § 18 FGG nachträglich abändern[50]. Anders als die 1. Durchführungsverordnung zum AktG 1937[51] verzichtete das UmwG 1956 sogar darauf, dem Oberlandesgericht eine Vorlagepflicht an den Bundesgerichtshof (zuvor: an das Reichsgericht) aufzuerlegen, wenn es in einer Rechtsfrage von der Entscheidung eines anderen Oberlandesgerichts abweichen wollte. § 28 Abs. 2 FGG war direkt nicht anwendbar, da die Vorschrift nur für die Entscheidung des Oberlandesgerichts im zweiten Rechtszugs gilt. Grund dieser Beschränkung des Verfahrens auf einen Rechtszug war die Einordnung des Verfahrensgegenstandes durch den Gesetzgeber. Er betrachtete die Feststellung der angemessenen Abfindung vornehmlich als Tatsachenfrage, so dass es einer "Revisionsinstanz" nicht bedürfe[52].

C. Aktiengesetz 1965

Mit der Neuregelung des Aktienrechts durch das heute noch geltende AktG[53] wurden zahlreiche materiell-rechtliche Tatbestände über gesellschaftliche Vorgänge geschaffen, deren justizförmige Überprüfung in einem Spruchverfahren stattfand und stattfindet (hierzu unter I.). Zugleich wurde durch das Einführungsgesetz zum Aktiengesetz 1965 auch das Umwandlungsgesetz 1956 geändert (hierzu unter II.).

I. Aktienrechtliches Spruchverfahren

Das geltende Aktiengesetz sieht bzw. sah an mehreren Stellen vor, verbandsrechtliche Streitigkeiten durch eine Spruchstelle entscheiden zu lassen. Im Spruchverfahren entschieden werden hiernach Streitigkeiten über die gesetzmäßige Zusammensetzung des Aufsichtsrats (§§ 97 ff. und 30 Abs. 3 Satz 2 AktG)[54] sowie über die Auskunftspflicht des Vorstands in der Hauptversammlung (§ 132 Abs. 1 Satz 1 AktG)[55]. Daneben sah § 169 Abs. 1 a.F. AktG – ähnlich den §§ 27 ff. der 1. Durchführungsverordnung zum AktG 1937 – vor, Meinungsverschiedenheiten zwischen den Abschlussprüfern und der Gesellschaft in einem Spruchverfahren zu entscheiden. Die Vorschrift wurde durch das Bilanzrichtliniengesetz[56] aus dem AktG gestrichen und ihr Anwendungsbereich in § 324 HGB auf sämtliche Kapitalgesellschaf-

---

50 *Böttcher/Meilicke*, § 30 UmwG Rn. 8.

51 § 29 der 1. Durchführungsverordnung zum AktG 1937 vom 29.9.1937, RGBl. I, S. 1026.

52 *Geßler*, BB 1956, 1175, 1179; kritisch *Böttcher/Meilicke*, § 30 UmwG Rn. 1 und 7, die in der Feststellung der angemessenen Abfindung eine Rechtsfrage sehen und die Einführung einer Regelung ähnlich § 29 der 1. DVO zum AktG 1937 als naheliegend betrachten.

53 Aktiengesetz vom 6.9.1965, BGBl. I, S. 1089.

54 Vgl. hierzu ausführlich *Oetker*, ZHR 149 (1985), 575 ff.

55 Vgl. hierzu *Hüffer*, § 132 Rn. 6 ff.

56 Gesetz zur Durchführung der Vierten, Siebten und Achten Richtlinie des Rates der Europäischen Gemeinschaften zur Koordinierung des Gesellschaftsrechts vom 19.12.1985, BGBl. I, S. 2355.

ten erweitert, bei denen gem. § 316 Abs. 1 Satz 1 HGB eine Abschlussprüfung stattzufinden hat. Seine größte Bedeutung erlangte das Spruchverfahren jedoch dort, wo das AktG den von einer Strukturmaßnahme in ihren Mitgliedschaftsrechten betroffenen Aktionären eine vermögenswerte Kompensation zubilligt.

1. Konzernrecht

Den ersten wichtigen Bereich aktienrechtlicher Kompensationstatbestände bildet das im AktG erstmals umfassend geregelte Konzernrecht. Es sieht in §§ 304, 305 AktG den Anspruch der vom Abschluss eines Unternehmensvertrags betroffenen außenstehenden Aktionäre auf einen angemessenen Ausgleich bzw. eine angemessene Abfindung vor. Im AktG 1965 neu geschaffen wurden die Vorschriften über die Eingliederung. Erfolgt sie gem. §§ 320 ff. AktG als Mehrheitseingliederung, so haben die von ihr betroffenen Aktionäre einen Anspruch auf angemessenen Abfindung. In beiden Fällen verweist das AktG Aktionäre, die die Unangemessenheit der Kompensation geltend machen wollen, auf das Spruchverfahren. Dieses war zunächst – teilweise über Verweisungen – in § 306 a.F. AktG geregelt.

2. Umwandlungsrecht des AktG

Ebenfalls im AktG blieb zunächst das Umwandlungsrecht der Aktiengesellschaft geregelt. Es ließ die Verschmelzung, die Vermögensübertragung und die Umwandlung (letztere dem heutigen Formwechsel entsprechend) zu, §§ 338 ff. a.F. AktG. Im Falle der Verschmelzung hatte die übernehmende Gesellschaft nach den §§ 343, 344 a.F. AktG als Gegenleistung eigene Aktien oder eine bare Zuzahlung zu erbringen. Auch bestand Einigkeit darüber, dass Leistung und Gegenleistung "angemessen" im Sinne von "gleichwertig" zu sein hatten[57]. Spezielle Rechtsschutzinstrumente zur Überprüfung dieser Angemessenheit enthielt das AktG zunächst jedoch nicht. Vielmehr verwies § 342 Satz 1 a.F. AktG zur Sicherung der Gleichwertigkeit von Leistung und Gegenleistung auf die Vorschriften über die Nachgründung. Danach war der Verschmelzungsvertrag gem. § 52 Abs. 4 AktG durch Verschmelzungsprüfer zu prüfen. Gem. § 52 Abs. 7 AktG konnte der Registerrichter die Eintragung der Verschmelzung bei Bedenken hinsichtlich der Angemessenheit der Gegenleistung ablehnen[58]. Geändert wurde dieser Rechtszustand 1982 durch das Verschmelzungsrichtlinien-Gesetz[59], das in Ergänzung der genannten Regelung über die Verschmelzungsprüfung den Schutz der Aktionäre vor einem nicht angemessenen Umtauschverhältnis verstärken sollte[60]. Der hierzu neu

---

[57] *Schilling* in Großkomm. AktG (3. Aufl.), § 341 Anm. 4.

[58] *Schilling* in Großkomm. AktG (3. Aufl.), § 341 Anm. 4.

[59] Gesetz zur Durchführung der Dritten Richtlinie des Rates der Europäischen Gemeinschaften zur Koordinierung des Gesellschaftsrechts vom 25.10.1982, BGBl. I, S. 1425.

[60] BegrRegE zu § 352c AktG, BT-Drs. 9/1065, S. 20.

geschaffene § 352c a.F. AktG eröffnete die Möglichkeit, die Angemessenheit des Umtauschverhältnisses im Spruchverfahren überprüfen zu lassen. Das dort geregelte Spruchverfahren war bewusst an das Spruchverfahren bei Unternehmensverträgen und Mehrheitseingliederungen angelehnt.

II. Anpassung des umwandlungsrechtlichen Spruchverfahrens durch das Einführungsgesetz zum Aktiengesetz 1965

Vor dem Hintergrund der Neuregelung des Spruchverfahrens im AktG lag eine Anpassung des UmwG 1956 an das neue AktG nahe und erfolgte mit der Änderung der §§ 12, 13 und 30 ff. UmwG 1956 durch § 39 EGAktG. Das Spruchverfahren gem. §§ 30 ff. UmwG 1965 war nun weitgehend identisch mit dem nach § 306 AktG. Insbesondere entfiel die hergebrachte Möglichkeit der ausscheidenden Anteilseigner, vor dem ordentlichen Gericht eine Leistungsklage zu erheben. Das Spruchverfahren war überdies das allein statthafte Verfahren zur Feststellung und Festsetzung der angemessenen Abfindung. Im Gegenzug knüpfte § 32 Abs. 1 UmwG 1965 die Antragsberechtigung nicht mehr an einen bestimmten Anteil am Nennkapital, sondern billigte jedem ausscheidenden Aktionär die Antragsberechtigung zu. Diese Erweiterung des Rechtsschutzes ist auch vor dem Hintergrund der vom Bundesverfassungsgericht 1962 im *Feldmühle*-Urteil geäußerten Auffassung zu sehen, nach der das Spruchverfahren im Vergleich zum ordentlichen Prozess die größere Gewähr bei der Wertermittlung biete, jedoch mit dem Nachteil des für die Antragsberechtigung erforderlichen Anteils von 5% des Grundkapitals behaftet sei[61].

§§ 306 Abs. 1 a.F. AktG und 306 Abs. 1 a.F. UmwG sahen übereinstimmend wieder die Eingangszuständigkeit des Landgerichts vor. Zudem ließen §§ 306 Abs. 2 a.F., 99 Abs. 3 Satz 2 AktG und § 34 Satz 2 UmwG 1956 die sofortige Beschwerde zum Oberlandesgericht wieder zu. Sie war nicht nur reine Rechtsbeschwerde, da die Verweisung in § 306 Abs. 2 a.F. AktG die Anwendung des § 99 Abs. 3 Satz 3 AktG, der die Beschränkung der Beschwerde auf Rechtsfragen regelt, ausdrücklich ausnahm, und weil es für das umwandlungsrechtliche Spruchverfahren an einer Einschränkung überhaupt fehlte. Das Verfahren selbst blieb im Übrigen weitgehend unverändert. § 306 a.F. AktG übernahm insoweit die Vorschriften des UmwG 1956.

D. Umwandlungsgesetz 1994

Im Zuge der Neuregelung des Umwandlungsrechts[62] wurden die Verfahrensvorschriften des Spruchverfahrens nur in einem wichtigen Punkt geändert: § 308

---

61 BVerfG v. 7.8.1962 – 1 BvL 16/60, BVerfGE 14, 263, 287.

62 Gesetz zur Bereinigung des Umwandlungsrechts (UmwBerG) vom 28.10.1994, BGBl. I,

Abs. 3 UmwG und der gleichzeitig angepasste § 306 Abs. 4 Satz 10 AktG statuierten erstmals das Recht des gemeinsamen Vertreters, das Verfahren auch nach Rücknahme eines Antrags in der Position eines Antragstellers weiterzuführen. Zuvor war in der Praxis häufig zu beobachten gewesen, dass Antragsteller ihre Anträge gegen Zahlung einer individuell erhöhten Kompensation wieder zurücknahmen. Diesem Phänomen des sog. "Auskaufens" der antragstellenden Anteilsinhaber durch den Antragsgegner wollte der Gesetzgeber entgegentreten[63].

Umfassende Neuerungen brachte das Gesetz zur Bereinigung des Umwandlungsrechts für das materielle Recht. Mit dem neu geschaffenen UmwG wurden erstmals sämtliche Umwandlungstatbestände in einem einheitlichen Gesetz zusammengefasst. Weiter bedeutsam ist das UmwG, als sein § 8 den Leitungsorganen der an der Umwandlung beteiligten Rechtsträger erstmals die Pflicht auferlegte, einen ausführlichen Bericht über die Strukturmaßnahme und insbesondere die zu gewährende Kompensation anzufertigen. Zweck der Regelung ist, die Anteilsinhaber, aber auch die gleichsam erstmals vorgeschriebenen Verschmelzungsprüfer in die Lage zu versetzen, die Angemessenheit der baren Zuzahlung sowie einer anzubietenden Abfindung zu beurteilen[64]. Art. 6 des Gesetzes zur Bereinigung des Umwandlungsrechts dehnte diese Berichtspflichten mit Schaffung der §§ 293a-293f AktG sowie der Neufassung des § 320 Abs. 3 AktG auf Unternehmensverträge und die Mehrheitseingliederung ebenso aus wie er die Pflichten einführte, die Strukturmaßnahme insgesamt durch sachverständige Prüfer überprüfen zu lassen und sämtliche Berichte im Vorfeld der Hauptversammlung(en), die über die Strukturmaßnahme beschließt/beschließen, den Aktionären zugänglich zu machen.

Das umwandlungsrechtliche Spruchverfahren regelten die §§ 305-312 UmwG. Die Vorschriften entsprachen weitgehend den §§ 30-37 und 39 UmwG 1956 und damit zugleich den §§ 306 a.F., 99 AktG.

E. Übernahmerecht: Squeeze-out

Der Kreis derjenigen aktienrechtlichen Strukturmaßnahmen, bei denen eine Kompensation zu gewähren und deren Höhe im Spruchverfahren zu überprüfen ist, wurde zum 1.1.2002 im Zuge der Regelung des Übernahmerechts erweitert[65]. Der Gesetzgeber führte in den §§ 327a ff. AktG den Ausschluss von Minderheitsaktionären durch Übertragung ihrer Aktien auf einen Hauptaktionär ("Squeeze-out") ein, bei dem den ausgeschiedenen Aktionären eine angemessene Barabfindung zu gewähren und deren Höhe im Spruchverfahren zu überprüfen ist. Für das Spruchverfahren verwies § 327f Abs. 2 Satz 3 a.F. AktG auf § 306 a.F. AktG. Bedeutsam

---

S. 3210.

63 *Krieger* in Lutter, § 6 SpruchG Rn. 12.

64 BegrRegE zu § 8 UmwG 1994, BT-Drs. 12/6699, S. 84.

65 Gesetz zur Regelung von öffentlichen Angeboten zum Erwerb von Wertpapieren und von Unternehmensübernahmen vom 20.12.2001, BGBl. I, S. 3822.

ist die Einführung des Squeeze-out auch insofern, als die sachverständigen Prüfer, die wie bei den übrigen aktien- und umwandlungsrechtlichen Strukturmaßnahmen die Maßnahme zu prüfen haben, gem. § 327c Abs. 2 Satz 3 AktG erstmals nicht durch die Gesellschaft selbst, sondern gerichtlich bestellt werden.

§ 2 Neuordnung des Spruchverfahrens

Die Genese der Regelungen über das Spruchverfahren bis zur Einführung des Squeeze-out macht deutlich, dass mit nahezu jeder Änderung oder Ergänzung der Regelungen über materiell-rechtliche Kompensationstatbestände nicht nur die Änderung der Verfahrensvorschriften über das Spruchverfahren, sondern auch die Änderung des Verfahrenszwecks einherging. So wurde aus dem zunächst allein dem Schutz des Abfindungsschuldners dienenden Spruchverfahren des UmwG 1934 ein wichtiges Instrument des Minderheiten- und Anlegerschutzes[66]. Zugleich – und wie beabsichtigt – stieg auch die praktische Bedeutung des Spruchverfahrens. Für den Zeitraum von 1980 bis 1992 ergab eine empirische Untersuchung, dass in mehr als 40% aller in Frage kommenden Fälle Spruchverfahren eingeleitet wurden[67]. Nach Einführung des Squeeze-out bestätigten mehr als zwei Drittel der diese Verfahren betreibenden Hauptaktionäre, dass Spruchverfahren zur Überprüfung der Barabfindung eingeleitet wurden[68].

Mit der Ausdehnung des Anwendungsbereichs des Spruchverfahrens und dem Wandel des Verfahrenszwecks wurde am Ende der 90er Jahre ein erheblicher Reformbedarf konstatiert (hierzu unter A.), was zu Diskussionen über die Neuordnung des Spruchverfahrens führte (hierzu unter B.). Die Ergebnisse dieser Diskussion setzte der Gesetzgeber durch die Neuregelung des gesellschaftsrechtlichen Spruchverfahrens um (hierzu unter C.).

A. Reformbedarf

Mit der zunehmenden praktischen Bedeutung des Spruchverfahrens wurde die Ineffizienz der Verfahrensvorschriften deutlich. Schon früh kam Kritik an der überlangen Dauer der Verfahren auf[69], die man geradezu als "an Rechtsverweigerung grenzend"[70] empfand. Für die Folgezeit lässt sich dieser Befund fortschreiben, dauerten doch selbst "an Übersichtlichkeit nicht zu überbieten[de]"[71] Spruchverfah-

---

66 *Lutter/Bezzenberger*, AG 2000, 433, 435.

67 *Dörfler/Gahler/Unterstraßer/Wirichs*, BB 1994, 156, 159.

68 *Rathausky*, AG 2004, R24.

69 *Beyerle*, ZGR 1977, 650 ff; *Meilicke*, WT 1976, 741.

70 *Beyerle*, BB 1978, 784, 785; Bericht der Regierungskommission Corporate Governance bei *Baums* (Hrsg.), Rn. 171.

71 *Götz*, DB 1996, 259 unter Bezugnahme auf BayObLG v. 31.5.1995 – 3Z BR 67/89, AG 1995, 509-512.

ren über zwei Instanzen neun Jahre und wurde in der Spitze eine Verfahrensdauer von insgesamt 19 Jahren erreicht[72].

Hauptgrund für die überlange Verfahrensdauer des Spruchverfahrens war, dass trotz der Ausweitung seines Anwendungsbereichs und der damit einhergehenden schrittweisen Änderung des Verfahrenszwecks die "eigentlichen" Verfahrensvorschriften weitgehend unangetastet blieben. Stets blieb es bei der Geltung des Amtsermittlungsgrundsatzes des § 12 FGG. Er erlaubte den Antragstellern, sich in ihrem Antrag darauf zu beschränken, die Angemessenheit der angebotenen Kompensation zu negieren und deren Überprüfung zu beantragen[73]. Für das Gericht bestand dann die erste Schwierigkeit bereits in der Identifikation der streitigen Punkte[74]. Obwohl vielfach die Zuständigkeiten für Spruchverfahren gebündelt wurden und somit spezialisierte Spruchkörper mit den Verfahren befasst waren, zeigten sich selbst solche "Spezialspruchkörper" häufig mit der Amtsermittlung überfordert. Auf die Hilfe der Beteiligten konnten sie in dieser Hinsicht nicht bauen. Sie trifft im Rahmen der Amtsermittlung lediglich eine gewisse Verpflichtung, an der Aufklärung des Sachverhalts mitzuwirken[75]. Dies setzt freilich voraus, dass der zu beurteilende Sachverhalt den Antragstellern selbst bekannt ist[76], was oft nicht der Fall war. Zwischen Antragstellern und Antragsgegner bestand ein erhebliches Informationsgefälle, da sich das für die Beurteilung der Angemessenheit der Kompensation erforderliche Tatsachenmaterial ganz überwiegend im Zugriffsbereich des Antragsgegners befand und es weder für die Antragsteller noch für das Gericht eine Handhabe gab, dieses Material für das Verfahren nutzbar zu machen. Selbst "begründungswillige" Antragsteller waren daher oft nicht in der Lage, ihren Antrag hinreichend zu begründen. Auch war die Neigung der Antragsteller, hierfür auf die im Zuge der jeweiligen Strukturmaßnahme erstellten Berichte der Leitungsorgane und der sachverständigen Prüfer zurückzugreifen, gering. Die gerichtliche Bestellung der sachverständigen Prüfer sahen nur die Vorschriften über den Squeeze-out vor. Bei den anderen abfindungs- oder ausgleichspflichtigen Strukturmaßnahmen wurden die sachverständigen Prüfer dagegen von den Leitungsorganen der an der Strukturmaßnahme beteiligten Unternehmen bestellt. Dies führte auf Seiten der Antragsteller in der Regel zu einem nur geringen Vertrauen in die Objektivität der Prüfungsberichte.

In der Praxis führte die Ausgestaltung der Vorschriften über das Spruchverfahren dazu, dass die Gerichte einen Sachverständigen mit der Neubewertung im Wege eines "Flächengutachtens" beauftragten. Sein Zweck bestand nicht etwa in der Feststellung der angemessenen Kompensation. Vielmehr diente das Gutachten in

---

72 Vgl. den Überblick bei *Meilicke/Heidel*, DB 2003, 2267, dort in Fn. 4.

73 *Bilda*, NZG 2000, 296; *Lutter/Bezzenberger*, AG 2000, 433, 436.

74 *Lutter/Bezzenberger*, AG 2000, 433, 436 sprechen in diesem Zusammenhang anschaulich von einem "informierten Streit".

75 *Schmidt* in Keidel/Kuntze/Winkler, § 12 Rn. 5; *Bumiller/Winkler*, § 12 Rn. 3.

76 *Bumiller/Winkler*, § 12 Rn. 3.

der Regel erst dazu, den Streitstoff zu erarbeiten, indem die Gutachtenparameter mit denen der Berichte verglichen wurden. Bereits zuvor, bei der Beauftragung des Sachverständigen, galt es eine erste Hürde zu überwinden. Die Vergütung des gerichtlich bestellten Sachverständigen bemaß sich nach den Vorschriften des ZSEG a.F.[77], dessen üblicher Stundensatz für Sachverständige seinerzeit 25 bis 52 EUR betrug und nur nach Maßgabe des § 3 Abs. 3 ZSEG a.F. um 50 Prozent erhöht werden konnte. Zwar ließ § 7 ZSEG a.F. die Vereinbarung einer bestimmten Vergütung zu. Doch stießen auch solche Vereinbarungen häufig auf Schwierigkeiten, da sie die Zustimmung sämtlicher Beteiligten erforderten und insbesondere mit dem Antragsgegner, der nach seinerzeit geltendem Recht grundsätzlich sämtliche Verfahrenskosten zu tragen hatten, oft keine Einigung zu erzielen war. Allein Vergütungsstreitigkeiten beanspruchten daher oft Monate[78], wenn nicht gar Jahre[79].

Hinzu kam und kommt, dass das für die Bewertung der richterlichen Arbeitsleistung übliche "Pensensystem", bei dem die richterliche Arbeitsleistung nach der Anzahl der erledigten Akten bewertet wird, geradezu darauf angelegt ist, den Verfahrensförderungswillen des Gerichts zu zügeln. Da ein erledigtes Spruchverfahren nicht anders gewertet wird als ein Versäumnisurteil, ist es in der Gerichtsorganisation angelegt, dass Richter Spruchverfahren vor sich her schieben und es vorziehen, zunächst andere Verfahren zu bearbeiten[80].

B. Diskussion über die Neuordnung des Spruchverfahrens

Ausgehend von diesem Befund wurde insbesondere in den späten 90er Jahren diskutiert, wie das Spruchverfahren neu gestaltet werden könne[81]. Wichtige Impulse lieferte insbesondere ein von der Deutschen Schutzvereinigung für Wertpapierbesitz (DSW) eingesetzter Arbeitsausschuss, der im Jahre 2000 einen ausführlichen, begründeten Gesetzesvorschlag vorlegte[82]. Auch der 63. Deutsche Juristentag, dessen wirtschaftsrechtliche Abteilung sich mit der Neuregelung des aktienrechtlichen Anfechtungs- und Organhaftungsrechts befasste, forderte in seinen Beschlüssen die Überprüfung der Verfahrensregeln des Spruchverfahrens, um die überlange Verfahrensdauer abzukürzen und so (auch) den Boden für die Ausweitung des Spruchverfahrens zu bereiten[83]. Schließlich legte auch die Regierungskommission

---

77 Gesetz über die Entschädigung von Zeugen und Sachverständigen vom 26.7.1957, BGBl. I, S. 902; zu dessen Ersetzung durch das Justizvergütungs- und -ent schädigungsgesetz (JVEG) vgl. § 12 C. I. 2. b) (S. 224).

78 Bericht der Regierungskommission Corporate Governance bei *Baums* (Hrsg.), Rn. 172; *Bilda*, NZG 2000, 296, 297; *Tomson/Hammerschmitt*, NJW 2003, 2572, 2573.

79 Vgl. das Fallbeispiel bei *Meilicke/Heidel*, DB 2003, 2267.

80 *Meilicke/Heidel*, DB 2003, 2267.

81 *Bilda*, NZG 2000, 296 ff.; *Lutter/Bezzenberger*, AG 2000, 433; vgl. zur Reformdiskussion auch *Neye*, NZG 2002, 23.

82 *Lutter/Bezzenberger*, AG 2000, 433, 444 ff.

83 Beschlüsse des 63. Deutschen Juristentages in Leipzig 2000, Abteilung E.

Corporate Governance eine Fülle von Vorschlägen zur Ausgestaltung eines reformierten Spruchverfahrens vor[84].

Eines der Ziele der Neugestaltung des Spruchverfahrens war die Konzentration der zuvor über mehrere Gesetze verstreuten Verfahrensvorschriften[85]. Hierzu wurde vorgeschlagen, im FGG einen eigenen Abschnitt über das Spruchverfahren zu schaffen[86] oder das Verfahren insgesamt den Regeln des Zivilprozesses zu unterwerfen[87]. Beide Vorschläge hat der Gesetzgeber nicht aufgegriffen. Vielmehr entschied er sich, das Spruchverfahren in einem eigenen Verfahrensgesetz zu regeln, das einzelne Elemente des Zivilprozesses aufgreift, im Übrigen aber auf das FGG verweist.

C. Gesetz zur Neuordnung des gesellschaftsrechtlichen Spruchverfahrens

Den Referentenentwurf für das Gesetz zur Neuordnung des gesellschaftsrechtlichen Spruchverfahrens legte das Bundesministerium der Justiz im November 2001 vor[88]. Auf ihn folgten zahlreiche Stellungnahmen, insbesondere seitens der beiden großen Aktionärsvereinigungen, der Spitzenverbände der deutschen Wirtschaft sowie des Handelsrechtsausschusses des Deutschen Anwaltvereins[89]. Der hieraus resultierende Diskussionsbedarf führte dazu, dass das Gesetzgebungsverfahren bis zum Beginn der 15. Legislaturperiode zurückgestellt wurde.

Der erste Gesetzentwurf der Bundesregierung datiert vom 8.11.2002[90]. Der Bundesrat nahm zu ihm in seiner 784. Sitzung am 20.12.2002 Stellung[91], so dass der Regierungsentwurf in seiner endgültigen Fassung am 29.1.2003 in den Deutschen Bundestag eingebracht werden konnte[92]. Dort wurde er am 13.2.2003 in erster Lesung behandelt und an den Rechtsausschuss überwiesen[93]. Seine Beschlussempfehlung und seinen Bericht gab der Rechtsausschuss am 9.4.2003 ab[94]. In dieser Fassung wurde der Gesetzentwurf am 20.4.2003 in zweiter und dritter Lesung ange-

---

(Wirtschaftsrecht), Nr. I. 11 und 12, abrufbar unter http://www.djt.de/files/djt/63/wirtschaftsrecht.pdf.

84 Bericht der Regierungskommission Corporate Governance bei *Baums* (Hrsg.), Rn. 169-176.

85 *Neye*, NZG 2002, 23.

86 *Lutter/Bezzenberger*, AG 2000, 433, 443.

87 *Puszkajler*, ZIP 2003, 518, 520.

88 Referentenentwurf eines Gesetzes zur Neuordnung des gesellschaftsrechtlichen Spruchverfahrens (Spruchverfahrensneuordnungsgesetz), NZG 2002, 25.

89 Stellungnahme des DAV zum RefE, NZG 2002, 119 ff.

90 BR-Drs. 827/02.

91 BR-Plenarprotokoll 784 vom 20.12.2002, S. 601B-C; BR-Drs. 827/02/1.

92 BT-Drs. 15/371.

93 BT-Plenarprotokoll 15/25 vom 13.2.2003, S. 2006C.

94 BT-Drs. 15/838.

nommen[95]. Nachdem der Bundesrat in seiner 788. Sitzung am 23.5.2003 beschloss, einen Antrag auf Anrufung des Vermittlungsausschusses nicht zu stellen[96], wurde das Gesetz zur Neuordnung des gesellschaftsrechtlichen Spruchverfahrens am 12.6.2003 ausgefertigt und am 17.6.2003 im Bundesgesetzblatt verkündet[97]. In seinen wesentlichen Teilen trat es am 1.9.2003 in Kraft. Allein diejenigen Vorschriften, welche die Landesregierungen zum Erlass von Rechtsverordnungen ermächtigen, traten nach Art. 7 des Gesetzes zur Neuordnung des gesellschaftsrechtlichen Spruchverfahrens bereits am Tag nach der Verkündung in Kraft[98].

Art. 1 des Gesetzes zur Neuordnung des gesellschaftsrechtlichen Spruchverfahrens enthält den Kern der Neuregelung, das Spruchverfahrensgesetz (SpruchG), das für sämtliche in § 1 SpruchG genannten aktien- und umwandlungsrechtlichen Strukturmaßnahmen gilt. Die weiteren Artikel enthalten im Wesentlichen Folgeänderungen des AktG, des UmwG und der BRAGO a.F. Ergänzt wurde das SpruchG durch das Gesetz zur Einführung der Europäischen Gesellschaft (SEEG)[99].

---

95 BT-Plenarprotokoll 15/40 vom 10.4.2003, S. 3283C.

96 BR-Plenarprotokoll 788 vom 23.5.2003, S. 132 C-D, 161D-162A/Anl.

97 BGBl. I, S. 838.

98 Zur zeitlichen Geltung vgl. LG München I v. 7.10.2004 – 5 HK O 16202/03, AG 2005, 311; LG Dortmund v. 25.11.2004 – 18 AktE 28/03, AG 2005, 309, 310; *Wasmann*, DB 2003, 1559 f.

99 Gesetz zur Einführung der Europäischen Gesellschaft (SEEG) vom 22.12.2004, BGBl. I, S. 3675.

Zweiter Teil. Statthaftigkeit des Spruchverfahrens: Materiellrechtliche Grundlagen

§ 1 SpruchG führt diejenigen Tatbestände auf, bei deren Durchführung eine Kompensation zu gewähren ist und bei denen die gerichtliche Überprüfung der "Angemessenheit" dieser Kompensation im Spruchverfahren erfolgt. Sie werden im Folgenden in ihren Grundzügen dargestellt (hierzu unter § 3). Es folgt die Erläuterung der Methoden, anhand derer in der Praxis die "Angemessenheit" der Kompensation ermittelt wird (hierzu unter § 4). Schließlich gibt es weitere, nicht in § 1 SpruchG genannte aktienrechtliche Strukturmaßnahmen, bei denen an die betroffenen Aktionäre Kompensationsleistungen zu erbringen sind und bei denen sich daher die Frage der gerichtlichen Überprüfung dieser Leistungen stellt (hierzu unter § 5).

§ 3 Die Strukturmaßnahmen des § 1 SpruchG

Gem. § 1 SpruchG ist das Spruchverfahren statthaft zur gerichtlichen Bestimmung des Ausgleichs für außenstehende Aktionäre und deren Abfindung bei Beherrschungs- und Gewinnabführungsverträgen (§ 1 Nr. 1 SpruchG, hierzu unter A.), der Abfindung von ausgeschiedenen Aktionären bei der Mehrheitseingliederung von Aktiengesellschaften (§ 1 Nr. 2 SpruchG, hierzu unter B.), der den Minderheitsaktionären nach einem Squeeze-out zu gewährenden Barabfindung (§ 1 Nr. 3 SpruchG, hierzu unter C.), der Zuzahlung an Anteilsinhaber oder deren Barabfindung anlässlich der Umwandlung von Rechtsträgern (§ 1 Nr. 4 SpruchG, hierzu unter D.), sowie der Zuzahlung an oder der Barabfindung von Anteilsinhabern bei der Gründung oder Sitzverlegung einer Europäischen Gesellschaft (SE) (§ 1 Nr. 5 SpruchG, hierzu unter E.).

A. Ausgleich und Abfindung beim Abschluss eines Unternehmensvertrags

Nach § 1 Nr. 1 SpruchG ist das Spruchverfahren statthaft für die gerichtliche Bestimmung des Ausgleichs für außenstehende Aktionäre und deren Abfindung beim Abschluss eines Unternehmensvertrags. Im Folgenden werden zunächst der Begriff des Unternehmensvertrags (hierzu unter I.) sowie dessen Rechtsnatur und die Voraussetzungen des wirksamen Vertragsschlusses dargestellt (hierzu unter II.). Schließlich wird auf die bei Abschluss eines Unternehmensvertrags zu gewährenden Ausgleichs- und Abfindungstatbestände eingegangen (hierzu unter III.).

I. Begriff des Unternehmensvertrags

Unternehmensverträge im Sinne des § 291 Abs. 1 AktG sind Verträge, durch die eine Aktiengesellschaft oder Kommanditgesellschaft auf Aktien entweder die Leitung ihrer Gesellschaft einem anderen Unternehmen unterstellt ("Beherrschungsvertrag") oder in denen sie sich verpflichtet, ihren ganzen Gewinn an ein anderes Unternehmen abzuführen ("Gewinnabführungsvertrag"). Eine Kombination aus beiden stellt der sog. Organschaftsvertrag dar.

Der Beherrschungsvertrag bildet stets die Grundlage eines vertraglichen Unterordnungskonzerns (sog. Vertragskonzern)[100]. Aus dem Wortlaut des § 291 Abs. 1 Satz 1 AktG ergibt sich, dass es sich nur bei der abhängigen Gesellschaft um eine Aktiengesellschaft oder Kommanditgesellschaft auf Aktien mit Sitz im Inland handeln muss[101]. In Bezug auf den beherrschenden Vertragsteil verwendet § 291 Abs. 1 Satz 1 AktG den Begriff des Unternehmens, der rechtsformneutral ist. Herrschende Unternehmen können also auch Personengesellschaften oder Einzelkaufleute sein[102]. Wesentliches Merkmal des Beherrschungsvertrags ist, dass er die Leitung des abhängigen Unternehmens zum Gegenstand hat[103]. Der Begriff der Leitung erschließt sich aus § 76 Abs. 1 AktG[104]. Er umfasst damit Unternehmensplanung, Unternehmenskoordination und -kontrolle sowie die Besetzung der Führungspositionen[105]. Unverzichtbares Merkmal des Beherrschungsvertrags ist dabei die Weisungsbefugnis gegenüber dem Vorstand der abhängigen Gesellschaft, gerade im Hinblick auf die Leitung, § 308 Abs. 1 AktG[106]. Während beim Beherrschungsvertrag die Gewinnbezugsrechte der Aktionäre der abhängigen Gesellschaft im Grundsatz unberührt bleiben und nur die Leitungsmacht dem herrschenden Unternehmen übertragen wird, verpflichtet sich die Gesellschaft mit Abschluss eines Gewinnabführungsvertrags im Sinne des § 291 Abs. 1 Satz 1 AktG, ihren gesamten Gewinn abzuführen[107]. Wird nur ein Teil des Gewinns abgeführt, so ist die

---

[100] *Krieger* in Münchener Handbuch AG, § 70 Rn. 1; § 18 Abs. 1 AktG spricht schlicht vom "Konzern"; den Gegenbegriff bildet der sog. Gleichordnungskonzern gem. § 18 Abs. 2 AktG, bei dem rechtlich selbständige Unternehmen unter einheitlicher Leitung zusammengefasst sind, ohne dass das eine vom anderen abhängig ist.

[101] *Koppensteiner* in KölnKomm. AktG, § 291 Rn. 5; *Altmeppen* in MünchKomm. AktG, § 291 Rn. 15; *Krieger* in Münchener Handbuch AG, § 70 Rn. 8; *Hüffer*, § 291 Rn. 5.

[102] *Altmeppen* in MünchKomm. AktG, § 291 Rn. 21; *Hüffer*, § 291 Rn. 8; vgl. auch BGH v. 13.10.1977 – II ZR 123/76, BGHZ 69, 334, 338, wonach die Bundesrepublik Deutschland herrschendes Unternehmen sein kann.

[103] *Krieger* in Münchener Handbuch AG, § 70 Rn. 4; *Hüffer*, § 291 Rn. 10.

[104] *Altmeppen* in MünchKomm. AktG, § 291 Rn. 54; *Koppensteiner* in KölnKomm. AktG, § 291 Rn. 12.

[105] *Hüffer*, § 291 Rn. 10.

[106] *Hüffer*, § 291 Rn. 11; *Koppensteiner* in KölnKomm. AktG, § 291 Rn. 13 f.; *Krieger* in Münchener Handbuch AG, § 70 Rn. 6; *Emmerich/Sonnenschein/Habersack*, Konzernrecht, S. 159 f.; a.A. *Altmeppen* in MünchKomm. AktG, § 291 Rn. 54; *Geßler* in Geßler/Hefermehl, § 291 Rn. 53.

[107] *Hüffer*, § 291 Rn. 23.

Vorschrift nicht anwendbar. Dann liegt nur ein Teilgewinnabführungsvertrag im Sinne des § 292 Abs. 1 Nr. 2 AktG vor, bei dem die Pflicht der §§ 304, 305 AktG, Ausgleichs- und Abfindungsregeln zu treffen, nicht besteht[108].

Gewinnabführungsverträge sind grundsätzlich isoliert zulässig[109]. In der Praxis werden sie jedoch zumeist mit einem Beherrschungsvertrag verbunden[110]. Man spricht dann von einem sog. Organschaftsvertrag[111]. Dieser zielt auf die Reduzierung von Körperschaftssteuern durch Verrechnung von Gewinnen und Verlusten der einzelnen Konzernunternehmen. Voraussetzungen eines solchen sog. steuerlichen Ergebnisabführungsvertrags sind der Abschluss eines Gewinnabführungsvertrags im Sinne des § 291 Abs. 1 AktG sowie das ununterbrochene Bestehen eines Organschaftsverhältnisses seit Beginn des Wirtschaftsjahres[112].

II. Rechtsnatur und Verfahren

Unternehmensverträge im Sinne des § 291 AktG reichen in ihren Rechtswirkungen über diejenigen schuldrechtlicher Austauschverträge hinaus[113]. Die h.M. qualifiziert sie als Organisationsverträge, da sie die Satzung zwar unberührt lassen, jedoch den rechtlichen Status der abhängigen Gesellschaft satzungsgleich ändern[114], indem die Weisungskompetenz auf die herrschende Gesellschaft übertragen, der Gesellschaftszweck unter Aufhebung der unabhängigen erwerbswirtschaftlichen Teilnahme am Wirtschaftsverkehr am Konzerninteresse ausgerichtet und in das Gewinnbezugsrecht der Gesellschafter eingegriffen wird[115]. Vorbereitet und abgeschlossen werden Unternehmensverträge vom Vorstand der abhängigen Gesellschaft. Da ihr Abschluss jedoch weitgehend in die Rechtsstellung der Aktionäre der abhängigen Gesellschaft eingreift, sieht § 293 Abs. 1 AktG vor, dass deren Hauptversammlung dem Unternehmensvertrag zustimmen muss. Die Gesellschaft soll sich nicht ohne Einwilligung ihrer Aktionäre der eigenverantwortlichen Leitung durch ihren Vorstand begeben[116]. Für den Zustimmungsbeschluss ist eine Mehrheit

---

108 *Krieger* in Münchener Handbuch AG, § 71 Rn. 4.

109 OLG Karlsruhe v. 12.4.2001 – 11 Wx 77/00, AG 2001, 536, 537; LG Kassel v. 15.11.1995 – 12 T 10/95, AG 1997, 239; *Altmeppen* in MünchKomm. AktG, § 291 Rn. 148; *Hüffer*, § 291 Rn. 24; *Koppensteiner* in KölnKomm. AktG, § 291 Rn. 4; *Krieger* in Münchener Handbuch AG, § 71 Rn. 1.

110 *Hüffer*, § 291 Rn. 24; *Krieger* in Münchener Handbuch AG, § 71 Rn. 1.

111 *Hüffer*, § 291 Rn. 24.

112 Hierzu ausführlich *Kantenwein* in Münchener Handbuch AG, § 71 Rn. 24 ff.

113 *Altmeppen* in MünchKomm. AktG, § 291 Rn. 28; *Hüffer*, § 291 Rn. 17.

114 BGH v. 14.12.1987 – II ZR 170/87, BGHZ 103, 1, 4 f.; BGH v. 24.10.1988 – II ZB 7/88, BGHZ 105, 324, 331; BGH v. 30.1.1992 – II ZB 15/91, NJW 1992, 1452, 1454; BayObLG v. 23.5.1990 – 3 Z 41/90, BayObLGZ 1990, 133, 139; *Altmeppen* in MünchKomm. AktG, § 291 Rn. 25; *Hüffer*, § 291 Rn. 17; grundlegend *Flume*, DB 1955, 485 ff. und DB 1957, 439 ff.; *Würdinger*, DB 1958, 1447 ff.

115 BGH v. 24.10.1988 – II ZB 7/88, BGHZ 105, 324, 331.

116 BegrRegE zu § 293 AktG 1965 bei *Kropff*, S. 380.

von drei Vierteln des bei der Beschlussfassung vertretenen Grundkapitals erforderlich, § 293 Abs. 1 Satz 2 AktG[117]. Der Beschluss ist Wirksamkeitserfordernis des Unternehmensvertrags und entfaltet insofern Außenwirkung[118]. Solange er noch nicht vorliegt, ist der Vertrag schwebend unwirksam[119]. Handelt es sich bei dem herrschenden Unternehmen um eine Aktiengesellschaft oder eine Kommanditgesellschaft auf Aktien, so ist gem. § 293 Abs. 2 AktG zur Wirksamkeit des Unternehmensvertrag überdies ein Beschluss deren Hauptversammlung unter den Voraussetzungen des § 293 Abs. 1 Satz 2 bis 4 AktG erforderlich. Diese Vorschrift findet nach h.M. auch Anwendung, wenn das herrschende Unternehmen eine GmbH ist[120]. Schließlich ist zur Wirksamkeit des Unternehmensvertrags noch die Eintragung seines Bestehens in das Handelsregister des Sitzes der beherrschten Gesellschaft erforderlich, § 294 Abs. 2 AktG.

III. Ausgleichs- und Abfindungsregelungen

Für die vom Abschluss eines Unternehmensvertrags betroffenen Aktionäre der abhängigen Gesellschaft kann das Interesse bestehen, Aktionär zu bleiben oder aus der Gesellschaft auszuscheiden. Für beide Handlungsalternativen enthält das Gesetz Regelungen, aufgrund derer die jeweils eintretenden Beeinträchtigungen der mitgliedschaftlichen Stellung kompensiert werden sollen. Verbleibt der Aktionär in der Gesellschaft, so wird ihm für den faktischen Verlust des Dividendenrechts gem. § 304 AktG ein Ausgleich gewährt. Scheidet der Aktionär anlässlich des Abschlusses des Unternehmensvertrags aus der Gesellschaft aus, so verliert er seine Mitgliedschaft insgesamt, also neben den Vermögensrechten auch seine Herrschaftsrechte. In diesem Fall wird ihm gem. § 305 AktG eine Abfindung gewährt, die diesen Verlust kompensieren soll[121].

---

117 Sog. Kapitalmehrheit, *Hüffer*, § 133 Rn. 13; *Semler* in Münchener Handbuch AG, § 39 Rn. 24. Das Mehrheitserfordernis des § 133 Abs. 1 AktG besteht gleichwohl daneben, d.h. für den Beschluss gem. § 293 Abs. 1 AktG sind sowohl die Kapitalmehrheit als auch die einfache Stimmenmehrheit erforderlich, *Altmeppen* in MünchKomm. AktG, § 293 Rn. 12; *Baumbach/Hueck*, § 133 Rn. 3; *Hüffer*, § 133 Rn. 13; *Zöllner* in KölnKomm. AktG, § 133 Rn. 67.

118 *Altmeppen* in MünchKomm. AktG, § 293 Rn. 64; *Hüffer*, § 293 Rn. 12.

119 *Hüffer*, § 293 Rn. 12.

120 Seit BGH v. 24.10.1988 – II ZB 7/88, BGHZ 105, 324, 333 ff. und BGH v. 30.1.1992 – II ZB 15/91, NJW 1992, 1452, 1453 ganz h.M.; vgl. *Altmeppen* in MünchKomm. AktG, § 293 Rn. 98; *Emmerich* in Emmerich/Habersack, § 293 Rn. 9 und 36; *Emmerich/Sonnenschein/Habersack*, Konzernrecht, S. 218; *Hüffer*, § 293 Rn. 17; *Krieger* in Münchener Handbuch AG, § 70 Rn. 21.

121 BGH v. 20.5.1997 – II ZB 9/96, BGHZ 135, 374, 379; *Bilda* in MünchKomm. AktG, § 305 Rn. 2; *Koppensteiner* in KölnKomm. AktG, § 305 Rn. 2; *Lutter/Drygala*, AG 1995, 49, 50; zum Verhältnis zwischen Ausgleich und Abfindung vgl. *Kort*, NZG 2002, 1139 ff.; zur Anrechnung von erhaltenen Ausgleichszahlungen auf den Abfindungsanspruch nach § 305 AktG vgl. *Jungmann*, BB 2002, 1549 ff.

1. Begriff des "außenstehenden Aktionärs"

Ausgleich oder Abfindung erhalten gem. §§ 304, 305 AktG nur die "außenstehenden Aktionäre" der abhängigen Gesellschaft. Auf die Definition dieses Begriffs hat das AktG bewusst verzichtet[122]. Wer außenstehender Aktionär ist, wird heute anhand einer negativen Abgrenzung beurteilt. Es sind dies alle Aktionäre der Gesellschaft, jedoch nicht der andere Vertragsteil, falls dieser selbst Aktien an der abhängigen Gesellschaft hält. Ebenfalls keine außenstehenden Aktionäre sind Aktionäre der abhängigen Gesellschaft, denen im Ergebnis die Vorteile des Beherrschungs- oder Gewinnabführungsvertrags genauso wie dem anderen Vertragsteil selbst zufließen[123]. Hierzu gehören jedenfalls solche Aktionäre, die neben Aktien des abhängigen Unternehmens auch alle Anteile an dem herrschenden Unternehmen halten oder umgekehrt 100%ige Tochterunternehmen des herrschenden Unternehmens sind[124]. Weiter zählen hierzu Aktionäre der abhängigen Gesellschaft, die ihrerseits mit dem herrschenden Unternehmen durch einen Beherrschungs- oder Gewinnabführungsvertrag verbunden sind[125].

2. Ausgleich nach § 304 AktG

Schon unter Geltung des AktG 1937 entsprach es allgemeiner Meinung, dass die herrschende Gesellschaft die "konzernfreien" Aktionäre mittels einer sog. Dividendengarantie zu entschädigen hatte, um sie so zu stellen, wie sie im Falle der Fortführung der Gesellschaft als eigenes Unternehmen gestanden hätten[126]. Dieser wirtschaftliche Zweck soll heute durch den nach § 304 AktG zu gewährenden Ausgleich erreicht werden[127].

---

122 BegrRegE zu § 295 AktG 1965 bei *Kropff*, S. 385.

123 BegrRegE zu § 295 AktG 1965 bei *Kropff*, S. 385; OLG Nürnberg v. 17.1.1996 – 12 U 2801/91, AG 1996, 228, 229; *Koppensteiner* in KölnKomm. AktG, § 295 Rn. 17; *Krieger* in Münchener Handbuch AG, § 70 Rn. 64; *Hüffer*, § 304 Rn. 2; *Emmerich/Sonnenschein/Habersack*, Konzernrecht, S. 308 f.; vgl. auch die graphische Darstellung bei *Raiser*, Kapitalgesellschaften § 54 Rn. 66.

124 BegrRegE zu § 295 AktG 1965 bei *Kropff*, S. 385; *Krieger* in Münchener Handbuch AG, § 70 Rn. 64; *Hüffer*, § 304 Rn. 3; *Emmerich* in Emmerich/Habersack, § 304 Rn. 17; *Altmeppen* in FS Ulmer, S. 3, 5.

125 BegrRegE zu § 295 AktG 1965 bei *Kropff*, S. 385; *Krieger* in Münchener Handbuch AG, § 70 Rn. 64; *Hüffer*, § 304 Rn. 3; *Emmerich* in Emmerich/Habersack, § 304 Rn. 17.

126 *Mestmäcker*, Verwaltung, S. 357; vgl. auch *Bilda* in MünchKomm. AktG, § 304 Rn. 41; *Hüffer*, § 304 Rn. 6; *Koppensteiner* in KölnKomm. AktG, § 304 Rn. 20.

127 *Krieger* in Münchener Handbuch AG, § 70 Rn. 69.

a) Gewinnabführungsvertrag

Der im Gewinnabführungsvertrag vorzusehende Ausgleich besteht in einer auf den Anteil am Grundkapital bezogenen wiederkehrenden Geldleistung, § 304 Abs. 1 Satz 1 AktG. Den gesetzlichen Regelfall bildet der feste Ausgleich gem. § 304 Abs. 2 Satz 1 AktG. Er geht von der Prämisse aus, dass die außenstehenden Aktionäre als Ausgleich mindestens den Betrag erhalten sollen, mit dem sie künftig als Gewinnanteil rechnen könnten, wenn der Gewinnabführungsvertrag nicht bestünde[128]. Daher ist im Gewinnabführungsvertrag der Betrag zuzusichern, der voraussichtlich als durchschnittlicher Gewinnanteil je Aktie der abhängigen Gesellschaft verteilt werden könnte.

§ 304 Abs. 2 Satz 1 AktG enthält einzelne Vorgaben, wie diese Zukunftsprognose im Einzelnen zu treffen ist. In die zukünftigen Erträge sind angemessene Abschreibungen und Wertberichtigungen (§§ 253, 254, 279 ff. HGB), nicht jedoch andere Gewinnrücklagen einzurechnen. Dabei ist davon auszugehen, dass die künftigen Erträge vollständig an die Aktionäre ausgeschüttet werden[129]. Stichtag für die Beurteilung der künftigen Ertragsaussichten ist in entsprechender Anwendung des § 305 Abs. 3 Satz 2 AktG der Zeitpunkt des Zustimmungsbeschlusses der Hauptversammlung, nicht jedoch der Zeitpunkt des Vertragsabschlusses[130].

Ist das herrschende Unternehmen eine Aktiengesellschaft oder Kommanditgesellschaft auf Aktien, so lässt § 304 Abs. 2 Satz 2, 3 AktG alternativ zum festen Ausgleich einen variablen Ausgleich zu. Hier bemisst sich der Ausgleich nicht nach den zu erwartenden Ausschüttungen der abhängigen, sondern nach denen der herrschenden Gesellschaft. Den außenstehenden Aktionären ist danach gem. § 304 Abs. 2 Satz 2 AktG derjenige Betrag zuzusichern, der unter Herstellung eines angemessenen Umrechnungsverhältnisses auf Aktien der anderen (d.h. abhängigen) Gesellschaft entfällt. Dieser orientiert sich nach überwiegender Auffassung nicht am Jahresüberschuss der herrschenden Gesellschaft[131], sondern an ihrer tatsächlich gezahlten Dividende[132]. Es wird also anhand der Dividende der herrschenden Gesellschaft eine fiktive Dividende der abhängigen Gesellschaft gebildet. Für die hierzu erforderliche Umrechnung der Dividende je Aktie der herrschenden Gesell-

---

[128] BegrRegE zu § 304 AktG 1965 bei *Kropff*, S. 394 f.

[129] *Bilda* in MünchKomm. AktG, § 304 Rn. 85; *Hüffer*, § 304 Rn. 11.

[130] BGH v. 4.3.1998 – II ZB 5/98, BGHZ 138, 136, 139; OLG Celle v. 1.7.1980 – 9 Wx 9/79, AG 1981, 234; *Emmerich* in Emmerich/Habersack, § 304 Rn. 37; *Hüffer*, § 304 Rn. 10; *Koppensteiner* in KölnKomm. AktG, § 304 Rn. 30; *Krieger* in Münchener Handbuch AG, § 70 Rn. 73.

[131] So aber *Koppensteiner* in KölnKomm. AktG, § 304 Rn. 44; *Emmerich* in Emmerich/ Habersack, § 304 AktG Rn. 46.

[132] OLG Düsseldorf v. 17.2.1984 – 19 W 1/81, WM 1984 732, 737; OLG Düsseldorf v. 26.1.1978 – 19 W 5/77, WM 1978, 314; *Baumbach/Hueck*, § 304 Rn. 8; *Bilda* in MünchKomm. AktG, § 304 Rn. 66; *Geßler* in Geßler/Hefermehl, § 304 Rn. 101; *Hüffer*, § 304 Rn. 15; *Krieger* in Münchener Handbuch AG, § 70 Rn. 78.

schaft in die Dividende je Aktie der abhängigen Gesellschaft stellt § 304 Abs. 2 Satz 3 AktG auf die sog. Verschmelzungswertrelation ab, also auf das Verhältnis, in dem bei einer Verschmelzung auf eine Aktie der abhängigen Gesellschaft Aktien der herrschenden Gesellschaft zu gewähren wären.

b) Beherrschungsvertrag

Wird der Beherrschungsvertrag, wie in der Regel üblich, mit einem Gewinnabführungsvertrag verbunden, so gelten die Regeln über den Gewinnabführungsvertrag[133]. Besonderheiten ergeben sich nur bei Abschluss eines isolierten Beherrschungsvertrags, bei dem die abhängige Gesellschaft ja durchaus Gewinne ausweisen und ausschütten kann. Dann muss den außenstehenden Aktionären als angemessener Ausgleich ein bestimmter jährlicher Gewinnanteil garantiert werden, § 304 Abs. 1 Satz 2 AktG[134]. Reicht der Gewinn der abhängigen Gesellschaft nicht aus, um eine Dividende in der garantierten Höhe auszuschütten, so muss das herrschende Unternehmen die Dividende ergänzen, um den garantierten Betrag zu erreichen[135].

Auf den isolierten Beherrschungsvertrag ist ebenfalls § 304 Abs. 2 AktG anwendbar. Die garantierte Dividende kann also als fester oder variabler Ausgleich vereinbart werden, wenn die Voraussetzungen des § 304 Abs. 2 Satz 2 und 3 AktG erfüllt sind. Zu gewährleisten ist eine Mindestdividende. Nicht zulässig ist die Vereinbarung einer Höchstdividende, da hierdurch die Gewinnausschüttung der Gesellschaft und damit das Recht der außenstehenden Aktionäre auf den Bilanzgewinn (§ 58 Abs. 4 AktG) in unzulässiger Weise beschränkt würde[136].

c) Rechtsfolgen fehlender oder unangemessener Ausgleichsregelungen

In Bezug auf die Rechtsfolgen von Mängeln der Ausgleichsregelung differenziert § 304 Abs. 3 AktG danach, ob der Unternehmensvertrag überhaupt keine oder nur eine nach den Maßstäben des § 304 AktG "unangemessene" Ausgleichsregelung vorsieht. Sieht der Unternehmensvertrag keine Ausgleichsregelung vor, so ist er gem. § 304 Abs. 3 Satz 1 AktG nichtig[137]. Maßgeblicher Zeitpunkt für die Beurtei-

---

133 *Emmerich/Sonnenschein/Habersack*, Konzernrecht, S. 305 f.

134 Zu dieser sog. Dividendengarantie vgl. die Nachweise in Fn. 126.

135 *Hüffer*, § 304 Rn. 6; *Krieger* in Münchener Handbuch AG, § 70 Rn. 66; *Emmerich/Sonnenschein/Habersack*, Konzernrecht, S. 305 f.

136 *Bilda* in MünchKomm. AktG, § 304 Rn. 44; *Hüffer*, § 304 Rn. 6; *Krieger* in Münchener Handbuch AG, § 70 Rn. 67.

137 Zu den § 304 Abs. 3 Satz 1 AktG gleichgestellten Fällen vgl. *Geßler* in Geßler/Hefermehl, § 304 Rn. 116; *Emmerich* in Emmerich/Habersack, § 304 Rn. 74; *Hüchting*, Beherrschungsvertrag, S. 69 f.

lung ist das Wirksamwerden des Vertrags durch Eintragung ins Handelsregister[138]. Einer Ausgleichsregelung bedarf es nur dann nicht, wenn die abhängige Gesellschaft im Zeitpunkt des Zustimmungsbeschlusses der Hauptversammlung zum Abschluss des Unternehmensvertrags (§ 293 Abs. 1 Satz 1 AktG) keine außenstehenden Aktionäre hat, § 304 Abs. 1 Satz 3 AktG.

Enthält der Unternehmensvertrag eine Ausgleichsregelung und erfüllt diese nicht die Vorgaben des § 304 AktG, so berührt dies nach wohl h.M. nicht die Wirksamkeit des Unternehmensvertrags[139]. Nichtigkeit oder Anfechtbarkeit des Zustimmungsbeschlusses der Hauptversammlung richten sich vielmehr nach §§ 241, 243 AktG[140]. Auf die Unangemessenheit des Ausgleichs kann die Anfechtung jedoch gem. § 304 Abs. 3 Satz 2 AktG ebenso wenig gestützt werden wie auf § 243 Abs. 2 AktG. Vielmehr tritt an die Stelle der Anfechtung gem. § 304 Abs. 3 Satz 3 AktG das Spruchverfahren.

3. Abfindung nach § 305 AktG

Neben dem Ausgleich nach § 304 AktG muss der Beherrschungs- oder Gewinnabführungsvertrag die Verpflichtung des herrschenden Unternehmens enthalten, die Aktien der außenstehenden Aktionäre des abhängigen Unternehmens auf deren Verlangen gegen eine im Unternehmensvertrag bestimmte angemessene Abfindung zu erwerben, § 305 Abs. 1 AktG[141]. Diesem Ausstiegsrecht liegt die Überlegung zugrunde, dass die außenstehenden Aktionäre in einem Vertragskonzern ihre Mitverwaltungsrechte weitgehend einbüßen und die Zahlung eines bloßen Ausgleichs in manchen Fällen die Vermögensnachteile des außenstehenden Aktionärs nicht voll deckt[142]. Im Folgenden werden die Rechtsgrundlagen des Abfindungsanspruchs, die in § 305 Abs. 2 AktG vorgesehenen Abfindungsarten, die das "Angemessenheitsurteil" tragenden Erwägungen und schließlich die Rechtsfolgen fehlerhafter Abfindungsangebote dargestellt.

---

138 *Emmerich* in Emmerich/Habersack, § 304 AktG Rn. 77.

139 *Koppensteiner* in KölnKomm. AktG, § 304 AktG Rn. 59; *Geßler* in Geßler/Hefermehl, § 304 Rn. 121; *Emmerich* in Emmerich/Habersack, § 304 Rn. 79; *Hüchting*, Beherrschungsvertrag, S. 69.

140 *Geßler* in Geßler/Hefermehl, § 304 Rn. 120; *Emmerich* in Emmerich/Habersack, § 304 Rn. 81.

141 Zur Anrechnung von Ausgleichszahlungen auf die Abfindung vgl. *Kamanabrou*, BB 2005, 449 ff.

142 BegrRegE zu § 305 AktG 1965 bei *Kropff*, S. 397; allg. zu den Unterschieden zwischen Abfindung und Ausgleich siehe *Krieger* in Münchener Handbuch AG, § 70 Rn. 74; *Emmerich* in Emmerich/Habersack, § 304 Rn. 36; *Hüffer*, § 304 Rn. 11a; *Lutter/Drygala*, AG 1995, 49, 50.

a) Rechtsgrundlagen des Abfindungsanspruchs

Rechtsgrundlage des Abfindungsanspruchs ist neben dem Unternehmensvertrag selbst auch ein zwischen den außenstehenden Aktionären und der herrschenden Gesellschaft bestehendes gesetzliches Schuldverhältnis.

aa) Vertrag

Wie sich aus dem Wortlaut des § 305 Abs. 1 AktG ergibt, wird die Ausstiegsmöglichkeit realisiert, indem das herrschende Unternehmen im Unternehmensvertrag den außenstehenden Aktionären der abhängigen Gesellschaft je nach Abfindungsart ein Kauf- oder Tauschangebot[143] unterbreitet. Das Zustandekommen des schuldrechtlichen Vertrags zwischen dem herrschenden Unternehmen und den außenstehenden Aktionären hängt damit nur noch von deren Annahmeerklärung ab. Den außenstehenden Aktionären wird damit durch den Unternehmensvertrag ein echtes Optionsrecht[144] eingeräumt. Der Unternehmensvertrag ist insofern ein echter Optionsvertrag zugunsten Dritter[145].

§ 305 Abs. 4 Satz 1 AktG lässt die Befristung des Abfindungsangebots zu. Die Befristung muss im Vertrag selbst enthalten sein[146] und endet frühestens zwei Monate, nachdem die Eintragung des Vertrags in das Handelsregister bekannt gemacht wurde, § 305 Abs. 4 Satz 2 AktG. Wird das Spruchverfahren auf gerichtliche Bestimmung des Ausgleichs oder der Abfindung eingeleitet, so verlängert sich die Frist und endet frühestens zwei Monate nach Bekanntmachung der Entscheidung im Bundesanzeiger, § 305 Abs. 4 Satz 3 AktG. Der außenstehende Aktionär kann das Abfindungsangebot bis zum Fristablauf annehmen. Die Rechtzeitigkeit der Annahmeerklärung bestimmt sich nach dem Zugang des Abfindungsverlangens[147]. Ist die Frist verstrichen, so besteht nur noch der Anspruch auf Ausgleich nach § 304 AktG[148]. Der Abfindungsanspruch wird mit Einreichen der Aktien des außenstehenden Aktionärs fällig[149]. Gem. § 305 Abs. 3 Satz 3 AktG ist er ab dem

---

143 *Emmerich* in Emmerich/Habersack, § 305 Rn. 25.

144 Vgl. hierzu *Heinrichs* in Palandt, Einf v § 145 Rn. 23.

145 BGH v. 20.5.1997 – II ZB 9/96, BGHZ 135, 374, 380; LG Stuttgart v. 13.5.1997 – 25 O 703/96, AG 1998, 103; *Bilda* in MünchKomm. AktG, § 306 Rn. 8; *Emmerich* in Emmerich/Habersack, § 305 Rn. 25; *Hüffer*, § 305 Rn. 3; *Koppensteiner* in KölnKomm. AktG, § 305 Rn. 4.

146 *Koppensteiner* in KölnKomm. AktG, § 305 Rn. 8; *Bilda* in MünchKomm. AktG, § 305 AktG Rn. 103; *Krieger* in Münchener Handbuch AG, § 70 Rn. 92; *Hüffer*, § 305 Rn. 27.

147 *Krieger* in Münchener Handbuch AG, § 70 Rn. 92.

148 *Krieger* in Münchener Handbuch AG, § 70 Rn. 92.

149 LG Stuttgart v. 13.5.1997 – 25 O 703/96, AG 1998, 103; *Koppensteiner* in KölnKomm. AktG, § 305 Rn. 10; *Krieger* in Münchener Handbuch AG, § 70 Rn. 93.

auf das Wirksamwerden des Beherrschungsvertrags folgenden Tag mit 2% über dem jeweiligen Diskontsatz der Deutschen Bundesbank zu verzinsen[150].

bb) Gesetzliches Schuldverhältnis

Neben der zuvor beschriebenen vertraglichen Grundlage besteht der Abfindungsanspruch auch aufgrund eines gesetzlichen Schuldverhältnisses zwischen der herrschenden Gesellschaft und den außenstehenden Aktionären[151]. Dies verdeutlicht der Blick auf § 305 Abs. 5 Satz 2 Fall 1 AktG, wonach das Gericht im Spruchverfahren auch bei völligem Fehlen einer Abfindungsregelung im Unternehmensvertrag die Abfindung zu bestimmen hat. Auf diesen gesetzlichen Abfindungsanspruch kommt es immer dann nicht an, wenn die Vertragsparteien im Unternehmensvertrag die Abfindung der außenstehenden Aktionäre regeln. Er aktualisiert sich jedoch, wenn sie entweder überhaupt keine Abfindungsregelung treffen oder ein bestehender vertraglicher Abfindungsanspruch nachträglich – z.B. wegen Kündigung des Unternehmensvertrags – wieder entfällt[152].

b) Abfindungsarten des § 305 AktG

In Bezug auf die Art der zu gewährenden Abfindung differenziert § 305 Abs. 2 AktG nach Sitz, Rechtsform und Konzernbindung des herrschenden Unternehmens. Handelt es sich bei dem anderen Vertragsteil um eine inländische Aktiengesellschaft oder Kommanditgesellschaft auf Aktien, die weder abhängig ist (§ 17 AktG) noch im Mehrheitsbesitz steht (§ 16 AktG), so muss der Vertrag gem. § 305 Abs. 2 Nr. 1 AktG eine Abfindung in Aktien des herrschenden Unternehmens vorsehen. Ist der andere Vertragsteil eine Aktiengesellschaft oder Kommanditgesellschaft auf Aktien, die ihrerseits von einer Obergesellschaft abhängig ist oder im Mehrheitsbesitz steht und handelt es sich bei dieser Obergesellschaft um eine inländische[153] Aktiengesellschaft oder Kommanditgesellschaft auf Aktien, so sind als Abfindung Aktien der Obergesellschaft oder eine Barabfindung anzubieten, § 305 Abs. 2 Nr. 2 AktG. In allen anderen Fällen ist den außenstehenden Gesellschaftern im Unternehmensvertrag gem. § 305 Abs. 2 Nr. 3 AktG eine Barabfindung anzubieten[154]. Die in § 305 Abs. 2 AktG vorgeschriebenen Abfindungsarten sind derge-

---

150 Zur Verzinsung der Barabfindung vgl. *Vetter*, AG 2002, 383 ff.

151 *Bilda* in MünchKomm. AktG, § 305 Rn. 7; *Hüffer*, § 305 Rn. 4b; *Ammon*, FGPrax 1998, 121, 123.

152 *Bilda* in MünchKomm. AktG, § 305 Rn. 7; *Hüffer*, § 305 Rn. 4b.

153 Dagegen kann in diesem Fall der andere Vertragsteil auch seinen Sitz im Ausland haben, *Koppensteiner* in KölnKomm. AktG, § 305 Rn. 22; *Krieger* in Münchener Handbuch AG, § 70 Rn. 98.

154 Zur streitigen Frage der Mehrmütterorganschaft siehe *Koppensteiner* in KölnKomm. AktG, § 305 Rn. 21; *Bilda* in MünchKomm. AktG, § 305 Rn. 55; *Hüffer*, § 305 Rn. 12; *Emmerich* in

stalt zwingend, dass der Unternehmensvertrag ein Abfindungsangebot nach Maßgabe des § 305 Abs. 2 AktG enthalten muss. Den Vertragsparteien steht es jedoch frei, zusätzliche oder alternative Abfindungsangebote in den Unternehmensvertrag aufzunehmen und den außenstehenden Aktionären so ein Wahlrecht einzuräumen[155].

c) Angemessenheit der Abfindung

Werden als Abfindung Aktien einer anderen Gesellschaft gewährt, so sieht § 305 Abs. 3 Satz 1 ähnlich wie § 304 Abs. 2 Satz 2 und 3 AktG einen Umtausch nach Maßgabe der sog. Verschmelzungswertrelation vor. Die Abfindung ist hiernach angemessen, wenn die Aktien in dem Verhältnis gewährt werden, in dem bei einer Verschmelzung auf eine Aktie der abhängigen Gesellschaft Aktien der herrschenden Gesellschaft zu gewähren wären. Da dieser Aktientausch nur selten dergestalt "glatt" möglich ist, dass etwa für eine Aktie der abhängigen Gesellschaft zwei Aktien der abhängigen Gesellschaft zu gewähren sind, sieht § 305 Abs. 3 Satz 1 AktG vor, dass Spitzenbeträge durch eine bare Zuzahlung ausgeglichen werden können.

d) Rechtsfolgen fehlender oder unangemessener Abfindungsangebote

Wie oben gezeigt, ist der Unternehmensvertrag bei völligem Fehlen einer Abfindungsregelung nicht nichtig, sondern der Abfindungsanspruch der außenstehenden Aktionäre besteht dann aufgrund eines gesetzlichen Schuldverhältnisses[156]. Diese haben gem. § 305 Abs. 5 Satz 2 AktG die Möglichkeit, die angemessene Höhe des aus dem gesetzlichen Schuldverhältnis resultierenden Abfindungsanspruchs als "vertraglich zu gewährende Abfindung" im Spruchverfahren bestimmen zu lassen. Enthält der Unternehmensvertrag ein Abfindungsangebot und soll dessen Unangemessenheit gerichtlich geltend gemacht werden, so schließt § 305 Abs. 5 Satz 2 wie bereits § 304 Abs. 3 Satz 2 AktG für den Ausgleich die Anfechtung des Zustimmungsbeschlusses der Hauptversammlung der abhängigen Gesellschaft aus. Die außenstehenden Aktionäre werden vielmehr zur Bestimmung der angemessenen Abfindung auf das Spruchverfahren verwiesen.

Emmerich/Habersack, § 305 AktG Rn. 18 (nur Barabfindung); *Krieger* in Münchener Handbuch AG, § 70 Rn. 100; *Geßler* in Geßler/Hefermehl, § 305 Rn. 24; *Exner*, Beherrschungsvertrag, S. 292 (Aktienangebot jedes herrschenden Unternehmens und Wahlrecht des außenstehenden Aktionärs).

155 *Koppensteiner* in KölnKomm. AktG, § 305 Rn. 26; *Bilda* in MünchKomm. AktG, § 305 Rn. 56; *Krieger* in Münchener Handbuch AG, § 70 Rn. 101.

156 Vgl. oben § 3 A. III. 3. a) bb) (S. 50).

B. Abfindung ausgeschiedener Aktionäre bei der Eingliederung von Aktiengesellschaften durch Mehrheitsbeschluss

Das Spruchverfahren ist gem. § 1 Nr. 2 SpruchG statthaft zur Bestimmung der Abfindung von ausgeschiedenen Aktionären bei der Eingliederung von Aktiengesellschaften. Hiervon erfasst ist die sog. Mehrheitseingliederung gem. §§ 320 ff. AktG. Die Eingliederung gem. § 319 AktG kommt nur für 100%ige Tochtergesellschaften in Betracht, bei der naturgemäß keine Aktionäre ausscheiden. Im Folgenden werden kurz das Verfahren (hierzu unter I.) sowie die Rechtsfolgen (hierzu unter II.) der Mehrheitseingliederung dargestellt. Sodann wird auf die Rechtsfolgen fehlender oder unangemessener Abfindungsangebote eingegangen (hierzu unter III.).

I. Verfahren

Voraussetzung der Mehrheitseingliederung gem. §§ 320 ff. AktG ist, dass sich 95% des Grundkapitals der einzugliedernden Gesellschaft in der Hand der künftigen Hauptgesellschaft befinden. Wegen des eindeutigen Wortlauts des § 320 Abs. 1 Satz 1 AktG ist nicht erforderlich, dass die Hauptgesellschaft außer der 95%-igen Kapitalmehrheit auch 95% der Stimmen besitzt[157]. Das Verfahren folgt strukturell der in § 319 AktG geregelten Eingliederung einer 100%igen Tochtergesellschaft, da die Eingliederung nach § 319 AktG den Grundfall und die Mehrheitseingliederung nach § 320 AktG eine Variante der Eingliederung darstellt[158]. Die Eingliederung erfolgt daher nicht durch oder auf Grund eines Vertrags, sondern gem. § 319 Abs. 1 AktG durch einen Beschluss der Hauptversammlung der einzugliedernden Gesellschaft. Da gem. §§ 312 Abs. 1 Satz 3 i.V.m. 319 Abs. 2 AktG die Vorschriften über Satzungsänderungen nicht gelten, kann der Beschluss der einzugliedernden Gesellschaft mit einfacher Mehrheit[159] gefasst werden. Weiteres Wirksamkeitserfordernis ist gem. §§ 320 Abs. 1 Satz 3 i.V.m. 319 Abs. 2 Satz 1, 2 AktG ein Zustimmungsbeschluss der Hauptversammlung der künftigen Hauptgesellschaft mit einer Mehrheit von drei Vierteln des bei der Beschlussfassung vertretenen Grundkapitals[160]. Die Rechtsfolgen der Eingliederung treten mit ihrer Eintragung in das Handelsregister am Sitz der eingegliederten Gesellschaft ein, §§ 320 Abs. 1 Satz 3 i.V.m. 319 Abs. 7 AktG.

---

157 *Krieger* in Münchener Handbuch AG, § 73 Rn. 27; *Hüffer*, § 320 Rn. 4; *Habersack* in Emmerich/Habersack, § 320 AktG Rn. 11; wohl auch *Grunewald* in MünchKomm. AktG, § 320 Rn. 3; *Baumbach/Hueck*, § 320 Rn. 2; a.A. *Koppensteiner* in KölnKomm. AktG, § 320 Rn. 6. Außer beim Bestehen von Mehrstimmrechten (vgl. hierzu § 5 Abs. 1 EGAktG sowie unten § 6 A. (S. 106)) kommt dieser Frage nur bei Ausgabe stimmrechtsloser Vorzugsaktien (§ 139 AktG) praktische Bedeutung zu.

158 *Hüffer*, § 320 Rn. 2.

159 Vgl. hierzu *Hüffer*, § 133 Rn. 11.

160 Auch hier ist neben der Kapitalmehrheit die einfache Stimmenmehrheit erforderlich, *Hüffer*, § 319 Rn. 8.

II. Rechtsfolgen der Eingliederung

Rechtsfolge der Mehrheitseingliederung ist, dass die Aktien der Minderheitsaktionäre auf die Hauptgesellschaft übergehen und die Minderheitsaktionäre als Kompensation einen Abfindungsanspruch erhalten.

1. *Mitgliedschaftsrechte und Eigentum an Aktienurkunden*

Mit Wirksamkeit der Eingliederung gehen gem. § 320a Satz 1 AktG diejenigen Aktien auf die Hauptgesellschaft über, die sich noch nicht in deren Hand befinden[161]. Gemeint sind die Mitgliedschaftsrechte[162]. Die eingegliederte Gesellschaft wird also notwendig Einmann-Aktiengesellschaft. Die Aktienurkunden als Verbriefung der Mitgliedschaftsrechte verlieren gem. § 320a Satz 2 AktG diese Eigenschaft vorübergehend. Solange sie sich noch in der Hand der gem. § 320a Satz 1 AktG ausgeschiedenen Aktionäre befinden, verbriefen sie nunmehr den Abfindungsanspruch[163]. Abweichend von § 952 Abs. 2 BGB bleiben die ausgeschiedenen Aktionäre Eigentümer der Urkunden und sind gem. §§ 273, 274 BGB zu deren Aushändigung an die Hauptgesellschaft, Zug um Zug gegen Gewährung der Abfindung, verpflichtet[164]. Mit Aushändigung erwirbt die Hauptgesellschaft analog § 797 Satz 2 BGB Eigentum an den Urkunden[165]. Diese verbriefen nunmehr wieder die Mitgliedschaft an der eingegliederten Gesellschaft[166].

2. *Abfindungsanspruch der ausgeschiedenen Aktionäre*

Für ihren Verlust der Mitgliedschaft sind die ausgeschiedenen Aktionäre angemessen zu entschädigen, § 320b Abs. 1 Satz 1 AktG. Anders als der unternehmensvertragliche Abfindungsanspruch ist der Abfindungsanspruch der ausgeschiedenen Aktionäre ausschließlich gesetzlicher Natur[167].

---

[161] Verfassungsrechtliche Bedenken gegen diese Rechtsfolge werden heute nicht mehr erhoben. Siehe hierzu die Nachweise bei *Hüffer*, § 320 Rn. 1.

[162] *Hüffer*, § 320a Rn. 2; siehe hierzu allgemein *Brändel* in Großkomm. AktG, § 1 Rn. 79 sowie *Heider* in MünchKomm. AktG, § 1 Rn. 89.

[163] *Würdinger* in Großkomm. AktG (3. Aufl.), § 320 Anm. 11 c; hierzu sogleich.

[164] *Biedenkopf/Koppensteiner* in KölnKomm. AktG (1. Aufl.), § 320 Rn. 17; *Krieger* in Münchener Handbuch AG, § 73 Rn. 37.

[165] *Hüffer*, § 320a Rn. 3; *Habersack* in Emmerich/Habersack, § 320a AktG Rn. 6; *Timm/Schick*, WM 1994, 185, 186.

[166] *Biedenkopf/Koppensteiner* in KölnKomm. AktG (1. Aufl.), § 320 Rn. 17; *Hüffer*, § 320a Rn. 3; *Habersack* in Emmerich/Habersack, § 320a Rn. 6.

[167] *Habersack* in Emmerich/Habersack, § 320b Rn. 3; *Hüffer*, § 320b Rn. 2; *Koppensteiner* in KölnKomm. AktG, § 320 Rn. 18; *Zimmer/Meese*, NZG 2004, 201, 204.

In Bezug auf die Art der zu gewährenden Abfindung differenziert § 320b Abs. 1 AktG. Im Regelfall sind den ausgeschiedenen Aktionären Aktien der Hauptgesellschaft zu gewähren, § 320b Abs. 1 Satz 2 AktG. Um diese Verpflichtung zu erfüllen, kann die Hauptgesellschaft eigene Aktien erwerben (§ 71 Abs. 1 Nr. 3 AktG), ein bedingtes Kapital schaffen (§ 192 Abs. 2 Nr. 2 AktG)[168] oder genehmigtes Kapital ausnutzen (§§ 202 ff. AktG)[169]. Handelt es sich bei der Hauptgesellschaft um eine abhängige Gesellschaft, so sind den ausgeschiedenen Aktionären gem. § 320b Abs. 1 Satz 3 AktG nach deren Wahl entweder Aktien der Hauptgesellschaft oder eine Barabfindung zu gewähren. Ist die Hauptgesellschaft ihrerseits eingegliedert, so treten an die Stelle von Aktien der Hauptgesellschaft Aktien ihrer Muttergesellschaft[170]. Ist die Abfindung in Aktien zu gewähren, so bestimmt sich die Angemessenheit des Umtauschverhältnisses wie beim Unternehmensvertrag nach der Verschmelzungswertrelation, wobei nach § 320b Abs. 1 Satz 4 AktG Spitzenbeträge durch eine bare Zuzahlung auszugleichen sind. Die Höhe des Abfindungsangebots bestimmt die künftige Hauptgesellschaft. Das Angebot ist in einer Erklärung der Bekanntmachung den Tagesordnungen der Hauptversammlung sowohl der einzugliedernden als auch der künftigen Hauptgesellschaft beizufügen, § 320 Abs. 2 Satz 1 Nr. 2, Satz 2 AktG. Das Angebot muss konkret sein und sowohl die Höhe der Abfindung in Aktien, einer eventuellen Barabfindung sowie ggf. einer baren Zuzahlung enthalten[171].

Besteht für die ausgeschiedenen Aktionäre ein Wahlrecht zwischen Barabfindung und Abfindung in Aktien, so sieht § 320b AktG keine Frist zur Ausübung des Wahlrechts vor. Für die Hauptgesellschaft besteht jedoch die Möglichkeit, in ihrem Angebot eine angemessene Frist zu bestimmen[172]. Nach h.M. muss diese entsprechend § 305 Abs. 4 AktG mindestens zwei Monate betragen und im Falle der Einleitung eines Spruchverfahrens zur Bestimmung der angemessenen Abfindung bis zu dessen Abschluss unterbrochen werden[173]. Die Barabfindung und die eventuelle

---

168 Die Eingliederung gem. §§ 319 ff. AktG ist nach ganz h.M. ein "Unternehmenszusammenschluss" im Sinne des § 192 Abs. 2 Nr. 2 AktG; OLG München v. 17.3.1993 – 7 U 5382/92, WM 1993, 1285, 1288; *Lutter* in KölnKomm. AktG, § 192 Rn. 13; *Frey* in Großkomm. AktG, § 192 Rn. 87; *Krieger* in Münchener Handbuch AG, § 57 Rn. 5; *Hüffer*, § 192 Rn. 14.

169 Zu den Einzelheiten siehe *Kowalski*, AG 2000, 555, 556 f.

170 BGH v. 30.3.1998 – II ZR 12/97, BGHZ 138, 224, 225 f.; OLG Nürnberg v. 13.11.1996 – 12 U 2180/96, AG 1997, 136; *Biedenkopf/Koppensteiner* in KölnKomm. AktG (1. Aufl.), § 320 Rn. 20; *Grunewald* in MünchKomm. AktG, § 320b Rn. 6; *Krieger* in Münchener Handbuch AG, § 73 Rn. 38; *Hüffer*, § 320b Rn. 6; *Habersack* in Emmerich/Habersack, § 320b Rn. 10; *Rehbinder*, ZGR 1977, 581, 614 f.

171 *Grunewald* in MünchKomm. AktG, § 320 Rn. 5; *Hüffer*, § 320 Rn. 7; *Koppensteiner* in KölnKomm. AktG, § 320 Rn. 8.

172 *Hüffer*, § 320b Rn. 5.

173 *Biedenkopf/Koppensteiner* in KölnKomm. AktG (1. Aufl.), § 320 Rn. 28; *Grunewald* in MünchKomm. AktG, § 320b Rn. 8; *Krieger* in Münchener Handbuch AG, § 73 Rn. 38; *Hüffer*, § 320b Rn. 5.

bare Zuzahlung sind vom Zeitpunkt der Bekanntmachung der Eintragung der Eingliederung an mit 2% über dem jeweiligen Diskontsatz der Deutschen Bundesbank zu verzinsen, § 320b Abs. 1 Satz 6 AktG.

III. Rechtsfolgen fehlender oder unangemessener Abfindungsangebote

Gem. § 320b Abs. 2 Satz 1 AktG kann die Anfechtung des Eingliederungsbeschlusses der Hauptversammlung der eingegliederten Gesellschaft nicht auf § 243 Abs. 2 AktG oder darauf gestützt werden, dass die von der Hauptgesellschaft gem. § 320 Abs. 2 Satz 1 Nr. 2 AktG angebotene Abfindung nicht angemessen ist. Vielmehr ist in diesem Falle die angemessene Abfindung im Spruchverfahren zu bestimmen, § 320b Abs. 2 Satz 2 AktG. Hat die Hauptgesellschaft ein Abfindungsangebot nicht oder nicht ordnungsgemäß im Sinne des § 320 Abs. 2 Satz 1 Nr. 2 AktG unterbreitet, so ergibt sich aus § 320b Abs. 2 Satz 3 AktG, dass die Anfechtung des Eingliederungsbeschlusses der eingegliederten Gesellschaft statthaft ist[174], denn dann darf über diesen Tagesordnungspunkt gem. § 124 Abs. 4 Satz 1 AktG kein Beschluss gefasst werden. Geschieht dies dennoch, liegt ein Gesetzesverstoß im Sinne des § 243 Abs. 1 AktG vor[175].

C. Barabfindung von Minderheitsaktionären, deren Aktien durch Beschluss der Hauptversammlung auf den Hauptaktionär übertragen wurden ("Squeeze-out")

§ 1 Nr. 3 SpruchG eröffnet das Spruchverfahren für die Bestimmung der Barabfindung von Minderheitsaktionären, deren Aktien durch Beschluss der Hauptversammlung auf den Hauptaktionär übertragen wurden (sog. "Squeeze-out"). Voraussetzung des Squeeze-out ist, dass einem Aktionär mindestens 95% des Grundkapitals einer Aktiengesellschaft oder Kommanditgesellschaft auf Aktien gehören; ein bloßer Stimmrechtsanteil von 95% ist dagegen nicht ausreichend[176]. Der Übertragungsbeschluss erfolgt auf Verlangen des Mehrheitsaktionärs, § 327a Abs. 1 Satz 1 AktG[177]. Im Folgenden werden zunächst die Unterschiede zwischen Squeeze-out und Mehrheitseingliederung aufgezeigt (hierzu unter I.). Sodann werden das Verfahren (hierzu unter II.) sowie die Rechtsfolgen (hierzu unter III.) des Squeeze-out

---

174 BGH v. 13.10.1977 – II ZR 123/76 , BGHZ 69, 334, 355; LG Mosbach v. 28.12.2000 – KfH O 56/00, AG 2001, 206, 209; vgl. allerdings zur Anfechtung wegen kompensationswertbezogenen Informationsmängeln § 7 C. II. (S. 133 ff.)

175 BGH v. 27.5.1974 – II ZR 109/72, AG 1974, 320, 322; LG Mosbach v. 28.12.2000 – KfH O 56/00, AG 2001, 206, 209; *Hüffer*, § 320 Rn. 8.

176 *Krieger*, BB 2002, 53, 54.

177 Zur Verfassungsmäßigkeit der Squeeze-out-Regelung vgl. OLG Stuttgart v. 3.12.2003 – 20 W 6/03, NZG 2004, 146, 149; *Sellmann*, WM 2003, 1545 ff.; *Wirth/Arnold*, AG 2002, 503 ff.

dargestellt. Schließlich wird auf die Rechtsfolgen fehlender oder unangemessener Abfindungsangebote eingegangen (hierzu unter IV.).

I. Unterschiede zwischen Mehrheitseingliederung und Squeeze-out

Obwohl der Gesetzgeber die Regelung des Squeeze-out systematisch eng mit den Regelungen über die Eingliederung verbunden hat[178] und mit dem Übergang sämtlicher Aktien auf den Hauptaktionär (§ 327e Abs. 3 AktG) die Rechtwirkungen des Übertragungsbeschlusses mit denen der Eingliederung (§ 320a Satz 1 AktG) identisch sind, weisen die §§ 327a ff. AktG zwei wesentliche Unterschiede zur Mehrheitseingliederung auf. Zum einen verlangt § 327a Abs. 1 Satz 1 AktG nicht, dass der Hauptaktionär wie im Falle der §§ 319 Abs. 1 Satz 1, 320 Abs. Satz 1 AktG eine Aktiengesellschaft mit Sitz im Inland ist. Der Begriff des "Hauptaktionärs" ist rechtsformneutral und vom Heimatrecht unabhängig[179]. Der zweite Unterschied besteht in der den ausscheidenden Aktionären zu gewährenden Abfindung. Während § 320b Abs. 1 Satz 2 AktG davon ausgeht, dass den ausgeschiedenen Aktionären Aktien der Hauptgesellschaft zu gewähren sind, und eine Barabfindung gem. § 320 Abs. 1 Satz 3 AktG nur vorgesehen ist, wenn die Hauptgesellschaft ihrerseits von einer Muttergesellschaft abhängig ist, sieht § 327a Abs. 1 Satz 1 AktG ausschließlich die Gewährung einer Barabfindung vor.

II. Verfahren

Der Ausschluss der Minderheitsaktionäre wird gem. § 327a Abs. 1 Satz 1 AktG durch einen Beschluss der Hauptversammlung realisiert[180]. Neben der Übertragung der Aktien der Minderheitsaktionäre auf den Hauptaktionär gehört die Gewährung einer angemessenen Barabfindung zum notwendigen Beschlussinhalt[181]. Der Beschluss erfordert die einfache Mehrheit gem. § 133 Abs. 1 AktG; die Kapitalmehrheit von 95% ist kein "weiteres Erfordernis" im Sinne des § 133 AktG[182]. Verfügt der Hauptaktionär also – weil die Gesellschaft etwa Vorzugsaktien ohne Stimmrecht ausgegeben hat – über die Kapitalquote von 95%, jedoch nur einen Stimmenanteil von 92%, so sind die Anforderungen des § 327a Abs. 1 Satz 1 AktG gleichwohl erfüllt. Bereits vor Einberufung der Hauptversammlung hat der Hauptaktionär dem Vorstand die Garantie eines Kreditinstituts über die zu zahlende Abfindung zu übermitteln, § 327b Abs. 3 AktG. Die den Minderheitsaktionären zu zahlende Abfindung soll im Wege eines zusätzlichen Direktanspruchs gegen das Kre-

---

178 Zur Kritik hieran siehe *Vetter*, AG 2002, 176, 180.

179 *Hüffer*, § 327a Rn. 2; *Vetter*, AG 2002, 176, 183.

180 Zum Ablauf des Ausschließungsverfahrens vgl. auch *Krieger*, BB 2002, 53, 58 ff.

181 *Hüffer*, § 327a Rn. 10.

182 *Hüffer*, § 327a Rn. 11; *Vetter*, AG 2002, 176, 186.

ditinstitut gesichert werden[183]. Wie auch bei der Eingliederung durch Mehrheitsbeschluss muss der Übertragungsbeschluss durch den Vorstand zur Eintragung ins Handelsregister angemeldet werden, § 327e Abs. 1 Satz 1 AktG. Mit der Eintragung wird der Übertragungsbeschluss wirksam[184].

III. Rechtsfolgen des Übertragungsbeschlusses

Wie bei der Mehrheitseingliederung gehen beim Squeeze-out die Aktien der Minderheitsaktionäre auf die Hauptgesellschaft über. Als Kompensation erhalten die Minderheitsaktionäre einen Barabfindungsanspruch.

1. *Mitgliedschaftsrechte und Eigentum an Aktienurkunden*

Was die Mitgliedschaftsrechte der Aktionäre sowie das Eigentum an den Aktienurkunden betrifft, sind die Rechtsfolgen des Squeeze-out mit denen der Mehrheitseingliederung identisch. Gem. § 327e Abs. 3 Satz 1 AktG gehen mit Eintragung des Übertragungsbeschlusses sämtliche Aktien der Gesellschaft auf den Hauptaktionär über und verbriefen bis zu ihrer Aushändigung an diesen den Anspruch der ausgeschiedenen Aktionäre auf Abfindung, § 327e Abs. 3 Satz 2 AktG. Insofern kann auf die Ausführungen zur Eingliederung verwiesen werden[185].

2. *Abfindungsanspruch der ausgeschiedenen Aktionäre*

Auch § 327a AktG will die Minderheitsaktionäre für den Verlust ihrer Mitgliedschaft durch Zahlung einer angemessenen Abfindung entschädigen. Diese ist ausschließlich als Barabfindung ausgestaltet, deren Höhe gem. § 327b Abs. 1 Satz 1 AktG durch den Hauptaktionär festgelegt wird. Ihre Angemessenheit hat der Hauptaktionär gem. § 327c Abs. 2 Satz 1 AktG in einem der Hauptversammlung zu erstattenden schriftlichen Bericht zu erläutern und zu begründen.

Schuldner des Abfindungsanspruchs ist der Hauptaktionär, nicht die Gesellschaft. Dies war vor Geltung des SpruchG umstritten. Zum Teil wurde die Gesellschaft als Schuldner des Abfindungsanspruchs angesehen[186]. Dieser Streit wurde jedoch mit

---

183 BegrRegE zu § 327a Abs. 3 AktG, BT-Drs. 14/7034, S. 72; diese hat nur die durch den Hauptaktionär angebotene, nicht jedoch auch die sich im Spruchverfahren ergebende Abfindung abzudecken, OLG Stuttgart v. 3.12.2003 – 20 W 6/03, NZG 2004, 146, 149.

184 BegrRegE zu § 327e Abs. 3 AktG, BT-Drs. 14/7034, S. 73.

185 Vgl. oben § 3 B. II. 1. (S. 53).

186 *Hüffer* (5. Aufl.), § 327f Rn. 5; die überwiegende Auffassung ging schon zuvor davon aus, dass der Hauptaktionär Schuldner des Abfindungsanspruchs sei; vgl. *Krieger*, BB 2002, 53, 55; *Vetter*, AG 2002, 176, 190; wohl auch *Ehricke/Roth*, DStR 2001, 1120, 1127 sowie *Grunewald*, ZIP 2002, 18, 20.

Einführung des § 5 SpruchG obsolet. § 5 SpruchG legt fest, wer Antragsgegner im Spruchverfahren ist. Antragsgegner im Spruchverfahren ist gem. § 5 Nr. 3 SpruchG der Hauptaktionär[187]. Da richtiger Antragsgegner und damit passivlegitimiert nur ist, wer auch materiell-rechtlich Schuldner des Abfindungsanspruchs ist, hat § 5 SpruchG insoweit eine klarstellende Bedeutung. Auch die beim Squeeze-out zu gewährende Abfindung ist gem. § 327b Abs. 2 AktG ab Bekanntmachung der Eintragung des Übertragungsbeschlusses mit zwei Prozentpunkten über dem Basiszinssatz zu verzinsen.

IV. Rechtsfolgen fehlender oder unangemessener Abfindungsangebote

Gem. § 327f Satz 1 AktG kann die Anfechtung des Übertragungsbeschlusses nicht darauf gestützt werden, dass die durch den Hauptaktionär festgelegte Abfindung nicht angemessen ist. Vielmehr verweist § 327f Satz 2 AktG die ausgeschiedenen Aktionäre zur Feststellung der angemessenen Barabfindung auf das Spruchverfahren. Das Gleiche gilt gem. § 327f Satz 3 AktG wenn der Hauptaktionär eine Barabfindung überhaupt nicht oder nicht ordnungsgemäß angeboten hat[188].

D. Ausgleich durch bare Zuzahlung und Barabfindung anlässlich der Umwandlung von Rechtsträgern

Gem. § 1 Nr. 4 SpruchG gilt das SpruchG für die gerichtliche Bestimmung der Zuzahlung an Anteilsinhaber oder die Barabfindung von Anteilsinhabern "anlässlich der Umwandlung von Rechtsträgern". Im UmwG geregelte Strukturmaßnahmen, aus denen Zuzahlungs- oder Barabfindungsansprüche resultieren können sind die Verschmelzung (hierzu unter I.), die Spaltung (hierzu unter II), die Vermögensübertragung (hierzu unter III) sowie der Formwechsel (hierzu unter IV).

I. Ausgleich und Abfindung bei Verschmelzung

Die in den §§ 2 ff. UmwG geregelten Vorschriften über die Verschmelzung finden über Verweisungen zum Teil für sämtliche im UmwG geregelten Umwandlungsarten Anwendung. Die Verschmelzung selbst besteht in der Vereinigung der Vermögen mindestens zweier Rechtsträger durch Übergang sämtlicher Aktiva und Passiva im Wege der Gesamtrechtsnachfolge auf den aufnehmenden oder neu zu bildenden Rechtsträger unter Gewährung von Anteilen oder Mitgliedschaften des übernehmenden oder neuen Rechtsträgers an die Anteilsinhaber des übertragenden

---

187 Vgl. § 9 F. I. (S. 182).

188 Vgl. allerdings zur Anfechtung wegen kompensationswertbezogenen Informationsmängeln § 7 C. II. (S. 133 ff.).

Rechtsträgers[189]. Das UmwG differenziert zwischen der Verschmelzung durch Aufnahme gem. § 2 Nr. 1, bei der das Vermögen eines oder mehrerer Rechtsträger auf einen anderen bestehenden Rechtsträger übertragen wird und der Verschmelzung durch Neugründung gem. § 2 Nr. 2, bei der diese Übertragung auf einen neuen, hierdurch gegründeten Rechtsträger erfolgt.

1. *Verfahren*

§ 4 Abs. 1 Satz 1 UmwG verlangt für sämtliche Verschmelzungsvorgänge den Abschluss eines Verschmelzungsvertrags. Dieser gestaltet das Außenverhältnis der an der Verschmelzung beteiligten Rechtsträger und wird durch die vertretungsberechtigten Leitungsorgane geschlossen[190]. Zur Wirksamkeit des Vertragsschlusses ist gem. § 13 Abs. 1 Satz 1 UmwG ein Beschluss der Anteilsinhaber der beteiligten Rechtsträger (Verschmelzungsbeschluss) erforderlich. Diesem Transformationsakt im Innenverhältnis kommt eine zweifache Bedeutung zu. Zum einen bewirkt er die Bindung der Anteilsinhaber der beteiligten Rechtsträger; zum anderen enthält er die Weisung an die Leitungsorgane, die Verschmelzung durchzuführen[191]. Knüpfen Satzung oder Statut eines beteiligten Rechtsträgers die Abtretung von Anteilen an die Genehmigung einzelner Anteilsinhaber, so ist gem. § 13 Abs. 2 und Abs. 3 Satz 1 UmwG deren Zustimmung zum Verschmelzungsbeschluss in notariell beurkundeter Form erforderlich. Gem. § 16 Abs. 1 UmwG haben die Vertretungsorgane jedes an der Verschmelzung beteiligten Rechtsträgers die Verschmelzung zur Eintragung in das Register des Sitzes ihres Rechtsträgers anzumelden. Die Rechtswirkungen der Verschmelzung treten mit ihrer Eintragung in das Register am Sitz des übernehmenden oder neu gegründeten Rechtsträgers ein, § 20 Abs. 1 UmwG, ggf. in Verbindung mit § 36 Abs. 1 Satz 2 UmwG.

2. *Ausgleichs- und Abfindungspflicht*

Grundsätzlich werden nach der Verschmelzung die Anteilsinhaber der übertragenden Rechtsträger am übernehmenden Rechtsträger beteiligt. Im Regelfall ist ihnen überdies eine bare Zuzahlung zu gewähren. Bei sog. Mischverschmelzungen besteht darüber hinaus ein Austrittsrecht gegen Gewährung einer Barabfindung.

---

189 *Lutter/Drygala* in Lutter, § 2 Rn. 20.

190 *Stratz* in Schmitt/Hörtnagl/Stratz, § 4 Rn. 4, 10.

191 *Lutter/Drygala* in Lutter, § 13 Rn. 18; *Zimmermann* in Kallmeyer, § 13 Rn. 17; *Stratz* in Schmitt/Hörtnagl/Stratz, § 13 Rn. 7; vgl. dort unter Rn. 19 auch den Überblick über die erforderlichen Mehrheiten.

a) Beteiligung der Anteilsinhaber am übernehmenden Rechtsträger

Der Verschmelzung durch Aufnahme und durch Neugründung ist gemeinsam, dass die übertragenden Rechtsträger erlöschen, die Anteilsinhaber also ihr Anteile bzw. Mitgliedschaften verlieren (§ 20 Abs. 1 Nr. 2 Satz 1 UmwG), sie als Gegenleistung jedoch Anteilsinhaber des übernehmenden oder neu gegründeten Rechtsträgers werden, § 20 Abs. 1 Nr. 3 Satz 1 UmwG. Um die wirtschaftliche Identität der Anteilsinhaberschaft beim übertragenden und später beim übernehmenden Rechtsträger zu gewährleisten, verlangt § 5 Abs. 1 Nr. 3 UmwG, dass bereits der Verschmelzungsvertrag genaue Regelungen darüber trifft, in welchem Verhältnis die Anteile oder Aktien des übertragenden Rechtsträgers in solche des übernehmenden Rechtsträgers umgetauscht werden sollen. Die Bestimmung dieser sog. Verschmelzungswertrelation[192] erfordert nicht notwendig die exakte Berechnung der einzelnen Unternehmenswerte, sondern die korrekte Bestimmung des Verhältnisses dieser Unternehmenswerte zueinander[193]. Zu diesem Zweck sind die beteiligten Rechtsträger anhand gleicher Methoden zu bewerten[194].

b) Ausgleich durch bare Zuzahlung

Für die betroffenen Anteilsinhaber besteht bei den Bewertungen nach § 5 Abs. 1 Nr. 3 UmwG die Gefahr, dass ein "glatter" Umtausch nicht möglich ist oder die Mitgliedschaft am übernehmenden Rechtsträger aus sonstigen Gründen keinen ausreichenden Gegenwert im Vergleich zu den vorherigen Verhältnissen darstellt. Für diesen Fall gibt das UmwG den Anteilsinhabern der übertragenden Rechtsträger in § 15 Abs. 1 Hs. 1 UmwG einen materiell-rechtlichen Anspruch gegen den übernehmenden Rechtsträger auf einen Ausgleich durch bare Zuzahlung. Bereits der Verschmelzungsvertrag muss gem. § 5 Abs. 1 Nr. 3 UmwG die Höhe einer etwaigen baren Zuzahlung regeln. Die Höhe der im Verschmelzungsvertrag bestimmten baren Zuzahlung darf jedoch nur maximal 10% des Wertes der zu gewährenden Anteile betragen, §§ 54 Abs. 4, 68 Abs. 3, 78 Satz 1, 87 Abs. 2 Satz 2 UmwG. Ihre Festlegung bereits im Verschmelzungsvertrag ist erforderlich, da sich die Angemessenheit der Gegenleistung nur anhand einer Gesamtschau aus Umtauschverhältnis und barer Zuzahlung beurteilen lässt[195]. Wird der Ausgleich durch bare Zuzahlung im Spruchverfahren festgesetzt, so erfolgt der vollständige Ausgleich der Differenz zwischen dem Wert der verlorenen und der erhaltenen Anteile. In diesem Fall ist die Höhe der baren Zuzahlung nicht auf 10% des Nennbetrags der gewährten Anteile begrenzt, § 15 Abs. 1 Hs. 2 UmwG.

---

192 BGH v. 12.3.2001 – II ZB 15/00, BGHZ 147, 108, 109; OLG Düsseldorf v. 14.4.2000 – 19 W 6/98 AktE, AG 2001, 189, 192; *Seetzen*, WM 1994, 45.

193 *Lutter/Drygala* in Lutter, § 5 Rn. 18; *Stratz* in Schmitt/Hörtnagl/Stratz, § 5 Rn. 26.

194 OLG Düsseldorf v. 14.1.2004 – 19 W 1/03 AktE, AG 2004, 614, 615; *Mayer* in Widmann/Mayer, § 5 Rn. 101; *Lutter/Drygala* in Lutter, § 5 Rn. 19.

195 *Stratz* in Schmitt/Hörtnagl/Stratz, § 5 Rn. 28.

c) Barabfindung

Hat der aufnehmende Rechtsträger eine andere Rechtsform als zumindest einer der übertragenden, so besteht für den Anteilsinhaber unter Umständen ein Interesse am Austritt, da ihm die Mitgliedschaft im übernehmenden Rechtsträger nicht immer zumutbar ist[196]. Bei solchen sog. Mischverschmelzungen gewähren die §§ 29 ff. UmwG dem Anteilsinhaber dieses Austrittsrecht; allerdings unter der Voraussetzung, dass der betreffende Anteilsinhaber gegen den Verschmelzungsbeschluss "seines" übertragenden Rechtsträgers Widerspruch zur Niederschrift des Notars[197] erklärt hat, § 29 Abs. 1 Satz 1 UmwG. Für diesen Fall ist bereits im Verschmelzungsvertrag bzw. seinem Entwurf der Erwerb der Anteile gegen eine angemessene Barabfindung anzubieten. Diese hat gem. § 30 Abs. 1 Satz 1 UmwG die Verhältnisse des übertragenden Rechtsträgers im Zeitpunkt der Beschlussfassung über die Verschmelzung zu berücksichtigen.

Der Abfindungsanspruch entsteht erst mit der Annahme des Abfindungsangebots. Die Annahme muss grundsätzlich innerhalb der materiellen Ausschlussfrist von zwei Monaten nach Wirksamwerden der Verschmelzung erklärt werden, § 31 Satz 1 UmwG. Die Einhaltung einer bestimmten Form ist nicht erforderlich[198]. Wie sich aus § 31 Satz 2 UmwG ergibt, ist die Annahme des Abfindungsangebots auch dann erforderlich, wenn die angemessene Abfindung im Spruchverfahren bestimmt wurde. In diesem Fall beginnt die Zweimonatsfrist gem. § 31 Satz 2 UmwG mit Bekanntmachung der Entscheidung im Bundesanzeiger (§§ 14 i.V.m. 6 Abs. 1 Satz 4 SpruchG) neu zu laufen. Unerheblich ist, ob der Annehmende selbst das Spruchverfahren betrieben hat[199].

3. Rechtsfolgen fehlender oder unangemessener Kompensationsregelungen

Fehlen im Verschmelzungsvertrag die Angaben nach § 5 Abs. 1 Nr. 1-3 UmwG, so ist dieser nichtig, und die Nichtigkeit kann auch durch die Eintragung der Verschmelzung (§ 20 UmwG) nicht geheilt werden[200]. Enthält bei einer Mischverschmelzung der Verschmelzungsvertrag kein Barabfindungsangebot, so berührt dies weder seine Wirksamkeit noch die des Verschmelzungsbeschlusses[201].

---

196 *Grunewald* in Lutter, § 29 Rn. 2.

197 Gemeint ist der Notar, der den Verschmelzungsbeschluss gem. § 13 Abs. 3 Satz 1 UmwG zu beurkunden hat.

198 *Grunewald* in Lutter, § 31 Rn. 3; *Marsch-Barner* in Kallmeyer, § 31 Rn. 4; *Stratz* in Schmitt/Hörtnagl/Stratz, § 31 Rn. 4.

199 *Stratz* in Schmitt/Hörtnagl/Stratz, § 31 Rn. 6.

200 KG v. 22.9.1998 – 1 W 4387/97, WM 1999, 323, 325; OLG Frankfurt am Main v. 10.3.1998 – 20 W 60/98, WM 1999, 322, 323; *Kraft* in KölnKomm. AktG, § 352a Rn. 6; *Lutter/Drygala* in *Lutter*, § 5 Rn. 107.

201 *Marsch-Barner* in Kallmeyer, § 29 Rn. 16; wohl auch *Grunewald* in Lutter, § 29 Rn. 21.

Wie sich vielmehr aus § 34 Satz 2 UmwG ergibt, soll die Verschmelzung nicht am fehlenden Abfindungsangebot scheitern.

Ähnlich wie bei den aktienrechtlichen Strukturmaßnahmen kann die Klage gegen die Wirksamkeit eines Verschmelzungsbeschlusses weder auf die Unangemessenheit des Umtauschverhältnisses noch darauf gestützt werden, dass die Mitgliedschaft bei dem übernehmenden Rechtsträger kein ausreichender Gegenwert für die Anteile oder die Mitgliedschaft bei dem übertragenden Rechtsträger ist. Für die Bestimmung des in diesem Fall bestehenden materiell-rechtlichen Anspruchs auf eine bare Zuzahlung verweist § 15 Abs. 1 Satz 2 die betroffenen Anteilsinhaber vielmehr auf das Spruchverfahren. Gleiches gilt für die Bestimmung der nach § 29 Abs. 1 UmwG anzubietenden Barabfindung. Hier schließt § 32 UmwG die Anfechtungsklage aus, die auf das fehlende oder zu niedrig bemessene Abfindungsangebot gestützt wird. Stattdessen sieht § 34 UmwG die Bestimmung der angemessenen Barabfindung im Spruchverfahren vor.

II. Ausgleich und Abfindung bei der Spaltung von Rechtsträgern

Die in den §§ 123 ff. UmwG geregelte Spaltung stellt das Spiegelbild der Verschmelzung dar[202]. Während die Verschmelzung das Vermögen verschiedener Rechtsträger durch Übertragung auf einen Rechtsträger zusammenführt, wird bei der Spaltung das Vermögen eines einzelnen Rechtsträgers auf mindestens zwei Rechtsträger aufgeteilt. Möglich ist die Spaltung als Aufspaltung (§ 123 Abs. 1 UmwG), bei der ein einziger Rechtsträger aufgelöst und sein Vermögen von mehreren Rechtsträgern übernommen wird, als Abspaltung (§ 123 Abs. 2 UmwG), bei der im Gegensatz zur Aufspaltung der übertragende Rechtsträger bestehen bleibt, und als Ausgliederung (§ 123 Abs. 3 UmwG), die dadurch gekennzeichnet ist, dass die Anteilsinhaber des ausgliedernden und übertragenden Rechtsträgers durch den Spaltungsvorgang selbst in ihrer Stellung nicht berührt werden[203]. Da die Gefahren, die den Anteilseignern im Falle der Spaltung drohen, identisch sind mit denen bei der Verschmelzung, verweist § 125 UmwG grundsätzlich auf die Verschmelzungsvorschriften. Insofern kann auf die Ausführungen zur Verschmelzung verwiesen werden[204].

Eine Ausnahme besteht allein für die Ausgliederung nach § 123 Abs. 3 UmwG. Anders als bei Aufspaltung und Abspaltung werden dort die Anteile oder Mitgliedschaften der übernehmenden Rechtsträger nicht den Anteilsinhabern der übertragenden Rechtsträger, sondern dem übertragenden Rechtsträger selbst gewährt. Da also der für Verschmelzung sowie Aufspaltung und Abspaltung typische Anteils-

---

202 BegrRegE, einleitende Erläuterung zum Dritten Buch des UmwG, BT-Drs. 12/6699, S. 115.

203 BegrRegE zu § 123 UmwG, BT-Drs. 12/6699, S. 115.

204 Vgl. oben § 3 D. I. 2. (S. 59 ff.).

tausch nicht stattfindet und die Anteilsinhaber damit nicht die Unangemessenheit einer zu gewährenden Gegenleistung geltend machen können, schließt § 125 Satz 1 Fall 3 UmwG die Anwendbarkeit der §§ 14 Abs. 2 und 15 UmwG aus[205]. Die Anteilsinhaber des übertragenden Rechtsträgers können daher nicht die Angemessenheit der dem übertragenden Rechtsträger zu gewährenden Gegenleistung im Spruchverfahren bestimmen lassen. Dafür ist jedoch die Anfechtungsklage gegen den Zustimmungsbeschluss zum Ausgliederungsvertrag, gestützt auf die Unangemessenheit der Gegenleistung, zulässig[206].

III. Ausgleich und Abfindung bei Vermögensübertragung

Verschmelzung und Spaltung sind dadurch gekennzeichnet, dass den Anteilseignern der übertragenden Rechtsträger Anteile an dem übernehmenden Rechtsträger gewährt werden. Diese Form des Umtauschs von Mitgliedschaftsrechten scheidet in manchen Fällen aus; sei es, weil bei dem oder den übertragenden Rechtsträger(n) keine übertragungsfähigen Mitgliedschaftsrechte bestehen oder weil am übernehmenden Rechtsträger keine Anteile gewährt werden können.

Im UmwG 1994 wurde daher mit der Vermögensübertragung eine weitere Umwandlungsart eingeführt, die solchen Rechtsträgern eine der Verschmelzung und Spaltung entsprechende Umwandlungsmöglichkeit eröffnen soll[207]. Die Vermögensübertragung kann erfolgen als Vollübertragung gem. § 174 Abs. 1 UmwG, bei der ein Rechtsträger sein Vermögen als Ganzes auf einen anderen bestehenden Rechtsträger überträgt, und als Teilübertragung gem. § 174 Abs. 2 UmwG, bei der das Vermögen des übertragenden Rechtsträgers aufgespaltet bzw. Teile dessen Vermögens abgespaltet oder ausgegliedert und dann auf einen anderen Rechtsträger übertragen werden. Beiden Arten der Vermögensübertragung ist gemeinsam, dass die an die Anteilsinhaber des übertragenden Rechtsträgers zu gewährende Gegenleistung nicht in Anteilen oder Mitgliedschaften besteht, § 174 UmwG. Die zulässigen Fälle der Voll- oder Teilübertragung sind in § 175 UmwG abschließend geregelt.

1. Vermögensübertragung einer Kapitalgesellschaft auf die öffentliche Hand

Für die Vollübertragung nach § 175 Nr. 1 UmwG gelten gem. § 176 Abs. 1 UmwG die Vorschriften über die Verschmelzung durch Aufnahme entsprechend. In Bezug auf den notwendigen Inhalt des Vermögensübertragungsvertrags enthält § 176 Abs. 2 Satz 3 UmwG eine Sonderregelung zu § 5 Abs. 1 Nr. 3 UmwG. Danach treten im Vermögensübertragungsvertrag Art und Höhe der zu gewährenden Ge-

---

205 BegrRegE zu § 125 UmwG, BT-Drs. 12/6699, S. 117.
206 Zur Kritik hieran vgl. *Hörtnagl* in Schmitt/Hörtnagl/Stratz, § 125 Rn. 15.
207 *H. Schmidt* in Lutter, § 175 Rn. 1.

genleistung an die Stelle des Umtauschverhältnisses der Anteile. Besondere Anforderungen an diese Gegenleistung stellt das UmwG nicht auf. In Betracht kommt jeder materielle oder immaterielle vermögenswerte Gegenstand[208]. Inhaber von Sonderrechten im übertragenden Rechtsträger erhalten entsprechend § 29 Abs. 1 UmwG einen Anspruch auf Barabfindung, der entsprechend § 30 UmwG die Verhältnisse des übertragenden Rechtsträgers im Zeitpunkt der Beschlussfassung über die Vermögensübertragung berücksichtigen muss, § 176 Abs. 2 Satz 4 UmwG[209]. Sowohl die Überprüfung der Angemessenheit der nach §§ 176 Abs. 2 Satz 4, 29 Abs. 1, 30 UmwG zu gewährenden Barabfindung, als auch der gem. §§ 176 Abs. 1, Abs. 2 Satz 3, 5 Abs. 1 Nr. 3 UmwG festzulegenden Gegenleistung erfolgt ausschließlich im Spruchverfahren. Für die Barabfindung ergibt sich dies aus §§ 176 Abs. 2 Satz 4, 34 UmwG, für die Gegenleistung aus §§ 176 Abs. 1, 14, 15 UmwG. Insofern kann auf die Ausführungen zur Verschmelzung[210] verwiesen werden.

2. *Vermögensübertragung unter Versicherungsunternehmen*

Überträgt eine Versicherungs-Aktiengesellschaft ihr Vermögen auf einen Versicherungsverein auf Gegenseitigkeit oder ein öffentlich-rechtliches Versicherungsunternehmen, so finden gem. § 178 Abs. 1 UmwG die Vorschriften über die Verschmelzung durch Aufnahme einer Aktiengesellschaft sowie gem. § 178 Abs. 2 UmwG die Vorschriften des § 176 Abs. 2 bis 4 UmwG Anwendung. Soll lediglich eine Teilübertragung erfolgen, verweist § 184 UmwG auf die Vorschriften über die Spaltung unter Beteiligung von Versicherungsvereinen auf Gegenseitigkeit sowie auf § 176 Abs. 2 bis 4 UmwG.

Besonderheiten hinsichtlich der zu gewährenden Gegenleistung gelten im Falle der in den §§ 180 ff. UmwG geregelten Vermögensübertragung eines Versicherungsvereins auf Gegenseitigkeit auf eine Aktiengesellschaft oder auf ein öffentlich-rechtliches Versicherungsunternehmen: Da die Mitglieder des Versicherungsvereins auf Gegenseitigkeit gem. § 48 Abs. 2 Satz VAG[211] bei dessen Auflösung einen Liquidationsanteil erhalten, der ihnen durch die liquidationslose Übertragung entgeht, bestimmt § 181 Abs. 1 UmwG, dass den Mitgliedern des übertragenden Vereins eine angemessene Gegenleistung zu gewähren ist, wenn die Gewährung einer Gegenleistung wirtschaftlich gerechtfertigt ist. Zum Bezug der Gegenleistung berechtigt ist gem. § 181 Abs. 1 Satz 1 UmwG jedes Mitglied des übertragenden Vereins, das diesem mindestens drei Monate vor dem Zustimmungsbeschluss zum Übertragungsvertrag angehört hat. Jedes berechtigte Mitglied erhält grundsätzlich

---

208 *H. Schmidt* in Lutter, § 174 Rn. 8; *Schwarz* in Widmann/Mayer, § 174 Rn. 9; *Stratz* in Schmitt/Hörtnagl/Stratz, § 176 Rn. 6, § 174 Rn. 7.

209 *H. Schmidt* in Lutter, § 176 Rn. 10.

210 Vgl. oben § 3 D. I. 2. (S. 59 ff.).

211 Gesetz über die Beaufsichtigung der Versicherungsunternehmen (Versicherungsaufsichtsgesetz – VAG) in der Fassung vom 17.12.1992, BGBl. I 1993, S. 2.

eine Gegenleistung in gleicher Höhe, § 181 Abs. 3 Satz 1 UmwG. Soll eine andere Verteilung erfolgen, so enthält § 181 Abs. 3 Satz 2 UmwG verbindliche Kriterien, die gem. § 181 Abs. 2 Satz 2 UmwG in den Zustimmungsbeschluss aufzunehmen sind. Ist eine Gegenleistung entgegen § 181 Abs. 1 UmwG im Übertragungsvertrag nicht vereinbart worden, so ist sie auf Antrag im Spruchverfahren zu bestimmen, §§ 181 Abs. 4 i.V.m. 34 UmwG. Hiervon erfasst sind zunächst die Fälle, in denen eine Gegenleistung nicht vereinbart wurde, obwohl sie zur Wahrung der wirtschaftlichen Interessen der Vereinsmitglieder geboten war. Wie sich aus der Verweisung in § 181 Abs. 4 Hs. 2 UmwG auf § 34 UmwG ergibt, kann der Antrag auf gerichtliche Bestimmung auch zur Überprüfung der Angemessenheit der beschlossenen Gegenleistung bestimmt werden. Aus der Verweisung in § 180 Abs. 1 UmwG auf die Verschmelzungsvorschriften ergibt sich im Übrigen, dass die Anfechtung der Beschlüsse über die Vermögensübertragung nicht darauf gestützt werden kann, die Gegenleistung sei nicht beschlossen oder nicht angemessen[212].

Die §§ 180 ff. UmwG gelten gem. § 186 UmwG auch dann, wenn übertragender Rechtsträger ein kleinerer Versicherungsverein auf Gegenseitigkeit ist[213]. Allerdings kann hier die Vermögensübertragung nur als Vollübertragung erfolgen, § 185 UmwG.

IV. Ausgleich und Abfindung bei Formwechseln

Die §§ 190 ff. UmwG regeln diejenigen Fälle, die vor Geltung des UmwG 1994 mit dem Begriff der Umwandlung beschrieben wurden. Charakteristisch für diese nun als Formwechsel bezeichneten Vorgänge ist, dass der Rechtsträger neuer Rechtsform seine rechtliche und wirtschaftliche Identität wahrt. Im Unterschied zu den anderen Umwandlungsarten findet also keine Vermögensübertragung von einem Rechtsträger auf einen anderen, sondern lediglich ein Wechsel des "rechtlichen Kleids" statt[214].

1. Verfahren

Der Formwechsel erfordert gem. § 193 Abs. 1 UmwG einen Beschluss der Anteilsinhaber des formwechselnden Rechtsträgers[215]. Die Mindestanforderungen an seinen Inhalt statuiert § 194 Abs. 1 UmwG. Der Beschluss ist gem. § 193 Abs. 3 Satz 1 UmwG notariell zu beurkunden und gem. § 198 Abs. 1 UmwG zur Eintra-

---

212 *Hübner* in Lutter, § 181 Rn. 14; a.A. *Biewer*, Umwandlung, S. 142.

213 Dies sind gem. § 53 Abs. 1 Satz 1 VAG Vereine, die bestimmungsgemäß einen sachlich, örtlich oder dem Personenkreis nach eng begrenzten Wirkungskreis haben.

214 *Decher* in Lutter, Vor § 190 Rn. 2; *Stratz* in Schmitt/Hörtnagl/Stratz, § 190 Rn. 1.

215 Zu den erforderlichen Mehrheiten siehe den Überblick bei *Stratz* in Schmitt/Hörtnagl/Stratz, § 193 Rn. 12 f.

gung in das Register, in dem der formwechselnde Rechtsträger eingetragen ist, anzumelden. Die Rechtswirkungen der Eintragung regelt § 202 UmwG.

2. *Ausgleich und Abfindung*

Aus dem Prinzip der Kontinuität des Rechtsträgers vor und nach dem Formwechsel ergibt sich, dass dessen Anteilsinhaber entsprechend ihrer vorherigen Beteiligungsverhältnisse am Rechtsträger neuer Rechtsform zu beteiligen sind. Gem. § 194 Abs. 1 Nr. 3 UmwG sind diese Beteiligungsverhältnisse im Umwandlungsbeschluss zu bestimmen. Die Umrechnung der Beteiligungsverhältnisse bereitet dann keine Schwierigkeiten, wenn formwechselnder Rechtsträger und Rechtsträger neuer Rechtsform Kapitalgesellschaften sind: Dann folgt die Beteiligung am Stammkapital des Rechtsträgers neuer Rechtsform der vorherigen Beteiligung.

a) Ausgleich durch bare Zuzahlung

Schwierigkeiten bereiten jedoch die Fälle, in denen sich die neuen Beteiligungsverhältnisse nicht schon aus den bisherigen Verhältnissen ohne weiteres ableiten lassen oder die Beteiligung am Rechtsträger neuer Rechtsform kein ausreichender Gegenwert für die Beteiligung am formwechselnden Rechtsträger ist. In die erste Kategorie fallen etwa der Formwechsel einer eingetragenen Genossenschaft oder eines rechtsfähigen Vereins in eine Kapitalgesellschaft, im Einzelfall auch der einer Personengesellschaft in eine Kapitalgesellschaft[216]. Die zweite Kategorie erfasst die Fälle, in denen die Beteiligung am Rechtsträger neuer Rechtsform für den Anteilsinhaber zwar keine unangemessene Beteiligung, wohl aber eine qualitative Schlechterstellung darstellt[217]. Die Anfechtungsklage gegen den Umwandlungsbeschluss kann gem. § 195 Abs. 2 UmwG weder auf die zu niedrige Bemessung der Beteiligung am Rechtsträger neuer Rechtsform noch darauf gestützt werden, dass die Mitgliedschaft an ihm keinen ausreichenden Gegenwert für die Anteile oder die Mitgliedschaft bei dem formwechselnden Rechtsträger darstelle. § 196 UmwG sieht vielmehr auch in diesen Fällen einen Ausgleich durch bare Zuzahlung vor, der gem. § 196 Satz 2 UmwG im Spruchverfahren zu bestimmen ist. Die Höhe der baren Zuzahlung bemisst sich nach der Höhe der Wertdifferenz zwischen dem Anteils- bzw. Mitgliedschaftswert, der im Umwandlungsbeschluss bestimmt wurde, und demjenigen Wert, der im Spruchverfahren als angemessen ermittelt wird[218]. Die bare Zuzahlung ist nach Maßgabe der §§ 196 Satz 2, 15 Abs. 2 UmwG zu verzinsen.

---

216 Vgl. hierzu *Decher* in Lutter, § 194 Rn. 12.

217 *Decher* in Lutter, § 196 Rn. 10; *Meister/Klöcker* in Kallmeyer, § 196 Rn. 9.

218 *Decher* in Lutter, § 196 Rn. 15.

b) Barabfindung

Wie bei den anderen Umwandlungsarten kann auch im Falle des Formwechsels das Interesse des Anteilsinhabers des formwechselnden Rechtsträgers bestehen, aus der Gesellschaft gegen Gewährung einer Abfindung auszuscheiden. § 207 Abs. 1 Satz 1 UmwG sieht daher im Grundsatz für alle Fälle des Formwechsels die Pflicht des formwechselnden Rechtsträgers vor, eine Barabfindung anzubieten[219]. Anspruchsberechtigt sind allerdings nur diejenigen Anteilsinhaber, die gegen den Umwandlungsbeschluss Widerspruch zur Niederschrift erklärt haben[220]. Das Abfindungsangebot hat grundsätzlich den Erwerb der umgewandelten Anteile des dem Formwechsel widersprechenden Anteilsinhabers durch die Gesellschaft gegen eine angemessene Barabfindung zum Gegenstand, § 207 Abs. 1 Satz 1 UmwG. Stehen Rechtsvorschriften dem Erwerb eigener Anteile entgegen, so hat das Angebot nicht auf den Erwerb der Anteile, sondern gem. § 207 Abs. 1 Satz 2 UmwG allein auf die Zahlung einer Abfindung gegen Ausscheiden aus dem Rechtsträger zu zielen[221]. Nach §§ 208 i.V.m. 30 Abs. 1 UmwG muss die Barabfindung die Verhältnisse im Zeitpunkt des Umwandlungsbeschlusses berücksichtigen.

Der Abfindungsanspruch entsteht mit seiner Annahme durch den zum Ausscheiden Berechtigten. Diese kann gem. § 209 Satz 1 UmwG nur innerhalb der materiellen Ausschlussfrist[222] von zwei Monaten nach dem Tag erfolgen, an dem die Eintragung der Umwandlung gem. § 201 Satz 2 UmwG als bekannt gemacht gilt. Wird nach § 212 UmwG ein Antrag auf Bestimmung der Barabfindung im Spruchverfahren gestellt, so kann die Annahme binnen zwei Monaten nach Bekanntmachung der Entscheidung der Spruchstelle erklärt werden, § 209 Satz 2 UmwG. Die Abfindung ist nach Maßgabe der §§ 208, 30 Abs. 1 Satz 2, 15 Abs. 2 UmwG zu verzinsen.

---

219 Zu den Ausnahmen siehe *Meister/Klöcker* in Kallmeyer, § 207 Rn. 9 ff.

220 Unerheblich ist, ob der Anteilsinhaber gegen den Formwechsel stimmt; auch wenn der Anteilsinhaber nicht in der Gesellschaft neuer Rechtsform verbleiben will, soll dieser nicht zur Opposition gegen den Umwandlungsbeschluss gezwungen werden, *Decher* in Lutter, § 207 Rn. 10; *Meister/Klöcker* in Kallmeyer, § 207 Rn. 15; a.A. *Stratz* in Schmitt/Hörtnagl/Stratz, § 207 Rn. 4; zu den Auswirkungen auf die Antragsberechtigung im Spruchverfahren vgl. § 9 A. III. (S. 157).

221 Ist der Rechtsträger neuer Rechtsform eine Aktiengesellschaft, so ermöglicht § 71 Abs. 1 Nr. 3 AktG den Erwerb eigener Aktien zwecks Abfindung von Aktionären im Zuge eines Formwechsels; zu Fragen der Kapitalerhaltung vgl. *Grunewald* in Lutter, § 29 Rn. 24-30 sowie *Decher* in Lutter, § 207 Rn. 16-20.

222 *Decher* in Lutter, § 209 Rn. 4; *Meister/Klöcker* in Kallmeyer, § 209 Rn. 12; *Stratz* in Schmitt/Hörtnagl/Stratz, § 209 Rn. 3.

3. Rechtsfolgen fehlender oder unangemessener Kompensationsangebote

Gem. § 210 UmwG kann die Klage gegen den Umwandlungsbeschluss nicht darauf gestützt werden, dass das Abfindungsangebot nach § 207 UmwG zu niedrig bemessen oder die Barabfindung im Umwandlungsbeschluss nicht oder nicht ordnungsgemäß angeboten worden sei[223]. Stattdessen sieht § 212 UmwG die Bestimmung der angemessenen Barabfindung im Spruchverfahren vor.

E. Ausgleich und Abfindung bei der Gründung oder Sitzverlegung einer Europäischen Gesellschaft (SE)

§ 1 Nr. 5 SpruchG eröffnet das Spruchverfahren für die gerichtliche Bestimmung der Zuzahlung an Anteilseigner oder der Barabfindung von Anteilsinhabern bei der Gründung oder Sitzverlegung einer Europäischen Gesellschaft ("Societas Europaea", nachfolgend: "SE"). Die gesellschaftsrechtlichen Fragen der SE in Bezug auf Gründung, Struktur und Organe werden sowohl durch europäisches als auch durch nationales Recht geregelt (hierzu unter I.). Ausgleichs- und Abfindungsansprüche, deren Überprüfung im Spruchverfahren in Betracht kommt, können bei der Gründung (hierzu unter II.) oder der Sitzverlegung einer SE bestehen (hierzu unter III.).

I. Rechtliche Grundlagen der SE

Die gesellschaftsrechtlichen Grundlagen der SE in Bezug auf Gründung, Struktur und Organe werden sowohl durch europäisches als auch durch nationales Recht geregelt. Europarechtlichen Grundlagen für die SE sind die Verordnung über das Statut der Europäischen Gesellschaft (SE)[224] (nachfolgend: "SE-VO") und die Richtlinie zur Ergänzung des Statuts der Europäischen Gesellschaft hinsichtlich der Beteiligung der Arbeitnehmer[225] (nachfolgend: "SE-RL"). Die SE-VO trat am 8.10.2004 als unmittelbar geltendes Recht in Kraft, während die SE-RL der Umsetzung in nationales Recht bedurfte. Diese Umsetzung erfolgte durch das Gesetz zur Einführung der Europäischen Gesellschaft (SEEG) vom 22.12.2004. Da jedoch auch die SE-VO, abweichend vom Normfall, zahlreiche Regelungsaufträge

---

[223] Dagegen können nach überwiegender Auffassung Klagen der beim Rechtsträger neuer Rechtsform verbliebenen Anteilsinhaber darauf gestützt werden, dass das Angebot auf Barabfindung zu hoch bemessen sei; *Vollrath* in Widmann/Mayer, § 210 UmwG Rn. 14; *Decher* in Lutter, § 210 Rn. 6; a.A. *Meister/Klöcker* in Kallmeyer, § 210 Rn. 10, die in diesem Fall einen Anspruch der Anteilsinhaber des Rechtsträgers neuer Rechtsform auf bare Zuzahlung gem. § 196 UmwG befürworten.

[224] Verordnung (EG) Nr. 2157/2001 des Rates vom 8.10.2001 über das Statut der Europäischen Gesellschaft (SE), ABl. L 294 vom 10.11.2001, S. 1.

[225] Richtlinie 2001/86/EG des Rates vom 8.10.2001 zur Ergänzung des Statuts der Europäischen Gesellschaft hinsichtlich der Beteiligung der Arbeitnehmer, ABl. L 294 vom 10.11.2001, S. 22.

und Wahlrechte für den nationalen Gesetzgeber vorsieht, dient das SEEG auch dazu, diese Regelungsaufträge auszuführen und die bestehenden Wahlrechte auszuüben[226]. Das SEEG gliedert sich im Wesentlichen in einen gesellschaftsrechtlichen und einen mitbestimmungsrechtlichen Teil: Es enthält in Art. 1 das SE-Ausführungsgesetz (nachfolgend: "SEAG") mit den die SE-VO ergänzenden gesellschafts- und aktienrechtlichen Regelungen und in Art. 2 das SE-Beteiligungsgesetz, das der Umsetzung der SE-RL dient.

II. Ausgleich und Abfindung bei der Gründung einer SE

Die SE-VO sowie das SEAG regeln vier Formen der Gründung einer SE. Bei bestimmten Gründungstatbeständen stellt sich die Frage der Gewährung eines Ausgleichs durch bare Zuzahlung und/oder einer Barabfindung sowie der Rechtsfolgen fehlerhafter Kompensationsangebote.

1. Gründungstatbestände in SE-VO und SEAG

Art. 2 SE-VO sieht vier Formen der Gründung einer SE vor: Die Gründung kann erfolgen durch Verschmelzung mehrerer Aktiengesellschaften (Art. 2 Abs. 1 i.V.m. Anhang I, Art. 17 ff. SE-VO), durch Gründung einer Holding-SE, bei der die Gesellschafter mehrerer Gründungsgesellschaften ihre Anteile gegen Aktien der neu entstehenden Holding-SE tauschen (Art. 2 Abs. 2 i.V.m. Anhang II, Art. 32 ff. SE-VO), durch Gründung einer Tochter-SE durch mehrere Obergesellschaften (Art. 2 Abs. 3, 35 f. SE-VO) und als formwechselnde Umwandlung einer bestehenden Aktiengesellschaft nationalen Rechts in eine SE (Art. 2 Abs. 4, 37 ff. SE-VO)[227]. Erfolgt die Gründung durch Verschmelzung oder als Gründung einer Holding- oder Tochter-SE, so ist die Mehrstaatlichkeit zwingende Voraussetzung für die Gründung. Mehrstaatlichkeit bedeutet, dass die Gründungsgesellschaften eine institutionelle Verbindung zu zwei oder mehr Mitgliedstaaten aufweisen müssen[228].

Ausgleichs- und Abfindungsansprüche, deren Überprüfung im Spruchverfahren in Betracht kommt, können nach SE-VO und SEAG bei der Gründung einer SE durch Verschmelzung sowie bei der Gründung einer Holding-SE entstehen. Bei der Gründung einer SE durch Verschmelzung werden die Aktionäre der sich verschmelzenden Gesellschaften an der SE beteiligt. Im Falle der Gründung einer Holding-SE erhalten diejenigen Gesellschafter, die ihre Wertpapiere im Hinblick auf die Gründung der SE einbringen, gemäß Art. 33 Abs. 3 SE-VO Aktien der SE. Daher muss sowohl bei der Verschmelzung als auch bei der Gründung einer Holding-SE das Verhältnis bestimmt werden, in dem die Aktien der übertragenden

---

226 BegrRegE zum SEEG, BT-Drs. 15/3405, S. 1.

227 Vgl. die Übersicht bei *Seibt/Saame*, AnwBl 2005, 225, 228 f.

228 *Nagel*, NZG 2004, 833, 834.

Aktiengesellschaften (Verschmelzung) bzw. die Anteile an den Gründungsgesellschaften (Gründung einer Holding-SE) gegen Aktien der SE umgetauscht werden. Folgerichtig verlangt Art. 20 Abs. 1 Satz 2 lit. b) SE-VO, der über die Verweisung in Art. 32 Abs. 2 SE-VO auch für die Gründung einer Holding-SE gilt, dass im Verschmelzungs- bzw. Gründungsplan das Umtauschverhältnis der Aktien und gegebenenfalls die Höhe einer etwaigen Ausgleichsleistung enthalten sein müssen.

a) Gründung durch Verschmelzung

Die Gründung einer SE durch Verschmelzung erfolgt gem. Art. 17 Abs. 2 SE-VO entweder durch Verschmelzung durch Aufnahme oder durch Verschmelzung durch Neugründung. Verschmelzungsfähige Rechtsträger sind gem. Art. 17 Abs. 1 SE-VO ausschließlich Aktiengesellschaften im Sinne des Art. 2 Abs. 1 i.V.m. Anhang I SE-VO.

Wegen des einzuhaltenden Verfahrens verweist § 17 Abs. 2 SE-VO auf die Vorschriften der Dritten Verschmelzungsrichtlinie[229]. Die Leitungs- oder Verwaltungsorgane der sich verschmelzenden Gesellschaften stellen einen Verschmelzungsplan auf, dessen notwendigen Inhalt Art. 20 SE-VO festlegt und dem die Hauptversammlungen der sich verschmelzenden Gesellschaften gemäß Art. 23 Abs. 1 SE-VO zustimmen müssen. Die Verschmelzung und die Gründung der SE werden gemäß Art. 27 Abs. 1 i.V.m. Art. 12 SE-VO mit ihrer Registereintragung wirksam. Mit Wirksamkeit der Verschmelzung und der Gründung werden die Aktionäre der verschmelzenden oder übertragenden Aktiengesellschaften Aktionäre der SE und erhalten für ihre Aktien an der übertragenden Gesellschaft Aktien der SE. Das Verhältnis, in dem die Aktien der übertragenden oder sich verschmelzenden Gesellschaften in Aktien der SE umgetauscht werden, ist gemäß Art. 20 Abs. 1 Satz 2 lit. b) SE-VO im Verschmelzungsplan festzulegen. Zur Bestimmung dieser Verschmelzungswertrelation kann auf die Ausführungen zur Verschmelzung nach dem UmwG verwiesen werden[230].

b) Gründung einer Holding-SE

Während die SE-VO bei der Gründung durch Verschmelzung nur Aktiengesellschaften als übertragende Rechtsträger zulässt, können Gründungsgesellschafter einer Holding-SE gemäß Art. 32 Abs. 1 Satz 1 i.V.m. Art. 2 Abs. 2 SE-VO sowohl Aktiengesellschaften als auch Gesellschaften mit beschränkter Haftung im Sinne des Anhangs II der SE-VO sein. Im Gegensatz zur Gründung durch Verschmel-

---

229 Dritte Richtlinie 78/855/EWG des Rates vom 9.10.1978 gemäß Artikel 54 Absatz 3 Buchstabe g) des Vertrages betreffend die Verschmelzung von Aktiengesellschaften, ABl. L 295 vom 20.10.1978, S. 36.

230 Vgl. oben § 3 D. I. 2. a) (S. 60).

zung bestehen bei der Gründung einer Holding-SE die am Gründungsvorgang beteiligten Rechtsträger fort, Art. 32 Abs. 1 SE-VO.

Zur Gründung einer Holding-SE erstellen die Leitungs- oder Verwaltungsorgane der Gründungsgesellschaften gemäß Art. 32 Abs. 2 SE-VO einen Gründungsplan, der inhaltlich weitgehend mit dem Verschmelzungsplan nach Art. 20 Abs. 1 SE-VO übereinstimmt und der darüber hinaus für jede der die Gründung anstrebenden Gesellschaften den Mindestprozentsatz der Aktien oder Geschäftsanteile festsetzt, der von den Aktionären zur Gründung der SE eingebracht werden muss. Gemäß Art. 32 Abs. 2 Satz 4 SE-VO muss dieser Prozentsatz mehr als 50% der stimmberechtigten Anteile betragen.

Voraussetzung der Gründung ist dann, dass der im Gründungsplan festgesetzte Mindestprozentsatz an Geschäftsanteilen oder Aktien der beteiligten Rechtsträger in die SE eingebracht wird. Zunächst stimmen die Haupt- oder Gesellschafterversammlungen der die Gründung anstrebenden Gesellschaften gemäß Art. 32 Abs. 6 Satz 1 SE-VO dem Gründungsplan zu. Danach haben die Gesellschafter drei Monate Zeit zu erklären, ob sie beabsichtigen, ihre Aktien oder Geschäftsanteile bei der Gründung der SE einzubringen, Art. 33 Abs. 1 SE-VO. Diejenigen Gesellschafter, die das Umtauschangebot nicht annehmen, bleiben Minderheitsgesellschafter ihrer jeweiligen Gründungsgesellschaft, die fortan als Tochtergesellschaft der SE weiterbesteht[231]. Diejenigen Gesellschafter, die das Umtauschangebot annehmen und ihre Aktien oder Geschäftsanteile einbringen, erhalten im Gegenzug Aktien der SE.

Das Verhältnis, in dem die Aktien oder Geschäftsanteile der Gründungsgesellschaften in Aktien der SE umgetauscht werden, ist gemäß Art. 32 Abs. 2 Satz 3 i.V.m. Art. 20 Abs. 1 Satz 2 lit. b) SE-VO im Gründungsplan festzulegen. Wie bei der Verschmelzung kommt es entscheidend auf die korrekte Bestimmung des Verhältnisses der Unternehmenswerte der Gründungsgesellschaften zueinander an[232]. Das methodische Vorgehen entspricht dem bei der Bestimmung der Verschmelzungswertrelation. Daher kann auch hier auf die Ausführungen zur Verschmelzung nach dem UmwG verwiesen werden[233].

2. *Bare Zuzahlung und Barabfindung*

Sowohl bei der Gründung einer SE durch Verschmelzung als auch bei der Gründung einer Holding-SE kommt in Betracht, dass den Anteilsinhabern der Gründungsgesellschaften neben Aktien der SE ein Ausgleich durch bare Zuzahlung zu gewähren oder ihnen zu ermöglichen ist, gegen Gewährung einer Barabfindung aus der Gesellschaft auszuscheiden.

---

231 *Brandes*, AG 2005, 177, 178.
232 *Brandes*, AG 2005, 177, 181.
233 Vgl. oben § 3 D. I. 2. a) (S. 60).

a) Ausgleich durch bare Zuzahlung

Wie bei der Verschmelzung nach dem UmwG kommt bei der Gründung einer SE durch Verschmelzung oder bei der Gründung einer Holding-SE in Betracht, dass ein "glatter" Umtausch der Anteile der übertragenden Gesellschaften oder der Gründungsgesellschaften in Aktien der SE nicht möglich ist. Bei der Gründung einer SE durch Verschmelzung folgt aus Art. 3 Abs. 1 (Verschmelzung durch Aufnahme) und Art. 4 Abs. 1 (Verschmelzung durch Gründung) der Dritten Verschmelzungsrichtlinie, dass den Aktionären der übertragenden Gesellschaften eine bare Zuzahlung zu gewähren ist. Die Höhe dieser baren Zuzahlung ist gemäß Art. 20 Abs. 1 Satz 2 lit. b) SE-VO ebenso im Verschmelzungsplan festzulegen wie das Verhältnis, in dem die Aktien der übertragenden oder sich verschmelzenden Rechtsträger in Aktien der SE umgetauscht werden.

Auch bei der Gründung einer Holding-SE ist in den Fällen, in denen ein "glatter" Umtausch der Anteile der Gründungsgesellschaften in Aktien der SE nicht möglich ist, den Gesellschaftern der Gründungsgesellschaften ein Ausgleich durch bare Zuzahlung zu gewähren. Dieser Ausgleich ist gem. Art. 32 Abs. 2 Satz 3 i.V.m. Art. 20 Abs. 1 Satz 2 lit. b) SE-VO bereits im Gründungsplan festzulegen.

b) Barabfindung

Die SE-VO enthält keine Regelungen, nach denen Gesellschafter oder Aktionäre der Gründungsgesellschaften unter bestimmten Voraussetzungen gegen Gewährung einer Abfindung aus "ihrer" jeweiligen Gesellschaft ausscheiden können. Für die Gründung einer SE durch Verschmelzung sowie die Gründung einer Holding-SE ermächtigt die SE-VO die Mitgliedstaaten jedoch in Art. 24 Abs. 2 und Art. 34 SE-VO, in Bezug auf die ihrem Recht unterliegenden übertragenden Rechtsträger Vorschriften zum Schutz derjenigen Minderheitsaktionäre zu erlassen, die sich gegen die Verschmelzung oder die Gründung ausgesprochen haben.

Von dieser Ermächtigung hat der deutsche Gesetzgeber Gebrauch gemacht und in den Vorschriften über die Gründung einer SE durch Verschmelzung mit § 7 SEAG einen Barabfindungstatbestand geschaffen, der über die Verweisung in § 9 Abs. 2 SEAG auch bei der Gründung einer Holding-SE gilt. Das Barabfindungsangebot ist im Verschmelzungs- oder Gründungsplan zu unterbreiten, wenn die künftige SE ihren Sitz im Ausland haben soll. Dem liegt die Überlegung zugrunde, dass kein Aktionär gezwungen werden soll, die mit der subsidiären Anwendung des jeweiligen nationalen Rechts des Sitzstaats verbundene Änderung seiner Rechte und Pflichten hinzunehmen[234]. Hat die zu gründende SE dagegen ihren Sitz in Deutschland, so besteht für ein Austrittsrecht keine Veranlassung, weil sich das anwendbare

---

[234] BegrRegE zu § 7 und § 9 SEAG, BT-Drs. 15/3405, S. 32 und 34.

Recht nicht grundlegend ändert[235]. Die Barabfindung muss gem. § 7 Abs. 2 Satz 1 SEAG die Verhältnisse der Gesellschaft im Zeitpunkt der Beschlussfassung über die Verschmelzung oder die Zustimmung zum Gründungsplan berücksichtigen.

Einen Sonderfall des Austrittsrechts gegen Barabfindung im Falle der Gründung einer Holding-SE regelt § 9 Abs. 1 Satz 1 Fall 2 SEAG: Ist die Holding-SE ihrerseits abhängig im Sinne des § 17 AktG, so hat eine die Gründung einer Holding-SE anstrebende Aktiengesellschaft ihren Aktionären den Erwerb ihrer Aktien gegen Gewährung einer Barabfindung anzubieten. Hinter der Regelung steht die Annahme, dass in diesem Fall der Umtausch der Aktien an der Gründungsgesellschaft gegen Aktien der SE allein keinen ausreichenden Minderheitenschutz darstelle[236]. Die Beschränkung des Austrittsrechts auf Gründungs-Aktiengesellschaften wird damit begründet, dass bei einer die Gründung einer SE anstrebenden GmbH für die Gesellschafter die Möglichkeit bestehe, sich durch eine entsprechende Ausgestaltung des Gesellschaftsvertrages gegen eine unerwünschte Konzernierung zu schützen[237].

Im Übrigen ähnelt das nach § 7 SEAG zu unterbreitende Barabfindungsangebot dem der §§ 29 f. UmwG: Die anzubietende Barabfindung muss die Verhältnisse der Gesellschaft im Zeitpunkt der Beschlussfassung über die Verschmelzung berücksichtigen und ist mit jährlich zwei Prozentpunkten über dem Basiszinssatz nach § 247 BGB zu verzinsen. Wie das Barabfindungsangebot nach §§ 29 f. UmwG ist die Annahme des Barabfindungsangebots nach § 7 Abs. 4 SEAG fristgebunden. Gem. § 7 Abs. 3 SEAG ist die Angemessenheit der Barabfindung durch sachverständige Prüfer zu prüfen, wobei die Berechtigten jedoch durch notariell beurkunde Erklärung auf die Prüfung verzichten können.

3. Rechtsfolgen fehlender oder unangemessener Kompensationsangebote

Für die gerichtliche Geltendmachung der Unangemessenheit des angebotenen Umtauschverhältnisses oder der angebotenen Barabfindung sieht das SEAG unter bestimmten Voraussetzungen den Ausschluss der Anfechtungsklage sowie die Eröffnung des Spruchverfahrens – auch zugunsten von Anteilsinhabern von Gründungsgesellschaften mit Sitz in anderen Mitgliedstaaten – vor.

a) Ausschluss der Anfechtungsklage

Wie bei den aktien- und umwandlungsrechtlichen Strukturmaßnahmen soll auch bei der Gründung einer SE durch Verschmelzung oder der Gründung einer Hol-

---

235 BegrRegE zu § 7 und § 9 SEAG, BT-Drs. 15/3405, S. 33 und 34.
236 BegrRegE zu § 9 SEAG, BT-Drs. 15/3405, S. 34.
237 BegrRegE zu § 9 SEAG, BT-Drs. 15/3405, S. 34.

ding-SE die Anfechtung des Verschmelzungsbeschlusses oder des Zustimmungsbeschlusses zum Gründungsplan unter dem Gesichtspunkt der Wertkontrolle des Kompensationsangebots ausgeschlossen sein: Gem. § 6 Abs. 1 SEAG kann die Klage gegen den Verschmelzungsbeschluss einer übertragenden Gesellschaft mit Sitz im Inland nicht darauf gestützt werden, dass das Umtauschverhältnis der Anteile nicht angemessen sei. Gleiches gilt gem. § 7 Abs. 5 SEAG für die Klage, die auf die Behauptung gestützt wird, eine im Verschmelzungsplan angebotene Barabfindung sei zu niedrig bemessen oder eine Barabfindung sei im Verschmelzungsplan nicht oder nicht ordnungsgemäß angeboten worden. Beide Vorschriften finden über die Verweisungen in § 9 Abs. 2 SEAG (Barabfindung) und § 11 Abs. 2 SEAG (Umtauschverhältnis) auch auf Klagen gegen den Zustimmungsbeschluss zum Verschmelzungsplan im Falle der Gründung einer Holding-SE Anwendung.

Der in §§ 6 Abs. 1 und 7 Abs. 2 SEAG vorgesehene Klageausschluss gilt allerdings nur "unter den Voraussetzungen des Artikels 25 Abs. 3" der SE-VO. Art. 25 Abs. 3 SE-VO regelt diejenigen Fälle, in denen das Recht des Sitzstaats einer Gründungsgesellschaft ein Verfahren zur Kontrolle und Änderung des Umtauschverhältnisses der Aktien oder zur Abfindung von Minderheitsaktionären vorsieht, während das Recht des Sitzstaats einer anderen oder anderer Gründungsgesellschaft(en) ein solches Verfahren nicht kennt. Hier lässt Art. 25 Abs. 3 Satz 1 SE-VO dieses Verfahren nur dann zur Anwendung kommen, wenn die übertragenden Gesellschaften oder Gründungsgesellschaften mit Sitz in Mitgliedstaaten, in denen ein vergleichbares Verfahren nicht besteht, bei ihrer Zustimmung zum Verschmelzungs- oder Gründungsplan ausdrücklich akzeptieren, dass die Aktionäre der betreffenden Gesellschaft auf das Prüfungsverfahren zurückgreifen können. Das heißt: Im Falle der Gründung einer SE durch Verschmelzung unter Beteiligung einer deutschen Aktiengesellschaft und einer Aktiengesellschaft mit Sitz in einem Mitgliedstaat, dessen Recht ein dem Spruchverfahren vergleichbares Verfahren zur Kontrolle der angebotenen Kompensation nicht kennt, müssen die Aktionäre jener Gesellschaft der Anwendbarkeit des Spruchverfahrens zugunsten der Aktionäre der deutschen Aktiengesellschaft zustimmen. Unterbleibt diese Zustimmung, so bleibt die Anfechtungsklage statthaft[238]. Erfolgt die Gründung unter Beteiligung von Gesellschaften, deren "Heimatrecht" ein dem Spruchverfahren vergleichbares Verfahren kennt, so bedarf es der Zustimmung nach Art. 25 Abs. 3 Satz 1 SE-VO nicht. Das Spruchverfahren ist dann ohne weiteres statthaft.

b) Spruchverfahren

Wird die Zustimmung nach Art. 25 Abs. 3 Satz 1 SE-VO erteilt, so steht den Gesellschaftern einer Gründungsgesellschaft mit Sitz im Inland das Spruchverfahren nach dem SpruchG zur Überprüfung des Umtauschverhältnisses oder der angebo-

---

238 BegrRegE zu § 6 SEAG, BT-Drs. 15/3405, S. 32.

tenen Barabfindung offen. Dasselbe gilt gem. §§ 6 Abs. 4 Satz 2 und 7 Abs. 7 Satz 3 SEAG zugunsten von Gesellschaftern einer übertragenden Gesellschaft oder Gründungsgesellschaft mit Sitz in einem anderen Mitgliedstaat, sofern nach dem Recht dieses Staates ein Verfahren zur Kontrolle und Änderung des Umtauschverhältnisses oder der Barabfindung vorgesehen ist und deutsche Gerichte für die Durchführung eines solchen Verfahrens international zuständig sind. Eine solche Zuständigkeit kann sich aus einer Gerichtsstandsvereinbarung oder aus der EuGVVO[239] ergeben. Durch diese Regelung sollen Doppelarbeit und sich widersprechende Entscheidungen deutscher und ausländischer Gerichte vermieden werden, wenn bei der Gründung einer SE sowohl von Aktionären einer deutschen Gründungsgesellschaft als auch von Aktionären einer ausländischen Gründungsgesellschaft jeweils die Überprüfung des Umtauschverhältnisses ihrer Anteile begehrt wird[240].

III. Abfindung bei der Sitzverlegung einer SE

Neben der Gründung einer SE durch Verschmelzung und der Gründung einer Holding-SE stellt die Sitzverlegung einer bestehenden SE den dritten Tatbestand dar, bei dem das SEAG ein Austrittsrecht der Aktionäre gegen Gewährung einer Barabfindung vorsieht und bei dem die Überprüfung dieser Barabfindung im Spruchverfahren erfolgt.

Ähnlich wie bei der Gründung einer SE durch Verschmelzung und der Gründung einer Holding-SE ist das Barabfindungsangebot im Falle der Sitzverlegung nur dann zu unterbreiten, wenn der künftige Sitz der SE in einem anderen Mitgliedstaat liegen soll: § 12 Abs. 1 Satz 1 SEAG verweist auf Art. 8 SE-VO, der das Verfahren zur staatenübergreifenden Sitzverlegung regelt. Gemäß Art. 8 Abs. 2 SE-VO ist zur staatenübergreifenden Sitzverlegung ein Verlegungsplan zu erstellen. In ihm ist gem. § 12 Abs. 1 Satz 3 SEAG denjenigen Aktionären, die gegen den Verlegungsbeschluss Widerspruch zur Niederschrift erklären, der Erwerb ihrer Aktien gegen eine Barabfindung anzubieten.

Wegen der Einzelheiten der anzubietenden Barabfindung verweist § 12 Abs. 2 SEAG auf § 7 Abs. 2 bis 7 SEAG[241] und damit auch § 7 Abs. 5 und 7 SEAG. Will also ein Aktionär der SE geltend machen, die angebotene Barabfindung sei nicht angemessen bzw. eine Barabfindung sei nicht oder nicht ordnungsgemäß angeboten worden, so ist die hierauf gestützte Anfechtungsklage unzulässig und die angemessene Barabfindung im Spruchverfahren zu bestimmen.

---

239 Verordnung (EG) Nr. 44/2001 des Rates vom 22.12.2000 über die gerichtliche Zuständigkeit und die Anerkennung und Vollstreckung von Entscheidungen in Zivil- und Handelssachen ABl. L 12 vom 16.1.2001, S. 1.

240 BegrRegE zu § 6 und § 7 SEAG, BT-Drs. 15/3405, S. 32 und 33.

241 Vgl. hierzu oben II. 3. (S. 73 f.).

§ 4 Berichtspflichten und Prüfung

Den in § 1 SpruchG genannten Strukturmaßnahmen ist gemeinsam, dass die Leitungsorgane der beteiligten Unternehmen über den Inhalt einen Bericht zu erstatten haben und dieser Bericht wiederum durch sachverständige Prüfer zu prüfen ist. Für das Spruchverfahren sind diese Berichte nach dem Willen des Gesetzgebers von besonderer Bedeutung. Zum einen erlegt § 7 Abs. 3 SpruchG dem Antragsgegner auf, die Berichte nach Zustellung des Antrags beim Gericht einzureichen. Vor allem aber bestimmt sich die Pflicht der Antragsteller, in ihrer Antragsbegründung eine konkrete Bewertungsrüge zu erheben, maßgeblich nach dem Inhalt der Berichte der Leitungsorgane sowie ggf. der sachverständigen Prüfer[242]. Bei der Durchführung sämtlicher in § 1 SpruchG genannter Strukturmaßnahmen besteht für die Leitungsorgane die Pflicht zur Berichterstattung (hierzu unter I.). Daneben hat bei bestimmten Strukturmaßnahmen eine Prüfung durch sachverständige Prüfer zu erfolgen (hierzu unter II.).

A. Bericht der Leitungsorgane

In ihrem Bericht über die Strukturmaßnahme haben die Leitungsorgane stets die Höhe und ggf. die Art der zu gewährenden Kompensation in rechtlicher und wirtschaftlicher Hinsicht zu erläutern[243]. Zweck des Berichts ist, dass sich die Anteilsinhaber ein erstes, ggf. in der Hauptversammlung zu vertiefendes Plausibilitätsurteil bilden können[244]. In den Fällen, in denen Ausgleich und/oder Abfindung nach der Verschmelzungswertrelation zu bestimmen sind, ist anzugeben, nach welcher Methode die beteiligten Unternehmen bewertet wurden[245]. Ausreichend ist dabei nicht die bloße Angabe von Bewertungsgrundsätzen, sondern ihre letztlich für die Bestimmung der Kompensation maßgebliche Anwendung im Einzelfall[246]. Dazu gehört die Benennung wesentlicher in die Bewertung eingegangener Zahlen[247]. Nicht erforderlich ist dagegen die vollständige Offenlegung interner Bewertungsgutachten[248]. Im Bericht ist schließlich auch auf besondere Schwierigkeiten bei der Bewertung hinzuweisen und anzugeben, wie diese gelöst wurden[249].

---

242 Vgl. § 4 Abs. 2 Satz 2 Nr. 4 SpruchG und hierzu § 9 B. II. 4. (S. 171).

243 Vgl. § 293a Abs. 1 AktG, § 320 Abs. 4 AktG, § 327c Abs. 2 AktG, § 8 Abs. 1 Satz 1, 2 UmwG, Art. 8 Abs. 3 SE-VO.

244 BGH v. 22.5.1989 – II ZR 206/88, BGHZ 107, 296, 302 ff.; BGH v. 18.12.1989 – II ZR 254/88, AG 1990, 259 f.; BGH v. 29.10.1990 – II ZR 146/89, AG 1991, 102, 103; *Emmerich* in Emmerich/Habersack, § 293a Rn. 25; *Hüffer*, § 293a Rn. 15.

245 *Altmeppen* in MünchKomm. AktG, § 293a Rn. 42.

246 *Hüffer*, § 293a Rn. 15; *Lutter/Drygala* in Lutter, § 8 Rn. 20 f.

247 BGH v. 22.5.1989 – II ZR 206/88, BGHZ 107, 296, 302; *Lutter/Drygala* in Lutter, § 8 Rn. 22.

248 *Lutter/Drygala* in Lutter, § 8 Rn. 22; *Mayer* in Widmann/Mayer, § 8 Rn. 25.

249 *Altmeppen* in MünchKomm. AktG, § 293a Rn. 44; *Hüffer*, § 293a Rn. 16.

B. Prüfung durch sachverständige Prüfer

Für die meisten der in § 1 SpruchG genannten Strukturmaßnahmen gilt, dass das unterbreitete Kompensationsangebot durch sachverständige Prüfer zu prüfen ist. Hat eine solche Prüfung zu erfolgen, so werden die sachverständigen Prüfer gerichtlich bestellt.

I. Prüfungspflichten im Zuge der Strukturmaßnahmen des § 1 SpruchG

Die Pflicht zur Prüfung der Strukturmaßnahme durch sachverständige Prüfer schreibt das AktG sowohl für Unternehmensverträge als auch für die Mehrheitseingliederung und den Squeeze-out vor. Bei Unternehmensverträgen gilt die Prüfungspflicht für jede vertragschließende Aktiengesellschaft oder Kommanditgesellschaft auf Aktien, § 293b Abs. 1 AktG[250]. Ausnahmen von der Prüfungspflicht bestehen gem. §§ 293b Abs. 2 i.V.m. 293a Abs. 3 AktG nur, wenn alle Anteilsinhaber aller beteiligten Unternehmen durch öffentlich beglaubigte Erklärung hierauf verzichten.

Uneinheitlich ist die Prüfungspflicht im UmwG geregelt. Für Verschmelzungen bestimmt § 9 Abs. 1 UmwG, dass eine Prüfung durch Verschmelzungsprüfer nur in den gesetzlich vorgeschriebenen Fällen zu erfolgen hat. Derartige gesetzliche Prüfungsbefehle sind im UmwG die Regel[251]. Die Prüfung ist gem. § 9 Abs. 2 UmwG nur entbehrlich, wenn sich alle Anteile eines übertragenden Rechtsträgers in der Hand des übernehmenden Rechtsträgers befinden. Überdies lässt § 9 Abs. 3 i.V.m. § 8 Abs. 3 UmwG wie § 293a Abs. 2 AktG den Verzicht auf die Prüfung zu. Für die Spaltung hat der Gesetzgeber auf eine allgemeine Prüfung durch sachverständige Prüfer gem. § 125 Satz 2 UmwG ausdrücklich verzichtet[252]. Eine Ausnahme gilt gem. § 135 Abs. 1 Satz 1 UmwG nur für die Spaltung zur Neugründung. Bei Formwechseln erübrigt sich die Prüfung, wenn der Formwechsel gem. § 217 Abs. 1 UmwG zwingend einstimmig beschlossen werden muss und sich damit ein Barabfindungsangebot erübrigt. Ein Bedürfnis für die Prüfung des Barabfindungsange-

---

250 Ausnahmen von der Prüfungspflicht werden bei Unternehmensverträgen zugelassen, wenn sich alle Aktien der abhängigen Gesellschaft in der Hand des herrschenden Unternehmens befinden oder bei einem Mehrmütter-Unternehmensvertrag, wenn die am Vertrag beteiligten mehreren Obergesellschaften sämtliche Aktien der abhängigen Gesellschaft besitzen, vgl. *Krieger* in Münchener Handbuch AG, § 70 Rn. 33 und die Nachweise dort; in diesem Fall fehlt es an "außenstehenden Aktionären", in deren Interesse eine Prüfung geboten wäre, vgl. oben § 3 A. III. 1. (S. 45).

251 Vgl. § 44 UmwG (Verschmelzung unter Beteiligung von Personenhandelsgesellschaften), § 48 UmwG (Verschmelzung unter Beteiligung von Gesellschaften mit beschränkter Haftung), § 60 UmwG (Verschmelzung unter Beteiligung von Aktiengesellschaften), § 100 UmwG (Verschmelzung unter Beteiligung rechtsfähiger Vereine).

252 Zur Kritik hieran vgl. *Hörtnagl* in Schmitt/Hörtnagl/Stratz, § 125 Rn. 11.

bots kann hier nur eintreten, wenn der Gesellschaftsvertrag gem. § 217 Abs. 1 Satz 2 UmwG eine Mehrheitsentscheidung über den Formwechsel zulässt[253].

Bei der Gründung einer SE ergibt sich die Pflicht zur Prüfung des Umtauschverhältnisses der Aktien im Falle der Gründung durch Verschmelzung aus Art. 17 Abs. 2 und Art. 22 SE-VO i.V.m. Art. 10 der Dritten Verschmelzungsrichtlinie und im Falle der Gründung einer Holding-SE aus Art. 32 Abs. 4 SE-VO. Die Pflicht zur Prüfung einer etwa anzubietenden Barabfindung ergibt sich aus § 7 Abs. 3 SEAG, der über die Verweisungen in § 9 Abs. 2 SEAG und § 12 Abs. 2 SEAG auch für die Gründung einer Holding-SE sowie die Sitzverlegung einer SE gilt.

II. Parallelprüfung

Zweck der Prüfung ist der Schutz der Anteilsinhaber, insbesondere vor unangemessenen Ausgleichs- und Abfindungsangeboten[254]. Das Prüfungsverfahren umfasst nach dem gesetzlichen Leitbild zwei Stufen. Zunächst erstellen die Leitungsorgane ihren Bericht über die Strukturmaßnahme; danach erfolgt die Prüfung durch die sachverständigen Prüfer. In der Praxis ist jedoch die sog. Parallelprüfung üblich. Bei dieser erhält der gerichtlich bestellte Prüfer nicht eine vom Erstbewerter zahlenmäßig abgeschlossene, fertige Unternehmensbewertung vorgelegt. Vielmehr gleichen Erstbewerter und Prüfer bereits die einzelnen Zwischenergebnisse, Annahmen und Parameter ab[255]. Obwohl diese Praxis durch die Antragsteller im Spruchverfahren nicht selten gerügt wird, erachten Rechtsprechung[256] und Literatur[257] sie einhellig als zulässig.

III. Gerichtliche Bestellung der Prüfer

Im Zuge der Neuregelung des Spruchverfahrens wurden auch die aktien- und umwandlungsrechtlichen Vorschriften dahingehend geändert, dass die sachverständigen Prüfer stets gerichtlich bestellt werden. Diese Ausdehnung der obligatorischen gerichtlichen Bestellung der sachverständigen Prüfer bildet neben der Schaffung des Spruchverfahrensgesetzes selbst einen zweiten Schwerpunkt des Spruchverfahrensneuordnungsgesetzes.

Die Möglichkeit der gerichtlichen Bestellung der sachverständigen Prüfer wurde erstmals 1994 durch das Gesetz zur Bereinigung des Umwandlungsrechts sowohl

---

253 *Stratz* in Schmitt/Hörtnagl/Stratz, § 225 Rn. 1.

254 *Krieger* in Münchener Handbuch AG, § 70 Rn. 33.

255 *Puszkajler*, ZIP 2003, 518, 521.

256 OLG Düsseldorf v. 14.1.2005 – I-16 U 59/04, AG 2005, 293, 296 f.; Hans. OLG Hamburg v. 29.9.2004 – 11 W 78/04, AG 2005, 253, 254; OLG Stuttgart v. 3.12.2003 – 20 W 6/03, NZG 2004, 146, 147 f.

257 *Leuering*, NZG 2004, 606, 607 ff.

in das UmwG als auch in das AktG aufgenommen. Dies geschah gerade im Hinblick auf ein etwaiges, der Durchführung der jeweiligen Strukturmaßnahme folgendes Spruchverfahren: Anregungen aus der Praxis hatten zu dem Befund geführt, dass sich die am Spruchverfahren Beteiligten mit dem Gutachten eines gerichtlich bestellten Sachverständigen eher zufrieden gäben als mit dem Bericht eines "privat" bestellten Prüfers[258].

Derartige Akzeptanzerwägungen führten auch dazu, dass im Zuge der Einführung des Squeeze-out erstmals die obligatorische Bestellung der sachverständigen Prüfer im AktG geregelt wurde[259]. Mit der obligatorischen gerichtlichen Bestellung der sachverständigen Prüfer sollte dem Eindruck der Nähe der Prüfer zum Hauptaktionär von vornherein entgegen gewirkt und damit die Zahl der im Anschluss an einen Squeeze-out durchgeführten Spruchverfahren verringert werden. Für den Fall der Durchführung eines Spruchverfahrens im Anschluss an den Squeeze-out erhoffte man sich von der obligatorischen gerichtlichen Bestellung der sachverständigen Prüfer einen erheblichen Beschleunigungseffekt, wenn dort ein weiteres Sachverständigengutachten vermieden oder jedenfalls auf solche Punkte beschränkt werden könne, die nach dem früheren Prüfungsbericht noch offen blieben[260].

§ 5 Ermittlung der "angemessenen" Kompensation

Gegenstand des Spruchverfahrens ist stets die Festsetzung eines angemessenen Ausgleichs, einer angemessenen baren Zuzahlung oder einer angemessenen Abfindung. Vorgaben über das methodische Vorgehen bei der Bemessung der genannten Kompensationsarten enthält das Gesetz nur für den festen Ausgleich nach § 304 Abs. 2 Satz 1 AktG. Hier ist den außenstehenden Aktionären der abhängigen Gesellschaft eine fiktive Dividende zuzusichern, die sich an der bisherigen und zu erwartenden Ertragslage der Gesellschaft orientiert[261]. Im Übrigen fehlt es an Vorgaben für die Unternehmensbewertung. Um die Grundlagen für die Festsetzung der Kompensation handhabbar zu machen, ist zunächst der Blick auf die verfassungsrechtlichen Vorgaben, die der Gewährung von Kompensationsleistungen zugrunde liegen, erforderlich (hierzu unter A.). Auf dieser Grundlage werden die heute gängigen und insbesondere im Spruchverfahren angewandten Bewertungsmethoden dargestellt (hierzu unter B.). Die maßgeblichen Grundsätze werden schließlich zusammengefasst (hierzu unter C.).

---

258 BegrRegE zu § 10 UmwG, BT-Drs. 12/6699, S. 85.

259 Eingefügt durch Art. 7 des Gesetzes zur Regelung von öffentlichen Angeboten zum Erwerb von Wertpapieren und von Unternehmensübernahmen vom 20.12.2001, BGBl. I, S. 3822.

260 Beschlussempfehlung des Finanzausschusses des Deutschen Bundestages zu BegrRegE zu § 327c AktG, BT-Drs. 14/7477, S. 54.

261 Vgl. oben § 3 A. III. 2. a) (S. 46 f.).

A. Verfassungsrechtliche Vorgaben

Der Ausgangspunkt für die verfassungsrechtlichen Vorgaben bei der Unternehmensbewertung ergibt sich aus dem *Feldmühle*-Urteil des BVerfG. Danach schützt Art. 14 Abs. 1 GG die Mitgliedschaft. Aus der Mitgliedschaft erwachsen dem Gesellschafter im Rahmen der gesetzlichen Vorschriften und der Gesellschaftssatzung sowohl Leitungsbefugnisse als auch vermögensrechtliche Ansprüche. So üben die Aktionäre einer Aktiengesellschaft ihre Leitungsbefugnis in der Hauptversammlung aus. Die vermögensrechtliche Stellung ist im gesetzlichen Anspruch auf den Bilanzgewinn, soweit er zur Verteilung kommt, in dem Recht zum Bezug neuer Aktien bei Kapitalerhöhungen sowie dem Recht auf Teilnahme am Liquidationserlös begründet[262]. Sämtliche in § 1 SpruchG aufgeführten Strukturmaßnahmen betreffen die durch die Mitgliedschaft begründeten Rechtspositionen in ihrem Kern. Schließt etwa eine Aktiengesellschaft einen Gewinnabführungsvertrag, so kann sie keinen Gewinn mehr erzielen, den sie an ihre Aktionäre ausschütten könnte. Die dem Aktionär potenziell zustehenden Gewinnbezugsrechte sind damit entwertet. In den Fällen der Mehrheitseingliederung und des Squeeze-out verlieren die Aktionäre ihre Mitgliedschaft sogar insgesamt.

Trotz der schwerwiegenden Rechtsbeeinträchtigungen, die mit den in § 1 SpruchG genannten Strukturmaßnahmen einhergehen, hat das BVerfG ebenfalls bereits im *Feldmühle*-Urteil klargestellt, dass der Gesetzgeber es aus gewichtigen Gründen des Gemeinwohls für angebracht halten kann, die rechtlich geschützten Interessen der Minderheitsgesellschafter hinter dem Interesse an einer freien Entfaltung der unternehmerischen Initiative zurücktreten zu lassen[263]. Voraussetzung ist allerdings, dass den betroffenen Anteilsinhabern wirksame Rechtsbehelfe zum Schutz vor einem Missbrauch wirtschaftlicher Macht zur Verfügung gestellt werden und sie eine Entschädigung für den Verlust ihrer Rechtsposition erhalten. Scheidet ein Anteilsinhaber durch oder infolge einer solchen Maßnahme aus, so muss er das erhalten, was seine Beteiligung an dem arbeitenden Unternehmen wert ist, also eine "volle Entschädigung"[264].

Aus der Forderung des BVerfG nach einer "vollen Entschädigung" hat der BGH nur wenig später abgeleitet, zu ihrer Bestimmung sei der "wahre Wert" des "Unternehmens als lebende wirtschaftliche Einheit"[265] zu ermitteln. In Bezug auf die Frage, wie dieser "wahre Wert" zu ermitteln sei, konnte es das Gericht bei der Bemerkung bewenden lassen, dass die Festestellung des wahren Werts eines lebenden Unternehmens "außerordentlich schwierig" sei[266]. Zwischenzeitlich hat sich die Er-

---

262 BVerfG v. 7.8.1962 – 1 BvL 16/60, BVerfGE 14, 263, 276.

263 BVerfG v. 7.8.1962 – 1 BvL 16/60, BVerfGE 14, 263, 281 f.; BVerfG v. 25.7.2003 – 1 BvR 243/01, AG 2003, 624, 625.

264 BVerfG v. 7.8.1962 – 1 BvL 16/60, BVerfGE 14, 263, 283 f.; BVerfG v. 25.7.2003 – 1 BvR 243/01, AG 2003, 624, 625.

265 BGH v. 30.3.1967 – II ZR 141/64, AG 1967, 264.

266 BGH v. 30.3.1967 – II ZR 141/64, AG 1967, 264.

kenntnis durchgesetzt, dass sich der "wahre Wert" eines Unternehmens selbst unter Anwendung anerkannter betriebswirtschaftlicher Methoden nicht punktgenau ermitteln lässt. Vielmehr dienen diese Methoden lediglich als Schätzungsgrundlage. Die im Spruchverfahren zu bestimmende "angemessene" Kompensation wird auf dieser Grundlage nach § 287 Abs. 2 ZPO ermittelt[267].

B. Bewertungsmethoden

Um den der Schätzung zugrunde zu legenden Unternehmenswert zu bestimmen kommt in Betracht, ihn auf Grundlage des Wertes bewertungsfähiger Gegenstände, also der Substanz, oder anhand des Zukunftserfolg zu bestimmen (hierzu unter I.). Die h.M. hat sich für letzteres entschieden und greift – gebilligt durch die Rechtsprechung des Bundesverfassungsgerichts[268] – hierzu bislang noch nahezu einhellig auf die Ertragswertmethode zurück[269] (hierzu unter II.). In letzter Zeit hat jedoch doch die in der Unternehmensberatungspraxis[270] entwickelte Discounted Cash Flow-Methode (nachfolgend: "DCF-Methode") an Bedeutung gewonnen. Sie ist in der Wirtschaftswissenschaft anerkannt[271] und bleibt auch auf die rechtswissenschaftliche[272] Diskussion nicht ohne Einfluss (hierzu unter III.). Bei der Anwendung beider Methoden ist erforderlich, die Zukunftserfolge auf den Bewertungsstichtag zu diskontieren (hierzu unter IV.). Geht es um die Bewertung börsennotierter Unternehmen, so stellt sich schließlich die Frage, welche Bedeutung dem

---

267 OLG Stuttgart v. 1.10.2003 – 4 W 34/93, ZIP 2004, 712, 714; LG Frankfurt am Main v. 21.1.2004 – 3/8 O 140/00, AG 2004, 392.

268 BVerfG v. 27.4.1999 – 1 BvR 1613/94, BVerfGE 100, 289, 307.

269 BayObLG v. 11.9.2001 – 3Z BR 101/99, AG 2002, 392, 393; BayObLG v. 11.7.2001 – 3Z BR 172/99, AG 2002, 388, 389; OLG Celle v. 31.7.1998 – 9 W 128/97, AG 1999, 128, 129; OLG Düsseldorf v. 16.10.1990 – 19 W 9/88, AG 1991, 106; OLG Frankfurt v. 24.1.1989 – 20 W 477/86, AG 1989, 442; OLG Frankfurt v. 24.1.1989 – 20 W 291/87, AG 1989, 444; Hans. OLG Hamburg v. 3.8.2000 – 11 W 36/95, AG 2001, 479 f.; OLG Zweibrücken v. 9.3.1995 – 3 W 133 u. 145/92, AG 1995, 421; LG Dortmund v. 1.7.1996 – 20 AktE 2/94, AG 1996, 427, 428; *Koppensteiner* in KölnKomm. AktG, § 305 Rn. 35; *Bilda* in MünchKomm. AktG, § 305 Rn. 64; *Krieger* in Münchener Handbuch AG, § 70 Rn. 108; *Hüffer*, § 305 Rn. 19; *Lutter/Drygala* in Lutter, § 8 Rn. 21; *Marsch-Barner* in Kallmeyer, § 8 Rn. 13; *Aha*, AG 1997, 26, 28; *Lutter/Drygala*, AG 1995, 49, 50; *Seetzen*, WM 1994, 45, 46; vgl. auch *Piltz/Wissmann*, NJW 1985, 2673, 2677 f., die die Ertragswertmethode für sämtliche Fälle, in denen eine Unternehmensbewertung zu erfolgen hat (dort: Zugewinnausgleich bei Scheidung) als maßgeblich betrachten.

270 Der Discounted Cash Flow-Methode gelang der Durchbruch im Zuge der Fusions- und Akquisitionstransaktionen der späten 1970er Jahre; eine grundlegende Darstellung findet sich bei *Rappaport*, HBR 57 (1979), Heft 4, S. 99.

271 Vgl. *Born*, Unternehmensanalyse, S. 89; *Ballinger/Vahl*, S. 211, die vom "Entnahmewert-Verfahren" sprechen; *Moxter*, Grundsätze, S. 176 f., der vom "Unternehmerlohnprinzip" spricht.

272 *Krieger* in Münchener Handbuch AG, § 70 Rn. 108; *Großfeld*, Unternehmensbewertung, S. 159 ff.; *Aha*, AG 1997, 26, 31.

Börsenkurs bei der Ermittlung des Unternehmenswertes zukommt (hierzu unter V.).

I. Ausgangspunkt: Zukunftserfolg

Bei der Entscheidung der Frage, ob die Bestimmung des Unternehmenswertes auf Grundlage der Substanz oder anhand des Zukunftserfolgs zu erfolgen habe, stellen Literatur und Rechtsprechung nahezu einhellig auf den Zukunftserfolg ab[273]. Zugleich wird aber betont, dass die Festlegung auf ein rechtsverbindliches Bewertungsverfahren von Gesetzes wegen nicht geboten ist[274].

Der Fokussierung auf den Zukunftserfolg liegt die Überlegung zugrunde, dass es auf den Wert der Substanz nicht ankommen kann, wenn das Unternehmen weitergeführt wird. In diesem Fall wird der Wert allein durch den Erfolg bestimmt[275]. Nach herkömmlicher Auffassung wird Substanzwert als Rekonstruktionswert aufgefasst, der diejenigen Aufwendungen umfasst, die zur Errichtung des gleichen Unternehmens erforderlich wären[276]. Da der Substanzwert damit immaterielle Faktoren wie Know-how, die Qualität der Unternehmensleitung oder das Betriebsklima, die den Wert des Unternehmens als organisatorische Einheit mit bestimmen, unberücksichtigt lässt, wird er von der h.M. als alleinige Bewertungsgrundlage für ungeeignet erachtet[277]. Gleiches gilt für kombinierte Verfahren wie das sog. Stuttgarter Verfahren[278].

---

273 BayObLG v. 29.9.1998 – 3Z BR 159/94, ZIP 1998, 1872, 1874; BayObLG v. 11.12.1995 – 3Z BR 36/91, AG 1996, 176, 177; BayObLG v. 19.10.1995 – 3Z BR 17/90, AG 1996, 127; OLG Düsseldorf v. 17.2.1984 – 19 W 1/81, WM 1984, 732, 733; *Krieger* in Münchener Handbuch AG, § 70 Rn. 108; *Hüffer*, § 305 Rn. 20.

274 BayObLG v. 29.9.1998 – 3Z BR 159/94, ZIP 1998, 1872, 1874; BayObLG v. 11.12.1995 – 3Z BR 36/91, AG 1996, 176, 177; BayObLG v. 19.10.1995 – 3Z BR 17/90, AG 1996, 127; OLG Düsseldorf v. 17.2.1984 – 19 W 1/81, WM 1984, 732, 733; *Krieger* in Münchener Handbuch AG, § 70 Rn. 108; *Hüffer*, § 305 Rn. 20.

275 Sog. "going concern-Prinzip", *Großfeld*, Unternehmensbewertung, S. 37; *ders.*, NZG 2004, 74; *Born*, Unternehmensanalyse, S. 89; diese Sichtweise lag bereits dem Allgemeinen Landrecht für die Preußischen Staaten vom 5.2.1794 zugrunde, das in seinem 1. Teil, 2. Titel in den §§ 111, 112 den Wert einer Sache anhand ihres Nutzens bestimmte.

276 *Piltz*, Unternehmensbewertung, S. 34; *Hosterbach*, DB 1987, 897, 900; IDW-Standard, Ziff. 8.4, WPg 2000, 825, 841; kritisch *Csik*, DB 1985, 1901ff.; *Vahl*, DB 1984, 1205, 1209.

277 OLG Düsseldorf v. 22.1.1999 – 19 W 5/96 AktE, AG 1999, 321, 324; *Koppensteiner* in KölnKomm. AktG, § 305 Rn. 35; *Großfeld*, Unternehmensbewertung, S. 36 f.; a.A. *Vahl*, DB 1984, 1205, 1209, der auch solche immateriellen Faktoren als zum Rekonstruktionswert gehörend betrachtet.

278 Vgl. hierzu *Krieger* in Münchener Handbuch AG, § 70 Rn. 109 und die Nachweise dort.

II. Ertragswertmethode

Die Ertragswertmethode ermittelt den Unternehmenswert in erster Linie anhand der geschätzten Erträge des betriebsnotwendigen Vermögens[279] und ergänzt den so ermittelten Wert durch Bewertung des nicht betriebsnotwendigen Vermögens anhand seines Substanzwerts, genauer seines Liquidationswerts[280]. Der Ertragswert des betriebsnotwendigen Vermögens wird anhand einer Erfolgsprognose ermittelt. Bezogen auf den Bewertungsstichtag wird der Barwert der in Zukunft zu erwartenden Erfolge errechnet. Unter dem Begriff "Erfolg" versteht die Ertragswertmethode den Saldo von Erträgen und Aufwendungen[281]. Den am schwierigsten zu ermittelnden Parameter dieser Berechnung stellen die zukünftigen Erträge dar. Sie werden in der Praxis entweder anhand der sog. pauschalen Methode oder der sog. analytischen Methode bestimmt.

1. Pauschale Methode

Die pauschale Methode[282] ermittelt die zukünftigen Erträge, indem sie die in der Vergangenheit erzielten Ergebnisse in die Zukunft fortschreibt. Die Vergangenheitsergebnisse werden den Gewinn- und Verlustrechnungen (§ 275 HGB) vergangener Jahre entnommen. Sie werden für einen Referenzzeitraum zusammengestellt und sodann von solchen Faktoren bereinigt, die für die Zukunftserwartungen nicht repräsentativ sind[283].

Aus den so ermittelten Ergebnissen wird sodann ein Durchschnittswert gebildet, um eine gewisse Risikostreuung zu erreichen[284]. Basierend auf der Annahme, dass der jüngste Jahresertrag eher als die durchschnittlichen Erträge der letzten Jahre dem durchschnittlichen Ertrag der Zukunft entspricht, wird bei der Bildung des Durchschnittswerts eine unterschiedliche Gewichtung vorgenommen. Das gegenwartsnächste Jahr erhält das stärkste Gewicht[285]. Zum Teil wird darüber hinaus

---

279 BayObLG v. 11.7.2001 - 3Z BR 172/99, NZG 2001, 1033, 1034; BayObLG v. 11.12.1995 - 3Z BR 36/91, AG 1996, 176, 177; *Großfeld*, Unternehmensbewertung, S. 39.

280 BayObLG v. 11.7.2001 - 3Z BR 172/99, NZG 2001, 1033, 1034; BayObLG v. 19.10.1995 - 3Z BR 17/90, AG 1996, 127; *Aha*, AG 1997, 26, 28; *Seetzen*, WM 1994, 45, 46; unter dem nicht betriebsnotwendigen Vermögen versteht man diejenigen Vermögensgegenstände, die veräußert werden könnten, ohne dass davon die Erfüllung des Sachziels des Unternehmens betroffen wäre; *Behringer*, Cash-flow, S. 133.

281 BayObLG v. 11.7.2001 - 3Z BR 172/99, NZG 2001, 1033, 1034; BayObLG v. 19.10.1995 - 3Z BR 17/90, AG 1996, 127.

282 Vgl. hierzu *Piltz*, Unternehmensbewertung, S. 19 f.; *Dörner* in WP-Handbuch, Abschnitt A Rn. 52 ff.; *Aha*, AG 1997, 26, 29.

283 Hierunter fallen z.B. Veräußerungsgewinne; *Piltz*, Unternehmensbewertung, S. 19.

284 Vgl. die Beispiele bei *Dörner* in WP-Handbuch, Abschnitt A Rn. 53 sowie *Born*, Unternehmensanalyse, S. 51 f.

285 *Piltz*, Unternehmensbewertung, S. 19; *Dörner* in WP-Handbuch, Abschnitt A Rn. 53; *Aha*, AG 1997, 26, 29.

vorgeschlagen, das beste und schlechteste Ergebnis bei der Bildung des Durchschnittswerts wegzulassen[286]. Das errechnete durchschnittliche Jahresergebnis stellt den Schätzwert der zukünftig zu erwartenden jährlichen Erträge dar. Die pauschale Methode ist also stark vergangenheitsbezogen und geht von der Annahme aus, dass der Geschäftsgang der Vergangenheit zugleich repräsentativ für den der Zukunft ist[287]. Ihr Einsatz empfiehlt sich daher vor allem, wenn verlässliche Planungsrechnungen über die zukünftige Ertragsentwicklung fehlen[288] oder das zu bewertende Unternehmen in einer Branche tätig ist, deren Erträge nur geringen Schwankungen unterworfen sind[289].

2. *Analytische Methode*

Der pauschalen Methode steht die sog. analytische Methode oder Phasenmethode gegenüber.Anders als die pauschale Methode ermittelt sie die zukünftigen Erträge nicht anhand einer Vergangenheitsanalyse, sondern versucht, anhand festgelegter Regeln[290] die Erträge des Unternehmens unter Berücksichtigung aller relevanten Faktoren zu prognostizieren[291]. Maßgeblich für die Bewertung mittels der analytischen Methode ist der Ist-Zustand, also die Ertragskraft des Unternehmens am Bewertungsstichtag. Ausgehend vom Ist-Zustand wird auf Grundlage der von der Unternehmensleitung erstellten Pläne in Bezug auf Betriebsergebnis, Investitions- und Finanzbedarf ("Businesspläne") sowie ggf. sonstiger Untergliederungen ein prognostiziertes Betriebsergebnis abgeleitet[292]. Dabei liegt auf der Hand, dass die ohnehin schon mit Unsicherheiten belastete Prognose umso schwieriger wird, je weiter sie in die Zukunft zu blicken versucht[293]. Dem versucht die analytische Methode dadurch zu begegnen, dass sie die "theoretisch unendliche Zukunft"[294] in Phasen zerlegt, die in Abhängigkeit von Größe, Struktur und Branche des zu be-

---

286 *Dörner* in WP-Handbuch, Abschnitt A Rn. 53.

287 *Großfeld*, Unternehmensbewertung, S. 92.

288 *Seetzen*, ZIP 1994, 333, 334.

289 So z.B. der Bereich des lebensnotwendigen Bedarfs; *Piltz*, Unternehmensbewertung, S. 20.

290 Der Hauptfachausschuss des Instituts der Wirtschaftsprüfer in Deutschland e.V. (IDW) hat in seinem am 28.6.2000 verabschiedeten: "IDW Standard: Grundsätze zur Durchführung von Unternehmensbewertungen" (nachfolgend: "IDW-Standard"), abgedruckt in WPg 2000, 825, diese Regeln zusammengefasst. Dabei handelt es sich um solche fachliche Regeln, deren Beachtung Bestandteil der nach § 43 Abs. 1 Satz 1 WPO gebotenen gewissenhaften Berufsausübung der Wirtschaftsprüfer ist; *Aha*, AG 1997, 26, 29; *Mertens*, AG 1992, 321, 323. Eine Neufassung des IDW Standard ist derzeit in Arbeit; das IDW hat den "Entwurf einer Neufassung des IDW Standards: Grundsätze zur Durchführung von Unternehmensbewertungen (IDW ES 1 n.F.)" am 30.12.2004 veröffentlicht.

291 *Piltz*, Unternehmensbewertung, S. 21; *Aha*, AG 1997, 26, 29 f.

292 *Aha*, AG 1997, 26, 30.

293 *Großfeld*, Unternehmensbewertung, S. 93, bezeichnet Voraussagen für einen Zeitraum von mehr als acht Jahren gar als "Horoskope".

294 *Piltz*, Unternehmensbewertung, S. 20.

wertenden Unternehmens unterschiedlich lange Zeiträume umfassen[295]. Die Erfolgsprognose erfolgt in den jeweiligen Phasen unterschiedlich. Während in der ersten Phase zumeist hinreichend detaillierte Planungsrechnungen zur Verfügung stehen und damit die zahlreichen Einflussgrößen zumeist einzeln zur Prognose der finanziellen Überschüsse veranschlagt werden können, muss sich die Prognose für die zweite Phase in der Regel auf die mehr oder weniger pauschale Fortschreibung der Detailplanungen der ersten Phase beschränken. Eine Vergangenheitsanalyse erfolgt zwar auch bei der analytischen Methode. Sie dient jedoch primär der Kontrolle des ermittelten Ergebnisses[296].

III. Discounted Cash Flow-Methode

Die Discounted Cash Flow-Methode ("DCF-Methode") als Instrument zur Unternehmensbewertung ist im Zusammenhang mit der Entwicklung des Shareholder Value- oder Wertsteigerungsansatzes zu sehen, der vom Management eine Orientierung an den finanziellen Zielen der Eigentümer verlangt. Gebündelt werden diese finanziellen Ziele im Marktwert des Eigenkapitals, denn dieser repräsentiert das Einkommen, das den Eigentümern – zumindest potenziell im Falle seiner Realisierung – zur Verfügung steht[297]. Um den Shareholder Value-Ansatz handhabbar zu machen, ist die Messung des Marktwerts des Eigenkapitals erforderlich, denn nur auf diesen kommt es bei der Bestimmung des Unternehmenswertes an. Hierzu greift die Unternehmensberatungspraxis auf die Discounted Cash Flow-Methode zurück[298]. Zwei Ansätze lassen sich hierbei unterscheiden, die den Begriff "Cash Flow" unterschiedlich definieren, ein Brutto- und ein Nettoansatz.

1. Bruttoansatz

Der Bruttoansatz der Discounted Cash Flow-Methode definiert Cash Flows als sämtliche Zahlungsströme, die in einer bestimmten Periode sowohl an die Eigenkapitalgeber als auch an die Fremdkapitalgeber erwartungsgemäß fließen[299]. Sie werden anhand von Plan-Gewinn- und Verlustrechnungen ermittelt[300]. Um den

---

295 Der IDW-Standard schlägt zwei Phasen vor, deren erste ca. drei bis fünf Jahre umfassen soll; IDW-Standard, Ziff. 5.3, WPg 2000, 825, 832 f.

296 *Aha*, AG 1997, 26, 30.

297 *Ballwieser*, FS Moxter, S. 1378, 1391.

298 *Born*, Unternehmensanalyse, S. 89; *Ballwieser*, WPg 1995, 119, 121. Zu den weiteren Einsatzmöglichkeiten der Discounted Cash Flow-Methode vgl. *Kirsch/Krause*, ZfB 66 (1996), 793, 795.

299 *Ballwieser*, WPg 1995, 119, 121. *Kirsch/Krause*, ZfB 66 (1996), 793, 794 sprechen vom "Free Cash Flow"; dieser Begriff wird jedoch unterschiedlich verwendet: So bezeichnet *Großfeld* (Unternehmensbewertung, S. 162 f.) als "Free Cash Flow" die Nettoausschüttung an die Eigenkapitalgeber.

300 IDW-Standard, Ziff. 7.3.2.2., WPg 2000, 825, 837.

Marktwert des Eigenkapitals bezogen auf den Bewertungszeitpunkt zu ermitteln, werden die Cash Flows mit dem sog. gewogenen Kapitalkostenansatz[301] diskontiert. Dieser ist ein Mittel aus den Renditeforderungen der Eigentümer und der Fremdkapitalgeber[302], die mit dem jeweiligen Kapitalanteil gewichtet werden. Durch diese Diskontierung erhält man den auf das gesamte Kapital bezogenen Unternehmenswert ("Enterprise Value")[303]. Zieht man hiervon den Marktwert des Fremdkapitals ab und addiert man zu dieser Differenz die liquiden Mittel, so erhält man den Marktwert des Eigenkapitals ("Equity Value") und damit den gesuchten Unternehmenswert[304].

2. *Nettoansatz*

Anders als der Bruttoansatz definiert der Nettoansatz der Discounted Cash Flow-Methode Cash Flows nur als Zahlungen an die Eigenkapitalgeber. Für die Bewertung maßgeblich sind also nur diejenigen Zahlungsströme, die an die Unternehmenseigner in einer bestimmten Periode erwartungsgemäß fließen[305]. Um den Marktwert des Eigenkapitals zum Bewertungszeitpunkt zu erhalten, werden die erwarteten Ausschüttungen auf den Bewertungsstichtag diskontiert.

IV. Kapitalisierung zukünftiger Erträge

Wie bei der Darstellung der Discounted Cash Flow-Methode angedeutet, ist die Ermittlung zukünftiger Erträge oder Cash Flows nur der erste Schritt der Unternehmensbewertung. Durch die Bestimmung zukünftiger Erfolge ist noch nichts darüber gesagt, welchen Wert diese Erfolge bereits am Bewertungsstichtag haben. Um diesen Wert zu bestimmen, ist die Kapitalisierung der Zukunftserfolge erforderlich. Kapitalisierung bedeutet, dass die nach der Ertragswert- oder Discounted Cash Flow-Methode ermittelten Erträge auf den nach materiellem Recht vorgegebenen Bewertungsstichtag diskontiert werden[306]. Dahinter steht der Gedanke, dass

---

301 *Weighted Average Cost of Capital*; man spricht daher vom *WACC*-Ansatz; *Born*, Unternehmensanalyse, S. 91; *Großfeld*, Unternehmensbewertung, S. 161 ff.; *Heurung*, DB 1997, 888, 890.

302 Diese besteht im Zinssatz für erstklassige Kreditnehmer, gekürzt um die Unternehmenssteuerersparnis; *Born*, Unternehmensanalyse, S. 91; *Großfeld*, Unternehmensbewertung, S. 162.

303 *Ballwieser*, WPg 1995, 119, 121; *Heurung*, DB 1997, 888, 890; *Kirsch/Krause*, ZfB 66 (1996), 793, 794.

304 *Großfeld*, Unternehmensbewertung, S. 160; *Ballwieser*, WPg 1995, 119, 122; *Kirsch/Krause*, ZfB 1996, 793, 802.

305 Insoweit entspricht der Nettoansatz der Ertragswertmethode; *Großfeld*, Unternehmensbewertung, S. 166; *Ballwieser*, WPg 1995, 119, 122; *Kirsch/Krause*, ZfB 66 (1996), 793, 803.

306 *Großfeld*, Unternehmensbewertung, S. 107; *Aha*, AG 1997, 26, 31.

eine zukünftige Zahlung weniger wert ist als eine sofortige Zahlung, da die sofortige Zahlung in der Zwischenzeit gewinnbringend angelegt werden kann[307]. Um also denjenigen Wert zu ermitteln, den der Zukunftserfolg bereits am Bewertungsstichtag hat, muss von den prognostizierten Erträgen ein Abschlag gemacht werden, der dem zwischenzeitlichen Zinsausfall entspricht[308].

Die Kapitalisierung erfolgt bei Ertragswert- und Discounted Cash Flow-Methode mittels einer Rentenrechnung unter Annahme einer zeitlich unbegrenzten Lebensdauer des Unternehmens und immer gleich hoher Zahlungsüberschüsse ("ewige Rente")[309]. Die Diskontierung erfolgt mittels eines Kalkulationszinsfußes, der bei der Ertragswertmethode auf Grund eines Basiszinssatzes bestimmt wird, der um weitere Parameter modifiziert wird. Die gängige Praxis bei der Discounted Cash Flow-Methode wählt als Ausgangspunkt der Diskontierung gleichsam einen Basiszinssatz und modifiziert diesen um einen Risikozuschlag, der nach dem sog. Capital Asset Pricing Model bestimmt wird und dessen Übertragung auf die Ertragswertmethode in Betracht kommt.

1. *Kapitalisierung bei der Ertragswertmethode*

Nach gängiger Praxis erfolgt die Kapitalisierung bei Anwendung der Ertragswertmethode auf Grundlage eines Basiszinssatzes, von dem ein Geldentwertungsabschlag subtrahiert und ein Risikozuschlag addiert werden[310].

a) Basiszinssatz

Als Basiszinssatz legt die h.M. die übliche Effektivverzinsung von längstlaufenden inländischen öffentlichen Anleihen zugrunde, weil diese als besonders sichere Anlageform eine zuverlässige Vergleichsbasis bieten[311]. Wie dieser Zinssatz im Einzelnen zu ermitteln ist, wird uneinheitlich beantwortet. Die herrschende Rechtsprechung stellt im Wege der Prognose auf diejenige Rendite ab, die aus Sicht des Be-

---

307 *Großfeld*, Unternehmensbewertung, S. 107; *Rappaport*, HBR 57 (1979), Heft 4, S. 99, 101.

308 *Großfeld*, Unternehmensbewertung, S. 107.

309 *Großfeld*, Unternehmensbewertung, S. 109.

310 BGH v. 13.3.1978 – II ZR 142/76, AG 1978, 196, 199 (insoweit nicht abgedruckt in BGHZ 71, 40); BayObLG v. 19.10.1995 – 3Z BR 17/90, AG 1996, 127, 129; BayObLG v. 11.12.1995 – 3Z BR 36/91, AG 1996, 176, 178 f.; BayObLG v. 11.7.2001 – 3Z BR 172/99, AG 2002, 388, 389; BayObLG v. 11.9.2001 – 3Z BR 101/99, AG 2002, 392, 393 f.; OLG Celle v. 4.4.1979 – 9 W 2/77, AG 1979, 230, 232; OLG Düsseldorf v. 11.4.1988 – 19 W 32/86, ZIP 1988, 1555; 1560; OLG Stuttgart v. 4.2.2000 – 4 W 15/98, AG 2000, 428, 431; vgl. hierzu die Formel bei *Großfeld*, Unternehmensbewertung, S. 109 f.

311 BGH v. 30.9.1981 – IVa ZR 127/80, NJW 1982, 575, 576; OLG Düsseldorf v. 11.4.1988 – 19 W 32/86, ZIP 1988, 1555, 1560; OLG Düsseldorf v. 12.2.1992 – 19 W 3/91, AG 200, 204.

wertungsstichtages auf Dauer zu erzielen wäre[312]. Eine andere Auffassung will schlicht den am Bewertungsstichtag durchschnittlich erzielbaren Zinssatz zugrunde legen[313]. Hält man sich jedoch vor Augen, dass die Ertragswertmethode an die künftige Ertragsentwicklung anknüpft und bei schlichter Zugrundelegung des Basiszinssatzes am Bewertungsstichtag potenziell die Gefahr der Beeinflussung durch "Zufälligkeiten des Kapitalmarktes"[314] am Bewertungsstichtag besteht, so verbietet sich eine isolierte, allein auf den Bewertungsstichtag bezogene Betrachtungsweise. Dem Prinzip der Ertragswertmethode folgend ist vielmehr auf diejenige Verzinsung abzustellen, die aus Sicht des Bewertungsstichtages auf Dauer zu erzielen ist[315].

b) Geldentwertungsabschlag

Im Vergleich zu öffentlichen Anleihen sind Unternehmensergebnisse potenziell weniger stark von der Inflation betroffen. Für Unternehmen besteht zum einen die Möglichkeit, die Geldentwertung durch Preiserhöhungen abzuwälzen[316]. Zum anderen verfügen sie in der Regel über Grundstücke und Anlagen, die in nicht so starkem Maße der Geldentwertung unterliegen wie festverzinsliche Wertpapiere[317]. Aus diesem Grund macht die Rechtsprechung auf den Basiszins einen Abschlag, den sie üblicherweise mit 1 bis 2,5 Prozentpunkten ansetzt[318]. Der Geldentwertungsabschlag unterbleibt, wenn die Möglichkeit der Preisüberwälzung aufgrund der Marktstellung des zu bewertenden Unternehmens nicht gegeben ist. Daneben kommt in Betracht, dass sich Geldentwertungsabschlag sowie der sogleich noch darzustellende Unternehmerrisikozuschlag größenmäßig aufheben[319], was ihre Bestimmung zunächst jedoch nicht obsolet macht.

---

312 OLG Düsseldorf v. 11.4.1988 – 19 W 32/86, ZIP 1988, 1555, 1560; OLG Düsseldorf v. 11.1.1990 – 19 W 6/86, AG 1990, 397, 400; OLG Stuttgart v. 4.2.2000 – 4 W 15/98, AG 2000, 428, 431; LG Dortmund v. 14.2.1996 – 20 Akt E 3/94, AG 1996, 278, 279 f.

313 So andeutungsweise BGH v. 30.9.1981 – IVa ZR 127/80, NJW 1982, 575; *Dielmann/König*, AG 1984, 57, 60.

314 OLG Düsseldorf v. 11.4.1988 – 19 W 32/86, ZIP 1988, 1555, 1560.

315 So auch *Großfeld*, Unternehmensbewertung, S. 119; *Piltz*, Unternehmensbewertung, S. 173; *Aha*, AG 1997, 26, 32; *Seetzen*, WM 1994, 45, 48.

316 OLG Düsseldorf v. 11.4.1988 – 19 W 32/86, ZIP 1988, 1555, 1560; LG Dortmund v. 14.2.1996 – 20 Akt E 3/94, AG 1996, 278, 280; *Seetzen*, WM 1994, 45, 48.

317 BayObLG v. 11.7.2001 – 3Z BR 172/99, AG 2002, 388, 389; LG Dortmund v. 14.2.1996 – 20 Akt E 3/94, AG 1996, 278, 280; *Dielmann/König*, AG 1984, 57, 60 f.

318 BayObLG v. 11.7.2001 – 3Z BR 172/99, AG 2002, 388, 389; BayObLG v. 11.12.1995 – 3Z BR 36/91, AG 1996, 176, 179 (2,5 %); BayObLG v. 19.10.1995 – 3Z BR 17/90, AG 1996, 127, 129 (2,5 %); OLG Celle v. 4.4.1979 – 9 W 2/77, AG 1979, 230, 232 (1 %); OLG Düsseldorf v. 11.4.1988 – 19 W 32/86, ZIP 1988, 1555, 1560 (1 %); OLG Düsseldorf v. 12.2.1992 – 19 W 3/91, AG 1992, 200, 203 (2 %); LG Dortmund v. 16.11.1981 – 18 Akt E 1/78, AG 1982, 257, 258 f. (2 %); kritisch hierzu *Aha*, AG 1997, 26, 32 f.

319 OLG Stuttgart v. 4.2.2000 – 4 W 15/98, AG 2000, 428, 431 f.

c) Risikozuschlag

Im Vergleich mit der Anlage in festverzinsliche Anleihen der öffentlichen Hand ist die Kapitalanlage in ein Unternehmen regelmäßig mit größeren Risiken behaftet[320]. Der Investor in ein Unternehmen gibt Eigenkapital, kann sich dabei künftiger Zahlungen nicht sicher sein und muss zudem noch das Ausfallrisiko in Höhe des Eigenkapitals fürchten. Der Investor in eine Staatsanleihe kann sich dagegen künftiger Zahlungen sicher sein, und das Ausfallrisiko ist zu vernachlässigen[321]. Diesem Umstand trägt die h.M. Rechnung, indem sie auf den zuvor um den Geldentwertungsabschlag bereinigten Basiszinssatz einen Risikozuschlag addiert[322].

Hiergegen hat das OLG Celle in der Vergangenheit eingewandt, die spezifischen Risiken des zu bewertenden Unternehmens würden bereits im Zuge der Ertragsprognose berücksichtigt, und im Übrigen stünden dem Risiko Erwerbschancen in gleicher Höhe gegenüber[323]. Ähnlich argumentieren die Oberlandesgerichte Düsseldorf und Stuttgart, indem sie im Wege einer "vermittelnden Ansicht" dem Bewertungsgutachter grundsätzlich freie Hand lassen wollen, ob er alle Unternehmerrisiken bereits durch vorsichtige Schätzung des Zukunftserfolges oder erst beim Kapitalisierungszins berücksichtigen will[324]. Jedoch soll auch nach dieser Ansicht ein Zinszuschlag erfolgen, wenn die im Gutachten angesetzten Gewinne noch ein Risiko enthalten, das sie "bei nüchterner Betrachtung überhöht erscheinen lässt"[325].

Die Auffassung des OLG Celle mag zutreffen, wenn die künftigen Erträge nach der pauschalen Methode ermittelt werden. Die pauschale Methode ermittelt künftige Erträge auf Grundlage zurückliegender Erträge, und in diesen haben sich Fehlschläge vergangener Jahre bereits niedergeschlagen[326]. Bestimmt man jedoch die zukünftigen Erträge nach der analytischen Methode, so dürfen nach h.M. in die Zukunftsprognose nur solche Umstände eingestellt werden, die am Bewertungs-

---

320 *Großfeld*, Unternehmensbewertung, S. 122 f.; *Aha*, AG 1997, 26, 33; *Baetge/Krause*, BFuP 1994, 433, 434; *Dielmann/König*, AG 1984, 57, 61.

321 Vgl. *Moxter*, Grundsätze, S. 146, der diese Anlagen "quasisicher" nennt.

322 BGH v. 30.9.1981 – IVa ZR 127/80, NJW 1982, 575 f.; OLG Düsseldorf v. 11.1.1990 – 19 W 6/86, AG 1990, 397, 400; OLG Düsseldorf v. 12.2.1992 – 19 W 3/91, AG 1992, 200, 204; LG Dortmund v. 14.2.1996 – 20 Akt E 3/94, AG 1996, 278, 280; *Großfeld*, Unternehmensbewertung, S. 127; *Aha*, AG 1997, 26, 33; *Dielmann/König*, AG 1984, 57, 61; *Seetzen*, WM 1994, 45, 49.

323 OLG Celle v. 4.4.1979 – 9 W 2/77, AG 1979, 230, 232; OLG Celle v. 31.7.1998 – 9 W 128/97, AG 1999, 128, 130 f.

324 OLG Düsseldorf v. 11.4.1988 – 19 W 32/86, ZIP 1988, 1555, 1560 f.; OLG Düsseldorf v. 12.2.1992 – 19 W 3/91, AG 1992, 200, 204; OLG Stuttgart v. 4.2.2000 – 4 W 15/98, AG 2000, 428, 432; anders OLG Düsseldorf v. 31.1.2003 – 19 W 9/00 AktG, AG 2003, 329, 333.

325 OLG Düsseldorf v. 11.4.1988, ZIP 1988, 1555, 1561.

326 *Dielmann/König*, AG 1984, 57, 61; jedoch ist zu berücksichtigen, dass auch nach der pauschalen Methode die Vergangenheitsergebnisse von solchen Faktoren bereinigt werden, die für die Zukunftserwartungen nicht repräsentativ sind; vgl. oben § 5 B. II. 1. (S. 83).

stichtag schon in der Wurzel angelegt und vorhersehbar sind[327]. Außergewöhnliche Umstände wie z.B. Betriebsstörungen durch höhere Gewalt, Substanzverluste durch Betriebsstilllegungen, Aufwendungen für Umstrukturierungsmaßnahmen, Insolvenzen wichtiger Arbeitnehmer, Änderungen in der Belegschaft sowie das stets vorhandene Insolvenzrisiko bleiben bei der Ertragsprognose dagegen grundsätzlich außer Betracht. Genau diese Risiken sollen durch den Risikozuschlag abgegolten werden. Insofern erscheint auch die Praktikabilität der von den Oberlandesgerichten Düsseldorf (teilweise) und Stuttgart vertretenen "vermittelnden Meinung" zweifelhaft. Der ihr zugrunde liegende Gedanke, wahlweise bereits bei der Ertragsberechnung "alle unternehmerischen Risiken"[328] zu berücksichtigen oder aber den Basiszinssatz mit einem Zuschlag zu versehen, führt zu einer Verwässerung der üblicherweise praktizierten Trennung zwischen solchen Risiken, die bei der Ertragsprognose berücksichtigt werden können und sollen und den außergewöhnlichen Risiken, die durch den Risikozuschlag abgegolten werden. Zwar spricht nichts dagegen, die außergewöhnlichen Risiken nicht als Zuschlag zum Basiszinssatz im Nenner der Ertragswertberechnung, sondern als Abschlag von den Erträgen im Zähler zu berücksichtigen[329]. Um das Ergebnis transparent zu gestalten und um Ergebnisverzerrungen zu vermeiden, sollten die außergewöhnlichen Risiken jedoch als gesonderte Position und nicht durch "vorsichtige Ansätze bei der Schätzung des Zukunftserfolges"[330] Eingang in die Ertragswertberechnung finden.

Es ist daher angemessen, bei der Ertragswertberechnung auch solche Risiken zu berücksichtigen, die in die Ertragswertberechnung keinen Eingang finden konnten. Hierzu erscheinen zwei Wege gangbar[331]: Zum einen kann im Zähler vom Erwartungswert der finanziellen Überschüsse ein gesonderter Abschlag gemacht werden ("Ergebnisabschlagsmethode"). Andererseits kann – wie häufig von der Rechtsprechung praktiziert[332] – im Nenner der Kapitalisierungszinssatz um einen Risikozuschlag erhöht werden ("Zinszuschlagsmethode").

---

327 Sog. "Wurzeltheorie"; BGH v. NJW 1973, 509, 511; BayObLG v. 20.3.2000 – 3Z BR 124/99, AG 2001, 138, 139; OLG Düsseldorf v. 22.1.1999 – 19 W 5/96 AktE, AG 1999, 321, 323; OLG Düsseldorf v. 19.10.1999 – 19 W 1/96 AktE, AG 2000, 323, 325; OLG Karlsruhe v. 4.2.1998 – 15 W 25/97, AG 1998, 288, 289; OLG Zweibrücken v. 9.3.1995 – 3 W 133 u. 145/92, AG 1995, 421, 422; *Hüffer*, § 305 Rn. 23; *Aha*, AG 1997, 26, 33; *Baetge/Krause*, BFuP 1994, 433, 435; *Seetzen*, WM 1994, 45, 49.

328 OLG Stuttgart v. 4.2.2000 – 4 W 15/98, AG 2000, 428, 432.

329 IDW-Standard, Ziff. 6.2 (Tz. 95), WPg 2000, 825, 833.

330 OLG Stuttgart v. 4.2.2000 – 4 W 15/98, AG 2000, 428, 432.

331 Vgl. IDW-Standard, Ziff. 6.2, WPg 2000, 825, 833.

332 BGH v. 30.9.1981 – IVa ZR 127/80, NJW 1982, 575; OLG Düsseldorf v. 12.2.1992 – 19 W 3/91, AG 1992, 200, 204; OLG Düsseldorf v. 11.1.1990 – 19 W 6/86, AG 1990, 397, 400; OLG Stuttgart v. 4.2.2000 – 4 W 15/98, AG 2000, 428, 432; LG Dortmund v. 14.2.1996 – 20 Akt E 3/94, AG 1996, 278, 280.

2. *Kapitalisierung bei der Discounted Cash Flow-Methode: Capital Asset Pricing Model*

Auch der Brutto- und der Nettoansatz der Discounted Cash Flow-Methode benötigen zur Ermittlung des Marktwertes des Eigenkapitals einen Kalkulationszinsfuß. Beim Bruttoansatz dient er im Rahmen des gewogenen Kapitalkostenansatzes dazu, die Renditeforderung der Eigentümer zu ermitteln. Bei der Nettomethode werden – wie bei der Ertragswertmethode – die künftigen Zahlungsüberschüsse auf den Bewertungsstichtag diskontiert. Zur Bestimmung des Kalkulationszinsfußes greift die Unternehmensberatungspraxis auf das sog. Capital Asset Pricing Model ("CAPM") oder Kapitalmarktpreisbindungsmodell zurück[333].

Das CAPM gibt die Renditeerwartung eines einzelnen Wertpapiers marktbezogen in Abhängigkeit von dessen Risiko wieder. Es beruht auf der Annahme, dass die Rendite einer verhältnismäßig risikoreichen Kapitalanlage die Rendite einer risikofreien Kapitalanlage um einen bestimmten Betrag übersteigt. Als Beispiel kann der Vergleich zwischen Aktien und öffentlichen Anleihen dienen: Im Zeitraum 1954 bis 1991 lag die Rendite des Aktienmarktes um ca. 5 Prozentpunkte höher als die öffentlicher Anleihen[334]. Diese sog. allgemeine Mehrrendite ist im Zusammenhang mit dem Umstand zu sehen, dass die Anleger Risiken regelmäßig stärker gewichten als Chancen[335], so dass für sie ein Anreiz geschaffen werden muss, in risikoreiche Anlagemöglichkeiten zu investieren[336]. Die allgemeine Mehrrendite stellt die Risikoprämie dar, mit der sich risikoscheue Marktteilnehmer das Mehrrisiko für Investitionen in die risikoreiche Geldanlage "Aktie" bezahlen lassen[337].

Damit ist jedoch noch nichts über das spezifische Risiko der Anlage in eine bestimmte Aktie gesagt. Um dieses spezifische Risiko zu ermitteln wird untersucht, ob die Anlage in Aktien des zu bewertenden Unternehmens in jüngster Vergangenheit risikobehafteter oder risikoloser war als die in andere Aktien des Marktportfolios. Zur sinnvollen Eingrenzung der Vergleichsgruppe wird das Marktportfolio in der Regel anhand desjenigen Aktienindexes gebildet, in dem das zu bewertende Unternehmen gelistet ist[338]. Den Vergleichswert bilden die Volatilität[339] der Aktie des zu bewertenden Unternehmens und die Volatilität des Vergleichsindex[340]. Die unterschiedlichen Risiken der einzelnen Aktien werden durch einen Rendite-

---

333 *Born*, Unternehmensanalyse, S. 125 f.; *Großfeld*, Unternehmensbewertung, S. 134 ff.; *Ballwieser*, WPg 1995, 119, 122 f.; *Burger/Buchhart*, WPg 2001, 801, 802.

334 Vgl. die Aufstellung bei *Baetge/Krause*, BFuP 1994, 433, 452.

335 OLG Köln v. 26.3.1999 – 19 U 108/96, NZG 1999, 1222, 1227; *Großfeld*, Unternehmensbewertung, S. 123. Man spricht auch von "Risikoaversion" *Baetge/Krause*, BFuP 1994, 433, 437; IDW-Standard, Ziff. 6.2. (Tz. 94), WPg 2000, 825, 833.

336 *Großfeld*, Unternehmensbewertung, S. 124 f.; IDW-Standard, Ziff. 6.2 (Tz. 95), WPg 2000, 825, 833.

337 *Born*, Unternehmensanalyse, S. 125; *Großfeld*, NZG 2005, 1, 4; *Aha*, AG 1997, 26, 34.

338 *Ballwieser*, WPg 1995, 119, 123.

339 "Volatilität" ist die Schwankungsbreite des Kurses um seinen Mittelwert.

340 *Born*, Unternehmensanalyse, S. 125; *Ballwieser*, WPg 1995, 119, 123.

Schwankungskoeffizienten, den sog. Betafaktor ausgedrückt. Ein Betafaktor von 1 ist gegeben, wenn die Volatilität der Aktie des zu bewertenden Unternehmens identisch ist mit der des Vergleichsindexes. Für die an deutschen Börsen gelisteten Unternehmen werden die Betafaktoren für die in den Aktienindizes *DAX*, *MDAX*, *TecDAX* und *SDAX* enthaltenen Werte börsentäglich ermittelt und auf den Internetseiten der Deutschen Börse AG[341], dem Handelsblatt sowie der Börsenzeitung[342] veröffentlicht.

Der individuelle Risikozuschlag wird dann ermittelt, indem in einem ersten Schritt die Rendite der risikoarmen Kapitalanlage von der der risikoreichen Kapitalanlage subtrahiert und so die allgemeine Mehrrendite ermittelt wird. Mit der allgemeinen Mehrrendite als Ausdruck des allgemeinen Marktrisikos wird nun der Betafaktor als Ausdruck des spezifischen Marktrisikos multipliziert[343] und der so ermittelte Risikozuschlag auf den Zinssatz der risikoarmen Kapitalanlage addiert. Als Zinssatz der risikoarmen Kapitalanlage und damit als Basiszinssatz wird auch nach dem CAPM in der Regel der durchschnittliche Zinssatz risikoloser öffentlicher Anleihen zugrunde gelegt[344].

3. Capital Asset Pricing Model und Ertragswertmethode

In Betracht kommt, den Kalkulationszinsfuß auch im Falle der Ermittlung der Zukunftserfolge nach den Grundsätzen der Ertragswertmethode mit Hilfe des CAPM zu ermitteln[345]. Kritik hiergegen wendet sich insbesondere gegen die nach dem CAPM erforderliche Schätzung der künftigen Entwicklung der allgemeinen Mehrrendite sowie des Betafaktors, gegen die fehlende Verfügbarkeit von Betafaktoren für nicht börsennotierte Unternehmen sowie gegen die unterschiedlichen Risikobegriffe bei Ertragswertverfahren und CAPM.

a) Schätzung der Berechnungsparameter

Wie dargestellt, ermittelt die Praxis bei Anwendung der Ertragswertmethode zunächst den Basiszinssatz und modifiziert diesen mit dem Geldentwertungsabschlag sowie dem Unternehmerrisikozuschlag. Geldentwertungsabschlag und Unternehmerrisikozuschlag werden dabei in der Regel recht pauschal bestimmt[346]. Insbesondere beim Unternehmerrisikozuschlag wird üblicherweise in Stufen zu je 0,5 Pro-

---

341 *Http://deutsche-boerse.com → Info-Center → Statistiken → Gewichtungen + Kennzahlen.*

342 Bei letzteren finden sich nur die Betafaktoren der im Aktienindex *DAX* gelisteten Unternehmen.

343 *Born*, Unternehmensanalyse, S. 126; *Aha*, AG 1997, 26, 34; *Ballwieser*, WPg 1995, 119, 122 f.

344 *Aha*, AG 1997, 26, 34.

345 *Aha*, AG 1997, 26, 34; *Baetge/Krause*, BFuP 1994, 433, 437 ff.; siehe auch *Großfeld*, NZG 2004, 74.

346 Zur Kritik hieran vgl. *Aha*, AG 1997, 26, 32 f.

zentpunkten vorgegangen[347]. Das CAPM bietet demgegenüber die Möglichkeit, den Risikozuschlag genauer zu bestimmen. Andererseits erfordert es nicht nur die Schätzung des Basiszinssatzes, sondern auch die der erwarteten Rendite des Marktportfolios und des künftigen Wertes des Betafaktors. Hieran wird kritisiert, dass die Schätzung große Ermessensspielräume zulasse, und zwar auch dann, wenn sie anhand von Durchschnittswerten der Vergangenheit erfolge[348]. Ungenauigkeiten bei der Schätzung des Marktportfolios auf Grundlage der Vergangenheitswerte kann man indessen begegnen, indem ein möglichst lange zurückreichender Zeitraum der Schätzung zugrunde gelegt wird, um Schwankungen auszugleichen[349]. Kritischer zu beurteilen ist hingegen, ob die künftige Entwicklung des Betafaktors durch Fortschreiben von Vergangenheitsdaten[350] ermittelt werden kann. Dies kommt nur in Betracht, wenn der Betafaktor in der Vergangenheit eine konstante Entwicklung durchlaufen hat[351]. Ist dies nicht der Fall, so muss der Betafaktor aufgrund der sog. autoregressiven Tendenz[352] oder anhand von den Jahresabschlüssen entnommenen fundamentalen Unternehmensdaten ermittelt werden[353].

b) Verfügbarkeit von Betafaktoren

Seit Aufkommen der juristischen Diskussion um das CAPM wird darauf hingewiesen, Betafaktoren könnten nur für börsennotierte Unternehmen ermittelt werden, so dass für sämtliche Unternehmen, die in Form der GmbH, einer Personengesellschaft oder des Einzelunternehmens betrieben werden, diese Methode nicht in Betracht komme[354]. Dieses Argument trifft auch heute noch zu. Allerdings hat die Anzahl börsennotierter Unternehmen in den letzten Jahren zugenommen. Bereits für die Indices *DAX* und *MDAX* sowie den Branchenindex *CDAX* in ihrer bis März 2003 geltenden Ausgestaltung wurden die Betafaktoren der dort gelisteten Werte auf Grundlage der Volatilität der letzten 250 Börsentage ermittelt, und für die Werte des früheren *Neuen Marktes* konnten sie ermittelt werden. Seit der Umstellung der Indexwelt der Deutschen Börse im März 2003 gilt nichts anderes. Länderübergreifende Indizes wie der *DJ STOXX 600*, der *DOW JONES EURO STOXX 50*, der *S&P 500* oder spezielle Branchenindizes[355] bieten überdies die

---

347 Vgl. nur BayObLG v. 11.7.2001 – 3Z BR 172/99, NZG 2001, 1033, 1035; OLG Düsseldorf v. 22.1.1999 – 19 W 5/96 AktE, AG 1999, 321, 323.

348 *Baetge/Krause*, BFuP 1994, 433, 447 f. und 451 ff.

349 *Aha*, AG 1997, 26, 35.

350 Sog. "naive Prognose", vgl. *Baetge/Krause*, BFuP 1994, 433, 447.

351 *Baetge/Krause*, BFuP 1994, 433, 448.

352 "Autoregressive Tendenz" bedeutet, dass die Betafaktoren im Zeitablauf trotz Schwankungen stets zu einem Mittelwert streben, *Baetge/Krause*, BFuP 1994, 433, 448 m.w.N.

353 *Baetge/Krause*, BFuP 1994, 433, 448.

354 *Maul*, DB 1992, 1253, 1259.

355 An der Deutschen Börse werden derzeit 18 Branchenindizes gebildet, abrufbar unter *http://deutsche-boerse.com* → *Listing* → *Marktstruktur* → *Auswahlindizes* → *Branchenindizes*.

Möglichkeit, in geeigneten Fällen auf ihrer Grundlage Betafaktoren zu bestimmen. Die potentiellen Anwendungsfälle des CAPM haben daher in den letzten Jahren erheblich zugenommen. In den USA ist außerdem üblich, auch für nicht börsennotierte Unternehmen Betafaktoren zu bestimmen, wenn sie nach ihrer Branchenzugehörigkeit, Größe, ihren Besitzverhältnissen und Bilanzkennzahlen börsennotierten Unternehmen ähnlich sind[356].

c) Unterschiedliche Risikoansätze

Gegen die Anwendung des Capital Asset Pricing Model auf die Ertragswertmethode wird schließlich vorgebracht, der Risikozuschlag auf den Basiszinssatz sei bei der gängigen Praxis der Ertragswertmethode und dem Capital Asset Pricing Model nicht deckungsgleich[357]. Anknüpfend an die Funktion des Risikozuschlags als Ausgleich für solche Risiken, die am Bewertungsstichtag noch nicht in der Wurzel angelegt und vorhersehbar sind, wird geltend gemacht, der Risikoansatz des CAPM sei ein anderer. Die allgemeine Mehrrendite, in der das allgemeine Marktrisiko risikoreicher Kapitalanlagen zum Ausdruck komme, sei gesamtmarktbezogen, wohingegen der Risikozuschlag individualbezogen sei[358]. Außergewöhnliche Ereignisse und Entwicklungen würden vom CAPM nur erfasst, sofern sie den gesamten Markt risikobehafteter Anlagen betreffen[359]. Richtig hieran ist, dass in der allgemeinen Mehrrendite die Differenz der Renditen risikoarmer und risikoreicher Kapitalanlagen zum Ausdruck kommt und diese insofern gesamtmarktbezogen ist. Allerdings berücksichtigt das CAPM das unternehmensindividuelle Risiko durch Einbeziehung des Betafaktors[360]. Für unterschiedliche Unternehmen sind daher unterschiedliche Kalkulationszinssätze zu ermitteln, was auch beim Ertragswertverfahren nicht anders ist. Der Kalkulationszinsfuß des CAPM wird damit unter Zugrundelegung derselben Risiken ermittelt wie der nach der gängigen Praxis der Ertragswertmethode.

Bei der Bewertung börsennotierter Unternehmen stellt daher das CAPM zur Ermittlung des Kalkulationszinsfußes eine Alternative zur derzeit bei Anwendung der Ertragswertmethode gängigen Praxis dar[361]. Schwankungsgefahren bei der Prognose der Renditeentwicklung risikoreicher Kapitalanlagen kann begegnet werden, indem diese Renditeerwartung auf Grundlage einer Vergangenheitsanalyse vorgenommen und dabei ein möglichst langer Referenzzeitraum zugrunde gelegt wird. Die künftige Entwicklung des Betafaktors kann im Falle einer konstanten Entwicklung anhand der sog. naiven Prognose erfolgen. Stellt sich die Entwicklung des

---

356 *Ballwieser*, WPg 1995, 119, 124.
357 *Baetge/Krause*, BFuP 1994, 433, 454.
358 *Baetge/Krause*, BFuP 1994, 433, 454.
359 *Baetge/Krause*, BFuP 1994, 433, 454.
360 Dies verkennen auch *Baetge/Krause* (BFuP 1994, 433, 454) nicht.
361 So auch *Aha*, AG 1997, 26, 35.

Betafaktors in der Vergangenheit nicht als konstant dar, so hat die Prognose auf Grundlage der sog. autoregressiven Tendenz oder der fundamentalen Unternehmensdaten zu erfolgen.

V. Börsenwert

Nachdem die auf das *Feldmühle*-Urteil des BVerfG ergangene Rechtsprechung der Instanzgerichte eine Unternehmensbewertung auf Grundlage des Börsenkurses nahezu einhellig ablehnte, wurde diese Diskussion Ende der 1990er Jahre wiederbelebt. Anerkannt wurde der Börsenkurs als Parameter zur Bestimmung des Unternehmenswertes schließlich in der *DAT/Altana*-Entscheidung des BVerfG. Weiterer Klärung durch die Instanzgerichte bedurfte danach nur noch die Frage, wie der für die Unternehmensbewertung maßgebliche Referenzkurs zu ermitteln sei.

1. Feldmühle-Urteil des BVerfG

Schon bald nach der Forderung des BVerfG im *Feldmühle*-Urteil nach einer "vollen Entschädigung"[362] der von einer Strukturmaßnahme betroffenen Anteilsinhaber hatte sich der BGH mit der Frage zu befassen, ob der zur Ermittlung der "vollen Entschädigung" geforderte "wahre Wert" anhand des Börsenkurses des betreffenden Unternehmens erfolgen könne. Das Gericht verneinte dies. Der Börsenkurs sei zur Bewertung ungeeignet, da er sich in der Regel nicht mit dem "wahren Wert" decke, sondern "aus dem im Augenblick der Kursbildung vorhandenen Verhältnis von Angebot und Nachfrage" ergebe, das "von der Größe oder Enge des Marktes, von zufallsbedingten Umsätzen, von spekulativen Einflüssen und sonstigen nicht wertbezogenen Faktoren wie politischen Ereignissen, Gerüchten, Informationen, psychologischen Momenten oder einer allgemeinen Tendenz" abhänge[363]. Auf diese Einschätzung zur Einbeziehung des Börsenkurses bezog sich auch die Folgerechtsprechung[364] und ermittelte den "wahren Wert" nahezu einhellig anhand der Ertragswertmethode[365].

---

362 BVerfG v. 7.8.1962 – 1 BvL 16/60, BVerfGE 14, 263, 291 f.

363 BGH v. 30.3.1967 – II ZR 141/64, AG 1967, 264.

364 BGH v. 13.3.1978 – II ZR 142/76, BGHZ 71, 40, 51;BayObLG v. 11.12.1995 – 3Z BR 36/91, AG 1996, 176, 177; BayObLG v. 19.10.1995 – 3Z BR 17/90, AG 1996, 127, 128; OLG Celle v. 31.7.1998 – 9 W 128/97, AG 1999, 128, 129; OLG Düsseldorf v. 29.10.1976 – 19 W 6/73, AG 1977, 168, 169; LG Dortmund v. 31.10.1980 – 18 AktE 2/79, AG 1981, 236, 237

365 Vgl. hierzu die Nachweise in Fn. 269.

2. *DAT/Altana-Beschluss des BVerfG*

Belebt wurde die juristische Diskussion um die Berücksichtigung des Börsenkurses bei der Unternehmensbewertung unter dem Eindruck der "Börsenrallye"[366] um die Jahrtausendwende. Im Jahre 1998 weichte das BayObLG die zuvor ablehnende Haltung der Rechtsprechung erstmals auf. Grund hierfür war allerdings nicht die Einsicht in die seitens der Literatur gegen dieses Rechtsprechung vorgetragenen Argumente zugunsten der Einbeziehung des Börsenkurses in die Unternehmensbewertung[367], wenngleich der erkennende Senat hervorhob, dass sich die früheren Entscheidungen zugrunde liegenden tatsächlichen Verhältnisse geändert hatten[368]. Vielmehr sah sich das Gericht an der Einholung eines Bewertungsgutachtens aus Rechtsgründen gehindert und ließ für diejenigen Fälle, in denen andere Möglichkeiten zur Feststellung des Unternehmenswertes ausschieden, den Rückgriff auf den Börsenkurs zu[369]. Aus den allgemeinen Ausführungen des BayObLG zur Veränderung der tatsächlichen Verhältnisse in Bezug auf den Aktienmarkt schloss wenig später das LG Nürnberg-Fürth, das vom Gerichtsgutachter bei Anwendung der Ertragswertmethode gefundene Ergebnis könne anhand des Börsenkurses überprüft werden[370].

Die Wende brachte weniger als eine Woche nach der Entscheidung des LG Nürnberg-Fürth der Beschluss des BVerfG auf die Verfassungsbeschwerde gegen die Entscheidung des OLG Düsseldorf in einem der Spruchverfahren im Rahmen der Integration der *Deutsch-Atlantischen Telegraphen-Aktiengesellschaft (DAT)* in die Unternehmensgruppe der *Altana AG*[371]. Nachdem die Instanzgerichte im Einklang mit der bis dato herrschenden Rechtsprechung die Auffassung vertreten hatten, der Börsenkurs habe bei der Bemessung der zu gewährenden Abfindung gänzlich außer Acht zu bleiben, befand das BVerfG, dass diese Auffassung mit Art. 14 Abs. 1 GG unvereinbar sei[372]. Ausgangspunkt der Argumentation des Gerichts war die Verkehrsfähigkeit der Aktie, insbesondere im Falle der Börsennotierung. Die Verkehrsfähigkeit vermittle eine "Sphäre individueller Freiheit in finanzieller Hinsicht" und stelle damit das prägende Element des Aktieneigentums dar, das wiederum im Zuge des Börsenhandels aus dem Zusammenspiel von Angebot und Nachfrage seine Wertbestimmung erfahre. Gerade im Falle der Börsennotierung könne der Aktionär sein Kapital nach freiem Belieben investieren oder deinvestieren, und diese Verkehrsfähigkeit dürfe bei der Wertbestimmung des Eigentumsobjektes

---

366 *Luttermann*, AG 2000, 459.

367 *Götz*, DB 1996, 259, 260 ff.; *Hecker/Wenger*, ZBB 1995, 321, 326 ff.

368 BayObLG v. 29.9.1998 – 3Z BR 159/94, ZIP 1998, 1872, 1875.

369 BayObLG v. 29.9.1998 – 3Z BR 159/94, ZIP 1998, 1872, 1874 ff.

370 LG Nürnberg-Fürth v. 22.4.1999 – 1 HK 6730/89, AG 2000, 89.

371 OLG Düsseldorf v. 2.8.1994 – 19 W 1/93 AktE, AG 1995, 85; Vorinstanz LG Köln v. 16.12.1992 – 91 O 204/88, DB 1993, 217.

372 Zum folgenden vgl. BVerfG v. 27.4.1999 – 1 BvR 1613/94, BVerfGE 100, 289, 307 ff.

nicht außer Betracht bleiben[373]. Der an der Börse ermittelte Wert sei insbesondere für "Kleinaktionäre" für ihre Anlageentscheidung von Bedeutung, die regelmäßig nicht über alle "relevanten Informationen" verfügten. Die – im *DAT/Altana*-Beschluss in Rede stehende – Eingliederung führe dazu, dass gerade die Verkehrsfähigkeit verloren gehe und das Aktieneigentum damit entwertet werde. Der erlittene Vermögensverlust des Minderheitsaktionärs stelle sich für diesen als Verlust des Verkehrswerts der Aktie dar, der mit dem Börsenkurs regelmäßig identisch sei. Da jedoch der Verkehrswert die Untergrenze der "wirtschaftlich vollen Entschädigung" bilde, stehe es mit Art. 14 Abs. 1 GG grundsätzlich nicht im Einklang, im aktienrechtlichen Spruchverfahren eine Barabfindung festzusetzen, die niedriger ist als der Börsenkurs, da sonst die Minderheitsaktionäre für ihre Aktien weniger erhielten, als sie ohne die zur Entschädigung verpflichtende Intervention des Mehrheitsaktionärs bei einem Verkauf erlöst hätten. Nach Auffassung des Bundesverfassungsgerichts stellt also der Börsenkurs die Untergrenze der Abfindung dar. Etwas anderes soll gelten, wenn der Börsenkurs den Verkehrswert der Aktien ausnahmsweise nicht widerspiegelt. Dies komme in Betracht, wenn über einen längeren Zeitraum mit Aktien der Gesellschaft praktisch kein Handel stattgefunden habe, der Aktionär aufgrund einer Marktenge nicht in der Lage sei, seine Aktien zum Börsenkurs zu veräußern oder der Börsenpreis manipuliert sei.

3. Ermittlung des relevanten Börsenkurses

In der Praxis der Instanzgerichte wurde (und wird) nach dem *DAT/Altana*-Beschluss des BVerfG der Unternehmenswert weiterhin nach der Ertragswertmethode bestimmt und sodann ggf. unter Berücksichtigung des Börsenwerts korrigiert[374]. Schwierigkeiten bereitete dabei die Frage der Ermittlung des relevanten Börsenkurses. Das BVerfG sah eine Manipulationsgefahr, falls man schlicht auf den Börsenkurs zum nach materiellem Recht maßgeblichen Bewertungszeitpunkt abstellte, überließ jedoch den Instanzgerichten, wie dieser Gefahr durch Wahl eines geeigneten Referenzkurses zu begegnen sei[375]. Materiell-rechtlich ist bei aktienrechtlichen Konzernierungsmaßnahmen das sog. Stichtagsprinzip maßgeblich. Bei Gewinnabführungs- und Beherrschungsverträgen ist nach § 305 Abs. 3 Satz 2 AktG auf die Verhältnisse am Tag der Hauptversammlung der beherrschten Gesellschaft abzustellen. Gleiches gilt nach § 320b Abs. 1 Satz 5 AktG für die Eingliederung, nach § 327b Abs. 1 Satz 1 AktG für den Squeeze-out sowie nach § 30

---

373 BVerfG v. 27.4.1999 – 1 BvR 1613/94, BVerfGE 100, 289, 305.

374 BGH v. 12.3.2001 – II ZB 15/00, BGHZ 147, 108, 114 ff.; BayObLG v. 11.7.2001 – 3Z BR 172/99, NZG 2001, 1033, 1035; OLG Düsseldorf v. 25.5.2000 – 19 W 1/93 AktE, NZG 2000, 1075, 1076; OLG Stuttgart v. 1.10.2003 – 4 W 34/93, ZIP 2004, 712, 713; OLG Stuttgart v. 4.2.2000 – 4 W 15/98, AG 2000, 428, 429; LG Dortmund v. 18.11.2000 – 20 AktE 8/94, AG 2001, 544, 545; LG München I v. 27.3.2000 – 5 HKO 19156/98, AG 2001, 99 f.

375 BVerfG v. 27.4.1999 – 1 BvR 1613/94, BVerfGE 100, 289, 309 f.

Abs. 1 Satz 1 UmwG ggf. in Verbindung mit den jeweils einschlägigen Verweisungsnormen für die Umwandlung. Hieraus ist jedoch nicht der Schluss zu ziehen, für die Bewertung sei allein auf den Börsenkurs am nach materiellem Recht maßgeblichen Bewertungsstichtag abzustellen. Als Alternative kommt auch ein auf diesen Tag bezogener Durchschnittswert in Betracht, denn auch er spiegelt die Verhältnisse der Gesellschaft zum Bewertungszeitpunkt wider[376].

Einem Hinweis des BVerfG[377] sowie der sich herausbildenden h.M.[378] folgend, vertrat das OLG Stuttgart die Auffassung, der Referenzkurs sei auf Grundlage des durchschnittlichen Börsenkurses eines bestimmten Referenzzeitraums zu bestimmen, ließ dessen Länge jedoch offen[379]. Demgegenüber wollte das OLG Düsseldorf, das nach der Entscheidung des BVerfG erneut mit dem *DAT/Altana*-Spruchverfahren befasst war, jedenfalls dann auf den Börsenkurs des Bewertungsstichtages abstellen, wenn sich dieser – unter Zugrundelegung des Kursverlaufs an jenem Tag – nicht als manipuliert darstellt[380]. Da es sich hieran durch die Entscheidung des OLG Stuttgart gehindert sah, legte es die Sache gem. § 28 Abs. 2 FGG dem BGH vor[381], der zugunsten der Bewertung unter Zugrundelegung eines Referenzzeitraumes entschied und dessen Länge mit drei Monaten als angemessen erachtete[382]. Dem ist die Rechtsprechung der Instanzgerichte gefolgt[383].

C. Zusammenfassung und Bewertung

Fasst man die für die von der juristischen Literatur und der Rechtsprechung zur Unternehmensbewertung entwickelten Grundsätze zusammen, so ist zunächst festzuhalten, dass die Unternehmensbewertung auf Grund der prognostizierten Zukunftserfolge zu erfolgen hat (hierzu unter I.). Zur Bestimmung dieser Zukunftserfolge sind die Ertragswertmethode und der Netto-Ansatz der Discounted Cash Flow-Methode gleichwertig (hierzu unter II.). Bei börsennotierten Unternehmen ist für die Bewertung der Börsenkurs maßgeblich (hierzu unter III.).

---

376 BVerfG v. 27.4.1999 – 1 BvR 1613/94, BVerfGE 100, 289, 310.

377 BVerfG v. 27.4.1999 – 1 BvR 1613/94, BVerfGE 100, 289, 309 f.

378 BayObLG v. 29.9.1998 – 3Z BR 159/94, NZG 1998, 946, 948 f.; *Behnke*, NZG 1999, 934; *Luttermann*, ZIP 1999, 45, 51; so auch *Großfeld*, Unternehmensbewertung, S. 192 f.; *Hüffer*, § 305 Rn. 24d; *Wilm*, NZG 2000, 234, 239 und NZG 2000, 1070, 1072 f.

379 OLG Stuttgart v. 4.2.2000 – 4 W 15/98, AG 2000, 428, 429.

380 OLG Düsseldorf v. 25.5.2000 – 19 W 1/93 AktE, NZG 2000, 1075, 1076.

381 OLG Düsseldorf v. 25.5.2000 – 19 W 1/93 AktE, NZG 2000, 1075 ff.

382 BGH v. 12.3.2001 – II ZB 15/00, BGHZ 147, 108, 123.

383 OLG Frankfurt am Main v. 9.1.2003 – 20 W 434/93 und 425/93, AG 2003, 581, 582; Hans. OLG Hamburg v. 7.8.2002 – 11 W 14/94, AG 2003, 583; OLG Stuttgart v. 1.10.2003 – 4 W 34/93, ZIP 2004, 712, 713.

I. Maßgeblichkeit des Zukunftserfolgs

Auch wenn in der Literatur noch gelegentlich ein "gestörtes Verhältnis zum Substanzwert"[384] beklagt wird, dürfte die Frage nach dem Anknüpfungspunkt für die Unternehmensbewertung dahingehend entschieden sein, dass diese auf Grundlage der zukünftigen Erfolge vorzunehmen ist. Erst sie verleihen der Substanz ihren Wert[385]. Im Übrigen ist die Substanzwertmethode bei der Unternehmensbewertung keineswegs obsolet, da nach ständiger Rechtsprechung solche Vermögenswerte bei der Unternehmensbewertung auf Grundlage der Zukunftserfolge außer Betracht bleiben, die an diesen Erfolgen nicht teilhaben. Dieses sog. nicht betriebsnotwendige Vermögen wird stets nach seinem Substanzwert, genauer dem Liquidationswert, angesetzt.

II. Ertragswertmethode und DCF-Methode

Bei der Frage, wie nun der Zukunftserfolg zu ermitteln ist, stehen sich mit der Ertragswertmethode und der Discounted Cash Flow-Methode zwei nur scheinbar unterschiedliche Ansätze gegenüber[386]. Der Netto-Ansatz der Discounted Cash Flow Methode und die Ertragswertmethode unterscheiden sich nach der heute gängigen Praxis hinsichtlich der Kapitalisierung der künftigen Erträge bzw. Cash Flows, und es spricht im Grundsatz nichts dagegen, das CAPM auch auf die Ertragswertmethode anzuwenden[387].

Soweit teilweise gegen die Anwendung der Discounted Cash Flow-Methode angeführt wird, der Cash Flow sei eine im deutschen Rechtskreis unbestimmte, nicht weiter definierte Größe[388], ist hieran richtig, dass es bereits in der Betriebswirtschaftslehre einen einheitlichen Begriff des Cash Flow nicht gibt, sondern dieser jeweils nach der ihm zugrunde liegenden Konzeption definiert wird[389]. Grundsätzlich sind dem deutschen Recht jedoch Kapitalflussrechnungen jedenfalls bei der Bilanzanalyse nicht mehr fremd. So verlangt der durch Art. 2 Nr. 4 des KonTraG[390] in das HGB eingefügte § 297 Abs. 1 Satz 2 die Erweiterung des Konzernabschlusses um eine Kapitalflussrechnung, deren Anforderungen durch den Deutschen Rechnungslegungsstandard Nr. 2 (DRS 2) konkretisiert wurden[391]. Cash

---

384 *Csik*, DB 1985, 1901; ähnlich auch *Hosterbach*, DB 1987, 897.

385 LG Frankfurt am Main v. 16.5.1984 – 3/3 AktE 144/80, AG 1985, 310, 311.

386 *Krieger* in Münchener Handbuch AG, § 70 Rn. 108 bezeichnet die Discounted Cash Flow-Methode gar als "Abart der Ertragswertmethode".

387 Vgl. oben § 5 B. IV. 3. c) (S. 89 f.).

388 *Aha*, AG 1997, 26, 31.

389 Vgl. nur die Darstellung bei *Behringer*, Cash-flow, S. 60 ff.; *Hartmann*, DB 1986, 2612, 2613; *Schedlbauer*, DB 1978, 2425, 2429.

390 Gesetz zur Kontrolle und Transparenz im Unternehmensbereich v. 27.4.1998, BGBl. I, S. 786.

391 Vgl. hierzu *Behringer*, Cash-flow, S. 74 ff.; *Burger/Buchhart*, WPg 2001, 801, 803 ff.

Flow-Rechnungen sehen auch Rechnungslegungswerke wie die *International Financial Reporting Standards (IFRS)* und die US-amerikanischen *Generally Accepted Accounting Principles (US-GAAP)* vor. Beide sind in Deutschland von erheblicher praktischer Bedeutung. Zum einen setzt die Notierung am Zulassungssegment *Prime Standard* der Deutschen Börse einen konsolidierten Abschluss wahlweise nach den Regelungen der *US-GAAP* oder der *IFRS* voraus[392]. Zum anderen verlangt Art. 4 der Verordnung Nr. 1606/2002 des Europäischen Parlaments und des Rats[393] von europäischen kapitalmarktorientierten Gesellschaften ab 2005 zwingend die Erstellung des Konzernabschlusses nach den *IFRS*, und bereits zuvor zählten die *IAS/IFRS*[394] zu denjenigen Rechnungslegungsnormen, die gem. § 292a Abs. 1 Satz 1, Abs. 2 HGB einen Konzernabschluss bei börsennotierten Unternehmen ersetzen konnten[395]. Die pauschale Aussage, der Cash Flow sei eine im deutschen Rechtskreis nicht weiter definierte Größe, lässt sich daher jedenfalls für börsennotierte Unternehmen nicht mehr aufrechterhalten.

Richtig ist allerdings, dass die soeben dargestellten bilanzanalytischen Cash Flow-Konzeptionen betragsmäßig allenfalls zufällig mit dem übereinstimmen, was sowohl Brutto- als auch Netto-Ansatz der Discounted Cash Flow-Methode als Cash Flow definieren[396]. Dort ist der Cash Flow ein Zahlungsstrom, der beim Brutto-Ansatz an Eigentümer und Fremdkapitalgeber, beim Netto-Ansatz nur an die Eigentümer fließt. Als solcher Zahlungsstrom ist der Cash Flow dem deutschen Recht in der Tat nicht geläufig. Anderes mag für den Ertragswert gelten, denn dieser stellt im ehelichen Güterrecht und Erbrecht des BGB seit jeher den gesetzlichen Regelfall für die Bewertung von Landgütern dar[397].

Vorbehalte gelten allerdings in Bezug auf den Brutto-Ansatz der Discounted Cash Flow-Methode. Hierzu wird geltend gemacht, durch seine Anwendung flössen in die ohnehin schon schwierige Unternehmenswertberechnung zusätzliche Unsicherheitsfaktoren mit ein[398]. So hat die Praxis gezeigt, dass insbesondere die Ermittlung des Marktwertes des um die liquiden Mittel korrigierten Fremdkapitals, der beim Brutto-Ansatz zur Ermittlung des Unternehmenswertes vom Brutto Cash Flow abzuziehen ist, Schwierigkeiten bereitet[399]. Gleiches gilt für die Ermittlung des

---

392 Vgl. § 62 Abs. 1 Satz 1 der Börsenordnung für die Frankfurter Wertpapierbörse.

393 Verordnung (EG) Nr. 1606/2002 des Europäischen Parlaments und des Rates vom 19.7.2002 betreffend die Anwendung internationaler Rechnungslegungsstandards, ABl. L 243 vom 11.9.2002, S. 1.

394 Das *International Accoounting Standards Board (IASB*, vormals *Internationals Accounting Standards Committee, IASC)*, hat mit Wirkung zum 1.4.2001 die *International Accounting* Standards (IAS) in *International Financial Reporting Standards (IFRS)* umbenannt.

395 *Hopt*, § 292a Rn. 5; *Behringer*, Cash-flow, S. 80.

396 *Ballwieser*, WPg 1995, 119, 121. Ein anschaulicher Überblick über die Tatbestände, die heute mit dem Begriff "Cash Flow" beschrieben werden, findet sich bei *Burger/Buchhart*, WPg 2001, 801 ff.

397 Vgl. §§ 1376, 1515, 2049, 2312 BGB sowie Art. 137 EGBGB.

398 *Aha*, AG 1997, 26, 31.

399 *Ballwieser*, WPg 1995, 119, 126.

Marktwertes des Gesamtkapitals: Die nach dem WACC-Ansatz erforderliche Gewichtung der Kosten für Eigen- und Fremdkapital kann bereits bei geringer Veränderung ihrer Parameter zu erheblichen Ergebnisverzerrungen führen[400]. Die Stärken des Brutto-Ansatzes liegen daher eher in der Möglichkeit, durch die Identifikation möglicher Wertsteigerungsquellen und deren Analyse in Strategiemodellen unternehmerische Entscheidungen zu treffen, in der Praxis vornehmlich bei Unternehmenskäufen und -verkäufen[401]. Geht es jedoch darum, anhand des Brutto-Ansatzes der Discounted Cash Flow-Methode den Zukunftserfolg eines Unternehmens zu bemessen, so erscheint dieser aufgrund der oben aufgezeigten Unsicherheiten bei der Ermittlung des Bewertungsergebnisses und nicht zuletzt aufgrund unverhältnismäßig hoher Kosten[402] nicht als gangbare Alternative zur Ertragswertmethode[403]. Dagegen spricht im Grundsatz nichts dagegen, bei börsennotierten Unternehmen auf den Netto-Ansatz der Discounted Cash Flow-Methode zurückzugreifen[404].

III. Börsenwert

Bei der Beurteilung der Frage, in welchem Umfang der Börsenwert bei der Unternehmensbewertung zu berücksichtigen ist, ist zunächst der *DAT/Altana*-Beschluss des BVerfG an der bisherigen Rechtsprechung des Gerichts zu messen und auf dieser Grundlage zur Einbeziehung des Börsenkurses bei der Unternehmensbewertung Stellung zu nehmen. Schließlich ist zu klären, wie der maßgebliche Referenzkurs zu bestimmen ist.

1. Bewertung des vom BVerfG im DAT/Altana-Beschluss vertretenen verfassungsrechtlichen Ansatzes

Betrachtet man den *DAT/Altana*-Beschluss des BVerfG vor dem Hintergrund des *Feldmühle*-Urteils und der hierauf ergangenen Folgerechtsprechung der Instanzgerichte, so bringt er zunächst nichts Neues. Das BVerfG billigt im *DAT/Altana*-Be-

---

400 *Kirsch/Krause*, ZfB 66 (1996), 793, 807.

401 *Großfeld*, Unternehmensbewertung, S. 166 f.; *Ballwieser*, WPg 1995, 119, 122; *Rappaport*, HBR 57 (1979), Heft 4, S. 99.

402 *Großfeld*, Unternehmensbewertung, S. 166.

403 *Großfeld*, Unternehmensbewertung, S. 167; *Ballwieser*, WPg 1995, 119, 126; *Aha*, AG 1997, 26, 31.

404 So auch *Krieger* in Münchener Handbuch AG, § 70 Rn. 108; hiervon scheint auch der BGH in seinem *DAT/Altana*-Beschluss auszugehen, in dem er in diesem Fall den Unternehmenswert nach "einer der anerkannten betriebswirtschaftlichen Methoden" ermitteln will; BGH v. 12.3.2001 – II ZB 15/00, BGHZ 147, 108, 116.

schluss sowohl den "wahren Wert" als Maßstab für die Unternehmensbewertung als auch die Ertragswertmethode als Instrument zu seiner Ermittlung[405].

Neu ist allerdings die vom BVerfG vertretene Auffassung, es sei mit Art. 14 Abs. 1 GG unvereinbar, einen existierenden Börsenkurs bei der Ermittlung außer Betracht zu lassen[406]. Verfassungsrechtlich liegt dieser Einschätzung eine im Vergleich zum *Feldmühle*-Urteil weitere Präzisierung des im Aktieneigentum enthaltenen "Rechtebündels"[407] zugrunde. Neben den bereits zuvor bekannten Mitgliedschafts- und Vermögensrechten vermittle das Aktieneigentum eine "Sphäre individueller Freiheit in finanzieller Hinsicht", die auf der besonders ausgeprägten Verkehrsfähigkeit von Aktien fuße, deren Wert im Börsenkurs zum Ausdruck komme und der mit dem Verkehrswert identisch sei[408].

Fraglich ist die in diesem Zusammenhang geäußerte Auffassung des BVerfG, der Verkehrswert bilde stets die Untergrenze der "wirtschaftlich vollen Entschädigung". In der Rechtsprechung des Gerichts zu Art. 14 Abs. 1 GG und in der Verfassungsrechtslehre ist dieser Rechtssatz bislang noch ohne Beispiel. Seiner Diktion nach erinnert er an die Grundsätze über die Entschädigung im Falle der Enteignung nach Art. 14 Abs. 3 Satz 3 GG. Jedoch gibt es dort keinen anerkannten Grundsatz, wonach der Verkehrswert stets die Untergrenze der Entschädigung bildet. Zwar ist anerkannt, dass sich die Enteignungsentschädigung dann nach dem Verkehrswert bestimmt, wenn es an einer gesetzlichen Festsetzung ihrer Höhe fehlt[409]. Die h.M. lässt jedoch die Entschädigung auch unter dem Verkehrswert zu[410]. Überdies scheint fraglich, ob sich die Grundsätze zu Art. 14 Abs. 3 GG auf Inhalts- und Schrankenbestimmungen nach Art. 14 Abs. 1 Satz 2 GG übertragen lassen. Die Annahme einer Entschädigung in Höhe des Verkehrswerts als Untergrenze im Falle einer "privatrechtlicher Enteignung" hätte jedenfalls einer besonderen Begründung bedurft, die im *DAT/Altana*-Beschluss des BVerfG nicht erfolgt ist.

---

405 BVerfG v. 27.4.1999 – 1 BvR 1613/94, BVerfGE 100, 289, 306 f.

406 BVerfG v. 27.4.1999 – 1 BvR 1613/94, BVerfGE 100, 289, 307.

407 *Depenheuer* in von Mangoldt/Klein/Starck, Art. 14 GG Rn. 145.

408 BVerfG v. 27.4.1999 – 1 BvR 1613/94, BVerfGE 100, 289, 305.

409 BGH v. 30.9.1976 – III ZR 149/75, BGHZ 67, 190, 192; *Jarass* in Jarass/Pieroth, Art. 14 Rn. 65.

410 BVerfG v. 18.12.1968 – 1 BvR 200/56, BVerfGE 24, 367, 421; BGH v. 30.9.1976 – III ZR 149/75, BGHZ 67, 190, 192; BGH v. 28.9.1972 – III ZR 44/70, BGHZ 59, 250, 254; zu den Einzelheiten vgl. *Depenheuer* in v. Mangoldt/Klein/Starck, Art. 14 Rn. 451; *Jarass* in Jarass/Pieroth, Art. 14 Rn. 64.

2. *Bewertung des vom BVerfG im DAT/Altana-Beschluss vertretenen Ansatzes zur Einbeziehung des Börsenkurses*

Zustimmung verdient allerdings der Ansatz des Gerichts, die Verkehrsfähigkeit der Aktie gerade im Falle der Börsennotierung besonders zu betonen und die hieraus resultierende Sphäre individueller Freiheit in finanzieller Hinsicht dem Schutzbereich des Art. 14 Abs. 1 GG zuzuordnen. Die freie Übertragbarkeit der Aktie ist – bereits ohne Börsennotierung – eines ihrer wesentlichen Merkmale[411]. Besteht im Falle der Börsennotierung die Sondersituation, dass auf dem Marktplatz "Börse" ein Marktpreis börsentäglich ermittelt wird, in dem sich die Erwartungen der Marktteilnehmer an die Unternehmensentwicklung widerspiegeln[412], so kann die Unternehmensbewertung nicht ohne Rücksicht auf diesen Marktpreis erfolgen.

Ob das BVerfG jedoch den Börsenkurs allein dem Merkmal der Verkehrsfähigkeit der Aktie zuordnen musste, ist fraglich. Der Sache nach trennt das Gericht auch im *DAT/Altana*-Beschluss nach dem "wahren Wert", der den Wert der Herrschafts- und Vermögensrechte widerspiegelt, und dem "Verkehrswert", der im Börsenkurs zum Ausdruck kommt. Von der Vorstellung eines "wahren Wertes" haben sich jedoch sowohl Teile der juristischen[413] als auch die betriebswirtschaftliche[414] Bewertungsliteratur inzwischen verabschiedet, da es ihn nicht gibt. Jede Unternehmensbewertung, auch die nicht börsennotierter Unternehmen, beruht letztlich auf subjektiven Erwägungen wie der Unternehmensstrategie oder der Annahme bestimmter Umfeldbedingungen. Auch das Datenmaterial für die Bewertung nach der Ertragswertmethode setzt sich hieraus in wesentlichen Teilen zusammen[415]. Die von der früheren Rechtsprechung gegen die Einbeziehung des Börsenkurses ins Feld geführten "nicht wertbezogenen Faktoren" wie politische Ereignisse, Gerüchte, Informationen, psychologische Momente bzw. eine allgemeine Tendenz bestimmen daher den Wert einer jeden Unternehmensbeteiligung zumindest mit. Ein "wahrer Wert" ist dabei allenfalls von Bedeutung, wenn es darum geht, ob eine Aktie "überbewertet" oder "unterbewertet" ist, jedoch eher als Wertspanne denn als feste Größe[416]. Auch wenn man dem Aktionär mit dem BVerfG denjenigen Wert zubilligen möchte, den er bei einer freien Deinvestitionsentscheidung erzielt hätte, kann es auf den "wahren Wert" nicht ankommen. Bei seiner Argumentation betrachtet das Gericht den Börsenkurs auch in diesem Zusammenhang als Mindestbetrag für die Abfindung und verkennt dabei, dass die freie Deinvestitionsentscheidung stets zu Marktkonditionen abgewickelt wird. Für den deinvestierenden Aktionär mag es

---

411 *Brändel* in Großkomm. AktG, § 1 Rn. 90

412 Vgl. auch *Fleischer*, DJT-Gutachten, S. 23, der von "diskontierten Hoffnungen" und "abgezinsten Geldversprechen" spricht.

413 *Luttermann*, ZIP 2001, 869, 871; *Piltz*, ZGR 2001, 185, 193 und 212.

414 *Busse von Colbe*, ZGR 1994, 595, 597; *Drukarczyk*, AG 1973, 357, 362 ff.; *Kraus-Grünewald*, BB 1995, 1839.

415 *Busse von Colbe*, FS Lutter, S. 1053, 1057.

416 *Busse von Colbe*, FS Lutter, S. 1053, 1056.

erfreulich sein, Eigentümer einer Aktie mit einem "wahren Wert" von 20 zu sein. Entscheidend ist jedoch, ob er diesen Wert realisieren kann. Billigte man dem von einer Strukturmaßnahme betroffenen Aktionär einen – über dem Börsenkurs liegenden – "wahren Wert" zu, so flössen schließlich in die Bestimmung seiner Kompensation Faktoren ein, die für ihn zum Zeitpunkt seiner Investitionsentscheidung nicht maßgeblich waren.

Ohnehin erscheint zweifelhaft, den Aktionär so stellen zu wollen, wie er im Falle einer freien Deinvestitionsentscheidung stünde. Die Gefahr "Opfer" einer Strukturmaßnahme zu werden, ist gerade der Beteiligung an einer Publikumsgesellschaft immanent. Bei Unternehmensverträgen und bestimmten Umwandlungsarten besteht überdies die Möglichkeit einer – wenngleich aufgezwungenen – Deinvestitionsentscheidung. Hier hat der Aktionär die Möglichkeit, den Ausgang des Spruchverfahrens abzuwarten und sein Wahlrecht gem. § 305 Abs. 4 Satz 3 AktG bzw. § 31 Satz 2 UmwG binnen zwei Monaten nach Bekanntmachung der Entscheidung im Bundesanzeiger auszuüben. Auch diejenigen Aktionäre, die nach einer Mehrheitseingliederung oder einem Squeeze-out aus der Gesellschaft ausscheiden, erscheinen insofern nicht schutzwürdig. Kapitalbeteiligungen von 95% des Grundkapitals, die beide Strukturmaßnahmen zu ihrer Durchführung voraussetzen, entstehen nicht aus dem Nichts. Ihnen geht in der Praxis regelmäßig eine andere Strukturmaßnahme (etwa eine Verschmelzung) oder ein Angebot nach den Vorschriften des WpÜG voraus. Soweit schließlich geltend gemacht wird, Bilanzskandale wie die bei *Enron* und *Ahold* hätten den Glauben an die Effizienz der Märkte geschwächt und bestätigt, dass die Börse allein die Bewertung nicht zu schaffen vermag[417], ist dem entgegenzuhalten, dass die Märkte vor willentlichen Manipulationen ebenso wenig gefeit sind wie der Gutachter, der den Unternehmenswert anhand der Ertragswertmethode zu bestimmen hat. Die Bestimmung der zu gewährenden Abfindung hat daher bei börsennotierten Gesellschaften ausschließlich anhand ihres Börsenkurses zu erfolgen.

3. Ermittlung des Referenzkurses

Unabhängig von der Frage, ob man den Börsenkurs als alleinige Bewertungsgrundlage betrachtet oder das vom BVerfG favorisierte "Kombinationsmodell" anwendet, stellt sich die Frage nach der Ermittlung des maßgeblichen Börsenkurses, des sog. Referenzkurses. Vor dem Hintergrund der Vorgaben des BVerfG und der Vorgaben des BGH in dessen *DAT/Altana*-Urteil entspricht es der heute h.M., dass der maßgebliche Börsenkurs unter Zugrundelegung einer Referenzperiode zu bestimmen ist[418].

---

417 So *Großfeld*, NZG 2004, 74, der die Effizienz des Marktes als "religiös begründeten Mythos" bezeichnet.

418 BGH v. 12.3.2001 – II ZB 15/00, BGHZ 147, 108, 118; so zuvor schon BayObLG v.

Dem ist zuzustimmen. Bei Zugrundelegung (nur) des Börsenkurses am nach dem materiellen Recht maßgeblichen Stichtag stünde zu befürchten, dass mit entsprechender Marktmacht ausgestattete Marktteilnehmer versuchen, den Kurs zu beeinflussen. Derartigen Manipulationsgefahren kann begegnet werden, indem der maßgebliche Börsenkurs auf Grundlage der Kurse während eines Referenzzeitraums gebildet wird. Umgekehrt darf nicht unberücksichtigt bleiben, dass das materielle Recht stets auf den Unternehmenswert zum Zeitpunkt der Beschlussfassung abstellt. Daraus ergibt sich, dass eine Referenzperiode zu wählen ist, die zwar zum einen nicht zu lange vor dem Stichtag beginnt, die aber umgekehrt auch lange genug sein muss, um eine kontinuierliche Entwicklung des Börsenkurses zu repräsentieren. Die seitens des Bundesgerichtshofs favorisierte Referenzperiode von drei Monaten erfüllt diese Vorgabe und wird auch im Bereich des Übernahmerechts als geeignet angesehen, ein repräsentatives Bild über die Wertentwicklung eines Börsenkurses darzustellen: Auch bei Pflichtangeboten und sonstige Angeboten zum Erwerb von Wertpapieren nach den Vorschriften des WpÜG ist gem. §§ 5, 6 der – nach dem *DAT/Altana*-Urteil des BGH erlassenen – WpÜG-Angebotsverordnung[419] als "angemessene Gegenleistung" (§ 3 WpÜG-Angebotsverordnung) mindestens derjenige Betrag anzubieten, der dem gewichteten durchschnittlichen Börsenkurs während der letzten drei Monate vor der Veröffentlichung der Entscheidung zur Abgabe eines Angebots (§ 10 Abs. 1 Satz 1 WpÜG) bzw. vor der Veröffentlichung der Kontrollerlangung (§ 35 Abs. 1 Satz 1 WpÜG) entspricht.

Unschädlich ist schließlich, wenn einzelne Ereignisse während des Referenzzeitraums wie z.B. ad hoc-Mitteilungen (§ 15 WpHG) zu Kursbeeinflussungen führen. Hierin kommen letztlich die Erwartungen der Marktteilnehmer, etwa in Bezug auf positive Synergieeffekte, zum Ausdruck.

§ 6 Anwendbarkeit der Verfahrensvorschriften auf andere Strukturmaßnahmen

Bereits unter dem Regime des "alten" Spruchverfahrens wurde diskutiert, seinen Anwendungsbereich auf andere Ausgleichs- und Abfindungstatbestände auszudehnen. Ausdrücklich geregelt ist die Statthaftigkeit des Spruchverfahrens für die ge-

---

29.9.1998 – 3Z BR 159/94, ZIP 1998, 1872, 1875 f. sowie OLG Stuttgart v. 4.2.2000 – 4 W 15/98, AG 2000, 428, 429; LG Mannheim v. 25.2.2002 – 22 O 14/91, AG 2003, 216, 217; *Hüffer*, § 305 Rn. 24 d; *Luttermann* ZIP 1999, 45, 51; *ders.* ZIP 1999, 869, 872; *Piltz*, ZGR 2001, 185, 199 ff.; *Vetter*, DB 2001, 1347, 1350 ff.; *Wilm*, NZG 2000, 234, 238 f.; a.A. wohl nur *Bilda* in MünchKomm. AktG, § 305 Rn. 68 sowie – durch BGH v. 12.3.2001 – II ZB 15/00, BGHZ 147, 108 ff. jedoch überholt – OLG Düsseldorf v. 25.5.2000 - 19 W 1/93 AktE, NZG 2000, 1075, 1076.

419 Verordnung über den Inhalt der Angebotsunterlage, die Gegenleistung bei Übernahmeangeboten und Pflichtangeboten und die Befreiung von der Verpflichtung zur Veröffentlichung und zur Abgabe eines Angebots (WpÜG-Angebotsverordnung) vom 27.12.2001, BGBl. I, S. 1495.

richtliche Bestimmung des Ausgleichs für die Inhaber von Mehrstimmrechtsaktien, wenn diese Mehrstimmrechte erlöschen oder beseitigt werden (hierzu unter A.). Daneben kommt in Betracht, die Vorschriften über das Spruchverfahren auf gesellschaftsrechtliche Maßnahmen anzuwenden, bei deren Durchführung die Mitgliedschaft als solche zwar unberührt bleibt, die Vermögensinteressen der Aktionäre jedoch beeinträchtigt werden. Dies betrifft vor allem das sog. Delisting (hierzu unter B.). Schließlich kommt in Betracht, die Angemessenheit eines für die Zwangseinziehung von Aktien (§ 237 AktG) zu gewährenden Einziehungsentgelts (hierzu unter C.) sowie der bei Abschluss eines Vermögensübertragungsvertrags (§ 179a AktG, hierzu unter D.) zu gewährenden Kompensation im Spruchverfahren zu bestimmen.

A. Ausgleich bei Erlöschen und Beseitigung von Mehrstimmrechten

Im Zuge des durch das KonTraG beabsichtigten Abbaus von Stimmrechtsdifferenzierungen wurde § 5 EGAktG dahingehend geändert, dass – nach § 12 Abs. 2 a.F. AktG ohnehin nur ausnahmsweise zulässige[420] – Mehrstimmrechte zum 1.6.2003 erloschen sind, wenn nicht zuvor die Hauptversammlung ihre Fortgeltung beschlossen hatte, § 5 Abs. 1 Satz 1 EGAktG. Galten sonach Mehrstimmrechte auch über den 1.6.2003 fort, so können sie gem. § 5 Abs. 2 Satz 1 AktG jederzeit durch einen die Satzung ändernden Beschluss der Hauptversammlung beseitigt werden. In diesem Fall steht den von der Beseitigung der Mehrstimmrechte betroffenen Aktionären ein Ausgleich zu, dessen Höhe im Spruchverfahren überprüft werden kann (hierzu unter I.). Praktische Schwierigkeiten bereitet hier die Bestimmung der "Angemessenheit" des Ausgleichs (hierzu unter II.).

I. Statthaftigkeit des Spruchverfahrens

Sowohl im Falle des Erlöschens von Mehrstimmrechten als auch im Falle ihrer Beseitigung durch einen Hauptversammlungsbeschluss hat die Gesellschaft den betroffenen Aktionären einen Ausgleich zu gewähren, der deren besonderen Wert angemessen berücksichtigt. Inhaber, deren Mehrstimmrechte nach § 5 Abs. 1 EGAktG erloschen, konnten den Ausgleichsanspruch gem. §§ 5 Abs. 3 Satz 2, 5 Abs. 5 EGAktG bis zum Ablauf von zwei Monaten im Spruchverfahren nach § 306 a.F. AktG geltend machen. Inhaber, deren Mehrstimmrechte gem. § 5 Abs. 2 EGAktG durch Beschluss der Hauptversammlung beseitigt wurden und die in der Hauptversammlung erschienen sind und gegen den Beschluss Widerspruch zur Niederschrift erklärt haben, können gem. § 5 Abs. 4 Satz 2 EGAktG einen Antrag auf Bestimmung des angemessenen Ausgleichs stellen. Die Antragsfrist beträgt gem. § 5 Abs. 4 Satz 3 EGAktG zwei Monate seit dem Tag, an dem die Satzungs-

---

420 Vgl. hierzu BegrRegE zu § 12 AktG 1965 bei *Kropff*, S. 25 f.

änderung im Handelsregister nach § 10 HGB als bekannt gemacht gilt. Für das Verfahren gelten gem. § 5 Abs. 5 EGAktG die Vorschriften des SpruchG.

II. Angemessener Ausgleich für den Verlust des Mehrstimmrechts

Der nach § 5 Abs. 3 Satz 1 EGAktG zu gewährende Ausgleich hat den besonderen Wert der Mehrstimmrechte angemessen zu berücksichtigen[421]. Mit "besonderer Wert" ist dabei allein der Vermögenswert des Mehrstimmrechts gemeint[422]. Der Ausgleich hat sich demnach weder am Gesamtwert der Aktie noch am Wert des Unternehmens zu orientieren[423].

Die hiernach erforderliche Bewertung des isolierten Wertes des Mehrstimmrechts bereitet erhebliche praktische Schwierigkeiten[424]. Aufgrund des aus § 8 Abs. 5 AktG abzuleitenden Abspaltungsverbots können einzelne mitgliedschaftliche Rechte wie das Stimmrecht – und damit auch Mehrstimmrechte – nicht von der Aktie abgespalten werden[425]. Daraus folgt, dass das (Mehr-)Stimmrecht nicht gesondert übertragen werden kann und die Bestimmung seines Wertes auf einem "Stimmrechtsmarkt" von vornherein ausscheidet. Auch helfen die zur Unternehmens- und Anteilsbewertung entwickelten Methoden nicht weiter, da sie stets auf die Bewertung der Mitgliedschaft als Ganze zielen.

Auch wenn es einen "Stimmrechtsmarkt" nicht gibt, wird teilweise versucht, einen Marktwert des Stimmrechts zu bestimmen, indem aus der durchschnittlichen Differenz der Börsenkurse von einfach stimmberechtigten Stammaktien und stimmrechtslosen Vorzugsaktien sämtlicher börsennotierter Unternehmen eine "Stimmrechtsprämie" ermittelt und diese an die individuellen Gegebenheiten der zu bewertenden Mehrstimmrechte angepasst wird (sog. Vergleichswertverfahren)[426]. Zweifelhaft an diesem Ansatz ist jedoch, dass der zumeist geringere Börsenkurs stimmrechtsloser Vorzugsaktien regelmäßig auf der schlechten Handelbarkeit von Vorzugsaktien beruht[427] und aufgrund der Einbeziehung (möglichst) vieler Gesellschaften bei der Bestimmung der "Stimmrechtsprämie" nicht hinreichend einzelfallbezogen ist[428].

---

421 Zur Frage, ob es einen solchen Wert überhaupt gibt vgl. *Arnold*, DStR 2003, 784, 785 f.

422 *Wasmann*, BB 2003, 57, 61; nach der Art der Ausgleichsleistung differenzierend BayObLG v. 31.7.2002 – 3Z BR 362/01, ZIP 2002, 1765, 1766 f.

423 *Wasmann*, BB 2003, 57, 61.

424 Vgl. die methodischen Ansätze bei BayObLG v. 31.7.2002 – 3Z BR 362/01, ZIP 2002, 1765, 1768 f.

425 *Heider* in MünchKomm. AktG, § 8 AktG Rn. 108; *Hüffer*, § 8 Rn. 30; *Kraft* in KölnKomm. AktG, § 8 Rn. 25; *Wasmann*, BB 2003, 57, 61.

426 LG München I v. 14.9.2001 – 5 HK O 16369/99, ZIP 2001, 1959, 1960; *Hüffer*, § 12 Rn. 14; *Arnold*, DStR 2003, 784, 787.

427 BayObLG v. 31.7.2002 – 3Z BR 362/01, ZIP 2002, 1765, 1769.

428 *Wasmann*, BB 2003, 57, 64.

Vorzugswürdig erscheint vielmehr, für die Bestimmung des Wertes der Mehrstimmrechte auf andere Kriterien zurückzugreifen, von denen die Beschlussempfehlung und der Bericht des Rechtsausschusses des Deutschen Bundestages zum Regierungsentwurf des KonTraG[429] immerhin einige aufzählen. Von Bedeutung sind danach die Entstehungsgeschichte der Mehrstimmrechte, der durch sie vermittelte Stimmrechtseinfluss, ihre Handelbarkeit und satzungsgemäße Ausgestaltung und die sie begleitenden Vorzugsbedingungen[430]. Auch kommen weitere Kriterien wie z.B. die steuerliche Behandlung von Mehrstimmrechtsaktien als Bewertungsfaktoren in Betracht[431]. Folge ist freilich, dass der Wert der Mehrstimmrechte im Einzelfall auch gegen Null tendieren kann[432].

Ist ein Ausgleich zu gewähren, so lässt § 5 Abs. 3 EGAktG die Art der Ausgleichsleistung offen. Er muss daher nicht notwendig durch eine Geldleistung erbracht werden, sondern kann auch dergestalt erfolgen, dass im Zuge der Beseitigung der Mehrstimmrechte zugleich Beschränkungen wie z.B. eine etwa bestehende Vinkulierung bei Namensaktien (§ 68 Abs. 2 AktG) beseitigt werden[433] oder eine Kapitalerhöhung unter Bezugsrechtsausschluss der Stammaktionäre beschlossen wird[434].

B. Delisting

Unter den Tatbeständen, bei denen nicht ausdrücklich geregelte Kompensationsansprüche anerkannt und deren gerichtliche Bestimmung im Spruchverfahren in Betracht gezogen wird, nimmt das sog. Delisting insofern eine besondere Rolle ein, als es sich hier um einen der Regelungsgegenstände handelt, bei dem sich die Herausbildung eines Sonderrechts der börsennotierten Aktiengesellschaft beobachten lässt[435] und der im Spannungsfeld zwischen Gesellschafts-, Kapitalmarkt-, Verwaltungs- und Verfassungsrecht steht[436]. Unter dem Begriff des Delisting werden in einem weiten Sinn sämtliche Tatbestände zusammengefasst, die zum Rückzug eines Emittenten von der Börse führen[437]. Die Anwendbarkeit der Verfahrensvorschriften über das Spruchverfahren wird vor allem für das sog. reguläre Delisting erwogen. Unter regulärem Delisting versteht man den Widerruf der Zulassung zum Bör-

---

429 BT-Drs. 13/10038, S. 28.

430 Vgl. hierzu *Wasmann*, BB 2003, 57, 61 ff.

431 *Wasmann*, BB 2003, 57, 61.

432 Beschlussempfehlung und Bericht des Rechtsausschusses des Deutschen Bundestages zum RegE KonTraG, BT-Drs. 13/10038, S. 28

433 LG München I v. 14.9.2001 – 5 HK O 16369/99, ZIP 2001, 1959, 1960; *Wasmann*, BB 2003, 57, 64.

434 *Hüffer*, § 12 Rn. 14.

435 Vgl. hierzu *Lutter*, FS Zöllner, S. 363; *Hommelhoff*, ZGR 2000, 748, 762 ff.; *Fleischer*, DJT-Gutachten, S. 21 spricht insofern von "Börsengesellschaftsrecht".

436 *Adolff/Tieves*, BB 2003, 797, 798.

437 *de Vries*, Delisting, S. 5

senhandel auf Antrag des Emittenten[438]. Das reguläre Delisting wurde und wird in Rechtslehre und Rechtssprechung sowohl in Bezug auf seine kapitalmarktrechtlichen als auch in Bezug auf seine gesellschaftsrechtlichen Voraussetzungen diskutiert. Im folgenden werden die kapitalmarktrechtlichen Voraussetzungen des regulären Delisting ebenso dargestellt (hierzu unter I.) wie die gesellschaftsrechtlichen Voraussetzungen (hierzu unter II.). Im Zusammenhang mit den gesellschaftsrechtlichen Voraussetzungen von besonderer Bedeutung sind dabei das vom BGH in der *Macrotron*-Entscheidung aufgestellte Erfordernis eines "Pflichtangebots" (hierzu unter III.) und die Frage seiner gerichtlichen Kontrolle (hierzu unter IV.).

I. Kapitalmarktrechtliche Voraussetzungen

Die kapitalmarktrechtlichen Voraussetzungen des regulären Delisting sind zum einen im Börsengesetz, zum anderen in den jeweiligen Börsenordnungen geregelt. Nach § 38 Abs. 4 Satz 1 BörsG, auf den § 53 Abs. 2 BörsG für den Geregelten Markt[439] verweist, kann die Zulassung auf Antrag des Emittenten widerrufen werden. Der Zulassungsstelle steht insofern ein Ermessen zu, bei dessen Ausübung sie gem. § 38 Abs. 4 Satz 2 BörsG die Interessen der Anleger zu berücksichtigen hat. Wie der Widerruf im Einzelnen auszugestalten ist, hat § 38 Abs. 4 Satz 4 BörsG den einzelnen Börsen überlassen. Sie haben von dieser Ermächtigung in unterschiedlicher Weise Gebrauch gemacht. Kurz dargestellt wird hier die Ausgestaltung des Delisting durch die Frankfurter Wertpapierbörse in ihrer Börsenordnung (BörsO FWB), da zum einen der Börsenplatz Frankfurt die größte Bedeutung hat und zum anderen der BGH in seiner *Macrotron*-Entscheidung die Effizienz des Minderheitenschutzes anhand der Vorschriften der BörsO FWB beurteilt hat.

Nach § 58 Abs. 1 Satz 1 BörsO FWB kann die Zulassung auf Antrag des Emittenten widerrufen werden, wenn der Schutz der Anleger einem Widerruf nicht entgegensteht. Dies ist nach § 58 Abs. 1 Satz 2 Nr. 2 BörsO FWB der Fall, wenn nach der Bekanntgabe der Widerrufsentscheidung den Anlegern ausreichend Zeit verbleibt, die vom Widerruf betroffenen Wertpapiere über die Börse zu veräußern[440]. Um dies zu gewährleisten, sieht § 58 Abs. 2 Satz 3 BörsO FWB vor, dass der Widerruf erst sechs Monate nach seiner Veröffentlichung wirksam wird. Damit hat die

---

438 *de Vries*, Delisting, S. 5; den Gegenbegriff bildet das sog. "kalte" Delisting, bei dem der Emittent den Rückzug vom Börsenhandel mittelbar über eine gesellschaftsrechtliche Strukturmaßnahme erreicht, die dann ihrerseits zu Ausgleich und Abfindung nach den einschlägigen Vorschriften führen kann; vgl. hierzu *de Vries*, Delisting, S. 125 ff.; *Grunewald*, ZIP 2004, 542 ff. sowie OLG Düsseldorf v. 30.12.2004 – I-19 W 3/04 AktE, ZIP 2005, 300, 301 f. sowie die Vorinstanz LG Köln v. 19.12.2003 – 82 O 95/03, ZIP 2004, 220, 221 ff., die sich zwar auf die noch darzustellenden Grundsatze der *Macrotron*-Entscheidung berufen, für die Begründung der Statthaftigkeit des Spruchverfahrens jedoch auf die umwandlungsrechtlichen Vorschriften zurückgreifen.

439 Zu den durch das BörsG geregelten Marktsegmenten vgl. *Claussen*, Bankrecht, § 9 Rn. 39 ff.

440 Vgl. hierzu *Krämer/Theiß*, AG 2003, 225, 231 ff.

BörsO FWB in ihrer seit dem 26.3.2002 geltenden Fassung[441] an die Stelle eines (Pflicht-)Kaufangebots des Emittenten eine Fristenregelung gesetzt, bei der es den Aktionären selbst obliegt, den Wert ihrer Wertpapiere zu realisieren[442].

II. Gesellschaftsrechtliche Voraussetzungen

Weitaus kontroverser als die kapitalmarktrechtlichen werden die gesellschaftsrechtlichen Anforderungen des regulären Delisting diskutiert. In Zentrum der Diskussion stehen dabei die binnenrechtliche Zuständigkeitsordnung bei Emittenten mit Sitz im Inland sowie der Minderheiten- und Anlegerschutz. Hier geht es zunächst um die Frage, ob das reguläre Delisting eine Maßnahme ist, die der Vorstand im Rahmen seiner Leitungsbefugnis in eigener Verantwortung durchführen kann, oder ob zur Wirksamkeit des Delisting die Zustimmung der Hauptversammlung erforderlich ist. Umstritten ist auch, ob ein etwa erforderlicher Beschluss der Hauptversammlung der materiellen Beschlusskontrolle unterliegt. Schließlich wird diskutiert, ob bzw. in welcher Weise die Gesellschaft verpflichtet ist, die Aktionäre für die durch das Delisting eingetretene Vermögenseinbußen zu entschädigen und wie eine solche Entschädigung ggf. gerichtlich zu prüfen ist.

Einen wesentlichen Impuls erhielt die Diskussion durch den BGH, der seine Befassung mit dem Delisting der Münchener *Macrotron AG* dazu nutzte, grundsätzliche

---

441 Die heute in § 58 BörsO bestehende Regelung war zunächst in § 54a BörsO enthalten, den der Börsenrat der Frankfurter Wertpapierbörse am 6.3.2002 gebilligt hat und der nach der Zustimmung der Börsenaufsicht des Landes Hessen am 26.3.2002 in Kraft getreten ist; die Neufassung, welche die in § 54a BörsO FWB enthaltene Regel im Wesentlichen inhaltsgleich auf § 58 BörsO FWB übertrug, erfolge im Zusammenhang mit dem Vierten Finanzmarktförderungsgesetz zum 1.1.2003.

442 Demgegenüber halten andere Börsenordnungen inländischer Börsen am Erfordernis eines (Pflicht-) Kaufangebots dergestalt fest, dass sie einen hinreichenden Anlegerschutz u.a. dann bejahen, wenn ein solches Angebot unterbreitet wird. So sehen z.B. die Börsenordnungen der Niedersächsischen Börse zu Hannover (§ 50 Abs. 2 lit. b)) und der Hanseatischen Wertpapierbörse Hamburg (§ 50 Abs. 2 lit. b)) vor, dass der Widerruf der Zulassung dem Schutz der Anleger in der Regel dann nicht widerspricht, wenn den Inhabern der Wertpapiere ein Kaufangebot unterbreitet wird und die versprochene Gegenleistung den Anforderungen des WpÜG genügt. Eine ähnliche Regelung enthält § 88 Abs. 1 Nr. 2 der Börsenordnung der Baden-Württembergischen Wertpapierbörse, wonach der Schutz der Anleger einem Widerruf der Zulassung in der Regel dann nicht entgegensteht, wenn den Inhabern der Wertpapiere ein Kaufangebot nach dem WpÜG unterbreitet wird. Gem. § 82 Abs. 2 der Börsenordnung der Börse Berlin-Bremen steht der Schutz der Anleger dem Widerruf der Zulassung nicht entgegen, wenn den Inhabern der Wertpapiere ein angemessenes Kaufangebot unterbreitet wird; auf das WpÜG wird dabei nicht Bezug genommen. § 74 Abs. 4 der Börsenordnung der Börse Düsseldorf verlangt schließlich als Voraussetzung des Widerrufs der Zulassung ein den Anforderungen des § 31 WpÜG genügendes Kaufangebot nur (dann jedoch: verpflichtend), wenn nach dem Wirksamwerden des Widerrufs kein Handel mehr an einem inländischen oder ausländischen organisierten Markt (§ 2 Abs. 5 WpHG) stattfindet und damit der vollständige Rückzug von der Börse erfolgt.

Ausführungen zum Delisting zu machen. In seiner *Macrotron*-Entscheidung stellte der BGH eine "Delisting-Trias"[443] auf, nach der es sich beim Delisting um eine hauptversammlungspflichtige Maßnahme handelt, bei der den Aktionären der Gesellschaft ein "Pflichtangebot" zum Erwerb ihrer Aktien durch die Gesellschaft oder den Großaktionär zu unterbreiten ist und das wiederum im Spruchverfahren überprüfbar sein soll[444]. Einer Berichtspflicht des Vorstands steht das Gericht dabei ebenso ablehnend gegenüber wie der Inhaltskontrolle des geforderten Hauptversammlungsbeschlusses[445].

Bemerkenswert am seitens des BGH verlangten Erfordernis eines Beschlusses der Hauptversammlung ist, dass das Gericht ihn nicht etwa aus den seinerzeit bekannten, im Anschluss an die sog. *Holzmüller*-Entscheidung[446] entwickelten ungeschriebenen Hauptversammlungszuständigkeiten herleitete[447]. Durch den Rückzug von der Börse verändere sich die innere Struktur der Aktiengesellschaft ebenso wenig, wie der Bestand des Mitgliedschaftsrechts berührt, der Vermögenswert der Beteiligung verwässert oder die mitgliedschaftliche Stellung des Aktionärs durch Mediatisierung seiner Mitwirkungsrechte geschwächt werde. Vielmehr stellte das Gericht auf die bereits seitens des Bundesverfassungsgerichts besonders betonte Verkehrsfähigkeit der Aktie ab. Diese habe für die Wertbestimmung der Anteile eine besondere Bedeutung und gehe durch das Delisting verloren[448]. Ausgehend vom bereits seitens des Bundesverfassungsgerichts ins Felde geführten Kriterium der freien Deinvestitionsentscheidung folgerte der BGH, sowohl der Verkehrswert als auch die Möglichkeit seiner jederzeitigen Realisierung seien Eigenschaften des Aktieneigentums, die "wie das Aktieneigentum selbst" verfassungsrechtlichen Schutz genössen. Dies müsse unmittelbare Auswirkungen auf den Umfang des vermögensrechtlichen Schutzes haben, den das Mitgliedschaftsrecht genießt. Da der Schutz des mitgliedschaftlichen Vermögenswertes nicht in den Händen der Geschäftsleitung, sondern der Hauptversammlung liege, sei für die Entscheidung über das Delisting ebenfalls die Hauptversammlung zuständig[449].

---

443 *Krämer/Theiß*, AG 2003, 225, 235.

444 BGH v. 25.11.2002 – II ZR 133/01, AG 2003, 273, 274 f.

445 BGH v. 25.11.2002 – II ZR 133/01, AG 2003, 273, 276.

446 BGH v. 25.2.1982 – II ZR 174/80, BGHZ 83, 123; vgl. hierzu und zu den später ergangenen sog. *Gelatine*-Entscheidungen § 14 B. II. 2. a) (S. 271 ff.).

447 BGH v. 25.11.2002 – II ZR 133/01, AG 2003, 273, 274; insoweit zustimmend *Krämer/Theiß*, AG 2003, 225, 236; zum Beschlusserfordernis vgl. im Übrigen *de Vries*, Delisting, S. 92 ff.; *Kleindiek* in FS Bezzenberger, S. 653, 655; *Lutter* in FS Zöllner, S. 363, 378; *Schwark/Geiser*, ZHR 161 (1997), 739, 759; *Steck*, AG 1998, 460, 461 ff.; *Vollmer*, ZGR 1995, 459, 472; *Wilsing*, NZG 2002, 807, 811 (bejahend); *Bungert*, DB 2000, 53, 55; *Gross*, ZHR 165 (2001), 141, 165; *Halasz*, ZBB 2001, 474, 482; *Mülbert*, ZHR 165 (2001), 104, 129 ff.; *Mutter*, EWiR 2001, § 119 AktG 1/01, 459, 460; *Wirth/Arnold*, ZIP 2000, 111, 114 ff. (verneinend).

448 BGH v. 25.11.2002 – II ZR 133/01, AG 2003, 273, 274 f.

449 BGH v. 25.11.2002 – II ZR 133/01, AG 2003, 273, 275.

III. "Pflichtangebot"

Das Erfordernis eines Hauptversammlungsbeschlusses allein gewährleistet nach der vom BGH in der *Macrotron*-Entscheidung vertretenen Auffassung noch keinen hinreichenden Schutz der Minderheitsaktionäre[450]. Auch durch die oben dargestellten börsenrechtlichen Vorschriften wird ein solcher Schutz nach Auffassung des Gerichts nicht gewährleistet: Zum einen könnten die Bestimmungen der Börsenordnung vom zuständigen Börsengremium jederzeit geändert werden. Zum anderen sei durch die in § 58 Abs. 1 Satz 2 Nr. 2, Satz 3 BörsO FWB und anderen Börsenordnungen praktizierte Fristenlösung die volle Entschädigung der Minderheitsaktionäre nicht sichergestellt, da unmittelbar nach dem Bekanntwerden des Delisting ein Kursverfall der Aktien eintrete, der es dem Anleger unmöglich mache, die von ihm investierten Vermögenswerte zu realisieren[451]. Ein adäquater Schutz der Minderheitsaktionäre könne nur dadurch erreicht werden, dass ihnen mit dem Beschlussantrag ein "Pflichtangebot" über den Kauf ihrer Aktien durch die Gesellschaft oder durch den Großaktionär vorgelegt werde, dessen Höhe in einem gerichtlichen Verfahren überprüfbar sei.

1. *Rechtsnatur des "Pflichtangebots"*

Die einfachgesetzlichen Grundlagen des vom BGH geforderten "Pflichtangebots" bleiben in der *Macrotron*-Entscheidung offen[452]. Der Begriff erinnert an § 35 Abs. 2 WpÜG. Nach dieser Vorschrift ist ein Pflichtangebot durch denjenigen zu unterbreiten, der unmittelbar oder mittelbar 30% der Stimmrechte an einer Zielgesellschaft und damit die "Kontrolle" nach Maßgabe des § 29 Abs. 2 WpÜG über sie erlangt. Auch die in verschiedenen Börsenordnungen vorgesehene Möglichkeit, das reguläre Delisting durch ein Kaufangebot (ggf. nach dem WpÜG) zu "legitimieren"[453], legt nahe, das beim Delisting zu unterbreitende "Pflichtangebot" der Sache nach stets als ein Angebot zu begreifen, das den Regeln des WpÜG folgt.

Umgekehrt darf jedoch nicht übersehen werden, dass der BGH in der *Macrotron*-Entscheidung offen gelassen hat, ob das Pflichtangebot durch einen das Delisting betreibenden Großaktionär oder durch die Gesellschaft selbst zu unterbreiten ist[454]. In die Systematik des WpÜG ließe sich das vom BGH geforderte Pflichtangebot jedoch nur dann einordnen, wenn man davon ausginge, dass es durch einen das Delisting betreibenden Großaktionär zu unterbreiten ist. Bejaht man dies und rekurriert man zur Begründung des Pflichtangebots auf § 35 Abs. 2 WpÜG, so ist

---

450 BGH v. 25.11.2002 – II ZR 133/01, AG 2003, 273, 275.

451 BGH v. 25.11.2002 – II ZR 133/01, AG 2003, 273, 275; insoweit Bezug nehmend auf *Schwark/Geiser*, ZHR 161 (1997), 739, 762.

452 *Adolff/Tieves*, BB 2003, 797, 801; *Krämer/Theiß*, AG 2003, 225, 239.

453 Vgl. oben Fn. 442.

454 BGH v. 25.11.2002 – II ZR 133/01, AG 2003, 273, 275.

zudem zu berücksichtigen, dass der das Delisting betreibende Großaktionär die Kontrollschwelle des § 29 Abs. 2 WpÜG regelmäßig lange hinter sich gelassen haben wird[455]. Unter Umständen hat er die zur Durchführung des Delisting erforderliche Mehrheit[456] gar erst infolge eines Pflichtangebots gem. § 35 Abs. 2 WpÜG erreicht. Vor diesem Hintergrund erscheint eine Anlehnung des "Delisting-Pflichtangebots" an das gem. § 35 WpÜG zu unterbreitende Pflichtangebot als fragwürdig[457].

Insgesamt sprechen die besseren Gründe dafür, unter dem "Pflichtangebot" ein Abfindungsangebot zu verstehen, das demjenigen Abfindungsangebot entspricht, welches bei aktienrechtlichen Strukturmaßnahmen und bei Umwandlungen zu unterbreiten ist[458]. So bezieht sich der BGH in seinen Ausführungen über das Spruchverfahren als statthaftes Rechtsschutzmittel auf die "entsprechenden Regelungen im Unternehmensvertragsrecht und im Umwandlungsrecht" sowie auf den Squeeze-out[459]. Dies lässt den Schluss zu, dass das Gericht das in der *Macrotron*-Entscheidung geforderte "Pflichtangebot" an diese Vorschriften anlehnt. Tatsächlich weist das Delisting mit den aktien- und umwandlungsrechtlichen Strukturmaßnahmen Ähnlichkeiten auf. Zwar verliert der von einem Delisting betroffene Aktionär weder sein Herrschafts- noch sein Gewinnbezugsrecht. Auch muss er (zumindest: noch) nicht den Verlust seiner Mitgliedschaft insgesamt hinnehmen. Er verliert lediglich die Möglichkeit, seine Aktien auf dem Marktplatz "Börse" rasch und unkompliziert veräußern zu können. Wenn der BGH hierin einen (Teil-)Verlust der durch Art. 14 Abs. 1 GG geschützten Verkehrsfähigkeit der Aktie sieht, ist es von seinem Standpunkt aus folgerichtig, die Entschädigung der von einem Delisting betroffenen Aktionäre den Regeln über aktien- und umwandlungsrechtliche Strukturmaßnahmen folgen zu lassen, bei denen die Kompensation ebenfalls für ein "Minus an Mitgliedschaftsrechten" zu gewähren ist. Das den Aktionären zu unterbreitenden "Pflichtangebot" entspricht dann der Sache nach dem aktienrechtlichen und umwandlungsrechtlichen Abfindungsangebot. Ausstiegswilligen Aktionären ist der Erwerb ihrer Aktien gegen Entgelt, also gegen eine Abfindung, zu gewähren.

In der Rechtsprechung sowie der Literatur dürfte sich diese Einordnung des vom BGH in der *Macrotron*-Entscheidung geforderten Pflichtangebots durchgesetzt haben. Die materiell-rechtlichen Grundlagen des Abfindungsangebots werden dabei

---

455 *Krämer/Theiß*, AG 2003, 225, 239; *Land*, FAZ Nr. 192 vom 20.8.2003, S. 17.

456 Zu den Mehrheitserfordernissen für den Hauptversammlungsbeschluss hat sich der BGH in der *Macrotron*-Entscheidung nicht geäußert. Zuvor verlangte die wohl h.M. eine Mehrheit von ¾ des bei der Beschlussfassung vertretenen Grundkapitals; *de Vries*, Delisting, S. 105; *Kleindiek* in FS Bezzenberger, S. 653, 664; *Steck*, AG 1998, 460, 462; *Lutter* in FS Zöllner, S. 363, 380; *Lutter/Leinekugel*, ZIP 1998, 805, 806; *Zetzsche*, NZG 2000, 1065, 1066; für das Erfordernis der einfachen Stimmenmehrheit des § 133 Abs. 1 AktG scheinen dagegen *Krämer/Theiß*, AG 2003, 225, 237 einzutreten.

457 *Schlitt*, ZIP 2004, 533, 538.

458 *Hüffer*, § 119 Rn. 25.

459 BGH v. 25.11.2002 – II ZR 133/01, AG 2003, 273, 275.

überwiegend in einer analogen Anwendung des § 207 UmwG gesehen[460]. Hiergegen wird teilweise geltend gemacht, für die entsprechende Anwendung der Vorschriften über Abfindungstatbestände fehle es an der für die Analogie erforderlichen planwidrigen Lücke, da § 38 Abs. 4 BörsG i.V.m. mit den Börsenordnungen den Schutz der Aktionäre bei einem Delisting abschließend regle[461]. Dem Kleinaktionär komme es bei seiner Investitionsentscheidung auf den Markt an und nicht auf die Mitgliedschaft in einem Verband; sein Schutz sei daher allein durch die Regeln des Marktes zu verwirklichen[462]. Dies trifft zwar häufig zu[463], beruht aber letztlich auf einer Fiktion. Richtig ist, dass in der Vielzahl der Fälle das Delisting durch einen dominierenden Großaktionär betrieben wird und sich die Aktionärsstruktur der Gesellschaft im Übrigen aus Anlegeraktionären zusammensetzt[464]. Angesichts der für den Hauptversammlungsbeschluss über das Delisting erforderlichen Mehrheit[465] sind von einem Delisting jedoch zumindest theoretisch auch Aktionäre mit einer Beteiligung von bis zu knapp 25% des stimmberechtigten Kapitals betroffen, die mit ihrer Beteiligung an der Aktiengesellschaft nicht notwendig nur "Anlegerziele", sondern auch "unternehmerische" Ziele verfolgen. In diesem Fall ist der durch das Kapitalmarktrecht gewährte Schutz unvollständig, da § 38 Abs. 4 Satz 2 BörsG nach seinem eindeutigen Wortlaut den Aktionär allein in seiner Eigenschaft als Anleger schützen will.

2. *Schuldner des Barabfindungsanspruchs*

Versteht man hiernach das Pflichtangebot als Abfindungsangebot in entsprechender Anwendung des § 207 UmwG, so stellt sich die Folgefrage, wer Schuldner des Abfindungsanspruchs ist und damit auch das Pflichtangebot zu unterbreiten hat. Der BGH ging in der *Macrotron*-Entscheidung davon aus, das Angebot sei "durch die Gesellschaft (in den nach § 71 f. AktG bestehenden Grenzen) oder durch den Großaktionär" zu unterbreiten[466]. Auf die Entscheidung des LG München I, an das der BGH den Rechtsstreit in Sachen *Macrotron* zurückverwiesen hatte, befand das BayObLG später, dass sich der Barabfindungsanspruch in diesem Fall sowohl gegen die Gesellschaft als auch gegen den Großaktionär richte; dies ergebe sich "aus

---

460 BayObLG v. 1.12.2004 – 3Z BR 106/04, NZG 2005, 312, 315 f.; *Hüffer*, § 119 Rn. 25; *Adolff/Tieves*, BB 2003, 797, 802; *Land/Behnke*, DB 2003, 2531, 2533.

461 *de Vries*, Delisting, S. 115 f.; *Krämer/Theiß*, AG 2003, 225, 240.

462 *de Vries*, Delisting, S. 115 f.

463 Vgl. etwa BVerfG v. 7.8.1962 – 1 BvL 16/60, BVerfGE 14, 263, 283; BVerfG v. 27.4.1999 – 1 BvR 1613/94, BVerfGE 100, 289, 305.

464 So befanden sich bei der Macrotron AG nur ca. 1,7% der Stammaktien und 8,5% der Vorzugsaktien im Streubesitz; vgl. LG München I v. 4.11.1999 – 5 HKO 10580/99, NZG 2000, 273.

465 Vgl. hierzu Fn. 456 und die Nachweise dort.

466 BGH v. 25.11.2002 – II ZR 133/01, AG 2003, 273, 275.

der Gesamtschau der Ansprüche, die im Spruchverfahren verfolgt werden können"[467].

Die Stellung der Gesellschaft als Schuldner des Abfindungsanspruchs begründete das BayObLG zum einen mit der Analogie zu § 207 UmwG, bei dem Schuldner des Abfindungsanspruchs der Rechtsträger neuer Rechtsform ist. Zum anderen ergebe sich die Verpflichtung des Gesellschaft aus dem Umstand, dass "die in Rede stehende Maßnahme die Gesellschaft [betreffe]"[468]. Was die Schuldnerstellung des Großaktionärs betrifft, so rekurrierte das Gericht auf § 5 Nr. 1 und Nr. 3 SpruchG, wonach derjenige, der ein Abfindungsangebot gemacht hat oder hätte machen müssen, Antragsgegner im Spruchverfahren ist sowie, in diesem Zusammenhang, auf den Umstand, dass im konkreten Fall ein Abfindungsangebot durch den Großaktionär unterbreitet worden war[469]. Auch in der Literatur wurde nach der *Macrotron*-Entscheidung des BGH die Auffassung vertreten, sowohl die Gesellschaft und der Großaktionär hätten das Abfindungsangebot zu unterbreiten[470].

Tatsächlich erscheint es sachgerecht, jedenfalls die Gesellschaft und auch – falls vorhanden – einen das Delisting betreibenden Großaktionär als Schuldner des Abfindungsanspruchs der Minderheitsaktionäre anzusehen. Zwar käme auch in Betracht, nach dem mit dem Delisting verfolgten Zweck zu differenzieren: Soll etwa der Rückzug von der Börse erfolgen, um anstehende Sanierungsmaßnahmen ohne die Beobachtung des Kapitalmarktes durchführen zu können, so erscheint es sachgerecht, dass die Gesellschaft das Abfindungsangebot unterbreitet. Verfolgt dagegen ein einzelner Großaktionär den Zweck, durch den aus dem Delisting resultierenden erhöhten Verkaufsdruck seine Beteiligung weiter auszubauen, so läge nahe, ihm allein die Abfindungspflicht aufzuerlegen[471]. Eine solche Differenzierung wäre jedoch nur handhabbar, wenn im Vorfeld der Hauptversammlung, die über das Delisting beschließen soll, über den mit dem Rückzug von der Börse verfolgten Zweck informiert werden müsste. Gerade dies ist jedoch nach der *Macrotron*-Entscheidung des BGH nicht gewährleistet, da das Gericht sowohl eine Berichtspflicht des Vorstands als auch das Erfordernis der sachlichen Rechtfertigung des "Delisting-Beschlusses" verneint hat. Hinzu kommt, dass in den Fällen, in denen (nur) der Großaktionär Schuldner des Abfindungsanspruchs wäre, die abfindungsberechtigten Minderheitsaktionäre ihren Abfindungsanspruch potenziell bei einem Schuldner realisieren müssten, der seinen Sitz oder Wohnort nicht im Inland hat. Dies würde auch dann gelten, wenn für ein durchzuführendes Spruchverfahren die internationale Zuständigkeit der deutschen Gerichte gegeben wäre. Demgegenüber wird durch die Schuldnerstellung (auch) der Gesellschaft gewährleistet, dass die

---

467 BayObLG v. 1.12.2004 – 3Z BR 106/04, NZG 2005, 312, 316.

468 BayObLG v. 1.12.2004 – 3Z BR 106/04, NZG 2005, 312, 316.

469 BayObLG v. 1.12.2004 – 3Z BR 106/04, NZG 2005, 312, 316.

470 *Adolff/Tieves*, BB 2003, 797, 803; *Schlitt*, ZIP 2004, 533, 536 f.

471 *Adolff/Tieves*, BB 2003, 797, 802 wollen demgegenüber stets die Gesellschaft und den Großaktionär verpflichten, das Abfindungsangebot zu unterbreiten.

Minderheitsaktionäre jedenfalls auf einen Abfindungsschuldner mit Sitz im Inland zurückgreifen können[472].

3. Angemessenheit der Barabfindung

Auch beim Delisting muss die zu gewährende Barabfindung angemessen sein. Der BGH verlangt die "volle Entschädigung" in Höhe des "Wert[es] des Anteils"[473]. Aus dieser Diktion kann geschlossen werden, dass das Gericht den "wahren Wert" meint.

Dieser Ansatz begegnet beim Delisting denselben Bedenken wie bei den aktien- und umwandlungsrechtlichen Strukturmaßnahmen[474]. In besonderer Weise kommt beim Delisting jedoch zum Tragen, dass der Aktionär, der gegen Abfindung aus der Gesellschaft scheiden will, durch das Delisting ausschließlich eine Einbuße der Verkehrsfähigkeit seiner Aktien hinnehmen muss. Dies müsste konsequenterweise zur Folge haben, dass für die Wertbestimmung der Aktien allein der Verlust an Verkehrsfähigkeit maßgeblich sein kann. Wenn der BGH im Einklang mit dem *DAT/Altana*-Beschluss des BVerfG den Verkehrswert der Aktie als mit dem Börsenkurs identisch betrachtet[475], wäre es folgerichtig, dass andere Kriterien als der Börsenkurs für die Wertbestimmung außer Betracht zu bleiben haben[476].

IV. Gerichtliche Wertkontrolle

Für die gerichtliche Wertkontrolle der beim regulären Delisting zu gewährenden Abfindung kommen sowohl das Spruchverfahren als auch die Anfechtung des Delisting-Beschlusses in Betracht. Entscheidet man sich für die gerichtliche Überprüfung im Spruchverfahren, so stellt sich die grundsätzliche Frage der Analogiefähigkeit der Vorschriften des SpruchG.

---

472 Die *Macrotron*-Entscheidung betrifft – soweit es um die gesellschaftsrechtlichen Voraussetzungen des regulären Delisting geht – naturgemäß nur Emittenten, bei denen es sich um dem Regime des AktG unterliegende Aktiengesellschaften handelt; die Frage, ob eine nach deutschem Recht gegründete und börsennotierte Aktiengesellschaft nach der EuGH-Rechtsprechung in Sachen *Überseering*, *Inspire Art* und de *Lasteyrie du Saillant* ihren satzungsmäßigen Sitz ins Ausland verlegen könnte, soll hier nicht erörtert werden.

473 BGH v. 25.11.2002 – II ZR 133/01, AG 2003, 273, 275.

474 Vgl. oben § 5 C. III. 2. (S. 103 f.).

475 BVerfG v. 27.4.1999 – 1 BvR 1613/94, BVerfGE 100, 289, 308.

476 Ähnlich *Schlitt*, ZIP 2004, 533, 536.

1. Spruchverfahren vs. Anfechtungsklage

Billigt man den vom Delisting betroffenen Minderheitsaktionären einen materiellrechtlichen Anspruch auf eine Barabfindung zu, so ist auch seine Überprüfung in einem justizförmigen Verfahren zu gewährleisten. Zutreffend geht der BGH in diesem Zusammenhang davon aus, dass das Spruchverfahren dem Rechtsschutzbedürfnis der Minderheitsaktionäre eher gerecht wird als die Anfechtungsklage. Zwar kommt die Wertkontrolle im Rahmen eines Anfechtungsprozesses grundsätzlich in Betracht[477]. Allerdings erscheint sie nicht interessengerecht. Das stattgebende Urteil führt zur Kassation des Hauptversammlungsbeschlusses, der seinerseits Wirksamkeitserfordernis des Delisting sein soll. Eine Erhöhung der Abfindung wäre nur mittelbar zu realisieren, indem ein neuer Hauptversammlungsbeschluss gefasst und hierbei ein erhöhtes Abfindungsangebot unterbreitet wird[478].

Den Interessen der Minderheitsaktionäre, der Gesellschaft und des Mehrheitsaktionärs ist vielmehr mit einem Verfahren gedient, in dem die Abfindung festgesetzt werden kann, ohne dass zugleich die Durchführung des Delisting blockiert wird. Eigens zu diesem Zweck hat der Gesetzgeber das Spruchverfahren geschaffen. Diese der Anwendung des Spruchverfahrens generell zugrunde liegende Überlegung trifft auch zu, wenn nach einem regulären Delisting die vom BGH geforderte Barabfindung gerichtlich bestimmt werden soll. Daraus folgt, dass Streitigkeiten über die Angemessenheit der angebotenen Barabfindung im Spruchverfahren zu lösen sind. In der Literatur wird nach der *Macrotron*-Entscheidung des BGH wie selbstverständlich davon ausgegangen, dass das Spruchverfahren des SpruchG zur Überprüfung der beim Delisting anzubietenden Barabfindung statthaft ist[479]. Auch die Instanzgerichte verstehen die *Macrotron*-Entscheidung des BGH in diesem Sinne und gehen davon aus, dass die angemessene Abfindung nach einem regulären Delisting im Spruchverfahren zu bestimmen ist[480].

2. Analogiefähigkeit der Vorschriften des SpruchG

Trotz dieser sich nach der *Macrotron*-Entscheidung des BGH herausbildenden h.M. wird in der Literatur die Analogiefähigkeit der Vorschriften über das Spruchverfah-

477 *Lutter/Drygala* in FS Kropff, S. 191, 199; ausdrücklich vorgesehen ist die Wertkontrolle im Wege der Anfechtungsklage für die ordentliche Kapitalerhöhung unter Ausschluss des Bezugsrechts; vgl. § 255 Abs. 2 AktG und hierzu *Sinewe*, NZG 2002, 314 ff.

478 BGH v. 25.11.2002 – II ZR 133/01, AG 2003, 273, 275; LG München I v. 27.11.2003 – 5 HKO 5774/03, AG 395 f.

479 *Fritzsche/Dreier/Verfürth*, § 1 Rn. 105; *Klocker/Frowein*, § 16 Rn. 16; *Krieger* in Lutter, § 1 SpruchG Rn. 8; *Volhard* in MünchKomm. AktG, § 1 SpruchG Rn. 4.

480 BayObLG v. 1.12.2004 – 3Z BR 106/04, NZG 2005, 312, 316; BayObLG v. 28.7.2004 – 3Z BR 87/04, ZIP 2004, 1952, 1953 f.; LG München I v. 15.1.2004 – 5 HKO 22304/02, AG 2004, 393, 394; LG München I v. 27.11.2003 – 5 HKO 5774/03, AG 395 f.

rens verneint oder zumindest skeptisch gesehen[481]. Die Zuständigkeit des Gerichts und die Anwendbarkeit der Verfahrensvorschriften des FGG könnten nicht im Wege der Analogie, sondern nur durch eine Entscheidung des Gesetzgebers hergestellt werden[482]. Damit wird offensichtlich auf § 1 FGG Bezug genommen, der die Anwendbarkeit der Vorschriften des FGG auf diejenigen Angelegenheiten der freiwilligen Gerichtsbarkeit beschränkt, die durch Reichsgesetz den Gerichten übertragen sind.

Richtig hieran ist, dass der Gesetzgeber weder für das Delisting noch für die sogleich[483] zu erörternde übertragende Auflösung ausdrücklich die Anwendung der Vorschriften über das Spruchverfahren geregelt hat. Den Gesetzgebungsmaterialien zum SpruchG lässt sich allerdings ebenso wie den Gesetzgebungsmaterialien zum Gesetz zur Unternehmensintegrität und Modernisierung des Anfechtungsrechts ("UMAG")[484] entnehmen, dass seine Vorschriften in anderen Fällen entsprechend anwendbar sein sollen, wobei das Delisting ausdrücklich genannt wird[485]. Auch die Regierungskommission Corporate Governance sah die Vorschriften eines neu zu regelnden Spruchverfahrens nicht als abschließend an, sondern ging von ihrer Analogiefähigkeit aus[486]. Bereits zuvor wurde die Frage der analogen Anwendung der Vorschriften über das Spruchverfahren sowohl unter verfassungsrechtlichen[487] als auch prozessrechtlichen[488] Aspekten diskutiert und aufgrund des dienenden Charakters von Verfahrensvorschriften als zulässig erachtet.

Dem ist zuzustimmen: Verfahrensvorschriften dienen keinem Selbstzweck sondern der Durchsetzung materiell-rechtlicher Rechtspositionen[489]. Billigt das materielle Recht – und sei es "nur" im Wege der Analogie – den von einem regulären Delisting betroffenen Minderheitsaktionären einen Anspruch auf eine angemessene Barabfindung zu, so ist ihnen auch das zur Durchsetzung dieses Anspruchs erforderliche verfahrensrechtliche Instrumentarium an die Hand zu geben[490]. Fehlt es auch insofern an einer ausdrücklichen Regelung, so ist die analoge Anwendung von Verfahrensvorschriften zulässig, und zwar auch dann, wenn die entsprechend an-

---

481 *Hüffer*, Anh § 305, § 1 SpruchG Rn. 7; offen lassend *Schiffer/Goetz*, BB 2005, 453, 456.

482 *Lutter/Drygala* in FS Kropff, S. 191, 199.

483 Vgl. § 6 C. II. (S. 121).

484 BegrRegE zu § 243 Abs. 4 Satz 2 AktG, BR-Drs. 3/05, S. 55; vgl. hierzu auch unten § 7 C. II. 4. (S. 137 f.).

485 Beschlussempfehlung und Bericht des Rechtsausschusses des Deutschen Bundestages zum Gesetzentwurf der Bundesregierung, BT-Drs. 15/838, S. 16.

486 Bericht der Regierungskommission Corporate Governance bei *Baums* (Hrsg.), Rn. 169.

487 BVerfG v. 23.8.2000 – 1 BvR 68/95 und 147/97, NJW 2001, 279, 281.

488 BGH v. 25.11.2002 – II ZR 133/01, AG 2003, 273, 276; BayObLG v. 17.9.1998 - 3Z BR 37/98, BayObLGZ 1998, 211, 215 f.; *Behnke*, Spruchverfahren, S. 37; *Windbichler*, AG 1981, 169; wohl auch *Lutter/Leinekugel*, ZIP 1999, 261, 266; anders *Lutter/Drygala* in FS Kropff, S. 191, 199.

489 BGH v. 25.11.2002 – II ZR 133/01, AG 2003, 273, 276; *Henckel*, Prozessrecht, S. 58.

490 BGH v. 25.11.2002 – II ZR 133/01, AG 2003, 273, 276; BayObLG v. 17.9.1998 - 3Z BR 37/98, BayObLGZ 1998, 211, 216; *Wiedemann*, ZGR 1999, 857, 865.

zuwendende Vorschrift eine Sondervorschrift ist[491]. Dies gilt insbesondere für § 13 Satz 2 SpruchG, der die *inter omnes*-Wirkung der Entscheidung der Spruchstelle statuiert. Zwar ergehen Gestaltungsentscheidungen grundsätzlich nur dort, wo das Gesetz für die Ausübung eines Gestaltungsrechts ein gerichtliches Verfahren vorsieht, an dessen Ende eine Gestaltungsentscheidung ergeht. Gleichwohl ist anerkannt, dass die Vorschriften über Gestaltungsentscheidungen bei rechtlich vergleichbaren Sachverhalten – wenn auch zurückhaltend – ausgedehnt werden können[492]. Mit der h.M. ist daher davon auszugehen, dass zur gerichtlichen Überprüfung der Angemessenheit einer im Rahmen eines Delisting angebotenen Barabfindung das Spruchverfahren statthaft ist[493].

3. Besonderheiten des Verfahrens

Bei der Anwendung der Verfahrensvorschriften des SpruchG auf das Spruchverfahren zur Bestimmung der angemessenen Barabfindung nach einem Delisting ergeben sich allerdings Einschränkungen. So besteht für die Minderheitsaktionäre als Antragsteller nach § 4 Abs. 2 Satz 2 Nr. 4 SpruchG die Pflicht, ihren Antrag zu begründen und hierbei konkrete Einwendungen gegen den als Grundlage der Kompensation ermittelten Unternehmenswert geltend zu machen. Da dies jedoch nur insoweit gilt, als sich der Unternehmenswert aus den im Zuge der Strukturmaßnahme gefertigten Berichte ergibt, der BGH in der *Macrotron*-Entscheidung jedoch nur verlangt hat, dass das Abfindungsangebot des Mehrheitsaktionärs entsprechend § 124 Abs. 2 Satz 2 AktG nach seinem wesentlichen Inhalt bekannt gemacht wird[494], kann die Pflicht der Minderheitsaktionäre, ihren Antrag im Spruchverfahren zu begründen, nur eingeschränkt bestehen. Damit tritt wieder der Grundsatz der Amtsermittlung entsprechend §§ 17 Abs. 1 SpruchG, 12 FGG in den Vordergrund. Zu berücksichtigen ist allerdings, dass die Festsetzung der Barabfindung dann keine besonderen Schwierigkeiten bereitet, wenn man sie mit der hier vertretenen Auffassung ausschließlich anhand des durchschnittlichen Börsenkurses einer Referenzperiode bestimmt.

Offen blieb in der *Macrotron*-Entscheidung, innerhalb welcher Frist nach einem regulären Delisting der Antrag auf Durchführung des Spruchverfahrens zu stellen ist. Die in § 4 Abs. 1 Satz 1 SpruchG vorgesehene Anknüpfung an die Registereintragung scheidet beim Delisting aus, da die Eintragung ins Handelsregister zur Wirksamkeit des Delisting nicht erforderlich ist. Diskutiert wurde daher die Anknüpfung

---

491 *Hartmann* in Baumbach/Lauterbach/Albers/Hartmann, Einl III Rn. 44; *Putzo/Reichold* in Thomas/Putzo, Einl VI Rn. 6; *Vollkommer* in Zöller, Einleitung Rn. 97; *Schlosser*, Gestaltungsklagen, S. 283 ff.; *Foerste*, NJW 1996, 345, 348.

492 BGH v. 24.10.1951 – II ZR 18/51, BGHZ 3, 285, 288 ff.; BGH v. 1.4.1953 – II ZR 235/52, BGHZ 9, 157, 164 ff.; *Reichold* in Thomas/Putzo, Vorbem § 253 Rn. 7.

493 So auch BGH v. 25.11.2002 – II ZR 133/01, AG 2003, 273, 276.

494 BGH v. 25.11.2002 – II ZR 133/01, AG 2003, 273, 276.

an den Zeitpunkt der Beschlussfassung der Hauptversammlung[495] oder an den Zeitpunkt der Veröffentlichung des Widerrufs in einem überregionalen Börsenpflichtblatt, die § 38 Abs. 4 Satz 3 und 5 BörsG i.V.m. den jeweiligen Börsenordnungen vorschreibt[496]. Sachgerecht ist letzteres: Der Widerruf der Zulassung auf Antrag des Emittenten ist ein Verwaltungsakt[497]. Mit der Veröffentlichung erhält dieser Verwaltungsakt seine Außenwirkung, und es werden die verwaltungsrechtlichen Rechtsmittelfristen in Gang gesetzt[498]. Zugleich wird den Aktionären die Möglichkeit genommen, ihre Aktien über den Marktplatz "Börse" zu veräußern. Dies rechtfertigt, auch den Beginn der Antragsfrist des Spruchverfahrens an die Veröffentlichung des Widerrufs zu knüpfen.

C. Verträge einer Aktiengesellschaft über die Übertragung ihre Vermögens

Bereits vor Geltung des SpruchG wurde die analoge Anwendung der Vorschriften über das Spruchverfahren für bestimmte Fälle der Übertragung des gesamten Vermögens einer Aktiengesellschaft nach § 179a AktG diskutiert. Dabei sind zwei Konstellationen zu unterscheiden: Der sog. Drittverkauf (hierzu unter I.) und die sog. übertragende Auflösung (hierzu unter II.).

I. Drittverkauf als gesetzlich vorgesehen Grundfall des § 179a AktG

Beim sog. Drittverkauf veräußert die Gesellschaft ihr Vermögen an einen unbeteiligten Dritten, der weder ihr Aktionär noch mit ihr verbunden ist. Die Gesellschaft und ihre Aktionäre haben hier das gleichgerichtete Interesse, für den Verkauf des Gesellschaftsvermögens einen möglichst hohen Kaufpreis zu erzielen[499]. Die Aktionäre sind damit hinreichend geschützt[500]. Folglich fehlt es bei diesem durch § 179a AktG geregelten Normalfall[501] an der Notwendigkeit zusätzlicher Ausgleichs- oder Abfindungsansprüche.

---

495 *Fritzsche/Dreier/Verfürth*, § 1 Rn. 6 (allerdings verneinend).

496 BayObLG v. 1.12.2004 – 3Z BR 106/04, NZG 2005, 312, 313 f.; OLG Zweibrücken v. 3.8.2004 – 3 W 60/04, NZG 2004, 872, 873; *Klöcker/Frowein*, § 4 Rn. 10; *Land/Behnke*, DB 2003, 2531, 2535.

497 VG Frankfurt am Main v. 2.11.2001 – 9 G 3103/01, NJW-RR 2002, 480.

498 BayObLG v. 1.12.2004 – 3Z BR 106/04, NZG 2005, 312, 314; OLG Zweibrücken v. 3.8.2004 – 3 W 60/04, NZG 2004, 872, 873; VG Frankfurt am Main v. 2.11.2001 – 9 G 3103/01, NJW-RR 2002, 480.

499 BVerfG v. 23.8.2000 – 1 BvR 68/95 und 147/97, NJW 2001, 279, 280; *Lutter/Leinekugel*, ZIP 1999, 261, 264.

500 BVerfG v. 23.8.2000 – 1 BvR 68/95 und 147/97, NJW 2001, 279, 280.

501 *Lutter/Leinekugel*, ZIP 1999, 261, 264.

II. Übertragende Auflösung

Der beschriebene Schutzmechanismus versagt, wenn die Aktiengesellschaft ihr Vermögen nicht an einen unbeteiligten Dritten, sondern an einen ihrer Aktionäre veräußert, der die nach §§ 179a Abs. 1, 179 Abs. 2 Satz 1 AktG für den Zustimmungsbeschluss erforderliche Mehrheit erreicht. Hier wird regelmäßig anlässlich der Vermögensübertragung nach Maßgabe des § 179a Abs. 3 AktG zugleich die Auflösung der Gesellschaft beschlossen, wofür sich der Begriff der übertragenden Auflösung eingebürgert hat[502]. In dieser Konstellation fehlt es am für den Drittverkauf typischen Gleichlauf der Interessen von Mehrheitsaktionär und Minderheitsaktionären. Der Mehrheitsaktionär hat das Interesse, die Gegenleistung, die er für das Vermögen der Gesellschaft aufbringen muss, möglichst niedrig zu halten. Die Minderheitsaktionäre sind dagegen interessiert, den Kaufpreis, der ihr Liquidationsguthaben speist, auf seine Angemessenheit überprüfen zu können. Auch haben sie ein Interesse, bei einer ihrer Auffassung nach unangemessenen Gegenleistung eine angemessene Gegenleistung bestimmen zu lassen oder gegen eine Kompensation aus der Gesellschaft ausscheiden zu können. Für diesen Interessenkonflikt sieht § 179a AktG keine Lösung vor. Daher ist fraglich, ob den Aktionären eine Entschädigung zu gewähren ist.

1. Entschädigung der Minderheitsaktionäre

Orientiert man sich am Gesetzeswortlaut, so ist das Ergebnis eindeutig. § 179a AktG grenzt die Vermögensübertragung ausdrücklich von den Umwandlungstatbeständen des UmwG ab und beschränkt sich darauf, die Wirksamkeit des Verpflichtungsvertrags von der Zustimmung der Hauptversammlung abhängig zu machen. Dagegen erlaubt die Vorschrift den Minderheitsaktionären nicht, gegen eine Abfindung aus der Gesellschaft auszuscheiden. Ihre Vermögensrechte sind auf das Liquidationsguthaben nach der Auflösung der Gesellschaft beschränkt, das seinerseits maßgeblich durch die Höhe der seitens des Mehrheitsaktionärs erbrachten Gegenleistung bestimmt wird. *De lege lata* wird der bei der übertragenden Auflösung bestehende Interessenkonflikt also ausschließlich zugunsten des Mehrheitsaktionärs aufgelöst.

Dies wird als unbillig empfunden[503]. Zugleich geht die h.M. jedoch zutreffend davon aus, dass bei der übertragenden Auflösung Ausgleich und/oder Abfindung weder in entsprechender Anwendung der §§ 15, 29 UmwG noch der §§ 304, 305 AktG zu gewähren sind[504], wenngleich die Einführung eines solchen

---

[502] BVerfG v. 23.8.2000 – 1 BvR 68/95 und147/97, NJW 2001, 279; BayObLG v. 17.9.1998 – 3Z BR 37/98, BayObLGZ 1998, 211, 213; *Lutter/Drygala*, FS Kropff, S. 191, 193.

[503] BVerfG v. 23.8.2000 – 1 BvR 68/95 und 147/97, NJW 2001, 279, 280; *Lutter/Drygala*, FS Kropff, S. 191, 202.

[504] BayObLG v. 17.9.1998 – 3Z BR 37/98, BayObLGZ 1998, 211, 214 f.; OLG Stuttgart v.

Abfindungstatbestandes als *de lege ferenda* rechtspolitisch begründet bezeichnet wird[505]. Bei der übertragenden Auflösung sind § 179a AktG und das nach der Auflösung eingreifende Abwicklungsrecht abschließend[506]. Durch die Neuregelung des § 179a AktG durch das Gesetz zur Bereinigung des Umwandlungsrechts hat der Gesetzgeber gezeigt, in welchem Umfang der Schutz der Minderheit gegen potentiellen Missbrauch wirtschaftlicher Macht durch die Mehrheit gewährt werden soll, als er für den Fall der Veräußerung an den Mehrheitsgesellschafter keine Sonderregelung getroffen hat, obwohl diese Problematik bekannt war[507]. Es fehlt daher an einer zu schließenden planwidrigen Lücke. Die Aktionäre werden bei der übertragenden Auflösung ausschließlich durch ihr Auseinandersetzungsguthaben entschädigt, dessen Höhe wiederum maßgeblich durch die Gegenleistung des Mehrheitsaktionärs beeinflusst wird.

2. *Gerichtliche Überprüfung der Gegenleistung des Mehrheitsaktionärs*

Was die justizförmige Überprüfung der Gegenleistung des Mehrheitsaktionärs betrifft, so kommen nach der Systematik des aktienrechtlichen Rechtsschutzes sowohl die Anfechtung des Zustimmungsbeschlusses des § 179a Abs. 1 Satz 1 AktG als auch die Festsetzung einer angemessenen Gegenleistung im Spruchverfahren in Betracht[508]. Die Rechtsprechung hat bislang die Anfechtungsklage gegen den Zustimmungsbeschluss favorisiert, dabei jedoch die Anwendung der Vorschriften des Spruchverfahrens in Betracht gezogen und betont, dass diese der Analogie fähig seien[509]. Das BVerfG beschränkte sich in seiner *Moto Meter*-Entscheidung darauf, die gerichtliche Überprüfung der für den Erwerb des Gesellschaftsvermögens zu erbringenden Gegenleistung zu verlangen, ohne sich jedoch auf eines der Verfahren festzulegen[510].

4.12.1996 – 8 W 43/93, AG 1997, 136, 137; *Hüffer*, § 179a Rn. 12a; *Kropff* in Geßler/Hefermehl, § 361 Rn. 25; *Vollrath* in Widmann/Mayer, § 29 Rn. 7; *Behnke*, Spruchverfahren, S. 38 f.; *Bungert*, NZG 367, 368 f.; *Dreher/Neumann*, EWiR 1997, 197, 198; *Heckschen*, DB 1998, 1385, 1386; *Henze*, ZIP 1995, 1473, 1479 f.; offen lassend BGH v. 16.11.1981 – II ZR 150/80, BGHZ 82, 188, 193; *Lutter/Leinekugel*, ZIP 1999, 261, 263 f.; ein Abfindungsanspruch analog §§ 304, 305 AktG wurde allerdings für § 361 a.F. AktG bejaht; vgl. *Timm*, JZ 1982, 403, 407 f.; *Wiedemann*, ZGR 1978, 477, 490 f.; *Windbichler*, AG 1981, 169.

505 *Hüffer*, § 179a Rn. 12a.

506 *Henze*, ZIP 1995, 1473, 1479 f.

507 BayObLG v. 17.9.1998 – 3Z BR 37/98, BayObLGZ 1998, 211, 216 f.; *Behnke*, Spruchverfahren, S. 38; *Bungert*, NZG 1998, 367, 368 f.; *Sosnitza*, NZG 1998, 1003; *Dreher/Neumann*, EWiR 1997, 197, 198; a.A. BVerfG v. 23.8.2000 – 1 BvR 68/95 und147/97, NJW 2001, 279, 281.

508 Zum Meinungsstand vgl. *Roth*, NZG 2003, 998, 1001 f.

509 BayObLG v. 17.9.1998 – 3Z BR 37/98, BayObLGZ 1998, 211, 215.

510 BVerfG v. 23.8.2000 – 1 BvR 68/95 und147/97, NJW 2001, 279, 280.

Allerdings ist fraglich, ob die Anfechtung des Beschlusses nach § 179a Abs. 1 AktG für diejenigen Aktionäre zielführend wäre, welche die Unangemessenheit der angebotenen Gegenleistung geltend machen wollen. Als Anfechtungsgründe kämen sowohl die materielle Beschlusskontrolle als auch die (bloße) Wertkontrolle in Betracht. Erstere erscheint jedoch insofern fernliegend, als nach h.M. der Beschluss nach § 179a AktG keiner besonderen materiellen Voraussetzungen, insbesondere keiner sachlichen Rechtfertigung bedarf[511]. Auf welche Gesetzesverletzung im Sinne des § 243 Abs. 1 AktG der Anfechtungskläger seine Klage stützen könnte, ist daher fraglich. Den einzigen in diesem Zusammenhang in Betracht kommenden Anfechtungsgrund könnte die Behauptung darstellen, der Mehrheitsaktionär wolle Sondervorteile zu Lasten der Minderheitsaktionäre erreichen (§ 243 Abs. 2 Satz 1 AktG)[512]. Selbst wenn ein Gericht der Anfechtungsklage jedoch stattgäbe, wäre der Gewinn für die Minderheitsaktionäre gering. In diesem Fall wäre es dem Hauptaktionär nämlich möglich, einen neuen Auflösungsbeschluss zu fassen, der für die Minderheitsaktionäre nicht notwendig zu einer Verbesserung der Konditionen ihres Ausscheidens führen würde. Vielmehr wäre wahrscheinlich, dass der Unternehmenswert unter der Unsicherheit über die Zukunft der Gesellschaft leidet und daher die in einem zweiten Übertragungs- und Auflösungsverfahren angebotene Gegenleistung unter der ursprünglich gebotenen liegt[513].

Betrachtet man die Anfechtung des Beschlusses nach § 179a Abs. 1 AktG unter dem Aspekt der (bloßen) Wertkontrolle, so gilt für die übertragende Auflösung dasselbe wie für das Delisting[514]. Nach der Rechtsschutzsystematik des AktG findet die Wertkontrolle nicht im Anfechtungs- sondern im Spruchverfahren statt[515]. Daher trägt die Erwägung, die Wertkontrolle könne im Anfechtungsverfahren erfolgen und auf die Behauptung gestützt werden, das Gesellschaftsvermögen werde unter Wert veräußert, nicht[516]. Dass die Vorschriften des Spruchverfahrensgesetzes einschließlich der *inter onmes*-Wirkung des § 13 Satz 2 SpruchG der Analogie fähig sind, wurde gezeigt[517].

Vorzugswürdig ist die Wertkontrolle im Spruchverfahren insbesondere wegen der Gestaltungswirkung der Entscheidung im Spruchverfahren, mit der im Falle der Unangemessenheit der Gegenleistung unmittelbar eine "angemessene" Gegenleistung festgesetzt werden kann. Demgegenüber vernichtet die Anfechtungsent-

---

511 BGH v. 1.2.1988 – II ZR 75/87, BGHZ 103, 184, 189; *Hüffer*, § 179a Rn. 10; *Lutter/Drygala*, FS Kropff, S. 191, 215 f.; *Henze*, ZIP 1995, 1473, 1477 ff.; dies billigend BVerfG v. 23.8.2000 – 1 BvR 68/95 und147/97, NJW 2001, 279, 281

512 BGH v. 1.2.1988 – II ZR 75/87, BGHZ 103, 184, 193; BayObLG v. 17.9.1998 – 3Z BR 37/98, BayObLGZ 1998, 211, 217 f.; OLG Stuttgart v. 4.12.1996 – 8 W 43/93, AG 1997, 136, 137.

513 *Roth*, NZG 2003, 998, 1002.

514 Vgl. oben § 6 B. IV. 1. (S. 117).

515 BVerfG v. 23.8.2000 – 1 BvR 68/95 und 147/97, NJW 2001, 279, 281.

516 *Lutter/Drygala*, FS Kropff, S. 191, 199; *Sosnitza*, NZG 1998, 1003.

517 Vgl. oben § 6 B. IV. 2. (S. 117).

scheidung lediglich den Zustimmungsbeschluss des § 179a Abs. 1 Satz 1 AktG mit der Folge, dass die gewährten Leistungen nach bereicherungsrechtlichen Grundsätzen zurückzugewähren sind. Da im Falle der übertragenden Auflösung der Beschluss über die Auflösung der Gesellschaft in der Regel unberührt bleibt, hat dann die Rückabwicklung zwischen der "Aktiengesellschaft in Abwicklung" und dem Mehrheitsaktionär zu erfolgen. Dies erscheint nicht gangbar.

Schwierigkeiten dürfte dem auf die Anfechtungsklage verwiesenen Aktionär auch die Substantiierung seines Tatsachenvortrags bereiten[518]. Im Gegensatz zu den Vorschriften über Unternehmensverträge und Umwandlungen sieht § 179a AktG nicht die Verpflichtung des Vorstandes oder des Mehrheitsaktionärs vor, die Angemessenheit der Gegenleistung für die Vermögensübertragung in einem Bericht darzulegen, geschweige denn diese durch sachverständige Prüfer überprüfen zu lassen. Informationsrechte der Minderheitsaktionäre bestehen nach § 179a Abs. 2 AktG nur insoweit, als der Vertragstext auszulegen ist und den Aktionären auf Verlangen Abschriften zu erteilen sind. Geht man mit der hier vertretenen Auffassung davon aus, dass die Vorschriften des Umwandlungsgesetzes auf § 179a AktG nicht entsprechend anwendbar sind, so verbietet sich auch, aus den §§ 9-12 UmwG eine Prüfungspflicht herzuleiten[519]. Zwar ist das Spruchverfahren nach dem SpruchG unter teilweiser Abkehr vom Grundsatz der Amtsermittlung dem Zivilprozess angenähert, so dass den Antragsteller auch dort verstärkt Substantiierungslasten treffen. Dennoch ist das Instrumentarium des FGG, das über § 17 Abs. 1 SpruchG Anwendung findet, in seiner Handhabung insgesamt flexibler, ohne dass es spezieller Beweiserleichterungen bedürfte, die von den Befürwortern einer Wertkontrolle im Anfechtungsverfahren in Betracht gezogen werden[520].

Aus dem Gesagten folgt, dass die gerichtliche Überprüfung der durch den Mehrheitsaktionär angebotenen Gegenleistung im Spruchverfahren zu erfolgen hat. Allerdings ist in diesem Zusammenhang zu konstatieren, dass der Weg, die vermögensrechtlichen Interessen der aufzulösenden Gesellschaft über die zu erbringende Gegenleitung und damit ihr Auseinandersetzungsguthaben zu sichern, als Umweg erscheint. *De lege ferenda* spricht viel dafür, den Minderheitsaktionären im Falle der übertragenden Auflösung die Möglichkeit zu eröffnen, gegen eine Abfindung aus der Gesellschaft auszuscheiden und die Überprüfung der Abfindung im Spruchverfahren zu eröffnen[521]. Dieses Abfindungsangebot sollte durch den Mehrheitsaktionär zu unterbreiten sein.

---

518 Instruktiv insoweit OLG Stuttgart v. 21.12.1993 – 10 U 48/93, ZIP 1995, 1515, 1521.

519 LG Hamburg v. 21.1.1997 – 402 O 122/96, AG 1997, 238; *Hüffer*, § 179a Rn. 12a; *Bungert*, NZG 1998, 367, 368 ff.; a.A. LG Karlsruhe v. 6.11.1997 – O 43/97 KfH I, NZG 1998, 393, 394 ff.; *Lutter/Drygala*, FS Kropff, S. 191, 197 ff.

520 BayObLG v. 17.9.1998 – 3Z BR 37/98, BayObLGZ 1998, 211, 218; *Roth*, NZG 2003, 998, 1003 f.

521 *Hüffer*, § 179a Rn. 12a; Bericht der Regierungskommission Corporate Governance bei *Baums* (Hrsg.), Rn. 169.

D. Zwangseinziehung

Als eigenständige Maßnahme der Kapitalherabsetzung regeln die §§ 237 ff. AktG die Einziehung von Aktien. Einziehung bedeutet, dass die Mitgliedschaftsrechte der zur Einziehung bestimmten Aktien vernichtet werden (vgl. § 238 Satz 3 AktG). Die Einziehung kann gem. § 237 Abs. 1 Satz 1 AktG nach Erwerb der Aktien durch die Gesellschaft, aber auch zwangsweise erfolgen. Im ersten Fall erwirbt die Gesellschaft – gestattet durch § 71 Abs. 1 Nr. 6 AktG – eigene Aktien zum Zwecke ihrer Einziehung. Die veräußernden Aktionäre sind in diesem Fall durch den seitens der Gesellschaft gezahlten Kaufpreis geschützt, der dem Börsenkurs entspricht, wenn der Erwerb über die Börse erfolgt. Erfolgt die Einziehung dagegen zwangsweise, so stellt sich die Frage einer den von der Einziehung betroffenen Aktionären zu gewährenden Kompensation und ihrer gerichtlichen Überprüfung. Im Folgenden werden zunächst die Wirksamkeitsvoraussetzungen der Zwangseinziehung dargestellt (hierzu unter I.). Sodann werden die Grundlagen des bei der Zwangseinziehung zu gewährenden "Einziehungsentgelts" (hierzu unter II.) und seiner Angemessenheit erläutert (hierzu unter III.). Schließlich werden die Möglichkeiten zur justizförmigen Überprüfung der Angemessenheit des Einziehungsentgelts untersucht (hierzu unter IV.).

I. Verfahren

Die Zwangseinziehung ist gem. § 237 Abs. 1 Satz 2 AktG nur zulässig, wenn sie in der ursprünglichen Satzung oder durch eine Satzungsänderung vor Übernahme oder Zeichnung der Aktien angeordnet oder gestattet war. Hinsichtlich des Verfahrens unterscheidet das Gesetz zwischen dem ordentlichen Einziehungsverfahren, das sich gem. § 237 Abs. 2 Satz 1 AktG im Wesentlichen nach den Vorschriften der ordentlichen Kapitalherabsetzung gestaltet und dem vereinfachten Einziehungsverfahren nach § 237 Abs. 3 AktG, für das § 237 Abs. 4 Satz 2 AktG geringere Anforderungen aufstellt. Ist die Zwangseinziehung bereits in der Satzung angeordnet, so bedarf es keines Beschlusses der Hauptversammlung. An seine Stelle tritt die Entscheidung des Vorstandes über die Einziehung, § 237 Abs. 6 AktG.

II. Einziehungsentgelt

§ 237 AktG regelt nicht, ob bei der Zwangseinziehung von Aktien eine Abfindung oder ein Entgelt zu zahlen ist. § 237 Abs. 2 Satz 3 erwähnt nur die Zahlung "des Entgelts, das Aktionären bei einer Zwangseinziehung ... gewährt wird", enthält aber keine Vorgaben über das "Ob" und die Höhe eines solchen Entgelts[522]. Einigkeit besteht darüber, dass bei der satzungsmäßig angeordneten Zwangseinziehung auch

---

[522] *Oechsler* in MünchKomm. AktG, § 237 Rn. 62.

Fragen des Einziehungsentgelts zwingend in der Satzung selbst zu regeln sind und diese Frage nicht auf die Verwaltung delegiert werden kann[523]. Ob hiernach auch möglich ist, das Einziehungsentgelt in der Satzung gänzlich auszuschließen, ist umstritten, wurde früher jedoch häufig bejaht[524].

Richtig daran ist, dass die Zwangseinziehung ein typisches Sanierungsinstrument darstellt, das häufig dem Überleben der Gesellschaft dient. Dieses Überleben würde durch den völligen Ausschluss des Einziehungsentgelts naturgemäß unterstützt. Vor dem Hintergrund der Bedeutung, die insbesondere die Rechtsprechung des BVerfG der Entschädigung für den Verlust der durch das Aktieneigentum vermittelten Rechtsposition beigemessen hat[525], kann jedoch die "Sozialbindung" des Aktionärs nicht so weit gehen, dass dieser zugunsten des Bestandes der Gesellschaft auf Entschädigungsleistungen völlig verzichtet. Auch führt eine Abfindungspflicht dazu, dass die Entscheidung über die Zwangseinziehung nicht leichtfertig getroffen wird und damit den Charakter einer Sondermaßnahme behält[526]. Umgekehrt folgt aus dem Charakter der Zwangseinziehung als Sanierungsmaßnahme, dass das Einziehungsentgelt nicht dem "wirklichen Wert" der Aktien entsprechen muss, sondern auch ein niedrigeres Entgelt festgesetzt werden kann[527].

Erfolgt die Zwangseinziehung als gestattete Einziehung durch einen Hauptversammlungsbeschluss, so kann die Satzung im Rahmen der "Gestattungsregelung" wie bei der angeordneten Zwangseinziehung Bestimmungen über das Einziehungsentgelt treffen, muss dies aber nicht[528]. Fehlt eine Regelung zum Einziehungsentgelt in der Satzung, so ist die Gesellschaft zur Zahlung eines angemessenen Entgelts verpflichtet[529]. Keinesfalls darf die Satzung das Entgelt und seine Höhe in das Belieben der Hauptversammlung stellen[530]. Zulässig ist aber eine Satzungsregelung die die Bestimmung des angemessenen Entgelts der Hauptversammlung überlässt und hierzu klar bestimmbare Regeln festlegt[531].

---

523 KG v. 18.1.1906 – 1. J. 19/06, KGJ 31 A, 164, 170; KG v. 13.6.1913 – 1a. X. 649/13, KGJ 45 A, 172, 175; *Hüffer*, § 237 Rn. 17; *Krieger* in Münchener Handbuch AG, § 62 Rn. 12; *Oechsler* in MünchKomm. AktG, § 237 Rn. 63.

524 *Baumbach/Hueck*, § 237 Rn. 4; *Hefermehl* in Geßler/Hefermehl, § 237 Rn. 13; *Schilling* in Großkomm. AktG (3. Aufl.), § 237 Anm. 15.

525 BVerfG v. 7.8.1962 – 1 BvL 16/60, BVerfGE 14, 263, 283; BVerfG v. 27.4.1999 – 1 BvR 1613/94, BVerfGE 100, 289, 304 ff.

526 *Oechsler* in MünchKomm AktG. § 237 Rn. 65.

527 *Hefermehl* in Geßler/Hefermehl, § 237 Rn. 13; *Hüffer*, § 237 Rn. 17; *Krieger* in Münchener Handbuch AG, § 62 Rn. 12; *Oechsler* in MünchKomm. AktG, § 237 Rn. 65.

528 *Hüffer*, § 237 Rn. 18; *Krieger* in Münchener Handbuch AG, § 62 Rn. 12; *Lutter* in KölnKomm. AktG, § 237 Rn. 70.

529 *Hüffer*, § 237 Rn. 18; *Krieger* in Münchener Handbuch AG, § 62 Rn. 12; *Oechsler* in MünchKomm. AktG, § 237 Rn. 66; *Schilling* in Großkomm. AktG (3. Aufl.), § 237 Anm. 15.

530 *Godin/Wilhelmi*, § 237 Anm. 14; *Hüffer*, § 237 Rn. 18; *Krieger* in Münchener Handbuch AG, § 62 Rn. 12; *Lutter* in KölnKomm. AktG, § 237 Rn. 71.

531 *Hüffer*, § 237 Rn. 18; *Krieger* in Münchener Handbuch AG, § 62 Rn. 12; *Lutter* in

III. Bestimmung des Einziehungsentgelts

Für die Bestimmung der Angemessenheit des Einziehungsentgelts werden verschiedene Ansätze vertreten. Häufig wird auf § 305 Abs. 3 Satz 2 AktG zurückgegriffen[532] und daraus gefolgert, die Höhe des Einziehungsentgelts sei anhand des Ertragswerts zu bestimmen[533]. Andere stellen auf den Börsenkurs als Marktwert der eingezogenen Aktien ab[534]. Beides erscheint gangbar; doch ist zu berücksichtigen, dass der so gefundene Wert in der Regel nur den ersten Schritt zur Bemessung des Einziehungsentgelts darstellen kann. Abweichungen sind häufig aufgrund des mit der Zwangseinziehung verfolgten Zwecks notwendig und insbesondere in Sanierungssituationen gerechtfertigt.

IV. Gerichtliche Überprüfung des Einziehungsentgelts

Aufgrund der Forderung nach der Angemessenheit des Einziehungsentgelts liegt nahe, zu seiner justizförmigen Überprüfung wie beim Delisting und der übertragenden Auflösung auf das Spruchverfahren zurückzugreifen. Auch *de lege ferenda* wurde dies als erwägenswert bezeichnet[535]. Wie beim Delisting und bei der übertragenden Auflösung stellt sich jedoch auch bei der gestatteten Zwangseinziehung die Frage, ob die Wertkontrolle im Wege der Anfechtung des Hauptversammlungsbeschlusses in Betracht kommt. Hier gelten im Grundsatz dieselben Erwägungen, die für das Spruchverfahren und gegen die Anfechtungsklage sprechen[536].

Eine andere Bewertung kann sich allerdings aus der Sondersituation ergeben, in der die Zwangseinziehung regelmäßig durchgeführt wird. Aufgrund ihres Ausnahmecharakters und ihrer Rechtsfolge, der Vernichtung der Mitgliedschaft als schwerstvorstellbarer Eingriff in die Mitgliedschaftsrechte des Aktionärs, unterzieht die h.M. den Beschluss der Hauptversammlung über die Einziehung der materiellen Beschlusskontrolle. In Anlehnung an die vom Bundesgerichtshof in der *Kali und Salz*-Entscheidung[537] aufgestellten Grundsätze ist der Beschluss über die Zwangseinziehung auf seine sachliche Rechtfertigung unter den Gesichtspunkten der Angemessenheit und Erforderlichkeit im Gesellschaftsinteresse überprüfbar[538], und diese Überprüfung erfolgt typischerweise im Wege der Anfechtungsklage. An sich stünde dies der isolierten Überprüfung des Einziehungsentgelts im Spruchver-

---

KölnKomm. AktG, § 237 Rn. 71.

532 *Hüffer*, § 237 Rn. 18; *Lutter* in KölnKomm. AktG, § 237 Rn. 67; *Zöllner/Winter*, ZHR 158 (1994), 56, 64.

533 *Hüffer*, § 237 Rn. 18; *Zöllner/Winter*, ZHR 158 (1994), 56, 64.

534 *Godin/Wilhelmi*, § 237 Anm. 14; *Lutter* in KölnKomm. AktG, § 237 Rn. 67.

535 *Hüffer*, § 237 Rn. 18.

536 Vgl. oben § 6 B. IV. 1. (S. 117 f.).

537 BGH v. 13.3.1978 - II ZR 142/76, BGHZ 71, 40, 43 ff.

538 *Hüffer*, § 237 Rn. 16; *Krieger* in Münchener Handbuch AG, § 62 Rn. 11; *Lutter* in KölnKomm. AktG, § 237 Rn. 47; vgl. auch *Grunewald*, Ausschluss, S. 232 f.

fahren nicht entgegen. Allerdings ist zu berücksichtigen, dass die Angemessenheit des Einziehungsentgelts und die sachliche Rechtfertigung der Zwangseinziehung, insbesondere in der Sanierungssituation, untrennbar miteinander verknüpft sind. Je weiter sich das angebotene Einziehungsentgelt vom Leitbild einer "angemessenen Abfindung" entfernt, desto höher sind die Anforderungen an die sachliche Rechtfertigung[539]. Beide Aspekte können nicht getrennt voneinander beurteilt werden. Ihre Überprüfung ausschließlich im Spruchverfahren kommt nicht in Betracht, da es im Falle der fehlenden sachlichen Rechtfertigung der Zwangseinziehung geboten ist, den Hauptversammlungsbeschluss über ihre Durchführung insgesamt zu vernichten. Daher hat im Falle der Zwangseinziehung die Wertkontrolle des Einziehungsentgelts im Anfechtungsverfahren zu erfolgen.

Erfolgt die Zwangseinziehung als in der Satzung angeordnete Zwangseinziehung durch den Vorstand, so kommt die Anfechtungsklage nicht in Betracht. In diesem Fall hat der ausgeschlossene Aktionär die behauptete Differenz zwischen dem angemessenen und dem tatsächlich geleisteten Einziehungsentgelt durch Leistungsklage gegen die Gesellschaft geltend zu machen[540].

539 *Krieger* in Münchener Handbuch AG, § 62 Rn. 12; vgl. auch *Grunewald*, Ausschluss, S. 171.

540 *Lutter* in KölnKomm. AktG, § 237 Rn. 74.

Dritter Teil. Das Spruchverfahren nach dem SpruchG

§ 7 Einordnung des Spruchverfahrens in die Systematik justizförmiger Rechtsbehelfe

Mit dem SpruchG wurde erstmals ein eigenes Verfahrensgesetz geschaffen und damit die zuvor bestehende Verteilung der einschlägigen Verfahrensvorschriften über das AktG und das UmwG beendet. Gleichwohl sind für das Spruchverfahren mehrere Rechtsquellen einschlägig (hierzu unter A.). Von besonderer Bedeutung sind die Anwendbarkeit zivilprozessrechtlicher Grundsätze (hierzu unter B.) sowie das Verhältnis des Spruchverfahrens zur Anfechtungsklage (hierzu unter C.).

A. Rechtsquellen des Spruchverfahrens

Der Gesetzgeber hat bewusst davon abgesehen, das Spruchverfahren, wie zum Teil befürwortet, in die bestehenden Verfahrensvorschriften der ZPO[541], des FGG[542] oder, wie teilweise nach altem Recht, in das AktG[543] zu integrieren. Zur Verbesserung der Übersichtlichkeit und zur leichteren Rechtsanwendung schuf er vielmehr ein besonderes Verfahrensgesetz. Das dort geregelte Verfahren greift Elemente des Zivilprozesses auf. Zugleich stellt § 17 Abs. 1 SpruchG klar, dass in Ermangelung anderweitiger Bestimmungen im SpruchG weiterhin das FGG gilt. Damit bleibt es im Kern bei dem, was bereits für das Spruchverfahren nach § 306 a.F. AktG und §§ 305 ff. UmwG galt: Das Spruchverfahren ist der Sache nach ein streitiges Verfahren, auf das aus Gründen der Zweckmäßigkeit die Vorschriften des FGG Anwendung finden[544]. In der Terminologie des Rechts über die Angelegenheiten der freiwilligen Gerichtsbarkeit werden solche Streitigkeiten als "echte Streitverfahren" und, wenn sie unter ausschließlicher Beteiligung Privater stattfinden, als "privatrechtliche Streitsachen" bezeichnet[545]. Sie sind dadurch gekennzeichnet, dass sich die Beteiligten wie Parteien eines Zivilprozesses gegenüberstehen und über das Bestehen oder Nichtbestehen subjektiver Rechte streiten[546]. Für das echte Streitverfahren enthält das FGG keine besonderen Vorschriften. Es gelten daher die allgemeinen Vorschriften, soweit nicht andere Gesetze Sonderregelungen enthalten. Greifen weder das FGG noch die Vorschriften eines Spezialgesetzes ein, so können in echten Streitverfahren die Vorschriften der ZPO insoweit

---

541 *Puszkajler*, ZIP 2003, 518, 520.

542 *Lutter/Bezzenberger*, AG 2000, 433, 443.

543 Bericht der Regierungskommission Corporate Governance bei *Baums* (Hrsg.), Rn. 169.

544 *Emmerich* in Emmerich/Habersack, § 306 Rn. 1; *Habscheid*, Freiwillige Gerichtsbarkeit, S. 37.

545 *Schmidt* in Keidel/Kuntze/Winkler, § 12 Rn. 226.

546 *Schmidt* in Keidel/Kuntze/Winkler, § 12 Rn. 226; *Bärmann*, Freiwillige Gerichtsbarkeit, S. 22; *Habscheid*, Freiwillige Gerichtsbarkeit, S. 37.

entsprechend angewendet werden, als die Grundsätze des Verfahrensrechts der freiwilligen Gerichtsbarkeit einer entsprechenden Anwendung nicht entgegenstehen[547]. Rechtliche Grundlage des Spruchverfahrens sind damit allein wegen seines Charakters als echtes Streitverfahren neben dem SpruchG das FGG sowie die ZPO.

B. Anwendbarkeit der Grundsätze des Zivilprozesses

§ 8 Abs. 3 SpruchG erklärt ausdrücklich die Vorschriften der ZPO über die Erklärungspflicht über Tatsachen, die Wahrheitspflicht sowie die materielle Prozessleitung (§§ 138, 139 ZPO) für entsprechend anwendbar. Gleiches gilt für §§ 279 Abs. 2 und 3 sowie 283 ZPO, die einzelne Aspekte der mündlichen Verhandlung und die Einräumung von Schriftsatzfristen regeln. Neben diesen ausdrücklich für entsprechend anwendbar erklärten Vorschriften folgt die Anwendbarkeit einzelner zivilprozessrechtlicher Grundsätze und Vorschriften aus der Natur des Spruchverfahrens als Antragsverfahren und echtes Streitverfahren der freiwilligen Gerichtsbarkeit. Als deren wichtigste zu nennen ist die Dispositionsbefugnis der Beteiligten über den Verfahrensgegenstand. Sie resultiert aus der Möglichkeit, den Antrag auf Durchführung des Spruchverfahrens, unter Umständen mit Einwilligung anderer Verfahrensbeteiligter, zurückzunehmen und das Verfahren so zu beenden[548]. Sonst gilt im Verfahren der freiwilligen Gerichtsbarkeit die sog. Offizialmaxime, bei der ausschließlich das Gericht den Beginn und Gegenstand des Verfahrens bestimmt[549]. Da es im echten Streitverfahren um die Durchsetzung subjektiver Rechte geht, stehen die Beteiligten einander wie die Parteien eines Zivilprozesses gegenüber und streiten über das Bestehen oder Nichtbestehen subjektiver Rechte[550]. Diese subjektiven Rechte bilden, gemeinsam mit dem ihnen zugrunde liegenden Lebenssachverhalt, den Verfahrensgegenstand, der dem Streitgegenstand im Zivilprozess entspricht[551] und über den am Ende[552] materiell rechtskräftig entschieden wird[553].

---

547 *Schmidt* in Keidel/Kuntze/Winkler, § 12 Rn. 230; *Bärmann*, Freiwillige Gerichtsbarkeit, S. 24; *Habscheid*, Freiwillige Gerichtsbarkeit, S. 39 f.; *Jansen* Vorbem. §§ 8-18 Rn. 59; *Falkenhausen*, AG 1967, 309, 314.

548 *Schmidt* in Keidel/Kuntze/Winkler, § 12 Rn. 228; *Habscheid*, Freiwillige Gerichtsbarkeit, S. 129 f.

549 *Habscheid*, Freiwillige Gerichtsbarkeit, S. 128 f.

550 *Habscheid*, Streitgegenstand, S. 302.

551 *Habscheid*, Streitgegenstand, S. 234, 302; zu diesem sog. zweigliedrigen Streitgegenstand im Zivilprozess vgl. BGH v. 9.12.1999 – IX ZR 102/97, NJW 2000, 1259, 1260; *Hartmann* in Baumbach/Lauterbach/Albers/Hartmann, § 2 Rn. 3; *Lüke* in MünchKomm. ZPO, Vor § 253 Rn. 31; *Musielak* in Musielak, Einl. Rn. 74; *Vollkommer* in Zöller, Einleitung Rn. 63.

552 Die materielle Rechtskraft setzt im Verfahren der freiwilligen Gerichtsbarkeit die formelle Rechtskraft der Entscheidung sowie – im Gegensatz zum Zivilprozess – deren verfahrensrechtliche Unabänderbarkeit (§ 18 FGG) voraus, *Jansen*, § 31 Rn. 10; *Zimmermann* in Keidel/Kuntze/Winkler, § 31 Rn. 18.

553 *Bärmann*, Freiwillige Gerichtsbarkeit, S. 161 f.; *Bassenge* in Bassenge/Herbst/Roth, § 31

Hieraus folgt wiederum die Anwendbarkeit solcher Vorschriften der ZPO, die an den Streitgegenstand und dessen Rechtshängigkeit anknüpfen.

C. Verhältnis zur Anfechtungsklage

Sämtlichen in § 1 SpruchG genannten Strukturmaßnahmen ist gemeinsam, dass sie zwar durch die Leitungsorgane der beteiligten Rechtsträger vorbereitet und durchgeführt werden, Wirksamkeitserfordernis jedoch stets (auch) ein Beschluss des Gesellschaftergremiums (Hauptversammlung oder Gesellschafterversammlung) erforderlich ist. Daher kommt grundsätzlich die Anfechtung dieser Beschlüsse mit der Behauptung in Betracht, die im Rahmen der Strukturmaßnahme angebotene Kompensation sei "unangemessen" und damit gesetzwidrig. Allerdings schließen die Vorschriften über die in § 1 SpruchG genannten Strukturmaßnahmen die auf die Unangemessenheit der Kompensation gestützte Anfechtung aus und verweisen die Anteilsinhaber auf das Spruchverfahren (hierzu unter I.). Dieser Ausschluss gilt auch, wenn nicht die Unangemessenheit der Kompensation "als solche", sondern die Verletzung von Informationspflichten geltend gemacht werden soll, die mit der Angemessenheit der Kompensation im Zusammenhang stehen (hierzu unter II.).

I. Spruchverfahren als Anfechtungsersatz

Das Interesse an der Verlagerung von Streitigkeiten über Angemessenheitsfragen in das Spruchverfahren folgt aus der Registersperre, die häufig im Falle der Anfechtung, nicht jedoch im Falle der Einleitung des Spruchverfahrens besteht und aus der ein erhebliches Erpressungspotential resultiert.

1. Registersperre durch Anfechtung

Wichtig ist der Anfechtungsausschluss für Angemessenheitsfragen, da bei der Mehrheitseingliederung[554], dem Squeeze-out[555] und bei Umwandlungen[556] die Anfechtung des die Strukturmaßnahme legitimierenden Beschlusses des Gesellschaftergremiums zu einer Registersperre führt. Bei der Anmeldung der Strukturmaßnahme in das jeweilige Register haben die Vertretungsorgane zu erklären, dass eine Klage gegen die Wirksamkeit des Beschlusses nicht fristgemäß erhoben oder eine solche Klage rechtskräftig abgewiesen oder zurückgenommen worden ist. Liegt

---

Rn. 6 f.; *Bumiller/Winkler*, § 31 Rn. 14; *Habscheid*, Streitgegenstand, S. 89; *Jansen*, § 31 Rn. 10; *Schlegelberger*, § 16 Rn. 8a; *Zimmermann* in Keidel/Kuntze/Winkler, § 31 Rn. 18.

554 Vgl. §§ 320 Abs. 1 Satz 3 i.V.m. 319 Abs. 5 AktG.

555 Vgl. §§ 327e Abs. 2 i.V.m. 319 Abs. 5 AktG.

556 Vgl. den für andere Umwandlungsarten als die Verschmelzung über Verweisungen anwendbaren § 16 Abs. 2 UmwG.

diese Erklärung nicht vor, so darf die Eintragung nicht erfolgen, es sei denn, die klageberechtigten Anteilsinhaber verzichten durch notariell beurkundete Verzichtserklärung auf die Klage. Etwas anderes gilt nur für Unternehmensverträge. Dort muss im Falle der Erhebung der Anfechtungsklage der Registerrichter die Erfolgsaussichten der Klage und das Interesse der Gesellschaft an der alsbaldigen Eintragung abwägen und danach gem. § 127 Satz 1 FGG entscheiden, ob die Eintragung auszusetzen oder zu verfügen ist[557].

2. *Erpressungspotential durch Registersperre*

Bedarf eine Strukturmaßnahme zu ihrer Registereintragung einer Negativerklärung der Leitungsorgane, so steht die Gesellschaft regelmäßig finanziell günstiger, wenn sie im Falle der Anfechtung einzelnen Anteilsinhabern eine höhere Kompensation gewährt und mit der Eintragung nicht bis zum erfolgreichen Ausgang eines Anfechtungsprozesses zuwarten muss[558]. Hieraus ergibt sich für die anfechtungsberechtigten Anteilsinhaber ein erhebliches Erpressungspotential. Insbesondere bei Aktiengesellschaften ist seit ca. Mitte der 90er Jahre das vermehrte Auftreten sog. "räuberischer Aktionäre" festzustellen, die, obgleich nur mit wenigen Aktien am Grundkapital der Gesellschaft beteiligt, gegen die dort gefassten Beschlüsse opponieren, ihren Widerspruch zu Protokoll geben und anschließend Anfechtungsklage erheben[559]. Obwohl das Selbstverständnis dieser Aktionäre häufig das von "Wahrern des Rechts" ist, erfolgt die Klageerhebung häufig mit dem Ziel, ein Lästigkeitspotential aufzubauen und die Klage nach Zahlung einer oft als "Aufwandsentschädigung" bezeichneten Geldsumme zurückzunehmen[560].

Dieses sich durch die Registersperre ergebende Erpressungspotential hat der Gesetzgeber erkannt. Um ihm entgegenzutreten hat er zum einen das sog. Unbedenklichkeitsverfahren geschaffen, in dem das Hauptsachegericht der Anfechtungsklage feststellen kann, dass die Erhebung der Anfechtungsklage der Eintragung nicht entgegensteht[561]. Zum anderen wurde für bestimmte Beschlussmängel im Zusammenhang mit der Kompensation von vornherein diese Möglichkeit der Anfechtung ausgeschlossen. An die Stelle der Anfechtung tritt vielmehr das Spruchverfahren[562]. Die Vorschriften über sämtliche in § 1 SpruchG genannten Maßnahmen beinhalten Regelungen, wonach die Anfechtung des die Strukturmaßnahme legitimierenden

---

557 *Koppensteiner* in KölnKomm. AktG, § 294 Rn. 19.

558 *Saenger*, AG 2002, 536, 539.

559 *Rebmann*, Ausweitung, S. 13.

560 *Rebmann*, Ausweitung, S. 13.

561 Vgl. § 319 Abs. 6 Satz 2 AktG sowie § 16 Abs. 3 Satz 2 UmwG. Voraussetzung des Unbedenklichkeitsbeschlusses ist stets, dass die Klage gegen den Beschluss unzulässig oder offensichtlich unbegründet ist oder das Interesse der Gesellschaft an der sofortigen Eintragung des Beschlusses bei Würdigung aller Umstände höher zu bewerten ist als das Interesse des Klägers am Aufschub.

562 *Saenger*, AG 2002, 536, 539.

Beschlusses nicht auf die Behauptung gestützt werden kann, die angebotene Kompensation sei nicht angemessen[563].

II. Kompensationswertbezogene Informationsmängel

Ob der Anfechtungsausschluss auch gilt, wenn der von einer Strukturmaßnahme betroffene Anteilsinhaber zwar nicht die Unangemessenheit der Kompensation "als solche", sondern lediglich die Verletzung von Informations-, Auskunfts- und Berichtspflichten, die sich auf die Kompensation beziehen, geltend machen will, wird seit längerem kontrovers diskutiert. Bereits im Zuge der Beratungen zum UmwG 1994 wurde der "zweigeteilte Rechtsschutz" kritisiert, der bei der Geltendmachung unangemessner Kompensationsleistungen einerseits und sich hierauf beziehender Informationsmängel andererseits gelte. Der BGH bezog zu dieser Frage im Jahre 2000 Stellung, wobei die Übertragbarkeit der vom BGH gefundenen Lösung auf Mehrheitseingliederung und Squeeze-out teilweise bezweifelt wird. Durch das Gesetz zur Unternehmensintegrität und zur Modernisierung des Anfechtungsrechts ("UMAG") wurde in dieser Frage Rechtsklarheit geschaffen.

1. Forderungen an den Gesetzgeber

Bereits im Zuge der Diskussionen über das UmwG 1994, insbesondere dessen § 14 Abs. 2, wurde es als wertungs- und systemwidrig bezeichnet, die Überprüfung von Umtausch-, Ausgleichs- und Abfindungsleistungen zwar in das Spruchverfahren zu verweisen, zugleich aber für die Rüge mangelhafter Informationen über diese Kompensationsleistungen die Anfechtungsklage zuzulassen[564]. Kritisiert wurde insbesondere, dass bei dieser Zweiteilung des Rechtsschutzes die geplante Strukturänderung selbst dann an unzureichenden Informationen über die Kompensation scheitern könne, wenn sich diese im Nachhinein als materiell vollwertig herausstellen sollte[565]. Überdies biete das Spruchverfahren wegen der Kostentragungspflicht des Antragsgegners Gewähr für einen hinreichenden Informationsfluss an die Gesellschafter[566].

Diesen Einwänden ist der Gesetzgeber des UmwG 1994 ausdrücklich nicht gefolgt. Obwohl der Bundesrat sie aufgriff und vorschlug, den Ausschluss der Klagemöglichkeit nach § 14 Abs. 2 UmwG zu erweitern und auch auf den Streit um die hin-

---

563 Vgl. § 305 Abs. 5 Satz 1 AktG (Unternehmensvertrag), § 320b Abs. 2 Satz 1 AktG (Mehrheitseingliederung), § 327f Satz 1 (Squeeze-out), §§ 14 Abs. 2, 210 UmwG (Umwandlung), §§ 6 Abs. 1 und 7 Abs. 5 SEAG (Gründung oder Sitzverlegung einer SE).

564 *Rebmann*, Ausweitung, S. 114 ff.; Arbeitskreis Umwandlungsrecht, ZGR 1993, 321, 323; *Bork*, ZGR 1993, 343, 354; *Hommelhoff*, ZGR 1993, 452, 471; *ders.*, ZGR 1990, 447, 474.

565 *Hommelhoff*, ZGR 1990, 447, 474.

566 *Hommelhoff*, ZGR 1993, 452, 471; *ders.*, ZGR 1990, 447, 474.

reichende Erläuterung des Umtauschverhältnisses zu erstrecken[567], vertrat die Bundesregierung in ihrer Gegenäußerung die Auffassung, dass eine weitergehende Einschränkung des Anfechtungsrechts nur dann vertretbar erscheine, wenn der betreffende Anteilseigner auf andere Weise sein Anliegen verfolgen könne[568]. Hierzu biete das Spruchverfahren keine Möglichkeit; im Übrigen sehe der Gesetzesentwurf zum UmwG zur Überwindung einer etwaigen Blockade durch missbräuchliche Anfechtungsklagen in § 16 Abs. 3 einen besonderen neuen Rechtsbehelf vor[569]. Vor dem Hintergrund dieser eindeutigen Äußerung des Gesetzgebers entsprach es in der Folgezeit der h.M., dass die Rüge unzureichender Information in Bezug auf Umtauschverhältnis, Ausgleich oder Abfindung im Wege der Anfechtungsklage, nicht jedoch im Spruchverfahren geltend zu machen sei[570].

Zugleich riss trotz der eindeutigen Entscheidung des Gesetzgebers bei Erlass des UmwG 1994 die Diskussion über die Verlagerung der Geltendmachung kompensationswertbezogener Informationsmängel von der Anfechtungsklage ins Spruchverfahren nicht ab. Insbesondere die wirtschaftsrechtliche Abteilung des 63. Deutschen Juristentages, die sich mit der Neuregelung des Anfechtungsrechts befasste, bekräftigte die bereits zuvor seitens der Literatur gestellten Forderungen. In ihren Beschlüssen trat sie dafür ein, dass in allen Fällen, in denen die Bewertungsrüge in das Spruchverfahren verwiesen ist, die Anfechtungsklage für Rügen unzureichender Information über Bewertungsfragen ausgeschlossen sein solle[571]. An den Gesetzgeber richtete der Deutsche Juristentag die Forderung, vermehrt von der Möglichkeit Gebrauch zu machen, die Anfechtungsklage durch Spruchverfahren zu ersetzen[572].

2. *Stellungnahme der Rechtsprechung*

Zur Diskussion über den Anfechtungsausschluss bei kompensationswertbezogenen Informationsrügen bezog nur kurze Zeit später der BGH Stellung. In einem Urteil vom 18.12.2000 befasste sich das Gericht mit dem Verhältnis zwischen Anfech-

---

567 Stellungnahme des Bundesrates zu § 14 RegE UmwG, BT-Drs. 12/7265, S. 6.

568 Gegenäußerung der Bundesregierung zur Stellungnahme des Bundesrates zu § 14 RegE UmwG, BT-Drs. 12/7265, S. 11.

569 Gegenäußerung der Bundesregierung zur Stellungnahme des Bundesrates zu § 14 RegE UmwG, BT-Drs. 12/7265, S. 11.

570 *Bork* in Lutter, § 14 Rn. 15; *Decher* in Lutter (2. Aufl.), § 195 Rn. 16; *Emmerich* in Emmerich/Habersack, § 304 Rn. 82 a; *Lutter* in Lutter (2. Aufl.), § 8 Rn. 55; *Marsch-Barner* in Kallmeyer, § 14 Rn. 14.

571 Beschlüsse des 63. Deutschen Juristentages in Leipzig 2000, Abteilung E. (Wirtschaftsrecht), Nr. I. 11 b), abrufbar unter http://www.djt.de/files/djt/63/wirtschaftsrecht.pdf.

572 Beschlüsse des 63. Deutschen Juristentages in Leipzig 2000, Abteilung E. (Wirtschaftsrecht), Nr. I. 11 a), abrufbar unter http://www.djt.de/files/djt/63/wirtschaftsrecht.pdf; vgl. auch *Martens*, AG 2000, 301, 303.

tungsklage und Spruchverfahren bei der Geltendmachung abfindungswertbezogener Informationsmängel im Falle des Formwechsels (§§ 190 ff. UmwG) und befand, dass abfindungswertbezogene Informationsmängel ausschließlich im Spruchverfahren, nicht jedoch im Wege der Anfechtungsklage gerügt werden können.

Im Falle derartiger Informationsmängel liege ein "nicht ordnungsgemäßes Angebot" im Sinne des § 210 UmwG vor, für das die Vorschrift die Klage gegen die Wirksamkeit des Umwandlungsbeschlusses ausschließe[573]. Dieser im Wortlaut des § 210 UmwG verortete und auf dessen "Parallelvorschriften" im AktG übertragbare Ansatz ist allerdings nicht das tragende Argument, mit dem der BGH das Verhältnis von Anfechtungsklage und Spruchverfahren auflöst. Im Vordergrund der Entscheidungsbegründung stehen vielmehr der Normzweck des § 210 UmwG sowie ein Schluss *a maiore ad minus*: Nach Auffassung des Gerichts würde die Zulassung abfindungswertbezogener Informationsrügen im Wege der Anfechtungsklage den Gesetzeszweck, die Durchführung der im Unternehmensinteresse liegenden Umwandlung nicht durch einen bloßen Streit über die Höhe der Abfindung zu blockieren, unterlaufen[574]. Da zudem § 210 UmwG sogar beim Fehlen eines Barabfindungsangebotes und damit dem größtdenkbaren Informationsdefizit die Klage gegen die Wirksamkeit des Umwandlungsbeschlusses ausschließe und die Anteilsinhaber auf das Spruchverfahren verweise, sei es gerechtfertigt, den Fall der abfindungswertbezogenen Informationsmängel beim Vorhandensein eines Barabfindungsangebots ebenso zu behandeln[575]. Die Rechtsprechung ist dem gefolgt[576]. In der Literatur wird die Entscheidung des BGH zwar wegen ihrer Intention gelobt[577]. Zugleich werden jedoch ihr methodischer Ansatz kritisch gesehen[578] und ihre Übertragbarkeit auf andere Strukturmaßnahmen bezweifelt[579].

3. Übertragbarkeit der Rechtsprechung auf Mehrheitseingliederung und Squeeze-out

Schwierigkeiten bereitet insbesondere die Übertragbarkeit der zum Formwechsel ergangenen Entscheidung des BGH auf die Mehrheitseingliederung und den Squeeze-out. Für diese Strukturmaßnahmen schließen § 320b Abs. 2 Satz 1 und 2 AktG und § 327f Abs. 1 Satz 1 und 2 AktG im Falle der zu niedrigen Abfindung die Anfechtungsklage aus und verweisen diejenigen ausgeschiedenen Aktionäre, welche die Unangemessenheit der Abfindung geltend machen wollen, auf das

---

573 BGH v. 18.10.2000 – II ZR 1/99, BGHZ 146, 179, 186.
574 BGH v. 18.10.2000 – II ZR 1/99, BGHZ 146, 179, 189.
575 BGH v. 18.10.2000 – II ZR 1/99, BGHZ 146, 179, 186.
576 OLG Köln v. 6.10.2003 – 18 W 35/03, ZIP 2004, 760, 761.
577 *Kallmeyer*, GmbHR 2001, 204; *Kleindiek*, NZG 2001, 552, 555.
578 *Kallmeyer*, GmbHR 2001, 204.
579 *Hüffer*, § 327f Rn. 2; *Habersack* in Emmerich/Habersack, § 327f Rn. 4; *Fleischer*, ZGR 2002, 757, 783; *Gesmann-Nuissl*, WM 2002, 1205, 1210; *Grunewald*, ZIP 2002, 18, 21; *Kleindiek*, NZG 2001, 552, 554; *Krieger*, BB 2002, 53, 60; *Ott*, DB 2003, 1615, 1616.

Spruchverfahren. Auch für die gänzlich fehlende und für die nicht ordnungsgemäß angebotene Barabfindung verweisen § 320b Abs. 2 Satz 3 AktG und § 327f Abs. 1 Satz 3 AktG auf das Spruchverfahren, allerdings nur unter der Voraussetzung, dass eine hierauf gestützte Anfechtungsklage innerhalb der Anfechtungsfrist nicht erhoben, zurückgenommen oder rechtskräftig abgewiesen worden ist. Aus diesem Wortlaut folgt, dass in dem vom BGH für die Umwandlung entschiedenen Fall bei der Mehrheitseingliederung und beim Squeeze-out etwas anderes gilt und die Anfechtungsklage zulässig ist[580].

Trotz des Wortlauts der Vorschriften über Mehrheitseingliederung und Squeeze-out spricht sich eine Reihe von Literaturstimmen für den Ausschluss der Anfechtungsklage bei abfindungswertbezogenen Informationsrügen auch bei diesen Strukturmaßnahmen aus. Hierzu wird auf die BGH-Rechtsprechung zu § 210 UmwG und die Vergleichbarkeit der §§ 320b Abs. 2, 327f Abs. 1 AktG mit der Vorschrift verwiesen[581], ohne weitere Begründung Bezug auf diese Rechtsprechung Bezug genommen[582] oder die Übertragbarkeit der BGH-Rechtsprechung aus Schutzzweckerwägungen befürwortet[583]. Dagegen macht eine den Anfechtungsausschluss ablehnende Ansicht geltend, die Gesetzeslage bei § 320b Abs. 2 AktG und § 327f Abs. 1 AktG stimme nicht mit derjenigen bei § 210 UmwG überein, so dass die BGH-Rechtsprechung zum Formwechsel nicht auf diese Strukturmaßnahmen übertragen werden könne[584].

Richtig daran ist, dass man an § 320b Abs. 2 Satz 3 AktG und § 327f Abs. 1 Satz 3 AktG nur schwer vorbei kommt, wenn man mit dem BGH davon ausgeht, im Falle der Verletzung abfindungswertbezogener Informationspflichten liege eine nicht "ordnungsgemäß angebotene Abfindung" vor. Beide Vorschriften gehen davon aus, dass im Falle der "nicht ordnungsgemäß angebotenen" Abfindung die Anfechtungsklage zulässig ist, so dass das vom BGH gewählte Begründungsmodell nicht verfängt. Gleichwohl rechtfertigt der Normzweck der § 320b Abs. 2 Satz 1 AktG und § 327f Abs. 1 Satz 1 AktG, auch diejenigen Aktionäre auf das Spruchverfahren zu verweisen, die Rechtsschutz gegen die Verletzung abfindungswertbezogener Informationspflichten suchen. Hinter § 320b Abs. 2 Satz 1 AktG und

---

580 *H. Schmidt* in FS Ulmer, S. 543, 546.

581 *Vetter*, DB 2001, 743, 746; *ders.*, AG 2002, 176, 189; *Sinewe*, DB 2001, 690.

582 *Steinmeyer/Häger*, § 327f AktG Rn. 5; *Habersack*, ZIP 2001, 1230, 1237; *Henze*, ZIP 2002, 97, 107.

583 *H. Schmidt* in: FS Ulmer, S. 543, 549 f.; *Sieger/Hasselbach*, ZGR 2002, 120, 160; *Klöhn*, AG 2002, 452.

584 *Hüffer*, § 327f Rn. 2; *Habersack* in Emmerich/Habersack, § 327f Rn. 4; *Fleischer*, ZGR 2002, 757, 783; *Gesmann-Nuissl*, WM 2002, 1205, 1210; *Grunewald*, ZIP 2002, 18, 21; *Krieger*, BB 2002, 53, 60; *Ott*, DB 2003, 1615, 1616; vgl. auch LG Wuppertal v. 6.11.2003 – 12 O 119/03, AG 2004, 161, 162, das die Zulässigkeit der Anfechtungsklage unter Hinweis auf die nach dem SpruchG bestehenden Begründungspflichten bejaht und in der Anfechtungsklage ein Instrument sieht, mit dem sich der Kläger "die für die erfolgreiche Durchführung seines Spruchverfahrensantrags erforderlichen Informationen schon vorher besorgen" können soll.

§ 327f Abs. 1 Satz 1 AktG steht – ebenso wie hinter § 210 UmwG – die gesetzgeberische Wertung, dass Streitigkeiten über die Höhe der Abfindung ausschließlich im Spruchverfahren ausgetragen werden sollen. Damit wird im Interesse der Gesellschaft sichergestellt, dass die beabsichtigte Strukturmaßnahme nicht durch Streitigkeiten über die Höhe der Abfindung blockiert wird[585]. Weil abfindungswertbezogene Informationsrügen bei sämtlichen in § 1 SpruchG genannten Strukturmaßnahmen nur die Höhe dieser Abfindung betreffen können[586] und weil der BGH in diesem Zusammenhang darauf hingewiesen hat, dass die Interessen der abfindungsberechtigten Anteilsinhaber durch das Spruchverfahren besser gewahrt werden als durch die Anfechtungsklage[587] ist davon auszugehen, dass auch bei der Mehrheitseingliederung und beim Squeeze-out trotz der Vorschriften der § 320b Abs. 2 Satz 3 AktG und § 327f Abs. 1 Satz 3 AktG abfindungswertbezogene Informationsrügen ausschließlich im Spruchverfahren geltend zu machen sind.

4. *Schaffung von Rechtsklarheit durch das UMAG*

Die zuvor dargestellten Unklarheiten in Bezug auf die Geltendmachung abfindungswertbezogener Informationsrügen nach einer Mehrheitseingliederung oder einem Squeeze-out wurden durch das in seinen wesentlichen Teilen am 1.11.2005 in Kraft getretene Gesetz zur Unternehmensintegrität und Modernisierung des Anfechtungsrechts ("UMAG") weitgehend beseitigt. Das UMAG änderte § 243 Abs. 4 Satz 1 AktG dahingehend, dass eine Anfechtungsklage wegen unrichtiger, unvollständiger oder verweigerter Erteilung von Informationen nur zulässig ist, wenn ein objektiv urteilender Aktionär die Erteilung der Information als wesentliche Voraussetzung für die sachgerechte Wahrnehmung seiner Teilnahme- und Mitgliedschaftsrechte angesehen hätte[588]. Eine Spezialregelung für kompensationswertbezogene Informationsmängel enthält dabei § 243 Abs. 4 Satz 2 AktG: Sieht das Gesetz für Bewertungsrügen die Durchführung eines Spruchverfahrens vor, so kann die Anfechtungsklage nicht auf die unrichtige, unvollständige oder unzureichende Information in der Hauptversammlung über die Ermittlung, Höhe oder Angemessenheit von Leistungen, Abfindungen, Zuzahlungen oder über sonstige Bewertungsfragen gestützt werden. Damit sind in den Fällen der §§ 14 Abs. 2, 15, 29, 32, 125, 176-181, 184, 186, 196 und 207, 210 UmwG, 304 Abs. 3 Satz 3, 305 Abs. 4 Satz 1 und 2, 327f AktG Anfechtungsklagen wegen bewertungsbezogener Informationsmängel

585 OLG Köln v. 6.10.2003 – 18 W 35/03, ZIP 2004, 760, 761; *H. Schmidt* in: FS Ulmer, S. 543, 550.

586 *H. Schmidt* in: FS Ulmer, S. 543, 550.

587 BGH v. 18.10.2000 – II ZR 1/99, BGHZ 146, 179, 187.

588 Zum Vergleich mit § 243 Abs. 4 Satz 1 AktG-E in der Fassung des Referentenentwurfs vgl. *Schütz*, NZG 2005, 5, 9 f.

ausgeschlossen[589]. Zulässig bleibt die Anfechtungsklage dagegen im Falle der Totalverweigerung von Informationen[590].

Der in § 243 Abs. 4 Satz 2 AktG geregelte Anfechtungsausschluss soll auch in anderen Fällen gelten, in denen ein Abfindungsangebot zu unterbreiten und das Spruchverfahren statthaft ist[591]. Genannt wird in diesem Zusammenhang insbesondere das Delisting[592]. Allerdings ist zu berücksichtigen, dass insbesondere dort nach Auffassung des BGH nur eingeschränkte Informationspflichten bestehen, deren Verletzung im Rahmen eines Spruchverfahrens geltend gemacht werden könnte[593].

§ 8 Zuständigkeit

In bestimmten Fallkonstellationen gilt es, die internationale Zuständigkeit der deutschen Gerichte zweifelhaft (hierzu unter A.). Ist sie – und damit das Spruchverfahren nach dem SpruchG – eröffnet, so trifft das SpruchG Regelungen sowohl über die örtliche (hierzu unter B.) als auch über die sachliche Zuständigkeit (hierzu unter C.). Diese Regelungen sollen Unklarheiten aus der Zeit vor Geltung des SpruchG beseitigen sowie das Verfahren beschleunigen und sind an der Erfüllung dieser Vorgaben zu messen (hierzu unter D.). Spruchkörperintern sind einzelne verfahrensleitende Entscheidungen dem Vorsitzenden zugewiesen (hierzu unter E.). Neben der Zuständigkeit für das "eigentliche" Spruchverfahren regelt das SpruchG auch die Annexzuständigkeit des Gerichts des ersten Rechtszugs für Leistungsklagen (hierzu unter F.).

A. Internationale Zuständigkeit

Zweifel an der internationalen Zuständigkeit der deutschen Gerichte bestehen nur, wenn der Antragsgegner seinen Sitz nicht im Inland hat. Dies kommt in Betracht bei Spruchverfahren nach Abschluss eines Unternehmensvertrags, wenn der "andere Vertragsteil" und damit der Antragsgegner im Spruchverfahren ein Unternehmen mit Sitz im Ausland ist. Auch Hauptaktionär eines Squeeze-out kann eine natürliche Person oder ein Unternehmen mit (Wohn-)Sitz im Ausland sein.

---

589 BegrRegE zu § 243 Abs. 4 Satz 2 AktG, BR-Drs. 3/05, S. 55.

590 BegrRegE zu § 243 Abs. 4 Satz 2 AktG, BR-Drs. 3/05, S. 54; *Fleischer*, NJW 2005, 3525, 3529.

591 *Fleischer*, NJW 2005, 3525, 3529; zur Statthaftigkeit des Spruchverfahrens und zur analogen Anwendung der Vorschriften des SpruchG vgl. BegrRegE zu § 243 Abs. 4 Satz 2 AktG, BR-Drs. 3/05, S. 54 f. sowie oben § 6 B. IV. 2. (S. 117 f.)

592 *Fleischer*, NJW 2005, 3525, 3529.

593 Vgl. BGH v. 25.11.2002 – II ZR 133/01, AG 2003, 273, 276; vgl. hierzu oben § 6 B. IV. 3. (S. 119 f.).

B. Örtliche Zuständigkeit

Die Regelungen über die örtliche Zuständigkeit bergen ein erhebliches Beschleunigungspotential in sich, das § 2 Abs. 1 Satz 1, Abs. 4 SpruchG auszuschöpfen versucht, indem die Vorschrift den vor Geltung des SpruchG bestehenden Rechtszustand nunmehr ausdrücklich regelt. Örtlich zuständig ist gem. § 2 Abs. 1 Satz 1 SpruchG grundsätzlich das Landgericht, in dessen Bezirk der Rechtsträger, dessen Anteilsinhaber antragsberechtigt sind, seinen Sitz hat. § 2 Abs. 4 SpruchG ermächtigt allerdings die Landesregierung, durch Rechtsverordnung für die Bezirke mehrerer Landgerichte ein zuständiges Landgericht zu bestimmen bzw. diese Ermächtigung auf die Landesjustizverwaltung zu übertragen (hierzu unter I.). Im Einzelfall können mehrere Gerichte nach § 2 Abs. 1 Satz 1 SpruchG zuständig sein. Auch das Verfahren bei solchen sog. Mehrfachzuständigkeiten wird durch das SpruchG erstmals geregelt (hierzu unter II.). Ungeregelt blieben dagegen die Voraussetzungen, unter denen beim zuständigen Gericht mehrere Verfahren zur gemeinsamen Verhandlung und Entscheidung verbunden werden können (hierzu unter III.).

I. Die Verordnungsermächtigung des § 2 Abs. 4 SpruchG

Vor dem Hintergrund der in § 2 Abs. 4 SpruchG enthaltenen Ermächtigung dürfte der gesetzliche Regelfall des § 2 Abs. 1 Satz 1 SpruchG wohl nur als theoretisch anzusehen sein. Die Komplexität der Materie, die Häufigkeit von Spruchverfahren sowie deren örtliche Ungleichverteilung legen vielmehr nahe, die örtliche Zuständigkeit für Spruchverfahren bei wenigen Gerichten als "Kompetenzzentren" zu bündeln. Wie bereits nach zuvor geltendem Recht haben die Länder von der ihnen eröffneten Möglichkeit regen Gebrauch gemacht[594]. Dabei waren und sind die Länder bei Ausübung der durch § 2 Abs. 4 SpruchG gewährten Ermächtigung nicht an die bestehenden Oberlandesgerichtsbezirke gebunden, sondern können sämtliche Verfahren eines Bundeslandes bei nur einem Landgericht konzentrieren[595].

Ihrem Wortlaut nach ist die Regelung fakultativ. Um jedoch einen erhöhten Spezialisierungsgrad zu erreichen, wurde vorgeschlagen, nicht nur das Recht, sondern die Pflicht zur Zuständigkeitskonzentration bei einem Gericht pro Bundesland zu konstituieren[596]. Das SpruchG hat diese Anregung nicht aufgegriffen, doch wäre eine

---

594 Vgl. die Übersichten bei *Krieger* in Lutter, § 2 SpruchG Rn. 14; *Klöcker/Frowein*, § 2 Rn. 18 sowie *Volhard* in MünchKomm. AktG, § 2 SpruchG Rn. 8.

595 BegrRegE zu § 2 Abs. 4 SpruchG, BR-Drs. 827/02, S. 23; offen lassend *Lutter/Bezzenberger*, AG 2000, 433, 440, die in ihrem Gesetzesentwurf eine ausdrückliche Regelung befürworten, a.a.O. S. 444 (§ 158b Abs. 3 Satz 1 FGGE); vor Geltung des SpruchG erfolgte in der Praxis gleichwohl eine Orientierung an den Oberlandesgerichtsbezirken; als einziges Bundesland mit mehreren Oberlandesgerichtsbezirken hatte und hat nur Niedersachsen sämtliche Spruchverfahren bei einem Landgericht (LG Hannover) konzentriert.

596 Bericht der Regierungskommission Corporate Governance bei *Baums* (Hrsg.), Rn. 173; Stellungnahme des DAV, NZG 2002, 119, 120.

solche Regelung zu begrüßen, da sie neben der Spezialisierung der Gerichte auch zu einer Vereinheitlichung der Rechtsprechung beiträgt und damit Rechtssicherheit und Rechtsklarheit fördert. Zweifel an ihrer Zulässigkeit bestehen allerdings in verfassungsrechtlicher Hinsicht. Zum einen ist fraglich, ob Art. 80 Abs. 1 Satz 1 GG überhaupt zulässt, den Adressaten der Verordnungsermächtigung zu ihrer Ausübung zu verpflichten. Zu klären ist auch, ob der Bund die Kompetenz zum Erlass einer solchen Regelung besäße[597].

1. Verpflichtung zur Ausübung der Ermächtigung

Art. 80 Abs. 1 Satz 1 GG erlaubt, die dort genannten Exekutivorgane zum Erlass von Rechtsverordnungen zu ermächtigen. Ob diese auch zum Erlass von Rechtsverordnungen verpflichtet werden können, erscheint insofern zweifelhaft, als dem Begriff "Ermächtigung" die Freiwilligkeit immanent ist. Auch die h.M. legt Art. 80 Abs. 1 Satz 1 GG in diesem Sinne aus und stellt es grundsätzlich in das Ermessen der zur Rechtsetzung berufenen Organe, ob diese von der Ermächtigung Gebrauch machen oder nicht[598]. Gleichwohl ist – wenn auch ohne nähere Begründung – anerkannt, dass Art. 80 Abs. 1 Satz 1 GG auch die Verpflichtung der ermächtigten Organe zur Ausübung der Ermächtigung zulässt[599]. Dem ist zuzustimmen: Durch die Verordnungsermächtigung überträgt die Legislative einen Teil ihrer Regelungskompetenz auf die Exekutive und versetzt diese so in die Lage, selbst Gesetze im materiellen Sinn zu erlassen. Hierbei besteht ein Gleichlauf der Kompetenzen. Die gesetzgebende Gewalt kann eine Kompetenz selbstverständlich nur insoweit übertragen, als sie sie selbst besitzt und damit in der Lage wäre, die betreffende Regelung selbst zu erlassen[600]. Hiervon umfasst ist auch die Entscheidung darüber, ob die betreffende Vorschrift zu erlassen ist oder nicht.

---

597 Vgl. auch die Stellungnahme des DAV zu § 2 RefE, NZG 2002, 119, 120.

598 *Brenner* in v. Mangoldt/Klein/Starck, Art. 80 Rn. 64; *Lücke* in Sachs, Art. 80 Rn. 4; *Maunz* in Maunz/Dürig, Art. 80 Rn. 19; *Pieroth* in Jarass/Pieroth, Art. 80 Rn. 22.

599 Dies kann zum einen durch ausdrückliche Regelung in der formell-gesetzlichen Ermächtigung erfolgen; *Brenner* in v. Mangoldt/Klein/Starck, Art. 80 Rn. 65; *Lücke* in Sachs, Art. 80 GG Rn. 4; *Maunz* in Maunz/Dürig, Art. 80 Rn. 19; *Pieroth* in Jarass/Pieroth, Art. 80 Rn. 22; die Verpflichtung kann aber auch ohne ausdrückliche Regelung durch eine Ermessensreduktion "auf Null" bestehen, wenn das Gesetz im formellen Sinn erst durch Erlass der Rechtsverordnung anwendbar oder praktikabel ist; BVerfG v. 30.11.1988 – 1 BvR 1301/84, BVerfGE 79, 174, 194; BVerfG v. 8.6.1988 – 2 BvL 9/85, 3/86, BVerfGE 78, 249, 272; BVerfG v. 23.7.1963 – 1 BvR 265/62, BVerfGE 16, 332, 338; BVerfG v. 13.12.1961 – 1 BvR 1137/59, 278/60, BVerfGE 13, 248, 256; *Brenner* in v. Mangoldt/Klein/Starck, Art. 80 Rn. 65; *Pieroth* in Jarass/Pieroth, Art. 80 Rn. 22.

600 *Pestalozza* in v. Mangoldt/Klein (3. Auflage), Art. 74 Rn. 123 Fn. 203.

2. *Bundeskompetenz*

Aus dem Gleichlauf der Kompetenzen folgt weiter, dass das zum Erlass von Rechtsverordnungen ermächtigende Gesetz auf einer ausschließlichen oder konkurrierenden Gesetzgebungskompetenz des Bundes beruhen muss[601]. Für den hier zu untersuchenden Fall kommt allein eine konkurrierende Gesetzgebungskompetenz des Bundes nach Art. 74 Abs. 1 Nr. 1 GG in Betracht. Danach besteht eine konkurrierende Gesetzgebungskompetenz des Bundes für die Gerichtsverfassung sowie das gerichtliche Verfahren.

a) Gerichtsverfassung

Der Begriff "Gerichtsverfassung" umfasst die äußere oder formale Organisation der Rechtsprechung[602]. Darunter versteht man alle Vorschriften, die den Aufbau und die Besetzung der Gerichte und der mit ihnen zusammenhängenden Einrichtungen betreffen[603]. Gerichts*verfassung* meint dabei sowohl die internen als auch die externen Aspekte der formalen Organisation[604]. Für die hier zu beurteilende Frage von Bedeutung sind allein die externen Aspekte der formalen Organisation[605], zu denen auch die Fragen der Zuständigkeitsverteilung zählen[606]. Bei Zuständigkeitsregelungen ist dabei zu differenzieren: Art. 74 Abs. 1 Nr. 1 GG erlaubt dem Bund nur, die örtliche, sachliche und funktionelle Zuständigkeit als externen Aspekt der formalen Organisation generell zu bestimmen[607]. Seine Gesetzgebungskompetenz endet dagegen dort, wo die sog. Organisationszuständigkeit der Länder beginnt[608]. Diese umfasst die "eigentliche" Organisation der Gerichte, also Errichtung und Sitz der einzelnen Gerichte sowie die konkrete Einteilung der Gerichtssprengel[609]. Eine Regelung, die die Länder zur Bestimmung eines für das gesamte Landesgebiet zuständigen Gerichts zur Durchführung von Spruchverfahren verpflichtet, müsste sich also daran messen lassen, ob sie in die Organisationszuständigkeit der Länder eingriffe und damit nicht mehr von Art. 74 Abs. 1 Nr. 1 GG gedeckt wäre.

---

601 *Lücke* in Sachs, Art. 80 Rn. 6.

602 *Maunz* in Maunz/Dürig, Art. 74 Rn. 74; *Pieroth* in Jarass/Pieroth, Art. 74 Rn. 7.

603 *Degenhart* in Sachs, Art. 74 Rn. 17; *Oeter* in v. Mangoldt/Klein/Starck, Art. 74 Rn. 22.

604 *Oeter* in v. Mangoldt/Klein/Starck, Art. 74 Rn. 22.

605 Die inneren Aspekte der formalen Organisation sind Fragen der Gliederung des Gerichts, zum einen in bestimmte Spruchkörper, aber auch in Bezug auf Geschäftsstellen und sonstige Hilfseinrichtungen der Rechtsprechung; vgl. hierzu *Oeter* in v. Mangoldt/Klein/Starck, Art. 74 Rn. 22.

606 *Degenhart* in Sachs, Art. 74 Rn. 17; *Maunz* in Maunz/Dürig, Art. 74 Rn. 74; *Oeter* in v. Mangoldt/Klein/Starck, Art. 74 Rn. 22.

607 *Oeter* in v. Mangoldt/Klein/Starck, Art. 74 Rn. 24.

608 *Maunz* in Maunz/Dürig, Art. 74 Rn. 77; *Oeter* in v. Mangoldt/Klein/Starck, Art. 74 Rn. 24.

609 BVerfG v. 12.1.1971 – 2 BvL 18/70, BVerfGE 30, 103, 106; BVerfG v. 1.10.1968 – 2 BvL 6, 7, 8, 9/67, BVerfGE 24, 155, 166 f.; *Degenhart* in Sachs, Art. 74 GG Rn. 18; *Maunz* in Maunz/Dürig, Art. 74 Rn. 77; *Oeter* in v. Mangoldt/Klein/Starck, Art. 74 Rn. 24.

Als Ausgangspunkt mag die in mehreren Spezialgesetzen – und auch dem SpruchG in § 2 Abs. 4 SpruchG – enthaltene Ermächtigung der Landesregierungen dienen, durch Rechtsverordnung ein für den Bezirk mehrerer Landgerichte zuständiges Landgericht zu bestimmen[610]. Eine solche Regelung wird unstreitig für zulässig erachtet[611]. Ein von Art. 74 Abs. 1 Nr. 1 GG nicht mehr gedeckter Eingriff in die Organisationszuständigkeit der Länder käme nur dann in Betracht, wenn der Bund ein (noch) nicht existierendes Gericht für zuständig erklärte und damit das Land zur Errichtung dieses Gerichts zwänge. Der Begriff "Gerichtsverfassung" setzt also errichtete Gerichte voraus[612]. Ist das Gericht aber durch das Land errichtet, so erlaubt Art. 74 Abs. 1 Nr. 1 GG dem Bund, es durch Gesetz für das gesamte Landesgebiet für örtlich zuständig zu erklären. Ebenso kann er diese Kompetenz im Wege der Verordnungsermächtigung auf die Exekutive übertragen.

Keine andere Beurteilung ergibt sich in diesem Zusammenhang aus der in § 2 Abs. 2 SpruchG geregelten funktionalen Zuständigkeit der Kammer für Handelssachen: Ein Eingriff in die Organisationszuständigkeit der Länder käme hier nur in Betracht, wenn bei dem für zuständig erklärten Gericht eine Kammer für Handelssachen nicht besteht und das Land somit gezwungen würde, sie einzurichten. § 2 Abs. 2 SpruchG stellt – wie vergleichbare Vorschriften – die funktionale Zuständigkeit der Kammer für Handelssachen jedoch unter den ausdrücklichen Vorbehalt, dass sie bei dem zuständigen Gericht auch errichtet ist. Anderenfalls ist die Zivilkammer zuständig.

b) Gerichtliches Verfahren

Steht demnach fest, dass die Bestimmung eines für das gesamte Landesgebiet zuständigen Gerichts nicht in die Organisationszuständigkeit der Länder eingreift und eine Landeskompetenz insofern ausscheidet, so wird in der Literatur diskutiert, ob die Regelungskompetenz aus den Tatbestandsalternativen "Gerichtsverfassung" oder "Gerichtliches Verfahren" des Art. 74 Abs. 1 Nr. 1 GG resultiert. Zum Teil wird angenommen, das Grundgesetz habe mit den Kompetenzbegriffen der Gerichtsverfassung und des gerichtlichen Verfahrens die durch das Gerichtsverfassungsgesetz bzw. die Zivil- und Strafprozessordnung hergebrachten einfachgesetzlichen Normbegriffe rezipiert[613]. Regelungen über die örtliche Zuständigkeit gehören danach zum gerichtlichen Verfahren. Nach überwiegender Auffassung werden dagegen sowohl örtliche als auch sachliche Zuständigkeit dem Begriff der "Ge-

---

610 So enthalten z.B. § 132 Abs. 1 Satz 3, 4 AktG, § 27 Abs. 2 UWG, § 89 Abs. 1 GWB und § 140 Abs. 2 MarkenG derartige Ermächtigungen.

611 *Degenhart* in Sachs, Art. 74 Rn. 17 Fn. 54; *Maunz* in Maunz/Dürig, Art. 74 Rn. 78; *Oeter* in v. Mangoldt/Klein/Starck, Art. 74 Rn. 22 Fn. 90.

612 *Pestalozza* in v. Mangoldt/Klein (3. Auflage), Art. 74 Rn. 123.

613 *Degenhart* in Sachs, Art. 74 Rn. 17 Fn. 54; im Ansatz auch *Holch*, DÖV 1969, 535, 537.

richtsverfassung" zugeordnet[614]. Für die hier zu klärende Kompetenzfrage kann diese Frage offen bleiben. Nach beiden Ansichten sind Länderkompetenzen nicht tangiert, wenn der Bund ein bestehendes Landgericht für das gesamte Landesgebiet für örtlich zuständig erklärt.

c) Einschränkung durch Art. 72 Abs. 2 GG

Die Gesetzgebungskompetenz des Bundes steht gem. Art. 72 Abs. 2 GG unter dem Vorbehalt, dass die Herstellung gleichwertiger Lebensverhältnisse im Bundesgebiet oder die Wahrung der Rechts- oder Wirtschaftseinheit im gesamtstaatlichen Interesse eine bundesgesetzliche Regelung erforderlich machen. Diese Vorgabe wird bereits durch die bestehende Fassung des § 2 Abs. 4 Satz 1 SpruchG erreicht, die die Bestimmung eines für mehrere Landgerichtsbezirke zuständigen Gerichts an die Sicherung einer einheitlichen Rechsprechung knüpft und damit die Vorgaben des Art. 80 Abs. 1 Satz 2 GG, aber auch die des Art. 72 Abs. 2 GG konkretisiert. Soll – durch Gesetz oder Rechtsverordnung – ein für das gesamte Landesgebiet zuständiges Gericht bestimmt werden, gilt nichts anderes. Folglich bestünden gegen eine Regelung im SpruchG, wonach die Länder jeweils verpflichtet sind, sämtliche Spruchverfahren durch Rechtsverordnung bei einem Gericht zu konzentrieren, keine verfassungsrechtlichen Bedenken.

II. Verfahren bei Mehrfachzuständigkeit

Bei Anwendung des § 2 Abs. 1 Satz 1 SpruchG können sich unter zwei Gesichtspunkten Mehrfachzuständigkeiten ergeben. Zum einen kann der Rechtsträger, dessen Anteilsinhaber antragsberechtigt sind, einen Doppelsitz haben[615]. Mehrere Gerichtsstände können aber auch bestehen, wenn mehrere Rechtsträger auf einen dritten Rechtsträger verschmolzen werden, oder wenn bei Konzernierungsmaßnahmen ein herrschendes Unternehmen mit zumindest zwei Aktiengesellschaften Beherrschungs- und/oder Gewinnabführungsverträge schließt. Dann sind die Anteilsinhaber sämtlicher übertragenden Rechtsträger bzw. sämtliche außenstehenden Aktionäre der abhängigen Aktiengesellschaften potenziell ausgleichs- und abfindungs- und damit nach § 3 SpruchG antragsberechtigt. § 2 Abs. 1 Satz 2, 3 SpruchG will in Verbindung mit §§ 4, 5 FGG beide Konstellationen regeln[616].

---

614 *Maunz* in Maunz/Dürig, Art. 74 Rn. 78; *Pestalozza* in v. Mangoldt/Klein (3. Auflage), Art. 74 Rn. 124; offen lassend *Oeter* in v. Mangoldt/Klein/Starck, Art. 74 Rn. 22 Fn. 90.

615 Zu den Voraussetzungen vgl. BayObLG v. 29.3.1985 – 3 Z 22/85, BayObLGZ 1985, 111, 115 ff.; OLG Frankfurt v. 29.12.2000 – 20 W 160/00, DB 2001, 860, 861; LG Köln v. 21.6.1950 – 24 T 2/50, NJW 1950, 871; AG Bremen v. 1.6.1976 – 38 AR 105/74, DB 1976, 1810, 1811; *Heider* in MünchKomm. AktG, § 5 Rn. 44 ff.; *Hüffer*, § 5 Rn. 10; *Lutter/Drygala* in Lutter, § 5 Rn. 6; *Wiesner* in Münchener Handbuch AG, § 8 Rn. 6 f.

616 BegrRegE zu § 2 SpruchG, BT-Drs. 15/371, S. 12 f.

1. Regelungsmodell des FGG

Die §§ 4, 5 FGG als Verweisungsziel des § 2 Abs. 1 Satz 2, 3 SpruchG halten einen Regelungsmechanismus für Mehrfachzuständigkeiten bereit, dessen Ausgangsnorm § 4 FGG ist. Danach gebührt unter mehreren zuständigen Gerichten demjenigen der Vorzug, das zuerst in der Sache tätig geworden ist[617]. Eine "Sache" im Sinne des § 4 ist eine Angelegenheit, die Gegenstand eines selbständigen und einheitlichen Verfahrens sein kann[618]. Tätig wird das Gericht bereits, wenn es die Sache irgendwie fördert[619]. Folge des in § 4 FGG geregelten Vorgriffs eines zuständigen Gerichts ist, dass dieses allein zuständig wird und die Zuständigkeit anderer Gerichte ausgeschlossen ist[620].

Besteht Streit oder Ungewissheit darüber, welches Gericht nach § 4 FGG örtlich zuständig ist, so wird nach § 5 Abs. 1 Satz 1 FGG das zuständige Gericht durch das gemeinschaftliche obere Gericht und, falls dieses der Bundesgerichtshof ist, durch das Oberlandesgericht bestimmt, zu dessen Bezirk das zuerst mit der Sache befasste Gericht gehört. Streit über die Zuständigkeit kann etwa bestehen, wenn mehrere angerufene Gerichte ihre Zuständigkeit verneinen oder bejahen[621]. Ungewissheit kann bestehen, wenn keines der angerufenen Gerichte bisher tätig geworden ist, mehrere Gerichte am gleichen Tag tätig geworden sind oder nicht aufklärbar ist, welches Gericht zuerst tätig geworden ist[622].

2. Behandlung von Doppelzuständigkeiten in § 2 Abs. 1 Satz 1 SpruchG

Bei der Behandlung von Doppelzuständigkeiten durch § 2 Abs. 1 Satz 1 SpruchG ist zu unterscheiden zwischen dem Doppelsitz und dem Fall der Beteiligung mehrer übertragender bzw. abhängiger Rechtsträger.

a) Doppelsitz

Bei Anwendung der zuvor dargestellten Grundsätze ergibt sich, dass der Fall des Doppelsitzes von den §§ 4, 5 FGG unmittelbar erfasst wird, ohne dass es einer zu-

---

617 Sog. "Vorgriff"; vgl. *Sternal* in Keidel/Kuntze/Winkler, § 4 FGG Rn. 12.

618 BayObLG v. 17.12.1984 – Allg Reg 94/84, FamRZ 1985, 533, 534; BayObLG v. 8.12.1980 – 1 Z 96/80, Rpfleger 1981, 112, 113; *Bassenge* in Bassenge/Herbst/Roth, § 4 Rn. 13; *Sternal* in Keidel/Kuntze/Winkler, § 4 Rn. 14.

619 Hiervon geht die h.M. aus, wenn das Gericht eine Anordnung trifft oder eine Verfügung erlässt; *Bassenge* in Bassenge/Herbst/Roth, § 4 Rn. 15; *Bumiller/Winkler*, § 4 FGG Rn. 6; *Sternal* in Keidel/Kuntze/Winkler, § 4 Rn. 13; vgl. auch *Klöcker/Frowein*, § 2 Rn. 6.

620 *Bumiller/Winkler*, § 4 FGG Rn. 8; *Sternal* in Keidel/Kuntze/Winkler, § 4 Rn. 19.

621 *Klöcker/Frowein*, § 2 Rn. 8.

622 *Klöcker/Frowein*, § 2 Rn. 8.

sätzlichen Regelung bedürfte[623]. Hier geht es um die Ansprüche der Anteilsinhaber nur eines Rechtsträgers, deren Prüfung in nur einem Spruchverfahren erfolgt. Daher liegt nur eine "Sache" im Sinne des § 4 FGG vor.

b) Beteiligung mehrer übertragender bzw. abhängiger Rechtsträger

Anderes gilt, wenn mehrere Rechtsträger auf einen dritten Rechtsträger verschmolzen werden oder ein herrschendes Unternehmen mit zumindest zwei Aktiengesellschaften Beherrschungs- und/oder Gewinnabführungsverträge schließt. Ausgleich und Abfindung sind hier für jeden übertragenden Rechtsträger bzw. für jede abhängige Aktiengesellschaft gesondert zu ermitteln. Demnach liegen mehrere Verfahrensgegenstände und damit auch mehrere "Sachen" im Sinne des § 4 FGG vor, die in selbständigen Spruchverfahren verhandelt und entschieden werden und für die verschiedene Gerichte gem. § 2 Abs. 1 Satz 1 SpruchG zuständig sein können[624].

Da in beiden Verfahren der Antragsgegner der selbe ist, erklärt § 2 Abs. 1 Satz 2 und 3 SpruchG auch auf diese Konstellation die §§ 4, 5 FGG anwendbar und setzt damit den Schlusspunkt unter einen lange währenden Meinungsstreit über die Begründung einer solchen – vor Geltung des SpruchG nicht geregelten – Zuständigkeitskonzentration[625]. Deren Zweckmäßigkeit ist seit langem anerkannt[626]: Zur Bestimmung der für eine eventuelle Zuzahlung maßgeblichen Verschmelzungswertrelation ist in beiden Verfahren die übernehmende bzw. die herrschende Gesellschaft als Antragsgegner zu bewerten. Es erscheint unsinnig, diese aufwendige und kostenintensive Bewertung für jedes Verfahren und damit doppelt durchzuführen. Werden zudem beide Verfahren vor verschiedenen Gerichten durchgeführt, so be-

---

623 *App*, BB 1995, 267 f.; *Stratz* in Schmitt/Hörtnagl/Stratz, § 306 UmwG Rn. 3; *Krieger* in Lutter, § 2 SpruchG Rn. 4; Stellungnahme des DAV zu § 2 RefE, NZG 2002, 119, 120.

624 BayObLG v. 19.10.2001 – 3Z AR 36/01, AG 2002, 395; *Bilda* in MünchKomm. AktG, § 306 Rn. 12; *Klöcker/Frowein*, § 2 Rn. 4; *Behnke*, NZG 1999, 1175; *Bork*, ZIP 1998, 550, 552.

625 Vor Geltung des SpruchG existierte eine dem § 2 Abs. 1 Satz 2 SpruchG entsprechende Regelung nicht. Die h.M. trat gleichwohl für eine Zuständigkeitsbestimmung durch das gemeinschaftliche obere Gericht analog § 5 Abs. 1 Satz 1 FGG ein; BayObLG v. 19.10.2001, 3Z AR 36/01, AG 2002, 395, 396; *Behnke*, Spruchverfahren, S. 59; *Bilda* in MünchKomm. AktG, § 306 Rn. 13; *Emmerich* in Emmerich/Habersack, § 306 Rn. 7a; *Lutter/Bezzenberger*, AG 2000, 433, 440; andere wollten den Vorgriff eines zuständigen Gerichts analog § 4 FGG genügen lassen; vgl. LG Dortmund v. 10.9.1999 – 20 AktE 7/99, ZIP 1999, 1711, 1712; *Krieger* in Lutter (2. Aufl.), § 306 Rn. 2; zum Teil wurde auch vertreten, eine Zuständigkeitskonzentration sei *de lege lata* nicht möglich, und die beteiligten Gerichte müssten ichre prozessualen Verhaltensweisen "faktisch abstimmen"; vgl. *Bork*, ZIP 1998, 550, 553; *ders.*, NZG 2002, 163, 164.

626 BayObLG v. 19.10.2001 – 3 Z AR 36/01, AG 2002, 395 spricht von einem "überragende[n] praktischen Bedürfnis".

steht die Gefahr widersprechender Bewertungen und damit einander widersprechender Entscheidungen[627].

III. Verfahrensverbindung

Obwohl das SpruchG in §§ 2 Abs. 1 Satz 2 i.V.m. 4, 5 FGG erstmals die Konzentration mehrerer Verfahren gegen denselben Antragsgegner bei einem Gericht vorsieht, bleibt die in der Praxis überaus bedeutsame Frage der Verfahrensverbindung im SpruchG ungeregelt[628]. § 2 Abs. 3 Satz 1 Nr. 8 SpruchG statuiert lediglich die Alleinentscheidungsbefugnis des Vorsitzenden über die Verfahrensverbindung. Die Voraussetzungen der Verfahrensverbindung bleiben dagegen im SpruchG offen. Daher muss auf § 147 ZPO zurückgegriffen werden[629], der auf das Spruchverfahren entsprechend anwendbar ist[630]. Voraussetzung für die Verbindung ist demnach, dass die Ansprüche, die den Gegenstand der zu verbindenden Verfahren bilden, in einem rechtlichen Zusammenhang stehen. Dies ist in den hier zu beurteilenden Fällen der Mehrfachzuständigkeit zu bejahen, weil hier in sämtlichen Verfahren eine einheitliche Bewertung zu erfolgen hat. Erfolgt die Entscheidung über die Verbindung, so ist sie unanfechtbar[631].

C. Sachliche und funktionale Zuständigkeit

Einen weiteren Beitrag zur Verfahrensbeschleunigung können neben den Regeln über die örtliche Zuständigkeit diejenigen über die sachliche Zuständigkeit leisten. Das SpruchG bringt hier keinerlei Neuerungen im Vergleich zum vorherigen Rechtszustand. Sachlich zuständig ist gem. § 2 Satz 1 Satz 1 SpruchG das Landgericht. Ist beim örtlich zuständigen Landgericht eine Kammer für Handelssachen gebildet, so entscheidet diese gem. § 2 Abs. 2 SpruchG an Stelle der Zivilkammer.

I. Reformvorschläge

Vor und während des Gesetzgebungsverfahrens zum SpruchG wurde die Frage der Eingangszuständigkeit häufig in Verbindung mit der des gegen die Entscheidung des ersten Rechtszugs statthaften Rechtsmittels diskutiert. Noch der Referenten-

---

627 *Behnke*, NZG 1999, 1175; *Bilda* in MünchKomm. AktG, § 306 Rn. 12; *Bork*, ZIP 1998, 550.

628 Den Entwurf einer Regelung enthält die Stellungnahme des DAV zu § 2 RefE, NZG 2002, 119, 120.

629 Davon scheint auch BegrRegE zu § 2 SpruchG, BT-Drs. 15/371, S. 13 auszugehen.

630 OLG Frankfurt am Main v. 18.7.1991 – 20 W 204/90, AG 1991, 358; *Bilda* in MünchKomm. AktG, § 306 Rn. 34; *Sternal* in Keidel/Kuntze/Winkler, Vorb §§ 3-5 Rn. 14.

631 OLG Frankfurt am Main v. 18.7.1991 – 20 W 204/90, AG 1991, 358.

entwurf des SpruchG sah in Übereinstimmung mit den Vorschlägen der Literatur[632] sowie der Regierungskommission Corporate Governance[633] vor, die Beschwerde gegen die Entscheidung des ersten Rechtszugs als reine Rechtsbeschwerde auszugestalten, wollte es aber bei der Eingangszuständigkeit des Landgerichts belassen[634]. Diese Beschränkung hielt der Handelsrechtsausschuss des DAV in seiner Stellungnahme zum Referentenentwurf nur dann für vertretbar, wenn im Gegenzug das Verfahren des ersten Rechtszugs vor einem in Bewertungsfragen erfahrenen Spruchkörper stattfinde[635]. Die Kammer für Handelssachen biete hierfür keine Gewähr, da sie mit nur einem Berufsrichter als Vorsitzenden besetzt ist[636]. Vielmehr solle die Zuständigkeit einem mit drei Berufsrichtern besetzten Spruchkörper vorbehalten sein. Gegenüber den Zivilkammern, die diese Voraussetzung ebenso erfüllen (§ 75 GVG), sprachen aus Sicht des DAV die besseren Argumente für die Eingangszuständigkeit der Zivilsenate beim Oberlandesgericht. Sie werde der wirtschaftlichen Bedeutung sowie der juristischen Komplexität besser gerecht. Auch berge die Eingangszuständigkeit der Oberlandesgerichte ein größeres Beschleunigungspotential in sich als das Konzept des Referentenentwurfs. Bewertungsfragen seien im Wesentlichen Rechtsfragen, mit denen sich das Oberlandesgericht ohnehin auch als Beschwerdegericht befassen müsse. Vorbehalte gegen die funktionale Zuständigkeit der Kammer für Handelssachen wurden auch insoweit geltend gemacht, als es sich bei den ehrenamtlichen Handelsrichtern oft um "ortsansässige Geschäftsleute" handle, die im Rechtsstreit eines privaten Kapitalanlegers gegen die Aktiengesellschaft "aufgrund ihrer berufsbedingten Interessenlage ... dem Interesse einer Partei näher" stünden[637].

Das SpruchG ist diesen Anregungen nicht gefolgt. Eine erstinstanzliche Zuständigkeit des Oberlandesgerichtes passe nicht in das bisherige System der Gerichtsverfassung: Sie existiere nur im Strafrecht für bestimmte schwer wiegende Delikte aus dem Staatsschutzbereich[638]. Auch berge die Zuständigkeitsverlagerung für Spruchverfahren die Gefahr in sich, die Bedeutung der Kammern für Handelssachen herabzumindern, wenn diese gem. §§ 95 Abs. 2 GVG i.V.m. 246 Abs. 3 Satz 1 AktG zwar für die Anfechtungsklage, nicht jedoch für das Spruchverfahren zuständig seien. Von Länderseite wurde überdies auf die Überlastung der Oberlandesgerichte hingewiesen[639].

---

632 *Lutter/Bezzenberger*, AG 2000, 433, 446 (§ 158n Abs. 1 Satz 2 FGGE).

633 Bericht der Regierungskommission Corporate Governance bei *Baums* (Hrsg.), Rn. 174.

634 § 13 Abs. 1 RefE SpruchG, NZG 2002, 25, 26.

635 Vgl. hierzu und zum folgenden die Stellungnahme des DAV zu § 2 RefE, NZG 2002, 119, 120; sowie die Stellungnahme des DAV zu § 2 RegE, ZIP 2003, 552, 553.

636 Vgl. § 105 Abs. 1 GVG.

637 *Pfeiffer*, ZIP 1994, 769, 770; *Wenger/Kaserer/Hecker*, ZBB 2001, 317, 329.

638 *Neye*, FS Wiedemann, S. 1127, 1132.

639 *Neye*, ZIP 2002, 2097.

II. "Handelssache" im Sinne des § 95 GVG

Für §§ 306 Abs. 1 Satz 2 a.F. i.V.m. 132 Abs. 1 Satz 2 AktG sowie § 306 Abs. 2 Satz 1 a.F. UmwG war streitig, ob mit der Zuweisung an die Kammer für Handelssachen lediglich in Ergänzung zu § 95 GVG eine Handelssache umschrieben oder aber eine ausschließliche Zuständigkeit begründet wird. Praktische Bedeutung erlangte dieser Streit in den Fällen, in denen bei dem Landgericht eine Kammer für Handelssachen zwar besteht, der Antrag auf Durchführung des Spruchverfahrens jedoch bei der Zivilkammer gestellt wurde. Betrachtete man die in §§ 306 Abs. 1 Satz 2 a.F. i.V.m. 132 Abs. 1 Satz 2 AktG enthaltene Reglung als Umschreibung einer Handelssache im Sinne des § 95 GVG[640], so bedurfte es für die Verweisung an die Kammer für Handelssachen eines Antrags nach § 98 Abs. 1 Satz 1 GVG. An einer Verweisung von Amts wegen war die Zivilkammer wegen § 98 Abs. 3 GVG gehindert[641]. Ordnete man dagegen mit der h.M.[642] die Zuweisung als ausschließliche funktionale Zuständigkeit ein, so war bereits eine förmliche Verweisung nicht erforderlich. Die Zivilkammer konnte den Rechtsstreit vielmehr von Amts wegen formlos an die Kammer für Handelssachen abgeben[643]. Bemerkenswerterweise regelte § 95 Abs. 2 a.F. GVG für das umwandlungsrechtliche Spruchverfahren nach § 306 a.F. UmwG ausdrücklich, dass es sich bei diesem um eine Handelssache im Sinne der Vorschrift handelte. Der durch Art. 5 des Gesetzes zur Neuordnung des gesellschaftsrechtlichen Spruchverfahrens geänderte § 95 Abs. 2 GVG sorgt hier für die Angleichung der zuvor uneinheitlichen Rechtslage und stellt klar, dass in sämtlichen Fällen des § 2 SpruchG eine Handelssache vorliegt.

Gleichwohl besteht zur "normalen" Handelssache ein erheblicher Unterschied. Die §§ 94 ff. GVG regeln keine besondere sachliche Zuständigkeit, sondern beinhalten lediglich eine gesetzliche Geschäftsverteilung[644]. Um die Zuständigkeit der Kammer für Handelssachen für eine Handelssache im Sinne des § 95 GVG zu begründen, bedarf es eines Antrags nach § 96 Abs. 1 GVG oder der Verweisung auf Antrag nach § 98 Abs. 1 Satz 1 GVG. Erfolgt beides nicht, so bleibt es bei der Zuständigkeit der Zivilkammer. Hieraus könnte man den Schluss ziehen, auch die Durchführung des Spruchverfahrens vor der Kammer für Handelssachen stehe unter dem Antragsvorbehalt des § 96 Abs. 1 GVG. Dem steht jedoch der Wortlaut des § 2

---

640 So *Geßler* in Geßler/Hefermehl, § 132 Rn. 31.

641 *Bilda* in MünchKomm. AktG, § 306 Rn. 9; *Gummer* in Zöller, § 98 GVG Rn. 2; *Hüßtege* in Thomas/Putzo, § 98 GVG Rn. 1; *Wittschier* in Musielak, § 98 GVG Rn. 2.

642 *Bilda* in MünchKomm. AktG, § 306 Rn. 9; *Hüffer*, Anh § 305, § 2 SpruchG Rn. 5; *Koppensteiner* in KölnKomm. AktG, § 306 Rn. 5; *Krieger* in Münchener Handbuch AG, § 70 Rn. 112; *ders.* in Lutter (2. Aufl.), § 306 Rn. 3; *Meister/Klöcker* in Kallmeyer, § 306 Rn. 2; *Schwarz* in Widmann/Mayer, § 306 Rn. 5; *Behnke*, Spruchverfahren, S. 57.

643 *Greger* in Zöller, § 281 Rn. 4; *Meister/Klöcker* in Kallmeyer, § 306 Rn. 2; *Schwarz* in Widmann/Mayer, § 306 Rn. 5; im Ergebnis auch *Behnke*, Spruchverfahren, S. 57 sowie *Krieger* in Lutter (2. Aufl.), § 306 Rn. 3, die jedoch verkennen, dass eine förmliche Verweisung bei lediglich funktionaler Unzuständigkeit nicht erforderlich ist.

644 *Gummer* in Zöller, Vorb. § 94 GVG Rn. 1.

Abs. 2 SpruchG entgegen, wonach die Kammer für Handelssachen an der Stelle der Zivilkammer "entscheidet"[645]. Auf einen Antrag kommt es nach diesem eindeutigen Wortlaut nicht an[646].

D. Bewertung der Zuständigkeitsregelungen des SpruchG

Bei der Bewertung der Zuständigkeitsvorschriften des SpruchG ist zu trennen zwischen den Regelungen über örtliche, sachliche und funktionale Zuständigkeit (hierzu unter I.), das im SpruchG vorgesehene Verhältnis zwischen Zuständigkeitsregelungen und Rechtsmittel (hierzu unter II.) sowie das Verfahren bei Mehrfachzuständigkeiten (hierzu unter III.).

I. Örtliche, sachliche und funktionale Zuständigkeit

In Bezug auf die örtliche Zuständigkeit enthalten die Vorschriften des § 2 Abs. 1 Satz 1, Abs. 4 SpruchG lediglich eine Minimallösung. Weder werden die Bundesländer verpflichtet, von der in § 2 Abs. 4 SpruchG enthaltenen Ermächtigung Gebrauch zu machen, noch bietet die Vorschrift die Möglichkeit einer Zuständigkeitskonzentration über Ländergrenzen hinaus. Für die effiziente Bearbeitung komplexer Großverfahren wie dem Spruchverfahren böte sich an, die Verfahren nicht nur eines, sondern mehrer Bundesländer bei einem Gericht in speziellen "Kompetenzzentren" zu konzentrieren[647]. Wie eine solche Regelung gesetzestechnisch realisiert werden kann, zeigt § 140 Abs. 2 Satz 3 MarkenG, der die Länder ermächtigt, Vereinbarungen über die Zuständigkeit in Kennzeichenstreitsachen[648] über Ländergrenzen hinaus zu treffen.

Was die sachliche Zuständigkeit betrifft, so ist den Bedenken, die sich insbesondere gegen eine Eingangszuständigkeit des Oberlandesgerichts richten, nur zum Teil zuzustimmen. Die schon heute bestehende Überlastung der Oberlandesgerichte ist zwar nicht von der Hand zu weisen[649], und eine Ausdehnung der Personalmittel steht in Zeiten knapper öffentlicher Ressourcen kaum zu erwarten. Ob jedoch die

---

645 Siehe hierzu auch *Behnke*, Spruchverfahren, S. 57.

646 *Fritzsche/Dreier/Verfürth*, § 2 Rn. 18; *Klöcker/Frowein*, § 2 Rn. 13; *Krieger* in Lutter, § 2 SpruchG Rn. 8; *Volhard* in MünchKomm. AktG, § 2 SpruchG Rn. 4; *App*, BB 1995, 267, 268.

647 Vgl. *Puszkajler*, ZIP 2003, 518, 520, der drei bis fünf Standorte bundesweit vorschlägt.

648 Zum Begriff der Kennzeichenstreitsache vgl. *Fezer*, § 140 Rn. 2; zur Realisierung der länderübergreifenden Zuständigkeitskonzentration vgl. *Ingerl/Rohnke*, § 140 Rn. 18.

649 So verzeichneten z.B. das OLG Karlsruhe im Geschäftsjahr 2003 88,4 Eingänge pro richterlicher Arbeitskraft in zivilrechtlichen Berufungen und Beschwerden (Quelle: www.olg-karlsruhe.de → Statistik → Geschäftsbelastung beim Oberlandesgericht Karlsruhe) und das OLG Celle im Geschäftsjahr 2000 einen tatsächlichen Richtereinsatz von 67,46 zivilrechtlichen Berufungsverfahren je Richter.

Furcht vor einem Bedeutungsverlust der Kammer für Handelssachen es rechtfertigt, eine Eingangszuständigkeit des Oberlandesgerichts abzulehnen, erscheint fraglich. Dem bisherigen System der Gerichtsverfassung ist sie jedenfalls nicht fremd. Hierzu bedarf es weder des Rückgriffs auf § 120 GVG, der in sog. Staatsschutzsachen die Eingangszuständigkeit der Oberlandesgerichte bestimmt[650], noch auf § 63 Abs. 4 GWB oder § 48 Abs. 4 WpÜG, die das Beschwerdeverfahren gegen Verfügungen der Kartellbehörde bzw. der Bundesanstalt für Finanzdienstleistungsaufsicht regeln[651]. Vielmehr war bereits nach § 30 UmwG 1956 das Oberlandesgericht Spruchstelle des ersten Rechtszuges. Diese Regelung wurde 1965 nicht etwa aus Gründen der System- oder gar Verfassungswidrigkeit, sondern aus Praktikabilitätserwägungen an das Spruchverfahren nach § 306 AktG angepasst, der die Zuständigkeit des Landgerichts und dort der Kammer für Handelssachen bestimmte[652].

Gleichwohl erscheint es richtig, es bei der Eingangszuständigkeit des Landgerichts für das Spruchverfahren zu belassen. Als Grund hierfür ist allerdings nicht die Furcht vor einem Bedeutungsverlust anzuführen. Vielmehr würden im Falle der Eingangszuständigkeit des Oberlandesgerichts die Zuständigkeiten für Anfechtungsklagen und Spruchverfahren auseinander fallen. Dies erscheint bedenklich, weil das Spruchverfahren in bestimmten Fällen, in denen die Anfechtungsklage als rein kassatorisches Rechtsschutzmittel nicht zielführend ist, diese ersetzt. Hinzu kommt, dass die Zivilkammern beim Landgericht gem. § 75 GVG wie die Zivilsenate beim Oberlandesgericht gem. § 122 Abs. 1 GVG mit drei Berufsrichtern besetzt sind und damit – eine gleichzeitige örtliche Konzentration vorausgesetzt – die Entscheidung durch einen in Bewertungsfragen erfahrenen Spruchkörper gewährleistet ist.

Ob es in diesem Zusammenhang jedoch sinnvoll war, an der funktionalen Zuständigkeit der Kammer für Handelssachen festzuhalten, ist dagegen fraglich. Zwar verbietet sich, den in den Kammern für Handelssachen tätigen ehrenamtlichen Richtern von vornherein unterschwellig eine Voreingenommenheit zugunsten des zur Kompensationsleistung verpflichteten Antragsgegners zu unterstellen, wenngleich zuzugeben ist, dass das vereinzelt erwogene Vorschlagsrecht von Interessen-

---

650 Überdies "hinkt" dieser Vergleich: Im Falle der sog. Staatsschutzdelikte wird das Oberlandesgericht nicht – etwa wegen einer besonders hohen Strafandrohung – anstelle des Landgerichts, sondern anstelle des Bundesgerichtshofs tätig; das Oberlandesgericht übt in diesen Fällen gem. § 120 Abs. 6 GVG Bundesgerichtsbarkeit im Sinne des Art. 96 Abs. 5 GG aus. Zweck der Regelung war die Einführung einer zweiten Instanz in Staatsschutzstrafsachen, die es zuvor nicht gab; vgl. hierzu die Nachweise bei *Hannich* in KarlsKomm. StPO, § 120 GVG Rn. 1 ff.

651 Vgl. hierzu *Bungert/Mennicke*, BB 2003, 2021, 2023.

652 BegrRegE zu § 39 EGAktG 1965 bei *Kropff*, S. 566; noch der Referentenentwurf zum AktG 1965 sah im Übrigen in § 282 Abs. 1 Satz 1 (später: § 306 Abs. 1 Satz 1 AktG) in Übereinstimmung mit § 30 Satz 1 UmwG 1956 eine Eingangszuständigkeit des Oberlandesgerichts vor; BegrRefE zu § 282 AktG 1965, S. 143.

verbänden zur Besetzung der Posten als ehrenamtliche Richter[653] wenig geeignet erscheint, das Vertrauen der Antragsteller in die Entscheidung zu fördern. Bedenken bestehen vielmehr, weil die Amtsdauer der ehrenamtlichen Richter regelmäßig auf vier Jahre beschränkt ist und die Amtsdauer für sämtliche ehrenamtlichen Richter eines Gerichts regelmäßig zeitgleich endet. Auch wenn es unter Geltung des SpruchG zu einer signifikanten Verkürzung der Verfahrensdauer kommen sollte, steht daher zu befürchten, dass nicht selten die Amtszeit beider ehrenamtlicher Richter während des Verfahrens endet und sich deren Nachfolger neu in den Verfahrensstoff einarbeiten müssen. Mit der Eingangszuständigkeit einer mit drei Berufsrichtern besetzten Zivilkammer und einer Verstärkung der örtlichen Konzentration der Spruchverfahren wäre, wie oftmals gefordert, eher gewährleistet, dass die Entscheidung im ersten Rechtszug von einem in Bewertungsfragen erfahrenen Spruchkörper gefällt wird. Zuzugeben ist allerdings, dass das generelle Problem des Richterwechsels während eines laufenden Spruchverfahrens auch in diesem Falle nicht völlig ausgeräumt werden könnte[654].

II. Zuständigkeit und Rechtsmittel

Mit der Zuweisung des Spruchverfahrens an einen mit drei Berufsrichtern besetzten Spruchkörper entstünden zugleich Spielräume für eine Einschränkung des Rechtsmittels. Sie wurde im SpruchG trotz der Forderungen aus Literatur und Praxis letztlich nicht realisiert, obwohl § 13 Abs. 1 des Referentenentwurfs zum SpruchG noch die Beschränkung des Rechtsmittels auf die Geltendmachung von Rechtsverletzungen vorsah. Begründet wurde dies mit den Schwierigkeiten bei der Abgrenzung zwischen Rechtsfragen und Tatsachenfragen bei Kritik an einem Bewertungsgutachten[655]. Ob dieses Argument verfängt, ist fraglich. Jedenfalls vor dem Hintergrund der nunmehr obligatorischen gerichtlichen Bestellung der sachverständigen Prüfer und der Einbeziehung sowohl ihrer Person als auch ihrer Berichte in das Spruchverfahren hätte nahe gelegen, neue Beweismittel bzw. andere als die in § 7 Abs. 3 SpruchG genannten Unterlagen im Beschwerdeverfahren nicht zuzulassen. So aber bleibt es bei dem Grundsatz, dass die Beschwerde gem. § 17 Abs. 1 SpruchG i.V.m. § 23 FGG auf neue Tatsachen und neue Beweise gestützt werden kann.

III. Verfahren bei Mehrfachzuständigkeiten

Grundsätzlich Zustimmung verdient die in § 2 Abs. 1 SpruchG erstmals getroffene Regelung über das Verfahren bei Mehrfachzuständigkeiten. Bedenklich ist aller-

---

653 *Puszkajler*, ZIP 2003, 518, 520.
654 Vgl. hierzu *Bungert/Mennicke*, BB 2003, 2021, 2023.
655 *Seibert*, Ausblick, S. 5.

dings, dass § 2 Abs. 1 Satz 2 SpruchG einen Automatismus dahingehend enthält, dass über § 4 FGG stets das Gericht zuständig ist, das zuerst in der Sache tätig geworden ist. Dieser Automatismus führt zu einer Verfahrenskonzentration auch dann, wenn sie ausnahmsweise nicht zweckmäßig erscheint. Dies kann der Fall sein, wenn bei einem Gericht ein relativ einfaches Verfahren anhängig ist und dieses sodann für ein Verfahren zuständig wird, in dem eine große Zahl von Antragstellern umfangreiche Angriffe vortragen[656]. Hiergegen wird zwar eingewandt, durch die Zuständigkeitsbestimmung entsprechend § 4 FGG stehe das zuständige Gericht schneller und unkomplizierter fest als bei einer etwaigen Bestimmung durch das gemeinschaftliche obere Gericht entsprechend § 5 FGG[657]. Überdies sei die Frage, welches der in Betracht kommenden Gerichte das Verfahren letztlich führe, angesichts der üblichen Zuständigkeitskonzentration praktisch bedeutungslos[658]. Dem ist jedoch entgegenzuhalten, dass auch im Falle der örtlichen Konzentration und ihrer Verbindung zur gemeinsamen Verhandlung und Entscheidung jeweils rechtlich selbständige Verfahren vorliegen. *De lege lata* wird für diese Verfahren automatisch die Zuständigkeit eines Gerichts begründet, ohne dass dieses zugleich verpflichtet wird, die Verfahren zu Verbinden, da die Verbindung nach § 147 ZPO[659] fakultativ ist. Dies ist nur schwer nachvollziehbar. Konsequent erschiene vielmehr, sowohl Verfahrenskonzentration als auch Verfahrensverbindung fakultativ auszugestalten, oder aber den Vorgriff nach §§ 4, 5 FGG mit einer obligatorischen Verfahrensverbindung zu kombinieren. Diesen Weg der obligatorischen Verbindung geht das AktG bei Anfechtungs-[660] und Nichtigkeitsklagen[661], und die Ausgangslage ist mit der mehrerer Spruchverfahren gegen denselben Antragsgegner vergleichbar[662].

E. Entscheidungsbefugnis des Vorsitzenden

Bestimmte verfahrensleitende Entscheidungen kann der Vorsitzende nach § 2 Abs. 3 SpruchG allein treffen. Die Vorschrift ist § 306 Abs. 2 Satz 2 a.F. UmwG nachgebildet. Ihr Anwendungsbereich ist auf den Vorsitzenden einer Kammer für Handelssachen beschränkt und greift daher nicht ein, wenn die Zivilkammer zuständig ist, weil bei dem Landgericht keine Kammer für Handelssachen gebildet ist[663]. Die Tatbestände, bei denen die Alleinentscheidungsbefugnis des

---

656 BayObLG v. 19.10.2001 – 3 Z AR 36/01, AG 2002, 395, 396.
657 Stellungnahme des DAV zu § 2 RefE, NZG 2002, 119, 120.
658 Stellungnahme des DAV zu § 2 RefE, NZG 2002, 119, 120.
659 Vgl. oben § 8 B. III. (S. 146).
660 § 246 Abs. 3 Satz 3 AktG.
661 § 249 Abs. 2 Satz 1 AktG.
662 Diesen Ansatz verfolgt auch der Entwurf einer Regelung in der Stellungnahme des DAV zu § 2 RefE, NZG 2002, 119, 120.
663 *Hüffer*, Anh § 305, § 2 SpruchG Rn. 6; *Klöcker/Frowein*, § 2 Rn. 14; *Krieger* in Lutter, § 2 SpruchG Rn. 9; *Volhard* in MünchKomm. AktG, § 2 SpruchG Rn. 7.

Vorsitzenden der Kammer für Handelssachen besteht, werden an jeweils entsprechender Stelle behandelt.

F. Annexzuständigkeit für Leistungsklagen

Da die Entscheidung des Gerichts gem. § 13 Satz 2 SpruchG rechtsgestaltend wirkt[664], können die Antragsteller aus ihr nicht die Zwangsvollstreckung betreiben. Leistet der Antragsgegner die festgesetzte erhöhte Kompensation nicht freiwillig, so sind die Antragsteller darauf angewiesen, sie im Wege der Leistungsklage geltend zu machen[665]. Weil jedoch § 2 SpruchG für die Zuständigkeit im Spruchverfahren an den Sitz des Rechtsträgers anknüpft, dessen Anteilsinhaber antragsberechtigt sind, die Leistungsklage dagegen gegen den Antragsgegner und nach Maßgabe des § 17 ZPO beim Gericht seines Sitzes zu erheben ist[666], bestünde die Gefahr von Zuständigkeitsdivergenzen. Dem beugt § 16 SpruchG vor. Ausschließlich zuständig für die Klage auf Leistung der Kompensation, die im Spruchverfahren bestimmt worden ist, ist das Gericht des ersten Rechtszuges und dort derselbe Spruchkörper, der nach Maßgabe des § 2 SpruchG mit dem Verfahren zuletzt inhaltlich befasst war[667].

§ 9 Antrag, Antragsbegründung und Antragsfrist

Wie sämtliche echte Streitverfahren der freiwilligen Gerichtsbarkeit ist auch das Spruchverfahren ein Antragsverfahren. Der Antrag erfüllt eine doppelte Funktion. Als Verfahrensantrag leitet er das Spruchverfahren ein[668] und eröffnet den Beteiligten so auch die Disposition über den Verfahrensgegenstand. Wird der Antrag nämlich vor einer Entscheidung in der Hauptsache zurückgenommen, so wird dem Verfahren die Grundlage entzogen und es endet[669]. Seine weitere Bedeutung bezieht der Antrag aus seiner Eigenschaft als Sachantrag. Er bindet das Gericht da-

---

664 Vgl. unten § 13 A. II. (S. 232 ff.).

665 *Grunewald* in Lutter, § 16 SpruchG Rn. 1; *Hüffer*, Anh § 305, § 16 SpruchG Rn. 2; *Volhard* in MünchKomm. AktG, § 16 SpruchG Rn. 1.

666 Ist, was beim Squeeze-out der Fall sein kann, der Antragsgegner eine natürliche Person, so bestimmt sich der Gerichtsstand nach § 12 ZPO; im Übrigen gilt § 17 ZPO auch für die teilrechtsfähigen Personenhandelsgesellschaften sowie für die Gesellschaft bürgerlichen Rechts; LG Bonn v. 20.2.2002 – 2 O 111/01, NZG 2002, 672, 673; *Putzo* in Thomas/Putzo, § 17 Rn. 1 i.V.m. § 50 Rn. 4; *Smid* in Musielak, § 17 Rn. 3; *Vollkommer* in Zöller, § 17 Rn. 5 i.V.m. § 50 Rn. 18.

667 *Grunewald* in Lutter, § 16 SpruchG Rn. 3; zur Bedeutung des § 16 SpruchG für Klagen nach einem gerichtlichen Vergleich vgl. § 14 C. I. (S. 277).

668 *Schmidt* in Keidel/Kuntze/Winkler, § 12 Rn. 22; *Bärmann*, Freiwillige Gerichtsbarkeit, S. 90 f.; *Bassenge* in Bassenge/Herbst/Roth, Einleitung Rn. 4; *Baur*, Freiwillige Gerichtsbarkeit, S. 163; *Schlegelberger*, § 12 Rn. 2.

669 Vgl. hierzu unten § 13 B. II. (S. 248).

hingehend, dass es dem Antrag nur – ganz oder zum Teil – stattgeben oder ihn abweisen kann[670]. Allerdings bestehen insoweit Unterschiede zum Zivilprozess. Während dort § 253 Abs. 2 Nr. 2 ZPO vom Kläger einen bestimmten Sachantrag verlangt und hiervon nur einzelne Ausnahmen zulässig sind, sind im Spruchverfahren die Pflichten zur Konkretisierung des Antrags eingeschränkt[671]. In seiner Eigenschaft als Verfahrensantrag ist er im Übrigen zugleich Verfahrensvoraussetzung. Das Vorliegen des Antrags ist in jeder Lage des Verfahrens von Amts wegen zu prüfen[672].

Der Antragsteller, der das Spruchverfahren betreiben will, muss antragsberechtigt sein (hierzu unter A.). § 4 SpruchG verlangt von ihm erstmals ausdrücklich eine Antragsbegründung (hierzu unter B.). Wie schon vor Geltung des SpruchG sind sowohl der Antrag (hierzu unter C.) als auch die Antragsbegründung fristgebunden (hierzu unter D.). Erstmals wird im SpruchG geregelt, gegen wen der Antrag zu richten ist (hierzu unter E.). Wird gegen die Vorschriften über Antragsbegründung, Antragsfirst und Antragsgegner verstoßen, so stellt sich die Frage der Rechtsfolgen solcher Verstöße (hierzu unter F.).

A. Antragsberechtigung

Voraussetzung der wirksamen Antragstellung ist, dass der Antragsteller antragsberechtigt[673] ist. Dies entsprach bereits vor Geltung des SpruchG der herrschenden Auffassung[674]. § 3 SpruchG regelt die Antragsberechtigung erstmals ausdrücklich. Die Antragsberechtigung folgt aus der Zugehörigkeit zu einer bestimmten Personengruppe (hierzu unter I.) zu einem bestimmten Zeitpunkt (hierzu unter II.). Unter Umständen ist die Erfüllung weiterer Voraussetzungen erforderlich (hierzu unter III.). Fraglich ist die Rechtsnatur der Antragsberechtigung, insbesondere wenn ihr Missbrauch im Raume steht (hierzu unter IV.), oder ein Rechtsnachfolger das Spruchverfahren betreiben will (hierzu unter V.). Schließlich ergeben sich Zweifelsfragen im Zusammenhang mit dem Nachweis der Antragsberechtigung (hierzu unter VI.).

I. Erfasster Personenkreis

In Bezug auf den Kreis der antragsberechtigten Personen greift § 3 Satz 1 SpruchG die schon vor seiner Geltung maßgeblichen Grundsätze klarstellend auf. Gem. § 3

---

670 *Amelung* in Keidel/Kuntze/Winkler, § 12 Rn. 23; *Bärmann*, Freiwillige Gerichtsbarkeit, S. 92 f.

671 *Schwarz* in Widmann/Mayer, § 305 Rn. 38; zum Tenor siehe § 13 A. III. (S. 233 ff.).

672 *Schmidt* in Keidel/Kuntze/Winkler, § 12 Rn. 22; *Jansen*, Vorbem. §§ 8-18 Rn. 8; *Schulenberg*, AG 1998, 74, 81.

673 Zur Terminologie vgl. die Nachweise bei *Schulenberg*, AG 1998, 74, 75.

674 Vgl. etwa *Hüffer* (5. Aufl.), § 306 Rn. 5 i.V.m. § 304 Rn. 23 ff. und § 305 Rn. 33.

Satz 1 Nr. 1 SpruchG ist im Spruchverfahren nach Abschlusses eines Unternehmensvertrages jeder aussenstehende Aktionär und gem. § 3 Satz 1 Nr. 2 SpruchG im Spruchverfahren nach einer Mehrheitseingliederung und nach einem Squeeze-out jeder ausgeschiedene Aktionär antragsberechtigt. Für Spruchverfahren nach einer Umwandlung sowie nach der Gründung oder Sitzverlegung einer SE verweisen § 3 Satz 1 Nr. 3 und 4 SpruchG zur Bestimmung des antragsberechtigten Personenkreises auf die in § 1 Nr. 4 und 5 SpruchG genannten Normen des UmwG sowie des SEAG.

1. *Mehrheitseingliederung und Squeeze-out*

Im Spruchverfahren nach einer Mehrheitseingliederung oder einem Squeeze-out sind mit den in § 3 Satz 1 Nr. 2 SpruchG genannten ausgeschiedenen Aktionären all diejenigen Aktionäre antragsberechtigt, die ihre Mitgliedschaft durch die Strukturmaßnahme verloren haben[675].

2. *Unternehmensvertrag und Umwandlung*

Der Abschluss eines Unternehmensvertrags und die Umwandlung weisen gegenüber der Mehrheitseingliederung und dem Squeeze-out den Unterscheid auf, dass sie die Mitgliedschaft als solche unberührt lassen, wobei sie im Falle der Umwandlung als Mitgliedschaft am Rechtsträger neuer Rechtsform fortbesteht. Antragsberechtigt ist gem. § 3 Satz 1 Nr. 1 und 3 SpruchG jeder außenstehende Aktionär bzw. im UmwG bezeichnete Anteilsinhaber. Bei Aktiengesellschaften genügt der Besitz einer einzigen Aktie[676]. Das Gesetz kennt insofern keine Bagatellgrenze.

3. *Europäische Gesellschaft (SE)*

Das zuvor zum Unternehmensvertrag sowie zur Umwandlung Gesagte gilt grundsätzlich auch für das Spruchverfahren nach der Gründung oder Sitzverlegung einer SE. Auch dort setzt sich im Falle der Gründung durch Verschmelzung die Mitgliedschaft an der Gründungsgesellschaft in der Mitgliedschaft an der SE fort. Im Falle der Gründung einer Holding-SE oder der Sitzverlegung einer SE bleibt die Mitgliedschaft an der Gründungsgesellschaft bzw. die Mitgliedschaft an der SE gänzlich unberührt. Antragsberechtigt ist daher gem. § 3 Satz 1 Nr. 4 SpruchG je-

---

675 *Büchel*, NZG 2003, 793, 794; *Hüffer*, Anh § 305, § 3 SpruchG Rn. 3.

676 KG v. 15.12.1970 – 1 W 2982/69, AG 1971, 158, 159; *Geßler* in Geßler/Hefermehl, § 304 Rn. 137; *Godin/Wilhelmi*, § 304 Anm. 10; *Hüffer*, Anh § 305, § 3 SpruchG Rn. 2; *Koppensteiner* in KölnKomm. AktG, § 304 Rn. 62; *Krieger* in Lutter, § 3 SpruchG Rn. 2; *ders.* in Münchener Handbuch AG, § 70 Rn. 114; *Würdinger* in Großkomm. AktG (3. Aufl.), § 304 Anm. 31.

der in den in § 1 Nr. 5 SpruchG angeführten Vorschriften des SEAG bezeichnete Anteilsinhaber. Während bei der Sitzverlegung keine Schwierigkeiten in Bezug auf die Bestimmung des Kreises der Antragsberechtigten bestehen, gelten für die Gründung einer SE durch Verschmelzung und für die Gründung einer Holding-SE Besonderheiten.

a) Sitzverlegung

Keine Schwierigkeiten ergeben sich bei der Beurteilung der Antragsberechtigung im Spruchverfahren nach Verlegung des Sitzes einer SE vom Inland in einen anderen Mitgliedstaat. Hier ist jeder Aktionär der SE antragsberechtigt.

b) Gründung

Was die Antragsberechtigung im Spruchverfahren nach der Gründung einer SE durch Verschmelzung oder der Gründung einer Holding-SE betrifft, so sind drei Gruppen von Anteilsinhabern zu unterscheiden:

- Anteilsinhaber einer Gründungsgesellschaft mit Sitz im Inland,
- Anteilsinhaber einer Gründungsgesellschaft mit Sitz in einem anderen Mitgliedstaat, dessen Recht ein Verfahren zur Kontrolle und Änderung des Umtauschverhältnisses der Aktien oder zur Abfindung von Minderheitsaktionären kennt sowie
- Anteilsinhaber einer Gründungsgesellschaft mit Sitz in einem anderen Mitgliedstaat, dessen Recht ein solches Verfahren nicht kennt.

Antragsberechtigt sind gem. §§ 3 Nr. 4 i.V.m. 1 Nr. 5 SpruchG i.V.m. den Vorschriften des SEAG nur die (früheren) Anteilsinhaber einer Gründungsgesellschaft mit Sitz im Inland sowie die Anteilsinhaber einer Gründungsgesellschaft mit Sitz in einem anderen Mitgliedstaat, dessen Recht ein Verfahren zur Kontrolle und Änderung des Umtauschverhältnisses der Aktien oder zur Abfindung von Minderheitsaktionären kennt. Nicht antragsberechtigt sind dagegen die Anteilsinhaber einer Gründungsgesellschaft mit Sitz in einem anderen Mitgliedstaat, dessen Recht ein Verfahren zur Kontrolle und Änderung des Umtauschverhältnisses der Aktien oder zur Abfindung von Minderheitsaktionären nicht kennt. Ihre Interessen werden im Spruchverfahren durch das Recht geschützt, gem. § 6a SpruchG die Bestellung eines besonderen gemeinsamen Vertreters zu beantragen[677].

---

[677] Vgl. hierzu § 10 A. IV. (S. 189).

II. Maßgeblicher Zeitpunkt

Ebenso wie § 3 Satz 1 SpruchG erstmals ausdrücklich den Kreis der antragsberechtigten Anteilsinhaber bestimmt, regelt § 3 Satz 2 SpruchG erstmals die zuvor umstrittene Frage, zu welchem Zeitpunkt der Antragsteller Anteilsinhaber (gewesen) sein muss: Im Spruchverfahren nach Abschluss eines Unternehmensvertrags, nach einer Umwandlung und nach der Gründung oder Sitzverlegung einer SE ist erforderlich, aber auch ausreichend, dass die Stellung als Anteilsinhaber zum Zeitpunkt der Antragstellung gegeben ist[678]. Damit folgt das SpruchG der vor seiner Geltung wohl herrschenden Auffassung[679]. Weder ist also erforderlich, dass der Antragsteller bereits im Zeitpunkt der Beschlussfassung der Hauptversammlung über den Abschluss des Unternehmensvertrags Aktionär war[680], noch muss die Aktionärseigenschaft zum Zeitpunkt der Bekanntmachung des Bestehens des Unternehmensvertrags nach Maßgabe des § 10 HGB vorgelegen haben[681].

Im Spruchverfahren nach einer Mehrheitseingliederung und einem Squeeze-out folgt aus dem Wortlaut des § 3 Satz 1 Nr. 2 SpruchG ("ausgeschiedene Aktionär"), dass die Antragsberechtigung bereits mit der Eintragung der Strukturmaßnahme in das Handelsregister gegeben ist[682]: Mit der Eintragung verliert der Aktionär sein Mitgliedschaftsrecht[683], ohne dass es auf die Bekanntmachung ankäme.

III. Weitergehende Anforderungen

Bei Unternehmensverträgen und Umwandlungen ist für die Antragsberechtigung unerheblich, ob der Anteilsinhaber für oder gegen die Durchführung der Strukturmaßnahme gestimmt hat[684]. Auch der Anteilsinhaber, der eine Strukturmaßnahme befürwortet, kann ein Interesse daran haben, eine Anpassung der Kompensation zu erhalten, die er für die erlittene Einbuße erhält[685]. Etwas anderes gilt nach h.M. für

---

678 *Wasmann*, WM 2004, 819, 822.

679 *Baumbach/Hueck*, § 304 Rn. 13; *Bilda* in MünchKomm. AktG, § 304 Rn. 218; *Emmerich* in Emmerich/Habersack, § 304 Rn. 86; *Koppensteiner* in KölnKomm. AktG, § 304 Rn. 63; *Behnke*, Spruchverfahren, S. 77 f.; *Hüchting*, Beherrschungsvertrag, S. 72; *van Aerssen*, AG 1999, 250, 254; *Meilicke/Hohlfeld*, BB 1972, 1249 f.; *Schneider*, NJW 1971, 1109, 1110.

680 So zuvor KG v. 15.12.1970 – 1 W 2982/69, AG 1971, 158, 159; *Krieger* in Lutter, § 3 SpruchG Rn. 5; *Würdinger* in Großkomm. AktG (3. Aufl.), § 304 Anm. 31.

681 So zuvor *Geßler* in Geßler/Hefermehl, § 304 Rn. 133; *Hüffer* (5. Aufl.), § 304 Rn. 24; *Krieger* in Münchener Handbuch AG, § 70 Rn. 114; *Rutkowsky*, NJW 1972, 641, 642.

682 LG Frankfurt am Main v. 10.3.2004 – 3-5 O 74/03, AG 2004, 392; *Wasmann*, WM 2004, 819, 822.

683 Vgl. oben § 3 B. II. 1. (S. 53 f., Mehrheitseingliederung) sowie § 3 C. III. 1. (S. 57, Squeeze-out).

684 *Bilda* in MünchKomm. AktG, § 304 Rn. 210; *Geßler* in Geßler/Hefermehl, § 304 Rn. 136; *Godin/Wilhelmi*, § 304 Anm. 10; *Hüffer*, Anh § 305, § 3 SpruchG Rn. 4; *Koppensteiner* in KölnKomm. AktG, § 304 Rn. 62; *Volhard* in MünchKomm. AktG, § 3 SpruchG Rn. 4.

685 *Godin/Wilhelmi*, § 304 Anm. 10.

den Austritt gegen Barabfindung nach einer sog. Mischverschmelzung gem. § 29 UmwG. Das Austrittsrecht besteht gem. § 29 Abs. 1 Satz 1 UmwG nur für diejenigen Anteilsinhaber, die gegen den Verschmelzungsbeschluss Widerspruch zur Niederschrift erklärt haben. Dies setzt nach h.M. voraus, dass sie gegen die Verschmelzung gestimmt haben[686]. Auch in den Fällen der Gründung einer SE durch Verschmelzung knüpft § 7 Abs. 1 Satz 1 SEAG die Gewährung der Barabfindung an die Voraussetzung, dass der betreffende Aktionär gegen den Verschmelzungsbeschluss Widerspruch zur Niederschrift erklärt hat. Dasselbe Erfordernis stellen § 9 Abs. 1 Satz 1 SEAG für den Zustimmungsbeschluss zum Gründungsplan im Falle der Gründung einer Holding-SE sowie § 12 Abs. 1 Satz 1 SEAG für den Verlegungsbeschluss im Falle der Sitzverlegung einer SE auf. Wie bei § 29 Abs. 1 Satz 1 UmwG ist auch hier zu fordern, dass der Barabfindungsanspruch und damit auch die Antragsberechtigung im Spruchverfahren nur zugunsten desjenigen besteht, der gegen die jeweilige Maßnahme gestimmt hat.

Etwas anderes gilt für den Ausgleich durch bare Zuzahlung, der gem. § 6 Abs. 2 SEAG bei Gründung einer SE durch Verschmelzung sowie gem. §§ 11 Abs. 2 i.V.m. 6 Abs. 2 SEAG bei Gründung einer Holding-SE zu gewähren ist. Hier hat der Gesetzgeber auf das Widerspruchserfordernis ausdrücklich verzichtet[687], obwohl Art. 24 Abs. 2 und Art. 34 SE-VO, auf die sowohl die Ausgleichs- als auch die Barabfindungstatbestände des SEAG gestützt werden, Vorschriften zum angemessenen Schutz nur für solche Minderheitsaktionäre zulassen, "die sich gegen die Verschmelzung ausgesprochen" (Art. 24 Abs. 2 SE-VO) bzw. die Gründung der Holding-SE abgelehnt haben (Art. 34 SE-VO). Dahinter steht die bereits angesprochene und zutreffende Erwägung, dass auch der Anteilsinhaber, der eine Strukturmaßnahme befürwortet, ein Interesse daran haben kann, eine Anpassung der baren Zuzahlung zu erhalten[688].

IV. Rechtsnatur der Antragsberechtigung

Die Bedeutung des Antrags als Verfahrensvoraussetzung einerseits und die Anknüpfung der Antragsberechtigung an das materielle Recht andererseits werfen die Frage nach der Rechtsnatur der Antragsberechtigung auf. Bedeutsam ist sie in Fällen, in denen der Missbrauch des Antragsrechts im Raume steht. Dies kann der Fall sein, wenn mit der Antragstellung Ziele verfolgt werden, die mit Ausgleich und Ab-

---

686 LG Dortmund v. 3.5.2004 – 20 O 50/04 AktG, AG 2004, 623; *Bork* in Lutter, § 29 Rn. 10; *Semler/Grunewald* in Geßler/Hefermehl, § 375 Rn. 4; *Stratz* in Schmitt/Hörtnagl/Stratz, § 29 Rn. 13; *Vollrath* in Widmann/Mayer, § 29 Rn. 24; *Zöllner* in KölnKomm. AktG, § 375 Rn. 5; a.A. *Marsch-Barner* in Kallmeyer, § 29 Rn. 13; *Behnke*, Spruchverfahren, S. 84 f.; vgl. auch *Krieger* in Lutter, § 3 SpruchG Rn. 6, der das Widerspruchserfordernis für sämtliche umwandlungsrechtlichen Strukturmaßnahmen fordert.

687 BegrRegE zu §§ 6 und 11 SEAG, BT-Drs. 15/3405, S. 32 und 34.

688 BegrRegE zu § 6 SEAG, BT-Drs. 15/3405, S. 32.

findung in keinem sachlichen Zusammenhang stehen[689]. Praktisch bedeutsam sind auch die Fälle, in denen der Antrag mit dem Ziel gestellt wird, einen "Lästigkeitswert" aufzubauen und gegen Antragsrücknahme auf Grund einer außergerichtlichen Vereinbarung Sonderzuwendungen zu erhalten[690].

1. Zurückweisung wegen fehlender Antragsberechtigung

Einigkeit besteht darüber, dass es dem Gericht im Falle des Missbrauchs des Antragsrechts gestattet sein muss, den Antrag zurückzuweisen und dass diese Zurückweisung an das Fehlen der Antragsberechtigung anknüpft[691]. Uneinigkeit besteht allerdings hinsichtlich der Rechtsfolgen dieser Zurückweisung. Sie ergeben sich aus der Rechtsnatur der Antragsberechtigung. Begreift man die Antragsberechtigung lediglich als Verfahrensvoraussetzung bzw. als Teil einer Verfahrensvoraussetzung "ordnungsgemäße Antragstellung", so ist bei Nichtvorliegen dieser Verfahrensvoraussetzung der Antrag als unzulässig zurückzuweisen. Ordnet man dagegen die Antragsberechtigung der materiellen Berechtigung des Antragstellers zu, so betrifft dies Begründetheit des Antrags.

Die Rechtsfolgen einer Zurückweisung "als unzulässig" oder "als unbegründet" unterscheiden sich hinsichtlich des Umfangs ihrer Rechtskraft. Misst man der Antragsberechtigung materiell-rechtliche Bedeutung zu, so erwächst bei Zurückweisung des Antrags wegen fehlender Antragsberechtigung die Entscheidung über das Nichtbestehen dieses Rechts in materielle Rechtskraft. Folge ist, dass der betreffende Antragsteller an die Entscheidung gebunden ist[692] und ein erneuter Antrag ohne Sachprüfung als unzulässig abzuweisen ist[693].

Anders dagegen, wenn man in der Antragsberechtigung eine Verfahrensvoraussetzung sieht. Fehlt sie und wird deswegen der Antrag ohne Rücksicht auf seine sachliche Begründetheit als unzulässig zurückgewiesen[694], so erwächst nur die Entscheidung über das festgestellte Verfahrenshindernisses in Rechtskraft; dagegen er-

---

689 Vgl. hierzu das bei *Lehmann* in Timm (Hrsg.), Aktionärsverhalten, S. 51, 58 ff. dargestellte – nach Angabe des Autors authentische – Beispiel, in dem der Aktionär zugleich Kunde der abfindungspflichtigen Gesellschaft war und durch seine Drohung mit der Einleitung des Spruchverfahrens versuchte, verbesserte Lieferkonditionen zu erreichen.

690 *Hüffer*, Anh § 305, § 3 SpruchG Rn. 8.

691 *Emmerich* in Emmerich/Habersack, § 306 Rn. 10; *Hüffer*, Anh § 305, § 3 SpruchG Rn. 9; *Koppensteiner* in KölnKomm. AktG, § 306 Rn. 4; *Behnke*, Spruchverfahren, S. 67 f.; *Diekgräf*, Sonderzahlungen, S. 303 f.; *Seetzen*, WM 1999, 565, 568.

692 So die herrschende prozessuale Rechtskrafttheorie; *Bärmann*, Freiwillige Gerichtsbarkeit, S. 157; *Reichold* in Thomas/Putzo, § 322 Rn. 6; *Vollkommer* in Zöller, Vor § 322 Rn. 17; *Zimmermann* in Keidel/Kuntze/Winkler, § 31 Rn. 18.

693 BGH v. 17.2.1983 – III ZR 174/81, NJW 1983, 2032; BGH v. 8.5.1980 – III ZR 27/77, NJW 1980, 2814, 2815; *Zimmermann* in Keidel/Kuntze/Winkler, § 31 Rn. 22b.

694 *Behnke*, Spruchverfahren, S. 67 zieht zutreffend die Parallele zum "Prozessurteil" des Zivilprozesses.

geht keine den Verfahrensgegenstand betreffende Sachentscheidung[695]. Der Antrag kann also unter geänderten Verfahrensvoraussetzungen wiederholt werden[696].

2. *Meinungsstand*

Diejenigen, die der Antragsberechtigung die Bedeutung einer Verfahrensvoraussetzung beimessen, stellen den Charakter des Spruchverfahrens als Antragsverfahren der freiwilligen Gerichtsbarkeit in den Vordergrund. Der Antrag im Antragsverfahren sei seiner Natur nach Verfahrensantrag und damit Teil der Verfahrensvoraussetzung "ordnungsgemäße Antragstellung". Die Antragsberechtigung sei eine Komponente dieser Verfahrensvoraussetzung[697].

Die Befürworter einer "Unbegründetheitsabweisung" ziehen dagegen dagegen Parallele zur aktienrechtlichen Anfechtungsklage[698]. Ihr liegt nach h.M. ein privates Gestaltungsrecht des Aktionärs gegenüber der Gesellschaft, die Anfechtungsbefugnis, zugrunde[699]. Dessen Ausübung ist jedoch nicht wie im Bürgerlichen Recht durch einfache Willenserklärung, sondern nur im Klageweg möglich[700]. Diese Grundsätze sollen auf die Antragsberechtigung im Spruchverfahren übertragbar sein, jedoch mit der Maßgabe, dass ihr nicht ein privates Gestaltungsrecht gegenüber dem Antragsgegner, sondern ein Recht auf richterliche Vertragsgestaltung zugrunde liege[701].

3. *Stellungnahme*

Im Kern zutreffend ziehen die Befürworter einer "Begründetheitsabweisung" zur Einordnung der Antragsberechtigung im Spruchverfahren die von Rechtsprechung

---

695 *Zimmermann* in Keidel/Kuntze/Winkler, § 31 Rn. 22b.

696 *Greger* in Zöller, Vor § 253 Rn. 9 für den Zivilprozess.

697 OLG Stuttgart v. 13.9.2004 – 20 W 13/04, AG 2005, 301, 304; *Schneider*, NJW 1971, 1109, 1111; *Schulenberg*, AG 1998, 74, 76.

698 OLG Frankfurt am Main v. 16.9.1971 – 13 W 182/70, NJW 1972, 641, 642; *Geßler* in Geßler/Hefermehl, § 304 Rn. 132; *Hüffer*, Anh § 305, § 3 SpruchG Rn. 9; *Schulenberg*, AG 1998, 74, 75; *Würdinger* in Großkomm. AktG (3. Aufl.), § 305 Anm. 19; wohl auch *Seetzen*, WM 1999, 565, 568, der sich in Fn. 45 auf den Meinungsstand zur Anfechtungsklage bezieht; a.A. *Meilicke/Hohlfeld*, BB 1972, 1249.

699 BGH v. 15.6.1992 – II ZR 173/91, AG 1992, 448, 449; OLG Frankfurt am Main v. 22.12.1995 – 5 W 42 u. 43/95, AG 1996, 135, 136; OLG Karlsruhe v. 7.2.1992 – 15 U 305/90, AG 1992, 273; *Hirte*, BB 1988, 1469, 1472; *Hüffer*, § 245 Rn. 26; *ders.* in MünchKomm. AktG, § 245 Rn. 58; *Zöllner* in KölnKomm. AktG, § 245 Rn. 89; *ders.* in *Semler* (Hrsg.) Reformbedarf, S. 147, 158; *Bötticher*, FS Dölle I, S. 41, 54 ff.

700 *Hüffer*, § 245 Rn. 2; *ders.* in MünchKomm. AktG, § 245 Rn. 2; *Noack*, AG 1989, 78, 83; *Semler* in Münchener Handbuch AG, § 41 Rn. 49; *Zöllner* in Semler (Hrsg.), Reformbedarf, S. 147, 158; a.A. *K. Schmidt* in Großkomm. AktG, § 245 Rn. 6 f.

701 *Diekgräf*, Sonderzahlungen, S. 304; *Hüffer*, Anh § 305, § 3 SpruchG Rn. 9.

und Literatur entwickelten Grundsätze über die Anfechtungsbefugnis nach § 245 AktG heran. Die Berechtigung, im Spruchverfahren eine Anpassung der Kompensation zugesprochen zu erhalten, tritt an die Stelle des Anfechtungsrechts. Konsequenterweise ist auch die Entscheidung im Spruchverfahren gem. § 13 Satz 2 SpruchG wie das Urteil auf die Anfechtungsklage (§ 248 Abs. 1 Satz 1 AktG) eine Gestaltungsentscheidung, die unmittelbar auf das zwischen den Beteiligten bestehende Rechtsverhältnis einwirkt und die für und gegen alle gilt[702]. Dass sich die Antragsberechtigung ebenso wie die Anfechtungsbefugnis aus dem materiellen Recht ableitet, ist zu Recht unbestritten[703]. Die Zurückhaltung, ihr eine ausschließlich materiell-rechtliche Bedeutung beizumessen, dürfte wohl daraus resultieren, dass diese Bedeutung mit der *inter omnes*-Wirkung des § 13 Satz 2 SpruchG nur schwer vereinbar zu sein scheint: Geht man nämlich davon aus, die Entscheidung über die Antragsberechtigung erwachse in materielle Rechtskraft, so verleitet dies zu der Annahme, der nicht (mehr) antragsberechtigte Anteilsinhaber nehme nicht an der *inter omnes*-Wirkung des § 13 Satz 2 SpruchG teil[704].

Dies ist indessen nicht der Fall. Bei der Frage der Antragsberechtigung geht es darum, ob gerade der antragstellende Anteilsinhaber berechtigt ist, die Unangemessenheit der Kompensation gerichtlich geltend zu machen[705]. Ergeht nach Zurückweisung seines Antrags ohne sein Zutun die Entscheidung nach §§ 11, 13 SpruchG, so kommt er selbstverständlich ebenso in den Genuss der erhöhten Kompensation, wie auch der Hauptversammlungsbeschluss nach einem stattgebenden Anfechtungsurteil gegenüber demjenigen Aktionär nichtig ist, dessen Anfechtungsklage zuvor wegen fehlender Anfechtungsbefugnis abgewiesen wurde.

Die Antragsberechtigung des § 3 SpruchG ist daher als Ausfluss der materiellen Berechtigung des Antragstellers zu verstehen, deren Fehlen zur Unbegründetheit seines Antrags führt und die gleich zu behandeln ist wie die Anfechtungsbefugnis bei der Anfechtungsklage. Damit ist noch nichts darüber gesagt, ob diese Recht öffentlich-rechtlicher oder privatrechtlicher Natur ist. Man kann das der Antragsberechtigung zugrunde liegende materielle Recht – wie die h.M. zur Anfechtungsklage[706] – als privates Gestaltungsrecht gegen den Antragsgegner, oder als subjektives öffentliches Recht gegen den Staat auf Vornahme einer richterlichen Gestaltung begreifen[707], und auf den ersten Blick scheinen die besseren Argumente für ein

---

702 *Greger* in Zöller, Vor § 253 Rn. 8; *Hartmann* in Baumbach/Lauterbach, Grundz § 253 Rn. 10; *Reichold* in Thomas/Putzo, Vorbem § 253 Rn. 5.

703 *Bork* in Lutter, § 15 Rn. 2; *Heckschen* in Zimmermann, § 15 Rn. 7 ff.; *Hüffer*, Anh § 305, § 3 SpruchG Rn. 9; *Schneider*, NJW 1971, 1109, 1111; *Schulenberg*, AG 1998, 74, 76; so wohl auch OLG Stuttgart v. 13.9.2004 – 20 W 13/04, AG 2005, 301, 303.

704 Dies verkennt OLG Stuttgart v. 13.9.2004 – 20 W 13/04, AG 2005, 301, 303.

705 Vgl. BayObLG v. 1.12.2004 – 3Z BR 106/04, NZG 2005, 312, 314, wo vom "Anspruch auf Durchführung eines Spruchverfahrens" die Rede ist.

706 Vgl. die Nachweise in Fn. 699.

707 *Diekgräf*, Sonderzahlung, S. 304; *Hüffer*, Anh § 305, § 3 SpruchG Rn. 9; wohl auch BayObLG v. 1.12.2004 – 3Z BR 106/04, NZG 2005, 312, 314; für die Anfechtungsklage

Recht auf richterliche Vertragsgestaltung und gegen ein privates Gestaltungsrecht zu sprechen: Anders als der Anfechtungskläger begehrt der Antragsteller des Spruchverfahrens nicht lediglich die Beseitigung eines Beschlusses der Hauptversammlung und damit die Herstellung des *status quo ante*. Vielmehr will der Antragsteller im Spruchverfahren die bisherige Rechtslage zu seinen Gunsten fortentwickeln und ist hierbei auf gerichtliche Hilfe angewiesen.

Allerdings gilt es, bei der Einordnung der Antragsberechtigung nicht das der Gestaltungsklage zugrunde liegende subjektive private Recht aus den Augen zu verlieren. Der Anspruch auf angemessenen Ausgleich oder angemessene Abfindung ist ein privatrechtlicher Anspruch gegenüber dem Antragsgegner, der früher im Wege der Leistungsklage geltend zu machen war[708]. Dass der Antragsteller nunmehr der gerichtlichen Entscheidung nach §§ 11, 13 SpruchG bedarf, um in den Genuss einer höheren Kompensation zu kommen, ändert an dieser Einordnung nichts. Daher handelt es sich bei der Antragsberechtigung wie bei der Anfechtungsbefugnis um ein privates Gestaltungsrecht des jeweiligen Anteilsinhabers, das diesem gegenüber dem jeweiligen Antragsgegner zusteht.

V. Rechtsnachfolge

Durch die Strukturmaßnahme bleibt das Recht des Anteilsinhabers oder des ausgeschiedenen Aktionärs, seine Rechtsposition durch Rechtsgeschäft zu veräußern, unberührt. Auch ein gesetzlicher Übergang der schuldrechtlichen Abfindungsansprüche, die bei der Mehrheitseingliederung und beim Squeeze-out unmittelbar durch die Strukturmaßnahme entstehen, ist denkbar. Wie sich ein solcher Wechsel in der materiellen Anspruchsberechtigung auf die Antragsberechtigung auswirkt, bleibt auch nach der Neuregelung des Spruchverfahrens ungeklärt. Bei der Beurteilung dieser Frage ist zu unterscheiden zwischen Mehrheitseingliederung und Squeeze-out einerseits sowie Unternehmensvertrag und Umwandlung andererseits.

1. *Mehrheitseingliederung und Squeeze-out*

Für die Beurteilung der Mehrheitseingliederung und des Squeeze-out ist das Schicksal maßgeblich, welches das Mitgliedschaftsrecht durch die Strukturmaßnahme erleidet. Es ist in beiden Fällen dasselbe. Mit Eintragung der Strukturmaßnahme in das Handelsregister verliert der Aktionär das Mitgliedschaftsrecht[709]. Im Falle der Mehrheitseingliederung geht es auf die Hauptgesellschaft, im Falle des Squeeze-out auf den Hauptaktionär über. Der Aktionär wird zum "ausgeschiede-

---

vgl. *Henckel*, Parteilehre, S. 34 f.; *Schlosser*, Gestaltungsklagen, S. 366 ff.

708 Vgl. oben § 1 A. II. (S. 27).

709 Vgl. oben § 3 B. II. 1. (S. 53 f.) und § 3 C. III. 1. (S. 57).

nen Aktionär"[710] und erhält einen Abfindungsanspruch. Dieser ist ein schuldrechtlicher Anspruch, der sich im Falle der Eingliederung gegen die Hauptgesellschaft, im Falle des Squeeze-out gegen den Hauptaktionär richtet[711]. Der Anspruch ist verkehrsfähig, sei es durch Rechtsgeschäft gem. § 398 BGB[712] oder durch Hoheitsakt im Wege des Pfändungs- und Überweisungsbeschlusses gem. §§ 828 ff. ZPO. Hinsichtlich der Auswirkungen der Veräußerung auf die Antragsberechtigung ist zu unterscheiden zwischen der Veräußerung vor Antragstellung und der Veräußerung nach Antragstellung.

a) Veräußerung vor Antragstellung

Wird der Abfindungsanspruch vor Einleitung des Spruchverfahrens übertragen, differenziert die h.M. danach, ob der Rechtsübergang im Wege der Einzel- oder der Gesamtrechtsnachfolge erfolgt. Die Antragsberechtigung soll nur dem zustehen, der den Abfindungsanspruch im Wege der Gesamtrechtsnachfolge erwirbt[713]. Beim Erwerb im Wege der Einzelrechtsnachfolge soll allerdings der Altaktionär den Einzelrechtsnachfolger zur Einleitung des Spruchverfahrens bevollmächtigen können[714]. Andere wollen die Antragsberechtigung auch dem Einzelrechtsnachfolger zubilligen[715].

Allerdings ist der h.M., welche die Antragsberechtigung nur demjenigen zubilligt, der den Abfindungsanspruch im Wege der Gesamtrechtsnachfolge erwirbt, zuzustimmen. Das materielle Recht gewährt den Anspruch auf angemessene Abfindung in §§ 320b Abs. 1 Satz 1 AktG und in § 327a Abs. 1 Satz 1 AktG dem "ausgeschiedenen Aktionär", also demjenigen, der zum Zeitpunkt des Wirksamwerdens der Strukturmaßnahme Anteilsinhaber war[716]. § 3 Nr. 1, 2 SpruchG greift diesen Gedanken auf und macht deutlich, dass Anknüpfungspunkt der Antragsberechtigung die mitgliedschaftliche Stellung zum Zeitpunkt des Wirksamwerdens der Strukturmaßnahme ist. Wenn der ausgeschiedene Aktionär diesen Anspruch im Wege der Einzelveräußerung realisiert, so trifft er für sich die Entscheidung, ihn als

710 *Grunewald* in MünchKomm. AktG, § 320b Rn. 16.

711 Zum insofern nicht eindeutigen Wortlaut des § 327a Abs. 1 Satz 1 AktG vgl. *Hüffer*, § 327a Rn. 10.

712 *Grunewald* in MünchKomm. AktG, § 320b Rn. 17; *Krieger* in Münchener Handbuch AG, § 73 Rn. 42; unklar insofern *Timm/Schick*, WM 1994, 185, 186, die die Abtretbarkeit wohl nur dann bejahen wollen, wenn Aktienurkunden ausgegeben wurden und der Anspruch damit gem. §§ 320a Satz 2, 327e Abs. 3 Satz 2 AktG verbrieft ist.

713 LG Dortmund v. 3.5.2004 – 20 O 50/04 AktG, AG 2004, 623; *Grunewald* in MünchKomm. AktG, § 320b Rn. 17; *Habersack* in Emmerich/Habersack, § 320b Rn. 17; *Hüffer*, Anh § 305, § 3 SpruchG Rn. 6; *Krieger* in Münchener Handbuch AG, § 73 Rn. 42.

714 *Grunewald* in MünchKomm. AktG, § 320b Rn. 17.

715 *Fritzsche/Dreier/Verfürth*, § 3 Rn. 23; *Krieger* in Lutter, § 3 SpruchG Rn. 5; *Volhard* in MünchKomm. AktG, § 3 SpruchG Rn. 9; *Timm/Schick*, WM 1994, 185, 187 f.

716 Für den Squeeze-out vgl. Hans. OLG Hamburg v. 14.6.2004 – 11 W 94/03, AG 2004, 622.

"angemessene" Kompensation für den Verlust seiner durch die Mitgliedschaft vermittelten Rechte zu betrachten. Anderenfalls würde er den Anspruch nicht realisieren. Umgekehrt ist für denjenigen, der einen solchen Anspruch – z.B. als Leistung erfüllungshalber – erwirbt, allein sein Vermögenswert zum Zeitpunkt des Erwerbs von Bedeutung. Er erhält den Anspruch so, wie er ist und bedarf keiner eigenen zusätzlichen Aufbesserungsmöglichkeit[717]. Gleiches gilt für den, der den Abfindungsanspruch durch einen Pfändungs- und Überweisungsbeschluss gem. §§ 828 ff. ZPO erwirbt.

b) Veräußerung nach Verfahrenseinleitung

Leitet der ausgeschiedene Aktionär das Spruchverfahren ein und veräußert er während des Verfahrens den Abfindungsanspruch, so ist fraglich, wie sich der Verlust der materiellen Berechtigung auf die verfahrensrechtliche Stellung auswirkt. Die Antwort hierauf ergibt sich aus § 265 Abs. 2 ZPO, der im echten Streitverfahren entsprechend anwendbar ist[718]. Die Veräußerung hat auf das Verfahren keinen Einfluss, § 265 Abs. 2 Satz 1 ZPO. Der Erwerber kann das Verfahren gem. § 265 Abs. 2 Satz 2 ZPO mit Zustimmung des Antragsgegners grundsätzlich übernehmen[719].

2. *Unternehmensvertrag und Umwandlung*

Unternehmensverträge und Umwandlungen weisen im Vergleich mit Mehrheitseingliederung und Squeeze-out den bedeutsamen Unterschied auf, dass die Mitgliedschaft durch die Strukturmaßnahme selbst zunächst unberührt bleibt. Der Anteilsinhaber kann über seine Anteile nach allgemeinen Grundsätzen frei verfügen[720]. Veräußert der Anteilsinhaber seine Anteile vor Antragstellung, so ist auch der Erwerber unter den Voraussetzungen des § 3 Satz 1 Nr. 1, 3, Satz 2 SpruchG antragsberechtigt[721]. Erforderlich, aber auch ausreichend ist bei Unternehmensverträgen, dass auch der Erwerber "außenstehender Aktionär" ist. Wurde das Verfahren durch einen gem. § 3 Satz 1 Nr. 1, 3, Satz 2 SpruchG antragsberechtigten Antragsteller eingeleitet, so ist umstritten, ob dieser zum Erhalt seiner Sachbefugnis bis zum Abschluss des gerichtlichen Verfahrens Anteilsinhaber bleiben muss. Dies wurde insbesondere früher, wenn auch ohne nähere Begründung, bejaht[722]. Andere gehen

---

717 *Grunewald* in MünchKomm. AktG, § 320b Rn. 17.

718 *Schmidt* in Keidel/Kuntze/Winkler, § 12 Rn. 230.

719 *Klöcker/Frowein*, § 4 Rn. 27; zweifelnd *Bilda*, NZG 2005, 375, 378

720 *Bilda* in MünchKomm. AktG, § 305 Rn. 32; *Würdinger* in Großkomm. AktG, § 305 Anm. 2.

721 BayObLG v. 15.11.2001 – 3Z BR 175/00, NZG 2002, 877, 878; *Bilda* in MünchKomm. AktG, § 304 Rn. 215 ff.; *Koppensteiner* in KölnKomm. AktG, § 304 Rn. 63; *van Aerssen*, AG 1999, 249, 252 ff.; a.A. *Krieger* in Lutter, § 3 SpruchG Rn. 3.

722 KG v. 15.12.1970 – 1 W 2982/69, AG 1971, 158, 159; OLG Frankfurt am Main v.

davon aus, bei einer Veräußerung der Anteile während des gerichtlichen Verfahrens gehe die Stellung als Beteiligter des Spruchverfahrens auf den Erwerber über[723]. Hierfür spricht, dass der nach § 3 Satz 1 Nr. 1, 3 SpruchG antragsberechtigte Anteilsinhaber – anders als der "ausgeschiedene Aktionär" – bei Veräußerung seines Anteils nicht lediglich einen vermögensrechtlichen Anspruch, sondern eine vollwertige mitgliedschaftliche Rechtsposition überträgt und es daher gerechtfertigt erscheint, ihn auch in die Beteiligtenrolle des Veräußerers eintreten zu lassen. Allerdings hat der Gesetzgeber im Zivilprozess mit Schaffung des § 265 ZPO das Auseinanderfallen der materiellen Anspruchsberechtigung und der verfahrensrechtlichen Sachbefugnis gerade für unschädlich erachtet[724]. Gleiches gilt im Grundsatz auch für das Verfahren der Freiwilligen Gerichtsbarkeit, bei dem ebenso zwischen Beteiligten im formellen und im materiellen Sinn unterschieden wird[725].

Den automatischen Eintritt einer Partei in ein Verfahren bei gleichzeitigem Ausscheiden der bisherigen Partei sieht das Zivilprozessrecht dagegen nur vor, wenn die Existenz der Partei endet oder sie die Verfügungsbefugnis über ihr Vermögen verliert[726]. Beides ist bei einer bloßen Veräußerung der Anteile nicht der Fall. Die Frage der Eintrittsmöglichkeit ist vielmehr auch hier anhand des im Spruchverfahren entsprechend anwendbaren § 265 Abs. 2 ZPO zu beurteilen[727]. Veräußert der Anteilsinhaber seine Anteile während des Spruchverfahrens, so hat dies auf seine Stellung als Beteiligter in formellen Sinn keinen Einfluss, § 265 Abs. 2 Satz 1 ZPO. Der Erwerber kann mit Zustimmung des Antragsgegners das Verfahren als formell Beteiligter übernehmen, § 265 Abs. 2 Satz 2 ZPO. Nach den Regeln des Parteiwechsels muss daneben der veräußernde Anteilsinhaber in entsprechender Anwendung des § 269 Abs. 1 ZPO der Übernahme zustimmen[728]. Voraussetzung für die

---

16.9.1971 – 13 W 182/70, NJW 1972, 641, 642; *Würdinger* in Großkomm. AktG (3. Aufl.), § 304 Anm. 31.

723 BGH v. 25.2.1965 – II ZR 287/63, BGHZ 43, 261, 267 f. (GmbH); RG v. 18.11.1927 – II 486/26, RGZ 119, 97, 99; RG v. 13.5.1907 – I 35/06, RGZ 66, 134, 136; *Emmerich* in Emmerich/Habersack, § 304 Rn. 87a; *Geßler* in Geßler/Hefermehl, § 304 Rn. 134; *Koppensteiner* in KölnKomm. AktG, § 304 Rn. 63; wohl auch *Hüffer*, Anh § 305, § 3 SpruchG Rn. 5.

724 OLG Düsseldorf v. 22.1.1999 – 19 W 5/96 AktE, AG 1999, 321.

725 Vgl. hierzu *Zimmermann* in Keidel/Kuntze/Winkler, § 6 Rn. 18.

726 Vgl. § 239 ZPO für den Tod einer Partei sowie §§ 240 ZPO i.V.m. 80 InsO für die Eröffnung des Insolvenzverfahrens; im Gegensatz zum ordentlichen Prozess findet im Verfahren der Freiwilligen Gerichtsbarkeit jedoch kein Verfahrensstillstand statt, *Schmidt* in Keidel/Kuntze/Winkler, § 12 Rn. 115 f.

727 LG Köln v. 1.7.1998 – 91 O 135/96, AG 1998, 538; *Behnke*, Spruchverfahren, S. 82; *Bilda* in MünchKomm. AktG, § 304 Rn. 221; *Schneider* NJW 1971, 1109, 1112; *Büchel*, NZG 2003, 793, 795; demgegenüber macht *Krieger* in Lutter, § 3 SpruchG Rn. 4 geltend, § 265 ZPO harmoniere schlecht mit der typischerweise bestehenden Anonymität der Veräußerung von Aktien.

728 *Bilda* in MünchKomm. AktG, § 304 Rn. 221; *Foerste* in Musielak, § 265 Rn.13; *Greger* in Zöller, § 265 Rn. 7.

Übernahme durch den Erwerber ist allerdings, dass auch der Erwerber außenstehender Aktionär ist[729].

VI. Nachweis der Antragsberechtigung

Beruht die Antragsberechtigung auf der Stellung als Aktionär, so kann sie gem. § 3 Satz 3 SpruchG ausschließlich durch Urkunden nachgewiesen werden. Der Gesetzgeber will so langwierige Beweisaufnahmen über die Frage der Antragsberechtigung vermeiden[730]. Als "Urkunden" in diesem Sinne nennt der Regierungsentwurf zum SpruchG Depotauszüge der verwahrenden Bank sowie effektive Aktienstücke[731]. Auch in der Literatur werden oft nur diese Urkunden als taugliche Beweismittel anerkannt[732]. Allerdings kommt in Betracht, in diesem Punkt großzügig sein und jedes Schriftstück genügen lassen können, das dem Gericht die Überzeugung vermittelt, dass der Antragsteller im maßgeblichen Zeitpunkt Aktionär war[733].

Schwierigkeiten bereitet das Zusammenspiel des § 3 SpruchG mit § 4 Abs. 2 Satz 2 Nr. 2 SpruchG. Letzterer verlangt von den Antragstellern, dass diese ihre Antragsberechtigung innerhalb der Dreimonatsfrist des § 4 Abs. 1 Satz 1 SpruchG darlegen. Gem. § 3 Satz 3 SpruchG ist die Stellung als Aktionär dem Gericht ausschließlich durch Urkunden nachzuweisen. Dabei ist streitig, ob diejenigen Antragsteller, deren Antragsberechtigung auf der Stellung als Aktionär beruht, innerhalb der Dreimonatsfrist nicht nur ihre Antragsberechtigung darzulegen, sondern diese auch nach Maßgabe des § 3 Satz 3 SpruchG "von sich aus" nachzuweisen haben. Die h.M. bejaht dies und führt als Gründe insbesondere den "eindeutigen Gesetzeswortlaut" sowie die Motive des Gesetzgebers an, der eine langwierige Beweisaufnahme über die Frage der Antragsberechtigung habe vermeiden wollen[734].

Die Stichhaltigkeit dieser Argumentation ist fraglich. § 4 Abs. 2 Satz 2 Nr. 2 SpruchG verlangt von den Antragstellern die Darlegung ihrer Antragsberechtigung. Die Antragsteller müssen also Tatsachen vortragen, aus denen sich ergibt, dass sie

---

729 *Bilda* in MünchKomm. AktG, § 304 Rn. 221; *Geßler* in Geßler/Hefermehl, § 304 Rn. 134; *Koppensteiner* in KölnKomm. AktG, § 304 Rn. 63. Daran kann es fehlen, wenn die abhängige Gesellschaft während des Spruchverfahrens durch Mehrheitsbeschluss eingegliedert oder ein Squeeze-out durchgeführt wird; vgl. hierzu BGH v. 12.3.2001 – II ZB 15/00, BGHZ 147, 108, 112 f.; OLG Celle v. 10.5.1973 – 9 Wx 1/73, DB 1973, 1118.

730 BegrRegE zu § 3 SpruchG, BR-Drs. 827/02, S. 23.

731 BegrRegE zu § 3 SpruchG, BR-Drs. 827/02, S. 23.

732 *Klöcker/Frowein*, § 3 Rn. 31; *Fritzsche/Dreier/Verfürth*, § 3 Rn. 46; *Hüffer*, Anh § 305, § 3 SpruchG Rn. 7.

733 LG Dortmund v. 7.10.2004 – 20 O 4/04 AktE, AG 2005, 310; *Krieger* in Lutter, § 3 SpruchG Rn. 9.

734 LG Frankfurt am Main v. 10.3.2005 – 3-5 O 169/04, ZIP 2005, 859 f.; *Volhard* in MünchKomm. AktG, § 3 SpruchG Rn. 12; *Hüffer*, Anh § 305, § 3 SpruchG Rn. 7; *Klöcker/Frowein*, § 3 Rn. 32; *Bungert/Mennicke*, BB 2003, 2021, 2025; *Wasmann*, WM 2004, 819, 822; *Wasmann/Gayk*, BB 2005, 955, 956.

zu dem gem. § 3 Satz 1 und 2 SpruchG maßgeblichen Zeitpunkt antragsberechtigt waren. Dass Antragsteller, die ihre Antragsberechtigung auf die Stellung als Aktionär stützen, ihre Antragsberechtigung dabei nach Maßgabe des § 3 Satz 3 SpruchG sollen nachweisen müssen, ist den Materialien zum SpruchG nicht zu entnehmen. Im Gegenteil: Mit der Regelung des § 3 Satz 3 SpruchG verfolgt der Gesetzgeber in der Tat das Ziel, langwierige *Beweis*aufnahmen über die Frage der Antragsberechtigung vermeiden[735], hat dieses Ziel jedoch mit einem Wortlaut umgesetzt, der vom *Nachweis* der Antragsberechtigung spricht. Bereits hieraus folgt, dass der Wortlaut des § 3 Satz 3 SpruchG nicht Resultat einer bewussten Entscheidung des Gesetzgebers zu Gunsten eines Nachweises der Antragsberechtigung auch ohne Bestreiten des Antragsgegners ist. Nichts anderes folgt aus dem Umstand, dass die Bundesregierung im Gesetzgebungsverfahren des SEEG einen Vorschlag des Bundesrates zur Änderung des § 4 SpruchG abgelehnt und der Rechtsausschuss des Deutschen Bundestags diesen Änderungsvorschlag später nicht mehr aufgegriffen hat[736]. In ihrer Gegenäußerung zur Stellungnahme des Bundesrates lehnte die Bundesregierung jede Änderung des § 4 SpruchG mit der Begründung ab, das Spruchverfahren sei mit dem Spruchverfahrensneuordnungsgesetz grundlegend novelliert worden, und die Rahmen des Gesetzgebungsverfahrens zum SEEG angeführten Bedenken seien seinerzeit nicht geltend gemacht worden[737]. Eine inhaltliche Aussage ist damit ebenso wenig verbunden wie mit der darauf folgenden Passivität des Rechtsausschusses des Deutschen Bundestages.

Legt daher ein Antragsteller Tatsachen dar, aus denen sich seine Antragsberechtigung ergibt und bestreitet der Antragsgegner diese Tatsachen nicht, so darf das Gericht sie gem. §§ 8 Abs. 3 SpruchG i.V.m. 138 Abs. 3 ZPO als zugestanden behandeln. Zu beweisen ist die Antragsberechtigung dagegen nur im Falle des Bestreitens durch den Antragsgegner[738]. Für diesen Beweis enthält § 3 Satz 3 SpruchG – lediglich – eine Beschränkung der zulässigen Beweismittel[739], ohne jedoch den Antragstellern über § 4 Abs. 2 Satz 2 Nr. 2 SpruchG hinausgehende Verpflichtungen aufzuerlegen.

---

735 BegrRegE zu § 3 SpruchG, BR-Drs. 827/02, S. 23.

736 Vgl. die Stellungnahme des Bundesrates zum RegE des SEEG, BR-Drs. 438/1/04, S. 16 f. sowie die Gegenäußerung der Bundesregierung, BT-Drs. 15/3656, S. 10 f., auf die LG Frankfurt am Main v. 10.3.2005 – 3-5 O 169/04, ZIP 2005, 859, 860 und *Wasmann/Gayk*, BB 2005, 955, 956 rekurrieren.

737 Gegenäußerung der Bundesregierung zur Stellungnahme des Bundesrates zum RegE des SEEG, BT-Drs. 15/3656, S. 10 f.

738 OLG Stuttgart v. 13.9.2004 – 20 W 13/04, AG 2005, 301, 303.

739 Dies verkennt auch LG Frankfurt am Main v. 10.3.2005 – 3-5 O 169/04, ZIP 2005, 859, 860 nicht.

B. Antrag und Antragsbegründung

Gem. § 4 SpruchG haben die Antragsteller sowohl den Antrag (hierzu unter I.) als auche eine Antragsbegründung (hierzu unter II.) einzureichen. Ob diese im SpruchG vorgesehene Trennung sachgerecht ist, ist zweifelhaft (hierzu unter III.).

I. Antrag

Das SpruchG lässt offen, welche formalen und inhaltlichen Anforderungen an den Antrag zu stellen sind. Nur für die Antragsbegründung trifft § 4 Abs. 2 SpruchG ausdrückliche Regelungen über die Anforderungen an ihren Inhalt. Diese Anforderungen lassen allerdings Rückschlüsse auf die Anforderungen an den Inhalt des Antrags selbst zu. Für die Form des Antrags und die Postulationsfähigkeit gelten die allgemeinen Grundsätze des Verfahrens der freiwilligen Gerichtsbarkeit.

1. Inhalt

Schließt man vom notwendigen Inhalt der Antragsbegründung auf den notwendigen Inhalt des Antrags, so ergibt sich ein bemerkenswertes Bild. Da der Antrag noch nicht die Antragsbegründung enthalten muss, sondern diese lediglich innerhalb der Frist des § 4 Abs. 2 Satz 1, Abs. 1 SpruchG vorzulegen ist, muss der Antrag (noch) nicht diejenigen Angaben enthalten, die das Gesetz erst für die Antragsbegründung vorschreibt. Der Antragsteller muss daher im Antrag noch nicht den Antragsgegner bezeichnen (§ 4 Abs. 2 Satz 2 Nr. 1 SpruchG), noch nicht seine Antragsberechtigung darlegen (Nr. 2), noch keine Angaben zur Art der Strukturmaßnahme und der vom Gericht zu bestimmenden Kompensation machen (Nr. 3) und auch keine konkrete Bewertungsrüge erheben (Nr. 4). Für den Antrag selbst ergibt sich damit nach dem Gesetzeswortlaut ein Minimalinhalt[740]. Ausreichend dürfte ein Antrag sein, der sich darauf beschränkt, "die Durchführung des Spruchverfahrens" zu verlangen.

2. Form

Auch an einer Regelung über die Form des Antrags fehlt es im SpruchG. Damit gilt über § 17 Abs. 1 SpruchG das FGG. § 11 FGG bestimmt, dass Anträge und Erklärungen zu Protokoll der Geschäftsstelle des zuständigen Gerichts erfolgen können. Im Übrigen ist eine bestimmte Form im Verfahren der freiwilligen Gerichtsbarkeit nur einzuhalten, wenn das Gesetz sie ausdrücklich vorschreibt[741]. Da dies im SpruchG nur für die Beschwerde, nicht jedoch für den Erstantrag der Fall ist, gilt

---

740 *Krieger* in Lutter, § 4 SpruchG Rn. 2.

741 *Zimmermann* in Keidel/Kuntze/Winkler, § 11 Rn. 1.

eine weitgehende Formfreiheit. Anträge können demnach schriftlich, aber auch per Telefax gestellt werden[742].

3. Postulationsfähigkeit

Die Anteilsinhaber können den Antrag selbst stellen; ein Anwaltszwang besteht nicht[743]. Dies ergibt sich über § 17 Abs. 1 SpruchG zum einen aus den allgemeinen für das Verfahren der freiwilligen Gerichtsbarkeit geltenden Grundsätzen[744]. Zum anderen verlangt § 12 Abs. 1 Satz 2 SpruchG nur im Falle der sofortigen Beschwerde, dass die Beschwerdeschrift von einem Rechtsanwalt zu unterzeichnen ist. Daraus folgt im Umkehrschluss, dass zuvor keine anwaltliche Vertretung erforderlich ist.

II. Antragsbegründung

Die in § 4 Abs. 2 Satz 2 SpruchG geregelte Pflicht zur Antragsbegründung stellt ein Novum dar. Noch der Referentenentwurf zum SpruchG sah vor, dass sich zuerst der Antragsgegner und erst danach die Antragsteller zur Angemessenheit der Kompensation zu äußern haben. Hieran bemängelte der Handelsrechtsausschuss des DAV, dass die Antragsteller jedenfalls über die im Zuge der Strukturmaßnahme angefertigten Berichte verfügen und anhand dieser ihre Anträge begründen könnten[745]. § 4 Abs. 2 SpruchG greift diese Einwände auf. Die danach bestehende Begründungspflicht soll den Antragstellern die Möglichkeit nehmen, praktisch mit einem Satz ohne jede sachliche Erläuterung das aufwendige und kostenträchtige Spruchverfahren in Gang zu setzen[746].

In Bezug auf die inhaltlichen Anforderungen an die Begründung unterscheidet § 4 Abs. 2 SpruchG zwischen obligatorischen und fakultativen Angaben. Nach Satz 2 muss der Antragsteller den Antragsgegner bezeichnen (Nr. 1), seine Antragsberechtigung darlegen (Nr. 2) und Angaben zur Art der Strukturmaßnahme und der vom Gericht zu bestimmenden Kompensation machen (Nr. 3). Wohl am bedeutsamsten ist die in § 4 Abs. 2 Satz 2 Nr. 4 SpruchG statuierte Pflicht, eine konkrete Bewertungsrüge zu erheben. Nur Fakultativ ist dagegen die in § 4 Abs. 2 Satz 3 vorgesehene Angabe über die Zahl der vom Antragsteller gehaltenen Anteile.

---

742 *Zimmermann* in Keidel/Kuntze/Winkler, § 11 Rn. 1.
743 *Krieger* in Lutter, § 4 SpruchG Rn. 2; *Klöcker/Frowein*, § 4 Rn. 16.
744 *Janssen*, § 14 Rn. 18; *Zimmermann* in Keidel/Kuntze/Winkler, § 13 Rn. 10, § 14 Rn. 21.
745 Stellungnahme des DAV I zu § 8 RefE, NZG 2002, 119, 122.
746 BegrRegE zu § 4 SpruchG, BR-Drs. 827/02, S. 24.

1. Bezeichnung des Antragsgegners

Die in § 4 Abs. 2 Satz 2 Nr. 1 SpruchG verlangte Bezeichnung des Antragsgegners entspricht der Sache nach der in § 253 Abs. 2 Nr. 1 ZPO verlangten Bezeichnung der Parteien. Erforderlich ist eine identitätssichere Festlegung, so dass der Antragsgegner zweifelsfrei zu ermitteln ist[747]. Handelt es sich beim Antragsgegner um eine nach der Rechtsprechung des BGH partei- und damit beteiligtenfähige Gesellschaft bürgerlichen Rechts, so ist diese, etwa durch möglichst exakte Bezeichnung der Gesellschafter oder des Namens, unter dem sie auftritt, identifizierbar zu beschreiben[748]. Ob der nach § 4 Abs. 2 Satz 2 Nr. 1 SpruchG bezeichnete Antragsgegner auch Schuldner des Kompensationsanspruchs und damit "richtiger" Antragsgegner im Sinne des § 5 SpruchG ist, betrifft die Frage der Passivlegitimation[749] und ist für die Frage der ordnungsgemäßen Antragsbegründung ohne Belang[750].

2. Darlegung der Antragsberechtigung

§ 4 Abs. 2 Satz 2 Nr. 2 SpruchG verlangt von jedem Antragsteller, dass er seine Antragsberechtigung nach § 3 SpruchG darlegt. Die Vorschrift erfuhr im Verlauf des Gesetzgebungsverfahrens eine geringfügige, jedoch bedeutsame Änderung, die auf einem Vorschlag des Handelsrechtsausschusses des DAV beruht[751]. Nach § 4 Abs. 2 Satz 2 Nr. 2 RegE traf die Darlegungspflicht nur diejenigen Antragsteller, die noch Anteilsinhaber waren. Dagegen hatten die nach einer Mehrheitseingliederung oder einem Squeeze-out ausgeschiedenen Aktionäre ihre Antragsberechtigung nicht darzulegen. Nr. 2 verlangt nur die Darlegung der Antragsberechtigung, nicht ihren Beweis. Nur wenn der Antragsgegner in seiner Antragserwiderung gem. §§ 7 Abs. 2, 9 Abs. 3 SpruchG die Antragsberechtigung bestreitet, ist sie nach Maßgabe des § 3 Satz 2 SpruchG durch Urkunden nachzuweisen[752].

3. Angaben zur Art der Strukturmaßnahme und der Kompensation

Die nach § 4 Abs. 2 Satz 2 Nr. 3 SpruchG zu machenden Angaben über die Art der Strukturmaßnahme und die vom Gericht zu bestimmenden Kompensation stellen nach dem Wortlaut der Vorschrift keine allzu hohe Hürde dar. Angaben zur "Art" der Strukturmaßnahme macht der Antragsteller bereits, wenn er die Festsetzung der Barabfindung nach einem Squeeze-out begehrt.

---

747 BGH v. 12.5.1977 – VII ZR 167/76, NJW 1977, 1686.

748 BGHZ v. 29.1.2001 – II ZR 331/00, BGHZ 146, 341, 356 f.

749 Vgl. hierzu *Greger* in Zöller, Vor § 253 Rn. 25; *Reichold* in Thomas/Putzo, Vorbem § 253 Rn. 39.

750 Vgl. F. (S. 182).

751 Stellungnahme des DAV zu § 4 RegE, ZIP 2003, 552, 554.

752 Vgl. oben § 9 A. VI. (S. 166).

Daraus wird deutlich, dass der Gesetzeswortlaut an dieser Stelle nicht der Bedeutung gerecht wird, die dem Antrag und der Antragsbegründung im echten Streitverfahren für die Festlegung des Verfahrensgegenstandes zukommt. Da nämlich – wie im Zivilprozess – der konkrete Lebenssachverhalt, auf den der geltend gemachte Anspruch gestützt wird, eine Komponente des Verfahrensgegenstandes bildet, hätte nahe gelegen den Wortlaut des § 4 Abs. 2 Satz 2 Nr. 3 SpruchG an § 253 Abs. 2 ZPO anzulehnen, dessen Nr. 2 die Angabe des Grundes des geltend gemachten Anspruchs verlangt. Damit ist der konkrete Lebenssachverhalt gemeint, auf den der geltend gemachte Anspruch gestützt wird[753]. Zur eindeutigen Festlegung des Verfahrensgegenstandes ist auch § 4 Abs. 2 Satz 2 Satz 3 SpruchG entsprechend auszulegen und zu verlangen, dass die konkrete Strukturmaßnahme zu benennen ist, aus der sich der geltend gemachte Kompensationsanspruch ergibt.

Ähnliches gilt für die ebenfalls von § 4 Abs. 2 Satz 2 Nr. 3 SpruchG geforderten Angaben über die Art der vom Gericht zu bestimmenden Kompensation. Um der Funktion der Antragsbegründung als Mittel zur Festlegung des Verfahrensgegenstandes und zur Strukturierung des Verfahrensstoffs gerecht zu werden, ist von den Antragstellern die genaue Bezeichnung der Art der Kompensation zu verlangen. Wurden also in dem verfahrensgegenständlichen Unternehmensvertrag Ausgleich und Abfindung angeboten, so muss der Antragsteller nach § 4 Abs. 2 Satz 2 Nr. 3 SpruchG eindeutig festlegen, ob er die Bestimmung des Ausgleichs oder der Abfindung begehrt. Will er geltend machen, eine nach § 305 Abs. 2 AktG festzusetzende Abfindung hätte nicht als Abfindung in Aktien, sondern als Barabfindung angeboten werden müssen, so ist auch insofern eine Festlegung zu verlangen. Nach § 4 Abs. 2 Satz 2 Nr. 3 SpruchG haben die Antragsteller nur Angaben zur Art, nicht jedoch zur Höhe der Kompensation zu machen. Hier bleibt es wie bereits nach altem Recht dabei, dass ein genau bezifferter Antrag nicht zu fordern[754] und durch die Antragsteller auch nicht zu verwirklichen ist.

4. *Bewertungsrüge*

§ 4 Abs. 2 Satz 2 Nr. 4 SpruchG verlangt vom Antragsteller schließlich "konkrete Einwendungen gegen die Angemessenheit der Kompensation nach § 1 oder gegebenenfalls gegen den als Grundlage für die Kompensation ermittelten Unternehmenswert".

Die Vorschrift wurde durch Art. 5 des SEEG neu gefasst. In ihrer ursprünglichen Fassung verlangte sie von den Antragstellern "konkrete Einwendungen gegen den als Grundlage für die Kompensation ermittelten Unternehmenswert des Antragsgegners". Diese Formulierung wurde zu Recht als missverständlich kritisiert[755], da

---

753 *Reichold* in Thomas/Putzo, § 253 Rn. 10.

754 *Schwarz* in Widmann/Mayer, § 305 Rn. 38.

755 *Klöcker/Frowein*, § 4 Rn. 31 f.; *Krieger* in Lutter, § 4 SpruchG Rn. 16; *Bungert/Mennicke*, BB

es zum einen mit dem Squeeze-out eine Strukturmaßnahme gibt, bei der es für die den ausscheidenden Aktionären zu gewährende Barabfindung auf den "Unternehmenswert des Antragsgegners" nicht ankommt und zum anderen § 4 Abs. 2 Satz 2 Nr. 4 a.F. SpruchG dann zu kurz griff, wenn – wie bei Ermittlung der Verschmelzungswertrelation – die Kompensationshöhe nicht nur auf Grund des "Unternehmenswertes des Antragsgegners", sondern im Wege eines Wertvergleichs zweier Unternehmen bestimmt wird.

Die Bewertungsrüge nach § 4 Abs. 2 Satz 2 Nr. 4 SpruchG obliegt den Antragstellern nur insoweit, als das erforderliche Tatsachenmaterial in den in § 7 Abs. 3 SpruchG genannten Unterlagen enthalten ist. Dabei handelt es sich um die Berichte der Leitungsorgane sowie die Berichte der sachverständigen Prüfer. Wie konkret die auf Grundlage der in § 7 Abs. 3 SpruchG genannten Unterlagen erhobene Bewertungsrüge zu sein hat, ist fraglich. Die Verfasser des Regierungsentwurfs haben die Konkretisierung der "zumutbaren Mindestanforderungen" ausdrücklich der Rechtsprechung überlassen und sich im Übrigen auf die Hinweise beschränkt, dass etwaige besondere Schwierigkeiten der Informationsbeschaffung für die Antragsteller zu berücksichtigen seien und im Übrigen die Anforderungen nicht überspannt werden dürften[756].

Gleichwohl rechtfertigt insbesondere die in § 9 Abs. 1 SpruchG geregelte allgemeine Verfahrensförderungspflicht, auf die auch der Regierungsentwurf Bezug nimmt[757], an die Bewertungsrüge einen strengen Maßstab anzulegen[758]. Nicht ausreichend können formelhafte und aus jedem Gutachten und Unternehmensbericht abzuleitende Bewertungsrügen sein[759], wonach etwa ein Basiszinssatz von 6% statt 5% anzusetzen sei oder der die Einbeziehung des Börsenkurses nicht den Vorgaben der *DAT/Altana*-Rechtsprechung entspreche[760]. Zu fordern ist vielmehr, dass die Antragsteller auf den Einzelfall bezogen diejenigen Umstände darlegen, auf die sie ihre Auffassung stützen, dass ein bestimmter Bewertungsparameter zu ändern oder durch einen anderen zu ersetzen sei[761].

Verfügt ein Antragsteller zum Zeitpunkt der Antragstellung noch nicht über die in § 7 Abs. 3 SpruchG genannten Unterlagen, so ist er von seiner Pflicht zur Erhebung der Bewertungsrüge nicht befreit. Vielmehr kann er (nur) in diesem Fall beantragen, dass die Frist zur Antragsbegründung angemessen verlängert wird. Voraussetzung ist allerdings, dass der Antragsteller mit seinem Antrag auf Fristver-

---

2003, 2021, 2026; *Wasmann*, WM 2004, 819, 823 f.; *Wasmann/Gayk*, BB 2005, 955 f.

756 BegrRegE zu § 4 SpruchG, BT-Drs. 15/371, S. 13; vgl. hierzu auch *Krieger* in Lutter, § 4 SpruchG Rn. 17 f.

757 BegrRegE zu § 4 SpruchG, BT-Drs. 15/371, S. 13.

758 Ähnlich *Lamb/Schluck-Amend*, DB 2003, 1259, 1262; *Wasmann*, WM 2004, 819, 823

759 So die Befürchtung von *Puszkajler*, ZIP 2003, 518, 520.

760 *Bungert/Mennicke*, BB 2003, 2021, 2026.

761 Ähnlich *Wasmann*, WM 2004, 819, 823, der verlangt, dass die Antragsteller "auf den Einzelfall bezogene Einwendungen substantiiert vortragen".

längerung die Erteilung von Abschriften der in § 7 Abs. 3 SpruchG genannten Unterlagen verlangt und glaubhaft macht, dass er im Zeitpunkt der Antragstellung aus Gründen, die er nicht zu vertreten hat, über die Unterlagen nicht verfügt, § 4 Abs. 2 Satz 2 Nr. 4 SpruchG[762]. Für die Glaubhaftmachung gilt über § 17 Abs. 1 SpruchG die Vorschrift des § 15 Abs. 2 FGG, der zur Glaubhaftmachung neben den allgemeinen Beweismitteln auch die Versicherung an Eides Statt zulässt[763].

5. Angabe der Zahl der gehaltenen Anteile

Gem. § 4 Abs. 2 Satz 3 SpruchG soll sich aus der Antragsbegründung auch die Zahl der vom Antragsteller gehaltenen Anteile ergeben. Diese Angabe ist fakultativ und soll die Bestimmung der Gegenstandswerte für die Berechnung der Gebühren der Verfahrensbevollmächtigten erleichtern[764].

III. Bewertung des Verhältnisses von Antrag und Antragsbegründung

Die in § 4 Abs. 2 SpruchG geregelte Pflicht zur Begründung des Antrags ist zu begrüßen und erscheint insbesondere aufgrund der nach § 4 Abs. 2 Satz 2 Nr. 4 SpruchG zu erhebenden konkreten Bewertungsrüge geeignet, das Spruchverfahren zu strukturieren und seine Durchführung zu beschleunigen.

Verbesserungswürdig und verbesserungsfähig erscheint allerdings das Verhältnis zwischen Antrag und Antragsbegründung. Hier begegnet zunächst die Zurückhaltung des Gesetzgebers bei der Formulierung der an den Antrag zu stellenden Anforderungen Bedenken. Zwar ist zuzugeben, dass in der Praxis die Gefahr eines unter I. 1. dargestellten "Minimalantrags", bei dem nur die "Durchführung des Spruchverfahrens" beantragt wird, als gering einzuschätzen sein dürfte. Regelmäßig wird der Antrag zumindest Angaben zum Antragsgegner sowie zur Art der Strukturmaßnahme enthalten. Gleichwohl eröffnet die in § 4 SpruchG vorgesehene Trennung der Inhalte von Antrag und Antragsbegründung zumindest potenziell die Möglichkeit, das Spruchverfahren einzuleiten, ohne etwa die Antragsberechtigung darlegen zu müssen und damit einen Schwebezustand zu schaffen, der bis zum Ende der Begründungsfrist nach § 4 Abs. 2 Satz 1 SpruchG andauern kann. Die Antragsteller sind damit – was die Neuregelung gerade vermeiden wollte[765] – nach wie vor in der Lage, buchstäblich "mit einem Satz" das Spruchverfahren zumindest einzuleiten. Hält man sich vor Augen, dass es im Spruchverfahren einen Verfahrensgegenstand gibt[766], und der Antrag für die Festlegung dieses Verfahrensge-

---

762 Vgl. hierzu LG Dortmund v. 7.10.2004 – 20 O 4/04 AktE, AG 2005, 310 f.

763 Vgl. hierzu *Schmidt* in Keidel/Kuntze/Winkler, § 15 Rn. 68 ff.

764 BegrRegE zu § 4 SpruchG, BT-Drs. 15/371, S. 13; vgl. hierzu § 15 B. I. 2. (S. 290).

765 BegrRegE zu § 4 SpruchG, BT-Drs. 15/371, S. 13.

766 Vgl. oben § 7 B. (S. 130).

genstandes dieselbe Funktion erfüllt wie die Klageschrift im Zivilprozess, so wären jedenfalls die nach § 4 Abs. 2 Satz 2 Nr. 1-3 SpruchG erst im Rahmen der Antragsbegründung zu machenden Angaben als Bestandteil des Antrags selbst zu regeln gewesen[767]. Weitaus sinnvoller erschiene es jedoch, die in § 4 SpruchG vorgesehene Trennung zwischen Antrag und Antragsbegründung insgesamt aufzugeben, das Erfordernis eines fristgebundenen begründeten Antrags zu statuieren und dabei die bereits jetzt in § 4 Abs. 2 Satz 2 Nr. 4 SpruchG vorgesehene und auf die Bewertungsrüge beschränkte Fristverlängerung zuzulassen.

Weiter überzeugt nicht, dass das SpruchG für den Antrag keine Form vorschreibt und auch sonst keine weiteren formalen Erfordernisse aufstellt. So wurde insbesondere seitens der Praxis bemängelt, dass in Spruchverfahren wegen der nur fakultativen anwaltlichen Vertretung oft noch nicht einmal ein Mindestmaß an Formalien gewährleistet sei, was zu erheblichem Aufwand bei der Aktenbehandlung führe[768]. Vor diesem Hintergrund hätte nahe gelegen, die für die Antragstellung zulässige Form auf die Schriftform sowie die Erklärung zu Protokoll der Geschäftsstelle zu beschränken. Da zudem nach § 7 Abs. 1 SpruchG der Antrag später dem Antragsgegner und dem gemeinsamen Vertreter zuzustellen und gem. § 8 Abs. 2 Satz 2 SpruchG den sachverständigen Prüfern mitzuteilen ist, wäre es zudem nicht überzogen gewesen, die Antragsteller nach dem Vorbild des § 253 Abs. 5 ZPO zur Einreichung dreier Abschriften für das Gericht, den Antragsgegner sowie den gemeinsamen Vertreter zu verpflichten.

C. Antragsfrist

Die Antragsfrist beträgt gem. § 4 Abs. 1 SpruchG drei Monate ab dem Tag, an dem die Eintragung der Strukturmaßnahme im Handelsregister als bekannt gemacht gilt. Ihr Beginn (hierzu unter I.) und ihr Lauf (hierzu unter II.) sind ereignisbezogen. Zur Fristwahrung genügt die Einreichung des Antrags (hierzu unter III.). Als Neuerung des Spruchverfahrens nach dem SpruchG ist die Möglichkeit entfallen, Folgeanträge zu stellen (hierzu unter IV.).

I. Fristbeginn

Maßgeblicher Zeitpunkt für den Lauf der Antragsfrist ist im Spruchverfahren nach Abschluss eines Unternehmensvertrags, nach einer Eingliederung sowie nach einem Squeeze-out gem. §§ 4 Abs. 1 Satz 1 Nr. 1, 2 und 3 SpruchG i.V.m. 10 Abs. 2 HGB der Tag, an dem das letzte der die Bekanntmachung enthaltenen Blätter erschienen ist. Für Umwandlungen knüpft § 4 Abs. 1 Satz 1 Nr. 4 SpruchG an die

---

767 *Krieger* in Lutter, § 4 SpruchG Rn. 2; Stellungnahme des DAV zu § 4 RegE, ZIP 2003, 552, 554.

768 *Puszkajler*, ZIP 2003, 518, 519.

Eintragung der Umwandlung "im Handelsregister" nach den Vorschriften des Umwandlungsgesetzes an. Dabei handelt es sich offensichtlich um ein Redaktionsversehen. In welches Register die Eintragung zu erfolgen hat, richtet sich nach der Rechtsform der beteiligten Rechtsträger. Hierfür kommen neben dem Handelsregister auch das Partnerschafts-, Genossenschafts- oder Vereinsregister in Betracht[769]. Für die Bekanntmachung der Umwandlung gilt im Falle der Verschmelzung, der Spaltung oder der Vermögensübertragung – z.T. über Verweisungen – § 19 Abs. 3 UmwG. Da in diesen Fällen die Umwandlung für jeden beteiligten Rechtsträger in das Register an seinem Sitz einzutragen ist[770], ist auch die Bekanntmachung für jeden Rechtsträger gesondert zu bestimmen. Sie gilt gem. § 19 Abs. 3 Satz 2 UmwG mit Ablauf des Tages, an dem jeweils das letzte der die Bekanntmachung enthaltenden Blätter erschienen ist, für diesen Rechtsträger als erfolgt.

Für den Fristbeginn bei Verschmelzungen und Vermögensübertragungen nach § 4 Abs. 1 Satz 1 Nr. 4 UmwG wird teilweise vertreten, es komme hier allein auf die Bekanntmachung der Eintragung in das Register am Sitz des übernehmenden Rechtsträgers an, da erst sie gem. § 20 UmwG die Rechtswirkungen der Umwandlung auslöst[771]. Dieser Betrachtung steht jedoch der Wortlaut des § 4 Abs. 1 Satz 1 Nr. 4 SpruchG entgegen. Hier ist von der "Eintragung der Umwandlung" die Rede. Wie sich aus § 16 Abs. 1 Satz 1 sowie § 19 Abs. 1 Satz 1 UmwG ergibt, liegt bereits in der Eintragung in das Register am Sitz der übertragenden Rechtsträger eine "Eintragung der Umwandlung", auch wenn ihr lediglich eine deklaratorische Bedeutung zukommt[772]. Gefahren für die Anteilsinhaber der übertragenden Rechtsträger ergäben sich überdies, wenn die Umwandlung unter Verstoß gegen § 19 Abs. 1 Satz 1 UmwG in das Register am Sitz des übernehmenden Rechtsträger eingetragen wird, bevor die Eintragung in das Register am Sitz der übertragenden Rechtsträger erfolgt. Nach h.M. löst auch diese gesetzeswidrige Eintragung die Rechtswirkungen der Umwandlung aus[773]. Knüpfte man auch in diesen Fällen an die Eintragung der Umwandlung im Register des Sitzes des übernehmenden Rechtsträgers an, so würde sich für Anteilsinhaber des übertragenden Rechtsträgers eine unangemessen kurze Frist ergeben. Die Frist ist daher für jeden Rechtsträger gesondert zu bestimmen. Beim Formwechsel, an dem naturgemäß nur ein Rechtsträger beteiligt ist, gilt die Bekanntmachung mit Ablauf des Tages, an dem das letzte der die Bekanntmachung enthaltenden Blätter erschienen ist, als erfolgt, § 201 Satz 2 UmwG.

---

769 Vgl. § 16 Abs. 1 Satz 1 UmwG.

770 § 16 Abs. 1 Satz 1 UmwG (Verschmelzung, Spaltung, Vermögensübertragung) und § 198 Abs. 1 UmwG (Formwechsel).

771 *Behnke*, Spruchverfahren, S. 89; *Stratz* in Schmitt/Hörtnagl/Stratz, § 305 Rn. 1.

772 *Grunewald* in Lutter, § 20 Rn. 3; *Stratz* in Schmitt/Hörtnagl/Stratz, § 19 Rn. 5.

773 *Godin/Wilhelmi*, § 346 Anm. 4; *Grunewald* in Geßler/Hefermehl, § 346 Rn. 6; *dies.* in Lutter, § 20 Rn. 3; *Marsch-Barner* in Kallmeyer, § 20 Rn. 3; *Schilling* in Großkomm. AktG, § 346 Anm. 12; *Schwarz* in Widmann/Mayer, § 19 Rn. 15.2; *Stratz* in Schmitt/Hörtnagl/Stratz, § 19 Rn. 5.

Die Frist beginnt unabhängig von der Kenntnis des Antragsberechtigten zu laufen[774]. Die Erhebung einer Anfechtungs- oder Nichtigkeitsklage hindert den Fristbeginn ebenso wenig wie sie ihn hemmt[775].

Im Spruchverfahren nach der Gründung einer SE durch Verschmelzung, der Gründung einer Holding-SE oder der Sitzverlegung einer SE beginnt die Dreimonatsfrist gem. § 4 Abs. 1 Satz 1 Nr. 5 SpruchG mit Bekanntmachung der Eintragung der SE nach den Vorschriften des Sitzstaates.

II. Fristlauf

Über die Verweisung in §§ 17 Abs. 1 SpruchG i.V.m. 17 Abs. 1 FGG gelten für die Fristberechnung die §§ 186 ff. BGB. Gem. § 187 Abs. 1 BGB wird der Tag, an dem die Regi-stereintragung als bekannt gemacht gilt, nicht mitgerechnet. Die Frist endet gem. § 188 Abs. 2 BGB mit Ablauf des Tages, dessen Benennung oder Zahl dem Tag entspricht, an dem die Eintragung als bekannt gemacht gilt. Gilt z.B. die Eintragung am 13.5. als bekannt gemacht, so beginnt die Dreimonatsfrist des § 4 Abs. 1 Satz 1 SpruchG am 14.5., 0.00 Uhr und endet am 13.8., 24.00 Uhr. Fällt ihr Ende auf einen Sonntag, einen allgemeinen Feiertag oder einen Sonnabend, so endet sie mit Ablauf des nächsten Werktages, §§ 17 Abs. 1 SpruchG i.V.m. 17 Abs. 2 FGG[776].

III. Fristwahrung

Gem. § 4 Abs. 1 Satz 2 SpruchG wird in den Fällen, in denen nach § 2 Abs. 1 Satz 2 und 3 SpruchG mehrere Gerichte zuständig sind, die Frist durch Einreichung des Antrags bei jedem zunächst zuständigen Gericht gewahrt. Daraus folgt, dass die Einreichung des Antrags bei einem unzuständigen Gericht nicht fristwahrend ist[777].

---

774 *Fritzsche/Dreier/Verfürth*, § 4 Rn. 8; *Klöcker/Frowein*, § 4 Rn. 12; *Krieger* in Lutter, § 4 SpruchG Rn. 5; *Meister/Klöcker* in Kallmeyer, § 305 Rn. 7; *Schwarz* in Widmann/Mayer, § 305 Rn. 32; *Stratz* in Schmitt/Hörtnagl/Stratz, § 305 Rn. 3.

775 *Fritzsche/Dreier/Verfürth*, § 4 Rn. 8; *Klöcker/Frowein*, § 4 Rn. 12; *Krieger* in Lutter, § 4 SpruchG Rn. 5; *Meister/Klöcker* in Kallmeyer, § 305 Rn. 7; *Schwarz* in Widmann/Mayer, § 305 Rn. 32; *Stratz* in Schmitt/Hörtnagl/Stratz, § 305 Rn. 3.

776 *Fritzsche/Dreier/Verfürth*, § 4 Rn. 9; *Krieger* in Lutter, § 4 Rn. 4; die Anwendung des § 17 FGG ablehnend *Behnke*, Spruchverfahren, S. 89.

777 BayObLG v. 1.12.2004 – 3Z BR 106/04, NZG 2005, 312, 315; *Klöcker/Frowein*, § 4 Rn. 13; *Volhard* in MünchKomm. AktG, § 4 SpruchG Rn. 5; *Wasmann*, WM 2004, 819, 823; zur Rechtslage vor Geltung des SpruchG vgl. OLG Karlsruhe v. 28.10.2004 – 12 W 65/04, AG 2005, 254 ff.

IV. Keine Folgeanträge

Ersatzlos gestrichen wurde im Zuge der Neuregelung des Spruchverfahrens die früher bestehende Möglichkeit, binnen zwei Monaten nach der Bekanntmachung der Antragstellung[778] Folgeanträge zu stellen[779]. Da solche Folgeanträge nicht innerhalb der Antragsfrist gestellt wurden, konnten sie sich gegenständlich nur auf den durch die fristgerechten Erstanträge festgelegten Streitstoff beschränken[780]. Nachdem der Referentenentwurf noch an der Möglichkeit zur Folgeantragstellung festhielt[781], wurde diese auf Anregung des DAV[782] zugunsten einer einheitlichen und im Vergleich zur vorherigen Rechtslage um einen auf drei Monate verlängerten Antragsfrist gestrichen[783].

D. Begründungsfrist

Auch die Antragsbegründung ist fristgebunden. Sie muss gem. § 4 Abs. 2 Satz 1 SpruchG innerhalb der Antragsfrist nach Abs. 1 erfolgen. Es besteht also ein Gleichlauf zwischen Antragsfrist und Begründungsfrist. Für den Fristlauf kann auf die Ausführungen zur Antragsfrist[784] verwiesen werden. Durchbrochen wird der Grundsatz des Gleichlaufs von Antrags- und Begründungspflicht, wenn der Antragsteller nicht über die Berichte über die Strukturmaßnahme verfügt. § 4 Abs. 2 Satz 2 Nr. 4 SpruchG erlaubt in diesem Fall dem Gericht, die Frist zur Antragserwiderung angemessen zu verlängern[785]. Zuständig für die Entscheidung über die Fristverlängerung ist gem. § 2 Abs. 3 Nr. 4 SpruchG der Vorsitzende, wenn die Zuständigkeit einer Kammer für Handelssachen begründet ist.

E. Rechtsfolgen von Fristversäumnissen

Die in § 4 SpruchG statuierte Pflicht zur fristgerechten Antragstellung und -begründung zieht die Frage nach sich, welche Rechtsfolgen sich aus dem Verstoß gegen diese Pflicht ergeben. Insbesondere ist fraglich, ob fristgerechte Antragstellung und Antragsbegründung lediglich Verfahrens- und damit Sachentscheidungsvoraussetzungen sind, oder ob der Antragsfrist und der Begründungsfrist eine materiell-rechtliche Bedeutung als Ausschlussfrist zukommt. Im ersten Fall ist dem

---

778 Die Bekanntmachung der Antragstellung war nach §§ 306 Abs. 3 Satz 1 a.F. AktG sowie 307 Abs. 3 Satz 1 a.F. UmwG erforderlich; auch sie wurde ersatzlos gestrichen.

779 §§ 306 Abs. 3 Satz 2 a.F. AktG sowie 307 Abs. 3 Satz 2 a.F. UmwG.

780 Vgl. hierzu ausführlich *Behnke*, Spruchverfahren, S. 92 ff.

781 § 6 Abs. 2 RefE SpruchG.

782 Stellungnahme des DAV zu § 4 RefE, NZG 2002, 119, 121.

783 BegrRegE zu § 4 SpruchG, BT-Drs. 15/371, S. 13.

784 Vgl. oben § 9 C. (S. 174 ff.).

785 Vgl. oben § 9 B. II. 4. (S. 171).

Gericht bei Nichteinhaltung der Frist eine Entscheidung in der Sache verwehrt; es hat den Antrag als unzulässig abzuweisen[786]. Im zweiten Fall entscheidet das Gericht in der Sache und weist den Antrag als unbegründet ab. Bedeutsam ist diese Einordnung, wenn es um die Wiedereinsetzung in die Antragsfrist geht. Sie kommt nur in Betracht, wenn man die Einhaltung als Verfahrensvoraussetzung betrachtet. Zum vor dem SpruchG geltenden Recht wurde dies teilweise befürwortet[787]. Jedoch sah die h.M. in der Antragsfrist dagegen eine materielle Ausschlussfrist und verneinte daher die Möglichkeit der Wiedereinsetzung[788]. Unter Geltung des SpruchG sind die Rechtsfolgen der Nichteinhaltung der in § 4 SpruchG geregelten Fristen für die Antragsfrist (hierzu unter I.) und die Antragsbegründungsfrist (hierzu unter II.) gesondert zu beurteilen.

I. Versäumung der Antragsfrist

Keine Schwierigkeiten bereitet die Beurteilung von Verstößen gegen die Antragsfrist des § 4 Abs. 1 SpruchG. Hier ist an der bereits vor Geltung des SpruchG herrschende Meinung festzuhalten, wonach es sich bei der Dreimonatsfrist des § 4 Abs. 1 SpruchG um eine materielle Ausschlussfrist handelt und die Fristversäumung zur Abweisung des Antrags als unbegründet führt. Dies ergibt sich zum einen aus dem Wortlaut der Vorschrift ("kann nur ... gestellt werden") als auch aus ihrem Zweck: Nach Ablauf der Antragsfrist soll sich das ausgleichs- und Abfindungspflichtige Unternehmen auf den Bestand der in der Strukturmaßnahme getroffenen Regelung verlassen können[789]. Die Vorschrift dient also – wie die Anfechtungsfrist nach § 246 AktG[790] – der Schaffung von Rechtssicherheit. Wird der Antrag nicht innerhalb der Frist des § 4 Abs. 1 SpruchG gestellt, so verliert der Anteilsinhaber seinen Anspruch auf Durchführung des Spruchverfahrens, d.h. seine Antragsberechtigung[791]. Die Rechtsnatur der Antragsfrist als Ausschlussfrist führt wie bereits nach

---

786 Für den Zivilprozess *Greger* in Zöller, Vor § 253 Rn. 9.

787 *Dehmer*, § 305 Rn. 4; *Meilicke/Meilicke*, ZGR 1974, 296, 312; *Schwarz* in Widmann/Mayer, § 305 Rn. 36.

788 OLG Düsseldorf v. 17.9.1991 – 19 W 4/91, AG 1993, 39, 40; *Bilda* in MünchKomm. AktG, § 304 Rn. 223; *Emmerich* in Emmerich/Habersack, § 304 Rn. 88; *Geßler* in Geßler/Hefermehl, § 304 Rn. 140; *Hüffer* (5. Aufl.), § 304 Rn. 26; *Koppensteiner* in KölnKomm. AktG, § 304 Rn. 62; *Krieger* in Lutter (2. Aufl.), § 305 Rn. 10; *ders.* in Münchener Handbuch AG, § 70 Rn. 115; *Meister/Klöcker* in Kallmeyer, § 305 Rn. 10; *Stratz* in Schmitt/Hörtnagl/Stratz, § 305 Rn. 4; im Ergebnis auch *Würdinger* in Großkomm. AktG (3. Aufl.), § 304 Anm. 31.

789 OLG Düsseldorf v. 17.9.1991 – 19 W 4/91, AG 1993, 39, 40; *Krieger* in Lutter, § 305 Rn. 10.

790 *Hüffer*, § 246 Rn. 1;

791 BayObLG v. 1.12.2004 – 3Z BR 106/04, NZG 2005, 312, 314; vgl. hierzu oben § 9 A. IV. 3. (S. 160).

früher geltendem Recht[792] dazu, dass die Wiedereinsetzung in die Antragsfrist ausgeschlossen ist[793]. Der Antrag ist dann als unbegründet zurückzuweisen.

II. Versäumung der Antragsbegründungsfrist

Ob der Antrag auch im Falle der Versäumung der Antragsbegründungsfrist als unbegründet zurückzuweisen ist, ist zweifelhaft. Hier ist zu unterscheiden zwischen den Fällen des Fehlens der nach § 4 Abs. 2 Satz 2 SpruchG obligatorischen Angaben sowie der nach § 4 Abs. 2 Satz 3 SpruchG fakultativen Angaben. Schließlich stellt sich die Frage der Wiedereinsetzung in die Antragsbegründungsfrist.

1. Fehlen obligatorischer Angaben

Legt ein Antragsteller innerhalb der Antragsbegründungsfrist nach § 4 Abs. 2 Satz 1 i.V.m. Abs. 1 SpruchG keine den Anforderungen des § 4 Abs. 2 Satz 2 SpruchG entsprechende Antragsbegründung vor, so kommt in Betracht, den Antrag wie im Falle der Versäumnis der Antragsfrist als unbegründet zurückzuweisen. Dieser Schluss liegt insbesondere nahe, wenn man die Parallele zur aktienrechtlichen Anfechtungsklage zieht. Sie muss gem. § 246 Abs. 1 AktG innerhalb eines Monats nach Beschlussfassung der Hauptversammlung erhoben werden. Nach h.M reicht es zur Einhaltung dieser Frist nicht aus, dass eine den Mindesterfordernissen des § 253 ZPO genügende Klageschrift eingereicht und der Tatsachenvortrag einem späteren Schriftsatz vorbehalten wird. Vielmehr muss der Kläger innerhalb der Frist des § 246 Abs. 1 AktG auch sämtliche Anfechtungsgründe in ihrem wesentlichen tatsächlichen Kern in den Prozess einführen[794]. Geschieht dies nicht, so ist die Frist des § 246 Abs. 1 AktG nicht eingehalten und die Klage als unbegründet abzuweisen[795]. Begründet wird dieses Ergebnis mit dem Charakter der Frist des § 246 Abs. 1 AktG als materiell-rechtliche Ausschlussfrist.

---

792 *Emmerich* in Emmerich/Habersack, § 306 Rn. 11; *Krieger* in Münchener Handbuch AG, § 70 Rn. 119.

793 *Krieger* in Lutter, § 4 SpruchG Rn. 8; a.A. LG Dortmund v. 9.12.2004 – 20 O 99/04 AktG, AG 2005, 308, 309; *Klöcker/Frowein*, § 4 Rn. 7, die die Wiedereinsetzung zulassen wollen, wenn weitere zulässige Anträge vorliegen.

794 BGH v. 26.9.1994 – II ZR 236/93, NJW 1995, 260, 261; BGH v. 9.11.1992 – II ZR 230/91; BGH v. 17.11.1986 – II ZR 96/86, NJW 1987, 780; RG v. 24.9.1942 – II 50/42, RGZ 170, 83, 94 f.; RG v. 23.1.1931 – II 250/30, RGZ 131, 192, 195; OLG Köln v. 12.3.1963 – 4 U 166/62, AG 1963, 162; LG Stuttgart v. 8.3.1994 – 4 KfH O 6/94, AG 1994, 567, 568; *Hüffer*, § 246 Rn. 26; *ders.* in MünchKomm. AktG, § 246 Rn. 41; *K. Schmidt* in Großkomm. AktG, § 246 Rn. 22; *Semler* in Münchener Handbuch AG, § 41 Rn. 75.

795 OLG Frankfurt am Main v. 13.12.1983 – 5 U 110/83, WM 1984, 209, 211; *Hüffer*, § 246 Rn. 20; *ders.* in MünchKomm. AktG, § 246 Rn. 33; *K. Schmidt* in Großkomm. AktG, § 246 Rn. 25.

Vergleicht man die Struktur des § 4 SpruchG mit den für die Anfechtungsklage entwickelten Regeln, so ergeben sich Parallelen. Wie die h.M. bei der Anfechtungsklage lässt es die Vorschrift nicht ausreichen, den Antrag auf Durchführung des Spruchverfahrens zu stellen. Vielmehr verlangt § 4 SpruchG auch die fristgerechte Begründung des Antrags. Darüber hinaus besteht der für die Anfechtungsklage typische Gleichlauf zwischen Antragsfrist und Antragsbegründungsfrist. Aufgrund dieser Parallelen läge nahe, auch Verstöße gegen § 4 Abs. 2 Satz 2 SpruchG entsprechend den für die Anfechtungsklage entwickelten Regeln zu behandeln und den Antrag als unbegründet zurückzuweisen, wenn die Frist des § 4 Abs. 2 Satz 1 SpruchG versäumt wird.

Allerdings besteht im Spruchverfahren in Bezug auf die Begründungsfrist der bedeutsame Unterschied, dass § 4 Abs. 2 Satz 2 Nr. 4 SpruchG die Fristverlängerung zulässt. Hierdurch wird der Begründungsfrist der Charakter einer Ausschlussfrist genommen[796]. Damit wird auch deutlich, dass die Antragsbegründungsfrist anderen Regeln unterliegt als die Antragsfrist. Die fristgerechte und ordnungsgemäße Antragsbegründung stellt eine Verfahrensvoraussetzung dar, während die fristgerechte Antragstellung zum Erhalt des dem Anteilsinhaber zustehenden Gestaltungsrechts erforderlich, aber auch ausreichend ist. Die Einhaltung der Begründungserfordernisse des § 4 Abs. 2 Satz 2 SpruchG betrifft also die Zulässigkeit des Antrags[797].

2. *Fehlen fakultativer Angaben*

Ergibt sich aus der Antragsbegründung entgegen § 4 Abs. 2 Satz 3 SpruchG nicht, wie viele Anteile der Antragsteller hält, so ist der Antrag gleichwohl zulässig. Insofern gilt nichts anderes als bei Nichteinhaltung der Vorgaben des § 253 Abs. 3 bis 5 ZPO[798].

3. *Wiedereinsetzung in die Antragsbegründungsfrist*

Aus der Qualifizierung der Antragsbegründung als Verfahrensvoraussetzung folgt, dass die Wiedereinsetzung in die Antragsbegründungsfrist grundsätzlich in Betracht kommt. In Bezug auf die Voraussetzungen eines solchen Wiedereinsetzungsbegehrens enthält das FGG nur in § 22 Abs. 2 eine Regelung über die Wiedereinsetzung in die Beschwerdefrist des § 22 Abs. 1 FGG. Für den Zivilprozess ist die Wiedereinsetzung in den vorigen Stand in den §§ 233 ff. ZPO geregelt. Die Vorschriften

---

796 *Büchel*, NZG 2003, 793, 795.

797 OLG Stuttgart v. 13.9.2004 – 20 W 13/04, ZIP 2004, 1907, 1909; *Fritzsche/Dreier/Verfürth*, § 4 Rn. 14; *Hüffer*, Anh § 305, § 4 SpruchG Rn. 9; *Klöcker/Frowein*, § 4 Rn. 18; *Bungert/Mennicke*, BB 2003, 2021, 2026; *Büchel*, NZG 2003, 793, 795.

798 Vgl. hierzu *Foerste* in Musielak, § 253 Rn. 36; *Greger* in Zöller, § 253 Rn. 24; *Lüke* in MünchKomm. ZPO, § 253 Rn. 183 f.

verlangen einen Wiedereinsetzungsantrag und lassen die Wiedereinsetzung zu, wenn der Betreffende ohne sein Verschulden an der Einhaltung einer Frist gehindert war, er den Antrag auf Wiedereinsetzung innerhalb von zwei Wochen seit Behebung des Hindernisses gestellt und innerhalb dieser Frist auch die versäumte Verfahrenshandlung nachgeholt hat. Dabei sind die Tatsachen, mit denen der Antrag auf Wiedereinsetzung begründet wird, nach Maßgabe des § 294 ZPO glaubhaft zu machen.

Aus diesen Voraussetzungen folgt, dass auch der Antrag auf Wiedereinsetzung in die Antragsbegründungsfrist nur in Betracht kommt, wenn ein Antragsteller glaubhaft macht, dass er ohne sein Verschulden daran gehindert war, seine Antragsbegründung innerhalb der Frist des § 4 Abs. 2 Satz 1 i.V.m. Abs. 1 SpruchG vorzulegen. Entsprechend § 22 Abs. 2 FGG und § 234 Abs. 2 ZPO ist die Antragsbegründung innerhalb von zwei Wochen seit Behebung des Hindernisses, auf dem die Fristversäumnis beruht, einzureichen. Bei der Beurteilung des Verschuldens des Antragstellers ist zu berücksichtigen, dass § 4 Abs. 2 Satz 2 Nr. 4 SpruchG die Verlängerung der Begründungsfrist zulässt und diese an die weiteren Voraussetzungen knüpft, dass der betreffende Antragsteller glaubhaft macht, dass er über die in § 7 Abs. 3 SpruchG genannten Unterlagen aus von ihm nicht zu vertretenden Gründen nicht zu verfügt und er zugleich Abschrifterteilung nach § 7 Abs. 3 SpruchG verlangt. Die in diesen Voraussetzungen enthaltenen Wertungen sind bei der Entscheidung über die Wiedereinsetzung zu beachten. Fehlen einem Antragsteller die in § 7 Abs. 3 SpruchG genannten Unterlagen, so muss dieser gegebenenfalls durch einen rechtzeitigen und den Vorgaben des § 4 Abs. 2 Satz 2 Nr. 4 SpruchG entsprechenden Antrag auf Fristverlängerung dafür sorgen, dass ein Gesuch um Wiedereinsetzung in die Antragsbegründungsfrist nicht notwendig wird. Unterbleibt dies, so kommt die Wiedereinsetzung in die Antragsbegründungsfrist nicht in Betracht.

Reicht ein Antragsteller innerhalb der Begründungsfrist keine ordnungsgemäße Antragsbegründung ein und stellt er keinen Antrag auf Wiedereinsetzung in die Antragsfrist, so ist der Antrag als unzulässig zurückzuweisen[799]. Folge dieser sog. Prozessentscheidung[800] ist zwar an sich, dass die erneute Antragstellung möglich ist. Da jedoch mit Ablauf der Begründungspflicht zugleich auch die Frist des § 4 Abs. 1 SpruchG für einen (erneuten) Antrag abläuft, dürfte diese Möglichkeit theoretischer Natur sein.

---

799 BegrRegE zu § 4 SpruchG, BT-Drs. 15/371, S. 13; OLG Stuttgart v. 13.9.2004 – 20 W 13/04, AG 2005, 301, 303; *Hüffer*, Anh § 305, § 4 SpruchG Rn. 9; *Klöcker/Frowein*, § 4 Rn. 18; *Büchel*, NZG 2003, 793, 795; *Bungert/Mennicke*, BB 2003, 2021, 2026; *Lamb/Schluck-Amend*, DB 2003, 1259, 1261; *Wasmann*, WM 2004, 819, 822.

800 Dass es im Streitverfahren der Freiwilligen Gerichtsbarkeit sog. Prozessentscheidungen gibt, ist anerkannt; vgl. *Behnke*, Spruchverfahren, S. 67; *Habscheid*, Streitgegenstand, S. 224 f.; *Zimmermann* in Keidel/Kuntze/Winkler, § 31 Rn. 22b.

F. Antragsgegner

Während § 4 Abs. 2 Satz 2 Nr. 1 SpruchG die Pflicht statuiert, in der Antragsbegründung den Antragsgegner überhaupt zu bezeichnen, so regelt § 5 SpruchG, gegen wen der Antrag richtigerweise zu richten ist. Dies betrifft die Frage der Passivlegitimation. Richtiger Antragsgegner ist, wer auch Schuldner des materiell-rechtlichen Anspruchs ist[801]. Diesbezüglich kann getrennt werden zwischen den aktienrechtlichen (hierzu unter I.) und den umwandlungsrechtlichen Strukturmaßnahmen (hierzu unter II.).

I. Aktienrechtliche Strukturmaßnahmen

Für aktienrechtliche Abfindungs- und Ausgleichsansprüche wird mit § 5 Nr. 1, 2 und 3 SpruchG die Frage des Antragsgegners erstmals ausdrücklich geregelt. Zuvor wurde aus dem materiellen Recht abgeleitet, gegen wen der Antrag zu richten sei. Umstritten war dies für die Ausgleichsleistung bei Abschluss eines Gewinnabführungsvertrags nach § 304 Abs. 1 Satz 1 AktG[802] sowie für den Squeeze-out[803]. § 5 Nr. 1 und 3 SpruchG stellt nun klar, dass im ersten Fall der Antrag gegen den anderen Vertragsteil, im zweiten gegen den Hauptaktionär zu richten ist. Für den Squeeze-out gilt dabei die Besonderheit, dass der Antragsgegner auch eine natürliche Person sein kann. Hauptaktionär im Sinne der §§ 327a ff. AktG kann sein, wer Aktionär sein kann[804]. Als Antragsgegner kommen also neben juristischen Personen und teilrechtsfähigen Personengesellschaften auch natürliche Personen in Betracht.

---

801 OLG Düsseldorf v. 15.1.2004 – I-19 W 5/03 AktE, DB 2004, 428; a.A. *Wasmann*, WM 2004, 819, 824, der ohne nähere Begründung die Auffassung vertritt, die Bezeichnung des richtigen Antragsgegners gehöre zu den Zulässigkeitsvoraussetzungen.

802 Zum Teil wurde vertreten, Schuldner des Ausgleichsanspruchs sei die abhängige Gesellschaft; *Godin/Wilhelmi*, § 304 Anm. 2; *Hüchting*, Beherrschungsvertrag, S. 8 ff.; *Würdinger* in Großkomm. AktG (3. Aufl.), § 304 Anm. 18; dagegen nahm die h.M. dem jetzigen § 5 Nr. 1 SpruchG entsprechend an, Schuldner sei der andere Vertragsteil; LG Mannheim v. 30.5.1994 – 23 AktE 1/90, AG 1995, 89, 90; *Bilda* in MünchKomm. AktG, § 304 Rn. 32; *Exner*, Beherrschungsvertrag, S. 173 ff.; *Hüffer*, § 304 Rn. 4; *Koppensteiner* in KölnKomm. AktG, § 304 Rn. 15; *Krieger* in Münchener Handbuch AG, § 70 Rn. 65.

803 Hier nahm die überwiegende Auffassung – dem jetzigen § 5 Nr. 3 SpruchG entsprechend – an, der Anspruch sei gegen den Hauptaktionär zu richten; vgl. *Hasselbach* in KölnKomm WpÜG, § 327f AktG Rn. 8; *Vetter*, AG 2002, 176, 190; wohl auch *Ehricke/Roth*, DStR 2001, 1120, 1127; *Grunewald*, ZIP 2002, 18, 20; teilweise wurde dagegen vertreten, der Antrag sei gegen die Gesellschaft zu richten; *Hüffer* (5. Aufl.), § 327f Rn. 5.

804 *Hüffer*, § 327a Rn. 5.

II. Umwandlungsrechtliche Strukturmaßnahmen

Für Umwandlungsfälle übernimmt § 5 Nr. 4 SpruchG im Kern unverändert die Regelung des § 307 Abs. 2 a.F. UmwG: Der Antrag ist gegen die übernehmenden oder neuen Rechtsträger oder den Rechtsträger neuer Rechtsform zu richten. Eine Besonderheit gilt in diesem Zusammenhang für den Antrag gegen eine Gesellschaft bürgerlichen Rechts. Sie kann gem. § 191 Abs. 2 UmwG Rechtsträger neuer Rechtsform nach einem Formwechsel sein. Gleichwohl war gem. § 307 Abs. 2 a.F. UmwG der Antrag im Spruchverfahren gegen ihre Gesellschafter zu richten. Diese Regelung wurde obsolet, nachdem der BGH der Gesellschaft bürgerlichen Rechts als solcher selbst die Teilrechts- und Parteifähigkeit zusprach[805]. Auch die Gesellschaft Bürgerlichen Rechts ist damit "Rechtsträger neuer Rechtsform" im Sinne des § 5 Nr. 4 SpruchG[806].

III. Gründung und Sitzverlegung einer SE

Im Spruchverfahren nach der Gründung oder Sitzverlegung einer SE ist der Antrag gem. § 5 Nr. 5 SpruchG grundsätzlich gegen die SE zu richten. Etwas anderes gilt nur für die gerichtliche Bestimmung der Barabfindung im Zuge der Gründung einer Holding-SE: Da hier die Gründungsgesellschaften fortbestehen und diejenigen Gesellschafter, die das Umtauschangebot nicht annehmen, Minderheitsgesellschafter ihrer jeweiligen Gründungsgesellschaft bleiben[807], ist der Antrag gegen die jeweilige Gründungsgesellschaft zu richten.

§ 10 Verfahren zwischen Antragseingang und mündlicher Verhandlung

Nach Antragseingang treffen das Gericht zunächst zwei Pflichten. Es hat denjenigen Antragsberechtigten, die selbst nicht Antragsteller sind, einen gemeinsamen Vertreter zu bestellen (hierzu unter A.) und die nach § 8 Abs. 1 SpruchG obligatorische mündliche Verhandlung vorzubereiten (hierzu unter B.).

A. Bestellung des gemeinsamen Vertreters

§ 6 Abs. 1 SpruchG sieht vor, dass den Antragsberechtigten, die nicht selbst Antragsteller sind, ein gemeinsamer Vertreter (hierzu unter I.) zu bestellen ist (hierzu unter II.). Dieser hat die Rechtsstellung eines gesetzlichen Vertreters (hierzu unter III.). Ein besonderer gemeinsamer Vertreter kann im Spruchverfahren nach der Gründung einer SE bestellt werden (hierzu unter IV.).

---

805 BGH v. 29.1.2001 – II ZR 331/00, BGHZ 146, 341, 343 ff.

806 BegrRegE zu § 5 SpruchG, BT-Drs. 15/371, S. 13; *Klöcker/Frowein*, § 5 Rn. 6.

807 Vgl. oben § 3 E. II. 1. b) (S. 70).

I. Gemeinsamer Vertreter

Der gemeinsame Vertreter ist eine Besonderheit des Spruchverfahrens. Bereits die 3. Durchführungsverordnung zum UmwG 1934 sah die Bestellung eines gemeinsamen Vertreters vor, der nach damaliger Auffassung sämtliche Anteilsinhaber, einschließlich der selbst am Verfahren teilnehmenden, vertrat[808]. Auch der insoweit mit § 6 Abs. 1 SpruchG übereinstimmende § 33 Abs. 1 UmwG 1956 wurde entsprechend ausgelegt. Allerdings wurde diese Auslegung durch das BVerfG in seiner *Feldmühle*-Entscheidung als mit Art. 103 Abs. 1 GG unvereinbar angesehen[809]. Seitdem ist anerkannt, dass der gemeinsame Vertreter nur diejenigen Anteilsinhaber vertritt, die nicht auf andere Weise vertreten sind. Seine Bestellung soll sicherstellen, dass auch diese Anteilsinhaber im Verfahren rechtliches Gehör erhalten[810].

II. Bestellung

Der gemeinsame Vertreter ist gem. § 6 Abs. 1 Satz 1 Hs. 1 SpruchG möglichst frühzeitig zu bestellen. Wie sich aus § 7 Abs. 1 SpruchG ergibt, wonach der Antrag auch dem gemeinsamen Vertreter zuzustellen ist, bedeutet "frühzeitig" jedenfalls, dass der gemeinsame Vertreter schon bei Veranlassung der Zustellung der Anträge bestellt sein muss. Ob der gemeinsamer Vertreter bereits zu einem Zeitpunkt zu bestellen ist, in dem die Durchführung des Spruchverfahrens noch ungewiss ist, ist fraglich. Grundsätzlich ist nur ein gemeinsamer Vertreter zu bestellen. Von der Bestellung kann nur ausnahmsweise abgesehen werden. Die Bestellung ist bekannt zu machen. Gegen die Bestellung ist die Beschwerde statthaft.

1. Bestellung bei Ungewissheit der Durchführung des Verfahrens

Die h.M. vor Geltung des SpruchG hielt die Bestellung eines gemeinsamen Vertreters für entbehrlich, solange die Durchführung des Spruchverfahrens noch offen war, etwa weil noch kein zulässiger Antrag vorlag[811]. Die Beibehaltung dieser Praxis erscheint auch jetzt noch sinnvoll, da bereits die Bestellung des gemeinsamen Vertreters aufwendig ist und Kosten verursacht[812]. Empfehlenswert erscheint daher, den gemeinsamen Vertreter erst zu bestellen, wenn feststeht, dass zumindest ein Antragsteller einen zulässigen, d.h. insbesondere ordnungsgemäß begründeten An-

---

808 *Meilicke* in Böttcher/Meilicke, § 34 Rn. 9.

809 BVerfG v. 7.8.1962 – 1 BvL 16/60, BVerfGE 14, 263, 278 f.

810 BayObLG v. 17.10.1991 – BReg 3Z 17/90, BayObLGZ 1991, 358.

811 *Bilda* in MünchKomm. AktG, § 306 Rn. 80; *Emmerich* in Emmerich/Habersack, § 306 Rn. 17; *Krieger* in Lutter (2. Aufl.), § 308 Rn. 4; *Meister/Klöcker* in Kallmeyer, § 308 Rn. 8; *Stratz* in Schmitt/Hörtnagl/Stratz, § 308 Rn. 4; *Büchel*, NZG 2003, 793, 795.

812 Zum Bestellungsverfahren vgl. *Stratz* in Schmitt/Hörtnagl/Stratz, § 308 Rn. 8 f.

trag gestellt hat[813]. Ob dies der Fall ist, kann freilich erst nach Ablauf der Begründungsfrist des § 4 Abs. 2 SpruchG beurteilt werden. Allerdings kann das Gericht die Zeit bis zum Ablauf der Begründungsfrist dergestalt nutzen, dass es aus dem in Betracht kommenden Personenkreis mögliche Kandidaten identifiziert[814].

2. *Nur ein gemeinsamer Vertreter*

Der Verfahrensbeschleunigung, aber auch der Kostensenkung[815] dient die in § 6 Abs. 1 Satz 2 SpruchG vorgesehen Beschränkung auf (nur) einen gemeinsamen Vertreter. Zuvor waren nach § 306 Abs. 4 Satz 3 a.F. AktG und § 308 Abs. 1 Satz 3 a.F. UmwG in Verfahren, in denen die Festsetzung des angemessenen Ausgleichs und der angemessenen Abfindung beantragt wurden, für Ausgleich und Abfindung jeweils gesonderte gemeinsame Vertreter zu bestellen. Damit sollte vermieden werden, dass ein gemeinsamer Vertreter im selben Verfahren gegensätzliche Interessen zu vertreten hat[816]. Nunmehr sieht § 6 Abs. 1 Satz 2 SpruchG die Bestellung mehrerer gemeinsamer Vertreter nur noch vor, wenn aufgrund konkreter Anhaltspunkte davon auszugehen ist, dass die Wahrung der Rechte aller betroffenen Antragsberechtigten durch einen gemeinsamen Vertreter nicht sichergestellt ist. Dass die Gefahr widerstreitender Interessen der ausscheidenden und der im Unternehmen verbleibenden Anteilsinhaber auch im Spruchverfahren nach neuem Recht besteht, wurde vom Gesetzgeber im Gesetzgebungsverfahren gesehen. Diese widerstreitenden Interessen würden jedoch durch das "gleichgerichtete Interesse überlagert, Leistungen von der betreffenden Gesellschaft zu erhalten"[817].

3. *Absehen von der Bestellung*

Die Bestellung des gemeinsamen Vertreters kann nur unterbleiben, wenn die Wahrung der Rechte der Antragsberechtigten "auf andere Weise sichergestellt" ist, § 6 Abs. 1 Satz 3 SpruchG. Hieran sind strenge Anforderungen zu stellen[818]. Von der

---

813 *Fritzsche/Dreier/Verfürht*, § 6 Rn. 7; *Klöcker/Frowein*, § 6 Rn. 7; *Krieger* in Lutter, § 6 SpruchG Rn. 3; Stellungnahme des DAV zu § 7 RefE, NZG 2002, 119, 121; Stellungnahme des DAV zu § 6 RegE, ZIP 2003, 552, 554.

814 Vgl. hierzu *Krieger* in Lutter, § 6 SpruchG Rn. 4; *Stratz* in Schmitt/Hörtnagl/Stratz, § 308 Rn. 8.

815 BegrRegE zu § 6 SpruchG, BT-Drs. 15/371, S. 14.

816 BegrRegE zu § 306 AktG 1965 bei *Kropff*, S. 401.

817 BegrRegE zu § 6 SpruchG, BT-Drs. 15/371, S. 14; zustimmend *Büchel*, NZG 2003, 793, 797.

818 BayObLG v. 17.10.1991 – BReg 3Z 17/90, BayObLGZ 1991, 358, 359; OLG Düsseldorf v. 17.2.1971 – 19 W 2/71, OLGZ 1971, 279, 281; *Bilda* in MünchKomm. AktG, § 306 Rn. 81; *Geßler* in Geßler/Hefermehl, § 306 Rn. 29; *Koppensteiner* in KölnKomm. AktG, § 306 Rn. 12; *Krieger* in Lutter, § 6 SpruchG Rn. 6; *Meister/Klöcker* in Kallmeyer, § 308 Rn. 6; *Volhard* in MünchKomm. AktG, § 6 SpruchG Rn. 12.

Bestellung kann allenfalls abgesehen werden, wenn sich der Antragsgegner mit sämtlichen nicht antragstellenden Anteilsinhabern geeinigt hat oder wenn diese Anteilsinhaber einen der Antragsteller mit der Wahrnehmung ihrer Interessen beauftragt haben[819].

Ob die Bestellung auch unterbleiben kann, wenn sich eine Aktionärsschutzvereinigung am Verfahren beteiligt, die nach ihrer Satzung die ausschließliche Aufgabe hat, die schutzbedürftigen Interessen der Aktionäre wahrzunehmen, ist fraglich, wird aber teilweise bejaht[820]. Dem ist jedoch entgegenzuhalten, dass diese Vereinigungen in nahezu sämtlichen Spruchverfahren vertreten sind und ein Absehen von der Bestellung eines gemeinsamen Vertreters im Falle ihrer Beteiligung dem Ausnahmecharakter des § 6 Abs. 1 Satz 3 SpruchG zuwider liefe[821]. Ein gemeinsamer Vertreter ist schließlich auch dann zu bestellen, wenn die nicht antragstellenden Anteilsinhaber offensichtlich kein Interesse an dem Verfahren haben[822]. Die Bestellung des gemeinsamen Vertreters ist für die Dauer des gesamten Spruchverfahrens gültig, also auch für eine etwaige zweite Instanz[823].

4. *Bekanntmachung der Bestellung*

§ 6 Abs. 1 Satz 4 SpruchG verlangt die Bekanntmachung der Bestellung im elektronischen Bundesanzeiger. Sehen die Satzung, der Gesellschaftsvertrag, der Partnerschaftsvertrag oder das Statut noch andere Blätter oder elektronische Informationsmedien für öffentliche Bekanntmachungen vor, so hat das Gericht gem. § 6 Abs. 1 Satz 5 SpruchG die Bestellung auch dort bekannt zu machen.

Zweck der Bekanntmachung ist die Information der nicht antragstellenden Anteilsinhaber, insbesondere im Hinblick auf das ihnen zustehende Beschwerderecht[824]. Nach § 6 Abs. 1 Satz 4 SpruchG ist allein die Bekanntmachung im aufgrund des Transparenz- und Publizitätsgesetzes[825] eingeführten elektronischen Bundesanzeiger obligatorisch. Aktiengesellschaften steht es allerdings frei, die

---

819 *Koppensteiner* in KölnKomm. AktG, § 306 Rn. 12; *Krieger* in Lutter, § 6 SpruchG Rn. 6; *Meister/Klöcker* in Kallmeyer, § 308 Rn. 6; *Stratz* in Schmitt/Hörtnagl/Stratz, § 308 Rn. 6.

820 BayObLG v. 17.10.1991 – BReg 3Z 17/90, BayObLGZ 1991, 358, 359; *Schwarz* in Widmann/Mayer, § 308 Rn. 6; offen lassend *Emmerich* in Emmerich/Habersack, § 306 Rn. 22.

821 *Bilda* in MünchKomm. AktG, § 306 Rn. 81; *Fritzsche/Dreier/Verfürth*, § 6 Rn. 10 f.; *Klöcker/Frowein*, § 6 Rn. 14; *Krieger* in Lutter, § 6 SpruchG Rn. 6; *Meister/Klöcker* in Kallmeyer, § 308 Rn. 6; *Stratz* in Schmitt/Hörtnagl/Stratz, § 308 Rn. 6.

822 KG v. 30.11.1971 – 1 W 2415/71, AG 1972, 50, 51.

823 BayObLG v. 17.10.1991 – BReg 3Z 17/90, BayObLGZ 1991, 358, 361; *Bilda* in MünchKomm. AktG, § 306 Rn. 85; *Fritzsche/Dreier/Verfürth*, § 6 Rn. 9; *Klöcker/Frowein*, § 6 Rn. 3; *Krieger* in Lutter, § 6 SpruchG Rn. 9; *Volhard* in MünchKomm. AktG, § 6 SpruchG Rn. 9.

824 *Koppensteiner* in KölnKomm. AktG, § 306 Rn. 11.

825 Gesetz zur weiteren Reform des Aktien- und Bilanzrechts, zu Transparenz und Publizität vom 19.7.2002 (BGBl. I, S. 2681).

Printversion des Bundesanzeigers als weiteres Gesellschaftsblatt im Sinne des § 25 Satz 2 AktG zu bestimmen mit der Folge, dass gem. § 6 Abs. 1 Satz 5 SpruchG die Bekanntmachung auch dort zu erfolgen hätte[826]. Bei Umwandlungen, die gem. § 19 Abs. 3 Satz 1 UmwG ohnehin in der Printversion des Bundesanzeigers und durch mindestens ein anderes Blatt bekannt zu machen sind, fallen wegen § 6 Abs. 1 Satz 4 SpruchG die Publikationsorgane für die Strukturmaßnahme einerseits und die Bestellung des gemeinsamen Vertreters sowie später für die gerichtliche Entscheidung[827] auseinander[828].

5. Beschwerde gegen die Bestellung

Gegen die Bestellung des gemeinsamen Vertreters ist die Beschwerde statthaft. Umstritten ist dabei, ob die Beschwerde als einfache[829] oder als – fristgebundene – sofortige[830] Beschwerde ausgestaltet ist. Allerdings gilt in diesem Zusammenhang der Grundsatz des § 567 Abs. 1 Nr. 1 ZPO. Danach findet die sofortige Beschwerde nur statt, wenn dies im Gesetz ausdrücklich bestimmt ist[831]. Ausdrücklich vorgesehen ist die sofortige Beschwerde nur in § 12 Abs. 1 Satz 1 SpruchG, der sie zugleich auf die gerichtliche Entscheidung nach § 11 SpruchG beschränkt[832]. Soll dagegen die Bestellung des gemeinsamen Vertreters angefochten werden, so ist gem. § 17 Abs. 1 SpruchG i.V.m. § 19 Abs. 1 FGG, 17 Abs. 1 SpruchG die einfache, nicht an eine Frist gebundene Beschwerde statthaft.

Beschwerdeberechtigt im Sinne des § 20 Abs. 1 FGG sind die Anteilsinhaber, für die der gemeinsame Vertreter bestellt wird, also die am Verfahren nicht beteiligten Anteilsinhaber[833]. Sie sind beschwert, wenn das Gericht die Bestellung des gemeinsamen Vertreters überhaupt unterlässt[834] oder bei der Auswahl nicht nach

---

826 BegrRegE zu § 6 SpruchG, BT-Drs. 15/371, S. 14.

827 § 14 SpruchG verweist insofern auf § 6 Abs. 1 Satz 4, 5 SpruchG; vgl. hierzu § 13 A. VI. (S. 245).

828 Kritisch hierzu die Stellungnahme des Bundesrates zu BegrRegE zu § 6 SpruchG, BT-Drs. 15/371, S. 23, wo von einem "verwirrenden Medienbruch" die Rede ist.

829 OLG Düsseldorf v. 17.2.1971 – 19 W 2/71, OLGZ 1971, 279, 280 f.; *Bilda* in MünchKomm. AktG, § 306 Rn. 87; *Emmerich* in Emmerich/Habersack, § 306 Rn. 23; *Fritzsche/Dreier/Verfürth*, § 6 Rn. 15; *Hüffer*, Anh § 305, § 6 SpruchG Rn. 5; *Koppensteiner* in KölnKomm. AktG, § 306 Rn. 10; *Klöcker/Frowein*, § 6 Rn. 9; *Krieger* in Lutter, § 6 SpruchG Rn. 8; *Stratz* in Schmitt/Hörtnagl/Stratz, § 308 Rn. 12; offen lassend BayObLG v. 31.7.1975 – BReg 2Z 25/75, BayObLGZ 1975, 305, 307.

830 *Geßler* in Geßler/Hefermehl, § 306 Rn. 31; *Meister/Klöcker* in Kallmeyer, § 308 Rn. 15.

831 Vgl. auch *Sternal* in Keidel/Kuntze/Winkler, § 22 Rn. 2.

832 *Gude*, AG 2005, 233.

833 *Bilda* in MünchKomm. AktG, § 306 Rn. 86; *Emmerich* in Emmerich/Habersack, § 306 Rn. 18; *Hüffer*, Anh § 305, § 6 SpruchG Rn. 5; *Koppensteiner* in KölnKomm. AktG, § 306 Rn. 10; *Krieger* in Lutter, § 6 SpruchG Rn. 8.

834 Das setzt freilich voraus, dass das Gericht durch einen Beschluss darüber entscheidet, gem. § 6 Abs. 1 Satz 3 SpruchG von der Bestellung eines gemeinsamen Vertreters abzusehen.

pflichtgemäßem Ermessen verfährt, etwa indem es einen nicht ausreichend sachkundigen gemeinsamen Vertreter bestellt[835]. Da der gemeinsame Vertreter vom Antragsgegner gem. § 6 Abs. 2 Satz 1 Hs. 1 SpruchG Ersatz seiner Auslagen sowie eine Vergütung für seine Tätigkeit verlangen kann, ist auch dieser beschwerdeberechtigt[836]. Seine Beschwer ist gegeben, wenn das Gericht einen gemeinsamen Vertreter bestellt, obwohl die Wahrung der Rechte der nicht antragstellenden Anteilsinhaber ausnahmsweise auf andere Weise sichergestellt ist[837].

III. Rechtsstellung

Der gemeinsame Vertreter hat die Stellung eines gesetzlichen (Verfahrens-) Vertreters, § 6 Abs. 1 Satz 1 Hs. 1 SpruchG. Er hat die Rechte der Anteilseigner wahrzunehmen, für die er bestellt ist und kann hierzu in ihrem Namen Anträge stellen, Schriftsätze einreichen und an mündlichen Verhandlungen teilnehmen[838]. Da seine Bestellung auf Gesetz und nicht auf Rechtsgeschäft beruht, ist er an Weisungen der von ihm vertretenen Anteilsinhaber nicht gebunden[839]. Allerdings besitzt er nicht die Befugnis, Verpflichtungen zu ihren Lasten zu begründen[840]. Prozessual ist er als formell Beteiligter zu qualifizieren; demgegenüber sind die von ihm vertretenen Anteilsinhaber wegen der *inter omnes*-Wirkung des § 13 Satz 2 SpruchG zwar materiell, nicht jedoch formell am Verfahren beteiligt[841].

Praktisch bedeutsam ist das in § 6 Abs. 3 Satz 1 SpruchG geregelte Recht des gemeinsamen Vertreters, das Verfahren auch nach Antragsrücknahme fortführen zu können. Nach dem Wortlaut der Vorschrift besteht dieses Recht bereits bei Zurücknahme "eines Antrags". Gemeint ist jedoch der Fall, dass sämtliche verfah-

---

835 BayObLG v. 31.7.1975 – BReg 2 Z 25/75, BayObLGZ 1975, 305, 307; *Koppensteiner* in KölnKomm. AktG, § 306 Rn. 10; *Schwarz* in Widmann/Mayer, § 308 Rn. 26; *Stratz* in Schmitt/Hörtnagl/Stratz, § 308 Rn. 13.

836 *Bilda* in MünchKomm. AktG, § 306 Rn. 86; *Emmerich* in Emmerich/Habersack, § 306 Rn. 18; *Hüffer*, Anh § 305, § 6 SpruchG Rn. 5; *Koppensteiner* in KölnKomm. AktG, § 306 Rn. 10; *Krieger* in Lutter, § 6 SpruchG Rn. 11; *Meister/Klöcker* in Kallmeyer, § 308 Rn. 15; *Stratz* in Schmitt/Hörtnagl/Stratz, § 308 Rn. 14.

837 OLG Düsseldorf v. 13.4.1988 – 19 W 5/88, DB 1988, 1108; *Fritzsche/Dreier/Verfürth*, § 6 Rn. 16; *Klöcker/Frowein*, § 6 Rn. 9; *Krieger* in Lutter, § 6 SpruchG Rn. 8; *Schwarz* in Widmann/Mayer, § 308 Rn. 27; *Stratz* in Schmitt/Hörtnagl/Stratz, § 308 Rn. 14.

838 *Krieger* in Lutter, § 6 SpruchG Rn. 10.

839 *Fritzsche/Dreier/Verfürth*, § 6 Rn. 20; *Koppensteiner* in KölnKomm. AktG, § 306 Rn. 14; *Krieger* in Lutter, § 6 SpruchG Rn. 11; *Meister/Klöcker* in Kallmeyer, § 308 Rn. 20; *Schwarz* in Widmann/Mayer, § 308 Rn. 29; *Stratz* in Schmitt/Hörtnagl/Stratz, § 308 Rn. 20; *Volhard* in MünchKomm. AktG, § 6 SpruchG Rn. 15; *App*, BB 1995, 267, 268.

840 *Emmerich* in Emmerich/Habersack, § 306 Rn. 26; *Fritzsche/Dreier/Verfürth*, § 6 Rn. 19; *Klöcker/Frowein*, § 6 Rn. 22; *Koppensteiner* in KölnKomm. AktG, § 306 Rn. 14; *Krieger* in Lutter, § 6 SpruchG Rn. 10; *Volhard* in MünchKomm. AktG, § 6 SpruchG Rn. 14.

841 *Koppensteiner* in KölnKomm. AktG, § 306 Rn. 14; vgl. hierzu allgemein *Zimmermann* in Keidel/Kuntze/Winkler, § 6 Rn. 18 f.

renseinleitenden Anträge zurückgenommen wurden[842]. Diese 1994 erstmals in das UmwG[843] eingeführte Regelung will das sog. Auskaufen der Antragsteller durch den Antragsgegner verhindern[844]. Zuvor war es häufig vorgekommen, dass der Antragsgegner mit den Antragstellern außergerichtlich eine Vereinbarung über eine erhöhte Kompensation traf und die Antragsteller im Gegenzug ihre Anträge zurücknahmen. Die nicht am Verfahren teilnehmenden Anteilsinhaber kamen dann oft nicht in den Genuss dieser erhöhten Kompensation. Das nunmehr in § 6 Abs. 3 SpruchG enthaltene Recht des gemeinsamen Vertreters, das Verfahren auch im Falle der Antragsrücknahme fortzuführen, vermindert den Anreiz, eine solche Vereinbarung überhaupt zu treffen bzw. zwingt den Antragsgegner, dies jedenfalls unter Einbeziehung des gemeinsamen Vertreters – und damit der durch ihn vertretenen Anteilsinhaber – zu tun.

Entschließt sich der gemeinsame Vertreter im Fall der Antragsrücknahme, das Verfahren weiterzuführen, so rückt er automatisch in die Rechtsstellung eines Antragstellers ein, § 6 Abs. 3 Satz 2 SpruchG. Jedoch hat auch er die Möglichkeit, das Verfahren durch Antragsrücknahme zu beenden[845]. Wie er im Einzelnen verfährt, hat der gemeinsame Vertreter nach pflichtgemäßem Ermessen zu entscheiden[846].

IV. Besonderer gemeinsamer Vertreter im Spruchverfahren nach Gründung einer SE

Ist Gegenstand des Spruchverfahrens die Bestimmung des angemessenen Ausgleichs oder der angemessenen Barabfindung nach der Gründung einer SE durch Verschmelzung oder der Gründung einer Holding-SE, so bestellt das Gericht den antragsberechtigten, jedoch selbst nicht am Spruchverfahren teilnehmenden Anteilsinhabern nach den allgemeinen Regeln des § 6 SpruchG einen gemeinsamen Vertreter.

Allerdings vertritt dieser gemeinsame Vertreter nicht die Anteilsinhaber von Gründungsgesellschaften mit Sitz in einem anderen Mitgliedstaat, dessen Recht ein Verfahren zur Kontrolle und Änderung des Umtauschverhältnisses der Aktien oder zur Abfindung von Minderheitsaktionären nicht vorsieht: Sie sind im Spruchverfahren nicht antragsberechtigt[847], mit der Folge, dass auch § 6 SpruchG auf sie nicht anwendbar ist. Gleichwohl sind die Interessen dieser Anteilsinhaber betroffen, wenn im Spruchverfahren zugunsten der Anteilsinhaber einer deutschen Gründungsgesellschaft eine bare Zuzahlung zur Verbesserung des Umtauschverhältnis-

---

842 *Bilda* in MünchKomm. AktG, § 306 Rn. 93.

843 § 308 Abs. 3 Satz 1 a.F. UmwG war über den ebenfalls 1994 eingefügten § 306 Abs. 4 Satz 10 a.F. AktG auch auf das aktienrechtliche Spruchverfahren anwendbar.

844 BegrRegE zu § 308 UmwG 1994, BT-Drs. 12/6699, S. 170; vgl. hierzu oben § 1 D. (S. 33).

845 BegrRegE zu § 308 UmwG 1994, BT-Drs. 12/6699, S. 170.

846 *Bilda* in MünchKomm. AktG, § 306 Rn. 94; *Krieger* in Lutter, § 6 SpruchG Rn. 12.

847 Vgl. oben § 9 A. I. 3. b) (S. 156).

ses oder eine Barabfindung bestimmt wird, die aus dem Vermögen der SE aufzubringen ist. Hinzu kommt, dass erst ihnen die Durchführung des Spruchverfahrens zu verdanken ist, da der im SEAG vorgesehene Anfechtungsausschluss und die Eröffnung des Spruchverfahrens nur dann eingreifen, wenn die Gründungsgesellschaft die Anwendung des Spruchverfahrens ausdrücklich akzeptiert, Art. 25 Abs. 3 Satz 1 SE-VO.

Die Anteilsinhaber einer Gründungsgesellschaft mit Sitz in einem Mitgliedstaat werden die Zustimmung nach Art. 25 Abs. 3 Satz 1 SE-VO nur dann erteilen, wenn sie ihre Interessen im Spruchverfahren hinreichend geschützt sehen[848]. Dieser Schutz soll durch § 6a SpruchG gewährleistet werden. Danach bestellt das Gericht auf Antrag eines oder mehrerer selbst nicht antragsberechtigten Anteilsinhaber(s) einen besonderen gemeinsamen Vertreter, der am Spruchverfahren beteiligt ist und dessen Aufgabe die Wahrung der Interessen der nicht antragsberechtigten Anteilsinhaber ist. Hierzu gehört nach der Begründung des Regierungsentwurfs zu § 6a SpruchG insbesondere die Verteidigung des ursprünglich festgelegten Umtauschverhältnisses bzw. der ursprünglich festgelegten Barabfindung[849].

Gem. §§ 6a Satz 2 i.V.m. 6 Abs. 1 Satz 4 SpruchG hat das Gericht die Bestellung des besonderen gemeinsamen Vertreters im Bundesanzeigers bekannt zu machen. Wie der "normale" gemeinsame Vertreter kann der besondere gemeinsame Vertreter gem. §§ 6a Satz 2 i.V.m. 6 Abs. 2 SpruchG in entsprechender Anwendung des RVG eine Vergütung für seine Tätigkeit sowie Ersatz seiner Auslagen verlangen[850].

Von der Verweisung in § 6a Satz 2 SpruchG ausgenommen ist § 6 Abs. 3 SpruchG, der das Recht des gemeinsamen Vertreters regelt, das Verfahren auch nach Rücknahme der Anträge fortzuführen und hierbei die Rolle eines Antragstellers einzunehmen. Daraus folgt, dass dem besonderen gemeinsamen Vertreter diejenigen Rechte des "normalen" gemeinsamen Vertreters, die aus § 6 Abs. 3 SpruchG hergeleitet werden, nicht zustehen. Dies gilt insbesondere in Bezug auf das Beschwerderecht gegen die Entscheidung im ersten Rechtszug[851].

B. Vorbereitung der mündlichen Verhandlung

Austragungsort für den Streit der Verfahrensbeteiligten über die angemessene Kompensation soll nach dem Willen des Gesetzgebers die mündliche Verhandlung sein[852]. Ihre Vorbereitung wird durch § 7 SpruchG ausgestaltet, der ein Verfahren vorsieht, das bereits unter der Geltung des Amtsermittlungsgrundsatzes des § 12 FGG üblich war. Insofern besteht der eigentliche Wert der Vorschrift im

---

848 BegrRegE zu § 6a SpruchG, BT-Drs. 15/3405, S. 58.

849 BegrRegE zu § 6a SpruchG, BT-Drs. 15/3405, S. 58.

850 Vgl. § 15 C. (S. 292 ff.).

851 Vgl. hierzu § 13 A. V. 4. c) (S. 240 ff.).

852 BegrRegE zu § 8 SpruchG, BT-Drs. 15/371, S. 15.

Wesentlichen darin, dass sich der bereits zuvor übliche Verfahrensablauf nunmehr unmittelbar dem Gesetz entnehmen lässt[853].

Die schriftliche Vorbereitung der mündlichen Verhandlung nach § 7 SpruchG ähnelt dem schriftlichen Vorverfahren im Zivilprozess nach § 276 ZPO. Zur Vorbereitung der mündlichen Verhandlung stellt das Gericht zunächst dem Antragsgegner den Antrag zu und setzt ihm eine Frist zur Antragserwiderung (hierzu unter I.). Neben der Einreichung der Antragserwiderung hat der Antragsgegner auch die im Zuge der Durchführung der Strukturmaßnahme angefertigten Berichte vorzulegen (hierzu unter II.). Auf die Erwiderung des Antragsgegners replizieren die Antragsteller, und der gemeinsame Vertreter gibt seine Stellungnahme ab (hierzu unter III.). Das Gericht kann weitere Maßnahmen zur Vorbereitung der mündlichen Verhandlung treffen (hierzu unter IV.). Dazu gehören insbesondere die Durchführung einer Beweisaufnahme durch Sachverständige (hierzu unter V.) und die Verfügung an den Antragsgegner, bestimmte Unterlagen vorzulegen (hierzu unter VI.).

I. Zustellung des Antrags und Fristsetzung zur Antragserwiderung

Zur Vorbereitung der mündlichen Verhandlung stellt das Gericht zunächst den Antrag nach den Vorschriften der ZPO zu und setzt dem Antragsgegner eine Frist zur Antragserwiderung. Wie auch die Antragsbegründung dient die Antragserwiderung dazu, den Streitstoff zu strukturieren. In ihr hat der Antragsgegner insbesondere zur Höhe der Kompensation Stellung zu nehmen, § 7 Abs. 2 Satz 2 SpruchG.

1. Zustellung des Antrags

In § 7 Abs. 1 SpruchG sieht das Gesetz erstmals ausdrücklich vor, dass der Antrag dem Antragsgegner sowie dem gemeinsamen Vertreter zuzustellen ist. Nach zuvor geltendem Recht war der Antrag in den Gesellschaftsblättern bekannt zu machen. Da diese Bekanntmachung jedoch allein dem Zweck diente, die Folgeantragsfrist in Lauf zu setzen und bislang untätig gebliebene Anteilsinhaber auf das Verfahren und die Möglichkeit der Folgeantragstellung hinzuweisen[854], wurde sie mit der Abschaffung des Rechts zur Folgeantragstellung obsolet. Dem Zweck der Zustellung im Zivilprozess entsprechend, kommt auch in der Zustellung des Antrags im Spruchverfahren die Tendenz zur Stärkung der richterlichen Prozessleitung[855] und damit das Bestreben zum Ausdruck, das Verfahren insgesamt

---

[853] *Büchel*, NZG 2003, 793, 797.

[854] *Bilda* in MünchKomm. AktG, § 306 Rn. 58; *Koppensteiner* in KölnKomm. AktG, § 306 Rn. 8; *Krieger* in Lutter (2. Aufl.), § 307 Rn. 7, 9; *Meister/Klöcker* in Kallmeyer, § 307 Rn. 10.

[855] *Lüke* in MünchKomm. ZPO, § 270 Rn. 1.

zu straffen. Für die Zustellung gelten, da § 7 Abs. 1 SpruchG keine "andere Bestimmung" im Sinne des § 166 Abs. 2 ZPO ist, die Vorschriften der §§ 166-190 ZPO über die Zustellung von Amts wegen. Dies ergibt sich aus § 17 Abs. 1 SpruchG i.V.m. § 16 Abs. 2 Satz 1 FGG[856].

2. *Antragserwiderung durch den Antragsgegner*

Voraussetzung der Stellungnahme des Antragsgegners zur Kompensationshöhe ist freilich, dass der Antragsgegner die Bewertungsrügen der Antragsteller zum Zeitpunkt seiner Erwiderung kennt. Dies ist durch § 7 Abs. 1 und 2 SpruchG allerdings keineswegs gewährleistet[857]. § 7 Abs. 2 SpruchG sieht nämlich vor, dass der Antragsgegner zugleich mit der Zustellung zur Antragserwiderung aufgefordert und ihm hierzu eine Frist gesetzt wird, die drei Monate nicht überschreiten soll. Zugestellt wird nach dem Wortlaut des § 7 Abs. 1 SpruchG nur "der Antrag", nicht jedoch auch die Antragsbegründung. Nimmt man die Vorschrift also wörtlich, so kann der Antragsgegner in eine Situation gelangen, in der ihm der Antrag ohne Antragsbegründung zugestellt und die Frist zur Erwiderung gesetzt wird. Im Extremfall kommt gar in Betracht, dass die Antragstellung gleich zu Beginn der Antragsfrist nach § 4 Abs. 1 SpruchG erfolgt, der Antrag dem Antragsgegner unverzüglich zugestellt, ihm hierbei für Erwiderung die Mindestfrist von einem Monat nach § 7 Abs. 2 Satz 3 SpruchG gesetzt wird und der Antragsteller die Begründungsfrist nach § 4 Abs. 2 Satz 1 SpruchG voll ausschöpft. Der Antragsgegner muss sich dann gegen einen Antrag verteidigen, dessen Bewertungsrügen ihm unbekannt sind.

Für den Antragsgegner bestehen dann zwei Möglichkeiten: Er kann die Verlängerung der Erwiderungsfrist beantragen oder aber in seiner Antragserwiderung umfassend zur Kompensationshöhe vortragen. Letzteres entspricht jedoch ersichtlich nicht dem Willen des Gesetzgebers, der unter Bezugnahme auf §§ 275 und 277 ZPO die Annäherung des Spruchverfahrens an ein streitiges Parteiverfahren betonte[858]. Dieser Strukturierungseffekt würde relativiert, wenn sich der Antragsgegner umfassend zur Höhe der Kompensation äußern müsste. Auch stünde zu befürchten, dass er sich darauf beschränkt, im Wesentlichen die Ausführungen der im Zuge der Strukturmaßnahme gefertigten Berichte zu wiederholen[859]. Diese liegen dem Antragsteller jedoch bei seiner Antragsbegründung ohnehin vor. Vorzugswürdig erscheint daher, den Begriff des Antrags in § 7 Abs. 1 SpruchG dahingehend auszulegen, dass Zustellung und Fristsetzung erst zu erfolgen haben, wenn sowohl Antrag als auch Antragsbegründung vorliegen. Dann steht zum einen fest, ob wenigstens ein Antragsteller einen zulässigen, d.h.

---

856 BegrRegE zu § 7 SpruchG, BT-Drs. 15/371, S. 14.

857 Zu dieser Frage vgl. auch die Stellungnahme des DAV zu § 8 RefE, NZG 2002, 119, 122.

858 BegrRegE zu § 7 SpruchG, BT-Drs. 15/371, S. 14.

859 Stellungnahme des DAV zu § 4 RefE, NZG 2002, 119, 122.

insbesondere ordnungsgemäß begründeten Antrag gestellt hat[860]. Zum anderen hat der Antragsgegner die Möglichkeit, seine nach § 7 Abs. 2 Satz 2 SpruchG abzugebende Stellungnahme über die Höhe der Kompensation auf die Einwendungen des Antragstellers nach § 4 Abs. 2 Satz 2 Nr. 4 SpruchG zu beschränken. Wird das Spruchverfahren von mehreren Antragstellern betrieben, so sollte das Gericht außerdem mit der Zustellung der Anträge zuwarten, bis für sämtliche Antragsteller feststeht, ob deren Anträge zulässig, insbesondere ordnungsgemäß begründet, sind. Es kann dann die Anträge gemeinsam zustellen und eine einheitliche Frist zur Erwiderung setzen[861].

3. Frist für Antragserwiderung

Die Frist für die Antragserwiderung beträgt gem. § 7 Abs. 2 Satz 3 SpruchG einen Monat und soll drei Monate nicht überschreiten. Die einmonatige Mindestfrist fand auf die Empfehlung des Rechtsausschusses des Deutschen Bundestages Eingang in das SpruchG[862]. Noch der Regierungsentwurf des SpruchG sah in § 7 Abs. 2 Satz 3 eine Mindestfrist von nur zwei Wochen vor. Diese an §§ 275 Abs. 1 Satz 1, 277 Abs. 3 ZPO angelehnte[863] Regelung wurde stark kritisiert. Insbesondere wurde geltend gemacht, die in § 7 Abs. 2 Satz 3 RegE vorgesehene Frist übertrage die in § 277 Abs. 3 ZPO geregelte Zweiwochenfrist für die Klageerwiderung unbesehen auf die Antragserwiderungsfrist im Spruchverfahren. Dabei werde verkannt, dass eine sachgerechte Stellungnahme im allgemeinen nicht möglich sei, ohne zum einen innerhalb des Unternehmens sämtliche relevanten Informationen zusammenzutragen und zum anderen die mit der Strukturmaßnahme befassten Wertgutachter zu befragen. Angemessen sei daher eine Mindestfrist von sechs Wochen[864]. § 7 Abs. 2 Satz 3 SpruchG trägt dem nun Rechnung, wenngleich die Regelung weniger als Reaktion auf die Einwände gegen die Zweiwochenfrist des Regierungsentwurfs anzusehen, sondern vielmehr von dem Bestreben getragen sein dürfte, die Fristen im Rahmen der Vorbereitung der mündlichen Verhandlung insgesamt zu harmonisieren[865].

Die im Vergleich zum Regierungsentwurf auf einen Monat verlängerte Frist erscheint auch aus einem anderen Grund sinnvoll: Das Regelungskonzept des § 7 SpruchG sieht zwar die Replik des Antragstellers (§ 7 Abs. 3 Satz 2 SpruchG), nicht jedoch die Duplik des Antragsgegners vor. Der Antragsgegner muss daher nach dem gesetzlichen Leitbild bereits in seiner Antragserwiderung umfassend vortragen.

---

860 Zu den Auswirkungen auf die Bestellung des gemeinsamen Vertreters, vgl. oben § 10 A. II. 1. (S. 184).

861 Ähnlich *Krieger* in Lutter, § 7 SpruchG Rn. 5.

862 Stellungnahme des Rechtsausschusses zu § 7 Abs. 2 und 4 RegE, BT-Drs. 15/838, S. 17.

863 BegrRegE zu § 7 SpruchG, BT-Drs. 15/371, S. 14.

864 Stellungnahme des DAV zu § 8 RefE, NZG 2002, 119, 122.

865 Stellungnahme des Rechtsausschusses zu § 7 Abs. 2 und 4 RegE, BT-Drs. 15/838, S. 17.

Die Zulassung weiteren Vorbringens steht dagegen unter dem Nichtverzögerungsvorbehalt des § 10 Abs. 1 SpruchG. Vor diesem Hintergrund erschiene eine Mindestfrist für die Antragserwiderung von zwei Wochen als zu kurz. Insbesondere der beim Antragsgegner vergleichsweise höhere Aufwand bei der internen Informationsbeschaffung rechtfertigt es, als Mindestfrist für die Antragserwiderung einen Monat vorzusehen. Aus der Ausgestaltung der Maximalfrist als Sollvorschrift folgt, dass in atypischen Fällen von vornherein eine längere Frist gewährt werden kann[866]. Hiervon sollte allerdings im Hinblick auf das gesetzgeberische Ziel der Verfahrensbeschleunigung zurückhaltend Gebrauch gemacht werden. In der Regel ist davon auszugehen, dass die Dreimonatsfrist ausreicht, um auch bei komplexen Sachverhalten alle relevanten Tatsachen vortragen zu können[867]. Zur Beurteilung der Frage, wann im Einzelfall eine Fristverlängerung in Betracht kommt, kann ergänzend auf § 224 Abs. 2 ZPO zurückgegriffen werden, da es sich bei der Frist nach § 7 Abs. 2 Satz 3 SpruchG um eine richterliche Frist im Sinne der Vorschrift handelt. § 224 Abs. 2 ZPO verlangt als Voraussetzung der Fristverlängerung, dass "erhebliche Gründe" vorliegen[868]. Diese erheblichen Gründe sind nach Maßgabe des § 294 ZPO glaubhaft zu machen.

4. *Zulässigkeitsrügen*

Innerhalb der Erwiderungsfrist hat der Antragsgegner gem. § 9 Abs. 3 SpruchG auch Rügen geltend zu machen, welche die Zulässigkeit des Antrags betreffen. Dies betrifft insbesondere die Zuständigkeit des Gerichts, aber auch Mängel im notwendigen Inhalt der Antragsbegründung[869].

II. Vorlage der Berichte der Leitungsorgane sowie ggf. der Prüfungsberichte

Mit Zustellung der Anträge gibt das Gericht dem Antragsgegner gem. § 7 Abs. 3 Satz 1 SpruchG auf, die im Zuge der Durchführung der Strukturmaßnahme erstellten Berichte vorzulegen. Hat – wie zumeist – eine Prüfung durch sachverständige Prüfer stattgefunden, so ist gem. § 7 Abs. 3 Satz 2 SpruchG auch der jeweilige Prüfungsbericht einzureichen. Die Pflicht zur Vorlage der Berichte besteht nach dem Wortlaut des § 7 Abs. 3 Satz 1 SpruchG unmittelbar aus dem Gesetz, ohne dass es einer Verfügung des Gerichts bedürfte. Aus Gründen der Klarstellung empfiehlt sich allerdings, dass das Gericht neben der Aufforderung

---

866 BegrRegE zu § 7 SpruchG, BT-Drs. 15/371, S. 14.

867 BegrRegE zu § 7 SpruchG, BT-Drs. 15/371, S. 14.

868 Zur Kasuistik vgl. *Stöber* in Zöller, § 224 Rn. 6.

869 OLG Karlsruhe v. 8.11.2004 – 12 W 53/04, AG 2005, 300, 301; vgl. auch oben § 9 E. II. (S. 179).

und Fristsetzung zur Antragserwiderung auch die Vorlage der Berichte nach § 7 Abs. 3 Satz 1 SpruchG verfügt.

1. *Erteilung von Abschriften an Antragsteller*

Nach § 7 Abs. 3 Satz 3 SpruchG hat der Antragsgegner auf Verlangen eines Antragstellers diesem unverzüglich und kostenlos eine Abschrift der in den Sätzen 1 und 2 genannten Berichte zu erteilen. Ihre Bedeutung erlangt die Vorschrift aus dem Zusammenspiel mit § 4 Abs. 2 Satz 2 Nr. 4 SpruchG, der ausnahmsweise die Verlängerung der Frist zur Antragsbegründung zulässt, wenn ein Antragsteller glaubhaft macht, aus von ihm nicht zu vertretenden Gründen zum Zeitpunkt der Antragstellung nicht über die Berichte zu verfügen und er zugleich die Erteilung von Abschriften verlangt. Außer diesem Sonderfall dürfte der praktische Anwendungsbereich des § 7 Abs. 3 Satz 3 SpruchG zu vernachlässigen sein, soweit es um die Erteilung von Abschriften an einen Antragsteller geht. Insbesondere kann Zweck der Vorschrift nicht sein, die Antragsteller mit Mehrschriften der Berichte zu versorgen, über die sie entweder ohnehin verfügen oder die sie ohne größeren Aufwand hätten erlangen können[870]. Der Antragsgegner hat den Antragstellern daher nur dann nach Maßgabe des § 7 Abs. 3 SpruchG Abschriften zu erteilen, wenn auch die Voraussetzungen des § 4 Abs. 2 Satz 2 Nr. 4 SpruchG erfüllt sind.

2. *Erteilung von Abschriften an den gemeinsamen Vertreter*

Praktisch bedeutsam ist dagegen die in § 7 Abs. 3 Satz 3 SpruchG geregelte Pflicht des Antragsgegners, dem gemeinsamen Vertreter Abschriften der Berichte zu erteilen. Nach dem Wortlaut der Vorschrift besteht diese Pflicht nur, wenn der gemeinsame Vertreter die Erteilung der Abschriften verlangt. Jedoch wird er regelmäßig erstmals im Rahmen des Spruchverfahrens mit der Strukturmaßnahme befasst sein und daher stets der Berichte bedürfen. Anstatt der in Satz 3 geregelten Erteilung der Abschriften nur auf Verlangen sollte die Vorlagepflicht an den gemeinsamen Vertreter nach § 7 Abs. 3 Satz 1 SpruchG verlagert und geregelt werden, dass die Berichte stets auch dem gemeinsamen Vertreter oder aber dem Gericht zuzuleiten sind, das sie an den gemeinsamen Vertreter weiterleitet[871].

---

[870] Vgl. hierzu LG Dortmund v. 7.10.2004 – 20 O 4/04 AktE, AG 2005, 310 f.

[871] So auch die Stellungnahme des Bundesrates zur BegrRegE zu § 7 SpruchG, BR-Drs. 827/1/02, S. 6; *Büchel*, NZG 2003, 793, 797.

3. Durchsetzung der Vorlagepflicht

Die Praxis hat gezeigt, dass sich die Antragsgegner im Spruchverfahren gerade im Zusammenhang mit der Vorlage von Unterlagen äußerst zurückhaltend verhalten[872]. Vor diesem Hintergrund wurden im Gesetzgebungsverfahren Mechanismen zur Durchsetzung der Vorlagepflicht und etwaige Sanktionen diskutiert. Insbesondere seitens der gerichtlichen Praxis wurde gefordert, mangelndes Kooperationsverhalten des Antragsgegners mit "empfindlichen Ordnungsgeldern" (EUR 500,- bis EUR 5.000,- pro Tag der Überschreitung einer Nachfrist) oder der Befugnis des Gerichts, von fiktiven, plausiblen Werten für die vorenthaltenen Bewertungsgrößen auszugehen, zu sanktionieren[873]. Auch der Bundesrat erhob diese Forderung in seiner Stellungnahme zum Regierungsentwurf[874], stieß hierbei jedoch zunächst auf nur geringe Resonanz[875].

Schließlich griff der Rechtsausschuss des Deutschen Bundestages das Anliegen des Bundesrates auf. Der Beschlussempfehlung des Rechtsausschusses entsprechend erklärt § 7 Abs. 8 SpruchG zur Durchsetzung der Vorlagepflichten des § 7 Abs. 3 SpruchG die Vorschrift des § 33 Abs. 1 Satz 1, 3, Abs. 3 Satz 1 und 2 FGG für entsprechend anwendbar. Danach kann das Gericht nach vorheriger Androhung für eine unterlassene Handlung wie die Vorlage von Unterlagen ein Zwangsgeld von maximal EUR 25.000,- verhängen.

III. Replik durch Antragsteller und Stellungnahme des gemeinsamen Vertreters

Hat der Antragsgegner seine Antragserwiderung eingereicht, so wird sie gem. § 7 Abs. 4 Satz 1 SpruchG den oder Antragstellern sowie dem gemeinsamen Vertreter "zugeleitet". Zugleich setzt das Gericht gen. § 7 Abs. 4 Satz 2 SpruchG dem Antragsteller und dem gemeinsamen Vertreter eine Frist, um Einwendungen gegen die Erwiderung sowie die § 7 Abs. 3 SpruchG genannten Unterlagen vorzubringen.

1. Zustellung der Stellungnahme des Antragsgegners

Nach dem Wortlaut des § 7 Abs. 4 SpruchG ist nicht erforderlich, dass auch die Antragserwiderung zugestellt wird. Dies gilt auch dann, wenn der Antragsgegner in seiner Stellungnahme die Abweisung des Antrags beantragt. § 270 Satz 1 ZPO, dessen Anwendung im echten Streitverfahren in Betracht kommt, sieht zwar die

---

872 *Lutter/Bezzenberger*, AG 2000, 433, 436; *Puszkajler*, ZIP 2003, 518, 520.

873 *Puszkajler*, ZIP 2003, 518, 520.

874 Ziff. 6 der Stellungnahme des Bundesrates zu § 7 SpruchG, abgedruckt in BT-Drs. 15/371 S. 23.

875 Gegenäußerung der Bundesregierung, BT-Drs. 15/371, S. 27.

Zustellung solcher Schriftsätze vor, die Sachanträge enthalten[876]. Allerdings enthält § 7 Abs. 4 Satz 1 SpruchG insoweit eine Spezialregelung. Ein Zustellungserfordernis könnte nur für die gerichtliche Verfügung bestehen, in der dem Antragsteller die Frist zur Replik gesetzt wird. Gem. §§ 17 Abs. 1 SpruchG, 16 Abs. 2 Satz 1 FGG sind gerichtliche Verfügungen im Sinne des § 16 Abs. 1 FGG, die eine Frist in Lauf setzen, durch Zustellung bekannt zu machen. Verfügungen in diesem Sinne sind alle Entscheidungen des Instanzgerichts, die bestimmt und geeignet sind, eine rechtliche Wirkung für die Beteiligten zu äußern, nicht dagegen lediglich verfahrensleitende Anordnungen[877]. Die Fristsetzung zur Replik fällt in letztere Kategorie. Ihr kommt lediglich eine verfahrensleitende Bedeutung zu, ohne dass sie für die Antragsteller eine weitergehende rechtliche Wirkung entfaltet. Ihre Zustellung ist daher auch nach Maßgabe des § 16 FGG nicht erforderlich.

2. *Replik der Antragsteller*

In ihrer Replik nach § 7 Abs. 4 Satz 2 SpruchG haben die Antragsteller Einwendungen gegen die Erwiderung des Antragsgegners und Einwendungen gegen die Berichte über die Strukturmaßnahme vorzubringen. Was letztere betrifft, ist das Zusammenspiel der Vorschrift mit § 4 Abs. 2 Satz 2 Nr. 4 und § 9 Abs. 1 SpruchG von besonderem Interesse. Auch in der Antragsbegründung müssen die Antragsteller Einwendungen gegen den als Grundlage der Kompensation ermittelten Unternehmenswert geltend machen; allerdings nur, soweit sich dieser aus den in § 7 Abs. 3 SpruchG genannten Berichten ergibt. Hält man sich vor Augen, dass hierbei die Anforderungen an die Antragsbegründung "nicht überspannt" werden sollen[878], so haben die Antragsteller spätestens in der Replik ihre umfassende und detaillierte Bewertungsrüge zu erheben. Das hierzu erforderliche Material steht ihnen zu diesem Zeitpunkt zur Verfügung: Sie können sowohl auf die Berichte als auch die Antragserwiderung zurückgreifen. Gibt darüber hinaus der gemeinsame Vertreter seine Stellungnahme schon frühzeitig innerhalb der ihm nach § 7 Abs. 4 Satz 2 SpruchG gesetzten Frist ab, so können die Antragsteller auch dessen Vorbringen verwerten.

---

876 Voraussetzung eines Zustellungserfordernisses nach § 270 Satz 1 ZPO wäre freilich, dass die Erwiderung des Antragsgegners einen Sachantrag enthält. Ob dies der Fall ist, wenn lediglich die Abweisung beantragt wird, ist für den Zivilprozess streitig; BGH v. 13.10.1969 – III ZR 186/66, BGHZ 52, 385, 388; *Foerste* in Musielak, § 270 Rn. 2; *Leipold* in Stein/Jonas, § 297 Rn. 7; *Reichold* in Thomas/Putzo, § 297 Rn. 2 (verneinend); *Hartmann* in Baumbach/Lauterbach, § 297 Rn. 7 ("Klagabweisung"); *Lüke* in MünchKomm. ZPO, § 270 Rn. 16 (bejahend).

877 *Schmidt* in Keidel/Kuntze/Winkler, § 16 Rn. 1.

878 BegrRegE zu § 4 SpruchG, BT-Drs. 15/371, S. 13.

3. Stellungnahme des gemeinsamen Vertreters

Bedeutsam ist die Frist nach § 7 Abs. 4 Satz 2 SpruchG für den gemeinsamen Vertreter. Auch er hat innerhalb der Frist Einwendungen gegen die Erwiderung sowie die in "[§ 7] Abs. 3 genannten Unterlagen" vorzubringen und erhält so an dieser Stelle erstmals Gelegenheit, durch eine eigene Stellungnahme in das Verfahren einzugreifen. Dieser Zeitpunkt ist richtig gewählt. Der gemeinsame Vertreter wird regelmäßig erst aufgrund der durch den Antragsgegners gem. § 7 Abs. 3 SpruchG zur Verfügung gestellten Berichte über die Strukturmaßnahme in der Lage sein, zu dem als Grundlage für die Kompensation ermittelten Unternehmenswert Stellung zu nehmen. Dabei helfen ihm sowohl die Antragsbegründungen der Antragsteller als auch die Erwiderung des Antragsgegners. Zugleich ist er nicht auf dieses Vorbringen beschränkt. Der gemeinsame Vertreter kann in seine Stellungnahme eigene Kritikpunkte aufnehmen und so etwaige Lücken der Antragsbegründung auffüllen[879]. Damit wird deutlich, dass die Rechtsstellung des gemeinsamen Vertreters im Spruchverfahren durch das SpruchG gestärkt wurde[880]. Während seine Bestellung früher generell dazu diente, den nicht am Spruchverfahren beteiligten Anteilsinhabern rechtliches Gehör zu verschaffen[881], nimmt er im Spruchverfahren des SpruchG unmittelbar deren Vermögensinteressen wahr[882].

IV. Weitere Maßnahmen des Gerichts

Zur weiteren Förderung der zügigen Verfahrensdurchführung gibt § 7 Abs. 5 bis 7 SpruchG dem Gericht ein Instrumentarium an die Hand, das dem des § 273 ZPO ähnelt. Bemerkenswert ist hierbei die nun in § 7 Abs. 5 Satz 3 SpruchG statuierte Pflicht des Gerichts, in jeder Lage des Verfahrens auf die rechtzeitige und vollständige Erklärung der Beteiligten hinzuwirken. Sie ist vor dem Hintergrund des Ziels der Verfahrensbeschleunigung folgerichtig, wurde jedoch für den Zivilprozess mit Wirkung zum 1.1.2002 ersatzlos aus der ZPO gestrichen.

1. Ergänzung oder Erläuterung des schriftlichen Vorbringens

Im Kern identisch mit § 273 Abs. 2 Nr. 1 ZPO ermächtigt § 7 Abs. 5 Satz 2 SpruchG das Gericht, den Beteiligten die Ergänzung oder Erläuterung ihres schriftlichen Vorbringens aufzugeben, insbesondere eine Frist zur Erklärung über bestimmte klärungsbedürftige Punkte zu setzen. Voraussetzung der Fristsetzung ist,

---

879 *Büchel*, NZG 2003, 793, 797.

880 Zur Kritik hieran vgl. *Büchel*, NZG 2003, 793, 797.

881 BayObLG v. 17.10.1991 – BReg 3Z 17/90, BayObLGZ 1991, 358 f.; *Bilda* in MünchKomm. AktG, § 306 Rn. 77.

882 *Büchel*, NZG 2003, 793, 797.

dass das Gericht bestimmte tatsächliche, nicht jedoch rechtliche Punkte für aufklärungsbedürftig hält[883]. Daneben müssen sämtliche aufzuklärende Punkte genau bezeichnet und eine genaue Fristbestimmung getroffen werden[884].

2. *Weitere vorbereitende Maßnahmen*

§ 7 Abs. 5 SpruchG lässt ungeregelt, welche weiteren vorbereitenden Maßnahmen das Gericht treffen kann. Anhaltspunkte hierfür können sich ebenfalls aus § 273 Abs. 2 ZPO ergeben. Die dort enthaltenen Regelbeispiele betreffen zwar im Wesentlichen Maßnahmen, die entweder im Spruchverfahren eine besondere Regelung erfahren haben[885] oder aber für dieses nicht relevant sind[886]. Zu nennen ist jedoch die Anordnung des persönlichen Erscheinens der Beteiligten. Sie ist, wie sich aus §§ 17 Abs. 1 SpruchG i.V.m. 13 Satz 2 FGG ergibt, im Verfahren der freiwilligen Gerichtsbarkeit möglich.

V. Vorbereitende Beweisaufnahme durch Sachverständigen

Um die mündliche Verhandlung sachgerecht vorzubereiten, kann das Gericht bereits vor dem ersten Termin eine Beweisaufnahme anordnen, § 7 Abs. 6 SpruchG. Die Vorschrift ist an § 358a ZPO angelehnt[887], der den Erlass eines Beweisbeschlusses bereits vor der mündlichen Verhandlung ermöglicht. Einziges nach § 7 Abs. 6 SpruchG zulässiges Beweismittel ist allerdings der Sachverständigenbeweis.

Die in § 7 Abs. 6 SpruchG geregelte Beweisaufnahme dient nicht der Ermittlung von Tatsachen, auf die das Gericht seine Entscheidung nach § 11 Abs. 1 SpruchG stützen könnte. Vielmehr geht es um die Klärung einzelner Vorfragen, insbesondere zu Art und Umfang einer folgenden Beweisaufnahme[888]. Die Vorschrift beruht auf der Erfahrung, dass vor Geltung des SpruchG oftmals bereits die Formulierung der eigentlichen Beweisanordnungen Schwierigkeiten bereitete[889], was zu einem erheblichen Zeitaufwand bis zu ihrem Erlass führte. Auch fühlten sich die Gerichte aufgrund der Komplexität der Materie oftmals mit der Eingren-

---

[883] *Hartmann* in Baumbach/Lauterbach/Albers/Hartmann, § 273 Rn. 20; *Prütting* in Münch-Komm. ZPO, § 273 Rn. 20.

[884] *Hartmann* in Baumbach/Lauterbach/Albers/Hartmann, § 273 Rn. 20.

[885] So die Beweisaufnahme durch Sachverständige vor dem ersten Termin (§ 7 Abs. 6 SpruchG) und die Vorlage von Unterlagen (§ 7 Abs. 7 SpruchG).

[886] Hierher gehört die Einnahme eines Augenscheins, §§ 273 Abs. 2 Nr. 5 i.V.m. 144 ZPO.

[887] BegrRegE zu § 7 SpruchG, BT-Drs. 15/371, S. 15.

[888] *Krieger* in Lutter, § 7 SpruchG Rn. 12.

[889] BegrRegE zu § 7 SpruchG, BT-Drs. 15/371, S. 15.

zung des Beweisthemas überfordert, was zu den bereits erwähnten[890] "Flächengutachten" führte.

1. Umfang der Einbindung des Sachverständigen

§ 7 Abs. 6 SpruchG trifft keine Regelung über den Umfang der durchzuführenden Beweisaufnahme. Oftmals wird es genügen, die schriftliche Stellungnahme eines Sachverständigung zu einzelnen Fragen einzuholen. In anderen Fällen kann eine umfangreichere Einbeziehung erforderlich sein[891]. § 7 Abs. 6 SpruchG gibt dem Gericht einen weiten Spielraum, sich des Fachwissens des Sachverständigen zu bedienen. Auch ist dessen Tätigkeit nicht notwendigerweise auf die Vorbereitung der mündlichen Verhandlung beschränkt. Dem Gericht steht es vielmehr offen, den Sachverständigen auch zur mündlichen Verhandlung zu laden, um sich dort fachliche Fragen beantworten zu lassen[892]. Umgekehrt darf die nach § 7 Abs. 6 SpruchG mögliche Einbeziehung des Sachverständigen nicht zu der Annahme verleiten, die Vorschrift wolle einen permanent beratenden "Sachverständigen auf der Richterbank" einführen. Hiervon nahmen die Entwurfsverfasser ausdrücklich Abstand, obwohl ein dergestalt in das Verfahren eingebundener Sachverständiger teilweise gefordert wurde[893].

2. Bestellung der sachverständigen Prüfer als Sachverständige

An sich läge nahe, als Sachverständige einer Beweisaufnahme nach § 7 Abs. 6 SpruchG die sachverständigen Prüfer der Strukturmaßnahme zu bestellen. Sie kennen die konkrete Strukturmaßnahme und sind insbesondere mit besonderen Schwierigkeiten bei der Bewertung im Einzelfall betraut. Allerdings sieht § 7 Abs. 6 SpruchG hiervon aus denselben Gründen ab, aus denen auch die Bestellung der sachverständigen Prüfer als Sachverständige der Beweisaufnahme nach § 8 Abs. 2 SpruchG im Regelfall nicht in Betracht kommt: Der sachverständige Prüfer kann schwerlich Obergutachter in eigener Sache sein[894].

VI. Vorlage sonstiger Unterlagen

Einen der Hauptkritikpunkte am Spruchverfahren alten Rechts bildete die von Seiten der Antragsteller oft monierte ungleiche Informationsverteilung zwischen

---

890 Vgl. oben § 2 A. (S. 35 f.).

891 Vgl. hierzu den Formulierungsvorschlag in der Stellungnahme des DAV zu § 7 RegE, ZIP 2003, 552, 555.

892 BegrRegE zu § 7 SpruchG, BT-Drs. 15/371, S. 15.

893 BegrRegE zu § 7 SpruchG, BT-Drs. 15/371, S. 15.

894 *Lutter/Bezzenberger*, AG 2000, 433, 439; vgl. hierzu § 12 C. II. 4. (S. 229).

Antragstellern und Antragsgegner[895]. Die Antragsteller können (und müssen) ihre Bewertungsrüge nur insoweit erheben, als sich das erforderliche Tatsachenmaterial den Berichten entnehmen lässt. In das "Angemessenheitsurteil" der Berichte fließen jedoch weitere Faktoren ein, die sich anderen als den in § 7 Abs. 3 SpruchG genannten Unterlagen entnehmen lassen und auf die sich die dort statuierte Vorlagepflicht nicht erstreckt. Der Antragsgegner, in dessen Zugriffsbereich sich solche Unterlagen regelmäßig befinden, hat in der Regel kein Interesse, die Unterlagen dem Gericht oder gar dem Antragsteller zur Verfügung zu stellen, da diese oft Tatsachen enthalten, an deren Geheimhaltung der Antragsgegner ein schutzwürdiges Interesse hat. Gleichwohl versucht § 7 Abs. 7 SpruchG, solche Unterlagen zum Gegenstand des Verfahrens machen zu können.

Zu klären ist zunächst, welche Unterlagen "sonstige Unterlagen" im Sinne des § 7 Abs. 7 SpruchG sind. Sodann wird die nach der Vorschrift bestehende Vorlage auf Verlangen eines Antragstellers sowie auf Verlangen des Gerichts untersucht. Besonderheiten gelten für Unterlagen, die geheimhaltungsbedürftige Tatsachen enthalten. Schließlich wird untersucht, wie die Vorlagepflicht nach § 7 Abs. 7 SpruchG durchgesetzt werden kann.

1. "Sonstige Unterlagen"

Als "sonstige Unterlagen" im Sinne des § 7 Abs. 7 SpruchG nennt die Begründung zum Regierungsentwurf die vom Antragsgegner in Auftrag gegebenen internen Bewertungsgutachten sowie vorbereitende Arbeitspapiere der Wirtschaftsprüfer[896]. Allerdings ist eine Pflicht des Antragsgegners zur Vorlage der vorbereitenden Arbeitspapiere der Wirtschaftsprüfer fraglich. Wie die Vorlagepflicht nach § 423 ZPO setzt die Vorlagepflicht nach § 7 Abs. 7 SpruchG voraus, dass sich die betreffende Unterlage in den Händen des Antragsgegners befindet und dieser berechtigt ist, über sie zu verfügen[897]. Eine Vorlagepflicht Dritter, wie sie nach § 428 ZPO und § 142 ZPO bestehen kann, begründet die Vorschrift also nicht. Befindet sich eine Unterlage in den Händen eines Dritten, so kommt allenfalls in Betracht, den Antragsgegner auf Grundlage des § 7 Abs. 7 SpruchG zu verpflichten, die Unterlage zum Zwecke der Vorlage zu beschaffen. Voraussetzung einer solchen Beschaffungspflicht wäre allerdings, dass der Antragsgegner nach den Vorschriften des Bürgerlichen Gesetzbuches von dem Dritten die Herausgabe der betreffenden Unterlage verlangen kann[898]. Ein Anspruch auf Herausgabe der vorbereitenden Arbeitspapiere steht dem Antragsgegner gegen den von ihm mit der Erstellung des Bewertungsgutachtens beauftragten Wirtschaftsprüfer jedoch nicht

---

895 *Lutter/Bezzenberger*, AG 2000, 433, 436; *Puszkajler*, ZIP 2003, 518, 519, 520.

896 BegrRegE zu § 7 SpruchG, BT-Drs. 15/371, S. 15.

897 *Krieger* in Lutter, § 7 SpruchG Rn. 14.

898 *Krieger* in Lutter, § 7 SpruchG Rn. 14; vgl. hierzu §§ 429 i.V.m. 422 ZPO.

zu[899]. Der Antragsgegner kann daher auf Grundlage des § 7 Abs. 7 SpruchG nicht verpflichtet werden, vorbereitende Arbeitspapiere der von ihm mit der Erstellung des Bewertungsgutachtens beauftragten Wirtschaftsprüfer zum Zwecke der Vorlage zu beschaffen.

2. *Vorlage auf Verlangen des Antragstellers*

Nach seinem Wortlaut ("sind ... vorzulegen") erweckt § 7 Abs. 7 SpruchG den Eindruck, als könne der Antragsteller unmittelbar und ohne gerichtliche Anordnung vom Antragsgegner die Vorlage der Unterlagen verlangen. Hiergegen spricht, dass ähnliche Vorschriften wie § 142 Abs. 1 ZPO und § 425 ZPO über die Vorlage von Urkunden und sonstigen Unterlagen sowie des § 258 Abs. 1 HGB über die Vorlage von Handelsbüchern die Vorlage nur auf gerichtliche Anordnung vorsehen. § 7 Abs. 7 SpruchG ist entsprechend auszulegen[900]. Die Vorlage hat daher erst auf eine Verfügung zu erfolgen, für deren Erlass der Vorsitzende allein zuständig ist, § 2 Abs. 3 Nr. 4 SpruchG.

Weiter könnte man § 7 Abs. 7 SpruchG dahingehend verstehen, dass die Entscheidung über die Anordnung der Vorlage nicht im Ermessen des Gerichts steht: Nach § 7 Abs. 7 SpruchG "sind" die sonstigen Unterlagen durch den Antragsgegner vorzulegen. Voraussetzung ist lediglich, dass ein Antragsteller dies "verlangt". Insofern unterscheidet sich die Vorschrift von § 142 Abs. 1 ZPO und § 258 Abs. 1 HGB, bei denen das Gericht "auf Antrag" die Vorlage anordnen "kann". Zu berücksichtigen ist allerdings, dass die Vorlagepflicht nach § 7 Abs. 7 SpruchG nur unter der Voraussetzung besteht, dass die betreffenden Unterlagen "für die Entscheidung des Gerichts erheblich sind". Dies ist der Fall, wenn sie zumindest teilweise Grundlage für die Ermittlung des Unternehmenswertes geworden sind[901]. Geht man davon aus, dass es zur Begründung der Vorlagepflicht einer Verfügung des Gerichts bedarf, so liegt nahe, dass das Gericht berechtigt ist, die Entscheidungserheblichkeit zu prüfen und die Vorlage nur im Falle ihrer Bejahung anzuordnen[902]. Dabei steht dem Gericht auf der Tatbestandsseite ein Beurteilungsspielraum zu.

---

[899] Stellungnahme des DAV zu § 7 RegE, ZIP 2003, 552, 555; *Fritzsche/Dreier/Verfürth*, § 7 Rn. 84; *Klöcker/Frowein*, § 7 Rn. 14; *Krieger* in Lutter, § 7 SpruchG Rn. 14; *Bungert/Mennicke*, BB 2003, 2021, 2028 f.

[900] *Fritzsche/Dreier/Verfürth*, § 7 Rn. 87; *Krieger* in Lutter, § 7 SpruchG Rn. 15, der auf § 425 ZPO Bezug nimmt.

[901] OLG Düsseldorf v. 2.4.1998 – 19 W 3/93 AktE, AG 1999, 89, 90.

[902] Ähnlich *Krieger* in Lutter, § 7 SpruchG Rn. 15, der dieses Ergebnis auf § 425 ZPO stützt.

3. *Vorlage auf Verlangen des Gerichts*

Neben dem Antragsteller kann gem. § 7 Abs. 7 SpruchG auch der Vorsitzende vom Antragsgegner verlangen, die genannten Unterlagen vorzulegen. Auch dies gilt nur insoweit, als der Vorsitzende die Entscheidungserheblichkeit der Unterlagen für gegeben hält. Im Übrigen gilt, dass die Vorlageverfügung auf Verlangen des Gerichts und die Vorlageverfügung auf Verlangen des Antragstellers als sog. Zwischenverfügungen zu qualifizieren sind, deren (selbständige) Anfechtung nicht zulässig ist[903].

4. *Einbeziehung geheimhaltungsbedürftiger Tatsachen in das Verfahren*

Die nach § 7 Abs. 7 Satz 1 SpruchG vorzulegenden Unterlagen können potenziell Tatsachen enthalten, an deren Geheimhaltung der Antragsgegner ein schutzwürdiges Interesse hat. Umgekehrt besteht für die Antragsteller das Interesse, auch solche geheimhaltungsbedürftigen Tatsachen in das Verfahren einzubeziehen, da sie für die Kompensationshöhe regelmäßig von Bedeutung sind. § 7 Abs. 7 Satz 2 SpruchG versucht, dieses Spannungsverhältnis zwischen dem Informationsinteresse der Antragsteller und dem Geheimhaltungsbedürfnis des Antragsgegners aufzulösen, indem er die Möglichkeit eröffnet, bestimmte Tatsachen in das Verfahren einzubeziehen, sie jedoch zugleich den Antragstellern vorzuenthalten.

a) Voraussetzungen der Geheimhaltung

Die Geheimhaltung nach § 7 Abs. 7 Satz 2 SpruchG erfordert einen Antrag des Antragsgegners. Dem Antrag "kann" stattgegeben werden, wenn die Geheimhaltung aus wichtigen Gründen, insbesondere zur Wahrung von Fabrikations-, Betriebs- oder Geschäftsgeheimnissen geboten ist, § 7 Abs. 7 Satz 2 SpruchG.

aa) Fabrikations-, Betriebs- oder Geschäftsgeheimnisse

Der Wortlaut der Vorschrift ist an § 72 Abs. 2 Satz 2 GWB angelehnt, der das Akteneinsichtsrecht im Beschwerdeverfahren gegen Verfügungen der Kartellbehörde regelt. Im Regierungsentwurf war an dieser Stelle – insoweit identisch mit §§ 293a Abs. 2 und 131 Abs. 3 Satz 1 Nr. 1 AktG sowie 8 Abs. 2 UmwG – noch von Tatsachen die Rede, "deren Bekanntwerden geeignet ist, dem Antragsgegner oder einem verbundenen Unternehmen einen nicht unerheblichen Nachteil zuzufügen"[904]. Der jetzige Wortlaut soll präzisere Vorgaben für die Anordnung der Ge-

---

903 *Kahl* in Keidel/Kuntze/Winkler, § 19 Rn. 9.
904 Vgl. die Synopse in BT-Drs. 15/838, S. 8.

heimhaltung bereithalten[905]. Fabrikations-, Betriebs- oder Geschäftsgeheimnisse als Regelbeispiele für "wichtige Gründe" im Sinne der § 7 Abs. 7 Satz 2 SpruchG sowie § 72 Abs. 2 Satz 2 GWB sind sämtliche Tatsachen, die im Zusammenhang mit einem Geschäftsbetrieb stehen, für die Wettbewerbsfähigkeit von Bedeutung, nicht offenkundig und nach dem Willen des Inhabers geheim zu halten sind[906].

bb) Ermessensentscheidung

Die Entscheidung über den Antrag ist auf Rechtsfolgenseite als Ermessensentscheidung ausgestaltet. Zugleich enthält die Vorschrift auf Tatbestandsseite mit den Erfordernissen der "wichtigen Gründe" und des "Gebotenseins" unbestimmte Rechtsbegriffe, die zwar durch Regelbeispiele konkretisiert werden, die dem Gericht aber gleichwohl einen Beurteilungsspielraum belassen. Das Gericht hat dabei eine Gesamtabwägung vorzunehmen, bei der neben dem Geheimhaltungsinteresse des Antragsgegners das Interesse der Antragsteller zu berücksichtigen ist, sich zu den Unterlagen äußern zu können, § 7 Abs. 7 Satz 2 SpruchG. Wenn das Gericht bei dieser Abwägung auf Tatbestandsseite aber zu dem Ergebnis gelangt, dass dem Geheimhaltungsinteresse des Antragsgegners der Vorrang vor dem Informationsinteresse des Antragstellers einzuräumen ist, so bleibt auf Rechtsfolgenseite für eine Ermessensentscheidung kein Raum. Das Gericht muss dann dem Geheimhaltungsantrag des Antragsgegners stattgeben. Richtigerweise ist daher davon auszugehen, dass das Ermessen des Gerichts "auf Null" reduziert und dem Antrag auf Geheimhaltung stattzugeben ist, wenn das Gericht davon ausgeht, dass "wichtige Gründe" vorliegen und die Geheimhaltung "geboten" ist.

cc) Entscheidungsbefugnis und Rechtsmittel

Über den Antrag des Antragsgegners über die Geheimhaltung der Unterlagen entscheidet nach § 7 Abs. 7 Satz 2 SpruchG der Vorsitzende. Die Vorschrift differenziert nicht nach Spruchkörpern, so dass die Alleinentscheidungsbefugnis auch für den Vorsitzenden einer Zivilkammer gilt. Der Vorsitzende einer Kammer für Handelssachen wäre für die Entscheidung ohnehin nach § 2 Abs. 3 Nr. 4 SpruchG zuständig. Gegen die Entscheidung des Vorsitzenden kann gem. § 7 Abs. 7 Satz 3 Hs. 1 SpruchG das Gericht angerufen werden. Da die Vorschrift keine Einschränkung enthält, steht dieses Recht sowohl dem Antragsgegner bei Zurückweisung als auch den Antragstellern im Falle der Stattgabe des Antrags zu. Die Entscheidung des Gerichts ist gem. § 7 Abs. 7 Satz 3 Hs. 2 SpruchG unanfechtbar.

---

905 BT-Drs. 15/838, S. 17.

906 KG v. 5.5.1981 – Kart 20/81, WuW/E OLG 2515; KG v. 4.6.1982 – Kart 19/82; WuW/E OLG 2713, 2714 f.; *K. Schmidt* in Immenga/Mestmäcker, § 72 Rn. 7.

b) Rechtsfolgen

Gibt das Gericht dem Geheimhaltungsantrag des Antragsgegners statt, so dürfen die Unterlagen, welche die geheimhaltungspflichtigen Tatsachen enthalten, den Antragstellern nicht zugänglich gemacht werden. § 7 Abs. 7 Satz 2 SpruchG beschränkt damit nur den Zugang der Antragsteller zu den Unterlagen, entzieht sie jedoch nicht dem Verfahren insgesamt. Diese Geheimhaltungspflicht besteht nur gegenüber den Antragstellern, nicht jedoch gegenüber einem gerichtlich bestellten Sachverständigen.

Aus der Möglichkeit der Einbeziehung der in den geheimhaltungsbedürftigen Unterlagen enthaltenen Tatsachen folgt, dass das Gericht seine Entscheidung in der Hauptsache auf die in den Unterlagen enthaltenen Tatsachen stützen kann. Allerdings muss die Entscheidung über die Geheimhaltung zur Folge haben, dass die betreffenden Tatsachen auch nicht in die Entscheidungsgründe des § 11 Abs. 1 SpruchG aufgenommen werden dürfen[907]. Bemerkenswerterweise war diese Rechtsfolge in § 7 Abs. 7 Satz 3 RegE SpruchG noch ausdrücklich geregelt, fand jedoch keinen Eingang in das SpruchG.

c) Rechtsstaatliche Bedenken

Gegen die Geheimhaltungsregel des § 7 Abs. 7 SpruchG wurden Zweifel in Bezug auf ihre Vereinbarkeit mit dem Grundrecht der Antragsteller auf Gewährung rechtlichen Gehörs (Art. 103 Abs. 1 GG) geäußert[908]. Es sei ein anerkannter Grundsatz, dass der Anspruch der Antragsteller auf Einsicht in die Gerichtsakte nicht beschränkt werden dürfe[909]. Auch sei nicht wünschenswert, dass die gerichtliche Entscheidung auf Informationen gestützt werde, welche die Antragsteller nicht kennen[910]. Als Lösung wurde vorgeschlagen, geheimhaltungsbedürftige Unterlagen nicht dem Gericht, sondern ausschließlich dem Sachverständigen zur Verfügung zu stellen, da sich das Einsichtsrecht der Antragsteller nicht auf dessen Handakte, sondern nur auf das von ihm gefertigte Gutachten erstrecke[911].

aa) Rechtliches Gehör und Akteneinsicht

Richtig an der seitens des DAV geäußerten Kritik ist, dass zu dem durch Art. 103 Abs. 1 GG garantierten Schutzbereich ein umfassendes Recht des in einem

---

907 BegrRegE zu § 7 SpruchG, BT-Drs. 15/371, S. 15; *Klöcker/Frowein*, § 7 Rn. 15 gehen davon aus, für "geheimhaltungsbedürftige Tatsachen" bestehe ein Verwertungsverbot.

908 Stellungnahme des DAV zu § 7 RegE, ZIP 2003, 552, 555; *Meilicke/Heidel*, DB 2003, 2267, 2271.

909 *Meilicke/Heidel*, DB 2003, 2267, 2271.

910 Stellungnahme des DAV zu § 7 RegE, ZIP 2003, 552, 555.

911 Stellungnahme des DAV zu § 7 RegE, ZIP 2003, 552, 555.

gerichtlichen Verfahren Beteiligten[912] auf Information über den Verfahrensstoff gehört, damit dieser sich über den zugrunde liegenden Sach- und Streitstand informieren kann[913]. Teil dieses Rechts auf Information ist – nicht nur im Strafprozess[914] – das Recht auf Akteneinsicht, das sich auf die Prozessakten, grundsätzlich aber auch auf beigezogene Akten erstreckt[915].

bb) Möglichkeiten der Einschränkung

Allerdings besteht der Schutzbereich des Art. 103 Abs. 1 GG nicht grenzenlos. Zwar enthält die Norm keinen Gesetzesvorbehalt, der die Voraussetzungen regelt, unter denen Eingriffe in den Schutzbereich des Art. 103 Abs. 1 GG verfassungsrechtlich gerechtfertigt sind[916]. Einschränkungen können sich jedoch durch kollidierendes Verfassungsrecht ergeben, etwa durch kollidierende Grundrechte Dritter oder durch sonstige verfassungsrechtlich geschützte Güter[917]. Konkretisiert werden solche sog. verfassungsimmanenten Schranken durch einfaches Gesetz. Das methodische Vorgehen bei der Lösung eines solchen Normenkonflikts entspricht also dem bei Vorliegen eines Gesetzesvorbehalts[918]. Bei Art. 103 Abs. 1 GG besteht dabei die Besonderheit, dass bereits der Schutzbereich des Grundrechts der Ausgestaltung durch den Gesetzgeber bedarf[919] und der Gesetzgeber bereits bei dieser Ausgestaltung die sich aus der Verfassung ergebenden Beschränkungen zu berücksichtigen hat[920]. Die Ausgestaltung erfolgt jeweils in den Verfahrensordnungen[921]. Als verfassungsimmanente Schranke der durch Art. 103 Abs. 1 GG gewährten Informationsrechte anerkannt sind dabei Geheimhaltungsinteressen, seien sie persönlicher oder betrieblicher Natur[922]. Betriebliche Geheimhaltungsinteressen bilden einen wesentlichen Wertfaktor des Unternehmens und sind

---

912 Zum Begriff vgl. *Schmidt-Aßmann* in Maunz/Dürig, Art. 103 Rn. 34.

913 *Pieroth* in Jarass/Pieroth, Art. 103 Rn. 11.

914 *Degenhart* in Sachs, Art. 103 Rn. 18.

915 *Schmidt-Aßmann* in Maunz/Dürig, Art. 103 Rn. 74 f.

916 Vgl. hierzu *Jarass* in Jarass/Pieroth, Vorb. vor Art. 1 Rn. 33 ff.

917 BVerfG v. 24.4.1986 – 1 BvR 712/86, BVerfGE 94, 268, 284; BVerfG v. 24.2.1999 – 1 BvR 123/93, BVerfGE 100, 214, 223 f.; BVerfG v. 3.4.2001 – 1 BvL 32/97, BVerfGE 103, 293, 306; *Jarass* in Jarass/Pieroth, Vorb. vor Art. 1 Rn. 37 f.; *Sachs* in Sachs, Vor Art. 1 Rn. 120 ff.

918 *Sachs* in Sachs, Vor Art. 1 Rn. 125; für Art. 103 Abs. 1 GG besteht freilich die Besonderheit, dass der Begriff des rechtlichen Gehörs der einfachgesetzlichen Konkretisierung bedarf und Einschränkungen bereits hierbei zu berücksichtigen sind, vgl. BVerfG v. 29.11.1989 – 1 BvR 1011/88, BVerfGE 81, 123, 129.

919 *Pieroth* in Jarass/Pieroth, Art. 103 Rn. 9.

920 *Pieroth* in Jarass/Pieroth, Art. 103 Rn.31.

921 BVerfG v. 30.1.1985 – 1 BvR 876/84, NJW 1985, 1150.

922 *Degenhart* in Sachs, Art. 103 Rn. 18; *Pieroth* in Jarass/Pieroth, Art. 103 Rn. 31; *Schmidt-Aßmann* in Maunz/Dürig, Art. 103 Rn. 74.

daher durch das Recht am eingerichteten und ausgeübten Gewerbebetrieb verfassungsrechtlich geschützt[923].

cc) Lösung nach Maßgabe der Rechtsprechung des BVerfG

Kollidiert das Recht der Antragsteller im Spruchverfahren auf Einsichtnahme in die Gerichtsakten mit dem Geheimhaltungsinteresse des Antragsgegners, so stellt sich die Frage, wie diese Konfliktlage verfassungsrechtlich aufzulösen ist. Das BVerfG greift hierzu auf eine Abwägung zurück, deren Ziel die Herstellung praktischer Konkordanz ist, d.h. der verhältnismäßige Ausgleich der gegenläufigen Interessen mit dem Ziel ihrer Optimierung[924]. Ausgangspunkt für die Beurteilung sind dabei zunächst die "Extremsituationen", die eintreten, wenn das Interesse eines der Beteiligten voll zur Geltung gelangt.

d) Stellungnahme

Lässt man das Interesse des Antragstellers an umfassender Information voll zur Geltung kommen, so ist das Interesse des Antragsgegners am Schutz seiner Betriebsgeheimnisse entwertet und umgekehrt. Vor diesem Hintergrund stellt sich § 7 Abs. 7 Satz 2 und 3 SpruchG als Ausgleich der widerstreitenden Interessen der Beteiligten dar, da die Vorschrift – im Gegensatz zu einer der beschriebenen Extremlösungen – überhaupt die Einbeziehung geheimhaltungsbedürftiger Tatsachen im Spruchverfahren ermöglicht, zugleich aber dem Geheimhaltungsinteresse des Antragsgegners Rechnung trägt. Überdies enthält § 7 Abs. 7 Satz 2 SpruchG keine starre Regelung, sondern verlangt vom Vorsitzenden bei der Entscheidung über den Antrag des Antragsgegners eine Abwägung auf Tatbestandsseite, bei der gerade die Interessen der Antragsteller zu berücksichtigen sind. Schließlich kann auf die Entscheidung des Vorsitzenden die Entscheidung des Gerichts eingeholt werden, § 7 Abs. 7 Satz 3 SpruchG. Durch diese verfahrensrechtliche Ausgestaltung sind die Interessen der Antragsteller ebenso geschützt wie die des Antragsgegners. Die praktische Konkordanz ist somit hergestellt.

Ob dagegen der seitens des Handelsrechtsausschusses unterbreitete Vorschlag diesen Anforderungen gerecht wird, ist zweifelhaft. Auch der Handelsrechtsausschuss und diejenigen Literaturstimmen, die an der Verfassungsmäßigkeit des § 7 Abs. 7 Satz 2 SpruchG zweifeln, anerkennen das Interesse des Antragsgegners an der Wahrung seiner Betriebsgeheimnisse. Zugleich gehen sie jedoch davon aus, das Recht der Antragsteller auf Einsicht in die Gerichtsakte bestehe unbeschränkt. Damit ist jedoch dem aus Art. 103 Abs. 1 GG resultierenden Informationsrecht der

---

[923] *Papier* in Maunz/Dürig, Art. 14 Rn. 99; vgl. dort ebenso zu den verfassungsrechtlichen Grundlagen des Rechts am eingerichteten und ausgeübten Gewerbebetrieb.

[924] BVerfG v. 7.3.1990 – 1 BvR 266/86 und 913/87, BVerfGE 81, 278, 292.

Antragsteller der Vorrang vor dem Geheimhaltungsinteresse des Antragsgegners eingeräumt. Logische Konsequenz wäre, dass die Unterlagen vollumfänglich in das Verfahren mit einzubeziehen wären. Wenn nun, dem Vorschlag des Handelsrechtsausschusses entsprechend, die Unterlagen allein dem Sachverständigen mit der Begründung zur Verfügung gestellt werden sollen, dessen Handakten seien kein Bestandteil der Gerichtsakte, so ist hierin nichts anderes als eine Umgehung des durch Art. 103 Abs. 1 GG gewährten Schutzes zu sehen. Es bestünde eine nicht unerhebliche Wahrscheinlichkeit, dass das BVerfG im Falle seiner Befassung mit einer derartigen Vorschrift die Informationsrechte auf die Handakte des Sachverständigen ausdehnt. Demgegenüber bietet § 7 Abs. 7 Satz 2 und 3 SpruchG den verfassungsrechtlich nicht zu beanstandenden Ausgleich zwischen dem Interesse der Antragsteller, geheimhaltungsbedürftige Unterlagen in das Spruchverfahren einzubeziehen, einerseits und dem Geheimhaltungsinteresse des Antragsgegners andererseits[925].

5. *Durchsetzung der Vorlagepflicht*

Für die Vorlagepflicht des § 7 Abs. 7 SpruchG gilt dasselbe wie für die des § 7 Abs. 3 SpruchG[926]. Gem. § 7 Abs. 8 SpruchG kann das Gericht nach vorheriger Androhung für die unterlassene Vorlage ein Zwangsgeld von maximal EUR 25.000,- verhängen.

§ 11 Verfahrensförderungspflichten

Ein Hauptziel des neu geregelten Spruchverfahrensrechts ist die Verfahrensbeschleunigung[927]. Sie soll nach dem Willen des Gesetzgebers erreicht werden durch die Einführung von Verfahrensförderungspflichten der Beteiligten bei gleichzeitiger Rückführung des Grundsatzes der Amtsermittlung[928]. Um die sich hieraus für die Verfahrensbeteiligten ergebenden Pflichten handhabbar zu machen, gilt es zunächst, das Verhältnis zwischen dem im Verfahren der freiwilligen Gerichtsbarkeit geltenden Grundsatz der Amtsermittlung und dem im Zivilprozess herrschenden Verhandlungsgrundsatz zu klären (hierzu unter A.). Sodann werden die im SpruchG geregelten Verfahrensförderungspflichten des Gerichts (hierzu unter B.) sowie der Verfahrensbeteiligten (hierzu unter C.) dargestellt.

---

925 Vgl. auch *Krieger* in Lutter, § 7 SpruchG Rn. 22.
926 Vgl. oben § 10 B. II. 3. (S. 196).
927 BegrRegE I 3, BT-Drs. 15/371, S. 11.
928 BegrRegE I 3, BT-Drs. 15/371, S. 12.

A. Amtsermittlungsgrundsatz und Verhandlungsgrundsatz

Wenn sich der Regierungsentwurf zum SpruchG das Ziel setzt, den Amtsermittlungsgrundsatz zurück- und Verfahrensförderungspflichten einzuführen, so bedarf dies der Präzisierung. Verfahrensförderungspflichten stehen zum Grundsatz der Amtsermittlung nicht im Widerspruch. Vielmehr ist anerkannt, dass in sämtlichen Antragsverfahren der freiwilligen Gerichtsbarkeit und insbesondere in echten Streitverfahren Verfahrensförderungspflichten der Beteiligten im Sinne einer Mitwirkungs- und Verfahrensförderungslast zur Beschaffung des entscheidungserheblichen Tatsachenstoffs bestehen[929]. Den Gegenbegriff zum Grundsatz der Amtsermittlung bilden daher nicht Verfahrensförderungspflichten, sondern der sog. Verhandlungs- oder Beibringungsgrundsatz des Zivilprozesses[930].

Amtsermittlungs- und dem Verhandlungsgrundsatz unterscheiden sich in der Verantwortung für die Beschaffung des der Entscheidung zugrunde zu legenden Tatsachenstoffs. Während es im Zivilprozess aufgrund des Verhandlungsgrundsatzes Sache der Parteien ist, die entscheidungserheblichen Tatsachen vorzutragen und ggf. zu beweisen[931], berechtigt und verpflichtet der im Verfahren der freiwilligen Gerichtsbarkeit geltende Grundsatz der Amtsermittlung das Gericht, den Sachverhalt, den es seiner Entscheidung zugrunde legen will, nach pflichtgemäßem Ermessen zu ermitteln und ohne Bindung an Beweisanträge der Beteiligten die ihm geeignet erscheinenden Beweise zu erheben[932]. Die Verfahrensförderungspflichten der Beteiligten erfüllen dabei die Funktion, dem Gericht durch Tatsachenvortrag und die Bezeichnung geeigneter Beweismittel Anhaltspunkte dafür zu liefern, in welche Richtung es seine Ermittlungen lenken soll[933].

B. Verfahrensförderung durch das Gericht

Für das neu geregelte Spruchverfahren ist unklar, inwieweit die seitens des Gesetzgebers beabsichtigte "Rückführung des Amtsermittlungsgrundsatzes" zur Einführung von Elementen des Verhandlungsgrundsatzes im Spruchverfahren geführt hat. Für das Vorgehen des Gerichts, insbesondere bei der Vorbereitung und Durchführung der mündlichen Verhandlung, ist diese Frage von großer Bedeutung; bestimmt sich doch hiernach, ob die Beschaffung des zur Entscheidung erforderlichen Tatsachenstoffs – wie im Zivilprozess – das "ureigene Manövergelände" der Beteiligten ist, oder sie – wie im Verfahren der freiwilligen Gerichtsbarkeit – dem Gericht als "souveräner Feldherr, der das ganze Geschehen nach dem ihm vom

---

929 *Schmidt* in Keidel/Kuntze/Winkler, § 12 Rn. 5.

930 Vgl. hierzu *Musielak* in Musielak, Einleitung Rn. 37 f. sowie *Greger* in Zöller, Vor § 128 Rn. 10 ff.

931 Zu Ausnahmen vgl. *Greger* in Zöller, Vor § 128 Rn. 12.

932 *Schmidt* in Keidel/Kuntze/Winkler, § 12 Rn. 4.

933 *Schmidt* in Keidel/Kuntze/Winkler, § 12 Rn. 5.

Gesetz vorgeschriebenen Ziel dirigiert, ohne dass er sich um die Schachzüge der Beteiligten zu kümmern brauchte"[934], selbst obliegt.

Das SpruchG macht die Entscheidung dieser Frage nicht einfach, da es Elemente sowohl des Zivilprozesses als auch des Verfahrens der freiwilligen Gerichtsbarkeit enthält. Als Elemente des Zivilprozesses zu nennen sind die nunmehr von Gesetzes wegen strukturierte und an den Zivilprozess angelehnte Vorbereitung der mündlichen Verhandlung durch den Austausch von Schriftsätzen (§ 7 SpruchG), der direkte Verweis auf einzelne Vorschriften der ZPO sowie die nahezu wortgleiche Übertragung einzelner Vorschriften der ZPO in das SpruchG. Zugleich erklärt § 17 Abs. 1 SpruchG auf das Verfahren neben den Vorschriften des SpruchG nicht etwa die Vorschriften der ZPO, sondern die des FGG für ergänzend anwendbar. Hiervon umfasst ist auch der Grundsatz der Amtsermittlung des § 12 FGG[935], dessen Anwendung sich auch aus § 10 Abs. 3 SpruchG ergibt, der § 12 FGG nur im Falle der Zurückweisung bestimmten Vorbringens ausschließt.

Ob auftretende Verfahrensfragen vor diesem Hintergrund nach zivilprozessualen Grundsätzen oder nach den Grundsätzen des Verfahrens der freiwilligen Gerichtsbarkeit zu beurteilen sind, ist einzelfallbezogen zu entscheiden. Als "Faustregel" wird man sagen können, dass die in § 4 Abs. 2 Satz 2 Nr. 2 SpruchG geregelte Pflicht zur Geltendmachung konkreter Bewertungsrügen und die hieraus resultierende Strukturierung des Streitstoffs zugleich auch zu dessen Beschränkung führen[936]. Das Gericht kann sich daher ohne Verletzung seiner nach § 12 FGG gleichwohl bestehenden Amtsermittlungspflicht auf die Überprüfung derjenigen Einwendungen beschränken, welche die Antragsteller und/oder der gemeinsame Vertreter erhoben haben[937]. Wird dabei tatsächliches Vorbringen nicht bestritten, so ist es gem. §§ 8 Abs. 3 SpruchG i.V.m. 138 Abs. 3 ZPO als zugestanden anzusehen. Diese Rechtsfolge ist zwingend, so dass das Gericht an weiteren Ermittlungen gehindert und der Amtsermittlungsgrundsatz in Bezug auf betreffende Tatsache damit in der Tat eingeschränkt ist.

Umgekehrt darf nicht aus den Augen verloren werden, dass Gegenstand des Spruchverfahrens die Festsetzung der angemessenen Kompensation bleibt. Hält das Gericht einen einzelnen Punkt für bewertungserheblich, den die Beteiligten zuvor nicht gerügt haben, so erlaubt ihm der über § 17 Abs. 1 SpruchG grundsätzlich anwendbare § 12 FGG, über den Vortrag der Beteiligten hinaus eigene Ermittlungen anzustellen, wenn es dies zur Bestimmung der angemessenen Kompensation für notwendig erachtet[938]. Hält das Gericht das Vorbringen der Beteiligten lediglich

---

934 *Baur*, Freiwillige Gerichtsbarkeit, S. 179.

935 Vgl. hierzu auch BegrRegE zu § 8 Abs. 3 SpruchG, BT-Drs. 15/371, S. 15.

936 *Fritzsche/Dreier/Verfürth*, § 4 Rn. 18; *Thomson/Hammerschmitt*, NJW 2003, 2572, 2574.

937 *Krieger* in Lutter, § 4 SpruchG Rn. 15.

938 *Klöcker/Frowein*, § 4 Rn. 25; *Meilicke/Büchel*, DB 2003, 2267, 2273, die vor dem Hintergrund der Eigentumsgarantie des Art. 14 GG von einer Verpflichtung des Gerichts zur Amtsermittlung ausgehen; a.A. *Krieger* in Lutter, § 4 SpruchG Rn. 15.

für ergänzungsbedürftig, so regelt § 8 Abs. 3 SpruchG i.V.m. § 139 ZPO den Umfang seiner Pflichten. Im Rahmen dieser sog. "materiellen Prozessleitung" treffen das Gericht Frage- und Hinweispflichten, die aber im Verfahren der freiwilligen Gerichtsbarkeit ohnehin aus dem Amtsermittlungsgrundsatz abgeleitet werden[939].

C. Verfahrensförderungspflichten der Beteiligten

Den Beteiligten obliegen im Spruchverfahren nach dem SpruchG Verfahrensförderungspflichten, die sich stark an diejenigen des Zivilprozesses anlehnen. Selbstverständlich und daher nicht ausdrücklich geregelt ist die Pflicht, die auf Grundlage des § 7 SpruchG ergangenen Verfügungen des Gerichts fristgerecht zu erledigen. Im Übrigen sind die Verfahrensförderungspflichten der Beteiligten in § 9 SpruchG geregelt. Die Vorschrift ist in Struktur und Wortlaut an § 282 ZPO angelehnt[940]. Wie § 282 ZPO trennt § 9 SpruchG zwischen der allgemeinen Verfahrensförderungspflicht (hierzu unter I.) und besonderen Mitteilungspflichten (hierzu unter II.). Nur an den Antragsgegner richtet sich die in § 9 Abs. 3 SpruchG statuierte Pflicht, Zulässigkeitsrügen rechtzeitig zu erheben (hierzu unter III.).

I. Allgemeine Verfahrensförderungspflicht nach § 9 Abs. 1 SpruchG

Im Rahmen der in § 9 Abs. 1 SpruchG geregelten allgemeinen Verfahrensförderungspflicht hat jeder Beteiligte in der mündlichen Verhandlung und bei deren schriftlicher Vorbereitung seine Anträge sowie sein weiteres Vorbringen so zeitig vorzubringen, wie es nach der Verfahrenslage einer sorgfältigen und auf Förderung des Verfahrens bedachten Verfahrensführung entspricht. Die Vorschrift korrespondiert mit § 282 Abs. 1 ZPO, der das Vorbringen von Angriffs- und Verteidigungsmitteln im Zivilprozess regelt. Ein Unterschied zu dieser "Schwestervorschrift" besteht allerdings dahingehend, dass § 282 Abs. 1 ZPO nur für Vorbringen in der mündlichen Verhandlung gilt[941], während die allgemeine Verfahrensförderungspflicht des § 9 Abs. 1 SpruchG bereits bei deren Vorbereitung eingreift[942].

Der Zeitpunkt, zu dem nach § 9 Abs. 1 SpruchG vorzutragen ist, richtet sich nach der Verfahrenslage[943], die durch das bisherige Vorbringen des Gegners, aber auch durch Hinweise bzw. Fragen des Gerichts bestimmt wird[944] und insoweit dynamisch ist[945]. Für den Zivilprozess gilt, dass sich jede Partei zu den vom Gegner im

---

939 *Schmidt* in Keidel/Kuntze/Winkler, § 12 Rn. 53; *Jansen*, § 7 Rn. 7.

940 BegrRegE zu § 9 SpruchG, BT-Drs. 15/371, S. 16.

941 *Prütting* in MünchKomm. ZPO, § 282 Rn. 8.

942 *Krieger* in Lutter, § 9 SpruchG Rn. 2.

943 *Foerste* in Musielak, § 282 Rn. 3; *Greger* in Zöller, § 282 Rn. 3.

944 *Foerste* in Musielak, § 282 Rn. 3; *Greger* in Zöller, § 282 Rn. 3.

945 *Prütting* in MünchKomm. ZPO, § 282 Rn. 10.

Prozess behaupteten Tatsachen erklären muss[946]. Rechtsausführungen unterfallen dagegen nicht dem Gebot der Rechtzeitigkeit, da die Partei zu ihnen ohnehin nicht verpflichtet ist[947]. Dieser Grundsatz ist auch bei Auslegung des § 9 Abs. 1 SpruchG zu beachten, dessen ungenauem Wortlaut ("Vorbringen") nicht entnommen werden kann, ob sich die Vorschrift auch Rechtsausführungen erstrecken soll[948].

Wie bei § 282 Abs. 1 ZPO für den Zivilprozess stellt sich bei Anwendung des § 9 Abs. 1 SpruchG die Frage, inwieweit die Vorschrift eine gewisse Verfahrenstaktik durch Zurückhalten von Vorbringen erlaubt. Für den Zivilprozess wird diese Frage zurückhaltend beantwortet[949]. Berücksichtigt man, dass die Verfahrensförderungspflicht des § 9 Abs. 1 SpruchG schon bei der Vorbereitung der mündlichen Verhandlung eingreift, so ist im Spruchverfahren für Verfahrenstaktik noch weniger Raum als im Zivilprozess. Insbesondere der Antragsgegner ist gehalten, bereits in seiner Stellungnahme nach § 7 Abs. 2 SpruchG umfassend zum Vorbringen der Antragsteller in Bezug auf die Angemessenheit der Kompensation Stellung zu nehmen[950].

II. Mitteilungspflicht nach § 9 Abs. 2 SpruchG

Für Vorbringen, auf das andere Beteiligte oder die nach § 8 Abs. 2 SpruchG in der mündlichen Verhandlung anwesenden sachverständigen Prüfer voraussichtlich ohne vorhergehende Erkundigung keine Erklärungen abgeben können, enthält § 9 Abs. 2 SpruchG eine besondere Mitteilungspflicht. Solches Vorbringen ist vor der mündlichen Verhandlung durch vorbereitenden Schriftsatz so zeitig mitzuteilen, dass die Beteiligten oder die sachverständigen Prüfer die erforderliche Erkundigung noch einziehen können. Hierzu ist bei anwaltlicher Vertretung häufig die Rückfrage des Anwalts beim Mandanten erforderlich. Auf Seiten des Antragsgegners können zudem unternehmensinterne Erkundigungen bei Personen, die mit der Durchführung der Strukturmaßnahme befasst waren, erforderlich sein. Die Rechtzeitigkeit ist nicht nach § 132 ZPO zu beurteilen[951]. Nach der Rechtsprechung des BGH zu § 282 Abs. 2 ZPO dient die Vorschrift auch nicht dazu, dem Gericht die rechtzeitige Terminsvorbereitung zu ermöglichen[952] Maßgeblich für die

---

946 BGH v. 5.5.1983 – III ZR 187/81, NJW 1983, 2879, 2880; *Prütting* in MünchKomm. ZPO, § 282 Rn. 11

947 *Greger* in Zöller, § 282 Rn. 2b.

948 *Meilicke/Büchel*, DB 2003, 2267, 2273.

949 BGH v. 30.5.1984 – VIII ZR 20/83, NJW 1984, 1964, 1967; differenzierend *Foerste* in Musielak, § 282 Rn. 3.

950 *Krieger* in Lutter, § 9 SpruchG Rn. 2; *Volhard* in MünchKomm. AktG, § 9 SpruchG Rn. 3 f.

951 BGH v. 28.9.1988 – IVa ZR 88/87, NJW 1989, 716, 717.

952 BGH v. 25. 3. 1999 – VII ZR 434/97, NJW 1999, 2446 f.; BGH v. 28.9.1988 – IVa ZR 88/87, NJW 1989, 716, 717; zust. *Prütting* in MünchKomm. ZPO, § 296 Rn. 143.

Rechtzeitigkeit ist vielmehr, ob den anderen Verfahrensbeteiligten oder den sachverständigen Prüfern angemessene Zeit zur Erkundigung verbleibt[953].

III. Geltendmachung von Zulässigkeitsrügen

Zusätzlich zu den in § 9 Abs. 1 SpruchG genanten Verfahrensförderungspflichten verpflichtet § 9 Abs. 3 SpruchG den Antragsgegner, Zulässigkeitsrügen innerhalb der ihm nach Maßgabe des § 7 Abs. 2 SpruchG gesetzten Frist zur Antragserwiderung geltend zu machen. Dabei ist zu beachten, dass der Antragsgegner im Falle des Verstoßes gegen § 9 Abs. 3 SpruchG ohnehin nur solche Zulässigkeitsrügen verliert, die für ihn verzichtbar sind[954]. Dagegen bleibt die unterbliebene oder nicht rechtzeitige Rüge in denjenigen Fällen ohne Sanktion, in denen das Verfahrenshindernis – wie dies regelmäßig der Fall ist – von Amts wegen zu berücksichtigen ist.

Solche verzichtbaren Zulässigkeitsrügen sind im Spruchverfahren nur in einem begrenzten Umfang denkbar[955]. In Betracht kommt etwa die vollmachtlose Vertretung eines Beteiligten (§§ 88 Abs. 1 ZPO i.V.m. 13 Satz 2 FGG). Von Amts wegen zu berücksichtigen sind dagegen Zuständigkeitsmängel, da die in § 2 Abs. 1 SpruchG geregelte Zuständigkeit eine ausschließliche ist. Gleiches gilt im Falle des Fehlens oder einer nicht ordnungsgemäßen Antragsbegründung[956].

D. Rechtsfolgen von Verstößen

Ihre Bedeutung erhalten die Verfahrensförderungspflichten durch die Sanktionsmöglichkeiten, die dem Gericht bei Verstößen offen stehen[957]. Diese sind in § 10 SpruchG geregelt, der im Wesentlichen § 296 ZPO entspricht. Sowohl § 296 ZPO als auch § 10 SpruchG lassen die Zurückweisung von Vortrag zu, der unter Verstoß gegen die Prozess- bzw. Verfahrensförderungspflicht erfolgt. Wie bei § 296 ZPO erfolgt bei § 10 SpruchG die Zurückweisung in den Gründen der gerichtlichen Endentscheidung (§ 11 Abs. 1 SpruchG) und ist zu begründen, um dem Beschwerdegericht die Überprüfung zu ermöglichen[958].

§ 296 ZPO und § 10 SpruchG erfassen in Abs. 1 Vortrag, der erst nach Ablauf einer hierfür gesetzten Frist vorgebracht wurde (hierzu unter I.). Dagegen regeln die Vorschriften in Abs. 2 jeweils den Fall, dass zwar ohne Fristsetzung, jedoch entgegen der Verfahrensförderungspflicht nicht rechtzeitig vorgetragen wurde (hierzu

---

953 Vgl. *Foerste* in Musielak, § 282 Rn. 9; *Greger* in Zöller, § 282 Rn. 4.
954 *Hüffer*, Anh § 305, § 9 SpruchG Rn. 6.
955 *Bungert/Mennicke*, BB 2003, 2021, 2028; *Volhard* in MünchKomm. AktG, § 10 SpruchG Rn. 12.
956 *Hüffer*, Anh § 305, § 10 SpruchG Rn. 8.
957 *Büchel*, NZG 2003, 793, 799.
958 *Hüffer*, Anh § 305, § 10 SpruchG Rn. 3.

unter II.). Sowohl nach § 10 Abs. 1 als auch nach § 10 Abs. 2 SpruchG kommt eine Zurückweisung von Vorbringen wegen Verstoßes gegen die Verfahrensförderungspflicht nur in Betracht, wenn die Zulassung zu einer Verzögerung führen würde (hierzu unter III.) und der Betreffende den Verstoß zu vertreten hat (hierzu unter IV). In den Fällen des § 10 Abs. 1 und 2 SpruchG ist dem Gericht der Rückgriff auf § 12 FGG verwehrt (hierzu unter V.). § 10 Abs. 3 SpruchG betrifft schließlich die Zurückweisung im Zusammenhang mit verzichtbaren Zulässigkeitsrügen (hierzu unter VI.).

I. Fristversäumung, § 10 Abs. 1 SpruchG

Nach § 10 Abs. 1 SpruchG sind Stellungnahmen oder Einwendungen, die erst nach Ablauf einer hierfür gesetzten Frist vorgebracht werden, nur zuzulassen, wenn nach der freien Überzeugung des Gerichts ihre Zulassung die Erledigung des Rechtsstreits nicht verzögern würde oder wenn der Beteiligte die Verspätung entschuldigt. Die Vorschrift nimmt ausdrücklich Bezug auf die nach § 7 Abs. 2 Satz 3 und Abs. 4 SpruchG gesetzten Fristen zur Erwiderung des Antragsgegners, der Replik der Antragsteller sowie dem ersten Vorbringen des gemeinsamen Vertreters. Dabei ist fraglich, ob die Vorschrift auch für andere als die genannten Fristen gilt.

1. *Geltung für andere als die genannten Fristen*

Dass § 10 Abs. 1 SpruchG auch für andere als die in der Vorschrift genannten Fristen gelten soll, wird mit Blick auf die insoweit mit § 7 Abs. 2 Satz 3, Abs. 4 SpruchG korrespondierende Wortwahl und den in der Vorschrift enthaltenen Klammerzusatz verneint[959]. Wird eine nach § 7 Abs. 5 Satz 2 SpruchG gesetzte Frist zur Ergänzung oder Erläuterung des schriftlichen Vorbringens oder zur Vorlage von Aufzeichnungen nicht eingehalten, so käme danach eine Zurückweisung nach § 10 Abs. 1 SpruchG nicht in Betracht.

Dem ist zuzustimmen. Zwar handelt es sich auch bei der nach § 7 Abs. 5 Satz 2 SpruchG gesetzten Frist um eine richterliche Frist, deren Nichtbeachtung § 10 Abs. 1 SpruchG im Grunde sanktionieren will. Jedoch geht es im Rahmen des § 7 Abs. 5 Satz 2 SpruchG allenfalls dann um neues Vorbringen, wenn das Gericht von den Beteiligten die Ergänzung ihres Vorbringens verlangt. Im Übrigen betrifft § 7 Abs. 5 Satz 2 SpruchG die "Erläuterung" oder "Erklärung von" Vorbringen, das bereits über den Antrag, die Erwiderung des Antragsgegners oder die Replik der Antragsteller in das Verfahren eingeführt wurde. Hält das Gericht dieses Vorbringen für ergänzungsbedürftig, so ist es wegen des auch im Spruchverfahren nach dem SpruchG grundsätzlich geltenden Grundsatzes der Amtsermittlung gehalten, den Sachverhalt von Amts wegen aufzuklären.

---

[959] *Hüffer*, Anh § 305, § 10 SpruchG Rn. 2; *Krieger* in Lutter, § 10 SpruchG Rn. 2.

Soweit in Betracht kommt, in einer nach §§ 8 Abs. 3 i.V.m. 283 ZPO im Anschluss an die mündliche Verhandlung gesetzten Frist eine "Frist für eine Stellungnahme" im Sinne des § 10 Abs. 1 SpruchG zu sehen, ist zu berücksichtigen, dass § 283 Satz 2 ZPO für diesen Fall eine Spezialregelung trifft. § 283 Satz 2 ZPO stellt es ausdrücklich ins Ermessen des Gerichts, auch nicht fristgerechtes Vorbringen bei seiner Entscheidung zu berücksichtigen. Für die Anwendung des § 10 Abs. 1 SpruchG bleibt dann kein Raum.

2. *Wirksame Fristsetzung*

Die Verspätungsvorschrift des § 10 Abs. 1 SpruchG setzt wie § 296 Abs. 1 ZPO[960] eine wirksame Fristsetzung durch das Gericht voraus[961]. Hierfür kann auf die zur § 296 Abs. 1 ZPO entwickelten Anforderungen zurückgegriffen werden[962]. Erforderlich ist danach, dass die Zuständigkeitsregeln zwischen Gericht und Vorsitzendem beachtet werden[963]. Im Regelfall der Entscheidung durch eine Kammer für Handelssachen fällt daher die Fristsetzung gem. § 2 Abs. 3 Nr. 4 SpruchG unter die Alleinentscheidungsbefugnis des Vorsitzenden. Zur wirksamen Fristsetzung ist weiter erforderlich, dass die in § 7 SpruchG geregelten Mindestfristen nicht unterschritten werden.

II. Verstoß gegen Verfahrensförderungspflicht, § 10 Abs. 2 SpruchG

Gem. § 10 Abs. 2 SpruchG kann Vorbringen, das entgegen § 9 Abs. 1 oder 2 SpruchG nicht rechtzeitig erfolgt, zurückgewiesen werden, wenn die Zulassung nach der freien Überzeugung des Gerichts die Erledigung des Verfahrens verzögern würde und die Verspätung nicht entschuldigt wird. Die Vorschrift erfasst Vorbringen, das unter Verletzung der allgemeinen Verfahrensförderungspflicht verspätet vorgebracht wurde, ohne dass eine richterliche Frist gesetzt war[964].

III. Verzögerung

Voraussetzung der Zurückweisung § 10 Abs. 1 und Abs. 2 SpruchG ist stets, dass die Zulassung zu einer Verzögerung des Verfahrens führen würde. Zur Konkretisierung des Verzögerungsbegriffs ist auf die zu § 296 ZPO entwickelten Grund-

---

960 *Greger* in Zöller, § 296 Rn. 9; *Huber* in Musielak, § 296 Rn. 11.

961 *Hüffer*, Anh § 305, § 10 SpruchG Rn. 2.

962 *Hüffer*, Anh § 305, § 10 SpruchG Rn. 2; vgl. hierzu die Darstellungen und Nachweise bei *Greger* in Zöller, § 296 Rn. 9 ff. sowie *Huber* in Musielak, § 296 Rn. 11.

963 *Huber* in Musielak, § 296 Rn. 11.

964 *Hüffer*, Anh § 305, § 10 SpruchG Rn. 5.

sätze zurückzugreifen[965]. Danach gilt der sog. absolute Verzögerungsbegriff[966]. Die Verzögerung ist nicht nach einem hypothetischen Verfahrensablauf zu beurteilen, sondern allein nach der Lage, in der sich das Verfahren zur Zeit des neuen Vorbringens befindet. Eine Verzögerung liegt vor, wenn bei Zulassung des nachgeholten Vortrags das Verfahren länger dauern würde als bei Zurückweisung dieses Vortrags[967].

IV. Vertretenmüssen

Die Nichtzulassung nach § 10 Abs. 1 SpruchG nicht fristgerechten oder nach Abs. 2 nicht rechtzeitigen Vorbringens setzt wie im Zivilprozess voraus, dass die Fristversäumnis oder die fehlende Rechtzeitigkeit durch den Betreffenden zu vertreten sind.

1. Verschuldensmaßstäbe des § 10 Abs. 1 SpruchG

In Bezug auf den Verschuldensmaßstab bestehen zwischen § 10 SpruchG und § 296 ZPO Unterschiede. Innerhalb des § 10 SpruchG ist der Verschuldensmaßstab für Abs. 1 und Abs. 2 identisch. Beide Absätze stellen darauf ab, ob der Beteiligte die Fristversäumnis bzw. die Verzögerung "entschuldigt". Das Verschulden beurteilt sich damit nach dem Maßstab des § 276 Abs. 2 BGB. Entscheidend ist, ob die für die Führung des Spruchverfahrens erforderliche Sorgfalt beobachtet wurde[968]. Dagegen legt § 296 ZPO an das Verschulden bei Fristversäumnis einen anderen Maßstab an als an das Verschulden bei Verstößen gegen die allgemeine Prozessförderungspflicht: Während § 296 Abs. 1 ZPO die Zulassung nicht fristgerechten Vorbringens erlaubt, wenn die Partei die Verspätung "genügend entschuldigt", verlangt die Zurückweisung nach § 296 Abs. 2 ZPO, dass die Verspätung auf "grober Nachlässigkeit" beruht.

2. Rechtsstaatliche Bedenken

Die unterschiedlichen Verschuldensmaßstäbe des § 296 ZPO einerseits und des § 10 Abs. 2 SpruchG sind kritisiert worden[969]. Insbesondere der Umstand, dass § 10

---

965 *Hüffer*, Anh § 305, § 10 SpruchG Rn. 4; *Volhard* in MünchKomm. AktG, § 10 SpruchG Rn. 6; *Büchel*, NZG 2003, 793, 799.

966 *Hüffer*, Anh § 305, § 10 SpruchG Rn. 4; *Volhard* in MünchKomm. AktG, § 10 SpruchG Rn. 6.

967 BGH v. 2.12.1982 – VII ZR 71/82, BGHZ 86, 31, 34; BGH v. 31.1.1980 – VII ZR 96/79, BGHZ 76, 133, 135; BGH v. 12.7.1979 – VII ZR 284/84, BGHZ 75, 138, 141.

968 *Hüffer*, Anh § 305, § 10 SpruchG Rn. 4, 6; *Krieger* in Lutter, § 10 SpruchG Rn. 7.

969 *Meilicke/Heidel*, DB 2003, 2267, 2273.

Abs. 2 SpruchG einfache Fahrlässigkeit genügen lässt, wird sowohl unter rechtspolitischen Gesichtspunkten als auch im Hinblick auf Art. 103 Abs. 1 GG kritisch gesehen[970].

a) Rechtliches Gehör und Vortrag der Beteiligten

Zu dem durch Art. 103 Abs. 1 GG geschützten Anspruch auf rechtliches Gehör gehört, dass die Beteiligten eines gerichtlichen Verfahrens ein Recht darauf haben, sich vor Erlass der Entscheidung zu dem zugrunde liegenden Sachverhalt zu äußern[971]. Diesem Recht entspricht die Pflicht des Gerichtes, Anträge und Ausführungen der Prozessbeteiligten zur Kenntnis zu nehmen und in Erwägung zu ziehen[972].

b) Möglichkeiten der Einschränkung

Für die gebotene Ausgestaltung des Schutzbereichs des Art. 103 Abs. 1 GG durch die jeweiligen Verfahrensordnungen[973] ist anerkannt, dass Art. 103 Abs. 1 GG keinen Schutz davor bietet, dass das Gericht das Vorbringen eines Beteiligten aus Gründen des materiellen oder formellen Rechts unberücksichtigt lässt[974]. Vielmehr kann der Gesetzgeber das rechtliche Gehör auch im Interesse der Verfahrensbeschleunigung durch Präklusionsvorschriften begrenzen[975]. Allerdings müssen solche Vorschriften wegen der einschneidenden Folgen, die sie für die säumige Prozesspartei nach sich ziehen, einen strengen Ausnahmecharakter haben[976]. Dieser Ausnahmecharakter ist nach der Rechtsprechung des BVerfG jedenfalls dann gewahrt, wenn die betroffene Partei ausreichend Gelegenheit hatte, sich in den ihr wichtigen Punkten zur Sache zu äußern, dies aber aus von ihr zu vertretenden Gründen versäumt hat[977].

---

970 *Hüffer*, Anh § 305, § 10 SpruchG Rn. 6; *Krieger* in Lutter, § 10 SpruchG Rn. 7; *Tomson/Hammerschmitt*, NJW 2003, 2572, 2575.

971 BVerfG v. 1.4.1992 – 1 BvR 1097/91, NJW 1992, 2556, 2557.

972 BVerfG v. 30.1.1985 – 1 BvR 876/84, NJW 1985, 1150; BVerfG v. 16.3.1982 – 1 BvR 1336/81, NJW 1982, 1453.

973 Vgl. oben § 10 B. VI. 4. c) bb) (S. 206).

974 BVerfG v. 30.1.1985 – 1 BvR 876/84, NJW 1985, 1150; BVerfG v. 26.1.1983 – 1 BvR 614/80, NJW 1983, 2017; BVerfG v. 15.11.1982 – 1 BvR 585/80, NJW 1983, 1307, 1308; BVerfG v. 21.4.1982 – 2 BvR 810/81, NJW 1982, 1636, 1637; BVerfG v. 16.3.1982 – 1 BvR 1336/81, NJW 1982, 1453.

975 BVerfG v. 7.10.1980 – 1 BvL 50, 89/79 und 1 BvR 240/79, NJW 1981, 271, 273.

976 BVerfG v. 15.11.1982 – 1 BvR 585/80, NJW 1983, 1307, 1308; BVerfG v. 9.2.1982 – 1 BvR 799/78, NJW 1982, 1635.

977 BVerfG v. 30.1.1985 – 1 BvR 876/84, NJW 1985, 1150 f.; BVerfG v. 7.10.1980 – 1 BvL 50, 89/79 und 1 BvR 240/79, NJW 1981, 271, 273.

Aus dieser Rechtsprechung des BVerfG wird deutlich, dass das Gericht die Zurückweisung von Vorbringen dann als mit Art. 103 Abs. 1 GG vereinbar betrachtet, wenn sie an ein Verschuldenserfordernis geknüpft ist. Auf einen bestimmten Verschuldensgrad hat sich das BVerfG dagegen nicht festgelegt. Allerdings gilt auch insoweit, dass es Sache des Gesetzgebers ist, den Schutzbereich des Art. 103 Abs. 1 GG kraft der ihm zustehenden Einschätzungsprärogative[978] im Rahmen der jeweiligen Verfahrensordnung auszugestalten. Hierzu wurde im Regierungsentwurf zum SpruchG klargestellt, dass die im Vergleich zur ZPO verschärften Anforderungen an das Verhalten der Beteiligten im Spruchverfahren aufgrund der Erfahrungen mit erheblichen Verfahrensverzögerungen dringend geboten seien[979]. § 10 Abs. 2 SpruchG knüpft die Zurückweisungsfolge an die fehlende Entschuldigung und wird damit dem vom BVerfG postulierten Erfordernis, der Betreffende müsse die Versäumnis zu vertreten haben, gerecht. Die Vorschrift verstößt damit nicht gegen Art. 103 Abs. 1 GG[980].

c) Besonderheiten bei Anwendung des § 10 Abs. 2 SpruchG

Trotz der grundsätzlichen Vereinbarkeit des § 10 Abs. 2 SpruchG mit Art. 103 Abs. 1 GG darf bei Anwendung des § 10 Abs. 2 SpruchG nicht verkannt werden, dass auch nach der Einführung ausdrücklich normierter Verfahrensförderungspflichten und Sanktionsmöglichkeiten auch im Spruchverfahren nach dem SpruchG noch Raum für Amtsermittlungen des Gerichts ist[981]. Bereits hieraus folgt, dass bei Anwendung der Vorschrift Zurückhaltung geboten ist[982]. Insbesondere ist zu berücksichtigen, dass, anders als im Falle einer konkreten Fristsetzung durch das Gericht, die nach § 9 SpruchG bestehenden Verfahrensförderungspflichten für die Verfahrensbeteiligten nur schwer handhabbar sind. Hinzu kommt, dass das SpruchG das potenziell bestehende Informationsgefälle zwischen der Antragsteller- und der Antragsgegnerseite nicht vollständig beseitigt hat. Die Erfüllung von Verfahrensförderungspflichten durch die Antragsteller und deren etwaiges Verschulden sind daher grundsätzlich daran zu messen, ob diese kraft des ihnen zur Verfügung stehenden Materials überhaupt zu einem Vortrag in der Lage waren. Dies dürfte zu dem Ergebnis führen, dass § 10 Abs. 2 SpruchG für Versäumnisse der Antragsteller eine Norm ohne Anwendungsbereich bleibt[983]. Dies gilt umso mehr, als die Zurückweisung nach § 10 Abs. 2 SpruchG wie auch

---

978 Vgl. hierzu BVerfG v. 3.3.2004 – 1 BvR 2378/98 u.1084/99, NJW 2004, 999, 1008.
979 BegrRegE zu § 10 SpruchG, BT-Drs. 15/371, S. 16.
980 *Fritzsche/Dreier/Verfürth*, § 10 Rn. 41.
981 Vgl. oben § 11 B. (S. 209).
982 *Hüffer*, Anh § 305, § 10 SpruchG Rn. 6.
983 *Meilicke/Heidel*, DB 2003, 2267, 2273; ähnlich *Bungert/Mennicke*, BB 2003, 2021, 2028.

die nach Abs. 1 einen richterlichen Hinweis nach §§ 8 Abs. 3 SpruchG i.V.m. 139 Abs. 1 ZPO voraussetzt[984].

V. Keine Anwendung des § 12 FGG

Kommt das Gericht zu dem Ergebnis, dass ein die Zurückweisung gem. § 10 Abs. 1, 2 SpruchG rechtfertigender Verstoß gegen die Verfahrensförderungspflicht vorliegt, so erklärt § 10 Abs. 3 SpruchG die Vorschrift des § 12 FGG für unanwendbar. Das bedeutet, dass nicht fristgerecht vorgebrachte Stellungnahmen oder Einwendungen oder verspätetes Vorbringen nicht noch Gegenstand gerichtlicher Ermittlungen sein können. Insofern hat § 10 Abs. 3 SpruchG eine klarstellenden Funktion, um die Vorschriften über die Zurückweisung verspäteten Vorbringens nicht leer laufen zu lassen[985].

VI. Zulassung verspäteter Zulässigkeitsrügen

Verspätete Rügen, welche die Zulässigkeit des Antrags betreffen und nicht bereits von Amts wegen zu berücksichtigen sind, sind gem. § 10 Abs. 4 SpruchG nur zuzulassen, wenn der Beteiligte die Verspätung genügend entschuldigt. Eine Rüge ist verspätet, wenn sie nach Ablauf der Erwiderungsfrist gem. §§ 7 Abs. 2 Satz 3 i.V.m. 9 Abs. 3 SpruchG erhoben wird[986]. Als nach § 10 Abs. 4 SpruchG zuzulassende Verfahrensrügen kommen nur solche des Antragsgegners in Betracht, da in den genannten Vorschriften nur ihn die Verpflichtung trifft, Verfahrensrügen zu erheben[987]. Da die Zulässigkeitsvoraussetzungen im Spruchverfahren aber ohnehin von Amts wegen ermittelt werden und verzichtbare Zulässigkeitsrügen im Spruchverfahren nur in einem begrenzten Umfang in Betracht kommen[988], dürfte die praktische Relevanz des § 10 Abs. 4 SpruchG gering sein[989].

§ 12 Mündliche Verhandlung

Das Gericht soll gem. § 8 Abs. 1 SpruchG aufgrund einer mündlichen Verhandlung entscheiden. Auch wenn die Vorschrift aus der Einsicht geboren wurde, dass ein gut vorbereiteter Termin sehr viel effektiver zur Aufklärung wesentlicher Fragen

---

984 *Fritzsche/Dreier/Verfürth*, § 10 Rn. 42; *Hüffer*, Anh § 305, § 10 SpruchG Rn. 3; *Huber* in Musielak, § 296 Rn. 35; *Greger* in Zöller, § 296 Rn. 32.

985 *Hüffer*, Anh § 305, § 10 SpruchG Rn. 7.

986 *Hüffer*, Anh § 305, § 10 SpruchG Rn. 8.

987 Zu den verzichtbaren Zulässigkeitsrügen im Spruchverfahren vgl. oben § 11 C. III. (S. 213).

988 Vgl. oben § 11 C. III. (S. 213).

989 *Klöcker/Frowein*, § 10 Rn. 87; *Bungert/Mennicke*, BB 2003, 2021, 2028.

beitragen kann als der bloße Austausch von Schriftsätzen[990], kommt in §§ 7, 8 SpruchG gleichwohl zum Ausdruck, dass damit nicht etwa der im Zivilprozess geltende Grundsatz der mündlichen Verhandlung, wie ihn § 128 Abs. 1 ZPO statuiert, in das Spruchverfahren eingeführt werden soll. Zum einen ist die Durchführung einer mündlichen Verhandlung im Gegensatz zum Zivilprozess nicht zwingend vorgeschrieben. Zum anderen erfolgt auch in der mündlichen Verhandlung eine enge Orientierung am schriftlichen Vorbringen der Beteiligten. Dies hat wiederum zur Folge, dass – ebenfalls im Unterschied zum Zivilprozess[991] – das Gericht bei seiner Entscheidung nicht nur das in der mündlichen Verhandlung Vorgetragene berücksichtigen darf, sondern Entscheidungsgrundlage der gesamte Akteninhalt ist[992]. Neu ist allerdings, dass die Durchführung der mündlichen Verhandlung nicht mehr in das freie Ermessen des Gerichts gestellt ist. Insoweit galt früher § 12 FGG. Das Gericht konnte selbst entscheiden, in welcher Form es die "zur Feststellung der Tatsachen erforderlichen Ermittlungen" anstellte[993]. Nunmehr kommt die Entscheidung ohne mündliche Verhandlung nur noch in besonders gelagerten Fällen in Betracht; etwa, wenn das Vorbringen der Beteiligten weder in rechtlicher noch in tatsächlicher Hinsicht besondere Schwierigkeiten aufwirft. Die folgende Darstellung des Ablaufs der mündlichen Verhandlung geht zunächst kurz auf die Anwesenheitsrechte und -pflichten der Verfahrensbeteiligten ein (hierzu unter A.). Sodann werden die für die Durchführung der mündlichen Verhandlung maßgeblichen Vorschriften dargestellt (hierzu unter B.). Von besonderer praktischer Bedeutung ist die Frage, wie sich das Gericht den der Entscheidung zugrunde zu legenden Tatsachenstoff beschafft (hierzu unter C.).

A. Anwesenheitsrechte und -pflichten der Beteiligten

Die Beteiligten können bei der mündlichen Verhandlung anwesend sein, müssen dies jedoch nicht. Im Verfahren der freiwilligen Gerichtsbarkeit findet auch dann kein Säumnisverfahren statt, wenn es als Streitverfahren ausgestaltet ist[994]. Wie sich über § 17 Abs. 1 SpruchG aus § 13 Satz 2 SpruchG ergibt, kann das Gericht das persönliche Erscheinen der Beteiligten anordnen. Die Beteiligten können gem. § 13 Satz 1 FGG mit Beiständen erscheinen oder sich nach § 13 Satz 2 FGG durch Bevollmächtigte vertreten lassen. Selbstverständlich kann jeder Beteiligte in

---

990 BegrRegE zu § 8 SpruchG, BT-Drs. 15/371, S. 15.

991 BGH v. 12.11.1991 – KZR 18/90, BGHZ 116, 47, 56; BGH v. 21.11.1996 – IX ZR 264/95, NJW 1997, 397, 399; *Greger* in Zöller, § 128 Rn. 1; *Peters* in MünchKomm. ZPO, § 128 Rn. 9; *Reichold* in Thomas/Putzo, § 128 Rn. 6.

992 *Bassenge* in Bassenge/Herbst/Roth, Einleitung Rn. 70; *Janssen*, Vorbem. §§ 8-18 Rn. 28; *Kahl* in Keidel/Kuntze/Winkler, Vorb §§ 8-18 Rn. 10a.

993 *Meyer-Holz* in Keidel/Kuntze/Winkler, Vorb §§ 8-18 Rn. 9; *Bassenge* in Bassenge/Herbst/Roth, Einleitung Rn. 70.

994 *Schmidt* in Keidel/Kuntze/Winkler, § 12 Rn. 228; *Jansen*, Vorbem. §§ 8-18 Rn. 69.

Begleitung eines Rechtsanwalts erscheinen[995]. Für den gemeinsamen Vertreter gelten im Vergleich zu den übrigen Beteiligten keine Besonderheiten. Eine Pflicht zum persönlichen Erscheinen besteht auch für ihn grundsätzlich nicht, wenngleich anzunehmen ist, dass er regelmäßig zum Termin erscheinen wird.

B. Durchführung der mündlichen Verhandlung

Für die Durchführung der mündlichen Verhandlung verweist § 8 Abs. 3 SpruchG allein auf §§ 279 Abs. 2 und 3 sowie 283 ZPO, die Regelungen über die Beweisaufnahme sowie ggf. Schriftsatzrechte der Beteiligten enthalten. Nicht auf die mündliche Verhandlung beschränkt ist der Verweis auf die §§ 138, 139 ZPO, die die Erklärungspflichten und die Wahrheitspflicht der Beteiligten regeln.

Weil § 8 Abs. 3 SpruchG nur die genannten Vorschriften der Zivilprozessordnung über die mündliche Verhandlung ausdrücklich für anwendbar erklärt, ist davon auszugehen, dass für ihre Durchführung im Übrigen gem. § 17 Abs. 1 SpruchG das FGG gilt. Hieraus ergibt sich für das Gericht eine weitgehende Freiheit bei der Gestaltung der mündlichen Verhandlung. Im Gegensatz zur ZPO fehlt es für ihre Durchführung an einer klaren Systematik. Ansatzpunkte ergeben sich allenfalls aus § 8 FGG, der Regelungen über die Gerichtssprache, die Sitzungspolizei und über die Beratung und Abstimmung des Gerichts trifft. Da § 8 Abs. 1 SpruchG nunmehr die Durchführung einer mündlichen Verhandlung als Regelfall vorschreibt, ist diese gem. § 169 GVG öffentlich[996]. Die Vorschriften der ZPO über die Aufnahme eines Protokolls finden nach h.M. auf das Verfahren der freiwilligen Gerichtsbarkeit keine Anwendung. Dies gilt sowohl die mündliche Verhandlung[997] als auch für die Beweisaufnahme[998]. Eine Sonderregelung enthält nur § 11 Abs. 2 Satz 2 SpruchG für die gütliche Einigung der Beteiligten. Über sie ist eine Niederschrift aufzunehmen, deren Form sich nach § 794 Abs. 1 Nr. 1 ZPO richtet[999]. Wird eine Beweisaufnahme durchgeführt, so müssen Feststellungen z.B. über die Aussagen und den persönlichen Eindruck von Zeugen und Sachverständigen sowie Erklärungen der Beteiligten in geeigneter Weise zu den Akten genommen werden[1000]. Allerdings besteht auch hier ein weiter Spielraum. Möglich ist neben einer förmli-

---

995 *Zimmermann* in Keidel/Kuntze/Winkler, § 13 Rn. 5; zur Frage des Anwaltszwangs vgl. oben § 9 B. I. 3. (S. 169 f.).

996 Zur Öffentlichkeit bei fakultativer mündlicher Verhandlung vgl. *Bärmann*, Freiwillige Gerichtsbarkeit, S. 95.

997 *Bärmann*, Freiwillige Gerichtsbarkeit, S. 97; *Meyer-Holz* in Keidel/Kuntze/Winkler, Vorb §§ 8-18 Rn. 11; *Schlegelberger*, § 15 Rn. 2.

998 KG v. 20.3.1989 – 24 W 4238/88, NJW-RR 1989, 842; *Schmidt* in Keidel/Kuntze/Winkler, § 15 Rn. 15; *Bumiller/Winkler*, § 15 Rn. 19; *Jansen*, § 15 Rn. 11.

999 Vgl. hierzu § 14 A. I. (S. 254).

1000 BayObLG v. 21.12.1964 – BReg 1b Z 249/64, MDR 1965, 392; *Schmidt* in Keidel/Kuntze/Winkler, § 15 Rn. 15; *Bärmann*, Freiwillige Gerichtsbarkeit, S. 97; *Jansen*, § 15 Rn. 11.

chen Protokollierung entsprechend den Vorschriften der ZPO[1001] auch die Aufzeichnung in Kurzschrift[1002], die Fertigung eines Aktenvermerks[1003] oder aber die Wiedergabe erst in den Entscheidungsgründen[1004].

C. Beschaffung der Entscheidungsgrundlagen

Regelmäßig wird sich das Gericht seine Entscheidungsgrundlagen im Rahmen einer Beweisaufnahme beschaffen (hierzu unter I.). Von besonderer Bedeutung ist in diesem Zusammenhang die Einbeziehung der nach § 8 Abs. 2 Satz 1 SpruchG zum Termin zu ladenden sachverständigen Prüfer (hierzu unter II.).

I. Beweisaufnahme

Welcher Beweismittel sich die Beteiligten und das Gericht zur Beschaffung des entscheidungserheblichen Tatsachenstoffs bedienen können, ist im Verfahren der freiwilligen Gerichtsbarkeit im Wesentlichen freigestellt[1005]. Das FGG enthält keine abschließende Regelung über die zulässigen Beweismittel. § 15 FGG regelt in Abs. 1 Satz 1 lediglich die Form der Beweisaufnahme bei bestimmten Beweismitteln des Strengbeweises[1006]. Ob es sich mit formlosen Ermittlungen begnügen kann ("Freibeweis") oder in den durch § 15 FGG vorgesehenen Formen des Strengbeweises Beweis erheben muss, liegt grundsätzlich im Ermessen des Gerichts[1007]. Für echte Streitverfahren geht die h.M. allerdings davon aus, dass eine förmliche Beweisaufnahme durchzuführen ist. Den Beteiligten soll so die gezielte Wahrnehmung ihrer Interessen, insbesondere durch Ausübung ihres Fragerechts, ermöglicht werden[1008]. Das Beweisverfahren selbst ist im FGG nicht erschöpfend geregelt. §§ 8 Abs. 3 SpruchG i.V.m. 279 Abs. 2 ZPO bestimmt allerdings, dass in der mündlichen Verhandlung der streitigen Verhandlung die Beweisaufnahme unmittelbar folgen soll. Für die Anordnung der förmlichen Beweisaufnahme ist ein förmlicher Beweisbeschluss nicht erforderlich, aber zulässig[1009].

1001 BGH v. 5.10.1954 – V BLw 25/54, BGHZ 14, 381, 394; *Schmidt* in Keidel/Kuntze/Winkler, § 15 Rn. 10.

1002 *Schmidt* in Keidel/Kuntze/Winkler, § 15 Rn. 10.

1003 *Bärmann*, Freiwillige Gerichtsbarkeit, S. 97; *Jansen*, § 15 Rn. 11.

1004 BayObLG v. 30.11.1951 BeschReg Nr. II 166/51, BayObLGZ 1950/51, 640, 645; *Bärmann*, Freiwillige Gerichtsbarkeit, S. 97; *Jansen*, § 15 Rn. 11.

1005 *Baur*, Freiwillige Gerichtsbarkeit, S. 200.

1006 *Schmidt* in Keidel/Kuntze/Winkler, § 15 Rn. 1.

1007 *Schmidt* in Keidel/Kuntze/Winkler, § 15 Rn. 3; *Bärmann*, Freiwillige Gerichtsbarkeit, S. 112 f.; *Baur*, Freiwillige Gerichtsbarkeit, S. 166 ff.; *Bumiller/Winkler*, § 15 Rn. 1; *Habscheid*, Freiwillige Gerichtsbarkeit, S. 156 f.

1008 *Schmidt* in Keidel/Kuntze/Winkler, § 15 Rn. 5; *Habscheid*, Freiwillige Gerichtsbarkeit, S. 157 f.; *Jansen*, § 12 Rn. 39.

1009 *Schmidt* in Keidel/Kuntze/Winkler, § 15 Rn. 8; *Bärmann*, Freiwillige Gerichtsbarkeit, S. 115;

1. Beweismittel

Über § 17 Abs. 1 SpruchG erklärt § 15 Abs. 1 Satz 1 FGG die Vorschriften der Zivilprozessordnung über den Beweis durch Augenschein, Zeugen und Sachverständige für entsprechend anwendbar. Daraus darf nicht der Schluss gezogen werden, die Vorschrift wolle die zulässigen Beweismittel erschöpfend aufzählen. Vielmehr regelt sie allein die Form der Beweisaufnahme, wenn auf eines der genannten Beweismittel zurückgegriffen wird[1010]. Einen gesetzlich ausdrücklich vorgesehenen Fall der – von § 15 Abs. 1 Satz 1 FGG nicht geregelten – Beweisführung durch Urkunden regelt § 3 Satz 2 SpruchG, nach dem die Stellung als Aktionär ausschließlich durch Urkunden zu beweisen ist.

Eine weitere Festlegung in Bezug auf ein bestimmtes Beweismittel enthält § 8 Abs. 2 Satz 1 SpruchG, der die Anhörung des sachverständigen Prüfers als sachverständiger Zeuge vorsieht. Der Amtsermittlungsgrundsatz erlaubt dem Gericht auch, die vertretungsberechtigten Organe des Antragsgegners im Wege der Beteiligtenanhörung hören[1011]. Im Gegensatz zum Zivilprozess gehört im Verfahren die Anhörung der Beteiligten zu denjenigen Mitteln, derer sich das Gericht zur Aufklärung des Sachverhalts bedienen kann[1012], während sie im Zivilprozess eher dazu dient, Unklarheiten und Lücken im Parteivortrag zu beseitigen[1013].

2. Sachverständigengutachten

Praktisch bedeutsamstes Beweismittel dürfte neben der Anhörung der sachverständigen Prüfer die Einholung eines Sachverständigengutachtens bleiben. In Bezug auf des Gegenstand des Gutachtens ergeben sich im Spruchverfahren nach dem SpruchG wesentliche Neuerungen.

Baur, Freiwillige Gerichtsbarkeit, S. 202; *Jansen*, § 15 Rn. 4.

1010 *Schmidt* in Keidel/Kuntze/Winkler, § 15 Rn. 1; *Habscheid*, Freiwillige Gerichtsbarkeit, S. 156 f.

1011 Ihre Vernehmung als Zeuge kommt nicht in Betracht, da juristische Personen nicht prozessfähig sind, die Organe damit anstelle ihrer als Partei vernommen werden und Zeuge nach heute h.M. nur sein kann, wer nicht auch als Partei vernommen werden kann; vgl. *Barfuß*, NJW 1977, 1273, 1274; *Damrau* in MünchKomm. ZPO, § 373 Rn. 7; *Greger* in Zöller, § 373 Rn. 4.

1012 *Schmidt* in Keidel/Kuntze/Winkler, § 15 Rn. 2; *Bärmann*, Freiwillige Gerichtsbarkeit, S. 122 f.; *Baur*, Freiwillige Gerichtsbarkeit, S. 200 f.; *Jansen*, § 12 Rn. 59 ff.

1013 *Reichold* in Thomas/Putzo, Vorbem § 445 Rn. 2.

a) Umfang des Gutachtenauftrags

Da die Antragsteller vor Geltung des SpruchG nicht verpflichtet waren, ihren Antrag zu begründen, erfolgte in der Regel keine oder nur eine geringe Strukturierung des Streitstoffs. Das Gericht war daher gezwungen, im Zuge der Beweisaufnahme ein umfassendes, oft als sog. "Flächengutachten" bezeichnetes, Bewertungsgutachten über die angemessene Kompensation einzuholen[1014]. Auch wenn einzelne Gerichte mitunter ohne dieses "dritte Gutachten" auskamen[1015] bzw. sich die Rechtsmittelgerichte auf die kritische Auseinandersetzung mit dem erstinstanzlichen Gutachten beschränkten[1016], blieben die "Flächengutachten" in beiden Instanzen die Regel und waren Hauptgrund für die überlange Verfahrensdauer. Die Beschränkung eines in der Beweisaufnahme einzuholenden Sachverständigengutachtens auf wenige, genau definierte Punkte war eine der zentralen Forderung an den Gesetzgeber[1017] und eines der Hauptziele der Neuregelung[1018]. Insbesondere die Vorschriften über die Antragsbegründung (§ 4 Abs. 2 SpruchG) sowie die Vorbereitung der mündlichen Verhandlung (§ 7 SpruchG) sind in diesem Zusammenhang zu sehen. Parameter der Unternehmensbewertung, welche die Antragsteller nicht rügen, bedürfen regelmäßig nicht der nochmaligen Überprüfung in der Beweisaufnahme.

b) Vergütung des Sachverständigen

Obwohl insbesondere die Regierungskommission Corporate Governance gefordert hatte, als ein Mittel zur Verfahrensbeschleunigung auch die Vergütung der gerichtlich bestellten Sachverständigen neu zu regeln[1019], ist dies im Gesetz zur Neuordnung des gesellschaftsrechtlichen Spruchverfahrens zunächst nicht geschehen. Damit blieb es bei dem Rechtszustand, der bereits vor Geltung des SpruchG bestand. Die Vergütung des Sachverständigen bemaß sich zunächst nach dem ZSEG a.F., dessen § 3 Abs. 2 Satz 1 SpruchG Stundensätze von 25,- bis 52,- EUR vorsah und in Abs. 3 eine Erhöhung von bis zu 50% zuließ.

Für zumindest teilweise Abhilfe hat das JVEG[1020] gesorgt. Es sieht in § 9 Abs. 1 Satz 1, 2 i.V.m. Anlage 1 zum JVEG einen Stundensatz von 95 EUR für die Tätig-

---

1014 Vgl. oben § 2 A. (S. 35 f.).

1015 BayObLG v. 29.9.1998 – 3Z BR 159/94, ZIP 1998, 1872, 1874 f.; OLG Düsseldorf v. 14.1.2004 – 19 W 1/03 AktE, AG 2004, 614, 615; LG München I v. 27.3.2000 – 5 HKO 19156/98, AG 2001, 99.

1016 BayObLG v. 20.3.2000 – 3Z BR 124/99, AG 2001, 138, 139; OLG Zweibrücken v. 9.3.1995 – 3 W 133 u. 145/92, AG 1995, 421, 422.

1017 Bericht der Regierungskommission Corporate Governance bei *Baums* (Hrsg.), Rn. 171; *Lutter/Bezzenberger*, AG 2000, 433, 439 f.

1018 BegrRegE, BT-Drs. 15/371, S. 12.

1019 Bericht der Regierungskommission Corporate Governance bei *Baums* (Hrsg.), Rn. 172.

1020 Gesetz über die Vergütung von Sachverständigen, Dolmetscherinnen, Dolmetschern, keit als Sachverständiger auf dem Gebiet der Unternehmensbewertung vor, die in der Honorargruppe 10 des § 9 Abs. 1 JVEG eingestuft ist. Wie bereits unter Geltung des ZSEG kann dem Sachverständigen gem. § 13 JVEG darüber eine besondere Vergütung gewährt werden, wenn sich sämtliche Beteiligten des Spruchverfahrens dem Gericht gegenüber mit einer bestimmten oder abweichend von der gesetzlichen Regelung zu bemessenden Vergütung einverstanden erklärt haben. Unter Geltung des insoweit mit § 13 JVEG identischen § 7 Abs. 1 ZSEG a.F. war der von der Vorschrift verlangte Konsens aller Verfahrensbeteiligten häufig nicht oder erst nach monatelangen Verhandlungen zu erzielen[1021]. Um gleichwohl die zügige Durchführung des Verfahrens zu gewährleisten, war in der Rechtsprechung anerkannt, dass die Entschädigung nach § 7 ZSEG a. F. unter bestimmten Umständen auch dann zwingend zu gewähren war, wenn die Voraussetzungen der Vorschrift nicht vollständig erfüllt waren[1022]. Dies sollte insbesondere gelten, wenn das Gericht gerade im Hinblick auf die fehlenden Voraussetzungen des § 7 ZSEG a.F. einen Vertrauenstatbestand bei dem Sachverständigen geschaffen hatte[1023] oder die Blockade des Verfahrens durch den Antragsgegner zu befürchten war[1024].

II. Einbeziehung der sachverständigen Prüfer

Wurde die obligatorische gerichtliche Bestellung der sachverständigen Prüfer gerade im Hinblick auf ein später durchzuführendes Spruchverfahren eingeführt, so stellt sich in der Konsequenz die Frage, wie der so gewonnene gesteigerte Beweiswert[1025] ihrer Berichte für das Gericht und die Beteiligten nutzbar wird. Der Gesetzgeber hat sich ausdrücklich gegen eine permanent beratende Funktion der sachverständigen Prüfer entschieden und ihre Einbeziehung an zwei Stellen im Verfahren vorgesehen. Bei der Vorbereitung der mündlichen Verhandlung kann das Gericht anstatt oder neben der Bestellung eines Sachverständigen eine schriftliche Stellungnahme der sachverständigen Prüfer einholen, § 7 Abs. 6 SpruchG. Eine weitere Rolle weist ihnen das Gesetz im Rahmen der mündlichen Verhandlung zu,

---

Übersetzerinnen und Übersetzern sowie die Entschädigung von ehrenamtlichen Richterinnen, ehrenamtlichen Richtern, Zeuginnen, Zeugen und Dritten (Justizvergütungs- und -entschädigungsgesetz), verkündet als Art. 2 des Gesetzes zur Modernisierung des Kostenrechts v. 5. 5. 2004, BGBl. I, S. 718, 776.

1021 Bericht der Regierungskommission Corporate Governance bei *Baums* (Hrsg.), Rn. 172; *Bilda*, NZG 2000, 296, 297; *Tomson/Hammerschmitt*, NJW 2003, 2572, 2573.

1022 OLG Düsseldorf v. 20.5.2003 – I-10 W 30 u. 31/03, AG 2003, 637; OLG Stuttgart v. 9.7.2001 – 8 W 357/01, NJW-RR 2002, 462 f.

1023 OLG Düsseldorf v. 20.5.2003 – I-10 W 30 u. 31/03, AG 2003, 637

1024 OLG Stuttgart v. 9.7.2001 – 8 W 357/01, NJW-RR 2002, 462 f.; vgl. dort auch zur Anwendbarkeit der Vorschrift im Spruchverfahren sowie zu dieser Frage *Hartmann/Albers*, § 7 ZSEG Rn. 3 (bejahend); *Bilda* in MünchKomm. AktG, § 306 Rn. 134 (verneinend); zur Vorschusspflicht des Antragsgegners vgl. unten § 15 A. IV. (S. 286).

1025 BegrRegE zu § 7 SpruchG, BT-Drs. 15/371, S. 14.

bei der ihr persönliches Erscheinen als sachverständige Zeugen nach § 8 Abs. 2 SpruchG angeordnet werden soll.

1. Schriftliche Stellungnahme

Zu den Maßnahmen, die das Gericht zur Vorbereitung des Termins zur mündlichen Verhandlung treffen kann, gehört gem. § 7 Abs. 6 SpruchG die Einholung einer schriftlichen Stellungnahme der sachverständigen Prüfer. Diese Möglichkeit fand erst auf Vorschlag des Rechtsausschusses des Deutschen Bundestages Eingang in das SpruchG[1026] und ist bereits in diesem frühen Verfahrensstadium sachgerecht.

Bereits die nach § 4 Abs. 2 Satz 2 Nr. 4 SpruchG durch die Antragsteller zu erhebende Bewertungsrüge erfolgt auf Grundlage der Berichte der Leitungsorgane und der sachverständigen Prüfer. Unklarheiten in den erhobenen Bewertungsrügen stehen daher regelmäßig im Zusammenhang mit den Berichtsinhalten, und die sachverständigen Prüfer können diese Unklarheiten beseitigen. Auch können sie Einzelheiten der Bewertung im Erstgutachten erläutern und das Gericht so bei der Vorklärung einzelner Bewertungsfragen unterstützen[1027].

Nach seinem eindeutigen Wortlaut erlaubt § 7 Abs. 6 SpruchG nicht, die sachverständigen Prüfer als Sachverständige für die in dieser Vorschrift ebenfalls vorgesehene Beweisaufnahme vor der mündlichen Verhandlung zu bestellen. Dies überrascht zunächst, da die sachverständigen Prüfer sich bereits in die konkrete Unternehmensbewertung eingearbeitet haben und insofern als "geborene Helfer"[1028] des Gerichts erscheinen. Allerdings darf nicht übersehen werden, dass die Beweisaufnahme nach § 7 Abs. 6 SpruchG eine Vorbereitungsfunktion erfüllt. Insofern erscheint der Begriff "Beweisaufnahme" etwas weit gegriffen. Keinesfalls kann es im Rahmen der Beweisaufnahme nach § 7 Abs. 6 SpruchG darum gehen, die "eigentliche" mündliche Verhandlung oder Teile der sich an sie anschließenden Beweisaufnahme in dieses frühe Verfahrensstadium vorzuverlagern. Schließlich ist die Vorschrift auch im Zusammenhang mit der Intention des Gesetzgebers zu sehen, der von der Installation eines ständigen Sachverständigen "quasi auf der Richterbank" ausdrücklich absehen wollte[1029].

1026 Beschlussempfehlung des Rechtsausschusses zu § 7 Abs. 6 SpruchG, BT-Drs. 15/838, S. 17.

1027 *Puszkajler*, ZIP 2003, 518, 521; *Krieger* in Lutter, § 8 SpruchG Rn. 5.

1028 Stellungnahme des DAV zu § 8 RefE, NZG 2002, 119, 122.

1029 BegrRegE zu § 7 SpruchG, BT-Drs. 15/371, S. 15.

2. *Anordnung des persönlichen Erscheinens*

Weiter ausgestaltet wird die Rolle der sachverständigen Prüfer als Beweismittel im Rahmen der mündlichen Verhandlung durch § 8 Abs. 2 SpruchG. Danach soll das Gericht ihr persönliches Erscheinen anordnen, wenn nicht ihre Anhörung als sachverständige Zeugen zur Aufklärung des Sachverhalts entbehrlich erscheint.

a) Anordnung des persönlichen Erscheinens als Regelfall

Aus der Gestaltung des § 8 Abs. 2 Satz 1 SpruchG als Sollvorschrift folgt, dass die Anordnung des persönlichen Erscheinens den gesetzlichen Regelfall darstellt. Ob die Ladung der sachverständigen Prüfer ausnahmsweise entbehrlich ist, kann das Gericht – ggf. mit Unterstützung eines nach § 7 Abs. 6 SpruchG bestellten Sachverständigen – anhand der ihm im Rahmen der Vorbereitung vorgelegten Prüfungsberichte beurteilen. Werfen sie keine Fragen auf oder wird ihr Inhalt durch die Beteiligten nicht angegriffen, so kann das Gericht von der Ladung der sachverständigen Prüfer absehen. Beides wird in der Praxis wohl nicht vorkommen[1030]. Auch wenn das Gericht nach § 8 Abs. 2 Satz 3 SpruchG die Beantwortung einzelner Fragen durch die sachverständigen Prüfer vor der mündlichen Verhandlung anordnen kann, erscheint es zweckmäßig, sie zur mündlichen Verhandlung zu laden, um dem Informationsinteresse der Beteiligten gerecht zu werden.

b) Stellung im Verfahren

§ 8 Abs. 2 Satz 1 SpruchG bezeichnet die sachverständigen Prüfer als "sachverständige Zeugen". Nähme man diese Rolle ernst, so könnten die sachverständigen Prüfer nur über ihre Prüfungstätigkeit und die damit im Zusammenhang stehenden Wahrnehmungen berichten, § 414 ZPO. Allerdings verlangt es der Zweck des SpruchG, dass die sachverständigen Prüfer bei ihrer Anhörung in der mündlichen Verhandlung zugleich auch wie ein Sachverständiger Fachwissen vermitteln[1031]. Ihre Rolle kann daher als die von sachverständigen Auskunftspersonen eigener Art beschrieben werden, für die allerdings weitgehend die Vorschriften über sachverständige Zeugen gelten[1032].

[1030] BegrRegE zu § 8 SpruchG, BT-Drs. 15/371, S. 15.

[1031] *Fritzsche/Dreier/Verfürth*, § 8 Rn. 13; *Hüffer*, Anh § 305, § 8 SpruchG Rn. 4; *Klöcker/Frowein*, § 8 Rn. 6; *Krieger* in Lutter, § 8 SpruchG Rn. 6.

[1032] *Krieger* in Lutter, § 8 SpruchG Rn. 6.

3. Schriftliche Beantwortung von Fragen

In geeigneten Fällen kann das Gericht die schriftliche Beantwortung von Fragen durch die sachverständigen Prüfer anordnen, § 8 Abs. 2 Satz 3 SpruchG. Die systematische Stellung der Vorschrift in den Regelungen über die mündliche Verhandlung kann zu der Annahme verleiten, nach § 8 Abs. 2 Satz 3 SpruchG sei die Ersetzung der nach Satz 1 vorgesehenen mündlichen Vernehmung möglich. Problematisch erscheint dies im Hinblick auf den sog. Grundsatz der Beteiligtenöffentlichkeit der Beweisaufnahme, der für den Zivilprozess in § 357 Abs. 1 ZPO geregelt ist.

Zwar verweist der über § 17 Abs. 1 SpruchG anwendbare § 15 Satz 1 FGG nicht auf die in §§ 355-370 ZPO geregelten allgemeinen Vorschriften der ZPO über die Beweisaufnahme. Gleichwohl ist heute für das Verfahren der freiwilligen Gerichtsbarkeit der sog. Grundsatz der Beteiligtenöffentlichkeit der Beweisaufnahme anerkannt, nach dem den Beteiligten ein Recht auf Teilnahme am förmlichen Beweisverfahren zusteht[1033]. Dem liegen dieselben Erwägungen zugrunde, die auch die Vorschrift des § 357 Abs. 1 ZPO tragen[1034]: Zum einen soll den Beteiligten rechtliches Gehör (Art. 103 Abs. 1 GG) gewährt werden, zum anderen fördert die Mitwirkung der Beteiligten an der Beweisaufnahme in der Regel die Ermittlungstätigkeit des Gerichts[1035].

Ausdrücklich geregelt ist das Fragerecht der Beteiligten als Mitwirkungsrecht in § 397 ZPO, der über § 15 Abs. 1 Satz 1 FGG im Verfahren der freiwilligen Gerichtsbarkeit gilt. Auch sehen die Vorschriften der Zivilprozessordnung über den Zeugenbeweis die persönliche Vernehmung des Zeugen vor, dem es nicht einmal gestattet ist, eine mitgebrachte schriftliche Aussage zu verlesen oder dem Gericht zu übergeben[1036]. Eine "Ausgliederung" der Vernehmung der sachverständigen Prüfer aus der mündlichen Verhandlung lässt sich demnach nicht auf § 8 Abs. 2 Satz 3 SpruchG stützen. Ihre schriftliche Befragung ist – unbeschadet des § 7 Abs. 6 SpruchG – vielmehr nur im Vorfeld der mündlichen Verhandlung zulässig[1037]. Sie kann dem Gericht die Grundlage für die nach Satz 1 zu treffende Entscheidung liefern, ob die sachverständigen Prüfer zu dem Termin zu laden sind oder ob hierauf verzichtet werden kann.

1033 *Schmidt* in Keidel/Kuntze/Winkler, § 15 Rn. 13; *Habscheid*, Freiwillige Gerichtsbarkeit, S. 137; *Jansen*, § 15 Rn. 8; *Bassenge* in Bassenge/Herbst/Roth, § 15 Rn. 4; *Bumiller/Winkler*, § 15 Rn. 17.

1034 Für den Zivilprozess vgl. *Stadler* in Musielak, § 357 Rn. 1.

1035 *Schmidt* in Keidel/Kuntze/Winkler, § 15 Rn. 13.

1036 *Damrau* in MünchKomm. ZPO, § 396 Rn. 2; für schwerwiegende Gründe wie z.B. Stottern bejahend *Huber* in Musielak, § 396 Rn. 2.

1037 Dies entspricht wohl auch der Intention des Gesetzgebers, vgl. BegrRegE zu § 8 SpruchG, BT-Drs. 15/371, S. 15.

4. *Bestellung als Sachverständiger*

Offen bleibt nach dem Wortlaut des § 8 Abs. 2 SpruchG, ob die sachverständigen Prüfer im Rahmen der förmlichen Beweisaufnahme neben ihrer Rolle als sachverständige Zeugen auch als Sachverständige bestellt werden können. Hierfür sprechen dieselben Gründe, die auch ihre Konsultation bei der vorbereitenden Beweisaufnahme nach § 7 Abs. 6 SpruchG rechtfertigen: Die sachverständigen Prüfer hatten bereits Gelegenheit, sich in die konkrete Unternehmensbewertung einzuarbeiten, und ihre nunmehr obligatorische gerichtliche Bestellung bürgt in besonderem Maße für Unabhängigkeit. Nach der Begründung des Regierungsentwurfs zum Spruchverfahrensgesetz soll es daher grundsätzlich möglich sein, die sachverständigen Prüfer zum Gutachter eines in der Beweisaufnahme zu erstellenden Sachverständigengutachtens zu bestellen[1038]. Auch schließt nach den Regeln der ZPO die Vernehmung als (sachverständiger) Zeuge nicht die spätere Bestellung als Sachverständiger aus und umgekehrt[1039].

Die Rechtsprechung leitet aus § 8 Abs. 2 SpruchG ab, dass die Bestellung eines sachverständigen Prüfers zum Sachverständigen im Spruchverfahren grundsätzlich zulässig ist[1040]. Auch der Regierungsentwurf verkennt nicht, dass die mögliche Vorbefassung der sachverständigen Prüfer zu Zweifeln an ihrer Eignung als Sachverständige führen kann. Konsequenz der Bestellung wäre, dass ein zum Sachverständigen bestellter sachverständige Prüfer nunmehr seinen eigenen Prüfungsbericht zu beurteilen hätte. Es dürfte als nur allzu menschlich anzusehen sein, wenn er – nunmehr in der Rolle des Sachverständigen – wenig geneigt ist, das einmal gefällte Urteil zu korrigieren[1041]. Dies gilt umso mehr, als in der Praxis die sog. Parallelprüfung üblich ist, bei der die sachverständigen Prüfer nicht einen "fertigen" Bericht erhalten und erst danach ihren eigenen Prüfungsbericht erstellen, sondern mit den Erstbewertern einzelne Zwischenergebnisse, Annahmen und Parameter abgleichen[1042]. Auch wenn die Parallelprüfung in Rechtsprechung und Literatur als zulässig angesehen wird[1043], erscheint es fraglich, ob sich ein sachverständiger Prüfer in einer späteren Rolle als Sachverständiger innerlich von dieser "Teamleistung"

1038 BegrRegE zu § 8 SpruchG, BT-Drs. 15/371, S. 15; zust. *Krieger* in Lutter, § 8 SpruchG Rn. 10.

1039 *Huber* in Musielak, § 373 Rn. 3; *Greger* in Zöller, § 414 Rn. 2; zur dann erforderlichen Doppelvereidigung vgl. *Damrau* in MünchKomm. ZPO, § 414 Rn. 4; zur Ablehnung eines Sachverständigen im Spruchverfahren wegen Besorgnis der Befangenheit vgl. OLG Stuttgart v. 15.4.2004 – 20 W 5/04, AG 2005, 304, 305 f.; zur Zeugenvernehmung des wegen Besorgnis der Befangenheit abgelehnten Sachverständigen vgl. BGH v. 7.5.1965 – 2 StR 92, 65, NJW 1965, 1492.

1040 LG Frankfurt am Main v. 21.1.2004 – 3/8 O 140/00, AG 2004, 392, 393.

1041 BegrRegE zu § 8 SpruchG, BT-Drs. 15/371, S. 15; LG Frankfurt am Main v. 21.1.2004 – 3/8 O 140/00, AG 2004, 392, 393.

1042 Vgl. OLG Stuttgart vom 3.12.2003 – 20 W 6/03, NZG 2004, 146, 148.

1043 Vgl. oben § 4 B. II. (S. 78 f.)

befreien könnte[1044]. Selbst wenn man davon ausgeht, dass das Gericht vor diesem Hintergrund die Bestellung zum Sachverständigen nicht ohne sorgsame Abwägung[1045] beschließen wird, ist davon auszugehen, dass sie auf wenig Akzeptanz seitens der Antragsteller stoßen dürfte. Vor diesem Hintergrund kommt die Bestellung eines sachverständigen Prüfers als Sachverständiger wohl nur dann in Betracht, wenn es um eine ergänzende Begutachtung zu Fragen geht, die sich bei der "ursprünglichen" Unternehmensbewertung nicht gestellt haben[1046].

III. Verfahren nach Beweisaufnahme

Im Anschluss an die Beweisaufnahme hat des Gericht den Sach- und Streitstand und – soweit möglich – das Ergebnis der Beweisaufnahme zu erörtern, § 8 Abs. 3 SpruchG i.V.m. § 279 Abs. 3 ZPO. Die Möglichkeit der Erörterung des Ergebnisses der Beweisaufnahme bereits im ersten Termin kommt nur dann in Betracht, wenn dort nur durch die Vernehmung der nach Maßgabe von § 8 Abs. 2 SpruchG erschienenen sachverständigen Prüfer sowie durch Augenschein und Urkunden Beweis erhoben wurde. Dies dürfte auch in Zukunft die Ausnahme sein. Im Regelfall wird die Komplexität des Verfahrensgegenstandes die Einholung eines Sachverständigengutachtens erfordern. Dann erfordert § 279 Abs. 3 ZPO die Bestimmung eines neuen Termins, der als Fortsetzung des Haupttermins anzusehen ist[1047] und in dem dann das Ergebnis der Beweisaufnahme zu erörtern ist. Idealerweise ist die Sache am Ende eines solchen Erörterungstermins entscheidungsreif.

§ 13 Verfahrensbeendigung

Gesetzlich vorgesehener Regelfall der Beendigung des Spruchverfahrens ist die gerichtliche Entscheidung nach § 11 Abs. 1 SpruchG (hierzu unter A.). Da es sich beim Spruchverfahren jedoch um ein echtes Streitverfahren der freiwilligen Gerichtsbarkeit handelt, kommt auch die Verfahrensbeendigung durch Handlungen der Beteiligten in Betracht (hierzu unter B.).

A. Gerichtliche Entscheidung

§ 11 Abs. 1 SpruchG, der die gerichtliche Entscheidung regelt, entspricht § 99 Abs. 3 Satz 1 AktG, auf den wiederum § 306 Abs. 2 a.F. AktG für die Entscheidung im aktienrechtlichen und § 307 Abs. 5 a.F. UmwG für die Entscheidung im umwandlungsrechtlichen Spruchverfahren verwiesen. § 11 Abs. 1 FGG enthält le-

---

1044 *Puszkajler*, ZIP 2003, 518, 521, bezeichnet dies gar als "lebensfremd".
1045 BegrRegE zu § 8 SpruchG, BT-Drs. 15/371, S. 15.
1046 *Krieger* in Lutter, § 8 SpruchG Rn. 10.
1047 *Prütting* in MünchKomm. ZPO, Ergänzungsband, § 279 Rn. 20.

diglich formale Vorgaben für die gerichtliche Entscheidung (hierzu unter I.). Besonderheit der gerichtlichen Entscheidung ist, dass sie für und gegen alle wirkt (hierzu unter II.). Ihr Tenor bestimmt sich nach den Anträgen der Verfahrensbeteiligten und nach dem materiellen Recht (hierzu unter III.). Die Entscheidung ist zuzustellen (hierzu unter IV.). Gegen die Entscheidung ist die sofortige Beschwerde statthaft (hierzu unter V.). Die formell rechtskräftige Entscheidung ist bekannt zu machen (hierzu unter VI.).

I. Formale Vorgaben

Gem. § 11 Abs. 1 SpruchG entscheidet das Gericht durch einen mit Gründen versehenen Beschluss. Außer dieser Begründung verlangt die Vorschrift keine bestimmte äußere Form der Entscheidung. Aus § 11 Abs. 1 und § 14 SpruchG, nach dem die Entscheidung "ohne Gründe" bekannt zu machen ist, ergibt sich allerdings, dass zwischen Tenor und Entscheidungsgründen zu trennen ist. Dies wird ansonsten im Verfahren der freiwilligen Gerichtsbarkeit nicht verlangt[1048]. Nicht erforderlich ist – wie § 313 ZPO dies für das Urteil im Zivilprozess verlangt – die Trennung zwischen Tatbestand und Entscheidungsgründen[1049]. In die Gründe aufzunehmen sind die tatsächlichen Feststellungen und deren rechtliche Würdigung. Die tatsächlichen Feststellungen umfassen auch das Ergebnis etwa nach § 12 FGG angestellter Ermittlungen. Neben dem Ergebnis der Beweisaufnahme gehört hierzu auch die Würdigung des Vorbringens der Beteiligten[1050].

Aus den im Spruchverfahren anwendbaren §§ 329 Abs. 1 Satz 2 i.V.m. 317 Abs. 2 Satz 1 ZPO ergibt sich, dass der Beschluss zu unterschreiben ist. Umstritten ist hierbei die Frage, ob die Unterschrift des Vorsitzenden genügt, solange der Beschluss erkennen lässt, welche Richter an ihm mitgewirkt haben[1051]. Für den Beschluss nach § 11 Abs. 1 SpruchG ist dabei zu berücksichtigen, dass dieser im Unterschied zum Beschluss im Zivilprozess nicht lediglich eine "prozessleitende Anordnung von untergeordneter Bedeutung"[1052], sondern die Entscheidung in der Sache ist. Durch die Unterschriften sämtlicher an der Entscheidung mitwirkenden Richter wird die Übereinstimmung der schriftlichen Fassung mit der getroffenen Entscheidung bekundet. Die Unterschrift unter dem Beschlusstext verbürgt für dessen Herkunft, trägt so zur Sicherheit und Klarheit im Rechtsverkehr bei und

---

1048 BayObLG v. 27.2.1953, BReg 1 Z 26/53, BayObLGZ 1953, 59, 62; *Meyer-Holz* in Keidel/Kuntze/Winkler, Vorb §§ 8-18 Rn. 16.

1049 OLG Frankfurt am Main v. 20.12.1977 – 20 W 663/77, Rpfleger 1978, 310, 311; *Habscheid*, Freiwillige Gerichtsbarkeit, S. 178.

1050 OLG Frankfurt am Main v. 20.12.1977 – 20 W 663/77, Rpfleger 1978, 310, 311.

1051 Bejahend *Meyer-Holz* in Keidel/Kuntze/Winkler, Vorb §§ 8-18 Rn. 19; *Reichold* in Thomas/Putzo, § 329 Rn. 11; *Vollkommer* in Zöller, § 329 Rn. 36; verneinend *Musielak* in MünchKomm ZPO § 329 Rn. 3.

1052 *Vollkommer* in Zöller, § 329 Rn. 1.

verbürgt für die Verantwortlichkeit der Unterzeichner für den Text[1053]. Nicht erforderlich ist, dass in der Entscheidung nach § 11 Abs. 1 SpruchG über die Möglichkeit belehrt wird, die Entscheidung nach Maßgabe des § 12 Abs. 1 Satz 1 SpruchG mit der sofortigen Beschwerde anzufechten. Derartige Belehrungspflichten bestehen nur im Falle ihrer ausdrücklichen gesetzlichen Anordnung.

II. Wirkung der Entscheidung

Typisch für die Entscheidung im Spruchverfahren ist – wie auch bei anderen Gestaltungsentscheidungen[1054] – ihre Wirkung für und gegen alle, § 13 Satz 2 SpruchG. Sie tritt nach Satz 1 mit der formellen Rechtskraft der Entscheidung ein; also dann, wenn diese durch ein ordentliches Rechtmittel nicht mehr angefochten werden kann[1055]. Dies ist insbesondere der Fall, wenn gegen die Entscheidung im ersten Rechtszug ein Rechtsmittel nicht bzw. nicht fristgerecht eingelegt wird oder das OLG[1056] gem. § 12 Abs. 2 Satz 1 SpruchG über die sofortige Beschwerde entschieden hat[1057]. § 13 Satz 1 SpruchG lässt die Entscheidung mit ihrer formellen Rechtskraft überhaupt erst wirksam werden. Das ist folgerichtig, da es eine "Gestaltungswirkung kraft vorläufiger Vollstreckbarkeit" nicht gibt[1058]. Neben der Gestaltungswirkung hat die Rechtskraft der Entscheidung die weitere materiellrechtliche Wirkung, dass im Falle des Unternehmensvertrags für den Antragsgegner die Kündigungsfrist nach § 304 Abs. 5 bzw. §§ 305 Abs. 5 Satz 4, 304 Abs. 5 AktG zu laufen beginnt[1059].

Die Gestaltungswirkung tritt *ex tunc*, also auf den Zeitpunkt der Wirksamkeit der Strukturmaßnahme bezogen, ein[1060]. Die gerichtlich festgesetzte Kompensation tritt an die Stelle der zunächst vorgesehenen[1061]. Dies gilt nach § 13 Satz 2 Hs. 2 SpruchG auch zugunsten derjenigen Aktionäre, die bereits gegen die ursprünglich angebotene Barabfindung oder sonstige Abfindung ausgeschieden sind. Diese Anteilsinhaber können die Anpassung der Abfindung bis zur Höhe der gerichtlich

---

1053 BGH v. 17.10.1985 – III ZR 105/84, WM 1986, 331, 332.

1054 *Schlosser*, Gestaltungsklagen, S. 160 ff.; zur aktienrechtlichen Anfechtungsklage vgl. insbesondere *K. Schmidt* in Großkomm. AktG, § 248 Rn. 4 ff.

1055 *Zimmermann* in Keidel/Kuntze/Winkler, § 31 Rn. 1.

1056 Bzw. nach Maßgabe der §§ 12 Abs. 2 Satz 2 SpruchG, 28 Abs. 2, 3 FGG der BGH; vgl. hierzu § 13 A. V. 7. (S. 244).

1057 Zu den weiteren Fällen des Eintritts der formellen Rechtskraft vgl. *Zimmermann* in Keidel/Kuntze/Winkler, § 31 Rn. 1; *Stöber* in Zöller, § 705 Rn. 1.

1058 KG v. 11.3.1924 – 7 U 2103/24, JW 1924, 1179; *Reichold* in Thomas/Putzo, Vorbem § 253 Rn. 5; *Baumbach/Hopt*, § 133 Rn. 15; *Schlosser*, Gestaltungsklagen, S. 242; *K. Schmidt*, Gestaltungsprozesse, S. 72.

1059 *Bilda* in MünchKomm. AktG, § 306 Rn. 126.

1060 *Bilda* in MünchKomm. AktG, § 306 Rn. 125; *Emmerich* in Emmerich/Habersack, § 306 Rn. 45; *Geßler* in Geßler/Hefermehl, § 304 Rn. 130; *Koppensteiner* in KölnKomm. AktG, § 304 Rn. 66; *Würdinger* in Großkomm. AktG (3. Aufl.), § 304 Anm. 33.

1061 *Hüffer*, Anh § 305, § 13 SpruchG Rn. 3.

heraufgesetzten Abfindung verlangen[1062]. Zuvor war das Bestehen dieses sog. Abfindungsergänzungsanspruchs umstritten, wurde jedoch von der h.M. bejaht[1063]. Hatte sich der Anteilsinhaber die Entscheidung zwischen Ausgleich und Abfindung offen gehalten, so kann er nunmehr das Abfindungsangebot unter Geltung der gerichtlich festgesetzten Abfindung annehmen[1064]. Im Falle des Ausgleichs hat die Wirksamkeit der Entscheidung zur Folge, dass für die Zukunft der gerichtlich festgesetzte Ausgleich zu zahlen ist. Für vergangene Ausgleichszahlungen steht den Anteilsinhabern ein Nachzahlungsanspruch zu[1065].

III. Tenor

Der Tenor der gerichtlichen Entscheidung wird zum einen durch den Antrag der Antragsteller und zum anderen durch die Vorgaben des materiellen Rechts bestimmt. Generell gilt, dass die gerichtliche Festsetzung der Höhe der Kompensation nur erfolgt, wenn das Gericht zu der Überzeugung gelangt, dass die angebotene Kompensation zu niedrig ist. Kommt es bei seiner Prüfung zu dem Ergebnis, dass die angebotene Kompensation angemessen ist, so weist es den Antrag als unbegründet zurück[1066]. Hält es sie gar für unangemessen hoch, so gilt – wie auch sonst im echten Streitverfahren der freiwilligen Gerichtsbarkeit[1067] – das Verbot der *reformatio in peius*. Das Spruchverfahren kann nur zu einer Erhöhung, nicht jedoch zu einer Herabsetzung der Kompensation führen[1068]. Hat der Antragsteller – wozu er nicht verpflichtet ist[1069] – die Festsetzung einer bestimmten Kompensationshöhe beantragt und bleibt die gerichtlich festgesetzte Kompensation hinter diesem An-

---

1062 BegrRegE zu § 13 SpruchG, BT-Drs. 15/371, S. 17.

1063 BayObLG v. 19.10.1995 – 3Z BR 17/90, AG 1996, 127, 130; OLG Celle v. 4.4.1979 – 9 W 2/77, AG 1979, 230, 233; OLG Karlsruhe v. 5.5.2004 – 12 W 12/01, AG 2005, 45, 46; *Bilda* in MünchKomm. AktG, § 305 Rn. 125; *Emmerich* in Emmerich/Habersack, § 305 Rn. 86; *Hüffer*, § 305 Rn. 32; *Krieger* in Münchener Handbuch AG, § 70 Rn. 130; *Würdinger* in Großkomm. AktG (3. Aufl.), § 305 Anm. 21; *Exner*, Beherrschungsvertrag, S. 249 ff.; a.A. *Koppensteiner* in KölnKomm. AktG, § 305 Rn. 56; *Hüchting*, Beherrschungsvertrag, S. 86 ff.

1064 *Bilda* in MünchKomm. AktG, § 305 Rn. 123.

1065 *Emmerich* in Emmerich/Habersack, § 305 Rn. 86; *Geßler* in Geßler/Hefermehl, § 304 Rn. 130; *Koppensteiner* in KölnKomm. AktG, § 304 Rn. 66; *Würdinger* in Großkomm. AktG (3. Aufl.), § 304 Anm. 33.

1066 *Krieger* in Lutter, § 11 SpruchG Rn. 11.

1067 *Schmidt* in Keidel/Kuntze/Winkler, § 12 Rn. 231; *Bärmann*, Freiwillige Gerichtsbarkeit, S. 244; *Jansen*, Vorbem. §§ 8-18 Rn. 59.

1068 *Bilda* in MünchKomm. AktG, § 306 Rn. 12; *Fritzsche/Dreier/Verfürth*, § 11 Rn. 4; *Geßler* in Geßler/Hefermehl, § 306 Rn. 40; *Koppensteiner* in KölnKomm. AktG, § 304 Rn. 65; *Klöcker/Frowein*, § 11 Rn. 3; *Krieger* in Lutter, § 11 SpruchG Rn. 2; *Meister/Klöcker* in Kallmeyer, § 307 Rn. 23; *Schwarz* in Widmann/Mayer, § 307 Rn. 40; *Stratz* in Schmitt/Hörtnagl/Stratz, § 307 Rn. 53; *Hüchting*, Beherrschungsvertrag, S. 78.

1069 Vgl. oben § 9 B. II. 3. (S. 170).

trag zurück, so erfolgt keine Teilzurückweisung[1070]. Im Übrigen ist das Gericht nicht an einen bezifferten Antrag gebunden. Die Entscheidung darf nicht als vollstreckbare Leistungsentscheidung formuliert werden[1071]. Vielmehr hat der Tenor dem Gestaltungscharakter und der *inter omnes*-Wirkung der Entscheidung Rechnung zu tragen. Daher bietet sich eine Formulierung an, die sich auf die Kompensationsregelung der Strukturmaßnahme bezieht. Hat z.B. die abhängige X AG Stückaktien ausgegeben, für die nach einem Gewinnabführungsvertrag durch den Antragsgegner eine Barabfindung zu gewähren ist, so kann die Formulierung lauten:

"1. Die in Ziff. ... des Gewinnabführungsvertrags zwischen der X AG und der Antragsgegnerin vom ... vereinbarte Barabfindung wird auf EUR ... je Aktie der X AG festgesetzt."[1072]

1. Einzelfälle

Schwierigkeiten traten vor Geltung des SpruchG regelmäßig dann auf, wenn das Gesetz innerhalb derselben Kompensationsart verschiedene Gestaltungen zulässt. Dies trifft zu auf den Ausgleich, der als fester oder variabler Ausgleich gewährt werden kann sowie auf die Abfindung, die als Abfindung in Aktien oder als Barabfindung gewährt werden kann. In diesem Fall hat das Gericht bei seiner Entscheidung zum einen die im Zuge der Strukturmaßnahme getroffenen Festsetzungen, zum anderen den Antrag des Antragstellers zu berücksichtigen.

a) Ausgleich

Besteht nach § 304 Abs. 2 i.V.m. Abs. 1 AktG für die Vertragsparteien das Wahlrecht, den Ausgleich als festen oder variablen Ausgleich festzusetzen und wird im Unternehmensvertrag eine bestimmte Ausgleichsart festgesetzt, so ist das Gericht in seiner Entscheidung an diese Festsetzungen gebunden. Sieht also der Unternehmensvertrag ausschließlich den festen Ausgleich nach § 304 Abs. 1 AktG vor, so kann es nicht auf den variablen Ausgleich nach § 304 Abs. 2 Satz 2 AktG erkennen[1073]. Hat der Antragsteller gleichwohl die Festsetzung eines variablen Ausgleichs beantragt, so ist der Antrag zurückzuweisen. Entspricht die im Unternehmensvertrag bestimmte Ausgleichsart weder der in § 304 Abs. 1 AktG für den Vertrag vorgeschriebenen noch der in den Fällen des Abs. 2 Satz 2 zugelassenen Ausgleichsart, so hat das Gericht auch hier kein Wahlrecht. Es hat in diesem Fall hat den Ausgleich nach § 304 Abs. 1 AktG als festen Ausgleich zu bestimmen[1074]. Enthält der

---

1070 *Schwarz* in Widmann/Mayer, § 307 Rn. 41.

1071 BayObLG v. 18.7.1978 – BReg 3Z 148/76, AG 1980, 76, 77.

1072 Vgl. auch die Formulierungsbeispiele in BayObLG v. 18.7.1978 – BReg 3Z 148/76, AG 1980, 76, 77 sowie bei *Schwarz* in Widmann/Mayer, § 307 Rn. 39.

1073 *Geßler* in Geßler/Hefermehl, § 304 Rn. 124; *Krieger* in Münchener Handbuch AG, § 70 Rn. 128.

1074 *Geßler* in Geßler/Hefermehl, § 304 Rn. 123.

Unternehmensvertrag überhaupt keine Ausgleichsregelung, so ist er gem. § 304 Abs. 3 Satz 1 AktG nichtig. In diesem Fall ist das Gericht insgesamt daran gehindert, einen Ausgleich festzusetzen. Der Antrag ist zurückzuweisen.

b) Abfindung

Beim Squeeze-out und bei Umwandlungen gestaltet sich die Festsetzung der Abfindung insofern unproblematisch, als beide Strukturmaßnahmen ausschließlich eine Barabfindung der ausscheidenden Aktionäre/Anteilsinhaber vorsehen. Ihre Höhe wird im Fall der Unangemessenheit der festgesetzten Barabfindung durch das Gericht festgesetzt. Anderes gilt dagegen bei Unternehmensverträgen und Eingliederungen. Bei ihnen sieht das materielle Recht neben der Barabfindung auch die Gewährung von Aktien vor, knüpft die Zulässigkeit dieser Abfindungsart jedoch an besondere Tatbestandsvoraussetzungen. Diese Voraussetzungen hat das Gericht bei der Festsetzung zu berücksichtigen.

aa) Unternehmensvertrag

Für die Abfindung gilt im Wesentlichen das bereits zum Ausgleich Gesagte. Ein Unterschied besteht jedoch insofern, als die gerichtliche Bestimmung der Abfindung gem. § 305 Abs. 5 Satz 2 AktG auch dann erfolgen kann, wenn der Unternehmensvertrag überhaupt kein Abfindungsangebot vorsieht. Bei seiner Entscheidung über die Art der Abfindung ist das Gericht an die Tatbestandsvoraussetzungen des § 305 Abs. 2 Nr. 1 bis 3 AktG und an den Antrag des Antragstellers über die Abfindungsart gebunden. Es muss also z.B. auf eine Abfindung in Aktien des Antragsgegners erkennen, wenn dieser eine nicht abhängige und nicht in Mehrheitsbesitz stehende Aktiengesellschaft oder Kommanditgesellschaft auf Aktien ist und ggf. Spitzenbeträge durch die Festsetzung barer Zuzahlungen ausgleichen, §§ 305 Abs. 2 Nr. 1, Abs. 3 Satz 1 AktG. Sieht der Unternehmensvertrag die "falsche" Abfindungsart vor, so hängt die Entscheidung vom Antrag des Antragstellers ab. Hat er die Bestimmung der nach § 305 Abs. 2 Nr. 2 oder 3 AktG "richtigen" Abfindungsart beantragt, so hat das Gericht sie festzusetzen, anderenfalls den Antrag zurückzuweisen.

Eine Besonderheit gilt für die Abfindung nach § 305 Abs. 2 Nr. 2 AktG. Hier kann im Unternehmensvertrag entweder eine Abfindung in Aktien der den anderen Vertragsteil beherrschenden Gesellschaft oder eine Barabfindung festgelegt werden. An diese vertraglich vorgesehene Abfindungsart ist das Gericht ist gem. § 305 Abs. 5 Satz 3 AktG gebunden. Bestimmt der Unternehmensvertrag also die Gewährung von Aktien der Muttergesellschaft des Antragsgegners und hat der Antragsteller gleichwohl die Bestimmung einer Barabfindung beantragt, so ist der Antrag zurückzuweisen. Enthält der Unternehmensvertrag dagegen keine Festsetzungen, so ergibt sich aus dem Wortlaut der Vorschrift ("... hat es ... die angemessene

Barabfindung zu bestimmen"), dass auf eine Barabfindung zu erkennen ist. Kommt das Gericht im Falle der Abfindung durch Gewährung von Aktien zu dem Ergebnis, dass das Umtauschverhältnis nicht angemessen und ein angemessener "glatter" Umtausch nicht möglich ist, so hat es gem. § 305 Abs. 3 Satz 1 AktG auf eine entsprechende bare Zuzahlung zu erkennen[1075].

bb) Mehrheitseingliederung

Bei der Mehrheitseingliederung besteht die Abfindung gem. § 320b Abs. 1 Satz 3 AktG grundsätzlich in Aktien der Hauptgesellschaft[1076]. Das Gericht hat demnach die Anzahl der zu gewährenden Aktien je Aktie der eingegliederten Gesellschaft und, wenn ein "glatter" Umtausch nicht möglich ist, die Höhe einer baren Zuzahlung festzusetzen. Eine Barabfindung kann gem. § 320b Abs. 1 Satz 3 AktG ähnlich wie beim Unternehmensvertrag gewährt werden, wenn die Hauptgesellschaft eine abhängige Gesellschaft im Sinne des § 17 Abs. 1 AktG ist. Jedoch besteht zu § 305 Abs. 2 Nr. 2 AktG ein bedeutsamer Unterschied. Dort kann der Unternehmensvertrag eine der beiden Abfindungsarten vorsehen, und das Gericht ist hieran gebunden. Demgegenüber besteht gem. § 320b Abs. 1 Satz 1 AktG für den nach einer Mehrheitseingliederung ausgeschiedenen Aktionär ein echtes Wahlrecht im Sinne des § 262 BGB zwischen beiden Abfindungsarten[1077]. Hier ist das Gericht bei seiner Entscheidung an den Antrag des Antragstellers gebunden. Hat er sowohl die Festsetzung der Abfindung in Aktien und der Barabfindung beantragt, so hat das Gericht beide Anträge zu bescheiden.

2. *Zinsentscheidung*

Für sämtliche Abfindungstatbestände gilt, dass Barabfindung und ggf. bare Zuzahlungen mit zwei Prozentpunkten über dem Diskontsatz der Deutschen Bundesbank zu verzinsen sind. Auch hierüber hat das Gericht von Amts wegen zu entscheiden[1078]. Der Tenor kann hier etwa lauten:

"2. Die Abfindung nach Ziff. 1 ist ab dem ... mit zwei Prozentpunkten über dem Basiszinssatz nach § 247 BGB zu verzinsen."

1075 *Geßler* in Geßler/Hefermehl, § 305 Rn. 69; *Koppensteiner* in KölnKomm. AktG, § 305 Rn. 54; *Krieger* in Münchener Handbuch AG, § 70 Rn. 128; *Würdinger* in Großkomm. AktG (3. Aufl.), § 305 Anm. 18.

1076 OLG Hamm v. 6.5.1992 – 8 W 28/92, AG 1993, 93, 94.

1077 Zur Kritik hieran vgl. die Nachweise bei *Hüffer*, § 320b Rn. 6.

1078 *Krieger* in Lutter (2. Aufl.), § 307 Rn. 14.

IV. Zustellung der Entscheidung

Die Entscheidung ist den Beteiligten gem. § 11 Abs. 3 SpruchG zuzustellen. Richtigerweise sind nur die Beteiligten im formellen Sinn gemeint, also Antragsteller, Antragsgegner sowie der gemeinsame Vertreter[1079]. Die Zustellung an sämtliche ausgleichs- bzw. abfindungsberechtigten Anteilsinhaber ist nicht erforderlich und praktisch auch nicht zu verwirklichen. Zweck der Zustellung ist, die Frist zur Einlegung der sofortigen Beschwerde nach § 22 Abs. 1 FGG[1080] in Lauf zu setzen[1081]. Für die Zustellung gelten die Vorschriften der §§ 166-190 ZPO über die Zustellung von Amts wegen. Dies folgt aus § 17 Abs. 1 SpruchG i.V.m. § 16 Abs. 2 Satz 1 FGG.

V. Rechtsmittel

Wie bereits im Zusammenhang mit der sachlichen Zuständigkeit dargestellt[1082], bringt das SpruchG in Bezug auf das Rechtsmittel gegen die Entscheidung nach § 11 Abs. 1 SpruchG keinerlei Neuerungen. Statthaftes Rechtsmittel ist gem. § 12 Abs. 1 Satz 1 SpruchG die Beschwerde, die als sofortige Beschwerde ausgestaltet ist. Über § 17 Abs. 1 SpruchG gelten im Übrigen die §§ 19 ff. FGG.

1. Adressat

Die Beschwerde ist beim Gericht des ersten Rechtszuges oder beim Beschwerdegericht einzulegen, § 17 Abs. 1 SpruchG i.V.m. § 21 Abs. 1 FGG. Beschwerdegericht ist das Oberlandesgericht. § 12 Abs. 3 Satz 1 SpruchG ermächtigt die Landesregierungen, zur Sicherung einer einheitlichen Rechtsprechung die Entscheidung über die Beschwerde durch Rechtsverordnung einem Oberlandesgericht oder dem Obersten Landesgericht zu übertragen. Dieselbe Möglichkeit bestand bereits nach §§ 306 Abs. 2 a.F. i.V.m. 99 Abs. 3 Satz 8 AktG sowie § 309 Abs. 3 a.F. UmwG. Die Ermächtigung ist gem. § 12 Abs. 3 Satz 2 SpruchG auf die Landesjustizverwaltung übertragbar.

2. Form

Die Beschwerde kann gem. § 12 Abs. 1 Satz 2 SpruchG nur durch Einreichung einer von einem Rechtsanwalt unterzeichneten Beschwerdeschrift eingelegt werden. Insoweit enthält die Vorschrift eine "andere Bestimmung" im Sinne des § 17 Abs. 1

1079 *Krieger* in Lutter, § 11 SpruchG Rn. 4.

1080 Vgl. hierzu unten § 13 A. V. 3. (S. 238).

1081 *Koppensteiner* in KölnKomm. AktG, § 306 Rn. 25; *Krieger* in Lutter, § 11 SpruchG Rn. 4.

1082 Vgl. oben § 8 D. II. (S. 151).

SpruchG zu § 21 Abs. 2 FGG, der auch die Einlegung durch Erklärung zu Protokoll der Geschäftsstelle (Satz 1) oder nach Maßgabe des § 130a ZPO durch elektronisches Dokument (Satz 2) zulässt. Erforderlich ist nicht, dass die Beschwerdeschrift von dem Rechtsanwalt abgefasst wurde. § 12 Abs. 1 Satz 2 SpruchG verlangt wie § 29 Abs. 1 Satz 2 FGG[1083] nur, dass ein Rechtsanwalt sie unterzeichnet. Der Anwaltszwang beschränkt sich auf die Einlegung, d.h. das weitere Verfahren kann ohne anwaltliche Mitwirkung betrieben werden[1084]. Schließlich verlangt § 12 Abs. 1 Satz 1 SpruchG auch nicht, dass der unterzeichnende Rechtsanwalt bei dem Beschwerdegericht zugelassen ist[1085].

Auf den ersten Blick mag das Erfordernis des Anwaltszwangs für die Einlegung der Beschwerde fragwürdig erscheinen. § 12 Abs. 1 Satz 2 SpruchG geht – wie § 306 Abs. 2 a.F. AktG und § 309 Abs. 1 Satz 2 a.F. UmwG – auf die sofortige Beschwerde im Statusverfahren des § 99 Abs. 3 AktG zurück. Dort ist die Beschwerde nach Satz 3 als reine Rechtsbeschwerde ausgestaltet, was wohl auch Grund für den Anwaltszwang bei der Einlegung der Beschwerdeschrift ist[1086]. Die Gründe, die § 12 Abs. 1 Satz 2 SpruchG tragen, sind indessen dieselben wie im Falle des § 99 Abs. 3 AktG. Dort wie im Spruchverfahren nach dem SpruchG bietet das Erfordernis der anwaltlich unterzeichneten Beschwerdeschrift die Gewähr dafür, dass bereits vor der Einlegung des Rechtsmittels eine fachkundige Überprüfung der Beschwerdeschrift stattgefunden hat, die der Anwalt bestätigt und für die er die Verantwortung übernimmt[1087]. So wird vermieden, dass die Gerichte mit von vornherein aussichtslosen, auf "gut Glück" eingelegten Beschwerden belastet werden.

Die Begründung der Beschwerde schreibt § 12 Abs. 1 Satz 2 SpruchG nicht vor. Wird jedoch überhaupt nicht vorgetragen, inwiefern die Entscheidung im ersten Rechtszug angegriffen wird und falsch sein soll, so kommt in Betracht, dem Antragsteller als Beschwerdeführer – zumindest teilweise – nach Maßgabe des § 15 Abs. 2 Satz 2 SpruchG die Kosten aufzuerlegen[1088].

3. Frist

Die Beschwerde ist nach §§ 17 Abs. 1 SpruchG, 22 Abs. 1 Satz 1 FGG binnen einer Frist von zwei Wochen seit Zustellung der Entscheidung nach Maßgabe des § 11 Abs. 3 SpruchG an den Beschwerdeführer einzulegen. Daraus folgt, dass die

---

1083 *Jansen*, § 29 Rn. 8; *Meyer-Holz* in Keidel/Kuntze/Winkler, § 29 Rn. 13.

1084 *Bilda* in MünchKomm. AktG, § 306 Rn. 120; *Krieger* in Lutter, § 12 SpruchG Rn. 7.

1085 *Bilda* in MünchKomm. AktG, § 306 Rn. 120; *Krieger* in Lutter, § 12 SpruchG Rn. 7; *Schwarz* in Widmann/Mayer, § 309 Rn. 12; *Behnke*, Spruchverfahren, S. 146.

1086 *Hüffer*, § 99 Rn. 7.

1087 *Meyer-Holz* in Keidel/Kuntze/Winkler, § 29 Rn. 13.

1088 Vgl. hierzu § 15 A. III. (S. 285).

Frist für verschiedene Beteiligte zu verschiedenen Zeiten beginnen kann[1089]. Für den Fristenlauf gelten über §§ 17 Abs. 1 SpruchG, 17 Abs. 1 FGG die Vorschriften des Bürgerlichen Gesetzbuches. Die Frist nach § 22 Abs. 1 FGG ist zwar keine Notfrist, da sie entgegen § 224 Abs. 2 Satz 2 ZPO nicht als solche bezeichnet ist. Gleichwohl ist anerkannt, dass sie wie eine Notfrist durch Verfügung des Gerichts oder durch Vereinbarung der Beteiligten weder verkürzt noch verlängert werden kann[1090]. Wird sie unverschuldet versäumt, so Wiedereinsetzung in den vorigen Stand nach Maßgabe des § 22 Abs. 2 FGG zu gewähren.

4. *Beschwerdeberechtigung*

Beschwerdeberechtigt ist nach § 20 Abs. 1 FGG jeder, dessen Recht durch die Entscheidung beeinträchtigt ist[1091]. Als beschwerdeberechtigt in diesem Sinne kommen der Antragsgegner, die Antragsteller, die nicht antragstellenden Anteilsinhaber und der gemeinsame Vertreter in Betracht.

a) Antragsgegner und abhängige Gesellschaft

Der Antragsgegner ist beschwerdeberechtigt, wenn das Gericht eine erhöhte Kompensation festsetzt und somit durch Neufestsetzung in die bei der Strukturmaßnahme festgelegte Kompensation eingreift[1092]. Da ein solcher Eingriff im Falle des Spruchverfahrens nach Abschluss eines Unternehmensvertrags auch die rechtlich geschützten Interessen der abhängigen Gesellschaft betrifft, ist auch diese neben dem herrschenden Unternehmen als "anderer Vertragsteil" beschwerdeberechtigt[1093].

b) Antragsteller

Die Voraussetzungen, unter denen die Antragsteller beschwerdeberechtigt sind, sind zweifelhaft. Grundsätzlich muss im Antragsverfahren nach dem FGG für die Zulässigkeit der Beschwerde des Antragstellers neben der materiellen Beschwer gem. § 20 Abs. 1 FGG auch die formelle Beschwer gem. § 20 Abs. 2 FGG gegeben

---

1089 *Jansen*, § 22 Rn. 8; *Sternal* in Keidel/Kuntze/Winkler, § 22 Rn. 20.

1090 *Sternal* in Keidel/Kuntze/Winkler, § 22 Rn. 19. Zur Notfrist vgl. *Stöber* in Zöller, § 224 Rn. 5.

1091 Sog. "materielle Beschwer" oder "Beschwerdeberechtigung", vgl. *Kahl* in Keidel/Kuntze/Winkler, § 20 Rn. 1.

1092 OLG Celle v. 4.4.1979 – 9 W 2/77, AG 1979, 230, 231; OLG Celle v. 1.7.1980 – 9 Wx 9/79, AG 1981, 234; *Geßler* in Geßler/Hefermehl, § 306 Rn. 24.

1093 OLG Celle v. 4.4.1979 – 9 W 2/77, AG 1979, 230, 231; *Bilda* in MünchKomm. AktG, § 306 Rn. 118; *Hüffer* (5. Aufl.), § 306 Rn. 19; *Koppensteiner* in KölnKomm. AktG, § 306 Rn. 25.

sein[1094]. Das bedeutet, dass im Antragsverfahren nur diejenigen Antragsteller beschwerdeberechtigt sind, die zum einen in ihren Rechten beeinträchtigt sind und zum anderen den zurückgewiesenen Antrag gestellt haben[1095]. Daraus folgt, dass die Beschwerdeberechtigung der Antragsteller im Spruchverfahren jedenfalls dann gegeben ist, wenn das Gericht den Antrag zurückweist (formelle Beschwer) und den Antragstellern damit keine höhere Kompensation gewährt wird, obgleich sie ihnen – als "angemessene" Kompensation – zustünde (materielle Beschwer).

Ob am Erfordernis der formellen Beschwer auch dann festzuhalten ist, wenn das Gericht zwar eine erhöhte Kompensation festgesetzt hat, diese jedoch hinter den Erwartungen der Antragsteller zurückbleibt, ist fraglich. Einen auf Zuerkennung einer bestimmten Kompensation gerichteten Sachantrag, durch den sie ihre Erwartungen konkretisieren, brauchen die Antragsteller nicht zu stellen[1096]. Selbst wenn ein Antragsteller einen solchen Antrag stellt, erfolgt keine Teilzurückweisung, wenn das Gericht in seiner Entscheidung hinter dem Antrag zurückbleibt[1097]. Demnach läge eine "Zurückweisung" im Sinne des § 20 Abs. 2 FGG nie vor. Die h.M. löst diese Konstellation, indem sie auf das Erfordernis der formellen Beschwer gem. § 20 Abs. 2 FGG jedenfalls dann im Antragsverfahren verzichtet, wenn – wie im Spruchverfahren – ein bindender Sachantrag nicht erforderlich ist[1098]. Maßgeblich ist dann allein die materielle Beschwer gem. § 20 Abs. 1 FGG. Der Antragsteller ist also beschwerdeberechtigt, wenn ihm eine Kompensation zuerkannt wird, die dem ("wahren") Wert seiner Beteiligung nicht entspricht und er hierauf seine Beschwerde stützt.

c) Gemeinsamer Vertreter

In Bezug auf die Beschwerdeberechtigung des gemeinsamen Vertreters ist zu unterscheiden. Hat er gem. § 6 Abs. 3 SpruchG das Verfahren nach Antragsrücknahme durch die Antragsteller fortgeführt, so steht er einem Antragsteller gleich. Das bedeutet, dass er automatisch in die Rechte eines Antragstellers einrückt[1099]. Damit ist er auch bezüglich des Rechtsmittels wie ein Antragsteller zu behandeln und nach den gleichen Grundsätzen beschwerdeberechtigt[1100].

1094 *Kahl* in Keidel/Kuntze/Winkler, § 20 Rn. 2.

1095 *Bassenge* in Bassenge/Herbst/Roth, § 20 Rn. 13 f.; *Jansen*, § 20 Rn. 24; *Kahl* in Keidel/Kuntze/Winkler, § 20 Rn. 49; *Schlegelberger*, § 20 Rn. 35.

1096 Vgl. oben § 9 (S. 153).

1097 Vgl. oben § 13 A. III. (S. 233 f.).

1098 *Bärmann*, Freiwillige Gerichtsbarkeit, S. 193; *Bassenge* in Bassenge/Herbst/Roth, § 20 Rn. 14; *Bumiller/Winkler*, § 20 Rn. 43; *Jansen*, § 20 Rn. 20; *Kahl* in Keidel/Kuntze/Winkler, § 20 Rn. 52; *Schlegelberger*, § 20 Rn. 7.

1099 *Fritzsche/Dreier/Verfürth*, § 6 Rn. 32; *Klöcker/Frowein*, § 6 Rn. 28; *Krieger* in Lutter, § 6 SpruchG Rn. 12; *Volhard* in MünchKomm. AktG, § 6 SpruchG Rn. 16.

1100 *Bilda* in MünchKomm. AktG, § 306 Rn. 118; *Fritzsche/Dreier/Verfürth*, § 12 Rn. 7; *Hüffer* (5. Aufl.), § 306 Rn. 19; *Klöcker/Frowein*, § 12 Rn. 6; *Volhard* in MünchKomm. AktG, § 12

Führt der gemeinsame Vertreter dagegen das Verfahren neben den Antragstellern im ersten Rechtszug zu Ende, so ist seine Beschwerdeberechtigung umstritten. Zum Teil wird sie mit Hinweis auf § 20 Abs. 2 FGG verneint, dessen Voraussetzungen gerade nicht erfüllt seien, wenn der gemeinsame Vertreter das Verfahren nicht anstelle eines Antragstellers führt[1101]. Überwiegend wird dagegen ein selbständiges Beschwerderecht des gemeinsamen Vertreters bejaht, wenn auch mit unterschiedlichen Begründungen. Teilweise wird hierzu auf einen generell anerkannten Grundsatz über die Beschwerdeberechtigung im Antragsverfahren der freiwilligen Gerichtsbarkeit rekurriert. Danach ist § 20 Abs. 2 FGG bei einer Mehrheit von Antragsberechtigten dahingehend teleologisch zu reduzieren, dass es bei denjenigen Personen nicht auf die Zurückweisung eines Antrags ankommen kann, die den Antrag im ersten Rechtszug hätten stellen können, ihn aber nicht gestellt haben[1102]. Andere betonen die starke Stellung des gemeinsamen Vertreters im Verfahren. Sie komme in seiner Berechtigung, das Verfahren auch nach Antragsrücknahme fortführen zu können, zum Ausdruck und sei mit der Ausdehnung dieses Rechts auf das umwandlungsrechtliche Spruchverfahren durch das UmwG noch verstärkt worden[1103].

In der Tat erscheint es fragwürdig, ein Beschwerderecht des gemeinsamen Vertreters darauf zu stützen, dass es auf die Zurückweisung des Antrags bei solchen Antragstellern nicht ankommen kann, wenn ein Antrag hätte gestellt werden können, aber nicht gestellt wurde. Zulässig erscheint dies nur, wenn der Beschwerdeführer auch noch zum Zeitpunkt der Beschwerdeeinlegung den (Erst-)Antrag stellen könnte[1104]. Dies können die Anteilsinhaber, deren Vertretung durch den gemeinsamen Vertreter erfolgt, indessen gerade nicht. Sie haben ihr Antragsrecht mit dem Ablauf der Antragsfrist des § 4 SpruchG verloren.

Ohnehin erscheint fraglich, ob es zur Begründung des Beschwerderechts des gemeinsamen Vertreters auf das hypothetische Antragsrecht der nicht am Verfahren teilnehmenden Anteilsinhaber ankommen kann. Durch Einführung des gemeinsamen Vertreters hat sich der Gesetzgeber bewusst dafür entschieden, über diesen auch die rechtlich geschützten Interessen derjenigen Anteilsinhaber im Spruchverfahren zu berücksichtigen, die sich mit der ursprünglichen Kompensation zufrieden gegeben und auf die Stellung eines eigenen Antrags verzichtet haben. Seit jeher

---

SpruchG Rn. 6; *Gude*, AG 2005, 233, 234.

1101 BayObLG v. 20.6.1991 – BReg 3Z 36/91, BayObLGZ 1991, 235, 236 ff.; OLG Celle v. 4.4.1979 – 9 W 2/77, AG 1979, 230, 231; Hans. OLG Hamburg v. 17.8.1979 – 11 W 2/79, AG 1980, 163; *Hüffer* (5. Aufl.), § 306 Rn. 19.

1102 *Koppensteiner* in KölnKomm. AktG, § 306 Rn. 25 unter Bezugnahme auf *Kahl* in Keidel/Kuntze/Winkler, § 20 Rn. 51 und die Nachweise dort; ebenso OLG Karlsruhe v. 29.8.1994 – 15 W 19/94, AG 1995, 139 und wohl auch *Hüchting*, Beherrschungsvertrag, S. 80.

1103 *Bilda* in MünchKomm. AktG, § 306 Rn. 118; *Emmerich* in Emmerich/Habersack, § 306 Rn. 30.

1104 BayObLG v. 20.6.1991 – BReg 3Z 36/91, BayObLGZ 1991, 235, 237.

wird der gemeinsame Vertreter "zur Wahrung ihrer Rechte" bestellt[1105], und gemeint ist damit nicht etwa ausschließlich das Recht dieser Anteilsinhaber auf rechtliches Gehör im Verfahren. Stets wurde davon ausgegangen, dass der gemeinsame Vertreter vor allem die vermögensrechtlichen Interessen der nicht antragstellenden Anteilsinhaber wahrzunehmen habe[1106]. Auch die Begründung des Regierungsentwurfs zum SpruchG geht ersichtlich davon aus, dass der gemeinsame Vertreter primär in vermögensrechtlichen Angelegenheiten für die von ihm vertretenen Anteilsinhaber tätig wird[1107]. Wenn aber in dem Verfahren die materiell-vermögensrechtlichen Interessen auch der nicht am Verfahren teilnehmenden Anteilsinhaber zu wahren sind ohne dass es auf deren Antragstellung ankäme, so folgt hieraus, dass es auch für die Beschwerdeberechtigung "des gemeinsamen Vertreters" nicht auf das Stellen und die Zurückweisung eines Antrags, sondern allein auf die Beeinträchtigung dieser Vermögensinteressen ankommen kann. § 20 Abs. 2 FGG ist dann unanwendbar. Die Beschwerdeberechtigung richtet sich vielmehr allein nach § 20 Abs. 1 FGG. Damit wird zugleich deutlich, dass es bei dieser Konstellation der Sache nach nicht um ein Beschwerderecht "des gemeinsamen Vertreters" geht, sondern um ein Beschwerderecht der nicht am Verfahren teilnehmenden Anteilsinhaber, das der gemeinsame Vertreter als ihr gesetzlicher Vertreter wahrnimmt[1108]. Wann eine Rechtsbeeinträchtigung im Sinne des § 20 Abs. 1 FGG vorliegt, ist dann nach denselben Grundsätzen zu beurteilen wie bei der materiellen Beschwer des Antragstellers: Die Beschwerdeberechtigung des gemeinsamen Vertreters als gesetzlicher Vertreter der nicht am Verfahren teilnehmenden Anteilsinhaber ist gegeben, wenn die in der gerichtlichen Entscheidung gewährte Kompensation hinter dem ("wahren") Wert der Beteiligung zurückbleibt.

Gestützt wird dieses Ergebnis durch die Vorschrift des § 11 Abs. 3 SpruchG, nach der die Entscheidung den Beteiligten und damit auch dem gemeinsamen Vertreter zuzustellen ist. Zweck dieser Zustellung ist, die Frist für die sofortige Beschwerde gem. § 22 Abs. 1 FGG in Lauf zu setzen[1109]. Es erschiene widersprüchlich, den gemeinsamen Vertreter in den Kreis der Zustellungsempfänger einzubeziehen, ohne ihm zugleich auch das Beschwerderecht zuzuerkennen[1110].

1105 Vgl. nunmehr § 6 Abs. 1 Satz 1 SpruchG.

1106 Für das UmwG 1956, das erstmals die Bestellung eines gemeinsamen Vertreters vorsah, vgl. *Meilicke* in Böttcher/Meilicke (5. Aufl.), § 34 Rn. 4.

1107 BegrRegE zu § 6 SpruchG, BT-Drs. 15/371, S. 14, der die Bestellung nur eines gemeinsamen Vertreters für Ausgleich und Abfindung damit begründet, es sei "gleichgerichtetes Ziel" aller Antragsteller, "Zahlungen von der ... Gesellschaft zu erhalten". Gemeint sind wohl nicht die Antragsteller, die durch den gemeinsamen Vertreter ohnehin nicht vertreten werden, sondern die nicht am Verfahren teilnehmenden Anteilsinhaber.

1108 So auch *Behnke*, Spruchverfahren, S. 149.

1109 Vgl. oben § 13 A. IV. (S. 237), insbesondere die Nachweise in Fn. 1081.

1110 *Koppensteiner* in KölnKomm. AktG, § 306 Rn. 25; zust. *Behnke*, Spruchverfahren, S. 148.

d) Unselbständige Anschlussbeschwerde

Hat der Beschwerdegegner ebenso wie der Beschwerdeführer im ersten Rechtszug sein Verfahrensziel nicht vollständig erreicht, sich mit der Entscheidung jedoch zufrieden gegeben und innerhalb der Frist des § 22 Abs. 1 Satz 1 FGG keine Beschwerde eingelegt, so kann für ihn gleichwohl ein Interesse bestehen, dem Rechtsmittel des Beschwerdeführers durch Einlegen einer unselbständigen Anschlussbeschwerde entgegen zu treten. Grund dieses Interesses ist das in echten Streitverfahren der freiwilligen Gerichtsbarkeit bestehende Verbot der *reformatio in peius*[1111]. Es hat hinsichtlich der Entscheidung des Beschwerdegerichts zur Folge, dass der Beschwerdegegner im Falle seiner Untätigkeit mit einer für ihn nachteiligen Änderung der erstinstanzlichen Entscheidung rechnen muss, ohne dass dieses Risiko zugleich auch für den Beschwerdeführer bestünde, da die Entscheidung nicht zu dessen Nachteil abgeändert werden kann. Dies würde zu dem aus verfahrensökonomischen Gründen nicht wünschenswerten Ergebnis führen, dass die Entscheidung immer vorsorglich angefochten würde, obwohl man an sich bereit wäre, sie zu akzeptieren[1112].

Obwohl im Gesetz über die Angelegenheiten der freiwilligen Gerichtsbarkeit keine Vorschriften über die Anschließung im Beschwerdeverfahren enthalten sind, ist ihre Zulässigkeit in echten Streitverfahren von der h.M. anerkannt, weil die Interessenlage der Beteiligten mit derjenigen von Parteien im Zivilprozess vergleichbar ist[1113]. Dort ist die Anschlussbeschwerde seit 1990 ausdrücklich geregelt[1114] und seit 2002 ausschließlich als unselbständiges Rechtsmittel ausgestaltet[1115]. Unselbständig ist die Anschlussbeschwerde, weil der Beschwerdegegner sein eigenes Beschwerderecht mit Ablauf der Frist des § 22 Abs. 1 Satz 1 FGG verloren hat. Daher teilt die unselbständige Anschlussbeschwerde das Schicksal der Beschwerde. Dies wird insbesondere durch § 567 Abs. 3 Satz 2 ZPO deutlich, wonach die Anschließung ihre Wirkung verliert, wenn die Beschwerde zurückgenommen oder als unzulässig verworfen wird. Zulässig ist die Anschließung ab dem Zeitpunkt der Einlegung Hauptbeschwerde und bis zu deren Rücknahme bzw. Bescheidung[1116].

1111 Vgl. oben § 13 A. III. (S. 233), und die Nachweise dort in Fn. 1067 und 1068.

1112 BGH v. 18.5.1978 – VII ZB 30/76, BGHZ 71, 314, 317; BGH v. 8.12.1982 – IVb ZB 753/81, BGHZ 86, 51, 53 f.; BayObLG v. 19.10.1995 – 3Z BR 17/90, AG 1996, 127.

1113 BGH v. 18.5.1978 – VII ZB 30/76, BGHZ 71, 314, 317; BGH v. 8.12.1982 – IVb ZB 753/81, BGHZ 86, 51, 53 f.; *Sternal* in Keidel/Kuntze/Winkler, § 22 Rn. 8; für das Spruchverfahren BayObLG v. 19.10.1995 – 3Z BR 17/90, AG 1996, 127; *Bilda* in MünchKomm. AktG, § 306 Rn. 117.

1114 § 577a ZPO in der durch das Rechtspflege-Vereinfachungsgesetz vom 17.12.1990 (BGBl. I, S. 2847) geltenden Fassung.

1115 § 567 Abs. 3 ZPO in der durch das Gesetz zur Reform des Zivilprozesses vom 27.7.2001 (BGBl. I, S. 1887) seit 1.1.2002 geltenden Fassung.

1116 *Lipp* in MünchKomm. ZPO, Ergänzungsband, § 567 Rn. 27; *Kahl* in Keidel/Kuntze/Winkler, § 22 Rn. 12.

5. Umfang der Prüfung durch das Beschwerdegericht

Das Beschwerdegericht prüft, ob das Rechtsmittel zulässig, insbesondere fristgerecht und in der Form des § 12 Abs. 1 Satz 2 SpruchG eingelegt ist[1117]. Hierzu gehört ggf. die Prüfung der ordnungsgemäßen Zustellung, wenn die Einhaltung der Beschwerdefrist zweifelhaft ist[1118]. Ist die Frist versäumt, so hat das Beschwerdegericht zu prüfen, ob ein in der gleichen Sache eingelegtes Rechtsmittel eines anderen Beteiligten fristgerecht eingelegt wurde und die verspätete Beschwerde damit als unselbständige Anschlussbeschwerde behandelt werden kann[1119]. Ist die Beschwerde nicht zulässig, so weist das Beschwerdegericht sie als unzulässig zurück[1120]. Ist die Beschwerde zulässig, so hat das Gericht die Entscheidung der ersten Instanz in tatsächlicher und rechtlicher Hinsicht zu überprüfen und – ggf. nach einer erneuten Beweisaufnahme – in der Sache zu entscheiden.

6. Verfahrensstoff des Beschwerdeverfahrens

Da die Beschwerde nicht als reine Rechtsbeschwerde ausgestaltet ist, können neue Tatsachen und Beweismittel eingeführt werden, §§ 17 Abs. 1 SpruchG, 23 FGG. Insbesondere ist der Antragsteller nicht auf seine bei der Antragsbegründung gem. § 4 Abs. 2 Satz 2 Nr. 4 SpruchG geltend gemachten Einwendungen beschränkt[1121].

7. Entscheidung des Beschwerdegerichts

In seiner Sachentscheidung kann das Gericht kann die Beschwerde als unbegründet zurückweisen oder die angemessene Kompensation selbst festsetzen, sei es erstmalig oder in Abänderung der Entscheidung des ersten Rechtszugs. Die Entscheidung erfolgt durch einen gem. § 25 FGG mit Gründen zu versehenden Beschluss[1122]. Grundsätzlich hat das Beschwerdegericht selbst in der Sache zu entscheiden. Nur ausnahmsweise kommt auch die Aufhebung und Zurückverweisung an das Gericht des ersten Rechtszugs in Betracht. Anerkannt ist dies insbesondere für Fälle, in denen die Sachentscheidung des Beschwerdegerichts für einen der Verfahrensbeteiligten zum Verlust einer Instanz führen würde[1123]. Dies kommt in Betracht bei

---

1117 *Schwarz* in Widmann/Mayer, § 309 Rn. 21.

1118 OLG Düsseldorf v. 21.12.1964 – 3 W 334/64, AnwBl 1965, 177 f.

1119 *Schwarz* in Widmann/Mayer, § 309 Rn. 21.

1120 *Schwarz* in Widmann/Mayer, § 309 Rn. 22.

1121 *Gude*, AG 2005, 233, 236.

1122 *Krieger* in Lutter, § 12 SpruchG Rn. 10.

1123 OLG Düsseldorf v. 14.11.1995 – 19 W 6/95 AktE, Ziff. II der Gründe; *Bilda* in MünchKomm. AktG, § 306 Rn. 121; *Meister/Klöcker* in Kallmeyer, § 309 Rn. 15; *Schwarz* in Widmann/Mayer, § 309 Rn. 22; *Schmidt* in Keidel/Kuntze/Winkler, § 12 Rn. 73.

schweren Verfahrensmängeln[1124] und wurde in der Vergangenheit auch im Falle einer völlig unzureichenden Sachverhaltsaufklärung des Gerichts bejaht[1125]. Da jedoch im Spruchverfahren nach dem SpruchG die Beteiligten nach § 7 eine eigene Verantwortung für die Vollständigkeit des Streitstoffs tragen und der Grundsatz der Amtsermittlung nur eingeschränkt gilt, dürfte eine unzureichende Sachverhaltsaufklärung des Gerichts die Zurückverweisung nur noch ausnahmsweise rechtfertigen. Wird zurückverwiesen, so gilt für die spätere Entscheidung des Landgerichts im Verhältnis zur "Erstentscheidung" das Verbot der *reformatio in peius* nicht[1126].

Die weitere Beschwerde zum BGH ist im Spruchverfahren nicht statthaft[1127]. Will das Beschwerdegericht in seiner Entscheidung von der Entscheidung eines anderen Oberlandesgerichts, eines Obersten Landesgerichts oder des Bundesgerichtshofs abweichen, so hat es die Beschwerde nach § 12 Abs. 2 Satz 1 SpruchG i.V.m. § 28 Abs. 2 FGG dem Bundesgerichtshof vorzulegen, der nach § 12 Abs. 2 Satz 1 SpruchG i.V.m. § 28 Abs. 3 FGG abschließend über die Beschwerde entscheidet. Unmittelbar wäre § 28 FGG nicht anwendbar, da er nur die Vorlage durch das Oberlandesgericht im Verfahren der Entscheidung über die weitere Beschwerde regelt, die im Spruchverfahren gem. § 12 Abs. 2 Satz 2 SpruchG nicht statthaft ist. Die Rechtsfrage ist in dem Vorlagebeschluss zu formulieren[1128]. Nicht zulässig ist die Vorlage, wenn das Beschwerdegericht lediglich die Rechtseinheit wahren will. Überdies sind nur Rechtsfragen vorlagefähig, die entweder die Verfahrensvorschriften des Spruchverfahrens selbst betreffen oder die nach dem Aktiengesetz und dem Umwandlungsgesetz ausschließlich im Spruchverfahren zu überprüfen sind[1129]. Das sind jedenfalls Rechtsfragen im Zusammenhang mit der Angemessenheit der Kompensation, aber auch solche, die anstatt im Anfechtungsverfahren im Spruchverfahren zu überprüfen sind.

VI. Bekanntmachung der Entscheidung

Nach § 14 SpruchG ist die Entscheidung bekannt zu machen. Für die Form der Bekanntmachung verweist die Vorschrift auf § 6 Abs. 1 Satz 4 und 5 SpruchG, der die Bekanntmachung der Bestellung des gemeinsamen Vertreters regelt[1130]. Die Bekanntmachung hat danach im elektronischen Bundesanzeiger zu erfolgen, § 6

1124 *Fritzsche/Dreier/Verfürth*, § 12 Rn. 19; *Klöcker/Frowein*, § 12 Rn. 16; *Krieger* in Lutter, § 12 SpruchG Rn. 10; *Meister/Klöcker* in Kallmeyer, § 309 Rn. 15; *Schwarz* in Widmann/Mayer, § 309 Rn. 22; *Volhard* in MünchKomm. AktG, § 12 SpruchG Rn. 10.

1125 *Krieger* in Lutter, § 12 SpruchG Rn. 10; *Meister/Klöcker* in Kallmeyer, § 309 Rn. 15.

1126 *Meister/Klöcker* in Kallmeyer, § 309 Rn. 15; *Kahl* in Keidel/Kuntze/Winkler, § 19 Rn. 120.

1127 BGH v. 19.7.2004 – II ZB 7/04, AG 2004, 610; zur Möglichkeit von Gegenvorstellungen bei krass gesetzwidrigen Entscheidungen vgl. *Klöcker/Frowein*, § 12 Rn. 18.

1128 *Schwarz* in Widmann/Mayer, § 309 Rn. 23.

1129 *Schwarz* in Widmann/Mayer, § 309 Rn. 23.

1130 Vgl. oben § 10 A. II. 4. (S. 186).

Abs. 1 Satz 4 SpruchG. Sind in den in § 6 Abs. 1 Satz 5 SpruchG genannten Satzungen, Gesellschaftsverträgen, Statuten oder Partnerschaftsverträgen noch andere Blätter oder elektronische Informationsmedien für die öffentlichen Bekanntmachungen bestimmt, so ist die Entscheidung auch dort bekannt zu machen. Im Übrigen gilt für die Bekanntmachung nach § 14 SpruchG dasselbe wie für die Bekanntmachung nach früherem Recht[1131]. Bekannt zu machen ist, die rechtskräftige Entscheidung[1132]. Gemeint ist ihr Tenor. Die Pflicht zur Bekanntmachung trifft den Antragsgegner. Ist der Antragsgegner eine juristische Person, so sind für die Veranlassung der Bekanntmachung der oder die gesetzliche(n) Vertreter zuständig.

Zweck der Bekanntmachung ist, die nicht am Verfahren beteiligten Anteilsinhaber über die Entscheidung, die auch für und gegen sie wirkt, zu unterrichten[1133]. Unmittelbare Rechtswirkungen entfaltet die Bekanntmachung bei Unternehmensverträgen und Umwandlungen in Bezug auf die von den Anteilsinhabern einzuhaltende Frist zur Annahme des Abfindungsangebots gem. § 305 Abs. 4 Satz 3 AktG bzw. nach § 31 Satz 2 UmwG. Sie beginnt zu laufen, wenn die Entscheidung im Bundesanzeiger bekannt gemacht wurde. Maßgeblich ist insofern allein die Bekanntmachung im Bundesanzeiger, nicht die letzte von mehreren nach § 25 AktG zu bewirkenden Bekanntmachungen.

Für Spruchverfahren nach einer Umwandlung ließ man vor Geltung des SpruchG Ausnahmen von der Pflicht zur Bekanntmachung zu, wenn sämtliche Anteilsinhaber selbst als Antragsteller am Verfahren beteiligt waren[1134]. Als Grund wurde angeführt, in diesem Fall sei die Unterrichtung bereits durch die Zustellung der Entscheidung gewährleistet[1135]. Teilweise wurde auch auf die Regelung des § 37 Satz 2 UmwG 1969 abgestellt, die in den genannten Fällen ausdrücklich eine Ausnahme von der Bekanntmachungspflicht vorsah[1136]. Aus dem Wortlaut des § 14 SpruchG ("... ist ... bekannt zu machen") und seiner systematischen Stellung im Zusammenhang mit § 13 SpruchG, der die Unabhängigkeit der Entscheidungswirkung von der Antragstellung betont, folgt allerdings, dass die Pflicht zur Bekanntmachung zwingend ist.

1131 BegrRegE zu § 14 SpruchG, BT-Drs. 15/371, S. 17.

1132 *Bilda* in MünchKomm. AktG, § 306 Rn. 127; *Würdinger* in Großkomm. AktG (3. Aufl.), § 306 Anm. 10; *Krieger* in Lutter, § 14 SpruchG Rn. 3; *Meister/Klöcker* in Kallmeyer, § 310 Rn. 1; *Schwarz* in Widmann/Mayer, § 310 Rn. 310; *Stratz* in Schmitt/Hörtnagl/Stratz, § 310 Rn. 1.

1133 *Meister/Klöcker* in Kallmeyer, § 310 Rn. 3.

1134 *Schwarz* in Widmann/Mayer, § 310 Rn. 5; *Stratz* in Schmitt/Hörtnagl/Stratz, § 310 Rn. 1.

1135 *Schwarz* in Widmann/Mayer, § 310 Rn. 5; *Stratz* in Schmitt/Hörtnagl/Stratz, § 310 Rn. 1.

1136 *Krieger* in Lutter (2. Aufl.), § 310 Rn. 2; *Meister/Klöcker* in Kallmeyer, § 310 Rn. 3; *Schwarz* in Widmann/Mayer, § 310 Rn. 5.

B. Verfahrensbeendigung durch Handlungen der Beteiligten

Aus der Natur des Spruchverfahrens als Streitverfahren der freiwilligen Gerichtsbarkeit folgt, dass die Beteiligten – wie im Zivilprozess[1137] – über den Verfahrensgegenstand disponieren[1138] und das Verfahren durch eigene Handlungen beenden können. Bereits vor Geltung des SpruchG anerkannte Gestaltungen waren das Anerkenntnis und der Verzicht (hierzu unter I.), die Antragsrücknahme (hierzu unter II.) sowie die Erledigungserklärung (hierzu unter III.).

I. Anerkenntnis und Verzicht

Da im Spruchverfahren über den materiell-rechtlichen Anspruch auf Gewährung einer angemessenen Kompensation gestritten wird, sollen die Beteiligten die Möglichkeit haben, den geltend gemachten Anspruch anzuerkennen oder auf ihn zu verzichten[1139]. Entsprechend §§ 306, 307 ZPO würde dann die Entscheidung nach § 11 Abs. 1 SpruchG als Anerkenntnis- oder Verzichtsentscheidung ergehen. Auch bedürfte sie in diesem Fall in entsprechender Anwendung des § 313b Abs. 1 Satz 1 ZPO keiner Begründung. Allerdings ist jedenfalls die Zulässigkeit einer Anerkenntnisentscheidung zweifelhaft.

1. Anerkenntnis

Kennzeichnend für das Anerkenntnisurteil im Zivilprozess ist, dass das Gericht ohne sachliche Prüfung der Schlüssigkeit und Begründetheit über den geltend gemachten Anspruch in der Sache entscheidet[1140]. Bereits hieraus ergeben sich Einschränkungen in Bezug auf Anerkenntnisentscheidungen im Streitverfahren der freiwilligen Gerichtsbarkeit. Obwohl sie im Streitverfahren grundsätzlich zugelassen wird, kann das Gericht die Anerkenntnisentscheidung dort nicht ohne eigene Sachprüfung erlassen[1141]. Hinzu tritt im Spruchverfahren eine Besonderheit, die mit dem Verfahrensgegenstand zusammenhängt: § 307 Abs. 1 ZPO meint mit dem geltend gemachten Anspruch, auf den sich das Anerkenntnis beziehen muss, den prozessualen Anspruch, also den Streitgegenstand bzw. im Streitverfahren den Verfahrensgegenstand[1142]. Er besteht im Spruchverfahren in der Festsetzung der nach einer bestimmten Strukturmaßnahme zu gewährenden angemessenen Kompensation. Beschränken sich sämtliche Antragsteller darauf, ohne einen bestimmten

---

1137 *Greger* in Zöller, Vor § 128 Rn. 9; *Lüke* in MünchKomm. ZPO, Einleitung Rn. 167 ff; *Reichold* in Thomas/Putzo Einl I Rn. 5.

1138 *Schmitdt* in Keidel/Kuntze/Winkler, § 12 Rn. 228.

1139 *Bilda* in MünchKomm. AktG, § 306 Rn. 110.

1140 *Vollkommer* in Zöller § 307 Rn. 4.

1141 *Schmidt* in Keidel/Kuntze/Winkler, § 12 Rn. 229.

1142 *Vollkommer* in Zöller, Vor § 306 Rn. 1.

Sachantrag die "Festsetzung der angemessenen Kompensation" zu beantragen, so ist bei einem hierauf folgenden Anerkenntnis des Antragsgegners die Höhe dieses Anerkenntnisses offen. Die Anerkenntnisentscheidung hätte den Inhalt, dass der Antragsgegner anerkennt, den Anteilsinhabern stehe eine angemessene Kompensation zu. Ähnliches würde gelten, wenn verschiedene Antragsteller ihre Anträge in jeweils unterschiedlicher Höhe beziffern. Wäre es dem Antragsgegner hier gestattet, lediglich den niedrigsten Betrag anzuerkennen, so würde er in unzulässiger Weise begünstigt. Daher ist davon auszugehen, dass die Entscheidung nach § 11 Abs. 1 SpruchG nur dann als Anerkenntnisentscheidung ergehen kann, wenn auf Aktivseite mehrere gleich lautende Sachanträge gestellt wurden.

2. *Verzicht*

Unproblematisch ist der Verzicht der Antragsteller auf die Bestimmung der angemessenen Kompensation. Allerdings sind bei der entsprechenden Anwendung des § 306 ZPO die Wertungen des § 6 Abs. 3 SpruchG zu beachten. Erforderlich ist daher der Verzicht sämtlicher auf Aktivseite formell Beteiligten, also auch der des gemeinsamen Vertreters. Ansonsten wäre dessen Recht, das Verfahren gem. § 6 Abs. 3 SpruchG auch nach Antragsrücknahme weiterzuführen, entwertet[1143].

II. Antragsrücknahme

Aus der Natur des Spruchverfahrens als Antragsverfahren der freiwilligen Gerichtsbarkeit folgt, dass der Antragsteller durch Antragsrücknahme dem Verfahren seine Grundlage entziehen kann. Es fehlt dann an der Verfahrensvoraussetzung "Antragstellung", und das Verfahren endet[1144]. Möglich ist die Antragsrücknahme in jedem Stadium des Verfahrens bis zum Eintritt der Rechtskraft der Entscheidung, also insbesondere auch noch im zweiten Rechtszug[1145]. Für das echte Streitverfahren der freiwilligen Gerichtsbarkeit ist allein umstritten, ob die Antragsrücknahme in analoger Anwendung des § 269 Abs. 1 ZPO nach Beginn der mündlichen Verhandlung[1146] der Einwilligung des Antragsgegners bedarf. Teilweise wird dies verneint[1147]. Andere stellen dagegen auf die Interessenlage der Beteiligten

---

1143 Vgl. hierzu *Bilda* in MünchKomm. AktG, Fn. 154 zu § 306 Rn. 110.

1144 BayObLG v. 16.5.1973 – BReg 2 Z 15/73 und 17/73, BayObLGZ 1973, 106, 108 f.; OLG Stuttgart v. 5.11.2003 – 20 W 5/03, AG 2004, 109; *Schmidt* in Keidel/Kuntze/Winkler, § 12 Rn. 22; *Baur*, Freiwillige Gerichtsbarkeit, S. 215.

1145 KG v. 15.6.1971 – 1 W 8752/70, OLGZ 1972, 64, 66 f.; *Schmidt* in Keidel/Kuntze/Winkler, § 12 Rn. 22; *Habscheid*, Freiwillige Gerichtsbarkeit, S. 166 f.

1146 Maßgeblich ist, ob zur Hauptsache mündlich verhandelt wurde, vgl. für den Zivilprozess *Foerste* in Musielak, § 269 Rn. 8; *Greger* in Zöller, § 269 Rn. 13; *Reichold* in Thomas/Putzo, § 269 Rn. 9.

1147 BayObLG v. 16.5.1973 – BReg 2 Z 15/73 und 17/73, BayObLGZ 1973, 106, 108 f.; LG Düsseldorf v. 12.11.1971 – 15 T 661/71, Rpfleger 1972, 450; *Bärmann*, Freiwillige ab, die jedenfalls im echten Streitverfahren und im Zivilprozess dieselbe sei: Wie im Fall der Klagerücknahme könne ein zurückgenommener Antrag grundsätzlich neu gestellt werden[1148]. Der Gegner habe daher insbesondere im Falle eines für ihn günstigen bisherigen Verfahrensverlaufs ein Interesse daran, eine Entscheidung des Gerichts in der Sache zu erhalten, das durch das Einwilligungserfordernis abzusichern sei[1149].

Diese Erwägungen treffen im Grundsatz zu. Ob sie jedoch im Spruchverfahren zum Tragen kommen, ist fraglich. Ein etwaiger erneuter Antrag müsste sämtlichen Anforderungen genügen, insbesondere innerhalb der Antragsfrist gestellt werden[1150]. Bereits die im SpruchG vorgesehenen Mindestfristen für die Antragserwiderung (§ 7 Abs. 2 Satz 2 SpruchG) und die Replik (§ 7 Abs. 4 Satz 2 SpruchG) haben dabei zur Folge, dass die mündliche Verhandlung nie innerhalb der Antragsfrist des § 4 Abs. 1 SpruchG stattfinden wird. Der Antragsgegner ist damit vor einer erneuten Antragstellung geschützt. Seine Einwilligung in die Antragsrücknahme ist nicht erforderlich[1151].

III. Verfahrensbeendigung durch Erledigungserklärung

Wie im Zivilprozess kommt auch im Spruchverfahren die Verfahrensbeendigung durch übereinstimmende oder einseitige Erledigungserklärung in Betracht.

1. Übereinstimmende Erledigungserklärung

Aus der Verfügungsbefugnis der Beteiligten über den Verfahrensgegenstand im echten Streitverfahren folgt, dass die Beteiligten das Verfahren durch übereinstimmende Erledigungserklärung beenden können[1152]. Das Gericht ist hieran gebunden. Es hat dann nur noch über die Kosten zu entscheiden; ein Ausspruch über die Er-

---

Gerichtsbarkeit, S. 131; *Jansen*, Vorbem. §§ 8-18 Rn. 20; *Schwarz* in Widmann/Mayer, § 307 Rn. 30

1148 *Schmidt* in Keidel/Kuntze/Winkler, § 12 Rn. 40.

1149 OLG Düsseldorf v. 22.8.1979 – 3 W 202/79, NJW 1980, 349; *Schmidt* in Keidel/Kuntze/Winkler, § 12 Rn. 40; *Baur*, Freiwillige Gerichtsbarkeit, S. 215; *Habscheid*, Freiwillige Gerichtsbarkeit, S. 166.

1150 *Schmidt* in Keidel/Kuntze/Winkler, § 12 Rn. 41; *Bassenge* in Bassenge/Herbst/Roth, Einleitung Rn. 112.

1151 Ähnlich *Behnke*, Spruchverfahren, S. 110; vgl. auch *Krieger* in Lutter, § 11 SpruchG Rn. 14, der geltend macht, ein schutzwürdiges Interesse der Gesellschaft an einer gerichtlichen Entscheidung sei nicht ersichtlich.

1152 BayObLG v. 13.11.1996 – 3Z BR 159/94; AG 1997, 182; OLG Düsseldorf v. 5.10.1992 – 19 W 1/92 AktE, AG 1993, 40, 41; *Bilda* in MünchKomm. AktG, § 306 Rn. 41; *Fritzsche/Dreier/Verfürth*, Einleitung Rn. 42; *Hüffer*, Anh § 305, § 11 SpruchG Rn. 4; *Krieger* in Lutter, § 11 SpruchG Rn. 16.

ledigung der Hauptsache kommt dagegen nicht in Betracht[1153]. Als Besonderheit des Spruchverfahrens ist jedoch zu beachten, dass eine übereinstimmende Erledigungserklärung nur dann vorliegt, wenn sämtliche formell Beteiligten, also insbesondere auf Aktivseite sämtliche Antragsteller und der gemeinsame Vertreter, das Verfahren in der Hauptsache für erledigt erklären[1154]. Erklären dagegen nur sämtliche Antragsteller und der Antragsgegner das Verfahren für erledigt, so hat der gemeinsame Vertreter in entsprechender Anwendung des § 6 Abs. 3 SpruchG die Möglichkeit, das Verfahren fortzuführen[1155].

2. *Einseitige Erledigungserklärung*

Im Zivilprozessrecht gehört die einseitige Erledigungserklärung an sich zu den Verfahrensbeendigungstatbeständen durch gerichtliche Entscheidung. Da ihr jedoch eine Handlung der Antragsteller im Verfahren zugrunde liegt und sie üblicherweise im Zusammenhang mit der übereinstimmenden Erledigungserklärung erörtert wird, wird sie an dieser Stelle behandelt. Im Zivilprozess ist die einseitige Erledigungserklärung die Reaktion des Klägers auf ein Ereignis nach Eintritt der Rechtshängigkeit, durch das die Klage unbegründet wird. Sie ist nach h.M. der Antrag an das Gericht, die Erledigung der Hauptsache festzustellen und besteht in einer nach § 264 Nr. 2 ZPO zulässigen Klageänderung in eine Feststellungsklage[1156]. Diese ist begründet, wenn nach Rechtshängigkeit ein erledigendes Ereignis eingetreten ist und die Klage zum Zeitpunkt dieses Ereignisses zulässig und begründet war[1157]. Das praktische Bedürfnis an einer einseitigen Erledigungserklärung folgt im Zivilprozess aus der Kostentragungspflicht, die die Weiterverfolgung der nunmehr unbegründeten Klage nach sich zieht.

a) Erledigung der Hauptsache

Im Verfahren der freiwilligen Gerichtsbarkeit tritt die Erledigung der Hauptsache ein, wenn der Verfahrensgegenstand durch ein Ereignis, das eine Veränderung der Sach- und Rechtslage bewirkt, wegfällt[1158]. Erledigende Ereignisse in diesem Sinne sind im Spruchverfahren nur in einem begrenzten Umfang denkbar. Insbesondere

---

1153 BayObLG v. 13.11.1996 – 3Z BR 159/94; AG 1997, 182; *Krieger* in Lutter, § 11 SpruchG Rn. 16.

1154 *Fritzsche/Dreier/Verfürth*, Einleitung Rn. 42.

1155 *Bilda* in MünchKomm. AktG, § 306 Rn. 41; *Krieger* in Lutter, § 11 SpruchG Rn. 16; *Behnke*, Spruchverfahren, S. 111 f.

1156 BGH v. 7.11.1968 – VII ZR 72/66, NJW 1969, 237; OLG Nürnberg v. 9.3.1987 – 9 W 3496/86, NJW-RR 1987, 1278; *Putzo* in Thomas/Putzo, § 91a Rn. 32; *Vollkommer* in Zöller, § 91a Rn. 34; a.A. *Lindacher* in MünchKomm. ZPO, § 91a Rn. 91 ff.

1157 *Putzo* in Thomas/Putzo, § 91a Rn. 33; *Wolst* in Musielak, § 91a Rn. 40.

1158 OLG Zweibrücken v. 2.3.2004 – 3 W 167/03, NZG 2004, 382; *Zimmermann* in Keidel/Kuntze/Winkler, § 13a Rn. 44.

entfalten Einwirkungen auf den Bestand der Strukturmaßnahme grundsätzlich nur Wirkung für die Zukunft, lassen jedoch bestehende Kompensationsansprüche unberührt[1159]. Daher wird ein laufendes Spruchverfahren durch die Beendigung des Unternehmensvertrags[1160] ebenso wenig berührt wie durch die Eingliederung des abhängigen Unternehmens in das herrschende Unternehmen[1161], einen Squeeze-out[1162] oder die Verschmelzung des Antragsgegners[1163]. Einzig relevanter Fall eines erledigenden Ereignisses im Spruchverfahrens nach einer der in § 1 SpruchG genannten Strukturmaßnahmen dürfte die Vernichtung des Hauptversammlungsbeschlusses über die Strukturmaßnahme durch ein stattgebendes Anfechtungsurteil sein[1164]. Außerhalb des Anwendungsbereichs des § 1 SpruchG bejahte die Rechtsprechung die Erledigung eines nach einem Delisting eingeleiteten Spruchverfahrens, nachdem die Aktien der Gesellschaft wieder zum Handel in einem organisierten Markt zugelassen wurden[1165].

b) Zulässigkeit der einseitigen Erledigungserklärung

Ohne auf diese Erledigungstatbestände einzugehen, wurde in der Literatur die Zulässigkeit einer einseitigen Erledigungserklärung teilweise stillschweigend vorausgesetzt[1166]. Allerdings wurde vor Geltung des SpruchG ihre praktische Relevanz unter einem anderen als dem unter a) dargestellten Aspekt bezweifelt: Da nach § 306 Abs. 7 Satz 7, 8 a.F. AktG und § 312 Abs. 4 a.F. UmwG sämtliche Kosten nur in Ausnahmefällen dem Antragsteller aufzuerlegen waren, wurde geltend gemacht, dass das für die einseitige Erledigungserklärung im Zivilprozess typische Kosteninteresse des Klägers für den Antragsteller im Spruchverfahren nicht bestehe[1167]. Diese Erwägungen tragen heute insoweit, als mit der Vorschrift des § 15 SpruchG die zuvor zur Kostentragung entwickelte Grundsätze nunmehr Gesetz geworden sind[1168]. Doch führt der gesetzliche Regelfall des § 15 Abs. 4 SpruchG, nach dem die Antragsteller ihre außergerichtlichen Kosten grundsätzlich selbst tragen dazu, dass diese im Falle eines erledigenden Ereignisses nach Antragstellung durchaus ein Interesse an einer Sachentscheidung haben, die ihrem zunächst begründeten Antrag

---

1159 *Krieger* in Lutter, § 11 SpruchG Rn. 16.

1160 BGH v. 20.5.1997 – II ZB 9/96, BGHZ 135, 374, 377; *Koppensteiner* in KölnKomm. AktG, § 304 Rn. 64; *Krieger* in Münchener Handbuch AG, § 70 Rn. 187; *Kley*, Rechtsstellung, S. 106 f.; *J. Schmidt*, Außenstehende Aktionäre, S. 47 ff.

1161 BGH v. 12.3.2001 – II ZB 15/00, BGHZ 147, 108, 112.

1162 *Bredow/Tribulowski*, NZG 2002, 841, 844 f.

1163 OLG Karlsruhe v. 5.5.2004 – 12 W 12/01, AG 2005, 45, 46.

1164 Hans. OLG Hamburg v. 1.11.2004 – 11 W 5/04, AG 2005, 299 f.; OLG Zweibrücken v. 2.3.2004 – 3 W 167/03, NZG 2004, 382 ff.; *Naraschewski*, DB 1997, 1653, 1657; *Bredow/Tribulowski*, NZG 2002, 841, 844 f.

1165 BayObLG v. 28.7.2004 – 3Z BR 87/04, ZIP 2004, 1954.

1166 *Bilda* in MünchKomm. AktG, § 306 Rn. 42.

1167 *Behnke*, Spruchverfahren, S. 112 f.

1168 Vgl. hierzu § 15 (S. 280 ff.).

Rechnung trägt. Daher besteht auch im Spruchverfahren das praktische Bedürfnis, das Verfahren durch eine einseitige Erledigungserklärung beenden zu können.

Hinsichtlich der Folgen der Erledigung des Verfahrensgegenstandes gilt im Verfahren der freiwilligen Gerichtsbarkeit, dass die Erledigung der Hauptsache als Wegfall einer Sachentscheidungsvoraussetzung gewertet wird[1169]. Hieraus ist allerdings nicht der Schluss zu ziehen, das Gericht habe die Erledigung der Hauptsache von Amts wegen festzustellen[1170]. Für eine solche Entscheidung ist nur im Amtsverfahren Raum[1171]. Im Antragsverfahren ist dagegen die Dispositionsbefugnis der Antragsteller über den Verfahrensgegenstand Rechnung zu tragen. Daher hat das Gericht die Antragsteller auf die Erledigung hinzuweisen. Erklären die Antragsteller das Verfahren für erledigt, so hat das Gericht die Erledigung durch Beschluss festzustellen; halten die Antragsteller dagegen an ihrem Antrag fest, so ist dieser zurückzuweisen[1172]. Auch in diesem Zusammenhang ist der Rechtsgedanke des § 6 Abs. 3 SpruchG zu beachten. Eine einseitige Erledigungserklärung liegt nur vor, wenn sämtliche auf Aktivseite formell Beteiligten, also auch der gemeinsame Vertreter, das Verfahren in der Hauptsache für erledigt erklären. Damit ist diese Konstellation mit der Erledigungserklärung im Falle notwendiger Streitgenossenschaft im Zivilprozess vergleichbar, die nur wirksam ist, wenn alle Streitgenossen für erledigt erklären[1173]. Anderenfalls würde das Recht des gemeinsamen Vertreters unterlaufen, das Verfahren gem. § 6 Abs. 3 Satz 1 SpruchG auch nach Antragsrücknahme weiterführen zu können.

§ 14 Insbesondere: Verfahrensbeendigung durch gerichtlichen Vergleich

Die Möglichkeit, das Spruchverfahren im Wege des Vergleichs zu beenden, wurde bereits vor Geltung des SpruchG diskutiert. Unter dem Begriff "Vergleich" fasste man dabei verschiedene Fallkonstellationen zusammen, bei denen die Beteiligten des Spruchverfahrens eine Vereinbarung in Bezug auf die vom Antragsgegner zu gewährende Kompensation schlossen. In der Regel verpflichteten sich dabei die Antragsteller, die Anträge gegen eine Geldzahlung zurückzunehmen[1174]. "Echte"

1169 OLG Zweibrücken v. 2.3.2004 – 3 W 167/03, NZG 2004, 382; *Kahl* in Keidel/Kuntze/Winkler, § 19 Rn. 88.

1170 So aber OLG Zweibrücken v. 2.3.2004 – 3 W 167/03, NZG 2004, 382, das sich auf *Kahl* in Keidel/Kuntze/Winkler, § 19 Rn. 88 bezieht, der unter Rn. 90 jedoch die gegenteilige Auffassung vertritt.

1171 *Kahl* in Keidel/Kuntze/Winkler, § 19 Rn. 89.

1172 *Kahl* in Keidel/Kuntze/Winkler, § 19 Rn. 90; zur Frage der Beschwerde gegen den Beschluss, der die Erledigung feststellt, vgl. Hans. OLG Hamburg v. 1.11.2004 – 11 W 5/04, AG 2005, 299, 300.

1173 *Vollkommer* in Zöller, § 91a Rn. 58 (zu "Streitgenossenschaft"); *Pape/Notthoff*, JuS 1995, 912, 914.

1174 *Bilda* in MünchKomm. AktG, § 306 Rn. 40; *Emmerich* in Emmerich/Habersack, § 304 Rn. 86; *Stratz* in Schmitt/Hörtnagl/Stratz, § 307 Rn. 57; *Meister/Klöcker* in Kallmeyer, § 308

Verfahrensvergleiche mit – wie es auch für den Prozessvergleich im Zivilprozess nach § 794 Abs. 1 Nr. 1 ZPO der h.M. entspricht[1175] – einer Doppelnatur als unmittelbar den Prozess beendende Prozesshandlung und als privatrechtlicher Vertrag (§ 779 BGB) waren dagegen nach h.M. vor Geltung des SpruchG nicht zulässig[1176].

Nunmehr soll anderes gelten. § 11 Abs. 2 Satz 1 SpruchG sieht ausdrücklich die Möglichkeit einer "gütlichen Einigung" vor, bei der es sich, wie sich aus § 11 Abs. 4 SpruchG ergibt, um einen "echten" gerichtlichen Vergleich handelt, der zum einen die für den Prozessvergleich typische verfahrensbeendende Wirkung entfaltet und aus dem zum anderen gem. § 11 Abs. 2 Satz 2 SpruchG die Zwangsvollstreckung stattfindet[1177]. Hinsichtlich der Voraussetzungen des Vergleichsschlusses im Spruchverfahren ist zu unterscheiden zwischen der formellen Seite des Vergleichs als Verfahrens- oder Prozesshandlung (hierzu unter A.) und seinem Charakter als materiell-rechtlicher Vertrag (hierzu unter B.). Von Interesse sind schließlich auch die Rechtsschutzmöglichkeiten der Verfahrensbeteiligten nach Abschluss des Verfahrensvergleichs (hierzu unter C.).

A. Vergleich als Verfahrens- oder Prozesshandlung

Wirksamkeitserfordernis des Vergleichsschlusses als Verfahrens- oder Prozesshandlung ist zunächst, dass er durch sämtliche am Verfahren formell Beteiligten erfolgt[1178]. Die Verfahrenshandlungsvoraussetzungen müssen erfüllt sein. Über die

---

Rn. 22; *Meilicke*, WP 1976, 741 f.; zur Problematik dieses sog. "Auskaufens" vgl. oben § 10 A. III. (S. 188).

1175 BGH v. 10.3.1955 – II ZR 201/53, BGHZ 16, 388, 390; BGH v. 29.9.1958 – VII ZR 198/57; BGHZ 28, 171, 172; BGH v. 15.4.1964 – Ib ZR 201/62; BGHZ 41, 310, 311; BGH v. 18.11.1966 – IV ZR 235/65, BGHZ 46, 277, 278; BGH v. 15.11.1973 – VII ZR 56/73, BGHZ 61, 394, 398; BGH v. 3.12.1980 – VIII ZR 274/79, BGHZ 79, 71, 74; *Lackmann* in Musielak, § 794 Rn. 3; *Putzo* in Thomas/Putzo, § 794 Rn. 3; *Stöber* in Zöller, § 794 Rn. 3.

1176 RegBegr zu § 306 AktG 1965 bei *Kropff*, S. 401; BayObLG v. 18.7.1978 – BReg 3Z 147/76, AG 1980, 76, 77; *Bilda* in MünchKomm. AktG, § 306 Rn. 39; *Emmerich* in Emmerich/Habersack, § 306 Rn. 42; *Geßler* in Geßler/Hefermehl, § 306 Rn. 39; *Hüffer* (5. Aufl.), § 306 Rn. 18; *Koppensteiner* in KölnKomm. AktG, § 306 Rn. 18; *Würdinger* in Großkomm. AktG (3. Aufl.), § 305 Anm. 17; *Behnke*, Spruchverfahren, S. 110 f.; *Diekgräf*, Sonderzahlungen, S. 273 f.; a.A. *J. Schmidt*, Außenstehende Aktionäre, S. 104 f.; *Falkenhausen*, AG 1967, 309, 315; *Meilicke*, WP 1976, 741 f.

1177 Vollstreckbar ist der gesamte Vergleichsinhalt, also auch die im Vergleich vereinbarte Kompensation; vgl. *Fritzsche/Dreier/Verfürth*, § 11 Rn. 19; *Klöcker/Frowein*, § 11 Rn. 17; die Auffassung, wonach die vereinbarte Abfindung oder Zuzahlung aus dem Vergleich nicht vollstreckt werden kann (*Volhard* in MünchKomm. AktG, § 11 SpruchG Rn. 8), findet im Gesetz keine Stütze.

1178 BegrRegE zu § 11 SpruchG, BT-Drs. 15/371, S. 16; *Fritzsche/Dreier/Verfürth*, § 11 Rn. 11; *Klöcker/Frowein*, § 11 Rn. 11; *Krieger* in Lutter, § 11 SpruchG Rn. 6; *Bungert/Mennicke*, BB 2003, 2021, 2030; für den Zivilprozess vgl. *Putzo* in Thomas/Putzo, § 794 Rn. 9.

Einigung der Beteiligten ist gem. § 11 Abs. 2 Satz 2 SpruchG eine Niederschrift aufzunehmen, auf welche die Vorschriften über Vergleiche in bürgerlichen Rechtsstreitigkeiten Anwendung finden (hierzu unter I.). Ebenso kann ein gerichtlicher Vergleich gem. § 11 Abs. 4 Satz 1 SpruchG geschlossen werden, indem die Beteiligten einen gerichtlichen Vergleichsvorschlag des Gerichts durch Schriftsatz gegenüber dem Gericht annehmen (hierzu unter II.).

I. Vergleichsschluss nach § 11 Abs. 2 Satz 2 SpruchG

Für den in der mündlichen Verhandlung geschlossenen Verfahrensvergleich verweist § 11 Abs. 2 Satz 2 SpruchG auf die Vorschriften über die Niederschrift von Vergleichen in bürgerlichen Rechtsstreitigkeiten. Für sie gilt, dass die auf Abschluss des Vergleichs gerichteten Willenserklärungen in der mündlichen Verhandlung vor dem Gericht zu erklären und nach § 159 ZPO unter Einhaltung der Voraussetzungen der §§ 160 ff. ZPO zu protokollieren sind[1179]. Damit implementiert § 11 Abs. 2 Satz 2 SpruchG nicht etwa die generelle Pflicht des Gerichts, über die mündliche Verhandlung insgesamt ein Protokoll zu führen[1180]. Vielmehr beschränkt die Vorschrift die Pflicht zur Niederschrift auf die zwischen den Beteiligten zustande gekommene Einigung. § 160 Abs. 3 Nr. 3 ZPO verlangt die Feststellung des vollständigen Vergleichsinhalts in der Niederschrift. Da der Vergleich gem. § 11 Abs. 2 Satz 3 SpruchG Vollstreckungstitel ist, ist darauf zu achten, dass vor dem "eigentlichen" Vergleichsinhalt die Beteiligten identitätssicher bezeichnet werden. In der Praxis empfiehlt sich die Orientierung an den Vorschriften des § 313 Abs. 1 Nr. 1 bis 3 ZPO über das Rubrum des Urteils im Zivilprozess. Wird ein förmliches Protokoll geführt, so kann der Vergleichsinhalt gem. § 160 Abs. 3 Nr. 3 ZPO unmittelbar dort festgestellt, oder aber gem. § 160 Abs. 5 ZPO in eine dem Protokoll als Anlage beigefügte Schrift aufgenommen werden. Der Vergleichsinhalt ist von den Beteiligten nach Maßgabe des § 162 Abs. 1 ZPO zu genehmigen. Dies kann geschehen nach Vorlesen, Vorlage zur Durchsicht oder Abspielen einer vorläufigen Aufzeichnung im Sinne des § 160a ZPO. Entsprechend § 162 Abs. 1 Satz 3 ZPO ist in der Niederschrift zu vermerken, dass dies geschehen ist und die Genehmigung der Beteiligten erteilt wurde. § 163 ZPO verlangt schließlich, dass die Niederschrift zu unterschreiben ist.

II. Vergleichsschluss nach § 11 Abs. 4 SpruchG

Als Alternative zum Vergleichsschluss in der mündlichen Verhandlung erlaubt § 11 Abs. 4 SpruchG den Abschluss des Verfahrensvergleichs durch Annahme eines gerichtlichen Vergleichsvorschlags. Die Vorschrift wurde erst im Zuge der Beratun-

---

[1179] BGH v. 10.3.1955 – II ZR 201/53, BGHZ 16, 388, 390; *Stöber* in Zöller, § 794 Rn. 9.

[1180] Vgl. oben § 12 B. (S. 221).

gen des Rechtsausschusses über den Regierungsentwurf in das SpruchG eingefügt. Sie ist an § 278 Abs. 6 ZPO angelehnt. Der Vergleichsvorschlag des Gerichts muss nach § 11 Abs. 4 SpruchG schriftlich vorliegen. Erforderlich ist nicht, dass er auf die mündliche Verhandlung folgt. Er kann vielmehr bereits vor dem ersten Verhandlungstermin unterbreitet werden[1181], so z.B. im Zuge einer gem. § 7 Abs. 6 SpruchG durchgeführten Beweisaufnahme.

Zur Annahme des Vergleichs kann das Gericht den Beteiligten eine Frist setzen[1182]. Unterlässt das Gericht die Fristsetzung, so gilt § 147 Abs. 2 BGB[1183]. Ob die Annahme unter dem Vorbehalt des Widerrufs zulässig[1184] oder gem. § 150 Abs. 2 BGB als Ablehnung, verbunden mit einem neuen Vergleichsangebot zu werten ist[1185], ist für den Zivilprozess umstritten. Während für das Vertragsangebot nach allgemeinem Zivilrecht anerkannt ist, dass es mit einem Widerrufsvorbehalt versehen werden kann[1186], ist jedoch in den Fällen des § 11 Abs. 4 SpruchG und § 278 Abs. 6 ZPO die besondere Ausgestaltung des Vertragsschlusses zu beachten. Sämtliche Beteiligten geben in ihren Schriftsätzen Annahmeerklärungen auf den seitens des Gerichts unterbreiteten Vergleichsvorschlag ab. Für sie gilt die Regel, dass das Angebot "so, wie es ist" angenommen werden muss. Anderenfalls gilt § 150 Abs. 2 BGB[1187]. Eine Ausnahme ist allenfalls zuzulassen, wenn sämtliche Beteiligten den gerichtlichen Vergleichsvorschlag mit einem identischen geänderten Inhalt annehmen[1188].

§ 11 Abs. 4 SpruchG erlaubt, bereits den gerichtlichen Vergleichsvorschlag mit einem zeitlich befristeten Widerrufsrecht zu versehen. Dann ergeht der Feststellungsbeschluss des Gerichts erst nach Ablauf der Widerrufrist. Vorzugswürdig erscheint jedoch, den Vergleichsvorschlag nicht mit einem Widerrufsrecht zu versehen, sondern stattdessen eine großzügige Frist zur Annahme des Vergleichsvorschlags zu setzen. Damit wird dem Erörterungs- bzw. Abstimmungsinteresse der Beteiligten Rechnung getragen, und der Vergleichsschluss steht mit Annahme durch die Beteiligten fest, ohne dass ein Schwebezustand entstünde. Das Gericht kann dann nach Eingang der Annahmeerklärungen zeitnah den Beschluss nach § 11 Abs. 4 Satz 3 SpruchG erlassen. Dieser hat dieselbe Funktion wie die Protokollierung des vor dem Gericht geschlossenen Vergleichs[1189]. Seine Anfechtung ist ausgeschlossen. Vielmehr verweist § 11 Abs. 4 Satz 3 SpruchG wie

---

1181 *Greger* in Zöller, § 278 Rn. 24; *Foerste*, NJW 2001, 3103, 3105.

1182 *Foerste* in Musielak, § 278 Rn. 17; *ders.*, NJW 2001, 3103, 3105.

1183 *Greger* in Zöller, § 278 Rn. 24.

1184 *Foerste*, NJW 2001, 3103, 3105.

1185 *Greger* in Zöller, § 278 Rn. 24.

1186 *Heinrichs* in Palandt, § 145 Rn. 4.

1187 *Klöcker/Frowein*, § 11 Rn. 21; so auch *Foerste* in Musielak, § 278 Rn. 17; *ders.*, NJW 2001, 3103, 3105 für die Annahme des Vergleichsvorschlags mit anderen Änderungen als dem Widerrufsvorbehalt.

1188 *Klöcker/Frowein*, § 11 Rn. 21; *Reichold* in Thomas/Putzo, § 278 Rn. 15.

1189 *Reichold* in Thomas/Putzo, § 278 Rn. 17.

§ 278 Abs. 6 Satz 3 ZPO auf § 164 ZPO, wenn gegen den Beschlussinhalt vorgegangen werden soll. Unrichtigkeiten des Protokolls können danach jederzeit – auch von Amts wegen – berichtigt werden. Vorher sind die Parteien zu hören, § 164 Abs. 2 ZPO.

B. Vergleich als materiell-rechtlicher Vertrag

Aus der Doppelnatur des Verfahrens- oder Prozessvergleichs folgt, dass zu seiner Wirksamkeit auch die Wirksamkeitserfordernisse des materiellen Rechts erfüllt sein müssen[1190]. Dies sind zum einen die Erfordernisse des § 779 BGB, aber auch die des materiellen Gesellschaftsrechts. Materiell-rechtlich stellt sich der Vergleich als Eingriff in den Inhalt der Strukturmaßnahme dar, da er die Kompensationsregelung, die einen Bestandteil der Strukturmaßnahme bildet, nachträglich abändert. Dabei fällt auf, dass mit dem Gesetz zur Neuordnung des gesellschaftsrechtlichen Spruchverfahrens zwar die Möglichkeit einer gütlichen Einigung in das Verfahrensrecht aufgenommen wurde, zugleich aber die Vorschriften des materiellen Rechts nicht an diese neu geschaffene Möglichkeit angepasst wurden.

Schwierigkeiten bereitet der Vergleichsschluss über den Verfahrensgegenstand im Spruchverfahren insbesondere wegen der Konzeption des Verfahrens als Gestaltungsverfahren: Kommt es zur gerichtlichen Entscheidung über die "angemessene Kompensation" und setzt das Gericht eine erhöhte Kompensation fest, so greift die (rechtskräftige) Entscheidung unmittelbar in den Inhalt der Strukturmaßnahme ein. Bestimmt das Gericht zum Beispiel im Spruchverfahren nach einer Verschmelzung das Umtauschverhältnis oder die Höhe der zu leistenden baren Zuzahlung neu, so wird der Verschmelzungsvertrag rückwirkend umgestaltet. Die neu festgesetzte Kompensation gilt dann als von Anfang an vereinbart[1191]. Bei Strukturmaßnahmen, die ausschließlich durch einen Beschluss der Haupt- oder Gesellschafterversammlung realisiert werden, bildet die Kompensationsregelung einen Teil des Beschlussgegenstandes[1192]. Hier führt die Gestaltungswirkung der gerichtlichen Entscheidung dazu, dass an die Stelle der durch Beschluss festgesetzten unangemessenen Kompensation die angemessene, gerichtlich bestimmte Kompensation tritt. In sämtlichen Fällen greift das Gericht aufgrund einer besonderen Ermächtigung unmittelbar gestaltend in die bei der Durchführung der Strukturmaßnahme festgelegten Parameter "Ausgleich", "Abfindung" oder "bare Zuzahlung" ein.

Den Beteiligten ist ein solcher Eingriff dagegen regelmäßig nicht möglich. Nur bei Unternehmensverträgen ist die nachträgliche Änderung der Ausgleichs- und Abfindungsregelung vorgesehen. Dort gibt es mit § 295 AktG eine Spezialregelung, bei

---

1190 *Klöcker/Frowein*, § 11 Rn. 12; *Putzo* in Thomas/Putzo, § 794 Rn. 13.

1191 Vgl. oben § 13 A. II. (S. 232) und die Nachweise dort in Fn. 1060.

1192 Vgl. etwa den Vorschlag eines Squeeze-out-Beschlusses bei *Hasselbach* in KölnKomm. WpÜG, § 327c AktG Rn. 6.

deren Anwendung sich die Frage stellt, wie die materiell-rechtlichen Anforderungen der Vorschrift an die Änderung des Unternehmensvertrags mit dem Verfahrensrecht in Einklang zu bringen sind (hierzu unter I.). Für Umwandlung, Mehrheitseingliederung und Squeeze-out fehlt es an entsprechenden Regelungen. Hier ist überhaupt fraglich, welche materiell-rechtlichen Anforderungen an einen Verfahrensvergleich im Spruchverfahren zu stellen sind (hierzu unter II.).

I. Unternehmensvertrag

Sollen die im Unternehmensvertrag enthaltenen Bestimmungen über den Ausgleich und/oder die Abfindung geändert werden, so regelt § 295 AktG für eine solche Vertragsänderung ein Verfahren, das im Wesentlichen dem Verfahren beim erstmaligen Abschluss des Unternehmensvertrags entspricht. Die Änderung erfolgt durch Vertrag, der gem. § 295 Abs. 1 Satz 1 AktG zu seiner Wirksamkeit der Zustimmung der Hauptversammlung der abhängigen Gesellschaft bedarf. Im Übrigen verweist § 295 Abs. 1 Satz 2 AktG auf die §§ 293 bis 294 AktG. Dies bedeutet, dass in den Fällen, in denen der andere Vertragsteil eine Aktiengesellschaft, Kommanditgesellschaft auf Aktien oder Gesellschaft mit beschränkter Haftung[1193] ist, auch deren Haupt- oder Gesellschafterversammlung der Vertragsänderung zustimmen muss. Sollen – wie beim Verfahrensvergleich im Spruchverfahren stets – die Bestimmungen über Ausgleich und/oder Abfindung geändert werden, so ist überdies gem. § 295 Abs. 2 AktG ein Sonderbeschluss der außenstehenden Aktionäre der abhängigen Gesellschaft unter Erfüllung der Voraussetzungen des § 138 AktG erforderlich. Da § 293 Abs. 1 Satz 2 AktG vollumfänglich auf die §§ 293 bis 294 AktG verweist, müssen auch über die Änderung der Kompensation nach Maßgabe der §§ 293a bis 293g AktG ein Bericht erstattet und die Änderung durch sachverständige Prüfer geprüft werden. Dies gilt nach überwiegender Auffassung jedenfalls dann, wenn sich die Änderung auf die Bestimmungen über Ausgleich und/oder Abfindung bezieht[1194].

Aus dem Gesagten wird deutlich, dass die materiell-rechtlichen Voraussetzungen des § 295 AktG mit der verfahrensrechtlichen Ausgestaltung und den praktischen Erfordernisses des Vergleichsschlusses im Spruchverfahren nur schwer in Einklang zu bringen sind. Zum einen erfordert die Vertragsänderung nach § 295 AktG die Mitwirkung der abhängigen Gesellschaft und damit eines nicht formell am Spruchverfahren Beteiligten. Zum anderen ist die Vertragsänderung kompetenzrechtlich nicht allein den Leitungsorganen zugewiesen, die den Antragsgegner im Spruchverfahren und damit auch beim Abschluss des Vergleichs vertreten. Ob sich dieses

---

1193 Vgl. hierzu die Nachweise oben in Fn. 120.

1194 *Altmeppen* in MünchKomm. AktG, § 295 Rn. 21 und *Bungert*, DB 1995, 1449, 1450 wollen auf die erneute Prüfung nur dann verzichten, wenn die Vertragsänderung die Bestimmungen über Ausgleich und Abfindung in keiner Weise tangiert; dagegen *Hüffer*, § 295 Rn. 8.

Spannungsverhältnis zwischen dem Verfahrensrecht und dem materiellen Recht auflösen lässt, ist fraglich.

1. Dispositionsbefugnis der Verfahrensbeteiligten

Zu den Voraussetzungen des Vergleichsschlusses nach § 779 BGB gehört, dass die Vertragsparteien in der Lage sind, allein über den Vertragsgegenstand zu disponieren[1195]. Dies ist im Spruchverfahren zur Festsetzung des Ausgleichs oder der Abfindung nach Abschluss eines Unternehmensvertrags zweifelhaft, weil dort nur das herrschende Unternehmen ("der andere Vertragsteil"), die antragstellenden außenstehenden Aktionäre und der gemeinsame Vertreter formell beteiligt sind. Nicht beteiligt ist dagegen die gem. § 295 AktG zur wirksamen Vertragsänderung mitwirkungspflichtige abhängige Gesellschaft. Diese Inkongruenz der formell am Spruchverfahren Beteiligten und der zur Änderung des Unternehmensvertrags zu Beteiligenden war eines der tragenden Argumente, mit denen die h.M. vor Geltung des SpruchG die Zulässigkeit eines gerichtlichen Vergleichs verneinte[1196]. Nach der Neuordnung des Spruchverfahrens hat dieses Argument nicht an Aktualität verloren, da § 295 SpruchG nicht an die neu geschaffenen verfahrensrechtlichen Möglichkeiten angepasst wurde.

2. Binnenrechtliche Kompetenzzuweisungen

Neben der Frage der Dispositionsbefugnis der Verfahrensbeteiligten stellt sich beim Verfahrensvergleich im Spruchverfahren nach Abschluss eines Unternehmensvertrags auch die Frage der binnenrechtlichen Kompetenzzuweisungen. § 295 AktG regelt auch diese Frage eindeutig. Es gilt die bereits für den Abschluss des Unternehmensvertrags typische Kompetenzteilung zwischen den Leitungsorganen und der Hauptversammlung. Vorbereitet und im Außenverhältnis abgeschlossen wird der Vergleich als Änderungsvertrag durch die Leitungsorgane der abhängigen Gesellschaft und des herrschenden Unternehmens. Wirksamkeitserfordernis ist aber, dass gem. § 295 Abs. 1 Satz 1 AktG die Hauptversammlung der abhängigen Gesellschaft und, wenn das herrschende Unternehmen eine Aktiengesellschaft,

---

1195 *Jauernig* in Jauernig, § 779 Rn. 5; *Marburger* in Staudinger, § 779 Rn. 5; *Sprau* in Palandt, § 779 Rn. 6; *Terlau* in Erman, § 779 Rn. 4; *Putzo* in Thomas/Putzo, § 794 Rn. 13; *Stöber* in Zöller, § 794 Rn. 8.

1196 BayObLG v. 18.7.1978 - BReg 3Z 147/76, AG 1980, 76, 77; *Bilda* in MünchKomm. AktG, § 306 Rn. 39; *Geßler* in Geßler/Hefermehl, § 304 Rn. 129; *Hüffer*, § 306 Rn. 18; *Koppensteiner* in KölnKomm. AktG, § 306 Rn. 18; *Würdinger* in Großkomm. AktG (3. Aufl.), § 305 Anm. 17; *Stratz* in Schmitt/Hörtnagl/Stratz, § 307 Rn. 57; *Behnke*, Spruchverfahren, S. 110; *Diekgräf*, Sonderzahlungen, S. 273 f.; *Beyerle*, BB 1978, 784, 786 (dort Fn. 35a); für Umwandlungen a.A. *Meister/Klöcker*, § 307 Rn. 20 und § 308 Rn. 22; vgl. auch RegBegr zu § 306 AktG 1965 bei *Kropff*, S. 401.

Kommanditgesellschaft auf Aktien oder Gesellschaft mit beschränkter Haftung ist, auch deren Haupt- oder Gesellschafterversammlung zustimmt.

3. Lösungsansätze de lege lata

Bei der Diskussion über mögliche Ansätze zur Lösung des Spannungsverhältnisses zwischen den Verfahrensvorschriften des SpruchG und den praktischen Erfordernissen des Spruchverfahrens einerseits sowie den Vorgaben des § 295 AktG andererseits ist zu trennen zwischen der Dispositionsbefugnis der Verfahrensbeteiligten und den binnenrechtlichen Kompetenzzuweisungen.

a) Dispositionsbefugnis der Verfahrensbeteiligten

Zur Lösung des aus § 295 AktG resultierenden Problems der Dispositionsbefugnis der Verfahrensbeteiligten kommt in Betracht, die nachträgliche Änderung der Bestimmungen über Ausgleich und Abfindung nicht den Regeln des § 295 AktG zu unterwerfen. Bereits vor Geltung des SpruchG wurden derartige Ansätze in Betracht gezogen, wobei die Begründungen variierten: Teilweise knüpfte man an den Begriff der "Vertragsänderung" i.S.d. § 295 AktG an und ging davon aus, der gerichtliche Vergleich stelle eine solche nicht dar, da er *ex tunc* wirke[1197]. Andere waren schlicht der Auffassung, das Festhalten an den Erfordernissen des § 295 AktG stelle eine bloße Förmelei dar[1198] bzw. sei – ohne nähere Begründung – überflüssig[1199].

Ob diese Auffassung verfängt, ist fraglich. Soweit eine *ex tunc*-Wirkung des gerichtlichen Vergleichs angenommen wird, erscheint es zunächst plausibel, die Parallele zur gerichtlichen Entscheidung nach § 11 Abs. 1 SpruchG zu ziehen. Diese greift tatsächlich rückwirkend in den Inhalt des Unternehmensvertrags ein[1200]. Ob sich diese Rechtswirkung allerdings auf den Vergleich übertragen lässt, ist jedoch zweifelhaft. Für diesen ist vielmehr typisch, dass er das ursprüngliche Rechtsverhältnis seinem Inhalt nach weiter bestehen lässt und nur einzelne – zuvor streitige – Punkte regelt[1201]. Dabei trifft der Vergleich keine Wertungen über die Vergangenheit, sondern regelt die Rechtsverhältnisse unter den Beteiligten mit Wirkung für die Zukunft[1202]. Hält man sich zudem vor Augen, dass der Änderungsbegriff des § 295 AktG jede rechtsgeschäftliche Vereinbarung der Parteien erfasst, die noch

---

1197 *J. Schmidt*, Außenstehende Aktionäre, S. 104 f.; *Meilicke*, WP 1976, 741.

1198 *Meilicke*, WP 1976, 741 f.

1199 *J. Schmidt*, Außenstehende Aktionäre, S. 104.

1200 Vgl. oben § 13 A. II. (S. 232) und die Nachweise dort in Fn. 1060.

1201 BGH v. 25.6.1987 – IV ZR 214/86, NJW-RR 1987, 1426, 1427; BGH v. 27.3.1969 – VII ZR 165/66, BGHZ 52, 39, 46; *Sprau* in Palandt, § 779 Rn. 11.

1202 *Pecher* in MünchKomm. BGB, § 779 Rn. 31.

während der Laufzeit des Vertrags wirksam werden soll[1203], so wird deutlich, dass der Verfahrensvergleich im Spruchverfahren materiell-rechtlich eine "Vertragsänderung" im Sinne des § 295 AktG darstellt.

Soweit die Einhaltung der Erfordernisse des § 295 AktG mit der Begründung als entbehrlich angesehen wird, diese stelle eine bloße Förmelei dar bzw. sei überflüssig, ist zuzugeben, dass es aus Schutzzweckerwägungen nicht geboten erscheint, die Mitwirkung der abhängigen Gesellschaft am Abschluss eines Vergleichs zwischen ihren außenstehenden Aktionären und dem herrschenden Unternehmen zu fordern. Wird die Kompensation erhöht, so sind wirtschaftlich ausschließlich das herrschende Unternehmen sowie die außenstehenden Aktionäre der abhängigen Gesellschaft betroffen. Die abhängige Gesellschaft wird durch die Vereinbarung einer erhöhten Kompensation nicht weiter beeinträchtigt, als dies durch den Abschluss des Unternehmensvertrags bereits ohnehin geschehen ist.

Allerdings ist der zwingende Charakter des § 295 AktG zu beachten. Aus § 295 Abs. 2 AktG, der das Sonderbeschlusserfordernis der außenstehenden Aktionäre vorsieht, geht hervor, dass der Gesetzgeber eine Vertragsänderung im Sinne der Vorschrift auch dann als gegeben sah, wenn die Vertragsänderung ausschließlich die Bestimmung über die Höhe der Kompensation betrifft. Diese Wertung des Gesetzgebers ist zu beachten. Sie macht die Mitwirkung der abhängigen Gesellschaft auch bei einer ausschließlich die Kompensationsregelung betreffenden Vertragsänderung zwingend erforderlich.

b) Binnenrechtliche Kompetenzzuweisungen

Auch in Bezug auf die Frage der binnenrechtlichen Kompetenzzuweisungen kommt in Betracht, die Anforderungen des § 295 AktG durch Nichtanwendung der Vorschrift zu umgehen. Daneben ist denkbar, § 11 Abs. 2 und 4 SpruchG als Kompetenznorm zu betrachten oder die Leitungsorgane durch Satzungsbestimmung oder Hauptversammlungsbeschluss zum Abschluss eines Verfahrensvergleichs zu ermächtigen.

aa) Nichtanwendung des materiellen Rechts

Wie bereits bei der Frage der Dispositionsbefugnis der Verfahrensbeteiligten kommt in Betracht, § 295 AktG insoweit nicht anzuwenden, als die Vorschrift zur Änderung des Unternehmensvertrags die Mitwirkung der Haupt- oder Gesellschafterversammlung verlangt. Allerdings steht auch hier der zwingende Charakter der Vorschrift ihrer Nichtanwendung entgegen. Das gesetzlich geregelte Organisa-

---

[1203] BGH v. 7.5.1979 - II ZR 139/78, AG 1979, 289; *Hüffer*, § 295 Rn. 3; *Koppensteiner* in KölnKomm. AktG, § 295 Rn. 4.

tionsrecht der Aktiengesellschaft beruht auf einem Modell der Gewaltenteilung im Großunternehmen[1204]. Insbesondere die Normen über die Abgrenzung zwischen Vorstandskompetenzen und Hauptversammlungskompetenzen sind zwingend[1205]. Bei jeder Vertragsänderung, die dem sachlichen Anwendungsbereich des § 295 AktG unterliegt, ist die dort geregelte Kompetenzverteilung zu beachten.

bb) § 11 Abs. 2 und 4 SpruchG als Kompetenznorm

Die in § 295 AktG vorgesehen Kompetenzverteilung ließe sich umgehen, wenn man § 11 Abs. 2 und Abs. 4 SpruchG nicht lediglich als Verfahrensvorschrift, sondern als Norm begreift, die bei Kapitalgesellschaften den Leitungsorganen die Alleinzuständigkeit zum Abschluss eines verfahrensbeendenden Vergleichs auch mit materiell-rechtlicher Wirkung zuweist. Ein ähnlicher Ansatz wird teilweise im allgemeinen Verwaltungsrecht für den öffentlich-rechtlichen Folgenbeseitigungsanspruch vertreten, indem dieser materiell-rechtliche Anspruch unmittelbar aus der verfahrensrechtlichen Regelung des § 113 Abs. 1 VwGO abgeleitet wird[1206]. Allerdings gilt dort wie auch für § 11 Abs. 2 und Abs. 4 SpruchG die rechtssystematische Erwägung, dass prozessuale Vorschriften keine materiellen Regelungen treffen, sondern diese voraussetzen[1207]. Daher verbietet sich der Schluss von der prozessualen Möglichkeit auf die kompetenzrechtliche Befugnis.

cc) Ermächtigung durch Satzungsbestimmung

In Betracht kommt, den Vorstand zum Abschluss eines die Kompensationsregelung ändernden Vergleichs zu ermächtigen, indem eine entsprechende Ermächtigungsnorm in die Satzung aufgenommen wird[1208]. Wie § 202 Abs. 1 AktG für das genehmigte Kapital zeigt, ist dem AktG eine Ermächtigung des Vorstands in der Satzung zur Durchführung auch schwerwiegender Maßnahmen nicht fremd. Zu messen ist eine derartige Ermächtigung allerdings an § 23 Abs. 5 AktG. Dessen Satz 1 lässt Abweichungen von gesetzlichen Vorschriften in der Satzung nur zu, wenn dies ausdrücklich vorgesehen ist. Satzungsregelungen, welche die gesetzlichen Vorschriften lediglich ergänzen, sind nach § 23 Abs. 5 Satz 2 AktG zulässig, wenn das Gesetz nicht abschließend ist.

Für die Organkompetenzen beim Abschluss und bei der Änderung von Unternehmensverträgen trifft das Aktiengesetz in §§ 291 ff. AktG ausdrückliche Regelungen,

---

1204 *K. Schmidt*, Gesellschaftsrecht, § 28 V (S. 866).

1205 *K. Schmidt*, Gesellschaftsrecht, § 28 V 2 (S. 869).

1206 *V. Götz*, ZBR 1961, 135, 138; *Rupp*, DVBl 1972, 232 f.

1207 *Kopp/Schenke*, § 113 Rn. 81; *Schenke*, JuS 1990, 370, 372.

1208 Eine solche Satzungsregelung lag auch der vom BGH in der *Holzmüller*-Entscheidung zu beurteilenden Ausgliederung zugrunde; vgl. BGH v. 25.2.1982 – II ZR 174/80, BGHZ 83, 122, 123.

so dass § 23 Abs. 5 Satz 1 AktG einschlägig ist. Satzungsmäßige Abweichungen von den gesetzlichen Regelungen erlaubt allein § 293 Abs. 1 Satz 3 AktG, nämlich in Bezug auf die nach § 293 Abs. 1 Satz 2 AktG für den Zustimmungsbeschluss erforderliche Mehrheit. Im Übrigen sind die Vorschriften der §§ 291 ff. AktG zwingend. Soweit es um die dort geregelte Zuständigkeitsverteilung geht folgt daraus, dass die Satzung von deren Einhaltung nicht entbinden kann[1209].

dd) Ermächtigung durch Hauptversammlungsbeschluss

Um dem Erfordernis eines Hauptversammlungsbeschlusses gerecht zu werden, kommt schließlich in Betracht, dass die Hauptversammlung den Vorstand bereits vor oder während des Spruchverfahrens durch Beschluss zur Änderung der Kompensationsregelungen des Unternehmensvertrags ermächtigt. Im Schrifttum ist die Zulässigkeit von Hauptversammlungsbeschlüssen, mit denen der Vorstand ermächtigt wird, bestimmte Maßnahmen zu treffen, im Grundsatz weitgehend anerkannt. Doch gilt dies nur im Rahmen der sog. ungeschriebenen Kompetenzen der Hauptversammlung, weil nur hier eine Gesetzeslücke besteht, die der Gesellschaft eigene Handlungsspielräume lässt[1210]. Weist das Gesetz dagegen Kompetenzen ausdrücklich einem der Organe der Gesellschaft zu, so folgt aus § 23 Abs. 5 Satz 1 AktG, dass ein ermächtigender Hauptversammlungsbeschluss nicht zulässig ist, wenn bereits die Satzung nicht von der Einhaltung zwingender Zuständigkeitsvorschriften entbinden kann[1211]. Die Hauptversammlung hat über die Änderung des Unternehmensvertrags so abzustimmen, wie sie tatsächlich zustande kommen soll[1212]. Ein Ermächtigungsbeschluss käme einem Verzicht auf die ihr zustehenden Rechte gleich, der noch nicht einmal in Teilen zulässig ist[1213].

c) Realisierung eines mit § 295 AktG im Einklang stehenden Vergleichsschlusses

Nach dem zuvor Gesagten ist davon auszugehen, dass die Voraussetzungen der §§ 295, 293 ff. AktG auch dann einzuhalten sind, wenn der Unternehmensvertrag im Wege eines Verfahrensvergleichs im Spruchverfahren geändert werden soll. Es stellt sich daher die Frage, wie ein mit § 295 AktG im Einklang stehender Verfahrensvergleich realisiert werden kann.

1209 BGH v. 25.2.1982 – II ZR 174/80, BGHZ 83, 122, 131; *Grunewald*, AG 1990, 133, 134.

1210 *Henze* in FS Ulmer, S. 211, 231; *Grunewald*, AG 1990, 133, 135 f.; *Lutter/Leinekugel*, ZIP 1998, 805, 811 ff.; *Priester*, DB 1989, 1013, 1017; einschränkend *Wiedemann* in Großkomm. AktG, § 179 Rn. 77, der eine gesetzliche oder richterrechtliche Grundlage verlangt.

1211 *Mecke*, Konzernstruktur, S. 206; *Lutter/Leinekugel*, ZIP 1998, 805, 811.

1212 Vgl. BGH v. 16.11.1981 – II ZR 150/80, BGHZ 82, 188, 197 für § 361 AktG a.F.

1213 BGH v. 16.11.1981 – II ZR 150/80, BGHZ 82, 188, 197; *Mecke*, Konzernstruktur, S. 206.

aa) Vergleich als dreiseitiger Vertrag

Ausgehend von der Prämisse, dass ein den Unternehmensvertrag ändernder Verfahrensvergleich materiell-rechtlich unter den Voraussetzungen des § 295 AktG geschlossen werden muss und daher die Mitwirkung der abhängigen Gesellschaft erforderlich ist, kommt in Betracht, den Vergleich als dreiseitigen Vertrag zwischen den außenstehenden Aktionären als Antragsteller, dem herrschendem Unternehmen als Antragsgegner und der abhängigen Gesellschaft zu schließen. Für den Zivilprozess ist die Zulässigkeit eines solchen Vorgehens anerkannt[1214]. Dort kann der Vergleich unter Beteiligung eines am Prozess Unbeteiligten geschlossen werden, und dieser muss, da er nicht Partei im Sinne des § 78 Abs. 1 Satz 1 ZPO ist, im Verfahren vor dem Landgericht noch nicht einmal von einem Rechtsanwalt vertreten werden[1215].

Auf das Spruchverfahren lässt sich dieser Ansatz übertragen. Um ihn handhabbar zu machen, kommt in Betracht, dass der Vorstand der abhängigen Gesellschaft dem Vorstand des herrschenden Unternehmens eine Vollmacht erteilt und dieser den Vergleich auch im Namen der abhängigen Gesellschaft schließt. Zu messen ist diese Mehrvertretung an § 181 BGB[1216], der ein solches Insichgeschäft zwar grundsätzlich nicht zulässt, dessen Abdingbarkeit jedoch von der h.M. bejaht wird[1217]. Die Leitungsorgane des herrschenden Unternehmens können daher von den Leitungsorganen der abhängigen Gesellschaft grundsätzlich unter Befreiung von den Voraussetzungen § 181 BGB zum Abschluss des Verfahrensvergleichs im Spruchverfahren bevollmächtigt werden. Ist das herrschende Unternehmen eine Aktiengesellschaft, so ist daneben erforderlich, dass diese ihrem Vorstand die Mehrvertretung gestattet[1218]. Zuständig hierfür ist gem. § 112 AktG der Aufsichtsrat[1219].

Zu beachten ist allerdings, dass sich mit diesem Modell eines dreiseitigen Vergleichs allein das Problem der Dispositionsbefugnis der Verfahrensbeteiligten, nicht jedoch das der binnenrechtlichen Kompetenzzuweisungen bei den beteiligten Unternehmen überwinden lässt.

1214 *Hartmann* in Baumbach/Lauterbach/Albers/Hartmann, Anh § 307 Rn. 18; *Lackmann* in Musielak, § 794 Rn. 7; *Stöber* in Zöller, § 794 Rn. 6; *Putzo* in Thomas/Putzo, § 794 Rn. 9; *Wolfsteiner* in MünchKomm. ZPO, § 794 Rn. 34.

1215 BGH v. 16.12.1982 – VII ZR 55/82, BGHZ 86, 160, 163 ff.; *Stöber* in Zöller, § 794 Rn. 7.

1216 Ist das herrschende Unternehmen eine AG, so setzt die Anwendbarkeit des § 181 BGB voraus, dass der Vorstand – wie hier – die Vollmacht zur Vertretung gegenüber einem Dritten erhält; die Vertretung im Innenbereich scheitert dagegen bereits an § 112 AktG; vgl. *Hüffer*, § 78 Rn. 6; *Mertens* in KölnKomm. AktG, § 78 Rn. 69.

1217 *Heinrichs* in Palandt, § 181 Rn. 17; *Schramm* in MünchKomm. BGB, § 181 Rn. 45.

1218 *Hefermehl* in Geßler/Hefermehl, § 78 Rn. 91; *Mertens* in KölnKomm. AktG, § 78 Rn. 69.

1219 *Hefermehl* in Geßler/Hefermehl, § 78 Rn. 91; *Mertens* in KölnKomm. AktG, § 78 Rn. 69.

bb) Bedingter Vergleichsschluss

Was die Frage der binnenrechtlichen Kompetenzzuweisungen betrifft, so folgt aus der Geltung der §§ 295, 293-294 AktG, dass zur materiell-rechtlichen Wirksamkeit eines Verfahrensvergleichs nach § 11 SpruchG die Hauptversammlung der abhängigen Gesellschaft der neu festzusetzenden Kompensation zustimmen muss.

In diesem Zusammenhang stellt sich die Frage, wie der Vertragsabschluss als Verfahrenshandlung und der Zustimmungsbeschluss verknüpft werden können. Hierzu kommt in Betracht, den gerichtlichen Vergleich im Spruchverfahren unter der aufschiebenden Bedingung der Zustimmung abhängigen Gesellschaft und der Hauptversammlung des herrschenden Unternehmens zu schließen. Obwohl Prozesshandlungen an sich bedingungsfeindlich sind[1220], ist anerkannt, dass Prozessvergleiche wirksam bedingt geschlossen werden können[1221]. Praktisch bedeutsam ist der Abschluss unter der Bedingung, dass der Vergleich innerhalb einer bestimmten Frist nicht widerrufen wird. Eine solche Bedingung wird als aufschiebende Bedingung angesehen, da bei dieser Gestaltung der Vergleich mit Bedingungseintritt wirksam wird und erst ab diesem Zeitpunkt ein Vollstreckungstitel im Sinne der §§ 11 Abs. 2 Satz 2 SpruchG, 794 Abs. 1 Nr. 1 ZPO vorliegt[1222].

cc) Praktische Schwierigkeiten

Die dargestellten Voraussetzungen, die kumulativ zu erfüllen wären um einen auch materiell-rechtlich wirksamen Vergleichsschluss zu realisieren, weisen gravierende Schwächen auf, die beim Blick auf das einzuhaltende Procedere deutlich werden[1223]. Zunächst müssten die Leitungsorgane den Vergleichsvertrag mit der geänderten Kompensation schließen. Sodann wäre die Vorbereitung der nach §§ 295 Abs. 1 Satz 2, 293 AktG einzuholenden Hauptversammlungsbeschlüsse erforderlich. Hierzu wären zunächst erneute Vorstandsberichte nach Maßgabe der §§ 295 Abs. 1 Satz 2, 293a AktG sowie die erneute Prüfung der geänderten Kompensation durch sachverständige Prüfer gem. §§ 295 Abs. 1 Satz 2, 293b ff. AktG erforderlich. Erst dann könnten gem. § 293f AktG die Zustimmungs-Hauptversammlungen – wenngleich unter den erleichterten Voraussetzungen des § 121 Abs. 6 AktG – stattfinden. Hinzu kommt, dass auch für den nach § 295 Abs. 2 AktG erforderlichen Sonderbeschluss der außenstehenden Aktionäre gem. § 138 AktG die Vorschriften über die Einberufung und Durchführung der Hauptversammlung gelten. Dieses

---

1220 Vgl. hierzu *Musielak* in Musielak, Einl. Rn. 62.

1221 *Hartmann* in Baumbach/Lauterbach/Albers/Hartmann, Anh § 307 Rn. 10; *Lackmann* in Musielak, § 794 Rn. 11; *Putzo* in Thomas/Putzo, § 794 Rn. 17; *Stöber* in Zöller, § 794 Rn. 10.

1222 BGH v. 27.10.1983 - IX ZR 68/83, BGHZ 88, 364, 367; *Lackmann* in Musielak, § 794 Rn. 11; *Stöber* in Zöller, § 794 Rn. 10.

1223 *Klöcker/Frowein*, § 11 Rn. 14 sehen hierin nicht ein Problem des Abschlusses, sondern der "Umsetzung" des Verfahrensvergleichs.

Verfahren ist umständlich, zeitraubend und kostenintensiv. Nimmt man den zwingenden Charakter des § 295 AktG allerdings ernst, so ist es einzuhalten.

Zugleich wird bei der Betrachtung dieses Verfahrens deutlich, dass die Vorschrift des § 295 AktG den praktischen Bedürfnissen, die nach der Einführung eines gerichtlichen Vergleichs in § 11 Abs. 2 und 4 SpruchG entstanden sind, in keiner Weise gerecht wird. Zunächst erscheint es überflüssig, die abhängige Gesellschaft, wie §§ 295 Abs. 1 Satz 2 i.V.m. 293 Abs. 1 AktG dies vorsieht, am Abschluss des Vergleichs nach § 11 Abs. 2 und 4 SpruchG zu beteiligen. Offensichtlich zielt § 295 AktG auf Situationen, in denen zwischen dem herrschenden Unternehmen und der abhängigen Gesellschaft wegen nachträglich eingetretener Umstände das Bedürfnis an einer Änderung des Unternehmensvertrags auftritt, bei der die außenstehenden Aktionäre der abhängigen Gesellschaft in gleicher Weise schutzwürdig sind wie beim erstmaligen Abschluss des Unternehmensvertrags[1224]. Dieses Schutzes bedürfen sie nicht, wenn ausschließlicher Gegenstand der Vertragsänderung die Erhöhung des Ausgleichs oder der Abfindung ist: Von einer solchen Änderung ist wirtschaftlich ausschließlich das herrschende Unternehmen betroffen, so dass die Mitwirkung der abhängigen Gesellschaft nicht geboten erscheint. Auch sitzen sämtliche an der Höhe der Kompensationsleistung Interessierten, wenngleich zum Teil vertreten durch den gemeinsamen Vertreter, im Spruchverfahren buchstäblich "an einem Tisch". Das gilt auch für die gerichtlich bestellten sachverständigen Prüfer, deren Ladung zum Termin zur mündlichen Verhandlung nunmehr gem. § 8 Abs. 2 SpruchG den Regelfall bildet und die, falls erforderlich, zur Höhe einer etwaigen "Vergleichskompensation" Stellung nehmen können.

Regelmäßig dürfte eine solche Äußerung der sachverständigen Prüfer jedoch ohnehin nicht erforderlich sein, da im Falle des Abschlusses eines gerichtlichen Vergleichs nach § 11 Abs. 1 und Abs. 4 SpruchG der (subjektive) Wille der Beteiligten über die vertraglich geänderte Kompensation an die Stelle der (objektiven) Angemessenheit tritt[1225]. Ebenfalls nicht geboten erscheint auch das in §§ 295 Abs. 1 Satz 2, 293 Abs. 2 AktG enthaltene Wirksamkeitserfordernis eines Zustimmungsbeschlusses des Gesellschaftergremiums des herrschenden Unternehmens, wenn dieses eine Aktiengesellschaft, Kommanditgesellschaft auf Aktien oder GmbH[1226] ist: Dieser Zustimmungsbeschluss verfolgt zwar auch den Zweck, den Anteilsinhabern des herrschenden Unternehmens die wirtschaftliche Tragweite der Kompensationspflicht vor Augen zu führen. Dies gilt jedoch vor allem in Bezug auf die gem. § 302 AktG eintretende Verlustausgleichspflicht[1227]. Durch die nachträgliche

---

1224 BegrRegE zu § 295 AktG 1965 bei *Kropff*, S. 384 f.

1225 Zum Parteiwillen als Geltungsgrund des Vergleichs vgl. BGH (GrSZ) v. 4.10.1982 – GSZ 1/82, BGHZ 85, 64, 68.

1226 Zum Beschlusserfordernis bei der GmbH als herrschendem Unternehmen vgl. BGH v. 24.10.1988 – II ZB 7/88, BGHZ 105, 324, 333 ff. m.w.N.

1227 BGH v. 24.10.1988 – II ZB 7/88, BGHZ 105, 324, 335 f.; BGH v. 30.1.1992 – II ZB 15/91, NJW 1992, 1453; *Baumbach/Hueck*, § 293 Rn. 6; *Geßler* in Geßler/Hefermehl, § 293 Rn. 60; *Hüffer*, § 293 Rn. 17; *Koppensteiner* in KölnKomm. AktG, § 293 Rn. 37.

Erhöhung der Kompensation wird diese Gefahr nicht erhöht. § 295 AktG passt daher nicht, wenn im Wege des Verfahrensvergleichs lediglich die Ausgleichs- oder Abfindungshöhe geändert wird. Vor diesem Hintergrund erscheint ein weiteres Tätigwerden des Gesetzgebers geboten.

4. *Lösungsansätze de lege ferenda*

Ausgehend von der Überlegung, dass die Ausgleichs- oder Abfindungsregelung des Unternehmensvertrags entweder nur durch dessen Parteien und unter den Voraussetzungen des § 295 AktG oder durch das Gericht aufgrund des besonderen Kompetenztitels der §§ 11 Abs. 1 i.V.m. 13 Satz 1 SpruchG geändert werden kann, kommen für eine Lösung *de lege ferenda* zwei Ansätze in Betracht. Beim ersten Ansatz wird das materielle Recht an die neuen verfahrensrechtlichen Möglichkeiten angepasst. Der zweite Ansatz besteht in der Schaffung eines speziellen Kompetenztitels.

a) Anpassung des materiellen Rechts

Um das materielle Recht an die jetzt bestehenden verfahrenrechtlichen Möglichkeiten anzupassen, kommt in Betracht, § 295 Abs. 1 AktG um einen Satz 3 zu ergänzen, nach dem die Satzung den Vorstand ermächtigen kann, einen bereits geschlossenen Unternehmensvertrag – oder nur die Kompensationsregelung – zu ändern. Damit wäre den Anforderungen des § 23 Abs. 5 AktG Genüge getan, aus dem die Notwendigkeit einer solchen ausdrücklichen Ermächtigung resultiert[1228]. Nachteil einer solchen Regelung wäre allerdings, dass mit ihr zwar die Kompetenz zur Änderung des Unternehmensvertrags auf den Vorstand übertragen werden könnte. Zugleich bliebe es jedoch bei der von § 295 AktG vorgesehenen Beteiligung sowohl der abhängigen als auch der herrschenden Gesellschaft. Vorzugswürdig erscheint daher, von den Anforderungen des § 295 AktG insgesamt abzusehen, wenn (nur) die Höhe der im Unternehmensvertrag festgesetzten Kompensation durch Vereinbarung geändert wird. Eine entsprechende Regelung könnte als § 295 Abs. 3 AktG etwa lauten:

"Die Absätze 1 und 2 gelten nicht für eine Änderung des Unternehmensvertrags, durch die sich der andere Vertragsteil gegenüber den außenstehenden Aktionären der Gesellschaft zur Erhöhung des Ausgleichs oder der Abfindung verpflichtet."

Vorteil dieser Regelung wäre, dass neben einer etwaigen Zustimmung der Hauptversammlung der herrschenden Gesellschaft nach §§ 295 Abs. 1 Satz 2 i.V.m. 293 Abs. 2 AktG auch die Zustimmung der Hauptversammlung der abhängigen Gesellschaft gem. § 295 Abs. 1 Satz 1 AktG entbehrlich wäre. Gleiches gilt für den nach

---

1228 Vgl. oben § 14 B. I. 3. b) cc) (S. 261).

§ 295 Abs. 2 AktG erforderlichen Sonderbeschluss der außenstehenden Aktionäre. Deren Zustimmung kommt bereits durch die auf Abschluss des Vergleichsvertrags gerichtete Willenserklärung zum Ausdruck. Diejenigen außenstehenden Aktionäre, die selbst nicht am Verfahren teilnehmen, würden auch insoweit zulässigerweise vom gemeinsamen Vertreter vertreten[1229].

Was die binnenrechtlichen Kompetenzzuweisungen betrifft, so würden die allgemeinen Vorschriften gelten. Der Abschluss des Vergleichsvertrags wäre als Maßnahme der Geschäftsführung den Leitungsorganen zugewiesen, ohne dass § 119 AktG eingriffe[1230]. Auch ließe die Vorschrift eine Änderung der Kompensationshöhe außerhalb des Spruchverfahrens zu, da sich ihr Anwendungsbereich nicht auf die Fälle des § 11 Abs. 2 und 4 SpruchG beschränkt.

b) Schaffung eines Kompetenztitels

Als Alternative zu dem soeben dargestellten Ansatz kommt in Betracht, den Verfahrensvergleich im Spruchverfahren über den "Umweg" eines speziellen Kompetenztitels zu realisieren. Den Entwurf eines solchen Kompetenztitels enthielt § 12 Abs. 2 Satz 2 des Referentenentwurfs zum SpruchG. Während § 12 Abs. 1, Abs. 2 Satz 1 RefE mit dem jetzigen § 11 Abs. 1, Abs. 2 Satz 1 SpruchG identisch war, lautete § 12 Abs. 2 Satz 2 RefE:

"Kommt eine solche Einigung aller Beteiligten zustande, so soll das Gericht dieselbe zum Inhalt seiner Entscheidung machen, wenn nicht unter Berücksichtigung des bisherigen Sach- und Streitstandes erhebliche sachliche Gründe dagegen sprechen."

Auf den ersten Blick mutet die Regelung wie ein die Privatautonomie der Beteiligten missachtendes Instrument zur "Zwangsbeglückung" an, da sie den zwischen ihnen geschlossenen Vergleichsvertrag einer richterlichen Kontrolle unterwirft und seine Realisierung dann von einem weiteren Zwischenschritt, der Entscheidung des Gerichts, abhängig macht. Seitens des Handelsrechtsausschusses des DAV wurde insbesondere letzteres kritisiert: Der nach § 12 Abs. 2 Satz 2 RefE geschlossene Vergleich entfalte keine unmittelbar verfahrensbeendende Wirkung, sondern es müsse der unnötig komplizierte Umweg über den Beschluss nach § 12 Abs. 1 RefE (jetzt: § 11 Abs. 1 SpruchG) beschritten werden[1231]. Gerade dieser "Umweg" über die gerichtliche Entscheidung lässt den mit § 12 Abs. 2 Satz 2 RefE beschrittenen Weg jedoch tragfähig erscheinen. Geht man nämlich davon aus, dass die Kompensation entweder unter Erfüllung der Vorgaben des materiellen Rechts oder durch das Gericht aufgrund eines besonderen Kompetenztitels geändert werden kann, so

---

[1229] So wohl auch *Fritzsche/Dreier/Verfürth*, § 6 Rn. 19; *Klöcker/Frowein*, § 6 Rn. 25; *Krieger* in Lutter, § 6 SpruchG Rn. 10; *Volhard* in MünchKomm. AktG, § 6 SpruchG Rn. 14.

[1230] Zur Frage ungeschriebener Hauptversammlungszuständigkeiten vgl. unten § 14 B. II. 2. a) (S. 271).

[1231] Stellungnahme des DAV zu § 12 RefE, NZG 2002, 119, 123.

wäre letzteres nach dem Regelungsmodell des § 12 RefE gewährleistet gewesen. Im Falle der Aufnahme der Vorschrift in das SpruchG wäre dann die Gestaltungsentscheidung des Gerichts ergangen, die die Höhe der Kompensationsleistung unmittelbar mit der Gestaltungswirkung des § 13 SpruchG festgesetzt hätte.

c) Bewertung

Trotz seines dogmatisch stimmigen Ansatzes hat der unter b) dargestellte Vorschlag den gravierenden Nachteil, dass es im Falle eines Vergleichsschlusses "durch Beschluss" an der für den Prozessvergleich typischen (§ 794 Abs. 1 Nr. 1 ZPO) unmittelbaren Vollstreckbarkeit fehlt, die § 11 Abs. 2 Satz 3 SpruchG – nachdem der Referentenentwurf eine entsprechende Regelung noch nicht enthielt – nunmehr vorsieht. Der auf Grund des § 12 Abs. 2 Satz 2 RefE ergehende Beschluss wäre nicht als Leistungstitel formuliert gewesen. Hätten die Antragsteller ihre "durch Beschluss festgesetzte Vergleichskompensation" realisieren wollen, so wären sie nach § 12 RefE auf die Geltendmachung der festgesetzten Kompensation im Zivilprozess angewiesen gewesen, wenn der Antragsgegner die Zahlung verweigert hätte[1232]. Damit wäre insbesondere für die Antragsteller ein wichtiger Anreiz zum Abschluss eines Verfahrensvergleichs im Spruchverfahren entfallen. Zu favorisieren ist daher der Ansatz, das materielle Recht anzupassen und § 295 Abs. 1 und Abs. 2 AktG im Falle des Abschlusses eines Verfahrensvergleichs im Spruchverfahren für unanwendbar zu erklären.

d) Doppelvertretung als Kontrollmechanismus

Um gleichwohl eine Kontrolle der den Vergleich schließenden Leitungsorgane zu gewährleisten kommt in Betracht, wie auch bei der Anfechtungsklage (vgl. § 246 Abs. 2 Satz 2 AktG) die Vertretung von Aktiengesellschaften im Spruchverfahren durch Vorstand und Aufsichtsrat vorzusehen. Im Anfechtungsverfahren ist diese Doppelvertretung im Zusammenhang mit der dort nach allgemeinen zivilprozessualen Grundsätzen bestehenden Möglichkeit zu sehen, ein gerichtliches Geständnis nach Maßgabe des § 288 Abs. 1 ZPO oder ein Anerkenntnis nach § 307 Abs. 1 ZPO abzugeben[1233]. Die Doppelvertretung soll die Gesellschaft davor schützen, dass der Vorstand durch sein Geständnis oder Anerkenntnis gemeinsam mit dem Kläger den von der Mehrheit getragenen Beschluss zu Fall bringt[1234]. Im

---

1232 Dies nimmt *Volhard* in MünchKomm. AktG, § 11 SpruchG Rn. 8 auch für die geltende Regelung des § 11 SpruchG an.

1233 Für die Anfechtungsklage vgl. *Baumbach/Hueck*, § 246 Rn. 8; *Godin/Wilhelmi*, § 246 Anm. 8; *Hüffer*, § 246 Rn. 17; *ders.* in MünchKomm. AktG, § 246 Rn. 25 f.; *Zöllner* in KölnKomm. AktG, § 246 Rn. 73 f.; a.A. *K. Schmidt* in Großkomm. AktG, § 246 Rn. 78.

1234 BGH v. 10.3.1960 – II ZR 56/59, BGHZ 32, 114, 117; *Hüffer* in MünchKomm. AktG, § 246 Rn. 52.

Spruchverfahren, das die Wirksamkeit des Hauptversammlungsbeschlusses ohnehin unberührt lässt, besteht diese Gefahr nicht. Berücksichtigt man jedoch, dass auch im Spruchverfahren das gerichtliche Geständnis und das Anerkenntnis zulässig sind[1235] und erhebliche wirtschaftliche Folgen nach sich ziehen können, so erscheint der Gleichlauf mit dem Anfechtungsverfahren gerechtfertigt. Hinzu kommt, dass der Gesetzgeber bei der Anfechtungsklage am Erfordernis der Mehrfachvertretung festhält, obwohl dort der Prozessvergleich nach überwiegender Auffassung nicht zulässig ist[1236]. Würde für den im Spruchverfahren geschlossenen Vergleich die in § 295 AktG vorgesehene Kontrolle durch die Hauptversammlung der herrschenden Gesellschaft entfallen, so erschiene es auch vor diesem Hintergrund gerechtfertigt, das Schutzniveau durch die Einführung einer Doppelvertretung anzuheben. Eine entsprechende Vorschrift könnte als § 5 Satz 2 SpruchG etwa lauten:

"Ist der Antragsgegner eine Aktiengesellschaft, so wird diese durch Vorstand und Aufsichtsrat vertreten."

Da der Anwendungsbereich dieser Vorschrift nicht auf das Spruchverfahren nach Abschluss eines Unternehmensvertrags beschränkt wäre, würde ihr Schutz auch in den sogleich zu erörternden Fallkonstellationen des Abschlusses eines Verfahrensvergleichs im Spruchverfahren nach einer Mehrheitseingliederung, einem Squeeze-out oder einer Umwandlung eingreifen.

II. Mehrheitseingliederung, Squeeze-out und Umwandlung

Weitaus weniger Schwierigkeiten als der Vergleichsschluss im Spruchverfahren nach dem Abschluss eines Unternehmensvertrags wirft der Vergleichsschluss im Spruchverfahren nach einer Mehrheitseingliederung, einem Squeeze-out oder einer Umwandlung auf.

1. Unterschiede zum Unternehmensvertrag

Im Gegensatz zu den Vorschriften über Unternehmensverträge enthalten die Vorschriften über die Mehrheitseingliederung, den Squeeze-out sowie die Umwandlung keine dem § 295 AktG entsprechende Regelung. Das ist folgerichtig. Während sich nämlich der Unternehmensvertrag nicht unmittelbar auf den Bestand und/oder die Beteiligungsverhältnisse bei den vertragsschließenden Unternehmen auswirkt, lösen

---

1235 *Altmeppen* in MünchKomm. AktG, § 306 Rn. 110; zum Anerkenntnis vgl. auch oben § 13 B. I. 1. (S. 247)

1236 *Baumbach/Hueck*, § 246 Rn. 8; *Godin/Wilhelmi*, § 246 Anm. 8; *Hüffer*, § 246 Rn. 18; *ders.* in MünchKomm. AktG, § 246 Rn. 27; *K. Schmidt* in Großkomm. AktG, § 246 Rn. 74; *Zöllner* in KölnKomm. AktG, § 246 Rn. 76.

Mehrheitseingliederung, Squeeze-out und Umwandlung genau diese Rechtswirkungen aus und sind insofern durch einen "finalen" Charakter gekennzeichnet.

Sind diese Strukturmaßnahmen erst vollzogen, so ist ihr Inhalt dem nachträglichen Zugriff der Beteiligten entzogen: Im Falle der Umwandlung bestehen die Beteiligten nicht mehr oder nicht mehr in ihrer ursprünglichen Form; in den Fällen der Mehrheitseingliederung und des Squeeze-out könnte der gesetzliche Übergang der Mitgliedschaftsrechte allein durch die rechtsgeschäftliche Rückübertragung der zuvor übertragenen Aktien rückabgewickelt werden. Daher besteht allein für das Gericht des Spruchverfahrens die Möglichkeit, nachträglich gestaltend in den Inhalt der Strukturmaßnahme einzugreifen. Durch einen Vergleich können die Beteiligten im Spruchverfahren diese rechtsgestaltende Wirkung der gerichtlichen Entscheidung nicht ersetzen[1237]. Es ist daher dem Haupt- und nunmehr Alleinaktionär nicht möglich, in einem Vergleichsvertrag etwa zu vereinbaren, die *in dem Squeeze-out-Beschluss* festgelegte Barabfindung solle anstatt EUR 100,- je Stammaktie nunmehr EUR 110,- betragen[1238].

Im Gegensatz zum gerichtlichen Vergleich im Spruchverfahren nach Abschluss eines Unternehmensvertrags stellt sich der Vergleich im Spruchverfahren nach einer Mehrheitseingliederung, einem Squeeze-out oder einer Umwandlung daher nicht als eine Vereinbarung dar, durch die nachträglich in den Inhalt der Strukturmaßnahme eingegriffen wird. Vielmehr handelt es sich bei einem solchen Vergleich um eine materiell-rechtliche Vereinbarung, durch welche die im Zuge der Durchführung der Strukturmaßnahme festgelegte Kompensationsregelung ergänzt wird.

Für die Praxis ergeben sich hieraus wesentliche Erleichterungen. So stellt sich die Frage der Dispositionsbefugnis der Verfahrensbeteiligten von vornherein nicht. Vielmehr wird der Vergleich ausschließlich zwischen den antragstellenden Anteilsinhabern und dem gemeinsamen Vertreter als gesetzlichem Vertreter der nicht antragstellenden Anteilsinhaber einerseits sowie dem Antragsgegner andererseits geschlossen. Zu klären ist allerdings auch hier die Frage der binnenrechtlichen Kompetenzzuweisungen.

2. *Binnenrechtliche Kompetenzzuweisungen*

Ist der Antragsgegner eine Personengesellschaft, so ergeben sich in Bezug auf diese Frage keine Schwierigkeiten. Hier besteht zwischen den Kompetenzen im Außen- und im Innenverhältnis ein Gleichlauf. Es gilt der Grundsatz der Selbstorganschaft[1239]; die Vertretung im Spruchverfahren erfolgt durch die Gesellschafter, denen zugleich im Innenverhältnis die Kompetenz zugewiesen ist, über die Änderung der Kompensationshöhe zu entscheiden.

1237 *Pecher* in MünchKomm. BGB, § 779 Rn. 9.

1238 Ähnlich *Zimmer/Meese*, NZG 2004, 201, 204.

1239 Vgl. hierzu *K. Schmidt*, Gesellschaftsrecht, § 14 II 2 (S. 409 ff.).

Bei Antragsgegner-Kapitalgesellschaften ist dagegen fraglich, welchem Organ im Binnenbereich die Zuständigkeit für die Entscheidung über die Erhöhung der Kompensation im Wege eines Verfahrensvergleichs zugeordnet ist. Im Außenverhältnis erfolgt die Verfahrensvertretung von Kapitalgesellschaften durch ihre Leitungsorgane, die auch die Verfahrenshandlung "Vergleichsschluss" vornehmen. Hiervon zu trennen ist jedoch die Frage, ob die Leitungsorgane einer Antragsgegner-Kapitalgesellschaft auch im Innenverhältnis befugt sind, diese zur Leistung einer erhöhten "Vergleichskompensation" zu verpflichten. Diese Frage ist für Aktiengesellschaften und Gesellschaften mit beschränkter Haftung gesondert zu beantworten.

a) Aktiengesellschaft

Ist der Antragsgegner – wie bei der Mehrheitseingliederung stets – eine Aktiengesellschaft, so sind die Ausgangsnormen für die Kompetenzverteilung im Innenverhältnis § 76 Abs. 1 AktG und § 119 AktG. Nach § 76 Abs. 1 AktG hat der Vorstand die Gesellschaft in eigener Verantwortung zu leiten. Zu diesen Leitungsaufgaben gehört die Geschäftsführung. Sie umfasst jedes rechtliche oder tatsächliche Handeln des Vorstands für die Gesellschaft[1240]. Demgegenüber beschließt die Hauptversammlung gem. § 119 Abs. 1 AktG nur, wenn Satzung oder Gesetz dies ausdrücklich vorsehen. Auch kann der Vorstand gem. § 119 Abs. 2 AktG von der Hauptversammlung verlangen, über Fragen der Geschäftsführung zu entscheiden.

An ausdrücklichen Regelungen, die eine Entscheidungskompetenz der Hauptversammlung über die nachträgliche Änderung der Kompensation – etwa im Rahmen eines Verfahrensvergleichs – vorsehen, fehlt es in den Vorschriften des AktG und des UmwG. Folglich bleibt es im Ausgangspunkt dabei, dass den Leitungsorganen der Antragsgegner-Aktiengesellschaft im Binnenverhältnis der Abschluss des Verfahrensvergleichs als Maßnahme der Geschäftsführung zugewiesen ist. Eine Entscheidungszuständigkeit der Hauptversammlung kann hier nur als sog. ungeschriebene Hauptversammlungszuständigkeit bestehen.

aa) Ungeschriebene Hauptversammlungszuständigkeiten

Zur Annahme einer ungeschriebenen Hauptversammlungszuständigkeit im Falle des Abschlusses eines Vergleichs über die Kompensationshöhe mag man neigen, wenn man berücksichtigt, dass nach der *Holzmüller*-Entscheidung des BGH[1241] weite Teile der juristischen Literatur solche Zuständigkeiten aus einer Gesamtanalogie zu denjenigen Bestimmungen des AktG und des UmwG hergeleitet haben,

---

1240 *Hefermehl* in Geßler/Hefermehl, § 77 Rn. 1; *Hüffer*, § 77 Rn. 3; *Mertens* in KölnKomm. AktG, § 77 Rn. 2 f.

1241 BGH v. 25.2.1982 – II ZR 174/80, BGHZ 83, 122 ff.

die der Hauptversammlung die Entscheidung über bestimmte Maßnahmen zuweisen[1242]. In diesem Zusammenhang wurden insbesondere § 293 Abs. 2 und § 319 Abs. 1 und 2 AktG genannt[1243].

Ob dieses Begründungsmodell nach den *Gelatine*-Entscheidungen[1244] des BGH noch trägt, ist jedoch fraglich[1245]. Während der BGH in der *Holzmüller*-Entscheidung die Notwendigkeit der Beteiligung der Hauptversammlung auf eine Reduzierung des Vorlageermessens nach § 119 Abs. 2 AktG "auf Null" gestützt hatte[1246], rückte das Gericht von diesem Ansatz in den *Gelatine*-Entscheidungen ebenso ab, wie es auch dem beschriebenen "Analogiemodell" eine Absage erteilte: Für die Begründung von Mitwirkungsbefugnissen der Hauptversammlung sei es vorzugswürdig, weder auf § 119 Abs. 2 AktG, noch auf die im Schrifttum vorgeschlagene Gesetzesanalogie zu rekurrieren, sondern die besondere Zuständigkeit der Hauptversammlung als Ergebnis einer offenen Rechtsfortbildung anzusehen. Dies gelte umso mehr, als der Gesetzgeber in Kenntnis der lange anhaltenden Diskussion Initiativen zur Regelung des Problems nicht ergriffen habe[1247].

Bei der entscheidenden Frage, wann genau Maßnahmen der Geschäftsführung der Mitwirkung der Hauptversammlung bedürfen, vertritt der BGH in den *Gelatine*-Entscheidungen die Auffassung, dass eine im Gesetz nicht ausdrücklich vorgesehene Mitwirkung der Hauptversammlung bei Geschäftsführungsmaßnahmen des Vorstandes nur in engen Grenzen in Betracht komme. Ein Mitwirkungsrecht der Hauptversammlung bei einer Geschäftsführungsmaßnahme soll nur bestehen wenn die Maßnahme an die Kernkompetenz der Hauptversammlung, über die Verfassung der Gesellschaft zu bestimmen, rührt und in ihren Auswirkungen nahezu einem Zustand entspricht, der allein durch eine Satzungsänderung herbeigeführt werden kann. Die Überschreitung der im Schrifttum im Nachgang zur *Holzmüller*-Entscheidung diskutierten Schwellenwerte[1248] kann danach nicht ausreichen. Die

---

1242 *Krieger* in Münchener Handbuch AG, § 69 Rn. 6; *Mülbert* in Großkomm. AktG, § 119 Rn. 23; *Wiedemann* in Großkomm. AktG, § 179 Rn. 74; *ders*, Unternehmensgruppe, S. 53 ff.; *Raiser*, Kapitalgesellschaften, § 16 Rn. 13; *K. Schmidt*, Gesellschaftsrecht, S. 872; *Liebscher*, Konzernbildungskontrolle, S. 84; *de Vries*, Delisting, S. 88 f.; *Wahlers*, Konzernbildungskontrolle, S. 177 ff., 184 ff.; *Geßler* in FS Stimpel, S. 771, 786; *Lutter* in FS Fleck, S. 169, 181 ff.; *Kropff*, ZGR 1984, 112, 122; *Lutter/Leinekugel*, ZIP 1998, 805, 806; *Martens*, ZHR 147 (1983), 377, 391; *Priester*, ZHR 163 (1999), 187, 195; *Rehbinder*, ZGR 1983, 92, 98; *Timm*, ZHR 153 (1989), 60, 69; *Weißhaupt*, NZG 1999, 804, 807.

1243 *Krieger* in Münchener Handbuch AG, § 69 Rn. 6; *Raiser*, Kapitalgesellschaften, § 16 Rn. 13.

1244 BGH v. 26.4.2004 – II ZR 155/02 und 154/02, NZG 2004, 571 ff. und 575 ff.

1245 *Reichert*, AG 2005, 150, 152.

1246 BGH v. 25.2.1982 – II ZR 174/80, BGHZ 122, 131 f.

1247 BGH v. 26.4.2004 – II ZR 155/02, NZG 2004, 571, 573.

1248 Nach der *Holzmüller*-Entscheidung wurde häufig versucht, eine Bagatellgrenze zu ermitteln, bei deren Überschreiten eine ungeschriebene Hauptversammlungszuständigkeit bestehen solle. Als Bezugsgrößen dienten dabei das Aktivvermögen (*Kropff* in FS Geßler, S. 111, 124: 10% des in der Bilanz ausgewiesenen Aktivvermögens; *Lutter* in FS Stimpel, S. 825, 850 f.; *ders.* in FS Fleck, S. 169, 189: 20 bis 25% der Aktivseite der Bilanz oder der gemittelten

Voraussetzungen, die zur Durchbrechung der vom Gesetz vorgesehenen Kompetenz- und Arbeitsteilung führen, sind nach Auffassung des BGH vielmehr regelmäßig erst dann erfüllt, wenn der Bereich, auf den sich die Maßnahme erstreckt, in seiner Bedeutung für die Gesellschaft die Ausmaße der Ausgliederung im *Holzmüller*-Fall erreicht[1249].

Daraus wird deutlich, dass der BGH in den *Gelatine*-Entscheidungen denjenigen, die aus der *Holzmüller*-Entscheidung eine ausufernde Beteiligung der Hauptversammlung ableiten wollten, eine Absage erteilt hat[1250]. Erfasst sind vielmehr – wie auch bereits nach der *Holzmüller*-Entscheidung anerkannt – Fälle, in denen Kompetenzrechte der Aktionäre durch Mediatisierungseffekte wesentlich beeinträchtigt bzw. verkürzt werden, nicht jedoch allfällige Beeinträchtigungen der Mitgliedschaftsrechte[1251]. Diskutiert werden in diesem Zusammenhang insbesondere die Veräußerung[1252] und der Erwerb[1253] von Beteiligungen. Für Finanzierungsentscheidungen wie Kapitalstrukturänderungen und die Aufnahme von Aktionärsdarlehen dürfte nach den *Gelatine*-Entscheidungen als geklärt gelten, dass es sich hierbei weder um Fälle der Mediatisierung noch um eine die Mitwirkung der Hauptversammlung rechtfertigende Beeinträchtigung von Aktionärsinteressen handelt[1254].

Entsprechendes gilt für den Abschluss eines Verfahrensvergleichs im Spruchverfahren. In ihm verpflichtet sich die Antragsgegner-Aktiengesellschaft lediglich zu einer vermögenswerten Leistung an die Antragsteller. Selbst wenn man – wie dies auch nach der *Holzmüller*-Entscheidung versucht wurde[1255] – den in den *Gelatine*-Entscheidungen verfolgten qualitativen Ansatz anhand quantitativer Kriterien handhabbar machen will, ist nicht anzunehmen, dass der Abschluss eines Verfahrensvergleichs im Spruchverfahren der Zustimmung der Hauptversammlung bedürfte: Aus dem Vergleichsschluss resultierende Leistungspflichten in Höhe von deutlich mehr als 50% des Grundkapitals, die nach den *Gelatine*-Entscheidungen zur Begründung ungeschriebener Hauptversammlungszuständigkeiten diskutiert werden[1256], dürften nur theoretischer Natur sein. Zur materiell-rechtlichen Wirksamkeit eines im Spruchverfahren abgeschlossenen Verfahrensvergleichs ist daher die Mitwirkung der Hauptversammlung einer Antragsgegner-Aktiengesellschaft nicht erforderlich.

Erträge der letzten 20 Jahre) oder das Grundkapital (*Geßler* in FS Stimpel, S. 771, 787; *Ryu*, Zuständigkeit, S. 108 f.: 10% des Grundkapitals; *Wahlers*, Konzernbildungskontrolle, S. 217 ff.: 50% des Grundkapitals).

1249 BGH v. 26.4.2004 – II ZR 155/02, NZG 2004, 571, 574.

1250 *Reichert*, AG 2005, 150, 153.

1251 *Reichert*, AG 2005, 150, 154 f.

1252 *Habersack*, AG 2005, 137, 144 ff.; *Reichert*, AG 2005, 150, 155 f.

1253 *Habersack*, AG 2005, 137, 144, *Reichert*, AG 2005, 150, 156 f.

1254 *Liebscher*, ZGR 2005, 1, 25; *Reichert*, AG 2005, 150, 157.

1255 Vgl. oben Fn. 1248.

1256 *Fuhrmann*, AG 2004, 339, 341; *Götze*, NZG 2004, 585, 587.

bb) Besonderheiten bei der Mehrheitseingliederung

Zweifel an diesem Befund werden für die Mehrheitseingliederung geäußert. Hier wird der ohne Mitwirkung der Hauptversammlung geschlossene Verfahrensvergleich vereinzelt als "keine wirksame Anspruchsgrundlage gegen die Hauptgesellschaft" angesehen: Weil die Gewährung zusätzlicher Aktien zu einer "vom ursprünglichen Zustimmungsbeschluss nicht mehr gedeckten Verschiebung der Beteiligungen" führe, dürften die Leitungsorgane die Abfindung nicht zu Lasten der Aktionäre der Hauptgesellschaft anheben, ohne diese an der Willensbildung zu beteiligen[1257].

Fraglich an dieser Auffassung ist bereits die ihr offensichtlich zugrunde liegende Annahme, als "Vergleichsabfindung" seien im Spruchverfahren nach einer Mehrheitseingliederung stets Aktien der Hauptgesellschaft zu gewähren. Dies trifft jedenfalls dann nicht zu, wenn die künftige Hauptgesellschaft abhängig im Sinne des § 17 AktG ist: In diesem Fall sind gem. § 320b Abs. 1 Satz 3 AktG als Abfindung sowohl Aktien der Hauptgesellschaft als auch eine Barabfindung anzubieten. Ist die Hauptgesellschaft nicht abhängig im Sinne des § 17 AktG, so ist richtig, dass § 320b Abs. 1 Satz 2 AktG eine Abfindung in Aktien dieser Gesellschaft vorsieht. Bei der Vereinbarung einer "Vergleichsabfindung" im Spruchverfahren sind die Beteiligten jedoch – anders als das Gericht bei seiner Entscheidung nach § 11 Abs. 1 SpruchG[1258] – an diese Vorgabe nicht gebunden[1259]. Vielmehr steht es ihnen frei, anstatt einer erhöhten Abfindung in Aktien auch eine Geldleistung der Hauptgesellschaft an die ausgeschiedenen Aktionäre zu vereinbaren.

Selbst wenn man davon ausgeht, die Verfahrensbeteiligten seien an die Vorgaben des § 320b Abs. 1 Satz 2 AktG gebunden und es seien als "Vergleichsabfindung" Aktien der Hauptgesellschaft zu gewähren, so ist zweifelhaft, ob zum wirksamen Abschluss des Verfahrensvergleichs die Beteiligung der Hauptversammlung der Hauptgesellschaft erforderlich wäre. Zwar trifft zu, dass die Gewährung der Abfindung in Aktien nach Maßgabe des § 320b Abs. 1 Satz 2 AktG bei der Hauptgesellschaft zu einer "Verschiebung der Beteiligungen" führt[1260]. Ob dies jedoch den Schluss rechtfertigt, der Zustimmungsbeschluss der Hauptversammlung der Hauptgesellschaft habe im Falle der Mehrheitseingliederung eine weitergehende Bedeutung als im Falle der Eingliederung einer 100%igen Tochtergesellschaft[1261], erscheint fraglich. Sowohl im AktG als auch in anderen Gesetzen wird der Schutz der Aktionäre vor "Verschiebungen der Beteiligungen" weniger durch Mitwirkungsbefugnisse, als vielmehr durch Informationspflichten verwirklicht. So verfolgt

---

1257 *Zimmer/Meese*, NZG 2004, 201, 204.

1258 Vgl. oben § 13 A. III. 1. b) bb) (S. 236 f.).

1259 *Fritzsche/Dreier/Verfürth*, § 11 Rn. 15.

1260 *Biedenkopf/Koppensteiner* in KölnKomm. AktG (1. Aufl.), § 320 Rn. 9; *Grunewald* in Geßler/Hefermehl, § 320 Rn. 13; *dies.* in MünchKomm. AktG, § 320 Rn. 17.

1261 So wohl *Grunewald* in Geßler/Hefermehl, § 320 Rn. 13; *dies.* in MünchKomm. AktG, § 320 Rn. 17.

etwa die Mitteilungspflicht nach § 20 AktG den Zweck, u.a. die Mitaktionäre über bestehende oder entstehende Konzernbildungen zu informieren und ihnen Gewissheit über die Beteiligungsquoten zu verschaffen[1262]. Auch die Vorschrift des § 21 WpHG will bei börsennotierten Gesellschaften gegenwärtige und künftige Aktionäre über die Bildung maßgeblicher Beteiligungen bzw. das Anwachsen und Abschmelzen solcher Beteiligungen als wichtiges Kriterium möglicher Anlageentscheidungen informieren, wobei die Vorschrift die Aktionäre in ihrer Eigenschaft als Kapitalanleger im Blick hat[1263]. Dass § 320 Abs. 1 Satz 3 AktG den durch § 20 AktG gewährten Schutz im Wege eines Mitbestimmungsrechts über die durch die Mehrheitseingliederung eintretende "Verschiebung der Beteiligungen" ausdehnen will, ist der Entstehungsgeschichte der Vorschrift nicht zu entnehmen. Vielmehr gingen die Verfasser des Regierungsentwurfs zum AktG ersichtlich davon aus, dass die durch die Hauptgesellschaft zu gewährende Abfindung zum Zeitpunkt des Zustimmungsbeschlusses ihrer Hauptversammlung noch nicht endgültig feststeht, sondern die Aktionäre der Hauptgesellschaft lediglich die mindestens zu gewährende Abfindung billigen[1264]. Hauptzweck des Zustimmungsbeschlusses gem. §§ 320 Abs. 1 Satz 3 i.V.m. 319 Abs. 2 AktG ist dagegen, den Aktionären der Hauptgesellschaft die mit der Mehrheitseingliederung gem. § 322 AktG eintretende gesamtschuldnerische Haftung der Hauptgesellschaft für Verbindlichkeiten der eingegliederten Gesellschaft vor Augen zu führen[1265]. Dieses Haftungsrisiko wird durch den Abschluss eines Verfahrensvergleichs im Spruchverfahren nicht erhöht. Für die Mehrheitseingliederung gilt daher wie für den Squeeze-out und für Umwandlungen, dass der Vorstand einer Antragsgegner-Aktiengesellschaft die Gesellschaft durch Abschluss eines Verfahrensvergleichs im Spruchverfahren ohne Mitwirkung der Hauptversammlung zur Leistung einer erhöhten Kompensation verpflichten kann.

b) Gesellschaft mit beschränkter Haftung

Bei der Gesellschaft mit beschränkter Haftung sind die Kompetenzen zwischen Geschäftsführer und Gesellschafterversammlung dergestalt verteilt, dass die Geschäftsführer, welche die Gesellschaft im Spruchverfahren gem. § 35 Abs. 1 GmbH vertreten, zur Wahrnehmung von Aufgaben der Geschäftsführung und damit zur Unternehmensleitung nur insoweit berufen sind, als ihnen der Gesellschaftsvertrag

---

1262 BGH v. 22.4.1991 – II ZR 231/90, BGHZ 114, 203, 215; *Bayer* in MünchKomm. AktG, § 20 Rn. 1; *Hüffer*, § 20 Rn. 1; *Windbichler* in Großkomm. AktG, § 20 Rn. 4.

1263 U.H. *Schneider* in Assmann/Schneider, Vor § 21 Rn. 13; zu den Unterschieden zwischen den §§ 20 ff. AktG sowie den §§ 21 ff. WpHG vgl. dort unter Rn. 42 ff.

1264 BegRegE zu § 320 AktG 1965 bei *Kropff*, S. 425; *Biedenkopf/Koppensteiner* in KölnKomm. AktG (1. Aufl.), § 320 Rn. 9.

1265 BegRegE zu § 319 AktG 1965 bei *Kropff*, S. 422; zur vergleichbaren Funktion des Zustimmungsbeschlusses nach § 293 Abs. 2 AktG vgl. oben § 14 B. I. 3. c) cc) (S. 264) und die Nachweise dort in Fn. 1227.

und die Gesellschafterbeschlüsse die Befugnis hierzu gewähren, § 37 Abs. 1 GmbHG.

Zu unterscheiden sind dabei die Vertretungsmacht im Außen- und die Geschäftsführungsbefugnis im Innenverhältnis: Im Außenverhältnis ist die Vertretungsmacht der Geschäftsführer unbeschränkt und unbeschränkbar[1266]. Im Innenverhältnis kann die Geschäftsführungsbefugnis dagegen zahlreichen Beschränkungen unterliegen, die auf dem Gesellschaftsvertrag, auf Beschlüssen und Weisungen der Gesellschafter, dem Anstellungsvertrag der Geschäftsführer oder einer Geschäftsordnung der Geschäftsführer beruhen können[1267]. Die Geschäftsführer sind verpflichtet, sich an derartige Beschränkungen aus dem Innenverhältnis zu halten. Doch wird die Wirksamkeit eines unter Missachtung der Beschränkung abgeschlossenen Geschäftes im Außenverhältnis nicht berührt[1268]. Ausnahmen gelten nur bei strukturändernden Geschäften wie etwa Konzernierungsmaßnahmen, für die es im GmbH-Recht an ausdrücklichen Regelungen fehlt. Hier wendet die h.M. das aktienrechtliche Konzernrecht entsprechend an, so dass zum Teil bereits die Wirksamkeit im Außenverhältnis von der Berechtigung im Innenverhältnis abhängt[1269].

Die durch die GmbH zu erbringende Vergleichskompensation besteht stets in einer Geldleistung: Betreibt sie als Mehrheitsaktionärin einen Squeeze-out, so hat sie eine Barabfindung zu leisten. Ist sie übernehmender oder neuer Rechtsträger oder Rechtsträger neuer Rechtsform nach einer Umwandlung, so hat sie entweder eine erhöhte bare Zuzahlung oder eine erhöhte Barabfindung zu leisten. Eine solche Geldleistung trägt keinen strukturändernden Charakter. Sieht daher der Gesellschaftsvertrag, der Anstellungsvertrag des Geschäftsführers oder eine Weisung der Gesellschafter vor, dass der Geschäftsführer einen Verfahrensvergleich im Spruchverfahren nur mit Zustimmung der Gesellschafterversammlung schließen kann, so ist diese Zustimmung kein Wirksamkeitserfordernis. Handeln die Geschäftsführer beim Abschluss des Verfahrensvergleichs einer solchen Beschränkung im Innenverhältnis zuwider, so ist der Vergleich materiell-rechtlich gleichwohl wirksam[1270].

1266 Vgl. §§ 36, 37 Abs. 2 Satz 1 GmbHG sowie *U.H. Schneider* in Scholz, § 35 Rn. 22 ff.

1267 BGH v. 14.12.1959 – II ZR 187/57, BGHZ 31, 258, 278; *Raiser*, Kapitalgesellschaften, § 32 Rn. 2; *K. Schmidt*, Gesellschaftsrecht, § 36 I 2 a (S. 1068).

1268 *Raiser*, Kapitalgesellschaften, § 32 Rn. 21; *K. Schmidt*, Gesellschaftsrecht, § 36 I 2 b (S. 1069); allerdings macht sich der gegen eine Weisung im Innenverhältnis verstoßende Geschäftsführer unter den Voraussetzungen des § 43 Abs. 2 GmbHG schadensersatzpflichtig.

1269 BGH v. 24.10.1988 – II ZB 7/88, BGHZ 105, 324, 330 ff.; *Emmerich* in Scholz, Anhang Konzernrecht Rn. 160; *K. Schmidt*, Gesellschaftsrecht, § 38 III 2 a (S. 1191).

1270 Etwas anderes kann sich allenfalls aus den Grundsätzen über den Missbrauch der Vertretungsmacht ergeben; vgl. hierzu *Raiser*, Kapitalgesellschaften, § 32 Rn. 22 ff.

III. Zusammenfassung

Nach dem Gesagten stellt sich die materiell-rechtliche Seite eines nach § 11 Abs. 2 bis 4 SpruchG geschlossenen Verfahrensvergleichs dann als unproblematisch dar, wenn Gegenstand des Spruchverfahrens die bare Zuzahlung oder Barabfindung nach einer Umwandlung, die Barabfindung nach einem Squeeze-out oder die Abfindung nach einer Mehrheitseingliederung ist. Hier können die Verfahrensbeteiligten über die aufgrund des Vergleichs zu erbringenden Leistungen disponieren, und bei Antragsgegner-Kapitalgesellschaften ist der Vertragsschluss den Leitungsorganen zugewiesen. Anders liegt der Fall in Spruchverfahren, deren Gegenstand die Bestimmung des angemessenen Ausgleichs und/oder die angemessene Abfindung nach Abschluss eines Unternehmensvertrags ist. Hier gilt, da der Vergleichsschluss eine Änderung des Unternehmensvertrags darstellt, die Spezialvorschrift des § 295 AktG. Ihre Voraussetzungen müssen aufgrund der Doppelnatur des Verfahrensvergleichs erfüllt sein. Der Gesetzgeber ist aufgerufen, von der Anwendung des § 295 AktG auf einen im Spruchverfahren geschlossenen Verfahrensvergleich abzusehen.

C. Rechtschutz nach Vergleichsschluss

Im Einzelfall kann für die Beteiligten das Bedürfnis bestehen, gegen den Inhalt des Vergleichs selbst oder gegen Vollstreckungsmaßnahmen auf seiner Grundlage vorzugehen. Dies kommt etwa in Betracht, wenn sich der Antragsgegner gegen Vollstreckungsmaßnahmen der Antragsteller zur Wehr setzen will oder einer der Beteiligten die nachträgliche Änderung des Vergleichsinhalts wegen einer wesentlichen Veränderung der Umstände, von denen die Parteien bei seinem Abschluss ausgingen, erreichen will. Streitigkeiten können auch in Bezug auf die Auslegung des Vergleichsinhalts entstehen. Schließlich kommt auch in Betracht, dass der Antragsteller die im Vergleich festgesetzte Kompensation im Klageweg geltend machen will[1271]. Zu den in diesem Zusammenhang relevanten Rechtsschutzmöglichkeiten gehören die (allgemeine) Leistungsklage (hierzu unter I.), die Vollstreckungsabwehrklage (hierzu unter II.) sowie die Abänderungsklage (hierzu unter III.).

I. (Allgemeine) Leistungsklage

Aus den Materialien zum Spruchverfahrensgesetz ergibt sich, dass die Verfasser des Regierungsentwurfs die Leistungsklage auch nach Vergleichsschluss zulassen wollten: § 16 SpruchG, der die Annexzuständigkeit des Gerichts des ersten Rechtszugs für Leistungsklagen regelt[1272], soll ausdrücklich auch für Leistungsklagen nach Ab-

[1271] BegrRegE zu § 16 SpruchG, BT-Drs. 15/371, S. 18.
[1272] Vgl. oben § 8 F. (S. 153).

schluss eines gerichtlichen Vergleichs gelten[1273]. Die Leistungsklage eines Antragstellers, gerichtet auf Verurteilung des Antragsgegners zur Zahlung der im Vergleich vereinbarten Kompensation, erscheint allerdings fernliegend: Aus dem Vergleich findet, wie sich aus § 11 Abs. 2 Satz 3 SpruchG ergibt, unter den Voraussetzungen der §§ 794 Abs. 1 Nr. 1, 795 Satz 1, 724 ff. ZPO unmittelbar die Zwangsvollstreckung statt. Einer Leistungsklage des aus dem Vergleich Berechtigten fehlt, da der Antragsteller bereits einen vollstreckbaren Titel über den geltend zu machenden Anspruch in den Händen hält, das Rechtsschutzbedürfnis[1274].

II. Vollstreckungsabwehrklage

Will sich der Antragsgegner gegen Vollstreckungsmaßnahmen der Antragsteller zur Wehr setzen, so ist, wenn er Einwendungen gegen die im Vergleichsvertrag vereinbarte Kompensation geltend machen will, die Vollstreckungsabwehrklage nach § 767 ZPO die statthafte Klageart. Ihre Zulässigkeit auch für den im Spruchverfahren geschlossenen Vergleich folgt aus zwei Überlegungen. Einerseits verweist § 11 Abs. 2 Satz 3 SpruchG für die Zwangsvollstreckung vollumfänglich auf die Vorschriften der Zivilprozessordnung. Zugleich folgt die Anwendbarkeit der §§ 724 bis 793 ZPO aus §§ 794 Abs. 1 Nr. 1, 795 Satz 1 ZPO, die unmittelbar zwar nur für den im Zivilprozess geschlossenen Prozessvergleich gelten. Der Charakter des Spruchverfahrens als echtes Streitverfahren der freiwilligen Gerichtsbarkeit rechtfertigt allerdings, nicht nur die Vorschriften der Zivilprozessordnung über das Erkenntnisverfahren, sondern auch die über das Vollstreckungsverfahren anzuwenden. Einwendungen gegen den durch Vergleich begründeten Anspruch im Sinne des § 767 Abs. 1 ZPO sind alle rechtsvernichtenden und alle rechtshemmenden Einwendungen[1275]. Zu ersteren gehören insbesondere die Erfüllung und ihre Surrogate, zu letzteren die Verjährung und die Stundung[1276]. Geltend gemacht werden können nur Einwendungen, die auf nach der mündlichen Verhandlung eingetretenen Umständen beruhen, § 767 Abs. 2 ZPO. § 797 Abs. 4 ZPO, der die Anwendbarkeit dieser Präklusionsvorschrift für vollstreckbare Urkunden ausschließt, gilt nicht, da der Verfahrens- oder Prozessvergleich keine Urkunde im Sinne der Vorschrift ist[1277]. Ausschließlich zuständig für die Vollstreckungsabwehrklage ist gem. §§ 767 Abs. 1, 802 ZPO das Gericht des ersten Rechtszugs. Insofern bedarf es keines Rückgriffs auf § 16 SpruchG, der nach seinem Wortlaut ohnehin nur für die

---

1273 BegrRegE zu § 16 SpruchG, BT-Drs. 15/371, S. 18.

1274 *Greger* in Zöller, Vor § 253 Rn. 18a; *Reichold* in Thomas/Putzo, Vorbem § 253 Rn. 27; offen lassend *Foerste* in Musielak, vor § 253 Rn. 7; strenger *Lüke* in MünchKomm. ZPO, Vor § 253 Rn. 10, der dem Kläger hier das Rechtsschutzbedürfnis schlechthin abspricht.

1275 *Lackmann* in Musielak, § 767 Rn. 22.

1276 Vgl. die Aufstellungen bei *Herget* in Zöller, § 767 Rn. 12; *Lackmann* in Musielak, § 767 Rn. 22 ff.; *Putzo* in Thomas/Putzo, § 767 Rn. 20 f.

1277 *Lackmann* in Musielak, § 797 Rn. 1; *Putzo* in Thomas/Putzo, § 797 Rn. 2; *Stöber* in Zöller, § 797 Rn. 1; *Wolfsteiner* in MünchKomm ZPO, § 797 Rn. 50.

dem Spruchverfahren folgende Leistungsklage anwendbar ist, während es sich bei der Vollstreckungsabwehrklage um eine prozessuale Gestaltungsklage handelt. Das Gericht kann gem. § 769 Abs. 1 Satz 1 ZPO auf Antrag anordnen, dass bis zum Erlass des Urteils die Zwangsvollstreckung aus dem Vergleich einzustellen ist. Spruchkörperintern ist gem. § 2 Abs. 3 Nr. 7 SpruchG der Vorsitzende für die Anordnung der Einstellung zuständig, wenn nach Maßgabe des § 2 Abs. 2 SpruchG die Kammer für Handelssachen zuständig ist. Dies dürfte, da der Verweis in § 795 Satz 1 ZPO die §§ 707, 719 ZPO nicht erfasst, der einzig relevante Anwendungsfall des § 2 Abs. 3 Nr. 7 SpruchG sein.

III. Abänderungsklage

Will einer der Beteiligten die Anpassung des Vergleichsinhalts an geänderte wirtschaftliche Verhältnisse erreichen, so kommt in Betracht, gegen den Vergleich im Wege der Abänderungsklage nach § 323 Abs. 4 i.V.m. Abs. 1 ZPO vorzugehen[1278]. Allerdings ist der Anwendungsbereich der Abänderungsklage von vornherein eingeschränkt: Die Klage ist gem. § 323 Abs. 4 i.V.m. Abs. 1 ZPO nur statthaft, wenn der Leistungstitel dem Berechtigten künftig fällig werdende wiederkehrende Leistungen gewährt. Dies trifft unter den Ansprüchen, über die im Spruchverfahren entschieden wird, nur für den Ausgleich nach § 304 Abs. 1 Satz 2, Abs. 2 AktG zu, der als jährlich wiederkehrende Zahlung zu gewähren ist. Wie sich aus § 323 Abs. 4 ZPO ergibt, ist die Klage auch statthaft, wenn ein gerichtlicher Vergleich im Sinne des § 794 Abs. 1 Nr. 1 ZPO geändert werden soll. Dass die Vorschrift auch auf den im Spruchverfahren nach § 11 Abs. 2 und 4 SpruchG geschlossenen Vergleich angewandt werden kann, wurde gezeigt[1279]. Im Übrigen müssen für die Begründetheit der Abänderungsklage gegen einen der in § 323 Abs. 4 ZPO genannten Titel nicht die Voraussetzungen des Abs. 1 erfüllt sein. Maßgeblich ist vielmehr, ob den Parteien nach den Grundsätzen über den Wegfall der Geschäftsgrundlage ein unverändertes Festhalten an den vereinbarten Leistungen nicht mehr zuzumuten ist[1280]. Diese Grundsätze haben nunmehr in § 313 Abs. 1 BGB eine ausdrückliche gesetzliche Regelung erfahren. Die Anpassung kann verlangt werden, wenn sich Umstände, die zur Grundlage des Vertrags geworden sind, nach Vertragsschluss schwerwiegend verändert haben, die Parteien den Vertrag in Kenntnis dieser Umstände nicht oder nicht mit diesem Inhalt geschlossen hätten und einem Teil

---

1278 Zur Abgrenzung der Abänderungsklage nach § 323 ZPO von der Vollstreckungsabwehrklage nach § 767 ZPO vgl. *Gottwald* in MünchKomm. ZPO, § 323 Rn. 30-32; *Musielak* in Musielak, § 323 Rn. 14 f.; *Reichold* in Thomas/Putzo, § 323 Rn. 2; *Vollkommer* in Zöller, § 323 Rn. 15.

1279 Vgl. oben § 14 C. II. (S. 278 f.).

1280 BGH GSZ v. 4.10.1982 – GSZ 1/82, BGHZ 85, 64, 68 ff.; BGH v. 28.11.1990 – XII ZR 26/90, NJW-RR 1991, 514; *Gottwald* in MünchKomm. ZPO, § 323 Rn. 92; *Musielak* in Musielak, § 323 Rn. 47 f.; *Reichold* in Thomas/Putzo, § 323 Rn. 5.

unter Berücksichtigung aller Umstände des Einzelfalls das Festhalten am unveränderten Vertrag nicht zugemutet werden kann[1281].

Die Möglichkeiten, nach § 313 Abs. 1 BGB die Anpassung des Vergleichsvertrags verlangen zu können, dürften allerdings eingeschränkt sein. Dies kommt etwa in Betracht, wenn der Ausgleich wegen unvorhersehbar gestiegener Erträge nicht mehr im angemessenen Verhältnis zu den abgeführten Beträgen steht oder Kapitalmaßnahmen bei einem der am Unternehmensvertrag beteiligten Unternehmen zur Verschiebung der für den Ausgleich gem. § 304 Abs. 2 AktG maßgeblichen Verschmelzungswertrelation führen[1282].

Wichtig in Bezug auf die Rechtswirkungen des Abänderungsurteils nach § 323 Abs. 4 i.V.m. Abs. 1 ZPO ist, dass es nicht die Gestaltungswirkung des § 13 SpruchG hat. Es gelten die allgemeinen Grundsätze über die materielle Rechtskraft im Sinne des § 322 ZPO. Das Urteil bindet nur die Parteien des Abänderungsprozesses[1283]. Die materielle Rechtskraft tritt an die Stelle des Parteiwillens als Geltungsgrund der Rechtsbeziehungen zwischen Antragsteller (jetzt: Kläger) und Antragsgegner (jetzt: Beklagter). Im Verhältnis zu den übrigen Antragstellern gilt der Vergleichsinhalt fort.

In die Systematik der zivilprozessualen Klagearten ist die Abänderungsklage insoweit als Leistungsklage einzuordnen, als mit ihr die Neufestsetzung der Leistungspflicht erstrebt wird[1284]. Ausschließlich zuständig ist damit gem. § 16 SpruchG das zuletzt mit dem Spruchverfahren in der Sache befasste Gericht des ersten Rechtszugs. Die Klage zur Abänderung des in einem gerichtlichen Vergleich vereinbarten Ausgleichs ist damit der einzig relevante Fall, in dem § 16 SpruchG auf eine Leistungsklage nach Abschluss eines gerichtlichen Vergleichs anwendbar ist.

§ 15 Verfahrenskosten

Hinsichtlich der Verteilung der Kosten des Spruchverfahrens bringt das SpruchG umfangreiche Neuerungen. Während § 306 Abs. 7 Satz 1 a.F. AktG noch pauschal die Verteilung der "Kosten des Verfahrens" regelte, trennt § 15 SpruchG nunmehr, wie dies auch sonst im Verfahren der freiwilligen Gerichtsbarkeit üblich ist, zwischen den Gerichtskosten (hierzu unter A.) und den außergerichtlichen Kosten (hierzu unter B.). Zu den Verfahrenskosten im weiteren Sinne gehören schließlich

---

1281 Zu diesen Voraussetzungen vgl. *Heinrichs* in Palandt, § 313 Rn. 14 ff.

1282 *Biedenkopf/Koppensteiner* in KölnKomm. AktG (1. Aufl.), § 304 Rn. 29; *Hüchting*, Beherrschungsvertrag, S. 142; *Mestmäcker*, Verwaltung, S. 358 f.

1283 *Reichold* in Thomas/Putzo, § 322 Rn. 6 f.

1284 BGH v. 10.7.1986 – IX ZR 138/85, NJW 1986, 3142, 3143; BGH v. 3.5.2001 – XII ZR 62/99, NJW 2001, 2259, 2260; *Gottwald* in MünchKomm. ZPO, § 323 Rn. 3; *Musielak* in Musielak, § 323 Rn. 2; *Reichold* in Thomas/Putzo, § 323 Rn. 1; *Vollkommer* in Zöller, § 323 Rn. 2.

auch die Auslagen und die Vergütung des gemeinsamen Vertreters und des besonderen gemeinsamen Vertreters (hierzu unter C.).

A. Gerichtskosten

Für die Gerichtskosten gelten im Verfahren der freiwilligen Gerichtsbarkeit die Vorschriften der Kostenordnung, § 15 Abs. 1 Satz 1 SpruchG. Erhoben werden gem. § 1 KostO Gebühren (hierzu unter I.) und Auslagen (hierzu unter II.), für deren Bemessung allerdings § 15 SpruchG ebenso Spezialregelungen trifft wie für die Kostentragungspflicht (hierzu unter III.). Genauerer Betrachtung bedarf, unter welchen Voraussetzungen den Beteiligten aufgegeben werden kann, Kostenvorschüsse zu leisten (hierzu unter IV).

I. Gebühren

Für die Bestimmung der Gebühren ist erst der Geschäftswert festzusetzen und auf seiner Grundlage die Gebührenhöhe zu berechnen.

1. Geschäftswert

Die Gebühren werden nach dem Wert berechnet, den der Gegenstand zum Zeitpunkt ihrer Fälligkeit hat, § 18 Abs. 1 KostO. Anzusetzen ist gem. § 15 Abs. 1 Satz 2 SpruchG der Betrag, mit dem der Antragsgegner durch die gerichtliche Entscheidung zusätzlich belastet wird. Zu seiner Bestimmung wird zunächst die Differenz zwischen der ursprünglich angebotenen und der durch das Gericht bestimmten Kompensation gebildet und dieser Differenzbetrag mit dem Anteilsbestand sämtlicher antragsberechtigter Anteilsinhaber[1285] multipliziert. Damit ist die von der überwiegenden Auffassung bereits vor Geltung des SpruchG favorisierte sog. Differenzmethode[1286] Gesetz geworden.

1285 Ob der Anteilsinhaber einen Antrag gestellt hat, ist demnach unerheblich; vgl. *Klöcker/Frowein*, § 15 Rn. 3.

1286 BGH v. 9.4.2002 – II ZB 5/01, NZG 2002, 674; BayObLG v. 11.1.1996 – 3Z BR 17/90, AG 1996, 275 f.; BayObLG v. 13.3.1996 – 3Z BR 36/91, AG 1996, 276; BayObLG v. 13.12.2000 – 3Z BR 168/99, FGPrax 2001, 84; OLG Düsseldorf v. 7.6.1990 – 19 W 13/86, ZIP 1990, 1333, 1345; OLG Düsseldorf v. 20.11.1997 – 19 W 3/97 AktE, AG 1998, 236, 238; OLG Karlsruhe v. 7.12.1994 - 15 W 19/94, AG 1995, 88, 89; *Bilda* in MünchKomm. AktG, § 306 Rn. 38; *Emmerich* in Emmerich/Habersack, § 306 Rn. 52; *Geßler* in Geßler/Hefermehl, § 306 Rn. 47; *Hüffer* (5. Aufl.), § 306 Rn. 21; *Koppensteiner* in KölnKomm. AktG, § 306 Rn. 27; *Lentfer* BB 1998, 655, 656; vgl. auch *Behnke*, Spruchverfahren, S. 135 f. sowie *Schmidt*, Außenstehende Aktionäre, S. 128, die den Geschäftswert in Relation zum von den außenstehenden Aktionären gehaltenen Grundkapital bestimmen wollten.

Der Geschäftswert wird von Amts wegen durch Beschluss festgesetzt, §§ 15 Abs. 1 Satz 1 SpruchG i.V.m. 31 Abs. 1 Satz 1 KostO. Ist nach § 2 Abs. 2 SpruchG die Kammer für Handelssachen zuständig, so entscheidet der Vorsitzende, § 2 Abs. 3 Satz 1 Nr. 6 SpruchG.

a) Maßgeblicher Zeitpunkt

Für den Anteilsbestand als Multiplikator ist gem. § 15 Abs. 1 Satz 3 SpruchG der Bestand am Tag nach Ablauf der Antragsfrist des § 4 Abs. 1 SpruchG maßgeblich. Veränderungen, die sich später ergeben, sollen unberücksichtigt bleiben[1287]. Es werden also auch Anteile solcher Anteilsinhaber berücksichtigt, die während des Spruchverfahrens z.B. gegen die nach § 305 AktG ursprünglich angebotene Abfindung aus der Gesellschaft ausgeschieden sind und damit ihre Eigenschaft als "außenstehender Aktionär" verloren haben[1288].

b) Besonderheiten beim Ausgleich

Ist die Bestimmung des angemessenen Ausgleichs Gegenstand des Spruchverfahrens, so entspricht das Ergebnis der nach § 15 Abs. 1 Satz 2 SpruchG gebildeten Differenz nur dem Jahreswert, da der Ausgleich gem. § 304 Abs. 2 Satz 1 AktG jährlich zu entrichten ist. Umstritten war hier vor Geltung des SpruchG, ob dieser Jahreswert nach den Vorgaben des § 24 Abs. 1 KostO zu vervielfältigen sei[1289], der die Bestimmung des Geschäftswertes bei wiederkehrenden Leistungen regelt.

Dieser Streit hat unter Geltung des SpruchG an Aktualität gewonnen; entfällt nunmehr doch der zuvor in § 306 Abs. 7 Satz 6 a.F. AktG und § 312 Abs. 3 Satz 2 a.F. UmwG enthaltene ausdrückliche Verweis auf § 30 Abs. 1 KostO. Dieser lässt die Bestimmung des Geschäftswerts nach freiem Ermessen zu, findet jedoch erst Anwendung, wenn sich der Wert weder aus den Vorschriften der Kostenordnung ergibt noch sonst feststeht. Dies ist im Spruchverfahren jedoch gerade nicht der Fall. Anhand § 15 Abs. 1 Satz 2 SpruchG lässt sich die jährlich wiederkehrende "Ausgleichsmehrbelastung" errechnen, und § 24 KostO regelt, wie bei einer solchen wiederkehrenden Leistung der Geschäftswert zu bestimmen ist. Für die Anwendung von § 30 Abs. 1 KostO bleibt demnach kein Raum.

1287 BegrRegE zu § 15 SpruchG, BT-Drs. 15/371, S. 17.

1288 Vor Geltung des SpruchG stellte man dagegen auf den Anteilsbestand zum Zeitpunkt der letzten mündlichen Verhandlung mit der Begründung ab, die Interessen früherer antragsberechtigter Anteilsinhaber seien nicht zu schützen; BayObLG v. 10.12.1998 – 3Z BR 159/94, AG 1999, 273; OLG Düsseldorf v. 8.4.1987 – 19 W 5/87, AG 1987, 314; *Bilda* in MünchKomm. AktG, § 306 Rn. 137.

1289 Bejahend OLG Düsseldorf v. 8.4.1987 – 19 W 5/87, AG 1987, 314; verneinend *Bilda* in MünchKomm. AktG, § 306 Rn. 142.

§ 24 Abs. 1 KostO differenziert danach, ob die Leistung auf bestimmte Zeit beschränkt ist (lit. a)) oder ob dies nicht der Fall (lit. b)) ist. Beides kommt bei Unternehmensverträgen in Betracht, die sowohl von vornherein auf bestimmte oder unbestimmte Zeit geschlossen werden können[1290]. Ist der Unternehmensvertrag auf bestimmte Zeit geschlossen, so ist gem. § 24 Abs. 1 lit. a) KostO die Summe der einzelnen Jahreswerte, höchstens jedoch das Fünfundzwanzigfache eines Jahreswerts anzusetzen. Ist die Dauer des Unternehmensvertrags nicht bestimmt, so ist die in § 24 Abs. 1 lit. b) KostO enthaltene Differenzierung zu beachten: Bei unbe*schränkter* Dauer ist das Fünfundzwanzigfache, bei unbe*stimmter* Dauer dagegen das Zwölfeinhalbfache des Jahreswerts anzusetzen. Der Unterschied zwischen unbestimmter und unbeschränkter Leistungspflicht besteht darin, dass bei der unbeschränkten Dauer ungewiss ist, ob das Leistungsbezugsrecht überhaupt wegfallen wird, während bei unbestimmter Dauer zwar das Wegfallen des Bezugsrechts, nicht jedoch der Zeitpunkt des Wegfalls gewiss ist[1291]. Bei Unternehmensverträgen wird nach dieser Maßgabe regelmäßig eine unbe*schränkte* Dauer vorliegen. Der nach § 24 Abs. 1 KostO ermittelte Geschäftswert kann sehr hoch sein. Daher ist hier die Regelung des § 15 Abs. 1 Satz 2 Hs. 2 SpruchG relevant, der den Geschäftswert auf maximal 7,5 Millionen EUR begrenzt.

c) Mindestbetrag

Die Differenzmethode versagt, wenn die Anträge als unbegründet zurückgewiesen werden und die Differenz nach § 15 Abs. 1 Satz 2 Hs. 2 SpruchG und damit auch der Geschäftswert "Null" betragen[1292]. Dies hätte bei strikter Anwendung der Vorschrift zur Folge, dass die geringste Gebühr nach § 32 Abs. 1 Satz 1, 33 KostO von 10 Euro anzusetzen wäre. Da jedoch das Tätigwerden des Gerichts in jedem Fall einen nicht unerheblichen Aufwand bedeutet, enthält § 15 Abs. 1 Satz 2 Hs. 2 SpruchG neben der Obergrenze von 7,5 Millionen EUR auch einen Mindestbetrag für den Geschäftswert, der 200.000 EUR beträgt[1293]. Der Mindestwert nach § 15 Abs. 1 Satz 2 Hs. 2 SpruchG ist auch anzusetzen, wenn das Gericht den Antrag als unzulässig zurückweist[1294] oder das Verfahren nicht durch eine gerichtliche

---

[1290] OLG München v. 14.6.1991 – 23 U 4638/90, AG 1991, 358, 360; *Altmeppen* in MünchKomm. AktG, § 297 Rn. 52; *Emmerich* in Emmerich/Habersack, § 297 AktG Rn. 33; *Hüffer*, § 297 Rn. 11; *Koppensteiner* in KölnKomm. AktG, § 297 Rn. 12.

[1291] *Hartmann/Albers*, § 24 KostO Rn. 10.

[1292] BayObLG v. 13.3.1996 – 3Z BR 36/91, AG 1996, 276 f.; BayObLG v. 10.12.1998 – 3Z BR 159/94, AG 1999, 273; *Bilda* in MünchKomm. AktG, § 306 Rn. 138; *Emmerich* in Emmerich/Habersack, § 306 AktG Rn. 52a.

[1293] Nach zuvor überwiegender Auffassung war in einem solchen Fall der Geschäftswert nach freiem Ermessen zu bestimmen; BayObLG v. 10.12.1998 – 3Z BR 159/94, AG 1999, 273; BayObLG v. 13.12.2000 – 3Z BR 168/99, FGPrax 2001, 84 f.; *Bilda* in MünchKomm. AktG, § 306 Rn. 138; *Emmerich* in Emmerich/Habersack, § 306 AktG Rn. 52a; *Hüffer* (5. Aufl.), § 306 Rn. 21.

[1294] OLG Düsseldorf v. 10.8.2004 – I-19 W 6/04 AktE, AG 2005, 298; OLG Stuttgart v.

Entscheidung in der Hauptsache, sondern durch Antragsrücknahme beendet wird[1295].

d) Zinsen

Bei der Bestimmung des Geschäftswerts bleiben die Zinsen außer Betracht, die auf die Kompensation zu entrichten sind[1296]. Hierüber besteht Einigkeit, seit 1994 durch das Gesetz zur Bereinigung des Umwandlungsrechts die gesetzliche Pflicht eingeführt wurde, bare Zuzahlungen und die Barabfindungen zu verzinsen[1297].

e) Rechtsmittel

Gegen den Festsetzungsbeschluss findet die Beschwerde statt, §§ 15 Abs. 1 Satz 1 SpruchG i.V.m. 31 Abs. 3 Satz 1 Hs. 1 KostO[1298]. Gegen die Entscheidung des Beschwerdegerichts ist wiederum gem. §§ 31 Abs. 3 Satz 1 Hs. 2 i.V.m. 14 Abs. 3 Satz 2 KostO die weitere Beschwerde statthaft, die als reine Rechtsbeschwerde ausgestaltet ist[1299]. Beschwerdeberechtigt ist, da sich der Gegenstandswert für seine Vergütung gem. § 6 Abs. 2 Satz 3 SpruchG nach dem Geschäftswert bestimmt, nunmehr auch der gemeinsame Vertreter[1300].

2. Gebührenhöhe

Für das Verfahren des ersten Rechtszuges wird zunächst die volle Gebühr nach Maßgabe des § 32 Abs. 1 Satz 2 KostO erhoben, § 15 Abs. 1 Satz 5 SpruchG. Wird der Antrag zurückgenommen oder ein gerichtlicher Vergleich geschlossen, so bleibt es bei der einfachen Gebühr[1301]. Dies gilt gem. § 15 Abs. 1 Satz 6 Hs. 2 SpruchG auch, wenn das Gericht gem. § 11 Abs. 4 Satz 2 SpruchG Zustandekommen und Inhalt eines nach § 11 Abs. 4 Satz 1 SpruchG geschlossenen Vergleichs durch Be-

---

31.3.2004 – 20 W 4/04, AG 2004, 390, 391. NZG 2004, 625.

1295 OLG Stuttgart v. 5.11.2003 – 20 W 5/03, AG 2004, 109, 110.

1296 *Bilda* in MünchKomm. AktG, § 306 Rn. 140.

1297 BayObLG v. 10.12.1998 – 3Z BR 159/94, AG 1999, 273; Bilda in MünchKomm. AktG, § 306 Rn. 140. Zuvor war zum einen streitig, ob die Kompensation überhaupt zu verzinsen und ob dieser Anspruch als Teil der Abfindung oder als Nebenforderung zu behandeln sei; vgl. hierzu BayObLG v. 10.12.1998 – 3Z BR 159/94, AG 1999, 273; *Geßler* in Geßler/Hefermehl, § 305 Rn. 54; *Würdinger* in Großkomm. AktG (3. Aufl.), § 305 Anm. 16.

1298 OLG Stuttgart v. 31.3.2004 – 20 W 4/04, NZG 2004, 625; OLG Stuttgart v. 5.11.2003 – 20 W 5/03, AG 2004, 109, 110.

1299 Zu den Voraussetzungen im Einzelnen vgl. *Hartmann/Albers*, § 31 KostO Rn. 44 ff.

1300 Vgl. unten § 15 C. I. (S. 292); anders noch zum zuvor geltenden Recht *Bilda* in MünchKomm. AktG, § 306 Rn. 152.

1301 BegrRegE zu § 15 SpruchG, BT-Drs. 15/371, S. 17.

schluss feststellt. Nur wenn es in der Hauptsache gem. § 11 Abs. 1 SpruchG in der Hauptsache über die Kompensationshöhe entscheidet, erhöht sich die Gebühr auf das Vierfache der vollen Gebühr, § 15 Abs. 1 Satz 6 Hs. 1 SpruchG. Für den zweiten Rechtszug wird gem. § 15 Abs. 1 Satz 7 SpruchG die gleiche Gebühr erhoben wie im ersten Rechtszug. Dies gilt auch dann, wenn die Beschwerde Erfolg hat.

II. Auslagen

Welche Auslagen im Verfahren der freiwilligen Gerichtsbarkeit zu erstatten sind, regelt die KostO in den §§ 136-139. Dazu gehören neben der Dokumentenpauschale des § 136 KostO insbesondere die gem. § 137 Nr. 6 KostO als "sonstige Aufwendung" nach Maßgabe des § 7 JVEG zu zahlenden Beträge. Diese umfassen insbesondere die Kosten für den nach Maßgabe des § 7 Abs. 6 SpruchG zu einer Beweisaufnahme vor der mündlichen Verhandlung zugezogenen Sachverständigen; daneben die Kosten, die aus der Ladung der sachverständigen Prüfer nach Maßgabe zur mündlichen Verhandlung entstehenden Kosten sowie diejenigen Kosten, die für die Einholung eines Sachverständigengutachtens in der "eigentlichen" Beweisaufnahme entstehen. Kosten für Privatgutachten sind regelmäßig nicht erstattungsfähig[1302]. Hiervon wurden vor Geltung des SpruchG in engen Grenzen Ausnahmen zugelassen. So wurden z.B. die Kosten eines durch den Antragsgegners eingeholten und den Antragstellern zur Verfügung gestellten Privatgutachtens für erstattungsfähig gehalten. Gleiches soll für ein zur Entkräftung bzw. Widerlegung eines gerichtlichen Gutachtens erforderliches sog. Überprüfungsgutachten gelten[1303].

III. Kostentragungspflicht

Schuldner der Gerichtskosten ist nur der Antragsgegner, § 15 Abs. 2 Satz 1 SpruchG. Er ist danach nicht nur Entscheidungsschuldner im Sinne des § 3 Nr. 1 KostO, sondern originärer Kostenschuldner[1304]. Ausnahmeweise können diese Kosten ganz oder zum Teil den Antragstellern auferlegt werden, wenn dies der Billigkeit entspricht. Dies kommt in Betracht, wenn offensichtlich unzulässige oder unbegründete Anträge gestellt oder Beschwerden eingelegt werden[1305]; etwa bei eindeutig verspäteter Antragstellung[1306] oder missbräuchlicher Verfahrenseinleitung[1307].

1302 OLG Düsseldorf v. 14.1.1992 – 19 W 14/91, AG 1992, 234 f.; *Bilda* in MünchKomm. AktG, § 306 Rn.132.

1303 OLG Zweibrücken v. 11.12.1996 – 3 W 152/96, AG 1997, 182 f.

1304 OLG Düsseldorf v. 11.3.1998 – 19 W 1/98, AG 1998, 525, *Bilda* in MünchKomm. AktG, § 306 Rn. 133.

1305 *Bilda* in MünchKomm. AktG, § 306 Rn. 168; *Hüffer*, Anh § 305, § 15 SpruchG Rn. 4.

1306 OLG Düsseldorf v. 29.9.1995 – 19 W 4/95 AktE, AG 1996, 88; *Bungert/Mennicke*, BB 2003, 2021, 2030.

Bejaht wurde eine Kostentragungspflicht der Antragsteller darüber hinaus im Falle der Einlegung der sofortige Beschwerde gegen die Entscheidung in der Hauptsache ohne Begründung und ohne jeglichen Sachvortrag, nachdem zuvor im ersten Rechtszug die Angriffe des Beschwerdeführers gegen die Gutachten der Vertragsprüfer nach eingehender Beweisaufnahme unter Hinzuziehung eines Sachverständigen durch das Gericht beschieden wurden und sämtliche Gutachten die Kompensationsleistung plausibel begründet haben[1308]. Unter der Geltung des SpruchG hat die Rechtsprechung von der Möglichkeit des § 15 Abs. 2 Satz 1 SpruchG Gebrauch gemacht, wenn trotz mehrmaliger Aufforderung keine ordnungsgemäße Antragsbegründung nach § 4 Abs. 2 Satz 2 SpruchG vorgelegt wurde[1309].

Werden die Gerichtskosten gem. § 15 Abs. 2 Satz 2 Hs. 1 SpruchG aus Billigkeitsgründen den Antragstellern auferlegt, so bleibt gem. Hs. 2 die Haftung des Antragsgegners unberührt. Über § 15 Abs. 1 Satz 1 SpruchG soll im Verhältnis zwischen den Antragstellern und dem Antragsgegner § 5 Abs. 1 Satz 1 KostO gelten, wonach mehrere Kostenschuldner als Gesamtschuldner haften[1310]. Unmittelbar anwendbar ist die Vorschrift in diesem Verhältnis freilich nur, wenn die Kosten nur teilweise den Antragstellern auferlegt werden, da nur dann "mehrere Kostenschuldner" im Sinne der Vorschrift vorliegen. Gleichwohl ist es insbesondere wegen der Tilgungswirkung des § 422 Abs. 1 Satz 1 BGB sowie der Regressregelungen in § 426 BGB interessengerecht, § 5 Abs. 1 Satz 1 KostO auch dann entsprechend anzuwenden, wenn sämtliche Gerichtskosten den Antragstellern auferlegt werden. Der Ausspruch über die Kostentragungspflicht der Antragsteller ist dann eine "andere Bestimmung" im Sinne des § 426 Abs. 1 Satz 1 BGB, die den Antragsgegner zum vollständigen Regress berechtigt.

IV. Kostenvorschüsse

Als von den Verfahrensbeteiligten einzufordernde Kostenvorschüsse kommen sowohl Auslagenvorschüsse als auch Kostenvorschüsse in Betracht.

1. *Auslagenvorschuss nach § 15 Abs. 3 SpruchG*

Eine ausdrückliche Regelung über von den Beteiligten zu leistende Kostenvorschüsse trifft § 15 SpruchG nur für die Auslagen. Der Antragsgegner hat nach § 15 Abs. 3 SpruchG zur Deckung der Auslagen einen ausreichenden Vorschuss zu zahlen. Am praktisch wohl bedeutsamsten ist die Vorschrift in Bezug auf die Gut-

---

1307 *Hüffer*, Anh § 305, § 15 SpruchG Rn. 4; *Volhard* in MünchKomm. AktG, § 15 SpruchG Rn. 9.

1308 OLG Düsseldorf v. 20.11.1997 – 19 W 3/97 AktE, DB 1998, 462, 463.

1309 Vgl. OLG Stuttgart v. 31.3.2004 – 20 W 4/04, NZG 2004, 625.

1310 BegrRegE zu § 15 SpruchG, BT-Drs. 15/371, S. 17.

achterkosten, die das Gericht regelmäßig zunächst beim Sachverständigen erfragen wird. Das Verfahren zur Erhebung und Betreibung der Vorschüsse regelt dann die Kostenverfügung (KostVfg)[1311]. Nach § 22 Abs. 2 Satz 1 KostVfg ordnet der Kostenbeamte bei dem Gericht selbständig die Erhebung des Auslagenvorschusses an. Ist die berechnete Forderung noch nicht beglichen, so verfügt er in der Kostenrechnung, dass die Kosten der Gerichtskasse zur Einziehung zu überweisen (§ 29 KostVfg) oder mit Kostennachricht (§ 31 KostVfg) anzufordern sind. Für die Beitreibung ist dann die Gerichtskasse verantwortlich.

§ 15 Abs. 3 Satz 2 SpruchG schließt ausdrücklich die Anwendung des § 8 KostO aus. Damit wird insbesondere das sich aus § 8 Abs. 2 Satz 1 KostO ergebende Verzögerungspotential ausgeschaltet[1312]. § 8 Abs. 2 Satz 1 KostO erlaubt, die Beauftragung eines Sachverständigen von der Zahlung des Auslagenvorschusses abhängig zu machen. Auf eine solche Verfügung wäre der Antragsgegner in die Lage versetzt, das Verfahren durch schlichtes Nichtleisten des Auslagenvorschusses zu blockieren. Besondere Bedeutung erlangt die Vorschusspflicht des § 15 Abs. 3 SpruchG in den Fällen, in denen der Sachverständige eine "besondere Vergütung" im Sinne von § 13 JVEG erhalten soll. Diese besondere Vergütung darf nach § 13 Abs. 1 Hs. 2 JVEG dem Sachverständigen erst ausbezahlt werden, wenn zuvor ein ausreichender Betrag an die Staatskasse gezahlt wurde[1313].

Die Anordnung der Vorschussleistung für die Einholung eines Sachverständigengutachtens ist nicht selbständig anfechtbar, selbst wenn sie in unangemessener Höhe erfolgt sein sollte. Vielmehr sind die Beteiligten auf die Gegenvorstellung beschränkt[1314].

2. *Gebührenvorschuss*

Im SpruchG ungeregelt bleibt, ob auch für die Gerichtsgebühren Vorschüsse eingefordert werden können. Dies ist nach § 8 Abs. 1 Satz 1 KostO in Antragsverfahren der freiwilligen Gerichtsbarkeit grundsätzlich möglich.

Einigkeit besteht darüber, dass die originäre Kostentragungspflicht des Antragsgegners nach § 15 Abs. 2 Satz 1 SpruchG dazu führt, dass jedenfalls die Antragsteller nicht "zur Zahlung der Kosten Verpflichtete" im Sinne des § 8 Abs. 1 Satz 1 KostO sind. Ihre Kostentragungspflicht setzt gem. § 15 Abs. 2 Satz 2 SpruchG eine besondere gerichtliche Entscheidung voraus, so dass sie allenfalls nachträglich zur Kostentragung, nicht jedoch zur Vorschussleistung herangezogen

---

1311 Kostenverfügung vom 1.3.1976; vgl. hierzu die Übersicht bei *Hartmann/Albers*, VII A Rn. 1.

1312 BegrRegE zu § 15 SpruchG, BT-Drs. 15/371, S. 17.

1313 OLG Düsseldorf v. 20.5.2003 – I-10 W 30 u. 31/03, AG 2003, 637 zu dem insofern wortgleichen § 7 ZSEG a.F.

1314 OLG Düsseldorf v. 16.3.2004 – I-10 W 128/03, AG 2004, 390.

werden können[1315]. Vom Antragsgegner Gerichtskostenvorschüsse einzufordern, kommt dagegen grundsätzlich in Betracht. Problematisch ist allein, dass § 15 Abs. 3 SpruchG in Satz 1 die Vorschusspflicht nur für Auslagen regelt und damit auch nur für diese Fälle in Satz 2 die Anwendung des § 8 KostO ausschließt. Insofern kommen zwei Auslegungsalternativen des § 15 Abs. 3 SpruchG in Betracht. Zum einen kann die Vorschrift die Vorschusspflicht für Gerichtskosten abschließend regeln und auf Auslagen beschränken. Andererseits kommt in Betracht, in § 15 Abs. 3 SpruchG eine Vorschrift zu sehen, die nur besondere Regelungen für Auslagenvorschüsse treffen und es hinsichtlich der Gerichtsgebühren über § 15 Abs. 1 Satz 1 SpruchG bei der Anwendung der Vorschriften der Kostenordnung belassen will.

Der Gesetzgeber ging in diesem Zusammenhang ersichtlich davon aus, dass der Antragsgegner nicht nur für die Auslagen, sondern für die Gerichtskosten insgesamt einen Vorschuss zu leisten habe[1316]. Dass daneben die Praxis das Bedürfnis einer Vorschussleistung durch den Antragsgegner sehen wird, dürfte außer Zweifel stehen, zumal auch unter Geltung des SpruchG eine vergleichsweise lange Verfahrensdauer zu erwarten steht und die Neigung des Fiskus, diese Verfahren vorzufinanzieren, als gering einzuschätzen ist. Schließlich wurde bereits durch das Gesetz zur Bereinigung des Umwandlungsrechts § 306 Abs. 7 Satz 7 a.F. AktG ersatzlos gestrichen, der regelte, dass im Spruchverfahren Kostenvorschüsse nicht erhoben werden. Dies geschah mit dem Ziel, den Antragsgegner nach Maßgabe des § 8 KostO zur Leistung von Kostenvorschüssen heranziehen zu können[1317]. § 15 Abs. 3 SpruchG ist folglich dahingehend auszulegen, dass er über § 15 Abs. 1 Satz 1 grundsätzlich die Anwendung des § 8 Abs. 1 Satz 1 KostO für Gebührenvorschüsse erlaubt. Allerdings sind die Wertungen des § 15 Abs. 3 Satz 2 SpruchG zu beachten. Dem Antragsgegner darf auch hier kein Instrument in die Hand gegeben werden, das ihm erlaubt, das Verfahren durch schlichte Untätigkeit zu verzögern. Daher gilt wie auch bei § 15 Abs. 3 SpruchG, dass das Gericht die Durchführung des Verfahrens als "Geschäft" im Sinne des § 8 KostO nicht von der Leistung des Gebührenvorschusses abhängig machen darf.

B. Außergerichtliche Kosten

Weniger detailliert als die Kostentragungspflicht hinsichtlich der Gerichtskosten regelt das SpruchG die Kostentragungspflicht hinsichtlich der außergerichtlichen Kosten des Verfahrens. § 15 Abs. 4 SpruchG beschränkt sich auf die Ermächtigung des Gerichts, dem Antragsgegner die zur zweckentsprechenden Erledigung der Angelegenheit notwendigen außergerichtlichen Kosten der Antragsteller aufzuerlegen, wenn dies unter Berücksichtigung des Ausgangs des Verfahrens der Billigkeit

---

1315 OLG Düsseldorf v. 11.3.1998 – 19 W 1/98, AG 1998, 525; *Bilda* in MünchKomm. AktG, § 306 Rn. 133; *Schmittmann*, AG 1998, 514, 515 f.

1316 BegrRegE zu § 15 SpruchG, BT-Drs. 15/371, S. 17.

1317 BegrRegE zu § 306 AktG, BT-Drs. 12/6699, S. 179 i.V.m. S. 171.

entspricht. Der Wortlaut der Vorschrift orientiert sich an § 13a Abs. 1 Satz 1 FGG, den die h.M. vor Geltung des SpruchG auf die außergerichtlichen Kosten anwandte[1318]. Zu den außergerichtlichen Kosten gehört vor allem die Vergütung der Rechtsanwälte, die im Spruchverfahren tätig geworden sind. Sie umfasst gem. § 1 Abs. 1 RVG[1319] Gebühren und Auslagen. Nur unter sehr engen Voraussetzungen erstattungsfähig sind die Kosten eines außergerichtlichen Gutachtens, soweit sie nicht ohnehin bereits als Auslagen bei den Gerichtskosten zu erstatten sind[1320]. Im Folgenden werden die Berechnung (hierzu unter I.) und die Festsetzung (hierzu unter II.) der außergerichtlichen Kosten dargestellt. Von praktischer Bedeutung ist auch, welches Rechtsmittel gegen die Festsetzung statthaft ist (hierzu unter III.).

I. Berechnung der Anwaltsgebühren

Die Höhe der Anwaltsgebühren bestimmt sich gem. § 2 Abs. 1 RVG nach dem Wert der anwaltlichen Tätigkeit, dem sog. Gegenstandswert. Das Verfahren zu seiner Bestimmung hat das Spruchverfahrensneuordnungsgesetz geklärt, indem es, wie bereits zuvor bei der Bestimmung des für die Gerichtsgebühren maßgeblichen Geschäftswerts, die zuvor herrschende Meinung Gesetz werden ließ[1321]: Danach werden auf Grundlage eines sog. gespaltenen Geschäftswerts die Anwaltsgebühren bestimmt.

1. "Gespaltener Geschäftswert"

Gem. § 31 Abs. 1 RVG bestimmt sich der Gegenstandswert im Falle der Vertretung eines von mehreren Antragstellern nach einem Bruchteil des für die Gerichtsgebühren geltenden Geschäftswerts. Die Vorschrift stellt klar, dass der Gegenstand der anwaltlichen Tätigkeit im Spruchverfahren nicht mit dem Gegenstand der gerichtlichen Tätigkeit identisch ist. Für die Bestimmung des Gegenstandswertes auf

---

1318 BayObLG v. 19.10.1995 – 3Z BR 17/90, AG 1996, 127, 131; OLG Celle v. 13.7.1973 – 9 Wx 1/73, WM 1974, 530; OLG Stuttgart v. 26.6.1991 – 8 W 93/91, DB 1992, 1470; *Bilda* in MünchKomm. AktG, § 306 Rn. 169; *Emmerich* in Emmerich/Habersack, § 306 AktG Rn. 56; *Geßler* in Geßler/Hefermehl, § 306 Rn. 49; *Godin/Wilhelmi*, § 306 Anm. 8; *Hüffer*, § 306 Rn. 23; *Koppensteiner* in KölnKomm. AktG, § 306 Rn. 28; *Würdinger* in Großkomm. AktG (3. Aufl.), § 306 Anm. 11; *Krieger* in Lutter (2. Aufl.), § 312 Rn. 6; *Schwarz* in Widmann/Mayer, Nach § 312 Rn. 1; Meister/Klöcker in Kallmeyer, § 312 Rn. 11; *Schmidt*, Aussenstehende Aktionäre, S. 130.

1319 Gesetz über die Vergütung der Rechtsanwältinnen und Rechtsanwälte, verkündet als Art. 3 des Gesetzes zur Modernisierung des Kostenrechts vom 5.5.2004, BGBl. I, S. 718, 788 ff.

1320 Vgl. oben § 15 A. II. (S. 285).

1321 Für den Streitstand vor dem Spruchverfahrensneuordnungsgesetz vgl. *Erb*, NZG 2001, 161 ff.

Grundlage eines Bruchteils des Geschäftswertes hat sich der Begriff "gespaltener Geschäftswert" eingebürgert[1322].

Dass für den Gegenstandswert der für die Gerichtsgebühren festgesetzte Geschäftswert maßgeblich sein solle, wurde früher häufig bejaht[1323] und zur Begründung auf § 247 AktG rekurriert. Dort ist für den gem. Abs. 1 Satz 1 nach billigem Ermessen festzusetzenden Regelstreitwert der Anfechtungsklage anerkannt, dass bei der Entscheidung neben der Bedeutung der Sache für die Parteien des Anfechtungsprozesses auch die Interessen der von der *inter omnes*-Wirkung des Urteils (§ 248 Abs. 1 Satz 1 AktG) mit betroffenen Aktionäre zu berücksichtigen sind[1324]. Wegen der auch für das Spruchverfahren typischen *inter omnes*-Wirkung könne im Spruchverfahren nichts anderes gelten; auf das Einzelinteresse jeweils nur eines Antragstellers abzustellen, werde der Bedeutung des Verfahrens nicht gerecht[1325]. Daher solle der Grundsatz des einheitlichen Geschäftswerts gelten. Mit Schaffung des § 8 Abs. 1a BRAGO a.F. sowie dessen Nachfolgevorschrift § 31 Abs. 1 RVG ist diese Auffassung obsolet geworden.

2. *Wertbestimmung im Einzelnen*

Die Annahme eines individuell zu bildenden Gegenstandswertes führt zu der Folgefrage, wie dieser im Einzelfall zu bestimmen ist. Auch diese zuvor streitige Frage wurde durch das Spruchverfahrensneuordnungsgesetz beantwortet. Der nach § 31 Abs. 1 Satz 1 RVG zu bildende Bruchteil des für die Gerichtsgebühren geltenden

---

1322 So bereits BGH v. 7.12.1998 – II ZB 5/97, NZG 1999, 346 m. Anm. *Pentz*; BGH v. 7.12.1998 – II ZB 5/97, AG 1999, 181; BayObLG v. 11.7.2001 – 3Z BR 175/99, AG 2001, 595, 596; OLG Celle, v. 25.10.1979 – 9 Wx 2/77, BB 1981, 1235, 1236; OLG Düsseldorf v. 7.10.1997 – 19 W 1/97, AG 1998, 39, 40 f.; OLG Düsseldorf v. 12.5.1999 – 12 W 3/93, AG 2000, 77; OLG Frankfurt am Main v. 10.4.1986 – 20 W 433/84, DB 1986, 1062; KG v. 29.1.1985 – 2 W 3369/84, AG 1986, 80 f.; OLG Karlsruhe v. 17.5.1989 – 15 W 6/89, AG 1990, 83; OLG Karlsruhe v. 7.12.1994 – 15 W 19/94, AG 1995, 88; OLG Karlsruhe v. 14.10.1997 – 15 W 19/94; DB 1997, 2479; OLG Zweibrücken v. 24.11.1993 – 3 W 74/93, AG 1995, 41; OLG Zweibrücken v. 9.3.1995 – 3 W 133 und 145/92, AG 1995, 421, 423; *Bilda* in MünchKomm. AktG, § 306 Rn.160; *Emmerich* in Emme-rich/Habersack, § 306 AktG Rn. 58 f.; *Krieger* in Münchener Handbuch AG, § 70 Rn. 132; *Krieger* in Lutter (2. Aufl.), § 312 Rn. 7; *Schwarz* in Widmann/Mayer, Nach § 312 UmwG Rn. 15; *Stratz* in Schmitt/Hörtnagl/Stratz, § 312 Rn. 13; *Ammon*, FGPrax 1998, 121, 124.

1323 Hans. OLG Hamburg v. 24.10.1975 – 11 W 55 und 59/75, DB 1975, 2269; Hans. OLG Hamburg v. 23.1.1980 – 11 W 44/79, DB 1980, 631; *Erb*, NZG 2001, 161 ff.; *Happ/Pfeifer*, ZGR 1991, 103, 113; *Meilicke*, AG 1985, 48, 50 ff.; *Herbert Schmidt*, BB 1981, 1243, 1245; zunächst auch OLG Düsseldorf v. 19.8.1986 – 19 W 17/85 und 32/86, AG 1987, 48, 49; OLG Düsseldorf v. 8.4.1987 – 19 W 5/87, AG 1987, 314, 315; OLG Düsseldorf v. 7.6.1990 – 19 W 13/86, ZIP 1990, 1333, 1345, das diese Rechtsprechung jedoch mit der in Fn. 1322 genannten Entscheidung vom 7.10.1997 aufgegeben hat.

1324 BGH AG 1982, 19 f.; *Hüffer* § 247 Rn. 6; *K. Schmidt* in Großkomm. AktG, § 247 Rn. 14; *Zöllner* in KölnKomm. AktG (1. Aufl.), § 247 Rn. 1; *Happ/Pfeifer*, ZGR 1991, 103, 106.

1325 *Erb*, NZG 2001, 161, 162; *Happ/Pfeifer*, ZGR 1991, 103, 113; *Meilicke*, AG 1985, 48, 51.

Geschäftswerts ergibt sich aus dem Verhältnis der Anzahl der Anteile des auftraggebenden Antragstellers zu der Gesamtzahl der Anteile aller Antragsteller.

Indem § 31 Abs. 1 Satz 1 RVG auf die quotenmäßige Beteiligung im Verhältnis zu den anderen Antragstellern abstellt, wird der zuvor häufig praktizierten Bestimmung des Gegenstandswertes nach Kopfteilen und ohne Bildung einer exakten Quote[1326] eine Absage erteilt. Gleiches gilt für die früher insbesondere in der Literatur vertretene Auffassung, bei der Bestimmung des Gegenstandswertes seien die Anteile sämtlicher, d.h. auch nicht am Spruchverfahren teilnehmender, Anteilsinhaber zu berücksichtigen[1327]. Die Anzahl der von dem betreffenden Antragsteller gehaltenen Anteile ist dem Gericht bekannt, wenn dieser sie gem. § 4 Abs. 2 Satz 3 SpruchG in seiner Antragsbegründung angegeben hat. Hat er dies unterlassen, so wird gem. § 31 Abs. 1 Satz 3 RVG vermutet, dass er lediglich einen Anteil hält. Diese Vorgehensweise wurde bereits vor Einführung des § 8 Abs. 1a BRAGO a.F. bzw. § 31 RVG praktiziert und von der Literatur gebilligt[1328]. Um auch im Falle eines nur geringen Anteilsbesitzes bzw. bei Eingreifen der Fiktion des § 31 Abs. 1 Satz 3 RVG einen Anreiz zur Vertretung von Antragstellern im Spruchverfahren zu schaffen, regelt § 31 Abs. 1 Satz 4 RVG, dass der Geschäftswert mindestens 5.000,- EUR beträgt.

Wird der Rechtsanwalt von mehreren Antragstellern beauftragt, so sind gem. § 31 Abs. 2 Hs. 1 RVG die auf die einzelnen Antragsteller entfallenden Werte zusammenzurechnen. In diesen Fall gilt gem. § 31 Abs. 2 Hs. 2 RVG die in Nr. 1008 des Vergütungsverzeichnisses enthaltene Beschränkung nicht, wonach bei Vertretung mehrerer Auftraggeber lediglich eine Erhöhung der Verfahrens- und Geschäftsgebühr um den Faktor 0,3 je Auftraggeber erfolgt.

II. Festsetzung der Anwaltsvergütung

Da die Anwaltsvergütung zu den Kosten des gerichtlichen Verfahrens gehört, wird sie auf Antrag des Rechtsanwalts oder des Auftraggebers durch das Gericht des ersten Rechtszugs festgesetzt, § 11 Abs. 1 Satz 1 RVG. Gem. § 11 Abs. 2 Satz 1 RVG ist der Antrag erst zulässig, wenn die Vergütung fällig ist. Dies ist gem. § 8 Abs. 1 Satz 1 RVG der Fall, wenn der Auftrag erledigt oder die Angelegenheit be-

---

1326 BGH v. 7.12.1998 – II ZB 5/97, AG 1999, 181; BayObLG v. 13.12.2000 – 3Z BR 168/99, FGPrax 2001, 84, 85; BayObLG v. 28.2.2001 – 3Z BR 381/00, AG 2001, 594, 595; BayObLG v. 11.7.2001 – 3Z BR 175/99, AG 2001, 595, 596; eine mathematisch exakte Quote wurde dagegen nur gebildet, wenn die Zahl der gehaltenen Anteile sämtlicher Antragsteller feststand oder erhebliche Unterschiede in den jeweiligen Beteiligungen bestanden, vgl. BGH v. 7.12.1998 – II ZB 5/97, AG 1999, 181.

1327 *Bilda* in MünchKomm. AktG, § 306 Rn. 160; *Behnke*, Spruchverfahren, S. 140 f.; *Pentz*, NZG 1999, 346 f.

1328 OLG Düsseldorf v. 7.10.1997 - 19 W 1/97, AG 1998, 39, 40; *Bilda* in MünchKomm. AktG, § 306 Rn. 160; *Behnke*, Spruchverfahren, S. 142

endet ist. Ist der Rechtsanwalt in einem gerichtlichen Verfahren tätig, wird die Vergütung gem. § 8 Abs. 1 Satz 2 RVG auch fällig, wenn eine Kostenentscheidung ergangen oder der Rechtszug beendet ist oder wenn das Verfahren länger als drei Monate ruht.

III. Rechtsmittel

Für die Festsetzung der Vergütung erklärt § 11 Abs. 2 Satz 3 RVG die Vorschriften der jeweiligen Verfahrensordnung über das Kostenfestsetzungsverfahren für entsprechend anwendbar. Da § 13a Abs. 3 FGG für das Kostenfestsetzungsverfahren im Verfahren der freiwilligen Gerichtsbarkeit auf die §§ 103 bis 107 ZPO verweist, ist statthaftes Rechtsmittel gegen die Festsetzung der Anwaltsvergütung die sofortige Beschwerde gem. § 104 Abs. 3 ZPO. Zu beachten ist in diesem Zusammenhang die Vorschrift des § 567 Abs. 2 Satz 2 ZPO, wonach die sofortige Beschwerde gegen andere Entscheidungen über Kosten als die Pflicht, die Prozesskosten zu tragen, an einen Mindestwert des Beschwerdegegenstandes von 50,- EUR geknüpft ist[1329].

C. Auslagen und Vergütung des gemeinsamen Vertreters und des besonderen gemeinsamen Vertreters

Der gemeinsame Vertreter und der besondere gemeinsame Vertreter können in entsprechender Anwendung des RVG vom Antragsgegner eine Vergütung (hierzu unter I.) sowie Ersatz ihrer Auslagen verlangen (hierzu unter II.). Dies gilt auch dann, wenn sie selbst nicht Rechtsanwalt sind[1330]. Mehrere Antragsgegner haften gem. § 6 Abs. 2 Satz 1 Hs. 2 SpruchG als Gesamtschuldner. Gebühren und Auslagen setzt das Gericht fest (hierzu unter III.). Gegen die Festsetzung ist die sofortige Beschwerde statthaft (hierzu unter IV.).

I. Vergütung

Gem. § 6 Abs. 2 Satz 1 SpruchG kann der gemeinsame Vertreter vom Antragsgegner in entsprechender Anwendung des RVG (zuvor: der BRAGO) den Ersatz seiner Auslagen und eine Vergütung verlangen. Die Vorschrift gilt über die Verweisung in § 6a Satz 2 SpruchG auch für den nach Maßgabe des § 6a Satz 1 SpruchG bestellten besonderen gemeinsamen Vertreter.

1329 Die Anwendbarkeit des § 567 Abs. 2 Satz 2 ZPO wohl auch bejahend OLG Stuttgart v. 31.3.2004 – 20 W 4/04, NZG 2004, 625.

1330 *Krieger* in Lutter, § 6 SpruchG Rn. 13.

Die Anwendbarkeit der Vergütungsvorschriften der BRAGO a.F. auf den gemeinsamen Vertreter war vor Geltung des SpruchG umstritten und wurde jedenfalls dann bejaht, wenn der gemeinsame Vertreter Rechtsanwalt war[1331]. Unter Geltung der BRAGO richtete sich die Vergütung des gemeinsamen Vertreters nach § 118 Abs. 1 BRAGO[1332]. Danach erhielt der gemeinsame Vertreter eine Gebühr im Rahmen von 5/10 bis zur vollen Gebühr, jeweils als Geschäftsgebühr, Besprechungsgebühr und Beweisgebühr. Nunmehr gilt, dass der gemeinsame Vertreter die Verfahrens- und die Terminsgebühr nach Nr. 3100 ff. und 3200 ff. des Vergütungsverzeichnisses (Anlage 1 zum RVG) verlangen kann. Gegebenenfalls hat er Anspruch auf die Einigungsgebühr nach Nr. 1000 des Vergütungsverzeichnisses.

II. Auslagen

Zu den nach § 6 Abs. 2 Satz 2 Hs. 1 SpruchG zu erstattenden Auslagen gehören insbesondere die Kosten für Post- und Kommunikationsdienstleistungen, Schreibauslagen und Reisekosten. Vor Geltung des SpruchG war daneben anerkannt, dass der gemeinsame Vertreter einen Rechtsanwalt beauftragen und für dessen Honorar Auslagenersatz beanspruchen konnte, wenn er nicht selbst Rechtsanwalt war[1333]. Dies soll unverändert gelten[1334]. Dabei wird jedoch verkannt, dass der Gesetzgeber davon ausging, dass der sorgfältig und gewissenhaft arbeitende gemeinsame Vertreter einen ähnlichen Aufgabenzuschnitt und Arbeitsaufwand hat wie die sonst am Verfahren beteiligten anwaltlichen Rechtsvertreter[1335]. Hieraus wird zu Recht gefolgert, dass als gemeinsamer Vertreter von vornherein Persönlichkeiten auszuwählen sind, die diesen Aufgaben selbst gerecht werden können und keinen weiteren Rechtsanwalt hinzuziehen müssen[1336].

III. Festsetzung

Auslagen und Vergütung setzt das Gericht gem. § 6 Abs. 2 Satz 2 SpruchG durch Beschluss fest und legt dabei den für die Gerichtsgebühren maßgeblichen Geschäftswert zugrunde. Dieser Wert fand erst im Zuge der Beratungen des Rechtsausschusses des Deutschen Bundestages über den Gesetzentwurf Eingang in das SpruchG[1337]. Zuvor sah § 6 Abs. 2 Satz 3 RegE SpruchG noch vor, dass das Ge-

---

1331 Vgl. die Darstellung des Meinungsstands bei *Ackermann*, AG 2001, 409 ff.

1332 BegrRegE zu § 6 SpruchG, BT-Drs. 15/371, S. 14.

1333 Bilda in MünchKomm. AktG, § 306 Rn. 97; *Krieger* in Lutter (2. Aufl.), § 308 Rn. 12; *Meister/Klöcker* in Kallmeyer, § 308 Rn. 28; *Schwarz* in Widmann/Mayer, § 308 Rn. 38.

1334 *Hüffer*, Anh § 305, § 6 SpruchG Rn. 7; *Klöcker/Frowein*, § 6 Rn. 32; Volhard in MünchKomm. AktG, § 6 SpruchG Fn. 51 i.V.m. § 15 SpruchG Rn. 15.

1335 BegrRegE zu § 6 SpruchG, BT-Drs. 15/371, S. 14.

1336 *Krieger* in Lutter, § 6 SpruchG Rn. 14.

1337 Stellungnahme des Rechtsausschusses zu § 6 Abs. 2 Satz 3 RegE, BT-Drs. 15/838, S. 17.

richt bei der Festsetzung nur die Hälfte des für die Gerichtsgebühren maßgeblichen Geschäftswerts zugrunde zu legen habe. Allerdings sorgt die Begrenzung des Geschäftswerts in § 15 Abs. 1 Satz 2 SpruchG auf maximal 7,5 Millionen EUR dafür, dass die Vergütung für einen gemeinsamen Vertreter, der sehr viele Anteilsinhaber vertritt, nicht unverhältnismäßig ansteigt.

Im Beschwerdeverfahren erfolgt die Festsetzung der Vergütung des gemeinsamen Vertreters durch das Beschwerdegericht[1338]. Legt das Beschwerdegericht die Beschwerde gem. § 28 Abs. 2 FGG dem BGH zur Entscheidung vor, so kann das vorlegende Gericht die Vergütung des gemeinsamen Vertreters für das gesamte Beschwerdeverfahren festsetzen[1339].

IV. Rechtsmittel

Wie schon bei der Bestellung des gemeinsamen Vertreters ist fraglich, welches Rechtsmittel gegen die Entscheidung über die Festsetzung der Gebühren und Auslagen statthaft ist. Zu § 306 Abs. 4 Satz 7 a.F. AktG und § 308 Abs. 2 Satz 2 a.F. UmwG wurde einhellig angenommen, statthaftes Rechtsmittel gegen die Entscheidung über die Festsetzung sei die sofortige Beschwerde. Die Begründungen hierfür variierten allerdings. Zum Teil sah man in der Festsetzung eine Nebenentscheidung, die hinsichtlich des Rechtsmittels denselben Regeln folge wie die Entscheidung in der Hauptsache[1340]. Wohl überwiegend wurde dagegen § 13a Abs. 3 FGG i.V.m. § 104 Abs. 3 Satz 1 ZPO angewandt[1341].

Da jedoch der gemeinsame Vertreter gem. § 6 Abs. 2 Satz 1 SpruchG nunmehr hinsichtlich seiner Vergütung wie ein Rechtsanwalt behandelt wird, liegt nahe, ihm ebenso wie den Verfahrensbevollmächtigten der Beteiligten nach den Vorschriften des RVG Rechtsschutz gegen die Festsetzung seiner Vergütung zu gewähren. Damit gilt für das Rechtsmittel des gemeinsamen Vertreters gegen die Festsetzung seiner Vergütung das in Bezug auf das Rechtsmittel der Verfahrensbevollmächtigten der Beteiligten Gesagte: Über § 11 Abs. 2 Satz 3 RVG sind die Vorschriften der jeweiligen Verfahrensordnung über das Kostenfestsetzungsverfahren entsprechend anwendbar. Da § 13a Abs. 3 FGG für das Kostenfestsetzungsverfahren im Verfahren der freiwilligen Gerichtsbarkeit auf die §§ 103 bis 107 ZPO verweist, ist statt-

---

1338 BayObLG v. 5.5.2004 – 3Z BR 101/99, AG 2004, 509; *Bilda* in MünchKomm. AktG, § 306 Rn. 99.

1339 BayObLG v. 5.5.2004 – 3Z BR 101/99, AG 2004, 509.

1340 BayObLG v. 10.1.1991 – BReg 3Z 110/90, AG 1991, 241, 242; *Schwarz* in Widmann/Mayer, § 308 Rn. 65; offen lassend *Hüffer*, § 306 Rn. 17 sowie *Stratz* in Schmitt/Hörtnagl/Stratz, § 308 Rn. 24.

1341 *Bilda* in MünchKomm. AktG, § 306 Rn. 99; *Krieger* in Lutter, § 308 Rn. 13; *Meister/Klöcker* in Kall-meyer, § 308 Rn. 31.

haftes Rechtsmittel gegen die Festsetzung der Anwaltsvergütung die sofortige Beschwerde, § 104 Abs. 3 ZPO[1342].

[1342] So wohl auch *Krieger* in Lutter, § 15 SpruchG Rn. 19; offen lassend OLG Frankfurt am Main v. 16.3.2004 – 20 W 21/04, S. 2 (nicht veröffentlicht).

Zusammenfassung und Ausblick

In der Zusammenfassung bleibt zunächst festzuhalten, dass durch das SpruchG die zuvor hauptsächlich im AktG und UmwG verstreuten Regelungen über das Spruchverfahren erstmals in einem einheitlichen Verfahrensgesetz zusammengefasst wurden. Allein dies ist bereits verdienstvoll. Dabei ist das Spruchverfahren nach dem SpruchG klar strukturiert und stellt dem Gericht nicht zuletzt wegen der strukturellen Annäherung des Verfahrens an den Zivilprozess und der zahlreichen Anleihen bei der und Verweisungen auf die ZPO ein verfahrensrechtliches Instrumentarium zur Verfügung, das die Verfahrensbeschleunigung zumindest *begünstigt*. Darüber hinaus hat das SpruchG die verfahrensrechtlichen Möglichkeiten der Beteiligten erheblich erweitert. In diesem Zusammenhang sind insbesondere die Vorlagepflichten des Antragsgegners sowie die zuvor nicht bestehende und nunmehr ausdrücklich vorgesehene Möglichkeit zu nennen, das Spruchverfahren durch einen "echten" gerichtlichen Vergleich zu beenden. Schließlich hat das SpruchG einige zuvor streitige oder unklare Fragen entschieden. Hervorzuheben sind dabei die Vorschriften über die Verfahrenskosten und die – zuvor häufig streitträchtige – Vergütung des gemeinsamen Vertreters.

Was freilich das vom Gesetzgeber formulierte Hauptziel der Verfahrensbeschleunigung betrifft, so wird seitens der Praxis konstatiert, dass das SpruchG den Anspruch, mit dem es angetreten ist, nicht erfüllt habe[1343]. Insbesondere seien die Verfahren weder einfacher noch kürzer geworden[1344]. Tatsächlich wurde – soweit ersichtlich – seit Inkrafttreten des SpruchG am 1.9.2003 bis März 2006 keine erstinstanzliche Entscheidung eines Gerichts in einem Spruchverfahren nach dem SpruchG veröffentlicht. Die Kritiker verkennen dabei nicht, dass die noch immer überlange Verfahrensdauer nur teilweise mit dem SpruchG zu tun hat[1345]. Vielmehr ist generell zu beobachten, dass Spruchverfahren – insbesondere seit Einführung des Squeeze-out am 1.1.2002 – immer "populärer" geworden sind[1346]. Auf der Aktivseite sind dabei häufig dieselben, einer aus "Berufsaktionären" bestehenden "Klägerszene" zuzurechnenden, Antragsteller beteiligt[1347]. Die Verfahrensbeschleunigung ist deren Hauptanliegen nicht, da insbesondere bei umfangreichen Verfahren mit zunehmender Verfahrensdauer – und damit einhergehenden steigenden Verfahrenskosten – der Druck auf die Antragsgegner zunimmt, das Verfahren durch Vergleich zu beenden und bei solchen Vergleichen oft erhebliche Aufbesserungen der ursprünglich angebotenen Kompensation erzielt werden[1348].

1343 *Bungert*, FAZ Nr. 15 v. 18.1.2006, S. 21.

1344 *Bungert*, FAZ Nr. 15 v. 18.1.2006, S. 21.

1345 *Bungert*, FAZ Nr. 15 v. 18.1.2006, S. 21.

1346 Vgl. oben § 2 (S. 35).

1347 *Bungert*, FAZ Nr. 15 v. 18.1.2006, S. 21; *Graf von Bassewitz/Krüger*, Börsenzeitung Nr. 37 v. 23.2.2005, S. 2.

1348 *Graf von Bassewitz/Krüger*, Börsenzeitung Nr. 37 v. 23.2.2005, S. 2.

Andere Schwierigkeiten bei der praktischen Handhabung des neuen Verfahrensrechts sind dagegen im SpruchG selbst angelegt. So führt insbesondere die Pflicht zur Erhebung konkreter Bewertungsrügen zu längeren Schriftsätzen, bei denen häufig dasselbe Schriftsatzmuster von mehreren Antragstellern verwendet und dabei auf – vom konkreten Einzelfall weitgehend unabhängige – Standardrügen zurückgegriffen wird[1349].

Allerdings wäre es verfrüht, bereits jetzt ein erneutes Tätigwerden des Gesetzgebers zu verlangen. Vielmehr sollte zunächst noch abgewartet werden, ob es den Gerichten gelingt, auf Grundlage der ihnen durch das SpruchG an die Hand gegebenen Verfahrensregelungen das Spruchverfahren "in den Griff" zu bekommen und die vom Gesetzgeber intendierte Verfahrensbeschleunigung zu realisieren. Sollte sich dabei die oben dargestellte Beobachtung manifestieren, dass die im SpruchG angelegte Verfahrensstraffung durch die "Verfahrenswirklichkeit" des Spruchverfahrens zum Großteil aufgehoben wird[1350], so erschiene ein erneutes Tätigwerden des Gesetzgebers jedoch in der Tat angezeigt.

Als "Königsweg" zur Verfahrensbeschleunigung wird in diesem Zusammenhang noch immer die Beschränkung des Verfahrens auf nur einen Rechtszug angesehen. So legte das Justizministerium Baden-Württemberg am 12.8.2005 einen Vorschlag zur Einführung erstinstanzlicher Zuständigkeiten des Oberlandesgerichts in besonderen Zivilrechtsstreitigkeiten vor, zu denen es u.a. auch das Spruchverfahren zählte. Auch wenn die darin unterbreiteten Vorschläge bei den Ausschüssen Justizreform, Zivilverfahrensrecht, Handelsrecht und Geistiges Eigentum des Deutschen Anwaltvereins zum Großteil auf Ablehnung stießen[1351], so erneuerte der Deutsche Anwaltverein in seiner Stellungnahme zu den Vorschlägen doch die bereits zuvor aufgestellte Forderung[1352], eine erstinstanzliche Zuständigkeit der Oberlandesgerichte für Spruchverfahren zu begründen[1353]. Dass hiergegen wegen des dann bestehenden Auseinanderfallens der Eingangszuständigkeit für Anfechtungsklagen und Spruchverfahren Bedenken bestehen, wurde gezeigt[1354]; wenngleich die Begründung einer Eingangszuständigkeit des Oberlandesgerichts – gegebenenfalls bei gleichzeitiger Beschränkung des Rechtsmittels[1355] – als ein gangbarer Weg zur Verfahrensbeschleunigung erschiene. Alternativ hierzu käme in Betracht, als am Spruchverfahren formell Beteiligte nur die ersten zehn Antragsteller zuzulassen

---

1349 *Bungert*, FAZ Nr. 15 v. 18.1.2006, S. 21.

1350 *Bungert*, FAZ Nr. 15 v. 18.1.2001, S. 21.

1351 Die Stellungnahme des Deutschen Anwaltvereins zum Vorschlag des Justizministeriums Baden-Württemberg vom 12.8.2005 zur Einführung erstinstanzlicher Zuständigkeiten des Oberlandesgerichts in besonderen Zivilrechtsstreitigkeiten ist abrufbar unter www.anwaltverein.de → Gesetzgebungs- und Fachausschüsse → Stellungnahmen → Stellungnahme Nr. 50/2005.

1352 Vgl. oben § 8 C. I. (S. 146).

1353 Stellungnahme des DAV zum Vorschlag des Justizministeriums Baden-Württemberg, S. 12.

1354 Vgl. oben § 8 D. I. (S. 149).

1355 Vgl. hierzu oben § 8 D. II. (S. 151).

oder aus den Anträgen im Rahmen eines Vorverfahrens den Verfahrensstoff "herauszudestillieren" und das "eigentliche" Spruchverfahren dann durch den – sämtliche Anteilsinhaber vertretenden – gemeinsamen Vertreter führen zu lassen[1356].

In jedem Falle gilt, dass bei einer weiteren Anpassung der Verfahrensregelungen über das Spruchverfahren auch die materiell-rechtlichen Bestimmungen über die den von einer Strukturmaßnahme betroffenen Anteilsinhabern zu gewährende Kompensation nicht unberücksichtigt bleiben sollten. Dies gilt etwa für § 295 AktG, für den gezeigt wurde, dass das dort geregelte Verfahren zur Änderung von Unternehmensverträgen im Falle des Abschlusses eines Verfahrensvergleichs kaum mit den praktischen Erfordernissen des Spruchverfahrens in Einklang zu bringen ist[1357]. Überdies bietet sich insbesondere im Falle des Squeeze-out bei börsennotierten Aktiengesellschaften an, als "angemessene Abfindung" – ähnlich wie im Übernahmerecht – ausschließlich den durchschnittlichen Börsenkurs während einer Referenzperiode vorzusehen[1358]. Eines – wie auch immer ausgestalteten – Spruchverfahrens bedürfte es dann nicht.

1356 *Bungert*, FAZ Nr. 15 v. 18.1.2001, S. 21.

1357 Vgl. oben § 14 B. I. (S. 257 ff.).

1358 *Graf von Bassewitz/Krüger*, Börsenzeitung Nr. 37 v. 23.2.2005, S. 2; vgl. hierzu auch oben § 5 C. III. 2. (S. 103 ff.).

Ergebnisse in Thesen

I. Unternehmensbewertung

1. Bei börsenotierten Gesellschaften ist eine zu gewährende Barabfindung ausschließlich auf Grundlage des Börsenkurses zu bestimmen.
2. Als für die Abfindung maßgeblicher Börsenkurs ist der Durchschnittskurs während einer dreimonatigen, am Bewertungsstichtag endenden Referenzperiode heranzuziehen.

II. Anwendbarkeit der Verfahrensvorschriften auf andere Strukturmaßnahmen

1. Als angemessener Ausgleich für den Verlust von Mehrstimmrechten ist der Vermögenswert des Mehrstimmrechts zu gewähren. Dieser kann anhand von Kriterien wie z.B. den durch die Mehrstimmrechte vermittelten Stimmrechtseinfluss, ihre Handelbarkeit und satzungsmäßige Ausgestaltung sowie die sie begleitenden Vorzugsbedingungen bestimmt werden und im Einzelfall auch gegen Null tendieren.
2. Die Verfahrensvorschriften des SpruchG sind der Analogie fähig.
3. Beim echten Delisting ist den Minderheitsaktionären der Erwerb ihrer Aktien gegen Gewährung einer Barabfindung anzubieten. Schuldner des Abfindungsanspruchs sind der oder die das Delisting betreibende(n) Mehrheitsaktionär(e) sowie die Gesellschaft als Gesamtschuldner. Die gerichtliche Überprüfung der Angemessenheit der beim regulären Delisting anzubietenden Barabfindung erfolgt im Spruchverfahren.
4. Die gerichtliche Kontrolle der Angemessenheit der im Zuge einer übertragenden Auflösung nach § 179a Abs. 1 Satz 1 AktG zu gewährenden Gegenleistung erfolgt im Spruchverfahren.
5. Bei der Zwangseinziehung gem. § 237 AktG erfolgt die Kontrolle der Angemessenheit des Einziehungsentgelts gemeinsam mit der Kontrolle der sachlichen Rechtfertigung der Zwangseinziehung ausschließlich im Wege der Anfechtungsklage.

III. Statthaftigkeit des Spruchverfahrens zur gerichtlichen Überprüfung kompensationswertbezogener Informationsmängel

1. Die zum Formwechsel ergangene Rechtsprechung des BGH zur gerichtlichen Überprüfung abfindungswertbezogener Informationsmängel ist auf andere Strukturmaßnahmen übertragbar.

2. Dies gilt trotz § 320b Abs. 2 Satz 1 und 2 AktG und § 327f Abs. 1 Satz 1 und 2 AktG auch für die Mehrheitseingliederung und den Squeeze-out. Abfindungswertbezogene Informationsrügen sind daher ausschließlich im Spruchverfahren geltend zu machen.

IV. Zuständigkeit

1. Die in § 2 Abs. 1 SpruchG geregelte Eingangszuständigkeit des Landgerichts ist sachgerecht, wenngleich auch gegen eine Eingangszuständigkeit des Oberlandesgerichts keine – insbesondere verfassungsrechtlichen – Bedenken bestehen.
2. Die in § 2 Abs. 4 SpruchG geregelte Verordnungsermächtigung sollte durch eine Regelung ersetzt werden, welche die Länder zum Erlass die örtliche Zuständigkeit konzentrierender Rechtsverordnungen verpflichtet und die darüber hinaus die länderübergreifende Zuständigkeitskonzentration für Spruchverfahren erlaubt.

V. Antragsberechtigung

1. Der Antragsberechtigung im Spruchverfahren liegt ein der Anfechtungsbefugnis gem. § 245 AktG vergleichbares privates Gestaltungsrecht der Anteilsinhaber gegen den Antragsgegner zugrunde. Fehlt es an der Antragsberechtigung eines Antragstellers, so ist dessen Antrag als unbegründet zurückzuweisen.
2. Im Spruchverfahren nach der Gründung einer SE sind nur die Anteilsinhaber einer Gründungsgesellschaft mit Sitz im Inland sowie die Anteilsinhaber einer Gründungsgesellschaft mit Sitz in einem anderen Mitgliedstaat, dessen Recht ein Verfahren zur Kontrolle und Änderung des Umtauschverhältnisses der Aktien oder zur Abfindung von Minderheitsaktionären kennt, antragsberechtigt.
3. Für Antragsteller, deren Antragsberechtigung sich aus der Stellung als Aktionär ableitet, resultiert aus § 3 SpruchG i.V.m. § 4 Abs. 2 Satz 2 Nr. 2 SpruchG nicht die Rechtspflicht, ihre Antragsberechtigung innerhalb der Antragsfrist des § 4 Abs. 1 Satz 1 SpruchG "von sich aus", d.h. auch ohne Bestreiten des Antragsgegners, durch Vorlage von Urkunden nachzuweisen.

VI. Antragsbegründung

1. Zur Erfüllung des von § 4 Abs. 2 Satz 2 Nr. 4 SpruchG statuierten Erfordernisses einer "konkreten" Bewertungsrüge haben die Antragsteller auf den Einzelfall bezogen diejenigen Umstände darzulegen, auf die sie ihre Auf-

fassung stützen, dass ein bestimmter Bewertungsparameter zu ändern oder durch einen anderen zu ersetzen sei.

2. Die im SpruchG vorgesehene Trennung zwischen Antrag und Antragsbegründung sollte aufgehoben und durch das Erfordernis eines von vornherein begründeten Antrags ersetzt werden.

3. Die Antragsteller sollten nach dem SpruchG verpflichtet sein, nach dem Vorbild des § 253 Abs. 5 ZPO drei Abschriften ihrer Schriftsätze für das Gericht, den Antragsgegner sowie den gemeinsamen Vertreter einzureichen.

VII. Antragsfrist und Antragsbegründungsfrist

1. Die Antragsfrist des § 4 Abs. 1 Satz 1 SpruchG ist eine materiell Ausschlussfrist. Die Wiedereinsetzung in die Antragsfrist ist nicht zulässig. Ein nach Fristablauf eingereichter Antrag ist als unbegründet zurückzuweisen.

2. Die Antragsbegründungsfrist des § 4 Abs. 2 Satz 1 i.V.m. Abs. 1 Satz 1 SpruchG ist eine Verfahrensfrist. Die Wiedereinsetzung in die Antragsbegründungsfrist ist zulässig. Reicht ein Antragsteller innerhalb der Begründungsfrist keine ordnungsgemäße Antragsbegründung ein und stellt er keinen Antrag auf Wiedereinsetzung in die Antragsbegründungsfrist, so ist der Antrag als unzulässig zurückzuweisen.

3. Fehlen einem Antragsteller die in § 7 Abs. 3 SpruchG genannten Unterlagen, so muss dieser gegebenenfalls durch einen rechtzeitigen und den Vorgaben des § 4 Abs. 2 Satz 2 Nr. 4 SpruchG entsprechenden Antrag auf Fristverlängerung dafür sorgen, dass ein Gesuch um Wiedereinsetzung in die Antragsbegründungsfrist nicht notwendig wird. Unterbleibt dies, so kommt die Wiedereinsetzung in die Antragsbegründungsfrist nicht in Betracht.

VIII. Gemeinsamer Vertreter und besonderer gemeinsamer Vertreter

1. Die Bestellung des gemeinsamen Vertreters sollte erst erfolgen, wenn feststeht, dass zumindest ein Antragsteller einen zulässigen, d.h. insbesondere ordnungsgemäß begründeten Antrag gestellt hat.

2. Die Bestellung kann nicht bereits deswegen unterbleiben, weil sich eine Aktionärsschutzvereinigung als Antragsstellerin am Verfahren beteiligt, die nach ihrer Satzung ausschließlich die Aufgabe hat, die schutzbedürftigen Interessen von Aktionären wahrzunehmen.

3. Aufgabe des gemeinsamen Vertreters ist nicht lediglich, den nicht am Spruchverfahren beteiligten Anteilsinhabern rechtliches Gehör zu verschaffen. Vielmehr nimmt der gemeinsame Vertreter unmittelbar die Vermögensinteressen dieser Anteilsinhaber wahr.

4. Der nach Maßgabe des § 6a SpruchG im Spruchverfahren nach der Gründung einer SE zu bestellende besondere gemeinsame Vertreter hat eine im Vergleich zum "normalen" gemeinsamen Vertreter schwächere Stellung im Spruchverfahren inne. Da von der Verweisung in § 6a Satz 2 SpruchG die Vorschrift des § 6 Abs. 3 SpruchG ausgenommen ist, stehen dem besonderen gemeinsamen Vertreter diejenigen Rechte nicht zu, die aus für den gemeinsamen Vertreter aus dieser Vorschrift hergeleitet werden; das gilt insbesondere für das Beschwerderecht gegen die Entscheidung im ersten Rechtszug.

IX. Antragserwiderung

1. Der Begriff des "Antrags" in § 7 Abs. 1 SpruchG ist dahingehend auszulegen, dass er sowohl den Antrag als auch die Antragsbegründung umfasst. Das Gericht hat daher erst zuzustellen und dem Antragsgegner eine Frist zur Antragserwiderung zu setzen, wenn sowohl der Antrag als auch die Antragsbegründung vorliegen.
2. Im Rahmen des § 7 Abs. 3 SpruchG können die Antragsteller vom Antragsgegner nur unter den weiteren Voraussetzungen des § 4 Abs. 2 Satz 2 Nr. 4 SpruchG die Erteilung von Abschriften der im Zuge der Durchführung der Strukturmaße erstellten Berichte verlangen. Zweck des § 7 Abs. 3 SpruchG ist dagegen nicht, die Antragsteller mit Mehrschriften der Berichte zu versorgen, über die sie entweder ohnehin verfügen oder die sie ohne größeren Aufwand hätten erlagen können.

X. Einbeziehung geheimhaltungsbedürftiger Unterlagen

1. § 7 Abs. 7 Satz 2 und 3 SpruchG bietet den verfassungsrechtlich nicht zu beanstandenden Ausgleich zwischen dem Interesse der Antragsteller, geheimhaltungsbedürftige Unterlagen in das Verfahren einzubeziehen, sowie dem Geheimhaltungsinteresse des Antragsgegners.
2. Kommt das Gericht bei Anwendung des § 7 Abs. 7 Satz 2 SpruchG auf Tatbestandsseite zu dem Ergebnis, dass "wichtige Gründe" vorliegen und die Geheimhaltung "geboten" ist, so ist auf Rechtsfolgenseite sein Ermessen "auf Null" reduziert und dem Antrag des Antragsgegners auf Geheimhaltung stattzugeben.

XI. Amtsermittlungsgrundsatz und Verhandlungsgrundsatz

1. Grundsätzlich führen die in § 4 Abs. 2 Satz 2 Nr. 2 SpruchG geregelte Pflicht zur Geltendmachung konkreter Bewertungsrügen und die hieraus resultierende Strukturierung des Streitstoffs auch zu dessen Beschränkung. Das Gericht kann sich daher ohne Verletzung der - über § 17 Abs. 1 SpruchG auch

im Spruchverfahren nach dem SpruchG bestehenden – Amtsermittlungspflicht auf die Überprüfung derjenigen Einwendungen beschränken, welche die Antragsteller und/oder der gemeinsame Vertreter erhoben haben.

2. Zugleich erlaubt § 12 FGG dem Gericht, über den Vortrag der Beteiligten hinaus eigene Ermittlungen anzustellen, wenn es dies zur Bestimmung der angemessenen Kompensation für notwendig erachtet.

XII. Verfahrensförderungspflichten und Rechtsfolgen von Verstößen

1. Zur Konkretisierung des Verzögerungsbegriffs in § 10 Abs. 1 und 2 SpruchG ist auf die zu § 296 ZPO entwickelten Grundsätze zurückzugreifen. Es gilt daher der sog. absolute Verzögerungsbegriff. Eine Verzögerung liegt vor, wenn das Verfahren bei Zulassung des nachgeholten Vortrags länger dauern würde als bei dessen Zurückweisung.
2. Der in § 10 Abs. 1 und 2 SpruchG geregelte einheitliche Verschuldensmaßstab als Voraussetzung für die Zurückweisung von bestimmtem Vorbringen ist verfassungsrechtlich nicht zu beanstanden, da es insofern entscheidend darauf ankommt, dass die Zurückweisung überhaupt an ein Verschuldenserfordernis geknüpft ist.

XIII. Einbeziehung der sachverständigen Prüfer

1. Die Rolle der sachverständigen Prüfer im Spruchverfahren nach dem SpruchG ist entgegen dem Wortlaut des § 8 Abs. 2 Satz 1 SpruchG die einer sachverständigen Auskunftsperson eigener Art, für die weitgehend die Vorschriften über sachverständige Zeugen gelten.
2. Die Bestellung der sachverständigen Prüfer als Sachverständige im Rahmen der Beweisaufnahme ist zulässig. Allerdings sollte von dieser Möglichkeit angesichts der zu erwartenden Zurückhaltung der sachverständigen Prüfer bei der Korrektur ihres Prüfungsberichts nur zurückhaltend Gebrauch gemacht werden.

XIV. Beschwerde

1. Der in § 12 Abs. 1 Satz 2 SpruchG geregelte Anwaltszwang bei der Unterzeichnung der Beschwerdeschrift beschränkt sich auf die Einlegung der Beschwerde. Das weitere Beschwerdeverfahren kann dagegen ohne anwaltliche Mitwirkung betrieben werden.
2. Dem gemeinsamen Vertreter steht unter denselben Voraussetzungen wie den Antragstellern ein Beschwerderecht zu. Dagegen besteht kein eigenes Beschwerderechts des nach Maßgabe des § 6a SpruchG bestellten besonderen gemeinsamen Vertreters.

XV. Verfahrensbeendigung durch Handlungen der Beteiligten

1. Im Spruchverfahren sind das Anerkenntnis und der Verzicht grundsätzlich möglich. Allerdings kommt eine Anerkenntnisentscheidung nur dann in Betracht, wenn seitens der Antragsteller mehrere gleich lautende Sachanträge gestellt wurden.

2. Die Antragsrücknahme nach Beginn der mündlichen Verhandlung bedarf nicht der Zustimmung des Antragsgegners nach Maßgabe von § 269 Abs. 1 ZPO.

3. Die einseitige Erledigungserklärung ist im Spruchverfahren zulässig. Das praktische Bedürfnis für eine einseitige Erledigungserklärung im Spruchverfahren resultiert aus § 15 Abs. 4 SpruchG, nach dem die Antragsteller ihre außergerichtlichen Kosten grundsätzlich selbst zu tragen haben.

4. Einseitige Erledigungserklärung und Verzicht erfordern die Mitwirkung des gemeinsamen Vertreters, da ansonsten dessen in § 6 Abs. 3 SpruchG geregeltes Recht, das Verfahren auch nach Antragsrücknahme fortführen zu können, entwertet würde.

XVI. Verfahrensbeendigung durch gerichtlichen Vergleich

1. Zum materiell-rechtlich wirksamen Abschluss eines Verfahrensvergleichs im Spruchverfahren nach Abschluss eines Unternehmensvertrags ist die Einhaltung der Voraussetzungen des § 295 AktG i.V.m. §§ 293 ff. AktG zwingend erforderlich.

2. Die Voraussetzungen der § 295 AktG i.V.m. §§ 293 ff. AktG sind mit den praktischen Erfordernissen beim Abschluss eines Verfahrensvergleichs im Spruchverfahren nicht vereinbar. Der Gesetzgeber ist aufgerufen, von der Anwendung des § 295 AktG in den Fällen abzusehen, in denen – wie beim Abschluss eines Verfahrensvergleichs im Spruchverfahren – Gegenstand einer "Vertragsänderung" im Sinne der Vorschrift lediglich die Erhöhung der durch das herrschende Unternehmen zu gewährenden Kompensation ist.

3. Ein im Spruchverfahren nach einer Mehrheitseingliederung, einem Squeeze-out oder einer Umwandlung geschlossener Verfahrensvergleich stellt sich materiell-rechtlich als Vereinbarung dar, durch welche die im Zuge der Durchführung der Strukturmaßnahme festgelegte Kompensationsregelung ergänzt wird. Ist der Antragsgegner eine Aktiengesellschaft, so kann deren Vorstand die Gesellschaft materiell-rechtlich wirksam zur Leistung einer erhöhten Vergleichskompensation verpflichten; eine (ungeschriebene) Zuständigkeit der Hauptversammlung nach Maßgabe der *Holzmüller*-Entscheidung und der *Gelatine*-Entscheidungen des BGH besteht nicht.

Literaturverzeichnis

Ackermann, Herbert, Zur Vergütung des Gemeinsamen Vertreters im Spruchstellenverfahren, AG 2001, 409-411.

Adolff, Johannes/Tieves, Johannes, Über den rechten Umgang mit einem entschlusslosen Gesetzgeber: Die aktienrechtliche Lösung des BGH für den Rückzug von der Börse, BB 2003, 797-805.

Aerssen, Rick van, Die Antragsbefugnis im Spruchstellenverfahren des Aktiengesetzes und im Spruchverfahren des Umwandlungsgesetzes, AG 1999, 249-257.

Aha, Christof, Aktuelle Aspekte der Unternehmensbewertung im Spruchstellenverfahren (Zugleich Anmerkungen zu der Paulaner-Entscheidung des BayObLG), AG 1997, 26-36.

Altmeppen, Holger, Zeitliche und sachliche Begrenzung von Abfindungsansprüchen gegen das herrschende Unternehmen im Spruchstellenverfahren, in: Habersack, Mathias/Hommelhoff, Peter/Hüffer, Uwe/Schmidt, Karsten (Hrsg.), Festschrift für Peter Ulmer zum 70. Geburtstag am 2. Januar 2003, Berlin, 2003, S. 3-20.

Ammon, Ludwig, Rechtsprechungsübersicht zum aktienrechtlichen Spruchverfahren, FGPrax 1998, 121-124.

App, Michael, Das Spruchstellenverfahren bei der Abfindung von Gesellschaftern nach einer Umwandlung, BB 1995, 267-269.

Arbeitskreis Umwandlungsrecht, Vorschläge zum Referentenentwurf eines Umwandlungsgesetzes, ZGR 1993, 321-333.

Arnold, Arnd, Entschädigung von Mehrstimmrechten nach § 5 EGAktG, DStR 2003, 784-788.

Assmann, Heinz-Dieter/Schneider, Uwe H., Wertpapierhandelsgesetz, 3. Auflage, Köln, 2003, zitiert: *Bearbeiter* in Assmann/Schneider.

Baetge, Jörg/Krause, Clemens, Die Berücksichtigung des Risikos bei der Unternehmensbewertung, BFuP 1994, 433-456.

Ballwieser, Wolfgang, Adolf Moxter und der Shareholder Value-Ansatz, in: Ballwieser, Wolfgang/Böcking, Hans-Joachim/Drukarczyk, Jochen/Schmidt, Reinhard (Hrsg.), Bilanzrecht und Kapitalmarkt: Festschrift zum 65. Geburtstag von Adolf Moxter, Düsseldorf, 1994, S. 1378-1405.

Ders., Aktuelle Aspekte der Unternehmensbewertung im Spruchstellenverfahren (Zugleich Anmerkungen zu der Paulaner-Entscheidung des BayObLG), WPg 1995, 119-129.

Barfuß, Werner, Die Stellung der besonderen Vertreter gem. § 30 BGB in der zivilprozessualen Beweisaufnahme, NJW 1977, 1273-1274.

Bärmann, Johannes, Freiwillige Gerichtsbarkeit und Notarrecht, Berlin/Heidelberg/New York, 1968.

Bassewitz, Gerd Graf von/Krüger, Peter, Schwierige Abwehr von Squeeze-out-Spekulationen: Hohe Zuschläge in Spruchverfahren – Nachbesserungen zwischen 13 und 700 Prozent – Freiwillige Prämien vermeiden, Börsenzeitung Nr. 37 v. 23.2.2005, S. 2.

Bassenge, Peter/Herbst, Gerhard/Roth, Herbert, Gesetz über die Angelegenheiten der Freiwilligen Gerichtsbarkeit · Rechtspflegergesetz, 9. Auflage, Heidelberg, 2002, zitiert: *Bearbeiter* in Bassenge/Herbst/Roth.

Baumbach, Adolf, Aktiengesetz vom 30. Januar 1937 mit Umwandlungsgesetz und anderen Nebengesetzen, München, 1937.

Baumbach, Adolf/Hueck, Alfred/Hueck, Götz, Aktiengesetz, 13. Auflage, München, 1968.

Baumbach, Adolf/Hopt, Klaus J., Handelsgesetzbuch, 31. Auflage, München, 2003.

Baumbach, Adolf/Lauterbach/Wolfgang Albers, Jan/Hartmann, Peter, Zivilprozessordnung, 63. Auflage, München, 2005, zitiert: *Bearbeiter* in Baumbach/Lauterbach.

Baums, Theodor (Hrsg.), Bericht der Regierungskommission Corporate Governance, Köln, 2001, zitiert: Bericht der Regierungskommission Corporate Governance bei *Baums* (Hrsg.).

Baur, Fritz, Freiwillige Gerichtsbarkeit, 1. Buch: Allgemeines Verfahrensrecht, Tübingen, 1955.

Bellinger, Bernhard/Vahl, Günter, Unternehmensbewertung in Theorie und Praxis, 2. Auflage, Wiesbaden, 1992.

Behnke, Thorsten, Das Spruchverfahren nach §§ 306 AktG, 305 ff. UmwG, Frankfurt am Main/Berlin/Bern/Brüssel/Oxford/Wien, 2001, zugl. Bayreuth, Univ., Diss., 2000.

Behringer, Stefan, Cash-flow und Unternehmensbeurteilung, 8. Auflage, Berlin, 2003.

Beyerle, Konrad, Erfahrungen mit dem Spruchstellenverfahren nach § 306 AktG, ZGR 1977, 650-661.

Ders., Notwendige Änderungen im Verfahren der Freiwilligen Gerichtsbarkeit nach § 306 AktG, BB 1978, 784-791.

Biewer, Anja, Die Umwandlung eines Versicherungsvereins auf Gegenseitigkeit in eine Aktiengesellschaft, Karlsruhe, 1998, zugl. Hamburg, Univ., Diss., 1998.

Bilda, Klaus, Zur Dauer der Spruchstellenverfahren, NZG 2000, 296-301.

Ders., Abfindungsansprüche bei vertragsüberlebenden Spruchverfahren, NZG 2005, 375-381.

Bork, Reinhard, Beschlußverfahren und Beschlußkontrolle nach dem Referentenentwurf eines Gesetzes zur Bereinigung des Umwandlungsrechts, ZGR 1993, 343-365.

Ders., Zuständigkeitsprobleme im Spruchverfahren, ZIP 1998, 550-554.

Bork, Reinhard, Gerichtszuständigkeit für Spruchverfahren bei Verschmelzung, NZG 2002, 163-164.

Born, Karl, Unternehmensanalyse und Unternehmensbewertung, Stuttgart 1995.

Böttcher, Conrad/Meilicke, Heinz, Umwandlung, Verschmelzung und Auflösung – Kommentar zu den handelsrechtlichen Vorschriften über erleichterte Umwandlung und Verschmelzung auf Grund des Aktien- und des GmbH-Gesetzes und zu den steuerlichen Vorschriften über Umwandlung, Verschmelzung und Auflösung, 4. Auflage des Kommentars über Umwandlung, Auflösung und Anleihestock von Kapitalgesellschaften, Berlin, 1937, zitiert: *Böttcher/Meilicke* (4. Aufl.).

Dies., Umwandlung und Verschmelzung von Kapitalgesellschaften, 5. Auflage, Berlin/Frankfurt am Main, 1958, zitiert: *Böttcher/Meilicke.*

Brandes, Stephan M., Cross Border Merger mittels der SE, AG 2005, 177-188.

Bötticher, Eduard, Besinnung auf das Gestaltungsrecht und das Gestaltungsklagerecht, in: Caemmerer, Ernst von/Nikisch, Arthur/Zweigert, Konrad (Hrsg.), Vom Deutschen zum Europäischen Recht · Festschrift für Heinz Dölle ·

Band I: Deutsches Privat- und Zivilprozessrecht, Rechtsvergleichung, Tübingen, 1963, S. 41-77.

Bredow, Günther M./Tribulowsky, Maik, Auswirkungen von Anfechtungsklagen und Squeeze-Out auf ein laufendes Spruchstellenverfahren, NZG 2002, 841-846.

Büchel, Helmut, Neuordnung des Spruchverfahrens, NZG 2003, 793-804.

Bumiller, Ursula/Winkler, Karl, Freiwillige Gerichtsbarkeit, 7. Auflage, München, 1999.

Bundesjustizministerium (Hrsg.), Referentenentwurf eines Aktiengesetzes, Köln, 1958.

Bungert, Hartwin, Unternehmensvertragsbericht und Unternehmensvertragsprüfung gem. §§ 293a ff. AktG (Teil II), DB 1995, 1449-1456.

Ders., Ausgliederung durch Einzelrechtsübertragung und analoge Anwendung des Umwandlungsgesetzes, NZG 1998, 367-370.

Ders., Aktionäre erstreiten sich höhere Abfindungen, FAZ Nr. 15 v. 18.1.2006, S. 21.

Bungert, Hartwin/Mennicke, Petra, BB-Gesetzgebungsreport: Das Spruchverfahrensneuordnungsgesetz, BB 2003, 2021-2031.

Burger, Anton/Buchhart, Anton, Der Cash Flow in einer integrierten Unternehmensrechnung, WPg 2001, 801-809.

Busse von Colbe, Walther, Der Vernunft eine Gasse: Abfindung von Minderheitsaktionären nicht unter dem Börsenkurs ihrer Aktien, in: Schneider, Uwe H./Hommelhoff, Peter/Schmidt, Karsten/Timm, Wolfram/Grunewald, Barbara/Drygala, Tim (Hrsg.), Deutsches und europäisches Gesellschafts-, Konzern- und Kapitalmarktrecht: Festschrift für Marcus Lutter zum 70. Geburtstag, Köln, 2000, S. 1053-1067.

Claussen, Carsten Peter, Bank- und Börsenrecht für Studium und Praxis, 3. Auflage, München, 2003.

Csik, Andreas, Substanzwert als Funktion der Ertragserwartungen, DB 1985, 1901-1907.

Dehmer, Hans, Umwandlungsgesetz · Umwandlungssteuergesetz, 2. Auflage, München, 1996.

Deutscher Anwaltverein, DAV: Stellungnahme des Deutschen Anwaltvereins zum Referentenentwurf eines Spruchverfahrensneuordnungsgesetzes, NZG 2002, 119-124.

Ders., DAV-Stellungnahme zum Spruchverfahrensneuordnungsgesetz, ZIP 2003, 552-556.

Ders, DAV: Stellungnahme des Deutschen Anwaltvereins zum Referentenentwurf eines Gesetzes zur Unternehmensintegrität und Modernisierung des Anfechtungsrechts (UMAG), NZG 2004, 555-567.

Deutscher Juristentag, Ständige Deputation des Deutschen Juristentages (Hrsg.), Verhandlungen des vierundsechzigsten Deutschen Juristentages, Band II/2: Sitzungsberichte (Diskussion und Beschlussfassung), München, 2002.

Diekgräf, Robert, Sonderzahlungen an opponierende Kleinaktionäre von Anfechtungs- und Spruchstellenverfahren, Heidelberg, 1990, zugl. Hamburg, Univ. Diss., 1990.

Dielmann, Heinz J./König, Andreas, Der Anspruch ausscheidender Minderheitsaktionäre auf angemessene Abfindung, AG 1984, 57-66.

Dörfler, Wolfgang/Gahler, Wolfgang/Unterstraßer, Stefan/Wirichs, Robert, Probleme bei der Wertermittlung von Abfindungsangeboten, BB 1994, 156-162.

Dreher, Meinrad/Neumann, Kerstin, Kurzkommentar zu OLG Stuttgart v. 4.12.1996 – 8 W 43/93, EWiR 1997, 197-198.

Drukarczyk, Jochen, Zum Problem der angemessenen Barabfindung bei zwangsweise ausscheidenden Anteilseignern, AG 1973, 357-365.

Ebenroth, Carsten-Thomas, Konzernbildungs- und Konzernleitungskontrolle – ein Beitrag zu den Kompetenzen von Vorstand und Hauptversammlung, Konstanz, 1987.

Ehricke, Ulrich/Roth, Markus, Squeeze-out im geplanten deutschen Übernahmerecht, DStR 2001, 1120-1127.

Emmerich, Volker/Habersack, Mathias, Aktien- und GmbH-Konzernrecht, 3. Auflage, München, 2003, zitiert: *Bearbeiter* in Emmerich/Habersack.

Erb, Günther, Der Gegenstandswert der Anwaltsgebühren im aktienrechtlichen Spruchstellenverfahren nach §§ 306 VII AktG, 30 I KostO, NZG 2001, 161-163.

Exner, Werner, Beherrschungsvertrag und Vertragsfreiheit, Frankfurt am Main/ Bern/New York/Nancy, 1984, zugl. Göttingen., Univ., Diss., 1983.

Falkenhausen, Kurt H. Freiherr von, Das Verfahren der freiwilligen Gerichtsbarkeit im Aktienrecht, AG 1967, 309-318.

Fezer, Karl-Heinz, Markenrecht, 3. Auflage, München, 2001.

Fleischer, Holger, Empfiehlt es sich, im Interesse des Anlegerschutzes und zur Förderung des Finanzplatzes Deutschland das Kapitalmarkt- und Börsenrecht neu zu regeln?, Gutachten F (Kapitalmarktrechtliches Teilgutachten) für den 64. Deutschen Juristentag, in: Verhandlungen des vierundsechzigsten Deutschen Juristentages in Berlin 2002, Herausgegeben von der ständigen Deputation des Deutschen Juristentages, Band I: Gutachten Teil F und G, München, 2002.

Ders., Das neue Recht des Squeeze out, ZGR 2002, 757-789.

Ders., Das Gesetz zur Unternehmensintegrität und Modernisierung des Anfechtungsrechts, NJW 2005, 3525-3530.

Flume, Werner, Die Organschaft im Gewerbesteuerrecht, DB 1955, 485-495.

Ders., Stellungnahme zum Gutachten des Bundesfinanzhofs zur Besteuerung der Dividendengarantie bei Organschaftsverhältnissen (BStBl. 1957 III, S. 139), DB 1957, 439-441.

Foerste, Ulrich, Wiederaufnahme des Zivilprozesses bei naturwissenschaftlichem Erkenntnisfortschritt, NJW 1996, 345-352.

Ders., Die Güteverhandlung im künftigen Zivilprozess, NJW 2001, 3103-3105.

Franta, Rudolf, Das neue Umwandlungsgesetz, DB 1956, 1198-1204.

Fritzsche, Michael/Dreier, Peter/Verfürth, Ludger C., Kommentar zum Spruchverfahrensgesetz, Berlin, 2004.

Fuhrmann, Lambertus, "Gelatine" und die Holzmüller-Doktrin: Ende einer juristischen Irrfahrt?, AG 2004, 339-342.

Gesmann-Nuissl, Dagmar, Die neuen Squeeze-out-Regeln im Aktiengesetz, WM 2002, 1205-1211.

Geßler, Ernst, Einberufung und ungeschriebene Hauptversammlungszuständigkeiten, in: Lutter, Marcus/Mertens, Hans-Joachim/Ulmer, Peter (Hrsg.), Festschrift für Walter Stimpel zum 68. Geburtstag am 29. November 1985, Berlin/New York, 1985, S. 771-789.

Ders., Die Umwandlung von Kapitalgesellschaften und bergrechtlichen Gewerkschaften, BB 1956, 1175-1179.

Geßler, Ernst/Hefermehl, Wolfgang/Eckardt, Ulrich/Kropff, Bruno, Aktiengesetz,
Band II: §§ 76-147, München, 1973-1974,
Band IV: §§ 179-240, München, 1989-1994,
Band V: §§ 241-290, München, 1984-1986,
Band VI: §§ 291-410, München, 1976-1994,
zitiert: *Bearbeiter* in Geßler/Hefermehl.

Götz, Hans Norbert, Entschädigung von Aktionären abseits der Kapitalmarktbewertung?, DB 1996, 259-265.

Götz, Volkmar, Der Folgenbeseitigungsanspruch im Beamtenrecht, ZBR 1961, 135-138.

Götze, Cornelius, "Gelatine" statt "Holzmüller" – Zur Reichweite ungeschriebener Mitwirkungsbefugnisse der Hauptversammlung, NZG 2004, 585-589.

Gross, Wolfgang, Rechtsprobleme des Delisting, ZHR 165 (2001), 141-166.

Großfeld, Bernhard, Unternehmens- und Anteilsbewertung im Gesellschaftsrecht, 4. Auflage, Köln, 2002.

Ders., Barabfindung und Ausgleich nach §§ 304, 305 AktG, NZG 2004, 74-75.

Ders., Wandel der Unternehmensverfassung, NZG 2005, 1-5.

Großkommentar zum Aktiengesetz, früher bearbeitet von W. Gadow [u.a.], 3. Auflage,
Band I/2: §§ 76-147, Berlin/New York, 1973,
Band III: §§ 179-290, Berlin/New York, 1971-1973,
Band IV: §§ 291-410 · EGAktG, Berlin/New York, 1971-1975,
zitiert: *Bearbeiter* in Großkomm. AktG (3. Aufl.).

Grunewald, Barbara, Der Ausschluss aus Gesellschaft und Verein, Köln/Berlin/Bonn/München, 1987.

Dies., Die neue Squeeze-out-Regelung, ZIP 2002, 18-22.

Dies., Die Auswirkungen der Macrotron-Entscheidung auf das kalte Delisting, ZIP 2004, 542-544.

Gude, Christian, Zweifelsfragen bei der Beschwerde nach dem Spruchverfahrensgesetz, AG 2005, 233-237.

Habersack, Mathias, Der Finanzplatz Deutschland und die Rechte der Aktionäre, ZIP 2001, 1230-1239.

Ders., Mitwirkungsrechte der Aktionäre nach Macrotron und Gelatine, AG 2005, 137-149.

Habscheid, Walther J., Der Streitgegenstand im Zivilprozess und im Streitverfahren der Freiwilligen Gerichtsbarkeit, Bielefeld, 1956.

Ders., Freiwillige Gerichtsbarkeit, 7. Auflage, München, 1983.

Hachenburg, Hrsg. von Ulmer, Peter, Gesetz betreffend die Gesellschaften mit beschränkter Haftung (GmbHG): Großkommentar, Band 3: §§ 53-85, 8. Auflage, Berlin/New York, 1997, zitiert: *Bearbeiter* in Hachenburg.

Halasz, Christian/Kloster, Lars, Börsengang – eine Entscheidung der Hauptversammlung?, ZBB 2001, 474-482.

Happ, Wilhelm/Pfeifer, Axel, Der Streitwert gesellschaftsrechtlicher Klagen und Gerichtsverfahren, ZGR 1991, 103-124.

Harrmann, Alfred, Cash-flow – Ermittlung, Bedeutung und Aussagefähigkeit, DB 1986, 2612-2616.

Hartmann, Peter, Kostengesetze, 32. Auflage, München, 2003.

Hecker, Renate/Wenger, Ekkehard, Der Schutz von Minderheiten im Vertragskonzern, ZBB 1995, 321-341.

Heckschen, Heribert, Die Entwicklung des Umwandlungsrechts aus Sicht der Rechtsprechung und Praxis, DB 1998, 1385-1399.

Henckel, Wolfram, Parteilehre und Streitgegenstand im Zivilprozess, Heidelberg, 1961.

Ders., Prozessrecht und materielles Recht, Göttingen, 1970.

Henze, Hartwig, Holzmüller vollendet das 21. Lebensjahr, in: Habersack, Mathias/ Hommelhoff, Peter/Hüffer, Uwe/Schmidt, Karsten (Hrsg.), Festschrift für Peter Ulmer zum 70. Geburtstag am 2. Januar 2003, Berlin, 2003, S. 211-242.

Ders., Auflösung einer Aktiengesellschaft und Erwerb ihres Vermögens durch den Mehrheitsgesellschafter, ZIP 1995, 1473-1481.

Ders., Aspekte und Entwicklungstendenzen der aktienrechtlichen Anfechtungsklage in der Rechtsprechung des BGH, ZIP 2002, 97-108.

Herbig, Die Dritte Durchführungsverordnung zum Umwandlungsgesetz, Deutsche Justiz 1934, 1879-1882.

Heurung, Rainer, Zur Anwendung und Angemessenheit verschiedener Unternehmenswertverfahren im Rahmen von Umwandlungsfällen, DB 1997, 837-843 (Teil I), 888-892 (Teil II).

Hirte, Heribert, Mißbrauch aktienrechtlicher Anfechtungsklagen, BB 1988, 1469-1477.

Hirte, Heribert/Bülow, Christoph von (Hrsg.), Kölner Kommentar zum WpÜG, Köln/ Berlin/Bonn/München, 2003.

Hoffmann-Becking, Michael (Hrsg.), Münchener Handbuch des Gesellschaftsrechts, Band 4: Aktiengesellschaft, 2. Auflage, München, 1999, zitiert: *Bearbeiter* in Münchener Handbuch AG.

Holch, Georg, Gerichtsverfassung und Organisationsgewalt, DÖV 1969, 535-540.

Hosterbach, Ernst, Unternehmensbewertung: Renaissance des Substanzwertes, DB 1987, 897-902.

Hommelhoff, Peter, Die Konzernleitungspflicht, Köln/Berlin/Bonn/München, 1982.

Ders., Zur Kontrolle strukturändernder Gesellschafterbeschlüsse, ZGR 1990, 447-476.

Ders., Minderheitenschutz bei Umstrukturierungen, ZGR 1993, 452-473.

Hopt, Klaus J./Wiedemann, Herbert (Hrsg.), Großkommentar zum Aktiengesetz,
Band 1: Einleitung, §§ 1-53, 4. Auflage, Berlin/New York, 1992-2004,
Band 3, 14. Lieferung: §§ 118-120, 4. Auflage, Berlin/New York, 1999,
Band 3, 5. Lieferung: §§ 179-191, 4. Auflage, Berlin/New York, 1995,
Band 3, 18. Lieferung: §§ 192-206, 4. Auflage, Berlin/New York, 2001,

Band 3, 6. Lieferung: §§ 241-255, 4. Auflage, Berlin/New York, 1996, zitiert: *Bearbeiter* in Großkomm. AktG.

Hübner, Ulrich, Die Ausgliederung von Unternehmensteilen in aktien- und aufsichtsrechtlicher Sicht, in: Lutter, Marcus/Mertens, Hans-Joachim/Ulmer, Peter (Hrsg.), Festschrift für Walter Stimpel zum 68. Geburtstag am 29. November 1985, Berlin/New York, 1985, S. 791-809

Hüchting, Hans-Jochen, Abfindung und Ausgleich im aktienrechtlichen Beherrschungsvertrag, Köln/Berlin/Bonn/München, 1972, zugl. Bochum, Univ., Diss., 1972.

Hueck, Alfred, Die Anfechtbarkeit und Nichtigkeit von Generalversammlungsbeschlüssen bei Aktiengesellschaften, Mannheim/Berlin/Leipzig, 1924.

Hüffer, Uwe, Aktiengesetz,
5. Auflage, München, 2002, zitiert: *Hüffer* (5. Aufl.),
6. Auflage, München, 2004.

Ders., Zur Holzmüller-Problematik: Reduktion des Vorstandsermessens oder Grundlagenkompetenz der Hauptversammlung?, in: Habersack, Mathias/ Hommelhoff, Peter/Hüffer, Uwe/Schmidt, Karsten (Hrsg.), Festschrift für Peter Ulmer zum 70. Geburtstag am 2. Januar 2003, Berlin, 2003, S. 279-303.

Immenga, Ulrich/Mestmäcker, Ernst-Joachim, Gesetz gegen Wettbewerbsbeschränkungen, 3. Auflage, München, 2001, zitiert: *Bearbeiter* in Immenga/Mestmäcker.

Ingerl, Reinhard/Rohnke, Christian, Markengesetz, 2. Auflage, München 2003.

Institut der Wirtschaftsprüfer (Hrsg.), IDW Standard: Grundsätze zur Durchführung von Unternehmensbewertungen (IDW S 1), Die Wirtschaftsprüfung (WPg) 2000, 825-842.

Jansen, Paul, Gesetz über die Angelegenheiten der Freiwilligen Gerichtsbarkeit mit Nebengesetzen und bundes- und landesrechtlichen Ergänzungs- und Ausführungsvorschriften, Band 1: Einleitung, §§ 1-34, §§ 23-30 EGGVG, Art. 7 FamRÄndG, 2. Auflage, Berlin, 1969.

Jarass, Hans D./Pieroth, Bodo, Grundgesetz für die Bundesrepublik Deutschland, 7. Auflage, München, 2004.

Jauernig, Othmar (Hrsg.), Bürgerliches Gesetzbuch, 11. Auflage, München, 2004, zitiert: *Bearbeiter* in Jauernig.

Jungmann, Carsten, Die Anrechnung von erhaltenen Ausgleichszahlungen auf den Abfindungsanspruch nach § 305 AktG, BB 2002, 1549-1555.

Kallmeyer, Harald, GmbHR-Kommentar zum Urteil des BGH v. 18.12.2000 – II ZR 1/99, GmbHR 2001, 201 ff., GmbHR 2001, 204.

Kamanabrou, Sudabeh, Die Anrechnung von Ausgleichszahlungen bei Barabfindung nach § 305 AktG, BB 2005, 449-453.

Keidel, Theodor/Kuntze, Joachim/Winkler, Karl, Freiwillige Gerichtsbarkeit, 15. Auflage, München, 2003, zitiert: *Bearbeiter* in Keidel/Kuntze/Winkler.

Kirsch, Hans-Jürgen/Krause, Clemens, Kritische Überlegungen zur Discounted Cash Flow-Methode, ZfB 66 (1996), 793-812

Kleindiek, Detlef, "Going Private" und Anlegerschutz, in: Westermann, Harm Peter/ Mock, Klaus (Hrsg.), Festschrift für Gerold Bezzenberger zum 70. Geburtstag am 13. März 2000, Berlin/New York, 2000, S. 653-671.

Ders., Abfindungsbezogene Informationsmängel und Anfechtungsausschluss, NZG 2001, 552-555.

Kley, Karl-Ludwig, Die Rechtsstellung der außenstehenden Aktionäre bei der vorzeitigen Beendigung von Unternehmensverträgen, München, 1986, zugl. München, LMU, Diss., 1986.

Klöhn, Lars, Der Abfindungsanspruch des Aktionärs als Aufopferungsanspruch, AG 2002, 443-452.

Klöcker, Ingo/Frowein, Georg A., Spruchverfahrensgesetz, Köln, 2004.

Kopp, Ferdinand O./Schenke, Wolf-Rüdiger, Verwaltungsgerichtsordnung, 13. Auflage, München, 2003.

Kort, Michael, Das Verhältnis von Ausgleich und Abfindung beim Abschluss aktienkonzernrechtlicher Beherrschungs- und Gewinnabführungsverträge, NZG 2002, 1139-1141.

Kowalski, André, Eingliederung: Abfindung durch Ausnutzung genehmigten Kapitals, AG 2000, 555-558.

Krämer, Lutz Robert/Theiß, Simone, Delisting nach der Macrotron-Entscheidung des BGH, AG 2003, 225-242.

Krieger, Gerd, Spruchverfahren (§§ 305-312 UmwG), in: Lutter, Marcus (Hrsg.), Kölner Umwandlungsrechtstage: Verschmelzung · Spaltung · Formwechsel nach neuem Umwandlungsrecht und Umwandlungssteuerrecht, Köln, 1995, S. 275-296.

Ders., Squeeze-Out nach neuem Recht: Überblick und Zweifelsfragen, BB 2002, 53-62.

Kropff, Bruno, Aktiengesetz – Textausgabe des Aktiengesetzes vom 6.9.1965 mit Begründung des Regierungsentwurfs und Bericht des Rechtsausschusses des Deutschen Bundestags, Düsseldorf, 1965.

Ders., Über die "Ausgliederung", in: Ballerstedt, Kurt/Hefermehl, Wolfgang (Hrsg.), Festschrift für Ernst Geßler zum 65. Geburtstag am 5. März 1970, München, 1971, S. 111-126.

Ders., Zur Konzernleitungspflicht, ZGR 1984, 112-133.

Kropff, Bruno/Semler, Johannes (Hrsg.), Münchener Kommentar zum Aktiengesetz, 2. Auflage des Geßler/Hefermehl/Eckardt/Kropff, Aktiengesetz,
Band 1: §§ 1-53, München, 2000,
Band 2: §§ 53a-75, München, 2000,
Band 7: §§ 222-277, München, 2001,
Band 8: §§ 278-328, , München, 2000,
Band 9/1: §§ 327a-327f AktG · WpÜG · SpruchG, München, 2004,
zitiert: Bearbeiter in MünchKomm. AktG.

Kruschwitz, Lutz, Risikoabschläge, Risikozuschläge und Risikoprämien in der Unternehmensbewertung, DB 2001, 2409-2413.

Lamb, Jochen/Schluck-Amend, Alexandra, Die Neuregelung des Spruchverfahrens durch das Spruchverfahrensneuordnungsgesetz, DB 2003, 1259-1264.

Land, Volker, Pflichtangebot beim Delisting folgt nicht den Übernahmeregeln, FAZ Nr. 192 v. 20.8.2003, S. 17.

Land, Volker/Behnke, Thorsten, Die praktische Durchführung eines Delisting nach der Macrotron-Entscheidung des BGH, DB 2003, 2531-2535.

Lentfer, Dirk, Die Vergütung der gemeinsamen Vertreter gemäß § 306 Abs. 4 AktG, BB 1998, 655-657.

Leuering, Dieter, Die parallele Angemessenheitsprüfung durch den gerichtlich bestellten Prüfer, NZG 2004, 606-610.

Liebscher, Thomas, Konzernbildungskontrolle, Berlin, 1995, zugl. Mannheim, Univ., Diss., 1994.

Ders., Ungeschriebene Hauptversammlungszuständigkeiten im Lichte von Holzmüller, Macrotron und Gelatine, ZGR 2005, 1-33.

Lüke, Gerhard/Wax, Peter (Hrsg.), Münchener Kommentar zur Zivilprozessordnung, 2. Auflage,
Band 1: §§ 1-354, 2. Auflage, München, 2000,
Aktualisierungsband: ZPO-Reform 2002 u. weitere Reformgesetze, München, 2002,
zitiert: *Bearbeiter* in MünchKomm. ZPO.

Lutter, Marcus/Winter, Martin (Hrsg.), Umwandlungsgesetz, 3. Auflage, Köln, 2004,
Band I: §§ 1-137, 3. Auflage, Köln, 2004,
Band II: §§ 138-325 · SpruchG, 3. Auflage, Köln, 2004,
zitiert: *Bearbeiter* in Lutter.

Lutter, Marcus (Hrsg.), Umwandlungsgesetz, 2. Auflage, Köln, 2000,
Band I: §§ 1-151,
Band II: §§ 152-325,
zitiert: *Bearbeiter* in Lutter (2. Aufl.).

Ders., Entwicklung und Forbildung des Rechts durch Entscheidung: Der Bundesgerichtshof und das Aktienrecht, in: Heldrich, Andreas/Hopt, Klaus J. (Hrsg.), 50 Jahre Bundesgerichtshof · Festgabe aus der Wissenschaft · Band II: Handels- und Wirtschaftsrecht Europäisches und Internationales Recht, München, 2000, S. 321-336.

Ders., Gesellschaftsrecht und Kapitalmarkt, in: Lieb, Manfred/Noack, Ulrich/Westermann, Harm Peter (Hrsg.), Festschrift für Wolfgang Zöllner zum 70. Geburtstag, Köln/Berlin/Bonn/München, 1998, S. 363-383.

Ders., Organzuständigkeiten im Konzern, in: Lutter, Marcus/Mertens, Hans-Joachim/Ulmer, Peter (Hrsg.), Festschrift für Walter Stimpel zum 68. Geburtstag am 29. November 1985, Berlin/New York, 1985, S. 825-854.

Ders., Zur Binnenstruktur des Konzerns, in: Hefermehl, Wolfgang/Gmür, Rudolf/Brox, Hans (Hrsg.), Festschrift für Harry Westermann zum 65. Geburtstag, Karlsruhe, 1974, S. 347-368.

Ders., Zur Vorbereitung und Durchführung von Grundlagenbeschlüssen in Aktiengesellschaften, in: Goerdeler, Reinhard/Hommelhoff, Peter/Lutter, Marcus/Wiedemann, Herbert (Hrsg.), Festschrift für Hans-Joachim Fleck zum 70. Geburtstag am 30. Januar 1988 (Zeitschrift für Unternehmens- und Gesellschaftsrecht; Sonderheft 7), Berlin/New York, 1988, S. 169-190.

Lutter, Marcus/Bezzenberger, Tilman, Für eine Reform des Spruchverfahrens im Aktien- und Umwandlungsrecht, AG 2000, 433-447.

Lutter, Marcus/Drygala, Tim, Die Übertragende Auflösung: Liquidation der Aktiengesellschaft oder Liquidation des Minderheitenschutzes?, in: Forster, Karl-Heinz/Grunewald, Barbara/Lutter, Marcus/Semler, Johannes (Hrsg.), Aktien- und Bilanzrecht: Festschrift für Bruno Kropff, Düsseldorf, 1991, S. 191-223.

Dies., Wie fest ist der feste Ausgleich nach § 304 Abs. 2 S. 1 AktG?, AG 1995, 49-57.

Lutter, Marcus/Leinekugel, Rolf, Planmäßige Unterschiede im umwandlungsrechtlichen Minderheitenschutz?, ZIP 1999, 261-267.

Dies., Der Ermächtigungsbeschluss der Hauptversammlung zu grundlegenden Strukturmaßnahmen – zulässige Kompetenzübertragung oder Selbstentmachtung?, ZIP 1998, 805-811.

Luttermann, Claus, Zum Börsenkurs als gesellschaftsrechtliche Bewertungsgrundlage, ZIP 1999, 45-52.

Ders., Bewertungsrecht im Internetzeitalter, AG 2000, 459-469.

Ders., Der "durchschnittliche" Börsenkurs bei Barabfindung von Aktionären und Verschmelzungswertrelation, ZIP 2001, 869-872.

Mangoldt, Hermann von/Klein, Friedrich, Das Bonner Grundgesetz, Band 8: Artikel 70-75, 3. Auflage, München, 1996, zitiert: *Bearbeiter* in v. Mangoldt/Klein (3. Aufl.).

Mangoldt, Hermann von/Klein, Friedrich/Starck, Christian, Das Bonner Grundgesetz,
Band 1: Präambel, Art. 1-19, 4. Auflage, München, 1999,
Band 2: Artikel 20-78, 4. Auflage, München, 2000,
Band 3: Artikel 79-146, 4. Auflage, München, 2001,
zitiert: *Bearbeiter* in v. Mangoldt/Klein.

Martens, Klaus-Peter, Die Entscheidungsautonomie des Vorstands und die "Basisdemokratie" in der Aktiengesellschaft, ZHR 147 (1983), 377-428.

Ders., Verschmelzung, Spruchverfahren und Anfechtungsklage in Fällen eines unrichtigen Umtauschverhältnisses, AG 2000, 301-308.

Maul, Karl-Heinz, Offene Probleme der Bewertung von Unternehmen durch Wirtschaftsprüfer, DB 1992, 1253-1259.

Maunz, Theodor/Dürig, Günter, Grundgesetz, Stand: Februar 2004, München, 2004,
Band II: Art. 12-20,
Band IV: Art. 53a-88,
Band V: Art. 89-146,
zitiert: *Bearbeiter* in Maunz/Dürig.

Mecke, Thomas, Konzernstruktur und Aktionärsentscheid, Baden-Baden, 1992, zugl. Bielefeld, Univ., Diss., 1991.

Meilicke, Wienand, Der Vergleich im aktienrechtlichen Spruchverfahren, WP 1976, 741-742.

Ders., Der Wert des Gegenstandes des aktienrechtlichen Spruchverfahrens, AG 1985, 48-51.

Meilicke, Wienand/Heidel, Thomas, Das neue Spruchverfahren in der gerichtlichen Praxis, DB 2003, 2267-2275.

Meilicke, Heinz/Hohlfeld, Klaus, Untergang der Antragsbefugnis im Spruchstellenverfahren vor Ablauf der Antragsfrist?, BB 1972, 1249-1250.

Meilicke, Heinz/Meilicke, Wienand, Die Rechtsstellung der nichtantragstellenden Aktionäre im Verfahren nach §§ 306 AktG, 30 UmwG, ZGR 1974, 297-316.

Mertens, Hans-Joachim, Zur Geltung des Stand-alone-Prinzips für die Unternehmensbewertung bei der Zusammenführung von Unternehmen, AG 1992, 321-335.

Mestmäcker, Ernst-Joachim, Verwaltung, Konzerngewalt und Rechte der Aktionäre, Karlsruhe, 1958.

Moxter, Adolf, Grundsätze ordnungsgemäßer Unternehmensbewertung, 2. Auflage, Wiesbaden, 1983.

Mülbert, Peter O., Rechtsprobleme des Delisting, ZHR 165 (2001), 104-140.

Müller-Jungwirt, Michael, Die Festsetzung der angemessenen Barabfindung für ausscheidende Aktionäre (Gesellschafter, Gewerken) durch gerichtliche Entscheidung im Spruchverfahren nach Aktiengesetz und Umwandlungsgesetz, München, 1972, zugl. Berlin, FU, Diss., 1972.

Musielak, Hans-Joachim (Hrsg.), Kommentar zur Zivilprozessordnung, 4. Auflage, München, 2005.

Mutter, Stefan, Kurzkommentar zu OLG München v. 14.2.2001 – 7 U 6019/99, ZIP 2001, 700-705, EWiR 2001, § 119 AktG 1/01, 459-460.

Nagel, Bernhard, Die Europäische Aktiengesellschaft (SE) in Deutschland – der Regierungsentwurf zum SE-Einführungsgesetz, NZG 2004, 833-839.

Naraschewski, Alexander, Verschmelzung im Konzern: Ausgleichs- und Abfindungsansprüche außenstehender Aktionäre bei Erlöschen eines Unternehmensvertrags, DB 1997, 1653-1658.

Neye, Hans Werner, Auf dem Weg zu einem neuen Spruchverfahren, in: Wank, Rolf/ Hirte, Heribert/Frey, Kaspar/Fleischer, Holger/Thüsing, Gregor (Hrsg.), Festschrift für Herbert Wiedemann zum 70. Geburtstag, München, 2002, S. 1127-1139.

Ders., Die Reform des Spruchverfahrens, NZG 2002, 23-24.

Ders., Einführung zum Regierungsentwurf eines Gesetzes zur Neuordnung des gesellschaftsrechtlichen Spruchverfahrens, ZIP 2002, 2097-2099.

Noack, Ulrich, Der Widerspruch des Aktionärs in der Hauptversammlung, AG 1989, 78-87.

Oetker, Hartmut, Der Anwendungsbereich des Statusverfahrens nach den §§ 97 ff. AktG, ZHR 149 (1985) 575-598.

Ott, Kai-Peter, Reichweite der Angemessenheitsprüfung beim Squeeze-out, DB 2003, 1615-1617.

Palandt, Otto, Bürgerliches Gesetzbuch, 64. Auflage, München, 2005.

Pape, Gerhard/Notthoff, Martin, Die Erledigung in der Hauptsache im Zivilprozess, JuS 1995, 912-916.

Pentz, Andreas, Anmerkung zu BGH v. 7.12.1998 – II ZB 5/97, NZG 1999, 346, NZG 1999, 346-347.

Pfeiffer, Gerd (Hrsg.), Karlsruher Kommentar zur Strafprozessordnung, 5. Auflage, München, 2003, zitiert: *Bearbeiter* in KarlsKomm. StPO.

Pfeiffer, Thomas, Der Handelsrichter und seine Unbefangenheit, ZIP 1994, 769-772.

Piltz, Detlev Jürgen, Die Unternehmensbewertung in der Rechtsprechung, 3. Auflage, Düsseldorf, 1994.

Ders., Unternehmensbewertung und Börsenkurs im aktienrechtlichen Spruchstellenverfahren, ZGR 2001, 184-213.

Piltz, Detlev Jürgen/Wissmann, Eike, Unternehmensbewertung beim Zugewinnausgleich nach Scheidung, NJW 1985, 2673-2684.

Priester, Hans-Joachim, Bestimmungen zum Unternehmensvertrag in der Satzung der GmbH, DB 1989, 1013-1018.

Ders., Die klassische Ausgliederung – ein Opfer des Umwandlungsgesetzes 1994?, ZHR 163 (1999), 187-202.

Puszkajler, Karl Peter, Diagnose und Therapie von aktienrechtlichen Spruchverfahren, ZIP 2003, 518-522.

Raiser, Thomas, Recht der Kapitalgesellschaften, 3. Auflage, München, 2001.

Rappaport, Alfred, Strategic analysis for more profitable acquisitions, HBR 57 (1979), Heft 4 (Juli-August), 99-110.

Rathausky, Uwe, Squeeze-out in Deutschland: Eine Empirische Untersuchung zu Anfechtungsklagen und Spruchverfahren, AG 2004, R24.

Rebmann, Kurt (Hrsg.), Säcker, Franz Jürgen (Hrsg.), Münchener Kommentar zum Bürgerlichen Gesetzbuch,
Band 1: Allgemeiner Teil (§§ 1-240), 4. Auflage, München, 2001,
Band 5: Schuldrecht · Besonderer Teil III (§§ 705-853), 4. Auflage, München, 2003,
zitiert: *Bearbeiter* in MünchKomm. BGB.

Rebmann, Volker, Die Ausweitung des aktienrechtlichen Spruchstellenverfahrens: Eine Möglichkeit zur Vermeidung von Verschmelzungsblockaden durch mißbräuchliche Anfechtungsklagen?, Baden-Baden, 1995, zugl. Tübingen, Univ., Diss., 1994.

Rehbinder, Eckard, Gesellschaftsrechtliche Probleme mehrstufiger Unternehmensverbindungen, ZGR 1977, 581-649.

Ders., Zum konzernrechtlichen Schutz der Aktionäre einer Obergesellschaft, ZGR 1983, 92-108.

Reichert, Jochem, Ausstrahlungswirkungen der Ausgliederungsvoraussetzungen nach UmwG auf andere Strukturänderungen, Habersack, Mathias/Koch, Ulrich/ Winter, Martin (Hrsg.), Die Spaltung im neuen Umwandlungsrecht und ihre Rechtsfolgen – ZHR Beiheft Nr. 68, Heidelberg, S. 25-76.

Ders., Mitwirkungsrechte und Rechtsschutz der Aktionäre nach Macrotron und Gelatine, AG 2005, 150-160.

Riedel, Fritz/ Sußbauer, Heinrich, Bundesgebührenordnung für Rechtsanwälte, 6. Auflage, München, 1988.

Roth, Markus, Die übertragende Auflösung nach Einführung des Squeeze-out, NZG 2003, 998-1005.

Rupp, Hans Heinrich, Anmerkung zu BVerwG, Urteil vom 25.8.1971 – IV C 23/69, DVBl 1972, 232-233.

Ryu, Jin-Hee, Zuständigkeit der Organe der Aktiengesellschaft bei Maßnahmen der Umstrukturierung und Finanzierung im Konzern, Frankfurt am Main, Univ., Diss., 1991

Sachs, Michael (Hrsg.), Grundgesetz, 3. Auflage, München, 2003, zitiert: *Bearbeiter* in Sachs.

Saenger, Ingo, Aktienrechtliche Anfechtungsklagen: Verfahrenseffizienz und Kosten, AG 2002, 536-543.

Schaumburg, Harald, Rödder, Thomas (Hrsg.), UmwG, UmwStG: strukturierte Textausgabe des Umwandlungsgesetzes und Umwandlungssteuergesetzes mit Materialien und ergänzenden Hinweisen, Köln, 1995.

Schedlbauer, Hans, Bilanzanalyse in der Praxis, DB 1978, 2425-2430.

Schenke, Wolf-Rüdiger, Folgenbeseitigungsanspruch und mitwirkendes Verschulden – BVerwG NJW 1989, 2484, JuS 1990, 370-377.

Schiffer, Jack/ Goetz, Axel, Umsetzung des Macrotron-Urteils: Spruchverfahren nach regulärem Delisting, BB 2005, 453-456.

Schlegelberger, Franz, Die Gesetze über die Angelegenheiten der Freiwilligen Gerichtsbarkeit für das Reich und Preußen, 5. Auflage, 1937, zitiert: *Schlegelberger* (5. Aufl.).

Ders., Gesetz über die Angelegenheiten der Freiwilligen Gerichtsbarkeit, Band 1: §§ 1-124, 7. Auflage, Köln/Berlin, 1956.

Schlitt, Michael, Die gesellschaftsrechtlichen Voraussetzungen des regulären Delisting – Macrotron und die Folgen, ZIP 2004, 533-541.

Schlosser, Peter, Gestaltungsklagen und Gestaltungsurteile, Bielefeld 1966.

Schmidt, Harry, Ausschluss der Anfechtung des Squeeze-out-Beschlusses bei abfindungswertbezogenen Informationsmängeln, in: Habersack, Mathias/Hommelhoff, Peter/Hüffer, Uwe/Schmidt, Karsten (Hrsg.), Festschrift für Peter Ulmer zum 70. Geburtstag am 2. Januar 2003, Berlin, 2003, S. 543-556.

Schmidt, Herbert, Kostenprobleme des § 306 AktG, BB 1981, 1243-1246.

Schmidt, Jochen, Das Recht der außenstehenden Aktionäre, Frankfurt am Main/Bern/Las Vegas, 1979, zugl. Bochum, Univ., Diss., 1977.

Schmidt, Karsten, Mehrseitige Gestaltungsprozesse bei Personengesellschaften: Studien und Thesen zur Prozeßführung nach §§ 117, 127, 133, 140, 142 HGB und zur notwendigen Streitgenossenschaft nach § 62 ZPO, Heidelberg, 1992.

Ders., Gesellschaftsrecht, 4. Auflage, Köln/Berlin/Bonn/München, 2002.

Ders., Wider eine "lex Holzmüller", in: Kübler, Friedrich/Mertens, Hans-Joachim/Werner, Winfried (Hrsg.), Festschrift für Theodor Heinsius zum 65. Geburtstag am 25. September 1991, Berlin/New York, 1991, S. 715-731.

Schmitt, Joachim/Hörtnagl, Robert/Stratz, Rolf-Christian, Umwandlungsgesetz · Umwandlungssteuergesetz, 3. Auflage, München, 2001, zitiert: Bearbeiter in Schmitt/Hörtnagl/Stratz.

Schmittmann, Jens M., Vorschußpflicht im Spruchverfahren und registerrechtliche Behandlung unbekannter Aktionäre, AG 1998, 514-517.

Schneider, Uwe H., Antragsberechtigung des außenstehenden Aktionärs nach den §§ 304, 305 AktG, NJW 1971, 1109-1112.

Scholz, Franz, Kommentar zum GmbH-Gesetz,
Band I: §§ 1-44, Konzernrecht, 9. Auflage, Köln, 2000,
Band II: §§ 45-87, 9. Auflage, Köln, 2002,
zitiert: *Bearbeiter* in Scholz.

Schulenberg, Matthias, Die Antragsberechtigung gem. §§ 15, 305 ff. UmwG und die "Informationslast" des Antragstellers im Spruchverfahren, AG 1998, 74-82.

Schütz, Carsten, UMAG Reloaded – Der Regierungsentwurf eines Gesetzes zur Unternehmensintegrität und Modernisierung des Anfechtungsrechts (UMAG) vom 17.11.2004, NZG 2005, 5-11.

Seetzen, Uwe, Die Bestimmung des Verschmelzungswertverhältnisses im Spruchstellenverfahren, WM 1994, 45-51.

Ders., Spruchverfahren und Unternehmensbewertung im Wandel, WM 1999, 565-574.

Ders., Das "Kochs Adler"-Schiedsgutachten – B. Schiedsgutachten, ZIP 1994, 333-336.

Seibt, Christoph H./Saame, Carola, Die Societas Europaea (SE) deutschen Rechts: Anwendungsfelder und Beratungshinweise, AnwBl 2005, 225-232.

Sellmann, Christian, Ausgleichs- und Verfahrensregelungen des Squeeze-out auf dem Prüfstand des Verfassungsrechts, WM 2003, 1545-1553.

Sieger, Jürgen J./Hasselbach, Kai, Der Ausschluss von Minderheitsaktionären nach den §§ 327a ff AktG, ZGR 2002, 120-162.

Sinewe, Patrick, Keine Anfechtungsklage gegen Umwandlungsbeschlüsse bei wertbezogenen Informationsmängeln, DB 2001, 690-691.

Ders., Die Relevanz des Börsenkurses im Rahmen des § 255 II AktG, NZG 2002, 314-317.

Sosnitza, Olaf, Anmerkung zu BayObLG v. 17.9.1998 – 3Z BR 37/98, NZG 1998, 1001-1003 = BayObLGZ 1998, 211-219, NZG 1998, 1003.

Staudinger, Julius von, J. von Staudingers Kommentar zum Bürgerlichen Gesetzbuch mit Einführungsgesetz und Nebengesetzen, Buch 2: Recht der Schuldverhältnisse, §§ 779-811, 13. Bearbeitung, Berlin, 1997.

Steck, Kai-Uwe, "Going private" über das UmwG, AG 1998, 460-466.

Stein, Friedrich/Jonas, Martin, Kommentar zur Zivilprozessordnung, Band 3: §§ 253-299a, 21. Auflage, Tübingen, 1997.

Thomas, Heinz/Putzo, Hans/Reichold, Klaus/Hüßtege, Rainer, Zivilprozessordnung, 26. Auflage, München, 2004, zitiert: *Bearbeiter* in Thomas/Putzo.

Timm, Wolfram, Die Aktiengesellschaft als Konzernspitze, Köln/Berlin/Bonn/München, 1980, zugl. Bochum, Univ., Diss., 1980.

Timm, Wolfram, Zur Bedeutung des "Hoesch"-Urteils für die Fortentwicklung des Konzern- und Verschmelzungsrechts, JZ 1982, 403-411.

Ders., Minderheitenschutz und unternehmerische Entscheidungsfreiheit im Mutterunternehmen, ZHR 153 (1989), 60-72.

Timm, Wolfram/Schick, Werner, Die Auswirkungen der routinemäßigen Geltendmachung der Abfindung durch die Depotbanken auf die Rechte der außenstehenden Aktionäre bei der Mehrheitseingliederung, WM 1994, 185-192.

Tomson, Christian/Hammerschmitt, Susanne, Aus alt mach neu? Betrachtungen zum Spruchverfahrensneuordnungsgesetz, NJW 2003, 2572-2576.

Vahl, Günter, Die Stellungnahme des Instituts der Wirtschaftsprüfer zur Unternehmensbewertung, DB 1984, 1205-1209.

Vetter, Eberhard, Die Verzinsung der Barabfindung nach § 305 Abs. 3 Satz 3 AktG und die Ausgleichszahlung nach § 304 AktG, AG 2002, 383-388.

Ders., Squeeze-out nur durch Hauptversammlungsbeschluss?, DB 2001, 743-747.

Ders., Börsenkurs und Unternehmensbewertung, DB 2001, 1347-1353.

Ders., Squeeze-out – Ausschluß der Minderheitsaktionäre nach den §§ 327a-327f AktG, AG 2002, 176-190.

de Vries, Kolja, Delisting, Köln, 2002, zugl. Bayreuth, Univ., Diss., 2002.

Wasmann, Dirk, Erlöschen und Beseitigung von Mehrstimmrechten nach § 5 EG-AktG: Gerichtliche Prüfung des Ausgleichs im Spruchverfahren, BB 2003, 57-65.

Ders., Gesellschaftsrechtliches Spruchverfahren: Wann gilt altes, wann neues Recht?, DB 2003, 1559-1560.

Ders., Anforderungen an die Zulässigkeit eines Antrags nach dem Spruchverfahrensgesetz und Auswirkungen der (Un-)Zulässigkeit, WM 2004, 819-825.

Wasmann, Dirk/Gayk, Thorsten, SEEG und IDW ES 1 n.F.: Neues im Spruchverfahren, BB 2005, 955-957.

Weißhaupt, Frank, Der "eigentliche" Holzmüller-Beschluss, NZG 1999, 804-811.

Wenger, Ekkehard/Kaserer, Christoph/Hecker, Renate, Konzernbildung und Ausschluss von Minderheiten im neuen Übernahmerecht: Eine verpasste Chance für einen marktorientierten Minderheitenschutz, ZBB 2001, 317-334.

Westermann, Harm-Peter (Hrsg.), Erman · Bürgerliches Gesetzbuch, Band I: §§ 1-853, 11. Auflage, Münster/Köln, 2004, zitiert: *Bearbeiter* in Erman.

Widmann, Siegfried/Mayer, Robert, Umwandlungsrecht, Bonn, 1998,
Band 2: § 1 - § 59 UmwG, 3. Auflage, Stand: 78. Lieferung,
Band 4: § 214 - § 325 UmwG, § 1 - 4 UmwStG, 3. Auflage, Stand: 78. Lieferung,
zitiert: *Bearbeiter* in Widmann/Mayer.

Wiedemann, Herbert, Die Unternehmensgruppe im Privatrecht, Tübingen, 1988.

Ders., Das Abfindungsrecht – ein gesellschaftsrechtlicher Interessenausgleich, ZGR 1978, 477-497.

Ders., Minderheitsrechte ernstgenommen, ZGR 1999, 857-872.

Wilhelmi, Sylvester, Aktiengesetz vom 6. September 1965, Band II: §§ 179-410, Einführungsgesetz · Sachverzeichnis, 4. Auflage, Berlin/New York, 1971, zitiert: *Godin/Wilhelmi*.

Wilm, Daniel, Abfindung zum Börsenkurs – Konsequenzen der Entscheidung des BVerfG, NZG 2000, 234-240.

Ders., Nochmals: Abfindung zum Börsenkurs – Kommentar zu OLG Düsseldorf, NZG 2000, 1075, NZG 2000, 1070-1073

Windbichler, Christine, Die Rechte der Hauptversammlung bei Unternehmenszusammenschlüssen durch Vermögensübertragung, AG 1981, 169-175.

Wirth, Gerhard/Arnold, Michael, Anlegerschutz beim Delisting von Aktiengesellschaften, ZIP 2000, 111-117.

Dies., Anfechtungsklagen gegen Squeeze-out-Hauptversammlungsbeschlüsse wegen angeblicher Verfassungswidrigkeit, AG 2002, 503-507.

Würdinger, Hans, Betrachtungen zur Regelung der Konzernverfassung im Entwurf eines Aktiengesetzes, DB 1958, 1447-1452.

Zetzsche, Dirk, Reguläres Delisting und deutsches Gesellschaftsrecht, NZG 2000, 1065-1070.

Zimmer, Lutz/Meese, Jon Marcus, Vergleiche im Spruchverfahren und bei Anfechtungsklagen, NZG 2004, 2001.

Zöller, Richard, Zivilprozessordnung, 25. Auflage, Köln, 2005.

Zöllner, Wolfgang (Hrsg.), Kölner Kommentar zum Aktiengesetz,
1. Auflage: Band 2: §§ 148-290, Köln/Berlin/Bonn/München, 1971,
Band 3: §§ 291-410, Köln/Berlin/Bonn/München, 1971-1981,
zitiert: *Bearbeiter* in KölnKomm. AktG (1. Aufl.),
2. Auflage: Band 2: §§ 76-117 · Mitbestimmung im Aufsichtsrat, Köln/Berlin/Bonn/München, 1996,
Band 5/1: §§ 179-240, Köln/Berlin/Bonn/München 1995,
Band 6, 1. Lieferung: §§ 291-328, Köln/Berlin/Bonn/München, 1987,
Band 7, 1. Lieferung: §§ 339-361, Köln/Berlin/Bonn/München, 1990,
zitiert: *Bearbeiter* in KölnKomm. AktG.

Ders., Kontrollrechte des einzelnen Aktionärs: Beschränkung, Erweiterung und Missbrauchsbekämpfung, in: Semler, Johannes/Hommelhoff, Peter/Doralt, Peter/Druey, Jean Nicolas (Hrsg.), 4. Deutsch-Österreichisches Symposion zum Gesellschaftsrecht vom 22. und 23. Oktober 1993 auf dem Lämmerbuckel, Berlin/New York, 1994, S. 147-166.

Kolibri 360 GmbH
Ferdinand-Jühlke-Straße 7
99095 Erfurt, Deutschland
produktsicherheit@kolibri360.de

Druck:
CPI Druckdienstleistungen GmbH
im Auftrag der
Kolibri 360 GmbH
Ferdinand-Jühlke-Str. 7
99095 Erfurt